Horst Rabe (Hg.) · Karl V.

Karl V.

Politik und politisches System

Berichte und Studien aus der Arbeit an der Politischen Korrespondenz des Kaisers

Herausgegeben von Horst Rabe

UVK · Universitätsverlag Konstanz GmbH
Konstanz 1996

Das Titelbild zeigt einen Ausschnitt aus einer von 38 kolorierten Radierungen, vermutlich von Nikolaus Hogenberg, über die Kaiserkrönung Karls V. in Bologna (Wolfenbüttel, Herzog August Bibliothek, 2° 4.1 Historica)

Die Deutsche Bibliothek – CIP-Einheitsaufnahme

Karl V. : Politik und politisches System ; Berichte und Studien aus der Arbeit an der politischen Korrespondenz des Kaisers / Horst Rabe. – Konstanz : UVK, Univ.-Verl. Konstanz, 1996
ISBN 3-87940-518-2
NE: Rabe, Horst [Hrsg.]

ISBN 3-87940-518-2

Satz: Claudia Wild, Konstanz
Einbandgestaltung: Rieseter & Sieber, Konstanz
Druck: Legoprint, Trento

DOCTISSIMO VIRO

Ernst Walter Zeeden

OCTOGENARIO

ET MENTORI ET AMICO

Inhalt

Vorwort

Der vorliegende Band vereinigt eine Reihe von Arbeiten Konstanzer Autoren, und zwar von früheren oder jetzigen Mitarbeitern zweier Forschungsvorhaben zur Geschichte des 16. Jahrhunderts, die im institutionellen Rahmen meines Konstanzer Lehrstuhls durchgeführt wurden und sich nun ihrem Abschluß nähern. Bei dem ersten, sehr viel umfänglicheren dieser Vorhaben handelt es sich um ein Forschungsprojekt zur »wissenschaftlichen Erschließung der Politischen Korrespondenz Karls V.«, das über rund 25 Jahre hinweg einen kontinuierlichen Bestandteil meiner wissenschaftlichen Arbeit überhaupt gebildet hat; der erste Beitrag des vorliegenden Bandes gibt einen ausführlichen Bericht über Problemstellung, Methoden und Ergebnisse dieses Projekts. Ergänzend zu diesem Vorhaben widmet sich – dank großzügiger Förderung durch die VW-Stiftung – seit 1992 ein zweites, sehr viel knapper konzipiertes Projekt der Erforschung von »Strukturen und Strukturwandlungen der Reichspolitik im 16. Jahrhundert«. Die im folgenden publizierten Arbeiten von Bettina Braun, Frank Göttmann und Nadja Lupke-Niederich sind vor allem aus diesem zweiten Projekt erwachsen, alle übrigen gehören eher in den Umkreis der Erschließung der Politischen Korrespondenz Karls V.

An sich diente und dient dieses größere Vorhaben, wie sein Titel sagt, der Erschließung und nicht eigentlich der inhaltlichen Erforschung der Politischen Korrespondenz Karls V.; für solche Forschungen will das Projekt vielmehr allererst eine methodisch gesicherte Quellenbasis bereitstellen. Gleichwohl sind den Mitarbeitern des Projekts – wie hätte es auch anders sein können? – bei der Arbeit an dem gleichermaßen umfänglichen wie faszinierenden Quellenbestand der Politischen Korrespondenz Karls V. immer wieder auch inhaltliche Probleme wichtig geworden: Fragen vor allem nach den Strukturen der Herrschaft des Kaisers und insbesondere nach den Kommunikationsstrukturen dieses bedeutendsten politischen Systems der europäischen Geschichte zu Beginn der Neuzeit. Aus dem Interesse an solchen Fragen sind denn auch, parallel zur eigentlichen Projektarbeit, immer wieder eigene Studien erwachsen – Vorträge, Zeitschriftenaufsätze, Dissertationen, auch einige tüchtige Magisterarbeiten; selbst das oben genannte Forschungsprojekt »Strukturen und Strukturwandlungen der Reichspolitik im 16. Jahrhundert« ist aus solchen Forschungszusammenhängen entstanden.

Der vorliegende Band gibt sozusagen einen Querschnitt durch diese ergänzenden Arbeiten: eine nicht voll repräsentative Auswahl zwar – schon deshalb, weil manche der früheren Mitarbeiter aus Gründen beruflicher oder sonstiger Belastungen sich nicht an dem Sammelband beteiligen konnten –, aber doch eine Auswahl, die für die wissenschaftliche Arbeit in diesem Teilbereich Konstanzer historischer Forschung als typisch gelten kann. Im Rückblick auf die langen Jahre meiner akademischen Wirksamkeit bedauere ich es nicht, einen erheblichen Teil meiner wissenschaftlichen Kräfte und Initiativen fortdauernd in die gemeinsame Forschung mit Mitarbeitern und Schülern investiert zu haben. Diese Grundentscheidung hat es möglich gemacht, langfristig und kontinuierlich in einem sehr konkreten Sinne »Lehre aus Forschung« zu entwickeln – noch immer eines der fruchtbarsten Prinzipien akademischer Lehre –; sie hat überdies eine Fülle von Forschungsinteressen freigesetzt, die mir als wissenschaftlichem Einzeltäter sicherlich verschlossen geblieben wären (was – selbstverständlich – kein Plädoyer gegen die Notwendigkeit und Fruchtbarkeit individueller, mitunter auch einsamer Forschungsarbeit darstellt).

Ich danke allen Freunden, Kollegen, Mitarbeitern und Schülern, die zum Gelingen dieses Bandes beigetragen haben. Ich danke dem Konstanzer Universitätsverlag, insbesondere Herrn Göser, für sein Engagement bei der Drucklegung dieser – in besonderer Weise: – Konstanzer Studien zur Geschichte. Ich danke schließlich der VW-Stiftung für einen namhaften Zuschuß zu den Druckkosten.

Der Band ist Ernst Walter Zeeden zu dessen 80. Geburtstag am 14. Mai 1996 gewidmet. Herr Zeeden hat über nahezu ein halbes Jahrhundert hinweg meine eigenen wissenschaftlichen Bemühungen und dann auch die Arbeiten meiner Schüler mit nie erlahmendem Interesse begleitet; die Widmung soll ein Zeichen des Danks und der steten Verbundenheit sein.

Horst Rabe / Heide Stratenwerth

Die Politische Korrespondenz Kaiser Karls V. Beiträge zu ihrer wissenschaftlichen Erschließung

1. Einleitung

Der folgende Bericht orientiert über ein an der Universität Konstanz durchgeführtes Forschungsvorhaben

»Wissenschaftliche Erschließung der Politischen Korrespondenz Kaiser Karls V.«

Das Forschungsvorhaben wurde 1969 begonnen und wird im Jahre 2000 beendet werden; spätestens ab diesem Zeitpunkt werden auch die Arbeitsergebnisse des Projekts vollständig der allgemeinen wissenschaftlichen Nutzung offenstehen.

Das Forschungsvorhaben steht unter der Leitung von Prof. Dr.Dr. Horst Rabe und Dr. Heide Stratenwerth. Als langjährige wissenschaftliche Mitarbeiter sind daneben Prof. Dr. Christiane Thomas in Wien und Dr. Peter Marzahl in Konstanz zu nennen. An den Archivarbeiten in Madrid bzw. Simancas hatten des weiteren Dr. Arnulf Moser (1969/70) bzw. Doña Adela González Vega und Doña Gloria Tejada González (1970–1982) einen wesentlichen Anteil. Darüber hinaus waren von Anfang an stets auch studentische wissenschaftliche Hilfskräfte an den Arbeiten des Projekts beteiligt.

Das Forschungsvorhaben bedient sich neben herkömmlicher Methoden der Erschließung historischer Quellen auch der elektronischen Datenverarbeitung. Sie spielt zum einen für die laufende Forschungsarbeit des Projekts eine wichtige Rolle, zum andern aber auch für die Publikation der Ergebnisse dieser Arbeit: Gerade die wichtigsten dieser Ergebnisse nämlich – umfangreiche Listen der »Politischen Korrespondenz Karls V.« mitsamt Personen- und Ortsregistern – werden nicht im Wege herkömmlichen Buchdrucks publiziert; sie werden vielmehr auf einer Datenbank des Rechners der Universitäts-Bibliothek Konstanz gespeichert und stehen solcherart mit Hilfe eines eigenen Programms für gezielte Recherchen ›on line‹ (falls gewünscht: auch mit Computerausdrucken) zur Verfügung. Die Einbindung des Rechners der Universitätsbibliothek in das weltweite Computernetzwerk Internet sichert für die Zukunft die Zugänglichkeit der Forschungsergebnisse des Projekts für eine breite wissenschaftliche Öffentlichkeit. Die Erstellung der erforderlichen Computerprogramme lag im wesentlichen bei Thomas Dierig, Georg Nold und Josef Benz; wichtige Ergänzungsarbeiten leistete Gisa Stein. Als ständige Sachbearbeiterin für die Datenverarbeitung ist seit 1980 Ulrike Brüning tätig.

Das Forschungsvorhaben wurde von 1969–1986, d.h. bis zur generellen Restriktion der Förderung geisteswissenschaftlicher Langzeitprojekte, von der Deutschen Forschungsgemeinschaft finanziell unterstützt, daneben – in geringerem Umfang – auch von der Universität Konstanz. Beiden Institutionen sei für ihre Hilfe auch an dieser Stelle gedankt.

Ebenfalls – und besonders herzlich – sei den Mitarbeitern der Universitätsbibliothek Konstanz sowie den Damen und Herren der benutzten Archive gedankt, die die Arbeit des Konstanzer Forschungsvorhabens über lange Jahre hinweg mit Rat und Tat gefördert haben.

2. Begriff und historische Bedeutung der Politischen Korrespondenz Karls V.

Angesichts der überragenden Bedeutung Kaiser Karls V. für die europäische Geschichte des 16. Jahrhunderts bestand seit jeher ein lebhaftes Interesse an den Quellen zur Geschichte des Kaisers, und schon frühzeitig war auch deutlich, daß die Politische Korrespondenz Karls V. einen besonders wichtigen, ja: den Kernbereich dieser Quellen darstellte[1]. So setzten einschlägige Editionen bereits vor der Mitte des 19. Jahrhunderts ein, und ihre Reihe ist bis in die jüngste Zeit nicht abgerissen[2]. Auf der Quellengrundlage der Politischen Korrespondenz unternommene Forschungen sind demgegenüber allerdings

---

1 Besonders nachdrücklich in diesem Sinne bereits H. BAUMGARTEN, Geschichte Karls V., Bd. 3, Stuttgart 1892, Vorwort S. V. Im Anschluß an BAUMGARTEN forderte dessen Schüler P. KALKOFF auf dem 6. Deutschen Historikertag in Halle a.d.S. 1900 als »das nächste und dringendste Bedürfnis der deutschen Geschichtsforschung im Bereich des 16. Jahrhunderts« ein großes Unternehmen zur Veröffentlichung der Politischen Korrespondenz Karls V.: Bericht über die 6. Versammlung deutscher Historiker zu Halle a.d.S., Leipzig 1900, S. 34–36. Ein derartiges Editionsvorhaben kam dann zwar nicht zustande, aber das Problem der – wie immer gearteten – Erschließung der Politischen Korrespondenz Karls V. blieb doch aktuell; noch die Forschungen K. BRANDIs knüpften unmittelbar an die von BAUMGARTEN und KALKOFF angestoßene Diskussion an. Vgl. K. BRANDI, Die politische Korrespondenz Karls V. Alte und neue Editionspläne. (= Berichte und Studien zur Geschichte Karls V. [Teil] I). In: Nachr. v. d. Ges. d. Wiss. zu Göttingen, Phil.-Hist. Kl. II, Bd. 1, Nr. 4, Göttingen 1930, S. 250–258. Zu Beginn der 80er Jahre hat insbesondere H. LUTZ – nun freilich schon auf Grund von Ergebnissen auch des Konstanzer Forschungsvorhabens – auf die politische Korrespondenz des Kaisers hingewiesen, die sich »je länger desto mehr als ein methodischer Angelpunkt erster Ordnung für zahlreiche Aspekte des politischen, administrativen, ökonomischen und sozialen ›Systems‹« erweise: Das römisch-deutsche Reich im politischen System Karls V., hrg. von H. LUTZ (Schrr.d.Hist.Kollegs, Kolloquien 1), München 1982, S. 271. Vgl. auch H. RABE, Elemente neuzeitlicher Politik und Staatlichkeit im politischen System Karls V. Bemerkungen zur spanischen Zentralverwaltung und zur Politischen Korrespondenz des Kaisers; ebda. S. 161–187.

2 Die wichtigsten der frühen Editionen stammten von K. LANZ: Correspondenz des Kaisers Karl V. Aus dem Kgl. Archiv und der Bibl. de Bourgogne zu Brüssel, 3 Bde., Leipzig 1844–1846; Staatspapiere zur Geschichte Kaiser Karls V. Aus dem Kgl. Archiv und der Bibl. de Bourgogne in Brüssel, Stuttgart 1845; Aktenstücke und Briefe zur Geschichte Kaiser Karls V. Aus dem K.K. Haus-, Hof- und Staatsarchiv zu Wien (Monumenta Habsburgica, hrg. von der Hist. Commission der Kaiserl. Ak.d.Wiss., 2. Abt. Bd. 1), Wien 1853. Daneben verdient insbesondere die für ihre Zeit vorzügliche Edition von Ch. WEISS, Papiers

eher spärlich geblieben. Die Gründe dafür liegen zum einen in der Unerschlossenheit dieser überaus umfänglichen und zugleich auf eine Vielzahl von Archiven aufgesplitterten Korrespondenz, zum andern – das gilt jedenfalls für die deutsche Historiographie der letzten Jahrzehnte – in der Abkehr der historischen Forschung von politischer Geschichte überhaupt. Indessen scheint das Pendel der Interessen seit einiger Zeit – und verstärkt seit den weltpolitischen Umbrüchen der späten achtziger Jahre – doch wieder in die andere Richtung auszuschlagen: Eine neue und von neuen, vertieften Fragestellungen geprägte Aufmerksamkeit der Historiker für politische Geschichte ist unverkennbar. Die Erschließung der Politischen Korrespondenz Karls V. erscheint deshalb als eine nicht nur langfristig sinnvolle, sondern auch durchaus aktuelle Forschungsaufgabe.

Der Begriff »Politische Korrespondenz« hat – jedenfalls in seiner Anwendung auf die Korrespondenz Karls V. – anscheinend erst zu Ausgang des 19. Jahrhunderts in die historische Fachsprache Eingang gefunden[3]. Bis dahin sprach man einfach von »Korrespondenz« bzw. von »Briefen«, gelegentlich auch – unter Rekurs auf die inhaltliche Bedeutung dieser Korrespondenz, aber aktenkundlich sehr unbestimmt – von »Staatspapieren«[4]. Zu einer genaueren Diskussion der neuen Begrifflichkeit kam es nicht. Schon die immerhin naheliegende Frage, wie das Verhältnis der »politischen« zur Korrespondenz des Kaisers überhaupt zu bestimmen wäre, wurde kaum erörtert, und nicht besser stand es um die Frage, ob als Politische Korrespondenz Karls V. die Korrespondenz auch seiner führenden Räte und

d'état du Cardinal de Granvelle d'après les manuscrits de la bibliothèque de Besançon, Bd. 1–4, Paris 1841–1843, hervorgehoben zu werden.

3 Der vielleicht früheste Beleg ist der in Anm. 1 erwähnte Editionsantrag von P. KALKOFF (1900); eher beiläufig erscheint der Begriff wenig später im Vorwort zu: Korrespondenzen österreichischer Herrscher [Teil I:] Die Korrespondenz Ferdinands I., Bd. 1: Familienkorrespondenz bis 1526, bearb. v. W. BAUER (Veröfftl. der Kommission für neuere Gesch. Österreichs 11), Wien 1912 [Neudruck 1970]. Selbstverständlich ist die Rede von der »Politischen Korrespondenz Karls V.« dann bei K. BRANDI: Die politische Korrespondenz Karls V. Alte und neue Editionspläne (wie in Anm. 1). – Schon vor der Übernahme des Begriffs zur Bezeichnung der Korrespondenz Karls V. hatte er übrigens in eine große Edition reichsstädtischer Quellen des 16. Jahrhunderts Eingang gefunden – hier nun freilich zur Bezeichnung nur eines, eben des »politischen« Teils der reichsstädtischen Korrespondenz: Politische Correspondenz der Stadt Straßburg im Zeitalter der Reformation, hrg. von H. VIRCK/O. WINCKELMANN/H. GERBER/W. FRIEDENSBURG, 5 Bde., Straßburg bzw. Heidelberg 1882–1933. In ähnlicher Weise einschränkend verstand den Begriff E. BRANDENBURG (Hrg.), Politische Korrespondenz des Herzogs und Kurfürsten Moritz von Sachsen, Bd. 1, Leipzig 1900 [Neudruck 1982], mit expliziter Begründung dazu in der Einleitung des Bandes, S. XVI. – KALKOFF selbst (wie Anm. 1 S. 35f.) hatte übrigens von der »politischen Korrespondenz« Karls V. noch eine »politische Korrespondenz im engeren Sinne« unterscheiden wollen, zu der dann Korrespondenzen in Verwaltungs-, Kriegs-, Finanz- und Personalsachen nicht gehören sollten; diese Unterscheidung spielte jedoch in der Folge keine Rolle mehr.

4 Vgl. die in Anm. 1 und 2 genannten Editionen und Darstellungen von LANZ, WEISS und BAUMGARTEN; ähnlich W. MAURENBRECHER, Karl V. und die deutschen Protestanten 1545–1555, Düsseldorf 1865, Anhang; W. BRADFORD, Correspondence of the Emperor Charles V and His Ambassadors at the Courts of England and France, London 1850; dazu auch die lange Reihe der Calendars of Letters, Despatches, and State Papers Relating to the Negociations between England and Spain, London 1862ff.

Regenten oder aber nur der persönliche Briefwechsel des Kaisers verstanden werden solle. Die erste dieser Fragen, deren genauere Beantwortung ja schwierige Bestimmungen des »Politischen« im 16. Jahrhundert erfordert hätte, erwies sich indessen schon bald als praktisch irrelevant. Bei zunehmender Kenntnis der Quellen stellte sich nämlich immer deutlicher heraus, daß die in den Archiven überhaupt überlieferte Korrespondenz Karls V. insgesamt und durchweg von politischen Themen beherrscht wurde – genauer: von Themen, deren politische Relevanz auch und gerade für das 16. Jahrhundert außer Frage steht[5]. Bezeichnenderweise findet sich in den vielen tausend Stücken der Korrespondenz des Kaisers kaum jemals ein Brief privaten Inhalts; auch über die persönliche Frömmigkeit des Kaisers gibt seine Korrespondenz kaum irgendeine Auskunft, nicht einmal der Briefwechsel mit den Beichtvätern[6]. Was immer Karl V. ansonsten dachte und empfand – seine Korrespondenz war Politik, sonst nichts. Der Begriff der Politischen Korrespondenz Karls V. weist also auf ein Wesensmerkmal dieser Korrespondenz insgesamt hin und meint nicht etwa bloß einen besonderen Teil derselben.

Sehr viel schwieriger zu entscheiden ist die Frage, wessen Korrespondenz des genaueren zur Politischen Korrespondenz Karls V. gerechnet werden soll, als historische Frage formuliert: in welchem Verhältnis die Korrespondenz der Regenten und der vornehmsten Räte des Kaisers zur Politischen Korrespondenz Karls V. stand. Die ältere Forschung hat diese Frage – wenn überhaupt – wiederum nicht sehr konsistent beantwortet. Typisch dafür ist Karl Lanz, der in den drei Bänden seiner »Correspondenz des Kaisers Karl V.« (1844–1846) zwar im wesentlichen Briefe aus der persönlichen Korrespondenz des Kaisers bot, daneben aber doch auch manche Stücke aus dem Briefwechsel der Regenten und Räte Karls V. – nota bene: ohne Begründung dieses Verfahrens oder auch nur der konkreten Auswahl. Als jedoch in der Folgezeit der gewaltige Umfang der Quellen zur Geschichte Karls V. allmählich deutlicher ans Licht trat, neigte man, im wesentlichen aus forschungspraktischen Gründen, einer zugleich strikteren und engeren Begrifflichkeit zu. Das gilt insbesondere für die so wichtigen Arbeiten Karl Brandis zur Erschließung der Politischen Korrespondenz Karls V. Brandi nämlich beschränkte sich – wenigstens anfänglich – prinzipiell und ausdrücklich auf den Briefwechsel des Kaisers selbst, genauer: auf die in den Registraturen der kaiserlichen Kanzlei erwachsenen Korrespondenzen – welcher Rekurs

5 So ausdrücklich W. BAUER in der Einleitung zu seiner Edition der Familienkorrespondenz Ferdinands, Bd. 1 [wie Anm. 3], S. XVII: »Der Inhalt der meisten Schreiben – von den wenigen abgesehen, die der Etikette ihren Ursprung verdanken – dreht sich vornehmlich um Fragen der Politik. So ist die habsburgische Familienpolitik jener Tage der Leitgedanke, der diese Briefe ideell miteinander verbindet, und auch sozusagen die historische Berechtigung ihrer Zusammenfassung zu einem einheitlichen Ganzen«.

6 Vgl. z. B. Garcia Loaysa. Briefe an Kaiser Karl, geschrieben von seinem Beichtvater, hrg. von G. HEINE, Berlin 1848. Selbst bei Todesfällen oder anderen wichtigen Ereignissen in der Familie wurde diese Schranke kaum jemals durchbrochen, übrigens auch nicht bei den Geschwistern des Kaisers, abgesehen allenfalls von einigen Briefen oder wenigstens Teilen von Briefen Marias. Über die – seltenen – Ausnahmen vgl. den Beitrag von H. Stratenwerth in diesem Band, bes. S. 65 f.

auf die Kanzleiregistraturen es ihm immerhin erlaubte, die Korrespondenz doch auch der leitenden Räte des Kaisers zur Politischen Korrespondenz Karls V. zu rechnen.[7] Aber Brandi hielt sein restriktives Verständnis der Politischen Korrespondenz Karls V. auch hinsichtlich des Briefwechsels der Regenten nicht durch, den er vielmehr ebenfalls zunehmend in die Politische Korrespondenz des Kaisers einbezog – jedenfalls soweit es ihm »zur Erläuterung« der kaiserlichen Korrespondenz sinnvoll erschien[8]. A. Hasenclever, der 1928 im Auftrag Brandis die Pariser Bibliotheken und Archive auf Politische Korrespondenz Karls V. hin durchsah, nahm überhaupt den gesamten in diesen Beständen erhaltenen Briefwechsel auch der Regenten des Kaisers auf[9], und Graf Looz-Corswarem verfuhr einige Jahre später bei seiner Aufnahme der römischen Korrespondenz Karls V. in Madrid und Simancas anscheinend nicht anders[10].

Dieser weitere Begriff der Politischen Korrespondenz Karls V. erscheint in der Tat sinnvoll, und zwar aus Gründen des inneren Zusammenhangs dieser Korrespondenz – als wichtigsten Instruments nämlich der politischen Kommunikation im Regierungssystem Karls V.[11]

---

7 K. BRANDI, Die politische Korrespondenz Karls V. Alte und neue Editionspläne [wie Anm. 1], insbes. S. 254: »...die Korrespondenz des Kaisers, soweit sie teils von seinen deutschen, französischen und spanischen Sekretären, teils von ihm eigenhändig geführt worden ist«. Etwas weniger restriktiv als diese sehr frühe Äußerung Brandis – sie stammt aus dem Jahre 1913 – nimmt sich sein 1. Bericht über seine bzw. F. WALSERs Verzeichnisse der Politischen Korrespondenz Karls V. in Wien aus, vor allem durch die Einbeziehung der »Begleitkorrespondenzen der vornehmsten Räte«, und zwar auch mit den auswärtigen Höfen: K. BRANDI, Die Überlieferung der Akten Karls im Haus-, Hof- und Staatsarchiv Wien. Erster Bericht (= Berichte und Studien zur Geschichte Karls V. [Teil] IV). Nachr. v. d. Ges. d. Wiss. in Göttingen, Phil.-Hist. Kl. II, Bd. 2, Nr. 2, Göttingen 1931, S. 247. Von der Korrespondenz der Regenten, selbst mit den Räten des Kaisers, war jedoch auch hier noch nicht die Rede.

8 K. BRANDI, Die Überlieferung der Akten Karls V. im Haus-, Hof- und Staatsarchiv in Wien. 1. Bericht [wie Anm. 7], S. 247–254. - Wenige Jahre später bekannte BRANDI sogar, daß eine strikte Beschränkung auf die persönliche Korrespondenz des Kaisers ohne Rücksicht auf die »Begleitkorrespondenzen« eine »unverzeihliche Verknöcherung« bedeuten würde: Die Überlieferung der Akten Karls V. im Haus-, Hof- und Staatsarchiv in Wien. 4. Bericht (= Berichte und Studien zur Geschichte Karls V. [Teil] XI). In: Nachr. v. d. Ges. d. Wiss. zu Göttingen. Phil.-Hist. Kl. II, Bd. 3, Nr. 6, Göttingen 1933, S. 515. Die Kriterien zur Bestimmung und Auswahl dieser »Begleitkorrespondenz« blieben freilich vage.

9 A. HASENCLEVER, Die Überlieferung der Akten Karls V. in Pariser Archiven und Bibliotheken (= Berichte und Studien zur Geschichte Karls V. [Teil] X). In: Nachr. v. d. Ges. d. Wiss. zu Göttingen, Phil.-Hist. Kl. II, Bd. 3, Nr. 5, Göttingen 1933, S. 437.

10 O.A. Graf LOOZ-CORSWAREM, Die römische Korrespondenz in Madrid und Simancas (= Berichte und Studien zur Geschichte Karls V. [Teil] XIII). In: Nachr. v. d. Ges. d. Wiss. zu Göttingen, Phil.-Hist. Kl. II, N. F. Bd. 1, Nr. 4, Göttingen 1935, S. 110.

11 Zum Folgenden vgl. H. RABE, Elemente neuzeitlicher Politik und Staatlichkeit im politischen System Karls V. [wie Anm. 1]. – H. RABE/P. MARZAHL, ›Comme représentant nostre propre personne‹. The Regency Ordinances of Charles V as a Historical Source. In: Politics and Society in Reformation Europe [FS ELTON], London 1987, S. 78–102.

Die historische Wirkungskraft Karls V. beruhte ja nicht nur auf dem gewaltigen Komplex seiner Reiche in Europa und Übersee; hinzu kam vielmehr, daß der Kaiser, zumindest seit Ausgang der zwanziger Jahre, seine Herrschaftsrechte in der Vielzahl seiner einzelnen Länder ständig, gezielt und entschieden als Mittel seiner Politik zu mobilisieren und einzusetzen suchte: im Dienst einer einheitlichen politischen Konzeption nämlich in allen entscheidenden Fragen der Politik, zugleich freilich unter Berücksichtigung der sehr unterschiedlichen verfassungspolitischen, ökonomischen oder auch kirchlichen Verhältnisse seiner einzelnen Reiche. Es versteht sich, daß eine solche Intensivierung von Politik einer enormen Intensivierung auch der politischen Kommunikation bedurfte – der Kommunikation insbesondere mit den Regenten, die in den einzelnen Ländern des Kaisers während dessen Abwesenheit die Regierung führten und insofern, neben dem Kaiser selbst, die eigentlich tragenden Säulen seines politischen Systems bildeten.

Nun gab es Intensivierungen von Politik und politischer Kommunikation im 16. Jahrhundert nicht nur bei Karl V.; es handelte sich hier ja um eine der wichtigsten Wandlungen der politischen Strukturen Europas an der Schwelle der Neuzeit überhaupt. Der maßgebende Träger solcher Intensivierung war in der Regel die damals neugeschaffene oder doch kräftig ausgebaute fürstliche Zentralverwaltung. Das galt auch für die Mehrzahl der habsburgischen Herrschaften, in denen eben jetzt sehr lebenskräftige und weithin vorbildhafte Organisationen der Zentralverwaltung geschaffen wurden: in Spanien und den Niederlanden nicht anders als in den österreichischen Erblanden. In nur sehr viel geringerem Maße galt das freilich schon für das Heilige Römische Reich, und noch viel schwächer ausgebaut waren die Institutionen der Gesamtregierung des Kaisers, also der obersten Ebene seiner Regierung oberhalb der einzelnen Länder. Zwar versuchte der Großkanzler Gattinara in den zwanziger Jahren, mit einem eigenen Staatsrat eine übergeordnete Zentralbehörde für die Gesamtheit der Reiche und Herrschaften des Kaisers aufzubauen; der Versuch blieb jedoch Stückwerk, und der Tod Gattinaras 1530 bedeutete das Ende auch seiner Konzeption des Staatsrats[12]. Statt seiner führte Karl V. von jetzt an bis zum Ende seiner Regierungszeit die Geschäfte in Person: unmittelbar unterstützt durch nur wenige, sachlich höchst kompetente Räte, zugleich jedoch in zumeist dichter Kommunikation mit den Regenten seiner einzelnen Länder. Die wichtigste Form dieser Kommunikation aber bestand in der Korrespondenz des Kaisers – oder auch seiner führenden Räte – mit den Regenten. Diese Korrespondenz spiegelt nicht nur die politischen Entscheidungen des Kaisers und deren Umsetzung durch die Regenten; sie dokumentiert vielmehr darüberhinaus immer wieder auch die politische Meinungsbildung des Kaisers, wie sie sich in der Kommunikation mit den Regenten vollzog. Auf Grund dieser engen Einbeziehung der Regenten in die

12 F. WALSER, Die spanischen Zentralbehörden und der Staatsrat Karls V. Grundlagen und Aufbau bis zum Tode Gattinaras. Bearb., ergänzt und hrg. von R. WOHLFEIL (Abh. d. Ak. d. Wiss. in Göttingen, Phil.-Hist. Kl., 3. Folge, Bd. 43), Göttingen 1959.

politischen Entscheidungen des Kaisers war es des weiteren möglich, daß die Regenten für die ihnen übertragenen Bereiche der kaiserlichen Politik in mehr oder weniger selbständiger Weise – und jedenfalls auch in Gestalt eigener Korrespondenz mit Dritten – Verantwortung übernahmen. Der innere Zusammenhang dieses politischen Systems aber war so dicht, daß die Politische Korrespondenz des Kaisers wie seiner Regenten als einheitliches Instrument der Kommunikation und Steuerung dieses Systems begriffen werden muß.

Die Notwendigkeit einer Intensivierung der Kommunikation galt nun freilich nicht nur für die Innenbeziehungen des politischen Systems Karls V. Das 16. Jahrhundert war ja nicht zufällig auch eine Epoche verdichteter zwischenstaatlicher Beziehungen, und in diesen Zusammenhang gehört nicht zuletzt die Errichtung ständiger Gesandtschaften, wie sie Karl V. beim Papst sowie bei den wichtigsten europäischen Fürsten, auch in Venedig, unterhielt[13]. Die Korrespondenz mit diesen ständigen Gesandten oder auch mit Sondergesandten an europäischen Höfen macht deshalb einen weiteren wichtigen Bereich der Politischen Korrespondenz Karls V. aus; hinzu kommen noch die Instruktionen für sonstige kaiserliche Gesandte – etwa zu den Reichstagen, wenn der Kaiser nicht selbst in Deutschland weilte –, und die Berichte dieser Gesandten oder Kommissare. Zusammenfassend: Als Politische Korrespondenz Karls V. ist der Gesamtbestand der überlieferten Korrespondenz des Kaisers wie seiner Regenten und führenden Räte zu verstehen – ihrer Korrespondenz untereinander und mit Dritten, insbesondere mit ihren Gesandten an auswärtigen Höfen oder bei wichtigen ständischen Versammlungen.

Einen Kernbereich dieser so verstandenen Politischen Korrespondenz bildete die Korrespondenz des Kaisers mit den Regenten. Bei ihnen handelte es sich, jedenfalls seit den ausgehenden zwanziger Jahren, zumeist um Angehörige der habsburgischen Dynastie – zwar nicht in Italien, wohl aber in Spanien, in den Niederlanden und im Reich: in Deutschland der Bruder Karls V. Ferdinand, in den Niederlanden die Tante des Kaisers Margarete und nach deren Tod (1530) die Schwester Karls V. Maria, verwitwete Königin von Ungarn, in Spanien seit 1529 die Gemahlin des Kaisers Isabella, nach ihrem Tode (1539) der Kaisersohn Philipp – bis 1543 freilich mit Unterstützung eines Regentschaftsrats aus hohen Würdenträgern der spanischen Reiche –, von 1548 bis 1551 Karls V. Tochter Maria und deren Gemahl Maximilian, der Sohn Ferdinands, dann erneut Philipp und schließlich, seit 1554, Juana, die jüngste Tochter des Kaisers. Diese dynastische Lösung des Regentschaftsproblems[14] brachte es mit sich, daß gerade der Briefwechsel der habsburgischen Familienmitglieder untereinander einen Kernbereich der Politischen Korrespondenz Karls V. ausmacht. Es war deshalb nicht unverständlich, daß man sich auch bei der wissenschaftlichen Erschließung der Politischen Korrespondenz des Kaisers gerade auf diese Familienkorre-

13 M. LUNITZ, Diplomatie und Diplomaten im 16. Jahrhundert. Studien zu den ständigen Gesandten Kaiser Karls V. in Frankreich. Diss.phil.Konstanz 1987 (Konstanzer Dissertationen 213, 1988).

14 H. RABE/P. MARZAHL, ›Comme représentant nostre propre personne‹ [wie Anm. 11], passim.

spondenz konzentrierte. Die von der Kommission für neuere Geschichte Österreichs seit 1912 herausgegebenen »Korrespondenzen österreichischer Herrscher [Teil 1]: Die Korrespondenz Ferdinands I.« beschränkt sich noch heute überhaupt auf die Familienkorrespondenz Ferdinands, und zwar stricto sensu, unter Ausschluß schon der Familienkorrespondenz Karls V., soweit es sich nicht gerade um den Briefwechsel des Kaisers mit Ferdinand selbst handelt[15]. Daß eine solche Beschränkung mancherlei editorische Vorteile mit sich bringt, ist wohl richtig – ganz abgesehen davon, daß gerade die Edition der Familienkorrespondenz Ferdinands von ihren Anfängen bis heute von einer musterhaften editorischen Umsicht und Sorgfalt zeugt[16]; festzuhalten ist aber, daß es sich dabei nur um einen vergleichsweise engen und – unter dem Aspekt der politischen Funktion dieser Familienkorrespondenz – nicht immer sinnvollen Ausschnitt aus einem zusammengehörigen Quellenbestand handelt[17].

Wenn der Kreis der Regenten des Kaisers in seinen verschiedenen Ländern prinzipiell klar umrissen ist[18], so gilt das nicht in gleicher Weise von den führenden Räten Karls V., deren Korrespondenz in die Politische Korrespondenz des Kaisers einbezogen werden muß. Anders als bei den Regenten fehlt es hier weithin an einschlägigen Vollmachten und Instruktionen; auch an einheitlichen und signifikanten Ämtern und Titeln kann man sich nicht orientieren. Wichtige Hinweise geben immerhin die Politischen Testamente des Kai-

---

15 Das Vorwort der Kommission für Neuere Geschichte Österreichs zum ersten Band der Familienkorrespondenz Ferdinands [wie Anm. 3], S. VI, formulierte lapidar: »Eine weitergehende Berücksichtigung der hochwichtigen politischen Korrespondenz Karls V. war schon durch die klar umrissenen Aufgaben der Kommission verwehrt«. Der Satz dokumentiert zugleich die Abkehr der Österreichischen Akademie der Wissenschaften bzw. der Kommission für Neuere Geschichte Österreichs von ihrem früheren Engagement für die Geschichte Karls V., das den 1853 erschienenen ersten und einzigen Band der »Aktenstücke und Briefe zur Geschichte Karls V.«, hrg. von K. LANZ (vgl. Anm. 2), getragen hatte – eine nicht unproblematische Abwendung von der europäischen und Reichsgeschichte hin zur österreichischen Geschichte im engeren Sinne.

16 Einen guten Eindruck von dieser Umsicht und Sorgfalt gibt insbesondere die Einleitung von H. WOLFRAM und Chr. THOMAS zum 3. Band der Familienkorrespondenz Ferdinands, Wien 1983, S. XVII–CVII.

17 Entsprechendes gilt von der – an sich ebenfalls durchaus sinnvollen – Ausgabe der Briefe Maximilians während seiner Zeit als Regent in Spanien an den Kaiser: R. RODRIGUEZ RASO (Hrg.), Maximiliano de Austria, gobernador de Carlos V en España. Cartas al emperador, Madrid 1963.

18 Einen Sonderfall der Regentschaft bildete das Miteinander Ferdinands und des Zweiten Reichsregiments in der Vertretung des Kaisers im Reich 1522–1530. Über die Geschichte des Reichsregiments, insbesondere über das komplizierte rechtliche und politische Verhältnis Ferdinands und des Reichsregiments zueinander, zum Kaiser und zu den Reichsständen war freilich bis vor wenigen Jahren kaum etwas Zuverlässiges bekannt. Eine Konstanzer Dissertation von Chr. ROLL, »Das Zweite Reichsregiment 1521–1530« (Forschungen zur deutschen Rechtsgeschichte 15), Köln/Weimar 1996, hat hier jetzt aber gründlichen Wandel geschaffen. Die Arbeit zeigt sehr deutlich, daß Karl V. allein Ferdinand, nicht aber das Reichsregiment als sein alter ego »comme représentant nostre propre personne« ansah – wenngleich in mancherlei Bindungen an das Reichsregiment; Korrespondenzen des Regiments ohne Beteiligung Ferdinands sollte man deshalb grundsätzlich nicht zur Politischen Korrespondenz Karls V. rechnen.

sers – vor allem die von 1543 und 1548 –, in denen er seinen Sohn Philipp über seine wichtigsten politischen Mitarbeiter und Diener ins Bild setzte[19]. Vor allem aber ergibt sich aus der Überlieferung der Korrespondenz selbst, welche Personen außer dem Kaiser und seinen Regenten in der Kommunikation des politischen Systems Karls V. eine maßgebliche Rolle spielten. Es waren dies – für die ersten Regierungsjahre – Karls Grand Chambellan Guillaume de Croy, Herr von Chièvres und Marquis von Aarschot († 1521), nach dessen Tod der Piemontese Mercurino Gattinara mit dem Titel eines Großkanzlers († 1530), seit 1530 nebeneinander der Burgunder Nicolas Perrenot, Herr von Granvelle, Premier Conseiller des Kaisers († 1550) und der Kastilier Francisco de los Cobos († 1547), bei dem als Sekretär mehrerer der wichtigsten Consejos der spanischen Zentralverwaltung die Fäden der spanischen wie überhaupt der südeuropäischen und auch der Amerikapolitik des Kaisers zusammenliefen. Seit den späten vierziger Jahren und bis zum Ende der Regierungszeit Karls schließlich war Granvelles Sohn Antoine, Bischof von Arras, der wichtigste Berater des Kaisers; für die spanischen Angelegenheiten spielte nach Cobos' Tod Juan Vázquez de Molina eine vergleichbare Rolle[20]. Neben diesen sechs Männern gab es eine Reihe anderer, die mit engerem Aufgabenbereich oder für kürzere Zeit in der politischen Kommunikation des kaiserlichen Regierungssystems eine nicht unerhebliche Rolle spielten, ohne jedoch die Bedeutung der zuvor genannten zu erreichen: z. B. der für militärische Fragen immer wieder herangezogene Herzog von Alba, sodann Bernhard von Cles, Fürstbischof von Trient und oberster Kanzler Ferdinands († 1539), in den fünfziger Jahren der Niederländer Viglius van Zwichem, späterer Präsident des Conseil d'état der Niederlande, in Spanien Gonzalo Pérez und für Reichsangelegenheiten der Reichsvizekanzler Georg Sigismund Seld.

19 K. BRANDI, Die Testamente und politischen Instruktionen Karls V., insbesondere diejenigen der Jahre 1543/44 (= Berichte und Studien zur Geschichte Karls V. [Teil] XII). In: Nachr. v. d. Ges. d. Wiss. zu Göttingen, Phil.-Hist. Kl. II, N.F. Bd. 1, Nr. 3, Göttingen 1936, S. 31–107. Ergänzend dazu. B. BEINERT, Die Testamente und politischen Instruktionen Karls V. für den Prinzen Philipp. In: Karl V. Der Kaiser und seine Zeit, hrg. von P. RASSOW und F. SCHALK, Köln 1960, S. 21–37; B. BEINERT, El Testamento político de Carlos V de 1548. In: Homenaje de la Universidad de Granada a Carlos V, Granada 1958, S. 209–218.

20 Die bis heute wohl am besten ausgewogene Darstellung der viel umstrittenen politischen Rolle Chièvres' findet man bei A. WALTHER, Die Anfänge Karls V., Leipzig 1911. – Zu Gattinara: I.M. HEADLEY, The Emperor and His Chancellor. A Study of the Imperial Chancellery under Gattinara, Cambridge 1983. – Für Granvelle fehlt eine größere Monographie; einstweilen immerhin M. VAN DURME, A propos du quatrième centenaire de la mort de Nicolas Perrenot de Granvelle (Bibliothèque d'Humanisme et Renaissance 13), 1951. – Zu Cobos: H. KENISTON, Francisco de los Cobos. Secretary of the Emperor Charles V, Pittsburg 1960. – Zum jüngeren Granvelle: M. VAN DURME, Antoon Perrenot, bisschop van Atrecht, Kardinaal van Granvelle, minister van Karel V en van Filips II (1517–1586), Brussel 1953. – Zu Juan Vázquez, einem Neffen Cobos', finden sich mancherlei Informationen in KENISTONs Cobos-Biographie; im übrigen vgl. J.A. ESCUDERO, Los secretarios del Estado y Despacho (1474–1724), 4 Bde., Madrid 1969.

Folgt man dem hier vorgeschlagenen, am Regierungssystem Karls V. orientierten Verständnis der Politischen Korrespondenz des Kaisers, so hat man es in dieser Korrespondenz mit einem nicht nur qualitativ bedeutsamen, sondern auch quantitativ erheblichen Bestand zu tun. Er dürfte sich, selbst wenn man nur die aus den habsburgischen Registraturen erwachsenen Korrespondenzbestände berücksichtigt, auf etwa 120000 bis 130000 Briefe belaufen. Daß es sich dabei z.T. um verschiedene Überlieferungsformen des gleichen Briefs handelt – um Konzepte etwa neben Ausfertigungen oder Kopien –, macht die Aufgabe der Erschließung dieses gewaltigen Quellenbestands kaum einfacher: Auch und gerade diese Mehrfachüberlieferungen ergeben sich ja erst aus der genauen und vergleichenden Erschließung der erhaltenen Korrespondenz insgesamt.

3. Ziele, Methoden und Ergebnisse des Forschungsvorhabens »Wissenschaftliche Erschließung der Politischen Korrespondenz Kaiser Karls V.« im Zusammenhang der Forschungsgeschichte

Der klassische Weg zur wissenschaftlichen Erschließung historischer Quellen bestand und besteht bis heute in deren Edition. Auch zur Geschichte Kaiser Karls V. liegt – im wesentlichen seit der Mitte des 19. Jahrhunderts – eine ganze Reihe von Editionen vor, die in der Hauptsache oder doch partiell Teile der Politischen Korrespondenz des Kaisers bekanntgemacht haben. Als wichtigste dieser älteren Publikationen seien drei Editionen von Karl LANZ hervorgehoben – zwar editorisch mit mancherlei Mängeln behaftet, aber als erster Versuch einer zusammenhängenden Erschließung von Quellen zur Geschichte Karls V. forschungsgeschichtlich hoch bedeutsam:

Correspondenz des Kaisers Karl V. Aus dem Königlichen Archiv und der Bibliothèque de Bourgogne zu Brüssel, drei Bände, mit lithographierten Schrifttafeln, Leipzig 1844–1846;

Staatspapiere zur Geschichte Kaiser Karls V. Aus dem Königlichen Archiv und der Bibliothèque de Bourgogne zu Brüssel, Stuttgart 1845;

Aktenstücke und Briefe zur Geschichte Kaiser Karls V. Aus dem k.k. Haus-, Hof- und Staatsarchiv zu Wien (Monumenta Habsburgica, hrg. von der Historischen Kommission der Kaiserlichen Akademie der Wissenschaften, 2. Abt. Bd. 1, Wien 1853, mit einer Einleitung [1857]).

Der weitere Fortgang der Editionen zur Geschichte Karls V. braucht hier nicht im ganzen referiert zu werden; es kann statt dessen – jedenfalls für die Zeit bis 1940 – auf die Einleitung zu K. Brandi, Kaiser Karl V. Werden und Schicksal einer Persönlichkeit und eines Weltreiches, Bd. 2: Quellen und Erörterungen, München 1941, [Neudruck 1967] verwiesen werden. Als wichtigste der seit Brandi erschienenen Editionen seien genannt:

R. RODRIGUEZ RASO (Hrg.), Maximiliano de Austria, gobernador de Carlos V en España. Cartas al emperador, Madrid 1963.

G. CONIGLIO (Hrg.), Il viceregno di Napoli e la lotta tra spagnoli e turchi nel Mediterraneo (Collana Quaderni della Facoltà di Scienze Politique dell' Università di Napoli 22), 2 Bde., Neapel 1987;

M. FERNANDEZ ALVAREZ (Hrg.), Corpus documental de Carlos V, 5 Bde., Salamanca 1973–1981;

M. MAZARIO COLETO, Isabel de Portugal, Madrid 1951.

Hinzu kommen weitere Editionen von Quellen zur Geschichte des 16. Jahrhunderts, in die wenigstens partiell auch Stücke der Politischen Korrespondenz Karls V. eingegangen sind; das gilt insbesondere für die in den letzten Jahrzehnten erschienenen Bände der Nuntiaturberichte aus Deutschland sowie der Reichstagsakten, Jüngere Reihe[21].

Fragt man nach der Bedeutung jener älteren wie dieser neueren Editionen für die Erschließung der Politischen Korrespondenz Karls V. insgesamt, so gelangt man zu einer nicht sehr befriedigenden Bilanz: Der größte Teil dieser Editionen nämlich bietet jeweils nur einzelne, vergleichsweise schmale Ausschnitte aus der Korrespondenz Karls V.; die breiter angelegten Publikationen aber – von Lanz bis Fernandez Alvarez – entbehren durchweg klarer Auswahlprinzipien[22], von einiger Vollständigkeit gar nicht zu reden.

Die Gründe für diese wenig befriedigende Situation liegen zum einen in der schieren Massenhaftigkeit der einschlägigen Quellen, zum andern aber auch in der Zerrissenheit und Unübersichtlichkeit der archivalischen Überlieferung. Die aus den habsburgischen Registraturen der Zeit Karls V. erwachsenen Kernbestände der Politischen Korrespondenz sind ja auf eine lange Reihe europäischer Archive und Bibliotheken in Wien, Brüssel, Lille, Besançon, Simancas und Madrid verteilt; erhebliche Teile der kaiserlichen Korrespondenz – insbesondere des Briefwechsels mit auswärtigen Fürsten – finden sich des weiteren in einer Vielzahl anderer europäischer Archive von Rom bis London, von Paris bis St. Petersburg, und für einen Großteil der einschlägigen Bestände gibt es auch keine hinreichend detaillierten Archivbehelfe. Die Basis nicht nur für eine sinnvolle Editionspla-

21 Nuntiaturberichte aus Deutschland, 1. Abt., hrg. vom Deutschen Hist. Institut in Rom: Bd. 13 (1552–1553), bearb. von H. LUTZ, Tübingen 1959; Bd. 14 (1554–1556), bearb. von H. LUTZ, Tübingen 1971; Bd. 15 (1553–1556), bearb. von H. LUTZ, Tübingen 1981; Bd. 16 (1550–1554), bearb. von H. GOETZ, Tübingen 1965; Bd. 17 (1554–1556), bearb. von H. GOETZ, Tübingen 1970; Erg. Bd. 1 und 2: (1530–1532), bearb. von G. MÜLLER, Tübingen 1963–1969. Deutsche Reichstagsakten. Jüngere Reihe (= Deutsche Reichstagsakten unter Kaiser Karl V.), hrg. von der Hist.Kommission der Bayer. Ak.d.Wiss., Bd. 8, 1–2, bearb. von W. STEGLICH, Göttingen 1970/71; Bd. 10, 1–3, bearb. von R. AULINGER, Göttingen 1992.

22 Als Beispiel für eine durch klare und explizite Auswahlprinzipien bestimmte Auswahl von Quellen – vor allem: Korrespondenzen – zur Geschichte Karls V., freilich im wesentlichen bloß auf der Basis früherer Editionen und nur in deutscher Übersetzung: A. KOHLER (Hrg.), Quellen zur Geschichte Karls V. (Ausgewählte Quellen zur deutschen Geschichte der Neuzeit. Frhr. vom Stein-Gedächtnisausgabe Bd. 15), Darmstadt 1990.

nung, sondern überhaupt für weite Bereiche der Forschung zur Geschichte Karls V. und seiner Zeit war und ist also offensichtlich schwach und brüchig[23]. Um diese Basis sicherer zu machen und damit methodisch tragfähige Grundlagen für künftige Arbeiten zu schaffen, ist mithin eine möglichst vollständige Erfassung und Verzeichnung der in den wichtigsten europäischen Archiven erhaltenen Politischen Korrespondenz des Kaisers, und zwar für jedes einzelne Stück dieser Korrespondenz, unumgänglich.

Eben dieses Vorhaben war es, das Karl Brandi – auch in Reaktion auf die offensichtlich utopischen Editionsforderungen und -pläne Hermann Baumgartens (1892) und Paul Kalkoffs (1900)[24] – noch vor dem Ersten Weltkrieg zu einem wichtigen Ziel seiner wissenschaftlichen Arbeit überhaupt machte. In der Folge, vor allem in den zwanziger und dreißiger Jahren, führten Brandi selbst und einige seiner Göttinger Mitarbeiter eine Reihe von Archivreisen nach Wien, Paris, Madrid und Simancas durch und publizierten als Ergebnisse ihrer Recherchen umfängliche Stückverzeichnisse der Korrespondenz Karls V., dazu für einige der besuchten Archive und Bibliotheken zusammenfassende Berichte über die dortige Überlieferung und Überlieferungsgeschichte der Korrespondenz Karls V.[25]

Der Schwerpunkt der Arbeiten des Göttinger Forschungsprojekts lag auf den Wiener Beständen, denen sich Brandi selbst schon seit 1913 zugewandt hatte; die Stückverzeichnisse Brandis für das Haus-, Hof- und Staatsarchiv Wien berücksichtigen die Mehrheit der einschlägigen Bestände dieses großen Archivs so gut wie vollständig. Allerdings verzeichnete Brandi – seiner prinzipiellen Konzeption der Politischen Korrespondenz Karls V. ent-

23 Positive Ausnahmen sind die beiden vorzüglichen Stückverzeichnisse für die Collection Granvelle in Besançon (Catalogue général des manuscrits des bibliothèques publiques de France. [1.] Departements – T. XXXIII: Besançon II/1, bearb. von A. CASTAN), Paris 1900, S. 1–403 bzw. für die Colección Salazar in Madrid (Real Academia de la Historia. Indice de la Colección Don Luis de Salazar y Castro, bearb. von A. de VARGAS-ZUÑIGA Y MONTERO DE ESPINOSA/B. CUARTERO Y HUERTA; Bd. 2–5), Madrid 1949–1951. Auch die in den letzten Jahrzehnten publizierten Übersichten zu Beständen des Generalarchivs in Simancas sind immerhin genauer und differenzierter als die für andere Archive vorliegenden Behelfe. Auch sie lassen freilich nicht immer erkennen, ob es sich bei den verzeichneten Stücken bzw. Beständen überhaupt um Korrespondenzen handelt; die Datierungen sind vollends bloß summarisch. Die wichtigsten dieser Kataloge des Archivo General de Simancas sind die Bde. 18 (Guerra y Marina, 1949), 27 (Estados Pequeños de Italia, 1978) sowie aus der Reihe der Papeles de Estado die Bde. 16 (Nápoles, 1942), 19 (Sicilia, 1951), 23 (Milán, Saboya, 1961), 25 (Génova, 1972) und 26 (Venecia, 1976).

24 Genaueres dazu bei K. BRANDI selbst: Die politische Korrespondenz Karls V. Alte und neue Editionspläne [wie Anm. 1], S. 252–258.

25 Alle diese Verzeichnisse sind von 1930 bis 1941 in der Reihe der »Berichte und Studien zur Geschichte Karls V.« in den Nachrichten der Gesellschaft der Wissenschaften zu Göttingen erschienen. Besonders aufschlußreiche Einleitungen zur Überlieferungsgeschichte enthalten die »Berichte und Studien« IV (1931; BRANDI über das Haus-, Hof- und Staatsarchiv Wien) und VIII (1933; WALSER über die kastilisch-spanischen Zentralbehörden). Zusammenfassend und ergänzend: K. BRANDI, Kaiser Karl V. Werden und Schicksal einer Persönlichkeit und eines Weltreiches, Bd. 2: Quellen und Erörterungen, München 1941 [Neudruck 1967], S. 30–41.

sprechend – grundsätzlich nur den unmittelbaren Briefwechsel des Kaisers und z. T. seiner vornehmsten Räte, nicht aber der Regenten. Im Auftrag Brandis nahm des weiteren A. Hasenclever 1928 die – freilich nicht sehr umfängliche – Politische Korrespondenz, einschließlich der Regentenkorrespondenz, in Pariser Bibliotheken und Archiven auf. In den frühen dreißiger Jahren schließlich verzeichnete Graf Looz-Corswarem, auch er in Abweichung von den allzu restriktiven Prinzipien Brandis, in Madrid und Simancas die römische Korrespondenz des Kaisers sowie die Korrespondenz Karls V. mit Philipp und den Regentschaften in Spanien 1539 bis 1556 – zwei unstrittig wichtige, aber insgesamt nur schmale Sektoren der Politischen Korrespondenz Karls V. in den so überwältigend reichen spanischen Archiven. Sonstige Bibliotheken und Archive, insbesondere die wichtigen Archives Générales du Royaume in Brüssel, konnten in die Arbeiten Brandis und seiner Schüler überhaupt nicht einbezogen werden. Auch die an sich geplante Fortsetzung des Göttinger Projekts nach dem Zweiten Weltkrieg blieb in den Anfängen stecken: Ein Versuch Brandis, das Projekt unter das Dach der Göttinger Akademie der Wissenschaften zu bringen und so auf die Dauer, auch über die eigene Lebenszeit hinaus, zu sichern, scheiterte im Frühjahr 1945; der Tod Brandis wenige Monate später besiegelte das Ende seiner Bemühungen um die Erschließung der Politischen Korrespondenz Karls V. Das Ergebnis seiner – nahezu 30jährigen – Arbeiten war gleichwohl nicht nur qualitativ, sondern auch quantitativ höchst respektabel: Die durch das Göttinger Projekt erschlossene Korrespondenz Karls V. beläuft sich auf kaum weniger als 23 000 Stück[26].

Zur forschungspraktischen Benutzbarkeit der Korrespondenzlisten Brandis ist zu vermerken, daß für die erfaßten Korrespondenzstücke jeweils nur die archivarischen Bestände und Faszikelnummern genannt sind, nicht aber die einschlägigen Folienzahlen; angesichts der z. T. sehr umfänglichen Faszikel mit 500 und mehr Folien kann die Suche nach einem bestimmten Stück der Korrespondenz in den Archivalien auf der Basis der Listen Brandis also immer noch sehr zeitraubend sein.

Das Konstanzer Forschungsprojekt zur wissenschaftlichen Erschließung der Politischen Korrespondenz Karls V. knüpft mit dem Grundziel der Erstellung ausführlicher Korrespondenzlisten an die Forschungen Brandis an[27]; es geht aber in mehrfacher Hinsicht über die konkreten Ziele Brandis hinaus, und auch die Methoden der Erschließung unterschei-

26 Für sämtliche durch BRANDI und seine Mitarbeiter erschlossene Korrespondenzen, die in den »Berichten und Studien« primär nach ihrer archivalischen Provenienz geordnet sind, existiert im wissenschaftlichen Nachlaß BRANDIs in der UB Göttingen ein zusätzliches, durchgehend chronologisch geordnetes Stückverzeichnis, der sog. »Renner«. Eine Abschrift dieses Renners ist auch in der Universitätsbibliothek Konstanz vorhanden und steht hier zur Benutzung offen.

27 Neben den Verzeichnissen Brandis und seiner Mitarbeiter waren und sind für die Arbeit des Projekts die schon in Anm. 23 genannten Stückverzeichnisse für die Collection Granvelle in Besançon bzw. für die Collección Salazar in Madrid von Bedeutung. Die anders konzipierten Verzeichnisse VAN DURMEs, die die inhaltliche Relevanz der Quellenstücke für die Geschichte Belgiens zum Prinzip der Auswahl machen, erweisen sich vor allem durch ihre Register hilfreich: M. VAN DURME, Les Archives générales

den sich z. T. sehr wesentlich von denen des früheren Göttinger Projekts. Im folgenden seien die wichtigsten Arbeitsprinzipien und Ergebnisse des Konstanzer Vorhabens im Zusammenhang dargestellt.

1. Was zunächst den Umfang der erfaßten Korrespondenz angeht, so wurde, in Übereinstimmung mit dem oben entfalteten Verständnis der Politischen Korrespondenz Karls V., nicht nur die persönliche Korrespondenz des Kaisers, sondern auch, und zwar konsequent, die Korrespondenz seiner Regenten und vornehmsten Räte in die Erschließung einbezogen. Zudem wurde die Auswahl der Archive und Bibliotheken, die auf Bestände der Politischen Korrespondenz Karls V. hin durchgesehen werden sollten, breiter gefaßt als bei Brandi. In diese Auswahl einbezogen wurden: das Haus-, Hof- und Staatsarchiv Wien, das Generalarchiv in Simancas, das Archivo Histórico Nacional, die Real Academia de la Historia, die Biblioteca Nacional sowie die Biblioteca de Palacio in Madrid, die Bibliothèque Municipale in Besançon, die Archives Générales du Royaume in Brüssel und schließlich – freilich erst für eine spätere Projektphase vorgesehen – das Departementsarchiv in Lille. Von diesen Archiven und Bibliotheken erwies sich die Biblioteca de Palacio für größere Recherchen als unzugänglich; im Departementsarchiv in Lille konnte die Arbeit aus Zeitgründen nicht mehr aufgenommen werden. Die Erschließungsarbeiten an den Brüsseler Beständen, die seit 1969 für ein gutes Jahrzehnt einen Schwerpunkt des Projekts bildeten, mußten angesichts zunehmender Schwierigkeiten der Finanzierung seit 1979 reduziert und einige Jahre später ganz eingestellt werden. Immerhin konnten die vor Ort erstellten Korrespondenzverzeichnisse für die beiden großen und mit Abstand wichtigsten Bestände der AGR – die »Papiers d'Etat et de l'Audience« und die »Secrétairerie d'Etat Allemande« – zum Abschluß gebracht werden; die vorgesehenen weiteren Erschließungsarbeiten jedoch mußten größtenteils unterbleiben. Die ursprünglichen Ziele des Forschungsvorhabens wurden insofern also nicht voll erreicht. Gleichwohl ist der Umfang der durch das Konstanzer Forschungsprojekt erschlossenen Politischen Korrespondenz Karls V. sehr beträchtlich; er beträgt mit rund 100000 Korrespondenzstücken ungefähr das Vierfache der seinerzeit von Karl Brandi und seinen Mitarbeitern verzeichneten Bestände und etwa drei Viertel der vermutlich überhaupt erhaltenen Korrespondenz des Kaisers.

2. Für die Erschließung der erfaßten Korrespondenzbestände wurden vier »Erschließungsstufen« mit jeweils besonderen Arbeitsergebnissen vorgesehen, nämlich

1. die Erstellung von Korrespondenzlisten, d. h. von Stückverzeichnissen der Korrespondenz, in den besuchten Archiven;

---

de Simancas et l'histoire de la Belgique (IXe-XIXe siècles), 4 Bde. [davon Bd. 4 in 2 Teilen: Index alphabétique des Noms de Personnes, Lieux, Institutions et des Matières], Bruxelles 1964–1990.

2. der Aufbau einer Zweitüberlieferung in Form von Fotokopien oder Mikrofilmen für möglichst große Teile der in den Stückverzeichnissen erfaßten Korrespondenzen;

3. die Aufbereitung der Korrespondenzlisten mit Hilfe des Computers, die es wesentlich erleichtert, den Zusammenhang sachlich zusammengehöriger, obzwar in der Überlieferung zerrissener und auf eine Vielzahl von Archiven verteilter Korrespondenzbestände zu rekonstruieren;

4. die Erfassung aller in bestimmten Kernbeständen der Korrespondenz überhaupt genannten Eigennamen von Personen, Orten und Ländern, einschließlich der Erstellung eines alphabetisch geordneten Registers dieser Namen.

Im einzelnen:

ad 1: Die Erfassung der einschlägigen Korrespondenzbestände in den Archiven und Bibliotheken war und ist die Grundlage aller weiteren Erschließung. Die Korrespondenzlisten unseres Projekts verzeichnen für jeden einzelnen Brief: den archivalischen Bestand, die Faszikel- bzw. Konvolutzahl sowie die Anfangs- und Endfolien, das Vorhandensein eines Rückvermerks, Datum und Ausstellungsort, Absender, Empfänger und Überlieferungsform (Minute, Ausfertigung, Kopie, Sommaire, ggf. Chiffrierung usw.). Nach Möglichkeit werden die Absender und Empfänger der Korrespondenzen identifiziert, fehlende Namen und Daten ergänzt; alle Bearbeiterzusätze bzw. -korrekturen sind durch eckige Klammern als solche gekennzeichnet.

Für die Erstellung dieser Korrespondenzlisten wurden in den verschiedenen Archiven insgesamt 1489 Faszikel durchgearbeitet und rund 100000 Briefe der Politischen Korrespondenz Karls V. verzeichnet[28]. Die Verzeichnisse stehen interessierten Forschern in der Universitätsbibliothek Konstanz zur Einsicht offen.

ad 2: Der als zweite Stufe der Erschließung angestrebte Aufbau einer Zweitüberlieferung in Form von Fotokopien oder Mikrofilmen erscheint insbesondere aus zwei Gründen sinnvoll: Zum einen erlaubt erst eine solche Zweitüberlieferung am Sitz des Projekts eine sorgfältige, unter Heranziehung aller wissenschaftlichen Hilfsmittel durchgeführte Überarbeitung, Ergänzung und Korrektur der zunächst in den Archiven selbst gefertigten Korrespondenzlisten, die ja unvermeidlich mancherlei Unvollständigkeiten, Ungenauigkeiten oder auch Irrtümer enthalten. Zum andern aber – und das ist noch viel wichtiger – bietet erst eine solche, an einem Ort vereinte Zweitüberlieferung die Möglichkeit, sachlich zusammengehörige, aber in der archivalischen Überlieferung weit auseinandergerissene Teile der Korrespondenz unmittelbar »zusammenzusehen«, miteinander zu vergleichen und zu verknüpfen – eine Möglichkeit, deren Bedeutung für die Forschungspraxis nicht leicht zu überschätzen sein dürfte. Jene Aufsplitterung der archivalischen Überlieferung ist nun gerade für die Kernbereiche der Politischen Korrespondenz Karls V. bezeichnend,

28 Die im folgenden 4. Teil beschriebenen Übersichtslisten geben im einzelnen darüber Auskunft, welche archivalischen Bestände bzw. Faszikel durch solche Korrespondenzverzeichnisse erschlossen wurden.

nicht zuletzt für die Korrespondenz des Kaisers mit seinen Regenten und zwischen ihnen. Dementsprechend wurde der Aufbau der Zweitüberlieferung vor allem, wenn auch keineswegs ausschließlich, für diese Kernbereiche der Korrespondenz vorangetrieben[29]. Die solcherart entstandene Sammlung umfaßt insgesamt ca. 45000, nach ihren archivalischen Provenienzen geordnete Briefe, überwiegend in Form von Fotokopien, zu einem kleineren Teil in Form von Mikrofilmen. Auch sie stehen in der Universitätsbibliothek Konstanz für Interessenten zur Benutzung offen.

ad 3: Die Zersplitterung der Politischen Korrespondenz Karls V., und zwar gerade ihrer zentralen Bestände, auf eine Vielzahl von Archiven und Archivbeständen macht es darüberhinaus dringend wünschbar, die Rekonstruktion bestimmter Korrespondenzzusammenhänge zu erleichtern. Als wichtiges Mittel dazu – noch vor einer inhaltlichen Interpretation der Briefe – bietet sich die Sortierung der Korrespondenz nach ihren Briefpartnern sowie in ihrer chronologischen Sequenz an. Eine solche Sortierung kann in der Weise geschehen, daß neben den in den Archiven angefertigten, der archivalischen Provenienz folgenden Korrespondenzverzeichnissen – und auf ihrer Grundlage – weitere Brieflisten

- in der chronologischen Reihenfolge der einzelnen Korrespondenzstücke,
- in der alphabetischen Reihenfolge der Absender und
- in der alphabetischen Reihenfolge der Empfänger erstellt werden.

Schon die Erstellung dieser zusätzlichen Listen mit Hilfe herkömmlicher, von Hand gefertigter Karteien hätte freilich einen Arbeitsaufwand bedeutet, der mit den sehr begrenzten Mitteln des Projekts nicht hätte geleistet werden können. Das Konstanzer Forschungsvorhaben hat deshalb von vornherein den Einsatz elektronischer Datenverarbeitung geplant, und diese Planung wurde mit Hilfe eines eigenen Computerprogramms (»HIQUEB«) auch realisiert. Die maschinelle Datenverarbeitung ermöglicht nicht nur die Sortierung der gesamten überhaupt vom Computer erfaßten Korrespondenzverzeichnisse in chronologisch bzw. alphabetisch aufgebaute Korrespondenzlisten; sie bietet vielmehr auch zusätzliche und wichtige Möglichkeiten einer raschen Rekonstruktion spezifischer Korrespondenzzusammenhänge, z. B. des Briefwechsels bestimmter Korrespondenzpartner während eines bestimmten Zeitraums, oder – anhand der Ausstellungsorte – der Erstellung bzw. Überprüfung des Itinerars der häufigsten Korrespondenzpartner oder auch – anhand der Überlieferungsformen – der Bestimmung der Handschrift bestimmter Korrespondenzpartner, was wiederum zur Identifizierung der Autorschaft an anderen Stücken von erheblicher Bedeutung ist. Während nun für jene allgemeinen Korrespondenzlisten ein kompletter Ausdruck wünschbar erscheint – wenngleich in sehr kleiner Auflage[30] –, sollten die

29 Auch die auf dieser Erschließungsstufe erschlossenen Korrespondenzbestände sind in den im folgenden 4. Teil vorgestellten Übersichtslisten im einzelnen dokumentiert.

30 Es dürfte genügen, derartige Ausdrucke nur für einige wenige zentrale Archive und Bibliotheken vorzunehmen. Eine größere Auflage wäre auch aus Platz- und Kostengründen kaum realisierbar: Die genannten vier Korrespondenzlisten werden ja kaum weniger als 24 Bände à 500 Seiten umfassen; dazu kom-

spezielleren Recherchen primär »on line« am Computer durchgeführt werden; die solcherart recherchierten Befunde können dann wiederum auch ausgedruckt werden. Die Datei mit den gesamten Daten der durch den Computer erfaßten Korrespondenzverzeichnisse ist auf der Datenbank des bei der Universitätsbibliothek Konstanz installierten Großrechners gespeichert; dank der Vernetzung dieses Rechners mit den Computern anderer in- und ausländischer Bibliotheken sind die in Konstanz gespeicherten Daten einer breiten wissenschaftlichen Nutzung zugänglich.

Die in den Computer einzulesenden Korrespondenzverzeichnisse mußten und müssen vorab – mit Hilfe der am Ort erstellten Zweitüberlieferung – gründlich überarbeitet werden. Die archivalisch überlieferten Korrespondenzen, insbesondere die Konzepte, sind ja in ihren Angaben zum Ausstellungsort und -datum, aber auch zum Absender und Empfänger häufig unvollständig oder bedürfen sonst der Interpretation – dies z. B. schon wegen des häufigen Neben- und Durcheinanders der Jahresdatierung nach römischem, Oster- oder gar Weihnachtsstil; hinzu kommt die Wünschbarkeit der Identifizierung von Personen, die als Empfänger eines Briefs sehr oft nur mit Amt oder Titel angesprochen werden, als Absender aber nicht selten nur mit ihrem Namen zeichnen; auch sind mitunter schwierige paläographische Probleme zu lösen usw. Diese Überarbeitung der zunächst in den Archiven angefertigten Verzeichnisse stellt einen Kernbereich der wissenschaftlichen Arbeit des Projekts überhaupt dar. Der dafür erforderliche Zeitaufwand ist sehr hoch, der Zeitaufwand auch für die Eingabe der Daten in den Computer und deren Kontrolle nicht unerheblich. Der Umfang der solcherart erfaßten Korrespondenz ist deshalb geringer als der der Zweitüberlieferung oder gar der in den Archiven erstellten Korrespondenzlisten. Das Konstanzer Forschungsprojekt hat immerhin versucht, wenigstens einen Großteil der zentralen – und als solche zumeist durch keinerlei »Betreffe« gegliederten und deshalb besonders spröden – Bestände der Politischen Korrespondenz Karls V. mit seinen Regenten und Räten in die Arbeit dieser Erschließungsstufe einzubeziehen. Das gilt insbesondere für die beiden gewaltigen Bestände »Belgien PA« im Haus-, Hof- und Staatsarchiv Wien und »Estado/Castilla« in Simancas mit insgesamt ca. 30000 Briefen. Die Brieflisten selbst werden ergänzt durch ausführliche Namensregister, die es u. a. erlauben, Briefpartner mit unterschiedlichen Namensformen zu identifizieren, die aber auch von Personen auf Ämter und Herrschaften et vice versa verweisen.

men dann noch einmal drei Bände mit Namens- und Ortsregistern. Ein Teil der – nach ihrer archivalischen Provenienz geordneten – Brieflisten aus dem Bestand Belgien PA des Haus-, Hof- und Staatsarchivs Wien wurde im Rahmen eines »Stückverzeichnisses« für diesen Bestand bereits vorab publiziert: Mitteilungen des Österreichischen Staatsarchivs 29 (1976), S. 436–493; 30 (1977), S. 346–397; 32 (1979), S. 267–305; 33 (1980), S. 284–345; 34 (1981), S. 345–400; 35 (1982), S 365–403; 36 (1983), S. 283–328; 37 (1984), S. 377–447; 39 (1987), S. 307–371. In der Folge kam es zu tiefgreifenden Änderungen in der formalen und inhaltlichen Konzeption der MÖStA, in deren Zusammenhang auch die Redaktion der Zeitschrift in andere Hände überging; die Publikation des ›Stückverzeichnisses‹ wurde daraufhin nicht fortgesetzt.

ad 4: Als letzte und intensivste Stufe der Erschließung setzte sich das Konstanzer Forschungsprojekt zum Ziel, für ausgewählte Bestände der Politischen Korrespondenz Karls V. ein Register aller überhaupt in diesen Briefen vorkommenden Eigennamen – von Personen, Orten und Ländern – zu erstellen. Der heuristische Wert eines solchen Namensregisters gerade für die Erschließung eines so umfangreichen und zugleich unübersichtlichen Quellenbestands wie der Politischen Korrespondenz Karls V. dürfte wiederum nicht leicht zu überschätzen sein. Man kann ja davon ausgehen, daß jedes politische Problem von einiger Bedeutung sich alsbald in Ländern, Orten und/oder Personen konkretisiert. Kennt man also einen oder mehrere der für einen derartigen Problembereich wichtigen Namen, so ermöglicht das Namensregister eine erste Auswahl vermutlich relevanter Korrespondenzstücke, zu deren Ermittlung ansonsten langwierige, praktisch oft kaum durchführbare Arbeiten erforderlich wären. Die Durchsicht dieser ersten Auswahl mag dann weitere Aufschlüsse ergeben, die ihrerseits neue, gezielte Recherchen in den Quellen ermöglichen usw. Eine derartige Erschließung aller in bestimmten Korrespondenzbeständen überhaupt vorkommenden Namen bereitet allerdings enorme Schwierigkeiten: Es handelt sich hier ja nicht nur um eine sehr große Zahl von Namen – in manchen Briefen der Politischen Korrespondenz sind es 50 und mehr –, sondern auch um eine Vielzahl sonst kaum bekannter, selbst über regional- und lokalgeschichtliche Literatur kaum oder gar nicht zu identifizierender Personen, deren Namen überdies in der – ja mehrsprachigen – Korrespondenz nicht selten entstellt oder überhaupt schon paläographisch nicht ganz sicher zu lesen sind. Diese zeitraubenden Probleme und natürlich auch die ursprünglich nicht vorausgesehene Massenhaftigkeit der insgesamt zu bearbeitenden Quellenbestände haben der Erstellung dieses Namensregisters für die Gesamtheit der jeweils in den Briefen vorkommenden Namen enge Grenzen gezogen. Sie werden nur für die – freilich außerordentlich bedeutsamen – Korrespondenzen des Kaisers und seines Bruders Ferdinand, wie sie in den berühmten »Handschriften blau 595 – 597« des Haus-, Hof- und Staatsarchivs Wien überliefert sind, realisiert. Es gab gelegentlich sogar Zweifel, auch unter den Mitarbeitern des Projekts, ob man auf dieses so aufwendige Register nicht überhaupt verzichten und sich mit den Registern der Absender und Empfänger der Korrespondenz begnügen solle; die grundsätzliche, über die Erschließung der Politischen Korrespondenz Karls V. hinausweisende methodische Bedeutung gerade eines solchen Namensregisters ließ jedoch eine wenigstens exemplarische Realisierung auch dieses Projektziels als sinnvoll erscheinen. Die noch ausstehenden Teile der Arbeit an diesem Namensregister werden in den kommenden Jahren einen der Schwerpunkte des Projekts bilden. Im übrigen ist die Zahl der auf diese Weise zusätzlich zu erschließenden, also nicht schon in den Registern der Absender und Empfänger der Korrespondenz enthaltenen Namen nicht unerheblich; sie dürfte sich auf kaum weniger als 4000 belaufen.

Wie die Korrespondenzlisten und Register der dritten Erschließungsstufe wird auch das Register der »vorkommenden« Namen in der gesamten Datenbank gespeichert und der wissenschaftlichen Nutzung zugänglich gemacht; zusätzlich ist – wiederum in sehr kleiner Auflage – ein Computerausdruck auch dieses Registers vorgesehen.

4. Übersicht der erschlossenen Archivbestände der Politischen Korrespondenz Karls V.

Zur raschen Orientierung über die bearbeiteten Archivbestände und über die unterschiedlichen Stufen ihrer Erschließung dient eine Übersichtsliste, die sämtliche im Rahmen des Projekts erschlossenen Archivalien

- nach Beständen und Faszikeln bzw. Bänden sowie
- nach der jeweils erreichten Stufe der Erschließung der Korrespondenz auflistet.

Dabei bedeuten:

Erschließungsstufe I: Für die hier aufgeführten Faszikel bzw. Bände liegen im Archiv gefertigte, regelmäßig handschriftliche Verzeichnisse jedes einzelnen Korrespondenzstücks vor, und zwar für jedes einzelne Stück unter Angabe von: Faszikel bzw. Band, ggf. Konvolut, Folien, Datum, Ausstellungsort, Absender, Empfänger, Überlieferungsform.

Etwaige kürzliche archivarische Umsignierungen sind in der Weise berücksichtigt, daß neben der neuen Signatur auch die alte (in runden Klammern) genannt wird.

Erschließungsstufe II: Zusätzlich zu den im Archiv gefertigten Korrespondenzlisten liegen Zweitüberlieferungen der archivalischen Quellen in Form von Fotokopien (II/1) oder/und Mikrofilmen (II/2) vor. Die unter II/1 verzeichneten Zahlen sind die Nummern der Kartons bzw. Bände, in denen diese Kopien in der Bibliothek der Universität Konstanz aufbewahrt werden. Für die Mikrofilme (II/2) gilt entsprechendes.

Erschließungsstufe III: Die Verzeichnisse aller einzelnen Korrespondenzstücke des jeweiligen Faszikels bzw. Bandes wurden nach eingehender Überprüfung und Ergänzung der in den Archiven gefertigten Brieflisten in den Computer eingelesen und können mit Hilfe des Computers für spezielle Recherchen genutzt werden.

Von den solcherart erschlossenen Korrespondenzbeständen liegen überdies vier vollständige Brieflisten im Computerausdruck vor, und zwar je eine

- in der Ordnung der archivalischen Provenienz,
- in der zeitlichen Reihenfolge der Briefe,
- in der alphabetischen Reihenfolge der Absender und
- in der alphabetischen Reihenfolge der Empfänger;

dazu kommen Personen- und Ortsregister.

In den vom Computer verarbeiteten Korrespondenzverzeichnissen ist jedes einzelne Stück der Korrespondenz durch eine eigene Zahl (»Brief-Nummer«) identifiziert. In Spalte III der Übersicht ist die Nummer des jeweils ersten und letzten Briefs jedes Faszikels bzw. Bandes aufgeführt.

Die vorstehend erläuterte Übersicht der bearbeiteten Bestände der Politischen Korrespondenz Karls V. nach archivalischen Provenienzen und Erschließungsstufen stellt also zugleich eine Konkordanz dar, die es ermöglicht, von den Archivsignaturen der einzelnen Faszikel bzw. Bände ohne weiteres auf die in Konstanz vorhandene Zweitüberlieferung sowie auf die Möglichkeiten der Recherche mit Hilfe des Computers zuzugreifen. Die Übersicht selbst ist wiederum über den Rechner der Universitätsbibliothek Konstanz nutzbar.

5. Prinzipien der Aufnahme der Politischen Korrespondenz Karls V. in Korrespondenzverzeichnisse (»Brieflisten«)

Die im Rahmen des Forschungsvorhabens erstellten Verzeichnisse der Politischen Korrespondenz Karls V. stellen ein Basisresultat der Arbeit des Projekts dar, auf dem der Aufbau einer Zweitüberlieferung der Korrespondenz und erst recht deren weitergehende Aufbereitung mit Hilfe des Computers einschließlich der unterschiedlichen Register beruhen. Die für die Erstellung dieser Brieflisten maßgebenden Prinzipien – sowohl für die Auswahl der aufzunehmenden Stücke als auch für die formale Gestaltung der Verzeichnisse – sind deshalb für die gesamten Arbeitsergebnisse des Projekts wie für die Möglichkeiten ihrer wissenschaftlichen Nutzung von erheblicher Bedeutung. Sie seien deshalb im folgenden des genaueren dargestellt.

1. Auswahlprinzipien

Für die Auswahl der aufgenommenen Korrespondenzstücke ist grundsätzlich die oben gegebene Definition der Politischen Korrespondenz Karls V. maßgebend: Die politische Korrespondenz Karls V. umfaßt den gesamten Briefwechsel des Kaisers, seiner Regenten und vornehmsten Räte untereinander und mit Dritten, insbesondere mit den Gesandten an auswärtigen Fürstenhöfen und bei ständischen Versammlungen.

Diese Definition der Politischen Korrespondenz über den Kreis der Korrespondenzpartner bietet den Vorzug einer klaren und relativ einfachen Abgrenzung – ein gerade für die Praxis der Archivarbeit nicht gering zu schätzender Vorzug: Vor allem bedarf es im Einzelfall ja keiner langwierigen, mit schwierigen Fragen der Geschichte des Politik-Begriffs belasteten Prüfung und Begründung, ob und warum ein bestimmtes Korrespondenzstück zur Politischen Korrespondenz des Kaisers gehöre oder nicht.

Grenzfragen der Zuordnung sind freilich unvermeidlich.

Zunächst kann mitunter zweifelhaft sein, ob ein bestimmtes Schriftstück überhaupt als Korrespondenz anzusehen ist. Die praktische Bedeutung dieses Problems für die Arbeit an der Erschließung der Politischen Korrespondenz Karls V. ist zwar nicht sehr groß; insbesondere ist die – stets an bestimmte Adressaten gerichtete – Korrespondenz in aller Regel formal eindeutig zu bestimmen – im Unterschied etwa zu allgemeinen Mandaten oder sonstigen litterae patentes. Aber es fehlt doch nicht ganz an Ausnahmen: Stücke vor allem, bei denen schwer zu entscheiden ist, ob es sich nicht etwa bloß um Aktenvermerke im internen Verwaltungsverkehr der habsburgischen Zentralverwaltung handelt[31]. Auch gibt es Unsicherheiten bei einigen im Vergleich zur sonstigen Korrespondenz ungewöhnlich formlosen Mitteilungen, die vor allem zwischen den habsburgischen Geschwistern Karl, Ferdinand und Maria gewechselt wurden, wenn – und obwohl – sie sich am gleichen Ort befanden, wie z. B. anläßlich der spannungsvollen Verhandlungen in Augsburg 1550/51 über die Thronfolge im Kaisertum[32]. In solchen und ähnlichen Zweifelsfällen wurden die fraglichen Stücke stets aufgenommen; es schien richtig, hier nicht rigide auszugrenzen, zumal es sich gerade bei diesen Zweifelsfällen um mitunter sachlich höchst interessante Stücke handelte.

Anders dagegen wurde mit den Supplikationen verfahren. Schon die habsburgischen Registratoren des 16. Jahrhunderts haben die Supplikationen ja für gewöhnlich nicht den Beständen der Politischen Korrespondenz zugeordnet; vielfach wurden sie zur Beratung und Entscheidung überhaupt allererst in die strenge, ja: stereotype Form der Supplikationen gebracht und dann – wenn überhaupt – in dieser Form gesondert überliefert. Sofern Supplikationen gleichwohl zwischen die Bestände der Korrespondenz eingesprengt erscheinen, wurden sie deshalb nur berücksichtigt, soweit der Supplikant oder sein Anliegen von erkennbar erheblicher politischer Bedeutung waren – was freilich wiederum nicht ganz selten der Fall war, z. B. bei Bitten um Amtsverleihungen oder um Empfehlungen auf kirchliche Pfründen.

Auch für die Lösung eines anderen Problems war schon die habsburgische Registratur hilfreich: in der prinzipiellen Aussonderung nämlich der Justizakten. Obwohl Politik und Justiz in der Organisation der frühneuzeitlichen Staatswesen noch immer eng miteinander verbunden waren – nicht zuletzt in der vielfach bezeugten Kompetenz der zentralen Ratsgremien für politische wie für justizielle Agenden –, waren den Beteiligten die Besonderheiten des einen gegenüber dem andern Bereich doch durchaus bewußt. Für die zeitgenössischen Registratoren aber mochte sich eine entsprechende Sonderung der Akten um so eher nahelegen, als die regelmäßig viel stärker formalisierten gerichtlichen Verfahren zumeist ohnehin ganz andere Akten produzierten als die Verfahren der politischen Entscheidungsfindung und -durchsetzung. Wenn deshalb vereinzelt Justizakten zwischen der Politi-

31 Schöne Belege dafür liefert z. B. der Faszikel Belgien PA 58 (alt) im Haus-, Hof- und Staatsarchiv Wien, bes. fol. 181r, 265r–266v.

32 Beispiele dafür im HHStA Wien, Belgien PA, Fasz. 84 (alt). Von ähnlich formloser Breviloquenz – ohne Datum, Anrede und Unterschrift, mit einem Gute-Nacht-Gruß als einziger Courtoisie – ist ein in demselben Bestand Fasz. 22 (alt), fol. 384r erhaltenes Stück, bei dem es sich nach Schrift, Inhalt und Aktenzusammenhang um ein eigenhändiges Billet Charles' de Poupet, Herrn von La Chaux, an Gattinara vom Abend des 13. August 1529 handelt.

schen Korrespondenz liegen, so hat das seinen Grund zumeist – und noch deutlicher als bei den Supplikationen – in der politischen Bedeutung des speziellen Falles. Das gilt insbesondere für die gelegentlichen Korrespondenzen im Zusammenhang von Streitigkeiten über die Kompetenzen des Kammergerichts in den Niederlanden. Solche Stücke wurden denn auch durchweg aufgenommen. Anders dagegen wurde verfahren, wenn es sich um größere, etwa gar mehrere Faszikel umfassende Bestände handelte wie im Falle des Bestands »Staatenabteilungen: Deutsche Staaten. Württemberg/rote Serie« im Haus-, Hof- und Staatsarchiv Wien, der im wesentlichen Akten des Prozesses König Ferdinands gegen die Herzöge von Württemberg enthält; dieser Bestand wurde als Ganzes nicht berücksichtigt.

Soweit es sich um Finanzsachen handelte, wurde auf jede Ausgrenzung von Teilen der Korrespondenz verzichtet, auch wenn sie mitunter nur vergleichsweise nachgeordnete Finanzprobleme zum Gegenstand hat. Der Grund für diese Entscheidung liegt nicht nur in den – praktisch freilich sehr erheblichen – Schwierigkeiten einer Abgrenzung solcher Finanzkorrespondenz von einer eigentlich »politischen« Korrespondenz; entscheidend ist vielmehr, daß die Finanzagenden selbst, und zwar eben bis in Einzelfragen hinein, im habsburgischen Regierungssystem als eminent politisch galten, sozusagen als »Chefsache«. Die Instruktionen und Restriktionen Karls V. für seine Regenten in den Niederlanden, in Spanien und im Reich geben dafür zahlreiche Belege[33].

Auch die mancherlei Empfehlungsschreiben zugunsten Einzelner, etwa die Interzessionsschreiben Karls V. an den Papst wegen der Besetzung bestimmter kirchlicher Pfründen, wurden grundsätzlich aufgenommen – im Gegensatz u. a. zu Graf Looz-Corswarem, der bei seiner Verzeichnung der »Römischen Korrespondenz« in Simancas diese Interzessionsschreiben als unpolitisch und »privat« beiseite ließ[34]. Die neuere Forschung hat ja sehr deutlich gemacht, daß derartige Empfehlungen sehr oft einen durchaus politischen Sinn und Zweck hatten: als Instrument nämlich des Kaisers oder auch seiner Regenten, eine verläßliche Klientel im Lande zu schaffen und auszubauen, die die habsburgische Politik im kleinen wie im großen zu vertreten und durchzusetzen bereit war; sie gehören mithin zwingend zur Politischen Korrespondenz.

Nicht ganz befriedigend zu lösen war schließlich, und zwar aus Gründen der Geschichte des habsburgischen Regierungssystems selbst, das Problem der Aufgliederung bzw. Abgrenzung der Korrespondenz Ferdinands als Regenten für seinen kaiserlichen Bruder im Reich einerseits, als eigenständigen Landesherrn anderseits. Während alle anderen Regenten des Kaisers ihre gesamte politische und Rechtsmacht ausschließlich in Vertretung des Kaisers inne hatten und also auch ihr politisches Wirken mitsamt ihrer politischen Korre-

33 Wichtige Quellen dazu bei H. RABE/P. MARZAHL, ›Comme représentant nostre propre personne‹ [wie Anm. 11].

34 O.A. Graf LOOZ-CORSWAREM, Die römische Korrespondenz in Madrid und Simancas [wie Anm. 10], S. 112.

spondenz stets im Zeichen dieser Regentschaft für den Kaiser stand, war Ferdinand ja zugleich – jedenfalls seit Mitte der zwanziger Jahre – eigenständiger Landesherr der österreichischen Erblande, seit 1527 überdies böhmischer und ungarischer König. Nun gibt es zwar gewiß archivalische Bestände, in denen Ferdinand so gut wie ausschließlich als Landesherr des einen oder anderen seiner Herrschaftsgebiete oder eben als kaiserlicher Statthalter im Reich begegnet; aber das ist doch keineswegs immer so und gilt für wichtige Bestände auch der eigentlichen Reichsakten nur unter erheblichen Einschränkungen. Die Tatsache, daß die österreichische Kanzlei Ferdinands auch dessen Reichsangelegenheiten zu bearbeiten hatte – eine einigermaßen konsequente Sonderung der Kanzleien erfolgte ja erst im 17. Jahrhundert –, zeitigte ihre Folgen auch für die Registratur und damit noch für die heutige Ordnung der archivalischen Überlieferung.

Das Konstanzer Forschungsprojekt hat dieses Problem so zu lösen versucht, daß bestimmte Archivbestände, die mit einiger Sicherheit im wesentlichen oder doch vorwiegend der österreichischen bzw. böhmischen oder ungarischen Landesherrschaft Ferdinands zuzuordnen waren, als Ganzes nicht in die Erschließung der Korrespondenz einbezogen wurden – der bei weitem wichtigste Fall solcher Art ist der Bestand »Hungarica« des Haus-, Hof- und Staatsarchivs Wien[35]; in den überhaupt in die Erschließung einbezogenen Beständen aber wurde die Korrespondenz Ferdinands vollständig erfaßt, auch wenn es sich dabei nicht selten um spezifisch österreichische oder böhmische, mitunter auch ungarische Belange handelte.

2. Prinzipien der formalen Gestaltung

Die Korrespondenzverzeichnisse erfassen die zur Korrespondenz Karls V. gehörenden Briefe Stück für Stück nach deren äußeren Merkmalen, nämlich: nach laufender Nummer, archivalischem Fundort, Datum, Ausstellungsort, Absender, Empfänger und Überlieferungsform. Diese Merkmale unterliegen mehr oder minder starken Formalisierungen, die einerseits auf engem und gleichermaßen übersichtlichem Raum bei möglichst einfacher Benutzbarkeit ein möglichst hohes Maß von Informationen gewährleisten sollen und anderseits zugleich für das System der Datenverarbeitung geschaffen worden sind. Obgleich sich die Prinzipien der formalen Gestaltung dem kundigen Benutzer beim Umgang mit den Verzeichnissen zumeist ohne weiteres erschließen, erscheint es doch angebracht – auch zur Klärung möglicher Zweifelsfälle – sie an dieser Stelle systematisch darzulegen und zu begründen.

35 Gerade dieser umfängliche Bestand verdiente freilich eine sorgfältige Erschließung; insbesondere die hier überlieferten Korrespondenzen zwischen Ferdinand und seiner Schwester Maria, der Königinwitwe von Ungarn, gehen über den engeren Bereich der ungarischen Agenden oft weit hinaus.

a) Laufende Nummer

Jedes Stück ist mit einer laufenden Nummer als der kürzesten eindeutigen Identifizierung des Stücks gekennzeichnet. Eine solche ID-Nummer ist nicht nur ein Erfordernis der Datenverarbeitung, sondern sie erleichtert als Kurzinformation z. B. in Anmerkungen und Kommentaren den Umgang mit dem Material ganz erheblich. Beilagen tragen die laufende Nummer des Stücks, dem sie beigelegt sind, mit einem zusätzlichen Buchstaben in alphabetischer Folge.

b) Archivalischer Fundort

Die Angabe für den archivalischen Fundort ist in einer sechsstelligen Zahl unter Weglassen der führenden Null verschlüsselt. Sie enthält Archiv, Bestand und eventuelle Unterabteilungen des Bestands. Die Aufschlüsselung ist einer gesonderten Liste »Archivalische Fundorte« wie auch den Übersichtslisten über die Erschließungsstufen des gesamten Materials zu entnehmen.

Der verschlüsselten Zahl folgt nach einem Bindestrich die Nummer des Faszikels und eventuell – mit einem Schrägstrich angeschlossen – des Konvoluts. Da es sich aus Gründen der Datenverarbeitung nahelegte, bei dieser Systemstelle ausschließlich Zahlen zu verwenden, mußten die gelegentlich vorkommenden Buchstaben in Faszikelbezeichnungen in Zahlen umgedeutet werden. So entspricht einem Faszikel 1a die Kennzeichnung 1.1 oder 6b die Kennzeichnung 6.2. Ganz analog wurde mit alphabetischen Konvolutbezeichnungen verfahren.

c) Folien

Von jedem Stück sind Anfangs- und Endfolio angegeben, und zwar mit genauer recto- und verso-Kennzeichnung. Bei einem Stück mit Beilagen stehen die Folien des Hauptbriefs an erster Stelle und anschließend in runder Klammer Anfangs- und Endfolio der Gesamtheit der Beilagen. Für den Fall, daß sich unter den Beilagen Stücke befinden, die zur Korrespondenz Karls V. gehören, sind diese mit entsprechender laufender Nummer auch als gesonderte Stücke erfaßt.

Bei falscher Folienlegung im Faszikel sind die Folien durchweg in der richtigen, d. h. in der dem Briefinhalt entsprechenden Reihenfolge aufgenommen. Sofern die Zahlen in der Folienspalte keine recto- und verso-Kennzeichnungen haben, handelt es sich – entsprechend der unterschiedlichen Praxis in den jeweiligen Archiven – um Seiten-, Bogen- oder Stückzählungen.

d) Rückvermerk

Rückvermerke sind, soweit vorhanden, gesondert erfaßt worden. Dabei gelten als Rückvermerke nicht nur die – üblichen – Adressen, sondern auch Vermerke wie »Lettres de la royne au roy des Romains de Bruxelles le XXIII de janvier 1547« oder »Translation«. Alle diese Angaben sind auch dann als Rückvermerk angesehen und in der dafür vorgesehenen Spalte verzeichnet worden, wenn sie statt auf der Rückseite des Briefs auf einem gesonderten Umschlagblatt stehen und in der Folienlegung dem Brief voranstehen.

e) Datierung

Grundsätzlich werden alle Daten nach römischem Stil gegeben. Die nach altem Stil datierten Stücke wurden daher »umdatiert«, wobei das Jahr in eckige Klammern gesetzt wurde. Es war – auch abgesehen von den Problemen der unterschiedlichen Jahresanfänge – nicht immer möglich, das Datum jedes in der Datierung unsicheren bzw. überhaupt – ganz oder teilweise – undatierten Stücks genau und zweifelsfrei zu bestimmen. In jedem Fall aber soll der Benutzer erkennen können, ob ein angegebenes Datum unverändert aus der Quelle übernommen oder aber von den Bearbeitern korrigiert bzw. erschlossen worden ist. Daher werden erschlossene bzw. korrigierte Daten oder Teildaten in eckige Klammern gesetzt und diese von den Bearbeitern vorgenommenen Datierungen in aller Regel in einer Anmerkung begründet. Erhebliche Zweifel, die trotz aller Bemühungen bestehen blieben, sind durch ein Fragezeichen hinter dem Datum bzw. hinter dem zweifelhaften Datumsteil ausgedrückt worden.

Gründe der Datenverarbeitung und die notwendige Beschränkung des Platzes haben zu relativ strengen Formalisierungen geführt. Das Datum wird in der Reihenfolge Jahr, Monat, Tag gegeben. Dabei wird auf die Angabe des Jahrhunderts ebenso verzichtet wie auf die vielleicht übersichtlichere Darstellung des Monats in römischen Ziffern. Hat ein Stück mehrere Daten, so wird lediglich das letzte Datum verzeichnet, auf die früheren jedoch in der Anmerkung verwiesen.

f) Ausstellungsort

Ausstellungsorte werden, um dem Benutzer die Arbeit zu erleichtern, durchweg in moderner Schreibweise wiedergegeben. Maßgebend für Sprachform und Schreibung sind moderne internationale Atlanten, regelmäßig der »TIMES«-Atlas[36], der sich wegen seines sehr ausführlichen Ortsverzeichnisses als besonders brauchbar erwiesen hat. Hilfsweise sind, namentlich für sehr kleine Orte, auch nationale Kartenwerke und Lexika herangezogen worden.

Abweichend von dieser allgemeinen Regel sind Orte in heute nicht deutschsprachigen Ländern, für die jedoch eine gängige deutsche Sprachform existiert (z. B. Brüssel, Antwerpen, Prag, Neapel), in dieser deutschen Sprachform aufgenommen. Entsprechend ist für Orte in heute zweisprachigen Gebieten regelmäßig die deutsche Sprachform gewählt wor-

36 The Times Atlas of the World. Comprehensive Edition. Prod. and publ. by The Times etc., Edinburgh 1968 (mehrere Neudrucke).

den (also: Brixen statt Bressanone). Die Verweise auf andere Sprachformen und z. T. auch andere Schreibweisen sind einem gesonderten Ortsnamensregister zu entnehmen.

Abgegangene Orte, für die es folglich keine moderne Schreibweise gibt, werden in der Sprachform der Quellen selbst gegeben. Ausstellungsorte, die mit Hilfe der konsultierten Kartenwerke, Itinerare und Lexika nicht identifiziert werden konnten, sind ebenfalls unmittelbar aus der Quelle übernommen und in Anführungszeichen gesetzt worden.

g) Absender und Empfänger

In den Quellen selbst erscheinen Absender und Empfänger regelmäßig nur mit ihrem Eigennamen oder nur mit Namen und Titel ihrer Herrschaft bzw. ihres Amtsbereichs, nur gelegentlich auch in beiden Formen. Soweit es ein vertretbarer Arbeitsaufwand zuließ, ist versucht worden, über die Empfänger- und Absenderangaben der Briefe hinaus zu eindeutigen Identifizierungen der Personen zu gelangen – einerseits durch die Zuordnung von Herrschafts- und Amtsbezeichnungen zu den Eigennamen der jeweiligen Träger eines Titels oder Amts, anderseits durch Ergänzungen von Vornamen, Titeln oder Ordnungszahlen. Diese Zusätze der Bearbeiter sind – analog dem Verfahren der Datierung – in eckige Klammer gesetzt.

Sofern Personen durch ihre Titel und Herrschaften (Orte, Territorien usw.) gekennzeichnet sind, sind diese Herrschaften, um ihre geographische Identifizierung zu erleichtern, in genauer Analogie zur Angabe der Ausstellungsorte aufgeführt, d. h. nach Möglichkeit grundsätzlich in moderner Schreibung. Auch die Titel sind dabei, soweit möglich, in ihrer deutschen Form aufgenommen. Dabei gelten folgende Abkürzungen:

A	Abt	GS	Gesandter
AM	Administrator	H	Herzog
B	Bischof	HR	Herr
BA	Baron	K	König
BG	Burggraf	KA	Kaplan
D	Don	KAP	Kapitän
DK	Dekan	KD	Kardinal
DO	Doge	KF	Kurfürst
DR	Doktor	KO	Koadjutor
EA	Earl	KOM	Komtur, Commandeur
EB	Erzbischof	L	Legat
EH	Erzherzog	LG	Landgraf
F	Fürst	LIC	Licentiat
FR	Frater	M	Marquis
G	Graf	MA	Magister, Maître
GF	Großfürst	MG	Markgraf
GM	Großmeister	MR	Messire,Micer,Messer

N	Nuntius	S	Sultan
O	Stadtobrigkeit	SH	Schah
P	Propst	SR	Signoria
PA	Pascha	VC	Vicomte
PG	Pfalzgraf	VK	Vizekönig
PL	Prälat	W	Woiwode
PR	Prior	Z	Zar
RI	Ritter		

Die Bildung der weiblichen Form erfolgt durch das Anhängen von F an den jeweiligen Titel (z. B. G-F, K-F). Die Pluralbildung erfolgt durch Verdoppelung des letzten Buchstabens.

Eigennamen, die nicht auf geographische Begriffe zurückzuführen sind, insbesondere bürgerliche Namen, sind grundsätzlich in der Namensform und Schreibweise der Quelle selbst aufgenommen. Sie können daher, anders als Herrschaftsnamen, in den Korrespondenzlisten in unterschiedlichsten Schreibungen erscheinen.

Vornamen sind grundsätzlich nur in *einer* Namensform (in der Terminologie des Gesamtregisters: in der »Stammform«) aufgenommen. Davon abweichende Namensformen sind in der Regel durch die in eckige Klammer gesetzte Stammform ersetzt. »Dr. Jorg Gienger« erscheint demnach in der Briefliste als »Gienger [Georg] Dr«, also genauso, als sei in der Quelle sein Vorname gar nicht genannt. Abweichende Schreibungen werden als solche jedoch dann aufgenommen, wenn die betreffende Person in der Quelle nur mit ihrem Vornamen in dieser abweichenden Schreibung vorkommt. Dasselbe gilt für besonders häufig vorkommende, insbesondere vom Träger des Namens selbst verwendete Schreibungen des Vornamens, z. B. »Hessen, Philips LG« (neben der Stammform »Hessen, Philipp LG«).

Einige Personenkreise sind von den hier dargelegten Aufnahmeprinzipien von vornherein ausgenommen worden. Das betrifft zunächst die Mitglieder des Hauses Habsburg selbst. Sie werden mit der deutschen Namensform ihres Vornamens aufgenommen. Da manche Vornamen in der Familie mehrfach vorkommen, sind gegebenenfalls, um Mißverständnisse zu vermeiden, Erläuterungen hinzugefügt, z. B.: Maria, T. (= Tochter) Karls. Darüberhinaus werden die Päpste stets mit ihrem offiziellen Papstnamen und offizieller Zählung in römischen Ziffern aufgenommen, also: Leo X. Schließlich sind die Namen einiger weniger Räte Karls V. standardisiert worden, nämlich: Gattinara, Granvelle, Cobos, Arras B.

Sind Absender bzw. Empfänger abgrenzbare Personengruppen, so sind sie mit einem entsprechenden Sammelbegriff gekennzeichnet, gegebenenfalls also durch den Namen der betreffenden Behörde. Handelt es sich um sonstige Mehrheiten von Personen, so werden diese nach Möglichkeit einzeln aufgeführt; aus Gründen der Übersichtlichkeit sind die einzelnen Personen dann durchnumeriert.

Bei Instruktionen gilt in jedem Fall der Aussteller als Absender und der Instruierte als Empfänger, und zwar auch dann, wenn es sich um eine ostensible Instruktion handelt, die der Instruierte dem Verhandlungspartner offenlegen bzw. übergeben soll. Daß es sich bei einem Stück der Korrespondenz um eine Instruktion handelt, wird jeweils eigens angemerkt.

h) Überlieferungsform

Die Kennzeichnung der Überlieferungsform folgt zunächst der üblichen Unterscheidung in Konzepte (Minuten: M), Ausfertigungen (A) und Kopien (K). Da diese grobe Unterscheidung es nicht erlaubt, die – auch für den Benutzer wichtige – Formenvielfalt der Quellen hinreichend zu erfassen, ist die Kennzeichnung der Überlieferungsform weiter ausdifferenziert worden. So kann es unter mancherlei – formalen wie inhaltlichen – Gesichtspunkten nützlich sein, von vornherein zu erkennen, ob Ausfertigungen oder auch Konzepte ganz oder teilweise eigenhändig geschrieben sind. Auch der Hinweis, ob Ausfertigungen ganz oder teilweise chiffriert sind und ob eine Dechiffrierung unmittelbar dabei liegt, sei sie nun marginal, interlinear oder auf besonderem Blatt, kann aus arbeitsökonomischen Gründen sehr wichtig sein.

Schließlich sei noch auf zwei Formen der Überlieferung hingewiesen, die grundsätzlich auch unter K subsumiert werden könnten, jedoch wegen ihres anderen, je spezifischen Quellenwerts gesondert ausgewiesen sind. Zum einen handelt es sich dabei um die Form des »Sommaire« (S), worunter zeitgenössische Inhaltsangaben ganzer Korrespondenzreihen zwischen zwei Korrespondenten oder auch einzelner Stücke oder sogar wörtliche Auszüge aus einem Einzelstück zu verstehen sind; diese Sommaires können insbesondere dann wichtig werden, wenn sie die einzige Form sind, in der uns ein Brief überhaupt überliefert ist. Zum andern handelt es sich um die nicht zeitgenössischen Kopien, die Wynants und seine Mitarbeiter Ende des 18. Jahrhunderts angefertigt haben. Die dafür gewählte Kennzeichnung (WK) gilt auch für andere nicht zeitgenössische Kopien.

Im einzelnen gelten folgende Abkürzungen für die Überlieferungsformen:

A	Ausfertigung
AC	komplett chiffrierte Ausfertigung ohne Dechiffrierung
Ac	zum Teil chiffrierte Ausfertigung ohne Dechiffrierung
AC+D	komplett chiffrierte Ausfertigung mit Dechiffrierung
Ac+d	zum Teil chiffrierte Ausfertigung mit Dechiffrierung
Ace	zum Teil chiffrierte Ausfertigung mit eigenhändigen Teilen, ohne Dechiffrierung
Acc+d	zum Teil chiffrierte Ausfertigung mit eigenhändigen Teilen, mit Dechiffrierung
AE	eigenhändige Ausfertigung

Ae	Ausfertigung mit eigenhändigen Teilen
D	einzeln liegende Dechiffrierung
K	Kopie
KC	komplett chiffrierte Kopie ohne Dechiffrierung
Kc	zum Teil chiffrierte Kopie ohne Dechiffrierung
KC+D	komplett chiffrierte Kopie mit Dechiffrierung
Kc+d	zum Teil chiffrierte Kopie mit Dechiffrierung
M	Konzept (minute)
ME	eigenhändiges Konzept
Me	zum Teil eigenhändiges Konzept
S	Sommaire
WK	Wynants-Kopien und andere nicht zeitgenössische Kopien

i) Anmerkungen

Die Anmerkungen bilden den am wenigsten formalisierten Teil der gesamten Publikation. Hier ist denn auch den einzelnen Bearbeitern relativ freie Hand gelassen worden – bei der Entscheidung, wann sie Anmerkungen für nützlich befanden, und auch bei der formalen Ausgestaltung der Anmerkungen. Gleichwohl sind auch hier durchweg gewisse Regeln beachtet worden. So werden regelmäßig im Falle von Instruktionen und Apostilles diese Sonderformen der Korrespondenz eigens angemerkt. Die Erschließung von Daten und Datumsteilen sowie die Erschließung von Personen als Absender bzw. Empfänger (nicht aber von einzelnen Namensteilen) sind ebenfalls stets in einer Anmerkung begründet worden. Und schließlich sind überlange Informationen, die das System der Datenverarbeitung sprengten, in den Anmerkungen aufgefangen worden – z. B. in dem Fall, daß ein Brief mehrere Daten hat, die nicht alle in die dafür vorgesehene Spalte passen; ganz analog kann es sein, daß bei Mehrheiten von Absendern bzw. Empfängern diese nicht alle in der vorgesehenen Spalte Platz haben.

Darüber hinaus sind auch andere Informationen aufgenommen worden, die den Bearbeitern für die Benutzung der Korrespondenzverzeichnisse im Einzelfall hilfreich erschienen. Dazu gehört z. B. des öfteren auch die Angabe bereits vorhandener Drucke eines Stücks; indessen ist bei dieser Art von zusätzlichen Hinweisen weder Vollständigkeit noch Einheitlichkeit angestrebt worden.

HEIDE STRATENWERTH

Aktenkundliche Aspekte der politischen Kommunikation im Regierungssystem Karls V.

I.

Das Großreich, ja: Weltreich, wie es Kaiser Karl V. durch Erbgänge und Wahl zugewachsen war, stellte den 19jährigen Herrscher vor Probleme, die seine Vorgänger in diesem Ausmaße nicht gekannt hatten, und die auch die zeitgenössischen Herrscher der entstehenden Nationalstaaten und erst recht die halbsouveränen Territorialfürsten des Deutschen Reichs in dieser Weise nicht zu bewältigen hatten. Dabei ging es zum einen um die Regierbarkeit der zahlreichen, strukturell und mental sehr unterschiedlichen Länder und Herrschaften, zum andern aber – und darauf zielt der vorliegende Beitrag in erster Linie ab – um die Möglichkeit eines zielgerichteten und koordinierten politischen Handelns unter Einbeziehung aller einzelnen Länder.

Bekanntermaßen löste Karl V. das Problem der Regierung und Verwaltung seiner Teilreiche während der oftmals langen Zeiten seiner Abwesenheit mit Hilfe des im wesentlichen in den 1520er Jahren entwickelten Regentschaftssystems[1]. Ostensibel mit umfassenden Vollmachten und damit auch uneingeschränkter Autorität ausgestattet, agierte der jeweilige Regent als »alter ego« des abwesenden Herrschers. Unterstützt wurde er – zumindest in den Niederlanden und in Spanien – von einer Zentralverwaltung, die durch den jetzt entstandenen Zwang, Regelungen für die Abwesenheit des Kaisers zu treffen, sichtlich die entscheidenden Impulse zu ihrem zügigen Ausbau erhielt.

Als Herrscher seines Gesamtreichs freilich stellten sich Karl V. weitere Aufgaben, die auf einer höheren Ebene als der seiner Teilreiche lagen und allein mit dem Instrument des Regentschaftssystems nicht zu lösen waren. Mit dem Amt des Kaisers hatte er zum einen die Pflichten eines »advocatus ecclesiae« übernommen, d. h. den Schutz der Christenheit vor äußeren religiösen Feinden und die Bewahrung der Kirche vor häretischen und schismatischen Tendenzen im Innern. In einer Zeit, da die muslimischen Türken mit ihrem expansiven Vordringen in Südosteuropa wie auf die Küsten der westlichen Mittelmeerländer eine gefährliche Dynamik entfalteten und zugleich die innere Einheit der Kirche durch die nicht minder dyna-

1 Vgl. im vorliegenden Band H. RABE/P. MARZAHL, »Comme représentant nostre propre personne« – Regentschaften und Regentschaftsordnungen Karls V.

mische reformatorische Bewegung erschüttert wurde, war Karl insofern schon von Amts wegen gezwungen, in europäischem Maßstab politisch tätig zu werden. Zum andern erforderte der von Kaiser Maximilian I. übernommene und mit dem Antritt des spanischen Erbes durch Karl noch verschärfte Gegensatz zwischen den Häusern Habsburg und Valois, der ein Strukturmerkmal des europäischen Staatensystems bildete, das ständige außenpolitische Engagement des Kaisers, das heißt: politisches Handeln im modernen Sinne. Da sich die die gesamte Regierungszeit Karls bestimmenden drei hauptsächlichen Politikfelder Türkenabwehr, Glaubensspaltung und Frankreichkonflikt – an sich unabhängig voneinander entstandene Problembereiche – alsbald vielfach und kaum isolierbar untereinander verschränkten, waren zu jeder Zeit alle Länder Karls und Ferdinands direkt oder indirekt von diesen Konflikten betroffen. Für deren Lösung mußten daher auch alle habsburgischen Länder in eine gemeinsame und einheitliche politische Konzeption eingebunden werden. Wie aber war das zu bewerkstelligen in einem Reich von einer derartigen geographischen Ausdehnung, dem vor allem die territoriale Geschlossenheit eines modernen Staats fehlte und das zudem keinerlei übergeordnete zentrale Institutionen besaß, die für das Ganze zuständig gewesen wären?

Die Einheit des Gesamtreichs wie auch der großen Politik manifestierte sich einzig und allein in der Person des Kaisers. Zur Formulierung seiner politischen Ziele, der Setzung von Prioritäten, der Abstimmung einzelner politischer Aktionen und schließlich der Durchsetzung seiner Politik diente ihm als Instrument die politische Korrespondenz, deren Bedeutung schon allein durch die gewaltige Masse von weit über 100 000 überlieferten Briefen dokumentiert wird. Von der Schnelligkeit, der Dichte bzw. Häufigkeit und dem Informationsgehalt der politischen Kommunikation hing denn auch in hohem Maße die Effizienz der kaiserlichen Politik ab. Es erscheint sinnvoll, diese Korrespondenz einmal unter vorwiegend formalen Gesichtspunkten zu beschreiben, um so einerseits die politischen Funktionen bestimmter Arten von Korrespondenzstücken des genaueren feststellen zu können und anderseits die Entscheidungsträger der Politik und damit auch die Entscheidungsvorgänge deutlicher zu erkennen. Dabei möchte ich mich im wesentlichen auf die Korrespondenz zwischen der kaiserlichen Zentrale und Karls Statthaltern, und hier insbesondere den Regentinnen der Niederlande und Karls Bruder Ferdinand, konzentrieren. Als Korrespondenten hinzunehmen möchte ich noch Nicolas Perrenot, Herrn von Granvelle, der als »premier conseiller« des Kaisers, so seine offizielle Bezeichnung, seit 1529/30 bis zu seinem Tod 1550 eine überaus wichtige Rolle im politischen Geschäft spielte.

II.

Zahlreiche Befunde der genetischen Aktenkunde[2] vermögen uns Hinweise auf die Entstehung von Briefen zu geben und somit auch darauf, wer in welcher Weise an der Formulierung der politischen Inhalte beteiligt war. Als erste greifbare Entstehungsstufe begegnen uns gewöhnlich die Konzepte. Im Prinzip sehen sie aus wie unsere eigenen heutzutage: oftmals flüchtig und schnell geschrieben, mit Streichungen und Korrekturen interlinear oder am Rande. Es fehlen zumeist die in der Ausfertigung obligatorischen Eingänge und Schlußformeln, also Ergebenheitsadressen und Courtoisien – weswegen sie für die aktenkundlich systematische Bestimmung eines Stücks nur begrenzt tauglich sind. Dafür sind sie für den Historiker um so interessanter hinsichtlich des Prozesses der politischen Willensbildung, der manches Mal aus den Korrekturen abzulesen ist, und zwar insbesondere dann, wenn eine zweite Schreiberhand das Konzept nachträglich verbessert hat. Sind die Korrekturen z. B. von der Hand Granvelles – und das ist spätestens seit 1529 häufig der Fall –, so sehen wir dessen maßgebliche Beteiligung, und sind sie gar von Karl selbst, was freilich viel seltener vorkommt, so sehen wir den Kaiser als »spiritus rector« der damit jeweils getroffenen politischen Entscheidung. Noch plastischer als ihre Brüder tritt uns Maria unmittelbar als Gestalterin von Politik in ihren zahlreichen eigenhändigen Konzepten entgegen.

Konzepte, von unterschiedlichen Sekretärshänden geschrieben, sind uns in riesigen Mengen überliefert, d. h. sie wurden von den Zeitgenossen als überlieferungswürdig empfunden, und zwar wegen ihrer Beweisqualität, die sie für die Absender ebenso hatten wie die Ausfertigungen für den Empfänger. Wie ausgeprägt das Bewußtsein dafür war, zeigt ein Beispiel aus Marias Kanzlei: Hier vermerkt Maria in einer Randnotiz zu einem Passus ihres eigenhändigen Konzepts: »Nota sangement mes pas en la sustance«[3]; das heißt, sie hat bei der Anfertigung der Reinschrift offensichtlich nur stilistische Korrekturen angebracht und die Tatsache korrekterweise auf ihrem Beweisstück, dem Konzept, festgehalten. Derartige Vermerke über unwesentliche Abweichungen von der Ausfertigung finden wir des öfteren an Marias eigenhändigen Konzepten: »La sence de sest article est telle, mes les mots sont sanges et mis en aultre forme«[4], oder »Non pas de mot a mot«[5]. In Zeiten großer Hektik, so etwa kurz vor Kriegsausbruch im Sommer 1542, konnte es schon einmal vorkommen, daß Maria einen gerade angekommenen Brief unmittelbar beantwortete, ohne erst ein Konzept zu schreiben. Immerhin hat dann ein Sekretär auf der leeren Seite des eingegangenen Briefs die Tatsache als solche nebst einer kurzen Inhaltsangabe des Antwortschreibens festgehalten[6]. In derartigen Fällen ist also das vollständige Konzept

2 Grundlegend für sämtliche Aspekte der Aktenkunde H. O. MEISNER, Archivalienkunde vom 16. Jahrhundert bis 1918, Göttingen 1969. Dabei ist freilich zu berücksichtigen, daß MEISNER sein Hauptaugenmerk auf das sehr ausdifferenzierte Aktenwesen des Absolutismus richtet, während das des 16. Jahrhunderts als eine frühe Entwicklungsstufe nur in Umrissen sichtbar wird.

3 Maria an Karl, Brüssel 1536.01.21, ME; HHStA Wien, Belgien PA 27/1 (im folgenden einfach PA), fol. 9r–v.

4 Maria an Karl, Assenede 1532.04.21, ME; PA 22/2, fol. 64r.

5 Maria an Ferdinand, Brügge 1537.07.31/08.06, ME; PA 23/6, fol. 107r–108r.

6 Marchese del Vasto an Maria, Mailand 1542.05.30, A; PA 34/2, fol. 316r–v. Auf fol. 317r die Notiz betr. Marias Antwortschreiben vom 12. Juni.

durch alternative Aktenformen ersetzt worden. Übrigens ist in jener Notiz das – nicht vorhandene – Konzept mit »double« bezeichnet, so wie Maria ihre eigenhändigen Konzepte normalerweise »copie« nennt[7]. Ansonsten ist der gängige Ausdruck dafür »minute«, den wir auch für unser Projekt übernommen haben. Ich denke, daß diese massenhafte Aufbewahrung von Konzepten, die schwankende Terminologie und der auf ältere Verfahren hindeutende Ausdruck »copie« Veränderungen nicht nur der Aktenlage, sondern auch der Art und Weise des politischen Handelns anzeigen. In der mittelalterlichen Praxis bewahrten die Kanzleien ein zweites Exemplar einer ausgefertigten Depesche als Abschrift (also: Kopie) in Registerbüchern auf. Dieses Verfahren kennen wir auch im 16. Jahrhundert: Ich nenne nur die lange Reihe der Reichsregisterbücher Karls, Ferdinands und des Reichsregiments im Wiener Haus-, Hof- und Staatsarchiv. Schaut man dann auf die Inhalte, muß man feststellen, daß es sich in aller Regel um Privilegienbestätigungen, um Standeserhöhungen und um andere Gnadenerweise der Herrscher handelt, die hier verzeichnet sind. Es sind politische Akte, die normalerweise auf Suppliken, Requêten, Petitionen einzelner Antragsteller hin erfolgten, also ein reagierendes Handeln in Form von Reskripten auf Antrag, nicht »motu proprio« dokumentieren. Längere Korrespondenzreihen hingegen zwischen zwei bestimmten Partnern wird man in den Registerbüchern vergebens suchen. Demgegenüber fand in der politischen Korrespondenz in einem ständigen Briefwechsel zwischen je zwei Korrespondenzpartnern ein ständiger politischer Gedankenaustausch statt. Dieser unterschied sich von den Reskripten, die einen mehr oder weniger gerichtsförmigen Vorgang endgültig abschlossen und als Beweismittel für Rechtspositionen dienten, durch die prinzipielle Unabgeschlossenheit eines im Fluß befindlichen politischen Meinungsbildungsprozesses, der zum einen keine Rechtsmaterie in rechtsgültiger Form enthielt und zum andern wegen seiner Ständigkeit ein drastisch erhöhtes Quantum an Akten (eben: Briefen) hervor-

---

7 Anderer Auffassung ist C. THOMAS in ihrer Einleitung zu FK 3 (wie Anm. 41), S. LXIV bezüglich der eigenhändigen Rückvermerke Marias (»Copie au roy de Bruxelles du 22. de jenver anno etc. 1532«) auf deren eigenhändigen Konzepten, wenn sie schreibt: »Die ›copie au roy‹... ist selbstverständlich eine Abschrift des Konzepts Marias«. Damit interpretiert sie »copie« entweder als Anweisung an den Sekretär, das Konzept abzuschreiben, d. h. eine Reinschrift herzustellen, die anschließend mittels der Unterschrift auszufertigen wäre, oder als nachträglich erfolgte Aufschrift, die besagt, daß von dem vorliegenden Stück eine Kopie an den König gegangen sei. Nun ist aus dem bloßen Wortlaut der Rückvermerke in der Tat nicht abschließend zu klären, ob es sich um eine dieser Möglichkeiten handelt oder ob das Wort »copie« nicht überhaupt einfach als Selbstbezeichnung des Stücks, d. h. des jeweiligen so beschrifteten Konzepts, aufzufassen ist. Den Beweis für die Richtigkeit dieser letzteren Deutung aber liefert Maria selbst mit ihrer eigenhändigen Nachschrift zu ihrem von Sekretärshand geschriebenen und chiffrierten Brief an Karl, Brüssel 1544.08.22, Ace+d; PA 40/1, fol. 150r: »Mons. javois fait la copie de ceste [=des voranstehenden Sekretärsbriefs] de ma main esperant la grosse[r] ce que ay obmis me semblant mieulx valloir quelle alit en zifre que aultrement, parquoy suplie vostre mageste me pardonner que nen fais pour ceste cause plus souvent le devoir.« Daraus geht zweifelsfrei hervor, daß Maria nicht die Reinschrift, die dem Kaiser als Ausfertigung vorliegt, als »copie« bezeichnet, sondern ihr Konzept. Vgl. dazu auch MEISNER, Archivalienkunde (wie Anm. 2), S. 266, der diesen Sprachgebrauch als für das 16. Jahrhundert nicht unüblich kennzeichnet.

brachte. Es ist zu vermuten, daß die damaligen Zeitgenossen sich dieses Unterschieds zwischen der traditionellen eher reagierenden Politik des Mittelalters und der jetzt im 16. Jahrhundert mehr gestaltenden, »modernen«, Politik durchaus bewußt waren und die daraus entstehenden Akten in Kanzlei und Registratur auch entsprechend unterschiedlich behandelten. Konkret lief das darauf hinaus, daß sie Reskripte, die möglicherweise für mehrere Generationen gültiges Recht setzten und zu beweisen hatten, weiterhin in Kopialbüchern registrierten, daß sie aber politische Korrespondenzen, deren Beweiskraft in einer sich rascher wandelnden politischen Welt nur für einige Jahre, höchstens: wenige Jahrzehnte, benötigt wurde, in Form der ungebundenen Konzepte in Liassen (so der zeitgenössische niederländische Terminus) aufbewahrten. Hinzu kam mit hoher Wahrscheinlichkeit der arbeitsökonomische Aspekt, der es in der Regel nicht gestattete, die in großen Mengen anfallenden Korrespondenzen noch einmal für die Registratur abzuschreiben[8].

Vermag uns die Analyse von Konzepten näher an die politischen Entscheidungsträger heranzuführen, zumal wenn, wie bereits erwähnt, diese selbst die Minuten konzipiert bzw. korrigiert haben, so ist das doch nur bei dem geringsten Teil der Konzepte möglich. Die allermeisten sind nämlich jeweils durchgängig von einer einzigen Sekretärshand geschrieben und gegebenenfalls korrigiert und gewähren somit kaum Einblick in die internen Entscheidungsvorgänge, wenn man einmal davon absieht, daß gewisse Korrekturen eine Änderung einer schon getroffenen politischen Entscheidung anzeigen können[9]. In aller Regel also bleibt die Frage, wer die Konzepte bzw. derartige Änderungen veranlaßt hat – unter aktenkundlichem Aspekt: die Frage nach schriftlichen Vorstufen. Davon sollen im folgenden vier Varianten vorgestellt werden. Zum einen haben wir ein Stück, überschrieben »Mémoire a maistre Anthoine Perrenin pour le marechal des logis«, das die ausführliche, immerhin dreizehn Zeilen lange Anweisung enthält, einen Brief an den Kanzler von Brabant zu verfassen, dessen wesentlichen Inhalt die Anweisung vorgibt. Direkt anschließend folgt das von Perrenin, dem damaligen für Karls französische Korrespondenz zuständigen Sekretär, ausformulierte Konzept[10]. Die beiden Stücke lassen erkennen, daß die Sekretäre zwar auf Anweisung handelten, aber dennoch Spielräume nicht nur stilistischer, sondern

8 Die Kennzeichnung dieses typisch frühneuzeitlichen Prinzips enthält nicht die Behauptung, daß es durchweg und rasch in die Praxis aller damaligen Kanzleien umgesetzt worden ist. Vielmehr wird man davon ausgehen müssen, daß manchenorts auch eindeutig politische Korrespondenz noch in hergebrachter Weise registriert wurde.

9 Vgl. dazu Karls Instruktion für Wilhelm von Montfort zu Margarete und Ferdinand, Burgos 1528.01.31, M; Die Korrespondenz Ferdinands I., Bd. 2: Familienkorrespondenz 1527–1530, bearb.v. W. BAUER und R. LACROIX, Wien 1937/38 (= Veröff. d. Komm. für neuere Geschichte Österreichs 30), Nr. 149, S. 176–185 (in der Folge zitiert als: FK 2). Welche politische Dimension eine darin vorgenommene Korrektur hatte, nämlich die Ersetzung Montforts durch den Propst von Waldkirch für die Mission beim Reichstag, analysiert im vorliegenden Band C. ROLL, Reichstags-Absage und Waldkirch-Mission. Überlegungen zur kaiserlichen Reichspolitik im ersten Jahrzehnt der Regierung Karls V.

10 Karl an den Conseil von Brabant, Barcelona 1533.05.24, M; PA 25/3, fol. 309r–v.

auch argumentativer Art hatten; denn es wurde Perrenin ausdrücklich anheimgestellt, Begründungen, die der Sache förderlich sein konnten – es ging um die Verschiebung eines Prozesses – nach seinem Gutdünken heranzuziehen, wovon er auch Gebrauch machte. Nicht sichtbar hingegen wird der Urheber der Angabe, die von einer uns unbekannten Hand stammt. Aufschluß über diesen Befehlsstrang gewährt uns aber ein anderes Stück aus dem Jahre 1547[11]. Es ist eine Minute von der Hand des Bischofs von Arras, des Sohns von Granvelle, gefolgt von einer Angabe, ebenfalls von dessen Hand, für den Sekretär (mit hoher Wahrscheinlichkeit: Josse Bave), aufgrund der voranstehenden Minute die Reinschrift eines chiffrierten Briefs anzufertigen. Der Befehl dazu kam direkt vom Kaiser, wie Arras eigens in der Angabe vermerkte. Damit dürften wir den üblichen Vorgang der Befehlsübermittlung im täglichen politischen Geschäft vom Kaiser als Urheber der Entscheidung über den vortragenden Rat – hier: Arras – zum konzipierenden Sekretär erfaßt haben. Unüblich freilich war, daß Arras selbst die Minute bereits ausformuliert hatte, um, wie er schrieb, Bave der Mühe zu entheben – bei der Kürze des Briefs sicher auch ein zeitsparendes Verfahren. Daß der Sekretär bei der kaiserlichen Entscheidung nicht anwesend war, wird durch die Schriftlichkeit der Übermittlung dokumentiert. Bei unserer dritten Variante handelt es sich um ein eigenhändiges Schreiben Ferdinands an Karl[12]. Auf dem freien Platz zwischen Datum und Unterschrift, dem Devotionsabstand, steht eine Angabe von der Hand Gattinaras für die Antwort Karls. Da davon auszugehen ist, daß eigenhändige Briefe der Statthalter Karls dem Kaiser ungeöffnet von seinem vortragenden Rat (zu dieser Zeit: Gattinara) überreicht wurden[13], dürfen wir in dieser Angabe den unmittelbaren Reflex der gemeinsamen Beratungen Karls und Gattinaras über den heiklen und daher auch vertraulichen Inhalt von Ferdinands Schreiben[14] sehen. Das entsprechende Konzept stammt von der Hand des in den 20er Jahren zuständigen Sekretärs Jehan Lalemand[15]. Der übliche Befehlsstrang (Kaiser – vortragender Rat – Sekretär) ist hier also deutlich sichtbar. Auffällig daran ist freilich zum einen das späte Datum des Konzepts, nämlich Anfang Oktober, und zum andern der gegenüber der Angabe modifizierte Inhalt. Daraus erhellt, daß zwischen der ersten von Karl und Gattinara direkt nach Erhalt des Briefs getroffenen und in der Angabe fixierten Entscheidung und der endgültigen Formulierung von Karls Antwort eine ge-

11 Karl an Ferdinand, Tirschenreuth 1547.04.03, M; PA 5/2, fol. 57r–v.

12 Ferdinand an Karl, Linz [1524] 07.11, AE; PA 6/1, fol. 24r–25v; ediert in: Die Korrespondenz Ferdinands I., 1. Bd., bearb.v. W. BAUER (in der Folge zitiert als: FK 1), Nr. 82, S. 205–208.

13 Vgl. dazu unten die Ausführungen über eigenhändige Briefe und die Funktionen der Eigenhändigkeit.

14 Es ging um den Inhalt einer angeblichen Instruktion Karls für seinen Reichstagskommissar Hannart, durch den Ferdinand sich schwer desavouiert fühlte. Die Instruktion, die erheblichen Wirbel hervorrief, erwies sich dann später als Fälschung. Vgl. dazu G. RILL, Die Hannart-Affäre. Eine Vertrauenskrise in der Casa de Austria 1524, MÖStA 34, 1981, S. 89–146.

15 Karl an Ferdinand, Tordesillas 1524.10.04, M; PA 4/1, fol. 42r; ediert in: FK 1 (wie Anm. 12), Nr. 94, S. 223f.

wisse Zeitspanne lag, während der wahrscheinlich zusätzliche Informationen zu dem Fall eingeholt wurden[16]. Ein letztes Beispiel zeigt uns den Kaiser selbst als Entscheidungsträger: Granvelle hatte mit eigener Hand ein Inhaltsreferat (sommaire) von vier Briefen des Adrien de Croy, Herrn von Roeulx, angefertigt. In welcher Weise darauf zu antworten sei, hat Karl eigenhändig in margine dekretiert, und ebenfalls eigenhändig wies er am Schluß seinen Sekretär an, aufgrund dieser Vorlage einen Brief teils in Chiffre, teils in Klarschrift auszuformulieren. Alles Übrige – damit könnte der Stand der Vorverhandlungen zum Frieden von Cambrai 1529 gemeint sein – solle Guillaume des Barres dem Herrn von Roeulx mündlich berichten[17]. Derartige Stücke, in denen der Kaiser als Urheber politischer Entscheidungen uns persönlich entgegentritt, liegen nur vereinzelt vor. Aber überhaupt sind Angaben aller Art, die mit Sicherheit in ähnlicher Fülle entstanden sind wie die Konzepte und durchaus den kaiserlichen Willen auch auf andere Weise bezeugen könnten[18], nur zu einem geringen Teil überliefert. Warum? Man hat offenbar, nachdem die Minute als authentisches Beweisstück vorlag, alle schriftlichen Vorstufen als nunmehr irrelevanten Ballast vernichtet[19]. Überliefert sind die Angaben nur zufällig, wenn sie etwa wie in drei der oben beschriebenen Fälle im unmittelbaren Aktenzusammenhang zu einem aufbewahrenswerten Stück, d. h. auf demselben Blatt wie eine Minute oder eine Ausfertigung, stehen.

Trotz der relativ spärlichen Überlieferung von Anweisungen an die Sekretäre gibt es noch einige andere Möglichkeiten, den Entscheidungsvorgängen in der kaiserlichen Zentrale weiter auf die Spur zu kommen, und zwar sogar in der Phase, die der schriftlichen Angabe vorausging. Wir wissen, daß täglich eine Fülle von Informationen über die politische Lage und deren Veränderungen aus allen Teilen Europas am Kaiserhof eintrafen. Diese Briefe gelangten keineswegs unmittelbar vom Postsack in die Hände des Kaisers, sondern sie mußten gesichtet und sortiert werden, ehe sie überhaupt zur Grundlage von Beratungen und Entscheidungen werden konnten. Aufschluß über diese Vorgänge gewinnen wir meistens dann, wenn die maßgebenden Personen nicht zusammen an einem Ort waren und deshalb vieles, was sonst mittels mündlicher Kommunikation, allenfalls unterstützt durch stichwortartige Notizen, geschah, der schriftlichen Form bedurfte. Eine solche Situation bestand 1532 während des Reichstags in Regensburg. In dieser Zeit hielt sich der Kaiser wochenlang zur Kur in Bad Abbach, ca. 12 km von Regensburg entfernt, auf. Sein

16 Über Diskussionen und Gerüchte am Kaiserhof zu dieser Zeit RILL, Hannart-Affäre (wie Anm. 14), S. 118–121.

17 »De tout ce cy faut fayre une lettre en chiffre de ce que besoing sera et le reste sans chiffre, remetant le surplus a des Barres lequel linforme[ra] de sa charge«: Karl an Roeulx, o.O. [1529], ME; PA 19/3, fol. 617r–618r. Zur Datierung vgl. H. RABE (u.a. Bearb.), Stückverzeichnis zum Bestand Belgien PA des Haus-, Hof- und Staatsarchivs Wien (5. Teil), MÖStA 34, 1981, S. 353: Anm. zu n. 3093.

18 Vgl. die oben beschriebene Angabe des Bischofs von Arras, die den ausdrücklichen kaiserlichen Befehl erwähnt.

19 Einen ähnlichen Vorgang zeigt uns der Sonderfall der »Handschriften blau«. Vgl. dazu unten den Abschnitt über Kopien.

ganzer Apparat aber war in Regensburg. Wie aus den Briefen Granvelles an Maria zu erfahren ist, hielt Granvelle die Verbindung zu Karl, indem er wenigstens alle zwei Tage zu ihm ritt, zum einen mit unterschriftsreifen Briefen, zum andern mit Berichten über den Fortgang des Reichstags und sonstiger politischer Verhandlungen[20]. Dabei brachte er regelmäßig die in Regensburg frisch eingegangene Post mit[21], die er, falls sie von Sekretärshand war, öffnete und dem Kaiser vorlas[22]. Einige Monate später bestätigte er, jetzt aus Mantua, eine Postsendung aus den Niederlanden und berichtete, er habe die von Sekretärshand geschriebenen Briefe geöffnet, gelesen und mit seinem Kommentar versehen, die eigenhändigen Briefe Marias aber dem Kaiser übergeben (presenté), also sichtlich ungeöffnet[23]. Granvelle war offenbar die Clearing-Stelle: Und er sichtete und sortierte nicht nur die einlaufende Post, sondern kommentierte sie auch im Hinblick auf die politische Entscheidung. Noch deutlicher wird das Verfahren einige Jahre später. 1538 war Karl, von Frankreich kommend, direkt ins Innere Spaniens weitergereist, während Granvelle und Francisco de los Cobos, der für die spanischen Belange maßgebliche Staatssekretär, noch an der Ostküste geblieben waren. Einem ihrer Briefe an den Kaiser[24] ist zu entnehmen, daß aus Italien eine ganze Menge Post gekommen war, nämlich aus Neapel, Sizilien, Florenz, Genua und der Lombardei. Diese Briefe hatten sie durchgeschaut (examiné) und davon einen Bericht über die wichtigsten Inhalte anfertigen lassen. Diesen wiederum hatten sie mit ihren Randbemerkungen, wie zu antworten sei, versehen und baten nun den Kaiser, ihnen seinen Willen kundzutun. Aber sie waren noch einen Schritt weiter gegangen: Sie hatten, die kaiserliche Zustimmung zu ihren Vorschlägen voraussetzend, schon die entsprechenden Antwortschreiben als Reinschriften verfassen lassen, damit Karl, falls er einverstanden sei, sie unverzüglich unterschrieben zurücksenden könne und so kein Zeitverlust entstehe. Da die Sache mit den Reinschriften eigens begründet wurde, ist davon auszugehen, daß dieses ein abgekürztes, normalerweise nicht übliches Verfahren war, das der besonderen Situation, nämlich der Überbrückung weiter Entfernungen, entsprach – offenbar eine gewisse Flexibilität in Verfahrensfragen, um Effektivität in der Sache zu erreichen. Noch in den 50er Jahren, als Arras seinem Vater als erster Ratgeber nachgefolgt war, änderte sich das normale Verfahren nicht. Von einer eingegangenen Sendung mehrerer Briefe Marias an Karl und Arras gab Arras den wesentlichen allgemeinpolitischen Teil des Inhalts dem Kaiser sofort zur Kenntnis, während er die Einzelheiten – damit waren oftmals einzelne personalpolitische Fälle gemeint – für den folgenden Tag aufsparte. Auch hier wurde ein zusammengefaßter Bericht des Inhalts angefertigt, und überdies wurden die ori-

20 Vgl. z.B. Granvelle an Maria, Regensburg [1532]06.11, AE; PA 23/1, fol. 12r–14v.

21 Granvelle an Maria, Regensburg [1532]08.21, AE; ebd. fol. 32r–33v, hier fol. 32r.

22 Granvelle an Maria, Regensburg [1532]09.02, AE; ebd. fol. 34r–35v, hier fol. 34r.

23 Granvelle an Maria, Mantua [1532]12.06, AE; ebd. fol. 60r–62v, hier fol. 60r.

24 Cobos und Granvelle an Karl, La Oliva 1538.08.10, A; PA 28/3, fol. 278r.

ginalen Stücke beigefügt, damit der Kaiser Punkte, die er selbst lesen wollte, in ihrer ausführlichen originalen Version anschauen konnte[25].

Schon diese wenigen Fälle lassen mit hinreichender Deutlichkeit erkennen, wie im Zusammenwirken von Kaiser und vortragendem Rat die täglich zu treffenden politischen Entscheidungen, die sich in der Korrespondenz niederschlugen, zustande kamen. So wurde der Kaiser grundsätzlich mit sämtlichen Vorgängen befaßt, und ohne seinen ausdrücklichen Befehl wurden auch keine Reinschriften, die er zu unterzeichnen hatte, verfaßt. Die Vorlagen freilich strukturierte zunächst der vortragende Rat, d. h. er ordnete sie nach unterschiedlichen Gesichtspunkten – etwa Wichtigkeit oder Eile – und gab sie dem Kaiser ebenfalls in unterschiedlicher Weise zur Kenntnis, entweder indem er einzelne Briefe vorlas oder ein schriftliches bzw. mündliches Inhaltsreferat gab oder ein Stück zur eigenen Lektüre empfahl[26]. Die Entscheidungen, die daraufhin – mit an Sicherheit grenzender Wahrscheinlichkeit in gemeinsamer Beratung – getroffen wurden, waren in vielen Fällen durch die mündlichen Kommentare oder die schriftlichen Vorschläge zur Beantwortung der Briefe von dem vortragenden Rat in maßgeblicher Weise präformiert worden. Dieses Verfahren schloß durchaus mit ein, daß der Kaiser und sein »premier conseiller« manche Materie von größerer politischer Tragweite weiteren Personen oder Gremien zur Beratung vorlegen konnten. Das scheint etwa bei der Hannart-Affäre 1524[27] der Fall gewesen zu sein. Auch die diffizilen Probleme des niederländischen Staatshaushalts, die der Herzog von Aarschot, Chef des niederländischen Finanzrats, dem Kaiser 1533 in Genua vorlegte, wurden im »Conseil« behandelt.[28]. Ähnlich verfuhr man im Dezember 1541, als Granvelle aus Italien ein umfassendes Memorandum über die Lage und die Perspektiven der gesamteuropäischen Politik nach Spanien gesandt hatte: Hier wurde der »Consejo de Estado« in die Beratungen eingeschaltet, um die Analysen Granvelles zu beantworten und ihm damit den

25 Arras an Maria, Innsbruck 1552.01.22; August von DRUFFEL (Bearb.), Briefe und Akten zur Geschichte des 16. Jahrhunderts mit besonderer Rücksicht auf Bayerns Fürstenhaus, Bd. 2: Beiträge zur Reichsgeschichte 1552, München 1880, S. 50.

26 So vermerkte Josse Bave, der im Winter 1541/42, als Granvelle sich in Oberitalien aufhielt, einen Teil von dessen Funktionen übernommen hatte, auf der Rückseite eines Billets Granvelles an Karl, [Siena] [1541.12.12], AC+D (PA 34/4, fol. 135r, RV 135v): »Il sera bien que vostre magesté sil luy plait voye ce billet«.

27 vgl. oben S. 46 f.

28 Ordonnanz Karls zur Tilgung der Staatsschulden in den Niederlanden, Genua [1533]04.04, M; PA 25/3, fol. 288r–297r. Der Schlußsatz lautet: »Ainsi fait advise ordonne et conclud par lempereur en son conseil, ou questoient le conte du Roeulx grandmaistre dhostel, Sieur de Praet second chambellain chevalier de lordre, le Sieur de Noircarmes premier sommelier de corps, le Sieur de Granvelles conseillier destat et premier maistre aux requestes. Et aussi y estoient presents lesd. duc darschot et Sieur de Winghen deputez et envoyez de par la royne, de...« [folgt Datum]. Vgl. auch Karl an Maria, Genua [1533]04.04, M (Apostilles als Antwort auf die Instruktionen des Herzogs von Aarschot); PA 25/3, fol. 298r–301v. Hier lautet der Schlußsatz: »Les appostilles cydessus mises en marge ont este faictes ou conseil de lempereur, de...« [folgt Datum].

Rahmen vorzugeben für sein weiteres Agieren von italienischem Boden aus[29]. Die vermutlich umfangreichsten und langwierigsten Beratungen aber fanden 1544/45 wegen der sogenannten »Großen Alternative« statt. Im Friedensvertrag von Crépy war die Heirat zwischen dem Herzog von Orléans und einer habsburgischen Prinzessin vereinbart worden. Im Falle der Tochter Karls waren die Niederlande, im Falle einer Tochter Ferdinands war Mailand als Mitgift der Heiratskandidatin vorgesehen, was langfristig die Abtretung eines der Länder an eine französische Linie bedeutete. Es kann nicht verwundern, daß Karl, bevor er sich für die eine oder die andere Möglichkeit entschied, dieses existenzielle Problem mit seinen Regenten Ferdinand, Maria und Philipp monatelang diskutierte. Außergewöhnlich hingegen war, daß er darüberhinaus eine ganze Reihe maßgebender Persönlichkeiten vorwiegend aus Spanien und den Niederlanden einschaltete und von jedem einzelnen eine Stellungnahme zu der »Alternative« erbat[30]. Damit schuf er sich eine relativ breite Grundlage der Meinungsbildung in den betroffenen Ländern für einen weit über die Tagespolitik hinausreichenden Beschluß, den letztendlich er selbst zu treffen und zu verantworten hatte.

Nach dem Einblick in die Entscheidungsstrukturen des politischen Handelns in der kaiserlichen Zentrale soll im folgenden nach den Funktionen gefragt werden, die bestimmte Aktenformen für die politische Kommunikation erfüllten. Weite Teile der politischen Korrespondenz zwischen dem Kaiser und seinen Statthaltern sowie der Regenten miteinander dienten der gegenseitigen Unterrichtung über die jeweilige Lage am Hof oder im Lande, über laufende oder geplante Aktivitäten, überhaupt über alles, was dazu angetan sein konnte, den Kenntnisstand des Korrespondenzpartners zu aktualisieren, so daß dieser daraus und aus den ständigen Mitteilungen von anderen Seiten sich jederzeit ein Bild von der politischen Gesamtsituation machen und danach seine eigenen Handlungen ausrichten konnte. In diesen Informationsströmen spielten Kopien eine wichtige Rolle. Sie wurden in aller Regel von Briefen, Agentenberichten und anderen Mitteilungen Dritter angefertigt und dem eigenen Brief, der sie als Beilage erwähnte, beigefügt. Schon während der verantwortliche Sekretär den eigentlichen Hauptbrief konzipierte und dieser dann ins Reine geschrieben wurde, konnten derartige Abschriften gesondert von anderen Schreibern besorgt werden. Das war ein rationelles, weil zeitsparendes Verfahren, das überdies eine größere Authentizität gewährleistete als die Wiedergabe in Form eines Inhaltsreferats im Hauptbrief, was ja immer eine stilistische Umformung des Originals bedeutete. Die »klassische« Kopie entstand also in der Kanzlei des Empfängers und wurde von dort an einen Dritten geschickt; sie war demnach auch immer älteren Datums als die Ausfertigung, der sie beilag. Nicht selten finden wir aber auch das Verfahren, daß der Aussteller eines Briefs genau

29 W. FRIEDENSBURG, Aktenstücke zur Politik Kaiser Karls V. im Herbst 1541, in: ARG 29, 1932, S. 35–66, hier S. 62.

30 Die wichtigsten gedruckten und ungedruckten Quellen dazu bei K. BRANDI, Kaiser Karl V. Bd. 2: Quellen und Erörterungen, 2. Aufl. Darmstadt 1967, S. 352f.

diesen Brief sofort in seiner Kanzlei abschreiben ließ und die Kopie – zumeist als Beilage zu einem Begleitschreiben gleichen Datums – einem Dritten sandte. Dieser Praxis bediente sich des öfteren der kaiserliche Gesandte am französischen Hof, wenn er seine Berichte an Karl gleichzeitig als Kopie an Maria schickte. In diesen Fällen lautet die Anrede »Sire«, die Unterschrift fehlt, der Rückvermerk aber trägt die Adresse »A la Royne«, und die Dechiffrierung stammt gegebenenfalls von Marias Sekretär[31].

Welchen Stellenwert die Kopien beider Art für den Informationsfluß auch in der direkten innerhabsburgischen Korrespondenz hatten, läßt sich besonders gut in der ersten Hälfte des Jahres 1543 erkennen, als Granvelle zusammen mit Ferdinand am Reichstag zu Nürnberg weilte, während Karl in Spanien sich auf seinen Zug ins Reich vorbereitete. Das die politische Kommunikation in diesen Monaten beherrschende Thema war der Krieg mit Frankreich, den Franz I. im Sommer zuvor gegen die Niederlande eröffnet hatte. Aufs engste damit verknüpft war die geldrische Frage, denn Herzog Wilhelm V. von Jülich-Kleve, der sich – Karls Ansprüche ignorierend – Geldern angeeignet hatte, war mit Frankreich verbündet. Abgesehen von den Problemen der Finanzierung, der Truppenaushebungen, von Musterungsterminen, Artillerie und Ähnlichem wurden auch die grundlegenden strategischen Fragen eingehend diskutiert – etwa, ob man zuerst gegen Kleve oder gegen Frankreich vorgehen wolle –, und zwar nicht nur zwischen Karl und Granvelle, sondern auch zwischen Karl und Maria sowie zwischen Maria und Granvelle, wobei Granvelle außerdem in ständigem mündlichen Diskurs mit Ferdinand stand. In dieser Situation kam Granvelle die Funktion einer Schaltstelle zu. So sorgte er dafür, daß neben seinen direkten Schreiben an Karl auch der Briefwechsel zwischen ihm und Maria unverzüglich an den Kaiser gelangte, indem er seine eigenen Briefe an Maria für Karl abschreiben ließ[32] und dies auch für einige Briefe Marias an ihn veranlaßte[33]. Mit den meisten Briefen Marias freilich verfuhr er noch rationeller: Mit an Sicherheit grenzender Wahrscheinlichkeit ließ er sie dechiffrieren, um ihren Inhalt überhaupt zur Kenntnis nehmen zu können, und schickte daraufhin die Ausfertigungen Marias direkt an den Kaiser weiter[34]. Zweifelsfrei nachweisbar ist diese Praxis aufgrund der Handschrift des kaiserlichen Sekretärs Josse Bave, von dem sowohl die Dechiffrierungen in margine der Kopien bzw. Ausfertigungen als

31 Vgl. z. B. Jehan de St. Mauris an Karl, Blois [1545]05.11, Kc+d; HHStA Wien, Staatenabteilungen, Frankreich 11/c (= St. Maurice an Karl V. 1545 IV-V) , fol. 29r–45v, 48r–115v, RV 117v. Diese Kopie erwähnt St. Mauris als Beilage in seinem gleichzeitigen Brief an Maria, Ac+d; ebd. Frankreich 12/a (= St. Maurice an Maria 1545 I-VII), fol. 33r–36v, 43r–v.

32 Granvelle an Karl, Nürnberg 1543.03.22, Ace+d; PA 37/1, fol. 46r–55r, hier fol. 46r: Erwähnung der Kopien von seinen Briefen an Maria, die er seit dem 28. Februar an den Kaiser geschickt hat. Vgl. Auch Granvelle an Maria, [Nürnberg] [1543.04.26], Kc+d; PA 37/1, fol. 62r–v. Die Dechiffrierung von Baves Hand beweist, daß diese Teilkopie für den Kaiser angefertigt worden war. Die komplette Ausfertigung mit Ausstellungsort und Datum in PA 36/2, fol. 533r–538v, 540r–542v.

33 Maria an Granvelle, [Gent] 1543.01.10, Kc+d; PA 35/2, fol. 28r–36v, RV 37v.

34 Vgl. z. B. Maria an Granvelle, Gent 1543.01.28, AC+D; PA 35/2, fol. 40r–47r, RV 47v.

auch die Rezeptionsvermerke, die Empfangsdatum und -ort nennen, stammen. In ganz analoger Weise unterrichtete Granvelle auch Maria über seinen Briefwechsel mit dem Kaiser. So schickte er eine Teilkopie seines Briefs an Karl vom 5. Februar an Maria[35], wie er umgekehrt die Kopie eines an ihn adressierten Brief Karls vom 27. April seiner Ausfertigung an Maria vom 22. Mai beilegte[36]. Die Kopien bildeten mithin in diesen Monaten ein ähnlich konstitutives Element des politischen Meinungsbildungsprozesses in der habsburgischen Zentrale wie die Ausfertigungen. Darüberhinaus gewähren sie einen tiefen Einblick in die rückhaltlose Offenheit der Kommunikation zwischen den Spitzenpolitikern, nachdem längst zuvor über die grundsätzliche Zielrichtung der Politik bei allen Beteiligten Einigkeit hergestellt worden war. Einen etwas ungewöhnlichen Weg zur Aufrechterhaltung der Informationen vom Kaiserhof in die Niederlande schließlich wählte Granvelle im Spätjahr 1532. Die Kanzlei hatte unmittelbar nach der Ankunft des Hofs in Mantua am 6. November eine Reihe Reinschriften, darunter einen Brief Karls an Maria, fertiggestellt. Doch noch zehn Tage später hatte der Kaiser diese Briefe nicht unterschrieben, weil er dazu und zu einem intendierten gleichzeitigen eigenhändigen Schreiben bisher nicht die Zeit gefunden hatte. Das bewog Granvelle, seinem eigenen Brief an Maria[37] eine Kopie der kaiserlichen Reinschrift beizulegen. Dabei bat Granvelle Maria, diese formal nicht korrekte Vorabinformation mittels einer Kopie – gewissermaßen eine Indiskretion – dem Kaiser gegenüber nicht zu erwähnen, sondern dessen Ausfertigungen abzuwarten. Daß Karl auch am 12. Dezember die nun seit einem vollen Monat unterschriftsreife Post noch nicht erledigt hatte[38], konnte Granvelles Handlungsweise, mit der er um der Sache willen die Verletzung einer Kanzleiregel in Kauf nahm, nur bestätigen.

Kopien konnten aber auch noch andere Funktionen haben als die der Unterrichtung Dritter und der Verdichtung und Beschleunigung der Kommunikation. Gelegentlich dienten sie wie die Konzepte der Aufbewahrung in der Registratur des Absenders. Mit einiger Regelmäßigkeit war das der Fall bei eigenhändigen Nachschriften Karls. Sie wurden, weil für sie kein Konzept existierte, als Abschrift von der Ausfertigung dem Konzept des Sekretärsbriefs nachträglich hinzugefügt, oftmals von der Hand eines zweiten Schreibers[39]. In diesem Zusammenhang muß ein Sonderfall angesprochen werden: die Kopiare der Korre-

35 Granvelle an Karl, [Nürnberg] [1543.02.05], KC+D; PA 37/1, fol. 56r–57v. Die Dechiffrierung stammt von einer Sekretärshand aus Marias Kanzlei und beweist, daß dieses Stück der Information Marias gedient hat. Ausstellungsort und Datum nach der Ausfertigung, ebd. fol. 13r–18r.

36 Karl an Granvelle, [Barcelona]1543.04.27, K; PA 36/2, fol. 578r–580r. Als Beilage erwähnt in: Granvelle an Maria, Sterzing 1543.05.22, Ace+d; ebd. fol. 577r–v, 582r–v.

37 Granvelle an Maria, Mantua [1532]11.16, AE; PA 23/1, fol. 56r–58v, hier fol. 56r.

38 Granvelle an Maria, Mantua [1532]12.06, AE; PA 23/1, fol. 60r–62v, hier fol. 60r.

39 Als ein Beispiel dieser Art vgl. Karl an Ferdinand, Barcelona 1543.04.27, M/K; PA 4/3, fol. 155r–156r. Vgl. dazu auch die von der Ausfertigung gemachte Abschrift in den Kopialbüchern Handschriften blau 595, fol. 184r. Hier ist die Nachschrift Karls eindeutig durch die Überschrift »De la main de l'Empereur« als eigenhändig gekennzeichnet.

spondenz zwischen Karl und Ferdinand, die Ferdinand nach der Übernahme des Kaisertums 1558 von den in seiner Registratur abgelegten Ausfertigungen Karls und seinen eigenen Konzepten anfertigen ließ[40]. Über die Gründe für diese Praxis, die, auf die gesamte politische Korrespondenz der Habsburger gesehen, gänzlich unüblich war, läßt sich nur spekulieren. Man kann z. B. vermuten, daß Ferdinand den Briefwechsel mit seinem kaiserlichen Bruder für besonders wertvoll hielt: vielleicht angesichts der Trennung der »Casa de Austria« in zwei Linien oder im Hinblick auf seine eigenen künftigen Erbregelungen in Österreich für beispielhaft für das politische Zusammenwirken der Mitglieder bzw. Linien der Familie im Interesse und zum Wohle eines Gesamthauses. Eine solche Einschätzung könnte ihn dazu bewogen haben, den Briefwechsel in der dauerhafteren Form von Registerbüchern für seine Nachfolger aufzubewahren – und nicht nur dauerhafter, sondern auch übersichtlicher, leichter lesbar und insgesamt besser zu handhaben. Die Kehrseite dieser Maßnahme bestand freilich in der offensichtlichen Vernichtung der Vorlagen für die Kopiare in Ferdinands Kanzlei[41]. Deshalb ist nur Karls Registratur – d. h. seine eigenen Konzepte und Ferdinands Ausfertigungen – im Original überliefert[42]. Das wiederum bedeutet für den heutigen Historiker, daß er als Ersatz für die Verluste der Jahre 1534 bis 1541, die die kaiserliche Registratur durch den Untergang eines Schiffs vor Algier im November 1541 erlitten hatte[43], nicht auf die Original-Registratur Ferdinands, sondern nur auf die Kopiare zurückgreifen kann.

Ein weiterer Aspekt, der für die Anfertigung und dann auch Versendung von Kopien maßgebend war, war der der Sicherheit. So schickte August von Sachsen 1553 an Ferdinand eine »Copy der verschrift so der Churfurst zu Sachsen wegen der Reussen guter an dy Khu. Maj. gethon«. Darunter war vermerkt: »Die Originalia sinndt wegen der unsicherheit behalten worden«[44]. Daß eine Ausfertigung nun gar nicht abgesandt wurde und die Kopie von vornherein deren Funktion übernehmen mußte, war eher ungewöhnlich. Das üblichere Verfahren wandte Malvezzi, Ferdinands Gesandter bei der Pforte, an. Er legte seinen – ausgefertigten – Berichten immer die Kopie des vorigen Berichts bei[45], weil die Post auf ihrem langen Weg durch den Balkan stets vielerlei Zufälligkeiten und Gefahren ausge-

40 HHStA Wien, Handschriften blau 595, 596 I und II, 597 I bis III.

41 Vgl. dazu: Die Korrespondenz Ferdinands I., Bd. 3: Familienkorrespondenz 1531 und 1532, bearb. v. H. WOLFRAM und C. THOMAS, Wien 1973–1984 (=Veröff. d. Komm. für neuere Gesch. Österreichs 58), S.IL-LI (= FK 3).

42 Vgl. die Überlieferungsformen dieser Korrespondenzreihe bei RABE, Stückverzeichnis (wie Anm. 17), 1. und 2. Teil, MÖStA 29 (1976) und 30 (1977).

43 Der kaiserliche Sekretär Josse Bave erwähnt den Verlust aller seiner Papiere in: Bave an Maria, Valladolid [1542]02.21, AE; PA 32/1, fol. 151r–v. Die Lücken in der Registratur belegen die in der vorigen Anm. genannten Stückverzeichnisse.

44 August von Sachsen an Ferdinand, Altenburg 1553.10.15, K; HHStA Wien, Staatenabteilungen, Brandenburgica 3, fol. 284r–286v, RV 289v.

45 HHStA Wien, Staatenabteilungen, Turcica 8, insbesondere Konvolut 3.

setzt war. Wie Ferdinands Antworten zeigen, trog die Hoffnung, daß wohl kaum die Post zweier Kuriere in Folge verloren gehen würde, nicht. Somit wurde das Ziel dieser Maßnahme, nämlich Postverlusten vorzubeugen, um eine kontinuierliche Kommunikation aufrechtzuerhalten, weitgehend erreicht. Aus demselben Grund und weil anscheinend eine Sendung aus Frankreich nicht in den Niederlanden angekommen war, machte Maria dem Herrn von Marnoz, Karls Gesandten am französischen Hof, 1541 den Vorschlag, dasselbe Verfahren anzuwenden, denn es sei »le seul moyen dasseurer les despeches en ceste diffidence et interception des courriers«[46]. Zwar herrschte zu diesem Zeitpunkt noch kein offener Krieg zwischen Franz I. und Karl V., doch hatten sich die diplomatischen Beziehungen zwischen den beiden Fürsten wieder einmal drastisch verschlechtert. Und das wirkte sich, wie so häufig, zuerst als Störung im Post- und Kurierdienst aus.

Dem Bedürfnis nach Sicherheit der postalischen Übermittlung dienten neben den Kopien noch weitere Aktenformen bzw. Maßnahmen, deren zwei wichtigste im folgenden vorgestellt werden sollen. So fertigte man vorwiegend in Kriegszeiten gern Duplikate, Triplikate bis hin zu Quintuplikaten[47] an und verschickte diese auf unterschiedlichen Wegen an den Empfänger. Dabei handelte es sich um gleichzeitige Zweit- oder Mehrfachausfertigungen, die sich prinzipiell in nichts von der Erstausfertigung unterschieden, wenn sie nicht in der Absender- oder Empfängerkanzlei als Duplikat gekennzeichnet wurden[48]. Doch nicht selten wichen sie auch von der Erstausfertigung ab, dann nämlich, wenn sie nicht unterschrieben waren. In solchen Fällen verschwimmen die Grenzen zur Kopie, wie das auch für die oben erwähnten Kopien des Gesandten in der Türkei gilt. Auch im Datum brauchten Erstausfertigung und Duplikat nicht übereinzustimmen. Wurden Duplikate nachträglich verschickt, so trugen sie manchmal das spätere Datum ihrer Absendung[49] oder zwar das Datum der Erstausfertigung, dem dann aber noch eine Nachschrift mit dem späteren Datum folgte[50]. Ob ein Triplikat noch als ein solches aufzufassen ist, wenn es mit den beiden anderen Stücken inhaltlich nicht komplett identisch ist, mag dahingestellt sein; Karl jedenfalls wollte es als ein solches verstanden wissen. Im Spätherbst 1526 schickte er aus Spanien zwei der Stücke auf dem Seeweg zu Ferdinand, und zwar einerseits durch die

46 Maria an Marnoz, Brügge 1541.11.10, M; PA 32/4, fol. 380r.

47 Karl an Ferdinand, Burgos 1527.11.21; FK 2, Nr. 130, S. 148: »Mon bon frere, par lettres quinduplicates que vous ai envoyées par divers chemins, datées du dishuitième de septembre, vous ai escript amplement de mes affaires...«

48 Vgl. etwa die Rückvermerke auf einer Reihe von Karls Briefen aus dem Kriegsjahr 1537 in den Konvoluten PA 27/4 und 27/5.

49 Karl an Ferdinand, Palencia 1527.09.08/18, M; PA 4/2, fol. 13r–14v. Dazu RABE, Stückverzeichnis (wie Anm. 17), 1. Teil, MÖStA 29, 1976, S. 476 mit Kommentar zu n. 404, S. 477. Ganz ähnlich ebd. n. 364, S. 472 mit Kommentar S. 473.

50 Karl an Ferdinand, Valladolid 1524.09.07/20, M; PA 4/1, fol. 39r–40r. Ganz ähnlich: Karl an Ferdinand, Madrid 1525.03.25/[31], M; ebd. fol. 51r–52r, 53r. Dazu RABE, Stückverzeichnis (wie Anm. 17), 1. Teil, MÖStA 29, 1976, n. 373, S. 474 mit Kommentar S. 475.

Biscaya über die Niederlande und anderseits auf dem Mittelmeer über Italien. Für den dritten Brief wählte er den Landweg durch das inzwischen wieder mit ihm verfeindete Frankreich: »Et pour ce que... jen faiz doubte vous envoye seullement par ledit chemin de France une lectre quest faicte de sorte que les Francois la pourront bien veoir silz veullent sans nul dangier des affaires, et le surplus servira par lesdits chemins de mer«[51]. Man mag sich fragen, warum Karl auf dieses Triplikat, das entscheidende, den Feind interessierende Mitteilungen nicht enthalten durfte, weil der Kurier möglicherweise abgefangen werden konnte, nicht überhaupt verzichtete. Das lag mit Sicherheit an der Jahreszeit, in der die Herbst- und Winterstürme beide Seewege ebenfalls als unsicher erscheinen lassen mußten. Wie wichtig derartige Mehrfachsendungen für die Kontinuität der politischen Kommunikation waren, zeigen immer wieder Rückvermerke der Empfängerkanzleien, daß nur eines von mehreren gleichlautenden Stücken tatsächlich sein Ziel erreicht habe[52], oder entsprechende Bemerkungen in den Antwortschreiben[53].

Für den Fall, daß Kuriere in Feindesland aufgegriffen und ihrer Briefsendung beraubt würden, griff man zu dem probaten Mittel der Chiffrierung, um den Inhalt der Briefe zumindest für eine gewisse Zeit vor Unbefugten verborgen zu halten. Diese Praxis war, bedingt durch die Zunahme des diplomatischen Verkehrs seit dem 15. Jahrhundert und die Entstehung ständiger Gesandtschaften, in ganz Westeuropa verbreitet. Für die Korrespondenz Karls V. konnte F. STIX die Benutzung von 24 Chiffren, davon 12 häufig vorkommenden, nachweisen und diese auch entschlüsseln[54]. Obwohl in den habsburgischen Kanzleien sehr viel Zeit und Mühe auf die Chiffrierung und Dechiffrierung der Korrespondenz in Krisenzeiten verwandt wurde, täuschte man sich doch keineswegs über die Tatsache hinweg, daß diese Maßnahmen nur eine bedingte Sicherheit gewährten. So wie man sich selbst um die Decodierung fremder Geheimschriften bemühte[55], nahm man das umgekehrt – und zu Recht – auch von fremden Regierungen an. Im allgemeinen rechnete man mit einer Zeitspanne von zwei bis drei Wochen, bis der Code eines abgefangenen Briefs »ge-

51 Karl an Ferdinand, Granada 1526.11.30, K; Handschriften blau 595, fol. 28r.

52 Maria an Karl, Mons 1542.06.07, K; PA 32/3, fol. 202r–205r, RV 205v: »Loriginal na point este receu«.

53 Granvelle an Karl, Nürnberg 1543.02.28, Ac+d; PA 37/1, fol. 41r–v, 45r–v, 42r–v, 44r–v, hier fol. 41r.

54 F. STIX, Die Geheimschlüssel der Kabinettskanzlei des Kaisers, 1. Teil, Berichte und Studien zur Geschichte Karls V., [Teil] XIV, S. 207–226. In: Nachrichten von der Gesellschaft der Wissenschaften zu Göttingen, Phil.-hist. Kl. Fachgr. II: Mittlere und Neuere Geschichte, NF Bd. 1, Nr. 6, 1936; 2. Teil, Berichte und Studien zur Geschichte Karls V., [Teil] XVI, S. 61–70, ebd. NF Bd. 2, Nr. 4, 1937.

55 So bezeichnete Karl z. B. den Magister Pierre Naturel als seinen Experten für die Entschlüsselung abgefangener Briefe; vgl. Karl an Oranien, Zaragoza 1529.04.08, M; PA 19/2, fol. 479r. Und Anfang 1543 teilte Diego Hurtado de Mendoza mit, daß er in der Lage sei, die Briefe des französischen Gesandten in Konstantinopel und des Herrn von Langey zu entschlüsseln; vgl. Mendoza an Karl, Mantua 1543.01.03; Calendar of Letters, Despatches, and State Papers, Relating to the Negociations between England and Spain, hrg. v. Pascual de GAYANGOS, Bd. 6/2, London 1895 (Neudruck 1969), S. 196.

knackt« war. Die Antwort darauf konnte nur eine neue Chiffre sein. Eine solche Situation war im Frühjahr 1542 entstanden.

Maria hatte erfahren, daß einem Kurier Karls auf seinem Weg von Spanien nach Oberitalien von den Franzosen die Post, die eine Reihe chiffrierter Briefe enthielt, abgenommen worden war[56]. Sie schlug daher vor, die bisherige allgemeine Chiffre (der STIXsche Schlüssel X) durch die geheime Chiffre, die bis dato nur für den direkten Verkehr zwischen Karl und Maria benutzt worden war (der STIXsche Schlüssel XI), zu ersetzen, d. h. diese zur allgemeinen Chiffre für die gesamte Korrespondenz, auch mit den kaiserlichen Gesandten an auswärtigen Höfen, zu machen[57]. Und folglich bat sie Karl um eine neue geheime Chiffre[58]. Diesem Wunsch entsprach Karl mit seinem Antwortschreiben, dem er eine neue »Ziffre particuliere« beilegte[59]. Maria hatte die Umstellung auf die neue allgemeine Chiffre sofort vollzogen und damit unter den kaiserlichen Geschäftsträgern in Italien einige Verwirrung ausgelöst, die bis in den Juni hinein anhielt. So beklagte sich Gomez Suarez de Figueroa, Karls langjähriger Gesandter in Genua, daß er die chiffrierten Partien in Marias Brief schon vom 4. April – am 2. April hatte Maria Karl gegenüber den Änderungsvorschlag gemacht – nicht habe lesen können, weil ihm der einschlägige Schlüssel fehle[60]. Dieselben Klagen hören wir von Karls Botschafter in Rom, dem Marques de Aguilar[61], und von Diego Hurtado de Mendoza, zu dieser Zeit Gesandter in Venedig[62]. Zweifellos hatte Marias beinahe hektisch zu nennende Aktion wochenlange Störungen ihrer Kommunikation mit den Kaiserlichen in Italien zur Folge, was sie sicher – wenn auch nicht für eine so große Zeitspanne – einkalkuliert hatte, als sie mit dem abrupten Chiffrenwechsel dem Sicherheitsaspekt den absoluten Vorrang gab. Und die Sicherheit war auch bestimmend für einige weitere Maßnahmen in diesem ersten Jahr des Kriegs mit Frankreich. Maria hatte Karl ja schon um eine »starke« neue Chiffre gebeten, womit sie sicher eine kompliziertere meinte, die nicht so leicht wie die bis dahin benutzten zu deco-

---

56 Maria an Karl, Brüssel 1542.04.02, AC+D; PA 32/2, fol. 141r–144r, 146r–v, hier fol. 143v–144r.

57 Diesen Chiffrenwechsel belegt STIX, Die Geheimschlüssel, 1. Teil, S. 224f. (Wie Anm. 54) in seiner Aufstellung über den Geltungsbereich der einzelnen Schlüssel.

58 »...parquoy vouldroye bien supplier vostre mageste quil pleut a icelle faire faire et dresser une autre nouvelle ziffre secrete pour en user seulement entre vostre mageste et moy de choses bien secretes et quelle fut bonne et forte...« (wie Anm. 56).

59 Karl an Maria, Valladolid 1542.05.10, Ac+d; PA 32/4, fol. 320r–329r, hier fol. 328v. Da die Beilage heute nicht mehr in diesem Aktenzusammenhang liegt, ist nicht bekannt, um welchen Schlüssel es sich handelte.

60 Figueroa an Maria, Genua 1542.05.05, A; PA 34/2, fol. 177r–v. Dito Figueroa an Maria, Genua 1542.05.31, A; ebd. fol. 178r. Erneut bittet er um die Übersendung des neuen Chiffrenschlüssels.

61 Aguilar an Maria, Rom 1542.05.18, A; PA 34/2, fol. 243r-v. Aguilar an Maria, Rom 1542.06.11, A; ebd. fol. 245r–246r.

62 Mendoza an Maria, Venedig 1542.05.06, Ae; PA 34/2, fol. 276r–277r. Mendoza an Maria, Venedig 1542.06.03, A; PA 32/4, fol. 426r.

dieren sein würde. Diese Beschaffenheit scheint die neue Chiffre denn auch besessen zu haben, wie die Anweisung für den Sekretär am Rande eines Konzepts »tout en zyffre forte et aussi par duplicata« bezeugt[63]. Im Spätherbst des Jahres 1542 verfiel man in Marias Kanzlei auf eine neue Variante der Chiffrierung, worauf die Randnotiz eines Konzepts an Karl[64] hinweist: »ceste est de deux alaphebetz de ziffre«; gestrichen ist »meslez ensemble«. Diese Streichung bezieht sich auf das ebenfalls angefertigte Duplikat, für das die beiden Chiffrenalphabete wohl absatzweise im Wechsel benutzt worden sind. Zieht man aber zum Vergleich die Erstausfertigung[65] heran, so stellt man fest, daß hier in der Tat zwei Chiffren in unregelmäßiger Mischung vorkommen. Bei der einen handelt es sich um den bekannten Schlüssel XI (STIX), bei der anderen um einen von STIX nicht veröffentlichten Schlüssel, der deutlich unsystematischer aufgebaut ist als alle bis dahin benutzten Chiffren und daher gewiß auch schwieriger zu decodieren war. Sollten wir es hier mit der neuen »starken« Chiffre, die exklusiv dem Briefwechsel zwischen Karl und Maria vorbehalten war, zu tun haben? Die Anzeichen sprechen jedenfalls nicht dagegen. Aber noch eine Finte hatte man sich ausgedacht, um den Gegner, falls er dieses Briefs habhaft würde, weiter zu irritieren: Alle Zeichen auf der ersten Seite, deren Layout im übrigen ganz normal ist, nämlich mit einem breiten Rand auf der linken Seite, stehen auf dem Kopf und sind seitenverkehrt. Diesen Effekt hatte man erreicht, indem man beim Chiffrieren das Blatt um 180 Grad gedreht hatte, so daß der Brief mit der letzten Zeile beginnt.

Ebenfalls im Frühjahr 1542, als Maria voller Befürchtungen wegen eines bevorstehenden französischen Angriffs war – und zu Recht, wie sich alsbald herausstellen sollte –, Karl aber alle Kriegsvorbereitungen widerriet, um den französischen König nicht zu provozieren, und sie in ihren Briefen unentwegt diese Thematik anschnitt, griff sie zu einer zusätzlichen Maßnahme, um ihre Briefe sicher ans Ziel, d. h. zu Karl, gelangen zu lassen: Sie tarnte sie als Kaufmannspost, unterschrieben mit Emanuel Fernandez und adressiert an Pedro Hernandes de Vosmediano. Die Briefe waren wie üblich in französischer Sprache abgefaßt und zur Gänze chiffriert. Anfang und Schluß aber waren in spanischer Klarschrift und sollten so einen spanischsprachigen Brief vortäuschen. Als Bestimmungsort war Lissabon angegeben, wohingegen Karl sich zu dieser Zeit in Valladolid aufhielt[66]. In einem Fall wurde sogar in Klarschrift der Ausstellungsort Antwerpen fingiert, während der chiffrierte Text den tatsächlichen Aufenthaltsort Marias, nämlich Brüssel, nannte[67]. Einer anders gearteten Tarnung bediente sich Adrien de Croy, Herr von Beaurains, in den frühen 20er Jahren kurz nach seiner heiklen Mission beim Herzog von Bourbon, mit dem er über dessen

63 Maria an Karl, Brüssel 1542.06.30, M; PA 32/3, fol. 242r–247v, 249r–v, 248r, hier fol. 242r.

64 Maria an Karl, Brüssel 1542.11.24, M; PA 33/4, fol. 40r–43r, 44r, 45r, hier fol. 40r.

65 Maria an Karl, Brüssel 1542.11.24, AC; PA 33/3, fol. 24r–26v.

66 Maria an [Karl],[Brüssel]1542.02.28, AC; PA 32/1, fol. 157r–v, RV 158v. Der Vermerk »De la Royne...« von Baves Hand auf der Rückseite des Stücks gibt den Hinweis auf die eigentliche Absenderin und den tatsächlichen Empfänger. Die Dechiffrierung dazu in PA 33/4, fol. 25r–26r.

Übertritt zu Karl verhandelt hatte[68]. Sein eigenhändig chiffrierter Text war immer wieder von Sätzen in Klarschrift unterbrochen. Diese unverfänglich klingenden Floskeln freilich bedeuteten etwas ganz anderes als ihr Wortlaut: Sie waren Mitteilungen von höchst brisantem politischen Inhalt. Außerdem benutzte Beaurains Decknamen für alle vorkommenden Personen. Im heutigen Aktenzusammenhang liegt dem Brief der Chiffrenschlüssel sowie eine Liste aller Decknamen und Tarnfloskeln mit deren Auflösung bei[69].

Wenn die habsburgischen Kanzleien mit hohem Aufwand und erstaunlichem Einfallsreichtum alles daran setzten, den stetigen Strom von Informationen zu gewährleisten und die Inhalte der Korrespondenzen vor dem Einblick Unbefugter zu schützen, d. h. die politische Kommunikation unter Ausschöpfung aller Möglichkeiten herzustellen und aufrechtzuerhalten, so hatte das seine guten Gründe. Im Gegensatz zu Frankreich mit seinem weitgehend geschlossenen Staatsgebiet und dem Vorteil der inneren Linie erstreckte sich der habsburgische Herrschaftsbereich zumeist unverbunden miteinander über große Teile Europas, und zwar mit mehreren, geographisch weit voneinander entfernten politischen Zentren. Das bedeutete, daß schon die zwischen diesen Zentren laufende innerhabsburgische Kommunikation zum Zwecke einer einheitlichen Politik stets Verzögerungen, Störungen oder Gefährdungen ausgesetzt war – sei es durch extrem lange Wege, widrige Wetterverhältnisse oder feindliche Einwirkungen –, denen durch entsprechende Sicherheitsmaßnahmen vorzubeugen war.

Alle bisher erörterten Aktenformen und Maßnahmen lassen als Prinzip der politischen Arbeit in der habsburgischen Administration ein hohes Maß an Effektivität und Rationalität erkennen. Dieses zweckrationale Handeln führte sogar gelegentlich zur Entwicklung ganz neuer eigenständiger Aktenformen, von denen im folgenden die zeitgenössisch so genannten »Apostilles« als ein besonders treffendes Beispiel einer eingehenderen Betrachtung unterzogen werden sollen[70]. Der hier als Terminus technicus verwendete Ausdruck bedeutet in der französischen Sprache – wie übrigens auch im Spanischen – ganz allgemein: Randbemerkungen. Und das ist in der Tat auch ihr auffälligstes Merkmal; denn es handelt sich bei den Apostilles um eine Antwort des Kaisers am Rande einer ihm zugestellten Instruktion bzw. eines Mémoires. Dabei steht die Instruktion – zumeist in Form einer Kopie oder auch eines Sommaires bzw. eines Auszugs – auf den halbbrüchig be-

67 Maria an [Karl], Brüssel 1542.04.29, AC; PA 32/3, fol. 151r–v, RV 152v. Weitere Briefe dieser Art: Maria an Karl, Antwerpen 1542.05.13, AC+D; ebd. fol. 180r–182r. Maria an [Karl], Antwerpen 1542.05.21, AC+D; ebd. fol. 183r.

68 Adrien de Croy an Karl, [Genua] [1523.07.22], AEc+d; PA 13/2, fol. 278r–v, RV 282v.

69 Ebd. fol. 279r–281r. Nach STIX, Die Geheimschlüssel, 1. Teil, S. 226 (wie Anm. 54), ist dieser Schlüssel VII der einzige im Original erhaltene in den von ihm ausgewerteten umfangreichen Wiener Materialien. Das kann nach unserer eigenen Kenntnis dieser Archivalien nur bestätigt werden.

70 H. RABE, Elemente neuzeitlicher Politik und Staatlichkeit im politischen System Karls V. Bemerkungen zur spanischen Zentralverwaltung und zur Politischen Korrespondenz des Kaisers. In: Das römisch-deutsche Reich im politischen System Karls V., hrg. v. H. LUTZ (= Schriften des Historischen Kollegs. Kolloquien 1), München 1982, S. 161–187, bes. S. 176–181.

schriebenen Blättern jeweils auf der rechten Seitenhälfte. Auf der linken Seitenhälfte sind, den einzelnen Absätzen der Instruktion genau zugeordnet, die entsprechenden Antworten formuliert, und zwar als Ausfertigung, vom Kaiser unterschrieben und oft auch vom Sekretär gegengezeichnet[71]. Trotz der persönlichen Unterschrift sind die Apostilles stets im indirekten Stil gehalten, d. h. sie reden vom Kaiser wie auch vom Adressaten in der 3. Person. Als Folge davon entfallen alle Anreden und Courtoisien. Darüberhinaus erspart die räumliche Anordnung des Nebeneinander von Anfrage oder Mitteilung einerseits und Antwort anderseits das verbale Wiederaufgreifen des Verhandlungsgegenstands am Anfang eines jeden Absatzes der Antwort. Insgesamt war damit eine Form ausgeprägter Breviloquenz gefunden worden, die die Beschränkung allein auf die Sache erlaubte.

Nun steht diese Form der Apostilles schon in der habsburgischen Korrespondenz nicht ganz isoliert da. Als Analogien und Vorstufen dürfen die Konzeptstichworte oder Angaben für Konzepte am Rande von zusammenfassenden Sommaires der zu beantwortenden Briefe gelten. Freilich waren diese Randangaben oder -entscheidungen üblicherweise die Vorlagen für normale Briefe im persönlichen Stil wie z. B. die bereits erwähnten eigenhändigen Angaben Karls[72]. Wir haben es insoweit also mit einem innerbehördlichen Verfahren zu tun, dessen auch hier vorhandener Rationalisierungseffekt nicht in die direkte Kommunikation mit dem Korrespondenzpartner umgesetzt wurde. Ganz Ähnliches gilt für Analogien, die wir im spätantiken Kaiserreskript, im mittelalterlichen Papst- und Kaiserreskript und im spätmittelalterlichen wie zeitgenössischen Suppliken- bzw. Requêtenwesen vorfinden. Das Element der engen räumlichen Zuordnung der herrscherlichen Entscheidung zur Anfrage des Bittstellers blieb auch hier auf die interne Kommunikation beschränkt und ging nicht in die Ausfertigung für den Empfänger ein[73]. Der noch wesentlichere Unterschied zu den Apostilles bestand aber darin, daß Reskripte nicht in einen größeren Korrespondenzzusammenhang gehörten, sondern als isolierte Entscheidungen, angestoßen durch die Bitte eines Antragstellers, ergingen[74]. »Die habsburgischen Kanzleien unter Karl V. haben mithin in der Ausbildung der Apostilles zwar manche Elemente der Verwaltungstradition aus Antike und Mittelalter aufgenommen, vor allem wohl auf dem Weg über das Requêtenwesen; diese Elemente sind jedoch unter den besonderen Bedingungen und im Dienste des politischen Systems Karls V. fortentwickelt, vor allem: zu einer wichtigen und höchst rationalen Form politischer Korrespondenz umgestaltet worden«.[75]

71 Vgl. die Abbildungen ebd. S. 185–187.

72 Vgl. oben Anm. 17. Genauso verfuhren Granvelle und Cobos 1538, als sie die Antworten des Kaisers auf die italienische Post vorbereiteten: »...avons fait faire une relacion... et icelle appostille darticle a autre... [et] se sont dressees les lectres ...«; vgl. oben Anm. 24.

73 RABE, Elemente neuzeitlicher Politik (wie Anm. 70), S. 179f.

74 Dieser Sachverhalt wurde überzeugend herausgearbeitet und immer wieder betont von E. PITZ, Papstreskript und Kaiserreskript im Mittelalter (= Bibl. dt. Hist. Inst. in Rom, Bd. 36), Tübingen 1971.

75 RABE, Elemente neuzeitlicher Politik (wie Anm. 70), S. 180.

Daß die Apostilles im Zusammenhang mit Instruktionen und Mémoires entstanden waren[76], die sie beantworteten, war kein Zufall. Es kam nicht selten vor, daß von seiten der Regentschaften dem Kaiser sehr komplexe Sachverhalte und Probleme mit den entsprechenden Lösungsvorschlägen, die einer eingehenden Erläuterung bedurften, dargelegt werden mußten, oder daß in umstrittenen Fragen der Kaiser von seiner bisherigen Meinung abgebracht werden sollte. In solchen Fällen schickte der Regent eigens einen Gesandten[77] zu Karl, der nach Rang und Sachkompetenz in der Lage war, im mündlichen Diskurs je nach Bedarf zusätzliche Informationen einzubringen, Hintergründe eines Problems zu klären und mit dem Kaiser zu argumentieren[78]. Die dem Gesandten mitgegebene Instruktion war zumeist im indirekten Stil formuliert und enthielt die anzusprechenden Verhandlungspunkte in oftmals knapper Form, denn sie konnten ja durch mündlichen Bericht elaboriert werden, wie auch die von der Höflichkeit gebotenen Ergebenheitsadressen in der persönlichen Audienz vorgebracht werden konnten. Was lag also näher, als der Antwort eine ähnliche Form, eben die der Apostilles, zu geben? Denn auch hier stand dem Regenten der Gesandte nach seiner Rückkehr vom Kaiserhof als Vermittler der notwendigen Hintergründe im persönlichen Gespräch zur Verfügung.

Angesichts der Flexibilität, die bei der Handhabung der Formalien in den habsburgischen Kanzleien immer wieder festzustellen ist, kann es nicht verwundern, daß auch mit diesen neu entwickelten Apostilles flexibel umgegangen wurde. Wurde normalerweise von der zu beantwortenden Instruktion in der Empfängerkanzlei eine halbbrüchig geschriebene Kopie hergestellt, so gab es doch auch Fälle, in denen der Absender, in Erwartung einer apostillierten Antwort, von vornherein die halbbrüchige Schreibweise anwandte. Maria etwa gab 1533 eine derartige zusätzliche Instruktion von eigener Hand ihrem Gesandten Aarschot neben seinen Hauptinstruktionen mit. Diese eigenhändige Ausfertigung beantwortete Karl direkt mit ebenfalls eigenhändigen und von ihm unterschriebenen Apostilles, so daß wir hier den seltenen Fall zweier Ausfertigungen nebeneinander haben[79]. Und obwohl die Apostilles doch eigentlich auf Instruktionen die adäquate Antwort bildeten, konnten damit auch ganz normale Briefe beantwortet werden, wie Karls Apostilles als Gesamtantwort auf eine Instruktion, mehrere Briefe und ein gesondertes Mémoire Margaretes zeigen[80]. Und während dabei noch der Zusammenhang mit einer Instruktion und vor allem

76 Die Grenzen zwischen diesen beiden Aktenformen waren im 16. Jahrhundert fließend; und oft findet man für ein Stück die Doppelbezeichnung »instruction et mémoire«.

77 Die innerhabsburgischen Gesandtschaften sind in dichter Analogie zu den diplomatischen Gesandtschaften zu sehen.

78 Vgl. z. B. die oben erwähnte Gesandtschaft des Herzogs von Aarschot und des Herrn von Wingene – alle beide Finanzfachleute –, die Karl V. den Zustand der niederländischen Staatsfinanzen erläutern und kaiserliche Entscheidungen zu deren Sanierung herbeiführen sollten; oben Anm. 28.

79 Marias Instruktion für Aarschot, Brüssel 1533.02.14, AE und Karls Antwort, [Genua] [1533.04.04], AE; PA 25/4, fol. 46r–51v.

mit einem Gesandten als gut informiertem Überbringer gewahrt blieb, scheint selbst dieser Konnex völlig zu fehlen, als Granvelle im Jahre 1541 drei Briefe Marias aus Zeitmangel schlicht mit Apostilles beantwortete[81]. Darüberhinaus konnten Apostilles, die ganz überwiegend für die innerhabsburgische Kommunikation bezeichnend waren, gelegentlich auch im diplomatischen Verkehr verwendet werden. Als Maria im Herbst 1541 mit den englischen Gesandten an ihrem Hof verhandelte, beharrten diese auf einer schriftlichen Antwort Marias auf ein ihr vorgelegtes Schriftstück. Maria empfand dieses Ansinnen zwar als problematisch, konnte es aber auch nicht rundweg abschlagen. Daher antwortete sie mit Apostilles, also in margine der ihr präsentierten Note, damit, wie sie Karl mitteilte, ihr Text nur im Zusammenhang mit der englischen Note verwendet werden und keinem Mißbrauch unterliegen könne[82]. Auch wenn diese Praxis eine Ausnahme darstellte – sonst hätte Maria sie nicht eigens erwähnt und begründet –, deutete sie immerhin weitere interessante Bereiche der Anwendung von Apostilles an. Wie effektiv und nur der Sache verpflichtet man mit dieser ja ohnehin äußerst rationellen Aktenform umzugehen verstand, beweisen die eine Denkschrift Granvelles beantwortenden Apostilles Karls, die gar nicht am Rande standen, sondern ein eigenständiges Stück bildeten[83]. Warum man auf das Kopieren der Denkschrift in halbbrüchiger Form verzichtete, erklärt die Überschrift: nämlich wegen der zeitaufwendigen Chiffrierung des umfänglichen Stücks[84] in Karls Kanzlei und wiederum der Dechiffrierung bei Granvelle. Dieses alles sei überflüssig, weil Granvelle ja ohnedies die Minute der Denkschrift bei seinen Akten habe. Da nun aber Karls Antwort die äußere Form eines Briefs, hingegen alle inneren Merkmale von Apostilles aufwies, fühlte man sich seitens der kaiserlichen Kanzlei bemüßigt, zu dieser formalen Diskrepanz eine zusätzliche Erläuterung abzugeben: »...ha parescido mejor responder asi que por cartas por que se entendera mejor y por excusar la repeticion de las razones que por los dichos capitulos se declareran que en cartas no se pudieran dexar de hazer y no es necessario«[85]. Deutlicher konnte es kaum ausgedrückt werden, daß es die Breviloquenz war – im vorliegenden Fall der Verzicht auf Begründungen –, die den Apostilles als Instrument politischer Kommunikation in bestimmten Situationen den Vorzug gegenüber normalen Briefen verlieh.

---

80 Karl an Margarete (Apostilles), Toledo 1525.10.31, A; PA 15/2, fol. 94r–108v.

81 Granvelle an Maria, San Lorenzo Nuovo 1541.11.23, Ace+d; PA 30/1, fol. 138r–v.

82 Maria an Karl, Brügge 1541.10.15, Ac+d; PA 31/4, fol. 195r–200r, hier fol. 198r.

83 Karl an Granvelle, [Ocaña] [1541.12.28], KC; PA 34/1, fol. 126r–129v. Die Dechiffrierung dazu in PA 35/1, fol. 256r–257v, 250r–254v. Ausstellungsort und Datum nach Karls gleichzeitigem Brief an Granvelle; PA 35/1, fol. 259r–265r.

84 Im Druck bei FRIEDENSBURG, Aktenstücke (wie Anm. 29), S. 45–57 immerhin knapp 11 Seiten.

85 Leider sind diese aktenkundlich relevanten Passagen von FRIEDENSBURG (wie Anm. 29), S. 62–65 nicht mit abgedruckt worden, wie das ja bezüglich der Formalien gedruckter Quellen in vielen Editionen, auch den moderneren, allzu oft der Fall ist.

Um die Funktion der Apostilles und damit überhaupt der politischen Korrespondenz vollends zu erschließen, lohnt es sich, einen Blick auf Absender und Empfänger zu werfen und dabei den Aspekt der systematischen Aktenkunde von Schreiben der Überordnung und Unterordnung zu berücksichtigen. Nach den herrschenden Rangverhältnissen war Karl V. als Kaiser immer allen anderen übergeordnet, auch seinen eigenen königlichen Geschwistern Ferdinand und Maria, die als seine Statthalter fungierten. Wenn diese also an Karl schrieben, geschah das im Prinzip von »unten nach oben«, und nicht anders war es mit den Instruktionen, die, weil sie ostensibel waren, dem Kaiser in ähnlicher Weise präsentiert wurden wie normale Briefe. Sie enthielten denn auch mancherlei Bitten, Anfragen, Berichte, Vorschläge, die alle der kaiserlichen Entscheidung bedurften. Und so enthielten umgekehrt die randständigen Apostilles Karls die entsprechenden Weisungen, Anordnungen und Befehle. Insofern drängt sich der Vergleich mit dem schon erwähnten Requêtenwesen auf – mit der Supplik und dem entsprechenden herrscherlichen Reskript. Daß es sich freilich bei den Apostilles keineswegs ausschließlich um Marginaldekrete – also kaiserliche Randentscheidungen – handelte, beweist die bemerkenswerte Tatsache, daß auch umgekehrt Apostilles der Regenten an den Kaiser überliefert sind. So antwortete Ferdinand 1528 dem Kaiser auf die Instruktion, die Wilhelm von Montfort ihm überbracht hatte, in Form von Apostilles[86]. Von Margarete ist sogar der seltene Fall von Apostilles als Antwort auf kaiserliche Apostilles, die eine ihrer Instruktionen beantwortet hatten, bekannt, also in nuce eine Korrespondenzreihe auf engstem Raum. Dabei steht Margaretes Instruktion wie üblich auf der rechten Seitenhälfte, während Karls und Margaretes Apostilles absatzweise im Wechsel auf der linken Hälfte angeordnet sind[87]. Erinnert sei auch an Granvelles Apostilles, mit denen er nicht einmal eine die abgekürzte Form nahelegende Instruktion, sondern mehrere Briefe Marias beantwortete[88]. Diese Beispiele zeigen u. a. mit aller Deutlichkeit, daß die Rangunterschiede der Korrespondenzpartner in dieser Form der Kommunikation nahezu eingeebnet wurden, wie überhaupt die gesamte Korrespondenz des Kaisers mit seinen Regentschaften nicht auf das Schema Bericht und Weisung, Bitte und Befehl reduziert werden kann. Vielmehr haben wir es darüberhinaus mit einem weiten Bereich der gegenseitigen Information und der politischen Diskussion zu tun, der im Dienste der politischen Meinungsbildung und des einheitlichen Handelns stand. Die sich dabei herauskristallisierenden kaiserlichen Entscheidungen waren dann zumeist durch den Prozeß dieser

86 Ferdinand an Karl (Apostilles), Prag 1528.05.29, A; PA 4/2, fol. 74r–77r. Die Instruktion, die auch Teile für Margarete enthielt, hier als halbbrüchig geschriebenes Sommaire der für Ferdinand bestimmten Passagen. Für den Druck der kompletten Instruktion vgl. oben Anm. 9.

87 Margarete an Karl (Apostilles), Mecheln 1530.10.30, A; PA 21/2, fol. 506r–518v. Die Kopie der Instruktion wie auch die Kopie der kaiserlichen Apostilles enden auf fol. 519r. Vgl. auch die Abbildungen der Anfangs- und Schlußseite der von Margarete unterschriebenen Apostilles bei RABE, Elemente neuzeitlicher Politik (wie Anm. 70), S. 186f.

88 Vgl. oben Anm 81.

Meinungsbildung mitbestimmt. Einbezogen in diesen Diskurs war nahezu gleichberechtigt der Herr von Granvelle, dessen Korrespondenz mit Karl und Maria sich formal kaum von der Korrespondenz der Habsburger miteinander unterschied[89] – ein besonders aufschlußreicher Beleg für die Durchbrechung auch ständischer Schranken zugunsten einer durchaus zweckrationalen politischen Kommunikation.

Die Funktion der politischen Korrespondenz als Instrument politischer Meinungsbildung konnte freilich zur Folge haben, daß nicht immer zweifelsfrei erkennbar war, wann der Kaiser eine Diskussion beendet wissen wollte bzw. welche seiner Entscheidungen noch hinterfragbar waren. Das bewog Margarete 1525 im Rahmen einer Instruktion zu der Anfrage, woraus sie denn die Endgültigkeit kaiserlicher Äußerungen ersehen könne. Die klare Auskunft des Kaisers in Form von Apostilles, von der Hand Gattinaras geschrieben und von Karl unterzeichnet, lautete: Über den Inhalt der von Sekretärshand geschriebenen Briefe könne noch weiter diskutiert werden, seine eigenhändigen Schreiben hingegen bekundeten seinen unwiderruflichen und damit nicht erneut in Frage zu stellenden Willen[90]. Diese eindeutige Regel, gerade weil sie erst auf eine ad hoc-Anfrage hin formuliert wurde, bestätigt den Verdacht, daß – anders als für das Requêtenwesen[91] – für die politische Korrespondenz keine schriftlich fixierten Regelungen etwa in Form einer Kanzleiordnung existierten.

Gerade das Fehlen solcher Ordnungen muß unsere Bemühungen verstärkt auf die Formenanalyse der Korrespondenz lenken. Deshalb soll, angeregt durch den soeben skizzierten Fall, zum Schluß unserer Erörterungen die Eigenhändigkeit von Schreiben[92] einer genaueren Untersuchung unterzogen werden. Dabei ist zu berücksichtigen, daß die sehr unterschiedlichen Funktionen der Eigenhändigkeit nicht unabhängig waren von den jeweiligen Korrespondenzpartnern und deren Rangverhältnissen zueinander, daß aber auch bei denselben Briefpartnern eigenhändige Schreiben nicht immer ein und dieselbe Bedeutung hatten. Im Lichte der Margarete gegenüber formulierten Kanzleiregel von der Eigen-

89 Vgl. als ein Beispiel die eigenhändigen Briefe Granvelles an Maria aus dem Jahre 1532 in PA 23/1. Im Vergleich zu Karls Briefen an Maria unterschieden sie sich lediglich in der Anrede (»Madame« statt »Madame, ma bonne soeur«) und in der mit der Unterschrift verbundenen Courtoisie.

90 Karl an Margarete (Apostilles), Toledo 1525.08.16, A; PA 15/2, fol. 81r. Vgl. auch die Abbildung bei RABE, Elemente neuzeitlicher Politik (wie Anm. 70), S. 185.

91 Vgl. etwa die Ordonnanzen für den niederländischen Privé Conseil; die Nachweise der Ordonnanzen bei RABE/MARZAHL, Comme représentant (wie Anm. 1) im vorliegenden Band. Hinzuweisen ist für derartige Regelungen auch auf Hof-, Kanzlei- und Hofratsordnungen bei T. FELLNER und H. KRETSCHMAYR (Hrg.), Die österreichische Zentralverwaltung, 1. Abt. Bd. 2 (= Veröff. d. Komm. f. Neuere Gesch. Österreichs, Bd. 6), Wien 1907.

92 MEISNER, Archivalienkunde (wie Anm. 2) hat dieses formale Element der Aktenkunde nicht eigens thematisiert. Hingegen stellt THOMAS, FK 3 (wie Anm. 41), S. LXVII, Anm. 44 einige Erwägungen dazu an, die ausdrücklich Bezug nehmen auf RABE, Elemente neuzeitlicher Politik (wie Anm. 70), S. 181–184, der diesen Aspekt am ausführlichsten erörtert und somit auch Grundlage der folgenden Ausführungen ist.

händigkeit als eines definitiven kaiserlichen Befehls dürfte sich vielleicht der Sinn vieler eigenhändiger Nachschriften Karls erstmals erschließen. Häufig enthielten diese nämlich keinen neuen Gedankengang, sondern bekräftigten lediglich den Inhalt des voranstehenden Sekretärsbriefs bzw. eines Absatzes darin. Erschienen derartige Wiederholungen bisher als zufällig, wenig sinnvoll und insofern merkwürdig, als der Kaiser doch sonst stets sehr zielgerichtet handelte, so wird man sie jetzt als abschließende Willensbekundung Karls zu einem bestimmten Thema auffassen müssen. Und genau um eine solche ging es auch dem Herzog von Aarschot, als er Granvelle darum bat, den Kaiser zu einem eigenhändigen Brief an den Vizekönig von Neapel zu veranlassen, weil dieser ohne einen eigenhändigen Befehl Karls bestimmte Zahlungen, zu denen er verpflichtet war, nicht leisten wolle[93]. Weil Karl als Landesherr gegenüber seinen Statthaltern in den Niederlanden und im Königreich Neapel trotz deren Vollmachten doch letztlich weisungsbefugt blieb, konnte er mittels der Eigenhändigkeit ihnen gegenüber seinen Willen durchsetzen. Stumpfer hingegen war dieses Instrument im Verhältnis zu den Reichsfürsten: Der Befehlscharakter schwächte sich ab zum – wenn auch eindringlichen – Appell[94]. Bei umgekehrten Rangverhältnissen, auch wenn sie, wie schon gezeigt werden konnte, in der zentralen innerhabsburgischen Kommunikation beinahe nivelliert waren, konnte die Eigenhändigkeit natürlich kein Befehlen bedeuten, sondern Bitte, Appell, allenfalls ernstliche Mahnung. Genau so ist denn auch Granvelles eigenhändige Nachschrift aufzufassen, mit der er den Kaiser 1543 dringlichst mahnte, möglichst rasch die notwendigen Entschlüsse über das Vorgehen gegen Kleve und Frankreich zu fassen[95].

Dem in der Eigenhändigkeit zutage tretenden persönlichen Engagement des Schreibers entsprach auf der Empfängerseite die persönliche Kenntnisnahme des Briefs, wie Granvelle den Kanzleibrauch 1532 gegenüber Maria beschrieb: Er habe ihren eigenhändigen Brief dem Kaiser überreicht (presenté; analog auch: baillé), also nicht vorgelesen und kommentiert wie im Falle der übrigen Post von Sekretärshand[96]. Diese Praxis, die auch in den übrigen habsburgischen Kanzleien geübt wurde, garantierte dem Schreiber, daß sein Korrespondenzpartner den Brief auch wirklich im Wortlaut las und dieser nicht durch ein Referat verkürzt oder geglättet wurde. Und darauf war es Granvelle gewiß bei seiner soeben erwähnten eigenhändigen Nachschrift an den Kaiser angekommen. Überdies konnte der Absender eines eigenhändigen Schreibens, das ja schon von außen an der ebenfalls eigenhändigen Adresse kenntlich war, sicher sein, daß der Inhalt im innerbehördlichen Ge-

93 Aarschot an Granvelle, Brüssel 1538.11.22, A; PA 30/2, fol. 254r–v, 256r.

94 Vgl. dazu z. B. Karls eigenhändige Nachschrift in deutscher Sprache in seinem Kredenzschreiben auf den Propst von Waldkirch an Kurfürst Ludwig von der Pfalz, Burgos 1528.02.03, Ae; HStA München, Kasten blau 97/2aII, fol. 52v: »Thut auf dsymal (sic!) bey mir das best, das wil ich bey Euch auch thun.« Dazu auch ROLL, Reichstagsabsage (wie Anm. 9).

95 Granvelle an Karl, Nürnberg 1543.04.24, Ace+d; PA 37/1, fol. 83r–v.

96 Vgl. oben Anm. 23.

schäftsgang vor Unbefugten geschützt war, weil er dem Kaiser als erstem vor Augen kam. Das bot die Voraussetzung dafür, die Eigenhändigkeit als Instrument für vertrauliche Mitteilungen – bis zur strikten Geheimhaltung zwischen zwei Korrespondenzpartnern – einzusetzen. Ein besonders treffendes Beispiel dafür liefert uns der Briefwechsel zwischen Karl und Ferdinand im Herbst 1531. Nachdem Karl seinen Bruder in einem eigenhändigen Schreiben[97] dringend gebeten hatte, von diesem Brief keinem Dritten Kenntnis zu geben, erledigte Ferdinand selbst alle anfallenden Sekretärsarbeiten mit eigener Hand: Er versah den Brief auf der Rückseite mit dem Eingangsvermerk, faßte Karls Brief in einem Sommaire zusammen[98] und machte einen stichwortartigen Entwurf für seine Antwort[99], die er selbstverständlich ebenfalls eigenhändig schrieb[100]. Inhaltlich ging es in der eigenhändigen Korrespondenz denn auch häufig um sensible Themen, etwa um die Umbesetzung mehrerer Gouverneursstellen in den Niederlanden anläßlich der Neueinrichtung einer Verwaltung im gerade wiedererlangten Herzogtum Geldern[101] oder um die Bestellung eines Richterkollegiums, dessen personelle Besetzung die streitenden Parteien nicht vorzeitig in Erfahrung bringen sollten[102].

Wenn die Eigenhändigkeit die Funktion hatte, politisch brisante Verhandlungsgegenstände vor dem eigenen Personal in der Kanzlei und am Hof geheimzuhalten, so boten diese eigenhändigen Briefe zugleich die Möglichkeit, auch einmal privatere Töne anzuschlagen, die für niemanden sonst als den Empfänger bestimmt waren. Besonders Maria bediente sich dann gern einer bildhaften Sprache unter Verwendung von volkstümlichen Redensarten und Sprichwörtern, um so ihrer ungeschminkten Meinung und ihren wahren Gefühlen in oftmals deftiger und komischer Weise Ausdruck zu verleihen[103]. Aber auch Karl selbst ließ in seinen eigenhändigen Schreiben manchmal ein wenig hinter seine fast zur zweiten Natur gewordenen Fassade der diplomatischen Förmlichkeit blicken, wenn er von Jagderlebnissen erzählte[104] oder wenn er zugab, daß er das Meer und die Berge nicht

97 Karl an Ferdinand, Brüssel 1531.10.01, AE; PA 4/5, fol. 29r–35r, RV 35v; gedruckt in FK 3, Nr. 548, S. 281–295.

98 Ebd. fol. 36v–37r.

99 Ebd. fol. 36r, 37v.

100 Dieser Brief ist verloren, wird aber als vom 5. Oktober bestätigt in: Karl an Ferdinand, Brüssel 1531.10.09, AE; PA 4/5, fol. 39r–40r, RV 40v; gedruckt in FK 3, Nr. 557, S. 313–316. Auch dieser Brief trägt Ferdinands eigenhändigen Eingangsvermerk.

101 Karl an Maria, Lager bei Venlo [1543] 09.08, AE; PA 38/5, fol. 225ar–v, 226r–v. Marias Antwort ebenfalls eigenhändig, Weert 1543.09.09; PA 38/4, fol. 135r–137r.

102 Karl an Maria, Logroño 1542.06.10, Ae; PA 32/4, fol. 367r. Im eigenhändigen Nachsatz bat Karl ausdrücklich, Maria möge ihm ihren Personalvorschlag mit einem eigenhändigen Schreiben, »endrecee en mes mayns«, schicken.

103 Eine Reihe Beispiele bei WOLFRAM und THOMAS in FK 3 (wie Anm. 41), S. XXVIf. und LXXVIII, die sämtlich eigenhändigen Briefen entnommen sind.

104 Karl an Ferdinand, Brüssel 1531.07.29, AE; FK 3, Nr. 523/17f., S. 229f.

so sehr liebe, weil mit ihnen doch immer das Risiko einer Erkältung verbunden sei[105]. Und gelegentlich konnte er auch zu einem leichteren, saloppen Stil – sogar in politischen Angelegenheiten – finden, wenn er etwa Maria, der er soeben 200 000 Gulden für den Krieg gegen Frankreich geschickt hatte, vor weitergehenden Hoffnungen auf Geld mit folgenden Worten warnte: »...ne pensez point que telles provysyons ce peullent journellement fayre ny que elles croyssent ycy sur les arbres«[106]. Sehr offen wurde er schließlich gegenüber Maria, die sich nicht nur über gravierende Personalprobleme, sondern auch über die Last des Regierens und die damit stets verbundene Verstellung beklagt hatte, in seinem tröstenden Antwortschreiben: Auch er müsse als Herrscher manch unangenehme Dinge ertragen und oftmals um der guten Sache willen »dissimulieren«, so wie bei den gegenwärtigen Verhandlungen mit den Cortes von Aragon, die er allesamt zum Teufel wünsche[107]. Auch Kondolenzbriefe beim Tode ihm sehr nahestehender Personen pflegte Karl eigenhändig zu schreiben und gab damit seinen Gefühlen der Trauer sehr persönlichen Ausdruck. So berichtete Granvelle 1532, nachdem Prinz Johann von Dänemark, der sich beim Kaiser aufgehalten hatte, gestorben war, Karl habe dessen Schwestern Dorothea und Christine eigenhändig kondoliert, und fügte hinzu, daß Karl von dem Tod Johanns sehr betroffen sei, zumal er in Johann große Hoffnungen gesetzt habe[108]. In diesen Zusammenhang gehört auch Karls eigenhändige Bitte nach dem Tod seiner Gemahlin Isabella, Maria möge ihm doch das Bild Isabellas, das diese selbst einst Margarete geschenkt hatte, schicken, weil es ihr von allen Bildern am meisten ähnele[109]. Und ebenso formulierte er einige Monate später, nachdem er das Bild erhalten hatte, seine Enttäuschung darüber, daß ihn seine Erinnerung bezüglich der Ähnlichkeit doch sehr getrogen hatte, in einem eigenhändigen Brief[110].

Differenziert man über den engsten Familienkreis Karls V. hinaus nach den Empfängern von Briefen des Kaisers, so ergeben sich weitere Funktionen der Eigenhändigkeit. Insbesondere die verwandtschaftliche Nähe zum Kaiser konnte durch eigenhändige Schreiben dokumentiert und honoriert werden, wie die Handhabung der Kredenzschreiben deutlich zeigt. Wenn La Chaux für einen Besuch beim Herzog von Savoyen den Kaiser um die Übersendung zweier Kreditive bat, von denen das für die Herzogin, die Schwester der Kaiserin, eigenhändig sein sollte[111], so wird man diese besondere Aufmerksamkeit gegenüber der Schwägerin am ehesten als dynastische Courtoisie bezeichnen können. Einer solchen konnte Karl sich auch gegenüber den Mitgliedern des europäischen Hochadels bedienen,

105 Karl an Maria, Ulm 1543.07.20, Ace; PA 38/5, fol. 182r–185v.

106 Karl an Maria, Valladolid [1537]03.19, AE; PA 27/4, fol. 155r–156r.

107 Karl an Maria, Monzón [1537]10.06, AE; PA 27/5, fol. 224r–v, 226r–v, 225r: »Je men raporteray a ces courtes de Aragon que je donne au diable«.

108 Granvelle an Maria, Regensburg [1532]08.13, AE; PA 23/1, fol. 30r–31r.

109 Karl an Maria, [Casa de Campo]1539.07.01, AE; PA 29/3, fol. 167r–168r.

110 Karl an Maria, Madrid [1539]11.03, AE; PA 29/3, fol. 199r–v.

111 La Chaux an Karl, Novalesa 1529.09.12, AE; PA 19/3, fol. 645r–646r.

um, wie im Falle der Ratifikation des Friedens von Cambrai, die neue Freundschaft mit dem französischen König eigens zu unterstreichen, und zwar mittels eigenhändiger Kredenzschreiben an Franz I. und die Königinmutter Luise[112]. Daß eigenhändige Kreditive im normalen diplomatischen Verkehr eher unüblich waren und insofern eine Bevorzugung bedeuteten, zeigt Karls Ablehnung eines solchen Schreibens an den König von Portugal mit der Bemerkung, es genüge eine Kredenz von Sekretärshand »ensuivant la coutume«[113]. Und was schon für den illustren Kreis der Könige galt, traf um so mehr für alle übrigen Adressaten zu, die nicht zur kaiserlichen Familie gehörten: Ein eigenhändiger Brief vom Kaiser war durchweg als eine ganz besondere Gunsterweisung und Ehre aufzufassen, für die sich der Empfänger denn auch immer mit den gebührenden Worten – und natürlich eigenhändig – bedankte. So schrieb z. B. der Kardinal von Lüttich: »Aux lettres escritz de vostre main je vous mercie treshumblement de loneur que me faitz (sic!) par icelles et ne vous y scaroie faire aultre responce sinon que cest grand plaisir et confort a ung povre et leal serviteur quant il plait a son maistre auvoir aulcune sovenance de luy«[114]. La Chaux, der 1529 während seiner wichtigen Mission in Frankreich zur Ratifikation des Damenfriedens gleich mehrfach Anlaß hatte, sich für Karls eigenhändige Briefe zu bedanken, meinte schließlich sogar, Karl möge ihm nicht so häufig eigenhändig schreiben, denn das sei mehr an Gnade, als er für seine Arbeit verdiene[115]. Etwas anders reagierte Adrien de Croy, Herr von Roeulx, auf einen eigenhändigen Brief Karls. Zwar anerkannte auch er die ihm erwiesene Ehre, befand aber, er schulde Karl eigentlich keinen besonderen Dank, weil ja dieser Brief schon den Dank des Kaisers für Croys außergewöhnliche Dienste darstellte[116] – gewiß ein Beleg für Croys beinahe an Respektlosigkeit grenzendes Selbstbewußtsein, das für die Großen der Niederlande durchaus nicht einmalig war. Zugleich aber begegnet uns hier die Eigenhändigkeit in einer weiteren Funktion, nämlich als Dank des Kaisers für mancherlei ihm geleistete Dienste[117] – ein Dank zumal, der den Kaiser nichts kostete. Und genau diese Funktion hatte 1528 auch Karls eigenhändiges Schreiben an den Bischof von Lüttich, nachdem dieser ihm angeboten hatte, ihn mit Geldmitteln und Truppen für seine in Aussicht genommene Reise nach Italien und ins Reich zu unterstützen[118].

112 Ebenda.

113 Karl an La Chaux, [Brüssel] [1522]03.20, M; PA 2/2, fol. 29r–v.

114 Kard. v. Lüttich an Karl, Curange [1530]03.08, AE; PA 21/2, fol. 471r–472r.

115 La Chaux an Karl, Lyon [1529]09.23, AE; PA 19/3, fol. 655r–v. Berücksichtigt man, daß La Chaux nur sehr ungern den kaiserlichen Hof verlassen hatte, so wird man Karls eigenhändige Briefe an seinen alten Lehrer und Vertrauten in dieser Situation wohl nicht nur als Dank für geleistete Dienste, sondern auch als Entschädigung für die entbehrte Nähe zur Person des Kaisers deuten dürfen.

116 Roeulx an Karl, Groenendaal [1529]04.25, AE; PA 19/3, fol. 614r.

117 Vgl. dazu auch den in Anm. 115 zitierten Brief des Herrn de La Chaux.

118 Erwähnt in Karls Instruktion für die Herren Mouscron und Montfort zum Bischof von Lüttich, Toledo 1528.11.30, M; PA 18/1, fol. 44r–v.

Hingewiesen sei schließlich noch auf die Eigenhändigkeit als Akt der Höflichkeit, das heißt: als Verpflichtung, auf einen eigenhändigen Brief auch ebenso zu antworten. Maria sprach in diesem Zusammenhang ausdrücklich von »devoir«, als sie sich dafür entschuldigte, daß sie einen chiffrierten Brief statt eines eigenhändigen schickte[119]. Derartige Entschuldigungen, die als Grund für den Verzicht auf Eigenhändigkeit den Aspekt der Sicherheit nannten, der es geraten sein ließ, die Chiffre zu benutzen, sind auch sonst und in einer solchen Fülle überliefert, daß man hier gewiß von einer festen Regel der Höflichkeit sprechen kann.

III.

Am Ende unserer Untersuchung stellt sich die Frage, ob aus der beinahe verwirrenden Vielfalt aktenkundlicher Befunde überhaupt ein einheitliches Bild vom Funktionieren der politischen Kommunikation zu gewinnen ist, hinter dem sich dann ein möglicherweise geschlossenes Konzept des politischen Systems Karls V. vermuten läßt. Ergibt der erste Blick auf die Korrespondenz vielleicht den Eindruck einer gewissen Regel- oder gar Formlosigkeit, so stellt man bei näherem Hinschauen rasch fest, daß die meisten Formalien und Regeln, die die spätmittelalterlichen Kanzleien bereit hielten und die im frühneuzeitlichen Suppliken- und Urkundenwesen weiterhin gültig waren, auch für die politische Korrespondenz verwendet wurden. Freilich wurden sie auffallend flexibel gehandhabt, d. h. zwischen Form und Funktion bestand nicht unbedingt ein eindeutiger, fester Bezug. So konnten etwa Kopien unterschiedlichen Zwecken dienen, nämlich neben der Unterrichtung Dritter auch der Sicherheit der politischen Übermittlung oder – besonders im Falle eigenhändiger Schreiben bzw. Nachsätze – der Aufbewahrung als Beweisstück in der eigenen Registratur. Noch variabler verfolgte man mit dem Mittel der Eigenhändigkeit ganz divergierende Absichten. Doch auch umgekehrt konnte ein und dieselbe Funktion in formal unterschiedlicher Weise erfüllt werden, z. B. wenn der Aufbewahrungszweck, dem normalerweise die Minuten dienten, auch durch Kopien oder gelegentlich durch ein Sommaire erreicht wurde. Und schließlich war sogar die Weiterentwicklung vorhandener zu ganz neuen Formen der Kommunikation möglich, wie der Fall der Apostilles eindrücklich zeigt.

Hatten derartige flexible Verfahren einen Sinn? Die Begründungen oder Entschuldigungen, die oftmals dann vorgebracht wurden, wenn man sich der Abweichungen von einer Norm bewußt war, geben uns einige Hinweise darauf: Da war die Rede von Zeitnot oder -ersparnis, von Vermeidung eines übertriebenen Aufwands, von der Gewährleistung lückenloser Information, von Geheimhaltung bestimmter Inhalte und von Sicherheitsaspekten bei der Nachrichtenübermittlung. Alles dieses zielte ab auf eine größtmögliche Effektivität und Rationalität der Kommunikation und damit der Führung der politischen Geschäfte.

---

119 Für den Wortlaut dieser Stelle vgl. oben Anm. 7.

Und diese Zielsetzung galt eben nicht nur für die Ausnahmen, sondern weitgehend auch für die Regeln der Kommunikationsformen des Regierungssystems Karls V.

Damit stellt sich noch einmal die Frage nach den Trägern dieser Kommunikation: Wer formulierte und diskutierte die Inhalte der Politik solcherart auf höchster Ebene? Im normalen Alltagsgeschäft war der Personenkreis sehr eng begrenzt. Neben dem Kaiser, der an allen Entscheidungen in irgendeiner Weise beteiligt war, gehörten dazu seine obersten Ratgeber mit unmittelbarem Zugang zum Kaiser und die Regenten mit jeweils ihren obersten Ratgebern. Von Fall zu Fall konnte je nach anstehender Materie ein dafür zuständiger Experte hinzugezogen werden. Als einen dieser unentbehrlichen Männer wird man Cornelius Schepper ansehen dürfen, ein in innerhabsburgischen Diensten, aber auch für schwierige Missionen ins Reich vielfältig verwendbarer Rat, wohl unmittelbar unterhalb der Ebene eines Granvelle, Cobos, Arras, Schore. Er jedenfalls formulierte manche der Instruktionen, die er für seine Missionen mitnahm, relativ selbständig und schrieb sie mit eigener Hand, woraus wohl auf seine Einbeziehung in die Beratungen zu schließen ist. Politische Fragen sehr allgemeiner Natur oder von großer Tragweite wurden oftmals im »Conseil« beraten und beschlossen – was immer man sich unter diesem Gremium vorzustellen hat. Weilte Karl in Spanien, war es wohl in der Regel der »Consejo de Estado«, dessen Zusammensetzung aber durchaus variieren konnte. Und zumindest wenn Karl sich außerhalb Spaniens aufhielt, konnte dieses Ratsgremium nicht mit dem »Consejo de Estado«, der ja in Spanien blieb, identisch sein. Auch dieser Rat war nicht immer gleichbleibend besetzt; so gehörte ihm z. B. in Genua 1533, als grundlegende Beschlüsse über die niederländischen Staatsfinanzen zu fassen waren, der wegen dieser Agenden zum Kaiser gesandte niederländische Finanzchef, der Herzog von Aarschot, nebst seinem Kollegen an – gewiß keine ständigen Mitglieder dieses »Conseil«.

Maßgebend für die Beteiligung an der politischen Entscheidungsfindung waren einerseits die jeweilige politische Situation und die Art der Probleme, die zu lösen waren, anderseits die Verfügbarkeit von Personen am kaiserlichen Hof, die sich für die jeweilige Sache im langjährigen kaiserlichen Dienst als Experten erwiesen hatten. Die Grundlage für diese sehr flexible politische Praxis bildete das bewährte alte, wenn auch manchmal unübersichtliche System von Patronage und Klientel. Durch Ämtervergabe und Gnadenerweise schuf der Kaiser als Patron direkte personale Bindungen zu vielen für ihn wichtigen Personen vom hohen Adel bis hinunter zu bürgerlichen Räten. Diese erwarben dadurch Einkünfte, Rang, Prestige und Macht, während der Kaiser umgekehrt von den Begünstigten volle Einsatzbereitschaft und absolute Loyalität erwarten konnte. Mit diesem sensiblen, weil gute Menschenkenntnis verlangenden Instrument operierte Karl V. in der Regel sehr erfolgreich. Unter diesem Aspekt erschließt sich auch der Sinn der geheimen Restriktionen, mit denen Karl die öffentlichen umfassenden Vollmachten der Regenten einschränkte; denn die wichtigsten Rechte, die Karl sich darin vorbehielt, waren die der Verfügung über die personellen Schlüsselpositionen in dem jeweiligen Land. Obwohl er also die Oberaufsicht über die gesamte institutionalisierte Landesverwaltung auf Zeit an den Regenten abtrat, sicherte er sich doch auf Dauer einen unmittelbaren, nicht an Institutionen festgemachten Konnex zu den einzelnen Personen, die er so bei Gelegenheit für seine Dienste jeglicher Art verpflichten konnte, unter anderem auch für Aufgaben in der Bürokratie des betreffenden Landes.

Existierte somit auf Landesebene eine gewisse Doppelung von qualitativ zu unterscheidenden Bindungen der Untertanen an den Regenten einerseits, den Kaiser anderseits, so fehlte auf der höchsten Ebene – der des Gesamtreichs – die Einbindung der an der politischen Diskussion beteiligten Personen in eine übergeordnete Institution. Das war ein bewußt gewollter Verzicht, denn entsprechende Vorschläge für eine übergreifende Institutionalisierung der politischen Spitze hatte Gattinara in den 20er Jahren dem Kaiser vorgelegt, waren von diesem aber nicht umgesetzt worden. Statt dessen verließ sich Karl im Kern auf einen sehr kleinen Kreis ihm rückhaltlos ergebener Personen, den er je nach Bedarf, das heißt: sach- und problembezogen, erweitern konnte. Damit konnte er die politische Kommunikation wie in ihren Formen so auch bezüglich des beteiligten Personals in hohem Maße flexibel gestalten. Und, was vielleicht noch wichtiger war, in den einzelnen Ländern konnte nicht so leicht der Eindruck entstehen, als würden sie von einer anonymen Superbehörde regiert, denn die Regierungsweise des Kaisers behielt solcherart doch immer seine persönliche Handschrift. Die Vorteile, die eine stärkere Institutionalisierung der Regierung des Gesamtreichs geboten hätte, wurden durch den insoweit persönlichen Charakter der Herrschaft Karls V. in seinen verschiedenen Ländern mehr als wettgemacht.

Horst Rabe / Peter Marzahl

»Comme représentant nostre propre personne« – Regentschaften und Regentschaftsordnungen Kaiser Karls V.[1]

1. Die Regentschaften im politischen System Karls V.

Karl V. vereinigte eine Fülle von Herrschaftsrechten in seiner Hand, wie sie vor ihm nur wenige und nach ihm keiner der Kaiser des Heiligen Römischen Reichs innehatten. Diese Herrschaftspositionen aber formierten keinen räumlich geschlossenen Komplex, sondern waren – von den amerikanischen Reichen ganz abgesehen – auf eine Vielzahl europäischer Länder verteilt, und überdies war die Herrschaft des Kaisers in diesen verschiedenen Ländern von recht unterschiedlicher Art und Intensität, abhängig von sehr unterschiedlichen verfassungsrechtlichen, sozialen und ökonomischen, auch: kirchlichen Bedingungen. Die daraus resultierenden Probleme waren um so fühlbarer, als die politischen Ziele Karls V. sich ja keineswegs bloß auf die Häufung von Herrschaftsrechten über Länder erstreckten, die im übrigen ihren eigenen politischen Bewegungsgesetzen folgten. Vielmehr war der Kaiser durchaus vom Willen zur übergreifenden, ganz Europa umfassenden politischen Gestaltung beherrscht, und diesen Zielen – Wiedergewinn des burgundischen Erbes, Vorherrschaft über Italien als Schlüsselposition kaiserlicher Hegemonie über Europa, Einheit und innere Reform der abendländischen Kirche – sollten nach der Vorstellung des Kaisers grundsätzlich alle seine Reiche und Herrschaften dienen. Es bedarf keiner umständlichen Begründung, daß hier sehr ungewöhnliche und schwierige Aufgaben der politischen Koordination und Kommunikation zu lösen waren; der Versuch ihrer Lösung, die dafür geschaffenen oder doch ausgebauten Institutionen und Verfahren gehörten denn auch zum Grundbestand des politischen Systems Karls V.[2]

1 Eine ausführlichere englische Fassung des folgenden Beitrags erschien in E.I. KOURI/T. SCOTT (Hrg.), Politics and Society in Reformation Europe. Essays for Sir Geoffrey Elton, London 1987, S. 78–102.

2 H. RABE, Elemente neuzeitlicher Politik und Staatlichkeit im politischen System Karls V. Bemerkungen zur spanischen Zentralverwaltung und zur Politischen Korrespondenz des Kaisers. In: Das römisch-deutsche Reich im politischen System Karls V., hrg. von H. LUTZ und E. MÜLLER-LUCKNER (Schriften des Historischen Kollegs, Kolloquien 1), München 1982, S. 161–187. Neuerdings überaus anregend H. KOENIGSBERGER, Prince and States General: Charles V and the Netherlands (1506–1555). The Prothero Lecture, Read 7 July 1993. In: The Transactions of the Royal Historical Society, 16th Series, Vol. 4, 1994.

Bei den Problemen der Kommunikation und Koordination innerhalb des politischen Systems Karls V. handelte es sich nun nicht bloß um organisatorisch-technische Probleme; ein Blick auf die tief divergierenden politischen Strukturen und Interessen der einzelnen Herrschaftskomplexe des Kaisers, die hier auszugleichen oder überhaupt zu überwinden waren, läßt das sofort deutlich werden. Und neben diesen Divergenzen spielte noch ein anderer, weniger offenkundiger, aber nicht weniger wichtiger und elementarer Aspekt eine Rolle: der aus der Vielzahl und räumlichen Zersplitterung der Reiche und Herrschaften Karls V. folgende Zwang nämlich zur immer wiederkehrenden und oft langdauernden Abwesenheit des Herrschers von Land und Leuten. Herrschaft bedeutete für den Menschen des 16. Jahrhunderts – nicht anders als für den mittelalterlichen Menschen – ja keine abstrakte Größe, nicht bloß ein System grundsätzlich personenunabhängiger und deshalb ohne weiteres delegierbarer – schon gar nicht: auf eine mehr oder minder anonyme Verwaltung delegierbarer – Rechte und Pflichten; Herrschaft bedeutete vielmehr sehr wesentlich die konkrete, persönliche Geltendmachung politischer Macht und Autorität, und umgekehrt bedeutete deshalb die Abwesenheit des Herrschers eine latente Schwächung, wo nicht gar Gefährdung seiner Herrschaft – in der Regel zugunsten der Großen des Landes und ihrer internen Machtkämpfe, gegebenenfalls auch der Stände[3]. Gewiß gab es neben diesen traditionellen Elementen der Herrschaftsauffassung auch andere Vorstellungen, in denen politische Herrschaft stärker im Sinne moderner, institutionalisierter Staatlichkeit gefaßt war; die Herausbildung solcher »neuzeitlicher« Konzeptionen reicht ja weit ins Mittelalter zurück, und das 16. Jh. sah auf breiter Front ihre theoretische und praktische Durchsetzung[4]. Indessen war die konkrete Gegenwart des Herrschers, war die persönliche Wahrnehmung seiner Rechte und Pflichten auch in fortgeschrittenen Systemen der Zeit eine politische Realität hohen Ranges; die Institutionen der Vertretung des abwesenden Herrschers blieben nur zu oft unsicher und ungenügend.

Namentlich die Geschichte Spaniens in der frühen Regierungszeit Karls V. liefert dafür schlagende Belege. Schon die Reise Karls nach Spanien 1517 hatte durchaus den Sinn –

3 P. MORAW, Wesenszüge der »Regierung« und »Verwaltung« des deutschen Königs im Reich (ca. 1350–1450). In: Festschrift für J. Fr. LEMARIGNIER, hrg. von W. PARAVICINI und K.F. WERNER (Beihefte der Francia 9), 1980, S. 149–167, bes. S. 160: »Anwesenheit oder jedenfalls Erreichbarkeit des Königs und seines Hofes im Reich wurden aber im ganzen Zeitraum und darüberhinaus als notwendig angesehen...; lange Abwesenheit vom Binnenreich wurde scharf kritisiert und führte fast zwangsläufig zur Herrschaftskrise«. – Zur Andersartigkeit mittelalterlicher Herrschaft gegenüber moderner Staatlichkeit noch immer wichtig: O. BRUNNER, Land und Herrschaft, 5. Aufl., Darmstadt 1965, bes. S. 111–164.

4 G. OESTREICH, Geist und Gestalt des frühmodernen Staats, Berlin 1969. - A. KRAUS, Le développement de la puissance de l'Etat dans les principautés allemandes (XVIe-XVIIe siècle). In: Rev. d'histoire diplomatique 89, 1975, S. 298–319. Daß das Regierungssystem Karls V. selbst ein wesentliches Element dieser Modernisierung war, ist eine These des vorliegenden Beitrags. Vgl. auch: H. RABE, Elemente neuzeitlicher Politik und Staatlichkeit im politischen System Karls V. [wie Anm. 2].

und auch den Erfolg –, durch das persönliche Erscheinen des jungen Fürsten dessen Herrschaft über die spanischen Reiche zu sichern. Wenige Jahre später, als der neugewählte Kaiser nach Deutschland gezogen war – schon die Krönung verlangte hier seine persönliche Gegenwart –, war die Abwesenheit des Herrschers von Kastilien dann eine wichtige Mitursache für den Aufstand der Comuneros, und noch 1529, als der Kaiser das Land wiederum verließ, rechtfertigte er in der Regentschaftsvollmacht für die Kaiserin sein Fortgehen öffentlich, ausführlich und mit unverkennbarer Berücksichtigung spanischer Empfindlichkeiten[5].

In den Niederlanden verhinderte die energisch ordnende Hand Chièvres', die mit der Mündigkeitserklärung des jungen Fürsten 1515 voll wirksam geworden war, auch für die Jahre nach dem Weggang Karls nach Spanien 1517 eine ähnliche Zuspitzung der Probleme wie in Kastilien – dies freilich vor dem Erfahrungshintergrund der sehr unbefriedigenden ersten Regentschaft Margaretes nach dem Tode Philipps des Schönen, die den politischen Parteiungen der Großen des Landes keinen Einhalt hatte gebieten können, vielmehr selbst zu deren Instrument geworden war[6]. Daß aber auch in den Niederlanden die Abwesenheit des Landesfürsten sehr kritisch betrachtet wurde, steht außer Frage; ganz analog der spanischen Regentschaftsvollmacht von 1529 begründete die Regentschaftsvollmacht für die Königin Maria von 1531 das erneute Fortgehen des Kaisers öffentlich unter Hinweis auf die großen und drängenden Angelegenheiten der Christenheit und unter Bedauern über die Unmöglichkeit »de faire continuelle residence... selon toutesfois que bien seroit nostre inclination pour la singuliere affection que leur portons«[7].

Für die österreichischen Erblande ist für unseren Zusammenhang auf die alsbald nach dem Tode Kaiser Maximilians 1519 ausbrechenden Konflikte zwischen den fürstlichen Regimenten und den Ständen Ober- und Niederösterreichs, auch auf die ins Sozialrevolutionäre spielenden Volksbewegungen in Tirol zu verweisen[8]. Allerdings lag diesen Auseinandersetzungen ein weitgespannter Komplex politischer und sozialer Ursachen zu Grunde, in dem die Abwesenheit des bzw. der Thronerben nur ein Element unter anderen darstellte. Auch spielte in den österreichischen Erblanden die Unsicherheit über den Thronfolger selbst eine erhebliche Rolle; hier wie stets bedeutete solche Unsicherheit ein eigenes Ge-

5 J.H. ELLIOTT, Imperial Spain 1469–1716, London 1963, S. 132–153. J.M. JOVER ZAMORA, Carlos V y los Españoles, Madrid 1963, S. 49–72. Die Regentschaftsvollmacht von 1529 ist gedruckt bei M. FERNANDEZ ALVAREZ, Corpus documental de Carlos V (= CD), Bd. 1, Salamanca 1973, S. 143–147.

6 A. WALTHER, Die Anfänge Karls V., Leipzig 1911, S. 66–126, S. 164–185.

7 Recueil des ordonnances des Pays-Bas. Deuxième Série: 1506–1700 (= RO), Bd. 3, bearb. von M.J. LAMEERE, Bruxelles 1902, S. 236–238.

8 A. LHOTSKY, Das Zeitalter des Hauses Österreich. Die ersten Jahre der Regierung Ferdinands I. in Österreich 1520–1527 (Veröfftl. der Komm. für Gesch. Österreichs 4), Wien 1971, S. 81–92.

fahrenmoment, das die aus der Abwesenheit des Herrschers resultierenden Probleme noch erheblich verschärfte.

Was schließlich das Reich angeht, so hatten sich die Kurfürsten schon in der Wahlkapitulation 1519 zusagen lassen, daß der Kaiser so oft und lange wie irgend möglich in Deutschland weilen werde, und zehn Jahre später – 1529 – baten Karls Bruder und Statthalter Ferdinand wie auch Karls Tante Margarete unisono aufs dringlichste um die Rückkehr des Kaisers nach Deutschland, weil andernfalls eine Lösung der dringenden politischen Probleme in Deutschland, insbesondere der Religionsfrage, ganz unmöglich wäre[9].

Es liegt auf der Hand, daß die Notwendigkeit oder doch Wünschbarkeit der Anwesenheit des Fürsten im Lande angesichts der Herrschaft Karls V. über eine Vielzahl von Ländern ein sehr grundsätzliches Problem seines politischen Systems darstellte. Ebenso deutlich ist des weiteren, daß die Lösung dieses Problems oder wenigstens die Annäherung an eine solche Lösung nur darin bestehen konnte, solche Institutionen der Vertretung des Herrschers zu schaffen, die jenen Mangel seiner persönlichen Gegenwart, so gut es irgend ging, ausglichen. Praktisch aber bedeutete das: Die für die Zeit der Abwesenheit des Kaisers von seinen einzelnen Ländern einzusetzenden Regentschaften mußten in ihrer verfassungspolitischen Ausgestaltung der Stellung des Herrschers selbst so weit wie irgend möglich angenähert werden, in der Fülle ihrer Machtbefugnisse wie in ihrer Einbindung in die politischen Strukturen des Landes; der Regent mußte als alter ego des Herrschers im Lande selbst erscheinen[10]. Zugleich freilich mußte es dem Kaiser darauf ankommen, ungeachtet der notwendigen Macht und Autorität der Regentschaften seine eigene, übergeordnete Entscheidungsgewalt in allen wichtigen Fragen zu wahren. Wie hätte er sonst die Einheitlichkeit seiner europäischen, ja: Weltpolitik, wie hätte er sonst die Einbindung seiner einzelnen Länder und Herrschaften in sein politisches Gesamtsystem sichern können? Wiederum versteht sich ohne weiteres, daß eine befriedigende institutionelle Ausgestaltung der Regentschaften angesichts der offenkundigen Spannungen zwischen jenen Grundforderungen eine überaus heikle Aufgabe darstellte, deren Lösung nur im Wege des zugleich kraftvollen und behutsamen Kompromisses zwischen den einander widerstreitenden Interessen des Kaisers und seiner einzelnen Länder gesucht werden konnte.

---

9 H. RABE, Befunde und Überlegungen zur Religionspolitik Karls V. am Vorabend des Augsburger Reichstags 1530. In: Confessio Augustana und Confutatio. Der Augsburger Reichstag 1530 und die Einheit der Kirche, hrg. von E. ISERLOH (RST 118), 1980, S. 101–113, bes. S. 107–112. - Die Hochschätzung der persönlichen Anwesenheit des Kaisers für die Durchsetzung seiner politischen Ziele findet sich ungebrochen noch im Zusammenhang der Verhandlungen über einen Reichsbund 1547, so etwa in Karls Brief an Ferdinand vom 1. Juni 1547, in: Correspondenz des Kaisers Karl V., hrg. von K. LANZ, Bd. 2, Leipzig 1844 [Neudruck Frankfurt/Main 1966], Nr. 586, S. 572–576.

10 Die alter-nos-Formel begegnet uns auch ausdrücklich, nämlich in den Brüsseler Verträgen vom Januar/Februar 1522; vgl. W. BAUER, Die Anfänge Ferdinands I., Wien-Leipzig 1907, Beilagen Nr. III und IIIa, S. 247–253. In späteren Vollmachten, auch in der für Ferdinand 1531, hat sich die Terminologie geändert, nicht aber der politische Sinn der Bestimmungen.

Diese Quadratur des politischen Zirkels ist Karl V. im Laufe seiner Regierungszeit annähernd gelungen, und man wird das als eine bedeutende Leistung des Kaisers, seiner Regenten und führenden Räte zu werten haben. Indessen waren die tragenden Lösungen doch nicht von vornherein verfügbar. Die ersten Jahre der Regierungszeit Karls V. waren vielmehr von erheblichen Unsicherheiten, auch von schweren Mißerfolgen in der Handhabung der Regentschaften geprägt.

Am günstigsten gestalteten sich die Verhältnisse noch in den Niederlanden. Hier war zwar die erste Regentschaft Margaretes nach dem Tode Philipps des Schönen sehr unbefriedigend verlaufen; insbesondere hatte sich Margarete gegenüber den streitenden Adelsfaktionen mit ihren gegensätzlichen außenpolitischen Optionen nicht wirklich durchsetzen können. Eben diese ungünstigen Erfahrungen aber hatten Chièvres schon seit dem förmlichen Regierungsantritt Karls 1515 zu entschiedenem Eingreifen veranlaßt. Es gelang ihm, eine Reihe wichtiger Vertreter des widerspenstigen Adels in die Klientel seines jungen Herrschers hinüberzuziehen; der Neutralitätskurs seiner Außenpolitik fand breite Zustimmung im Lande. Das bewährte sich auch nach dem Weggang Karls nach Spanien 1517; der als Regentschaftsrat eingesetzte Conseil Privé, der wenige Jahre zuvor noch das Forum wirrer Parteiungen des Adels gewesen war, löste seine Aufgaben im Ganzen recht zufriedenstellend[11]. Problematisch war freilich, daß Margarete – immerhin die frühere Regentin und als Tochter des Kaisers die unbestritten ranghöchste Person im Lande – nach der Regentschaftsordnung von 1517 grundsätzlich nur ein Mitglied des Regentschaftsrats neben anderen sein und unter der Präsidentschaft Carondelets stehen sollte[12]. Diese politische Degradierung Margaretes, obzwar in der konkreten Situation von 1517 verständlich und vielleicht unumgänglich, hätte wohl leicht zum Ausgangspunkt neuer Opposition im Lande, zur Ursache gefährlicher neuer Konflikte werden können. Auch diese Gefahr aber wurde, nicht zuletzt dank der Loyalität Margaretes, nicht wirklich akut. Seit dem Tode Carondelets im Frühsommer 1518 wuchs Margarete dann auch wieder in die Position der eigentlichen Regentin hinein[13]; als sie im Juli 1519 von dem gerade neu gewählten Kaiser in aller Form zur »regente et gouvernante« der Niederlande ernannt wurde[14], war diese Entwicklung im wesentlichen abgeschlossen. Und dieser Erfolg war um so bedeutsamer, als

11 A. HENNE, Histoire du règne de Charles-Quint en Belgique, Bd. 2, Bruxelles 1858, S. 211–301. - A. WALTHER, Die Anfänge Karls V. [wie Anm. 6], S. 164–185.

12 RO Bd. 1, S. 578–581. Die Ernennung Maximilians zum »superintendent« des Regentschaftsrats verdeckte das Problem nur notdürftig: Maximilian weilte selbst ja nicht im Lande und sollte nur in Notfällen gerufen werden können. Tatsächlich hat Maximilian – anders als noch bis 1516 – keinen nennenswerten Einfluß auf die niederländischen Angelegenheiten mehr ausgeübt.

13 Wesentliche Erweiterungen der Befugnisse Margaretes durch die Urkunde vom 24. Juli 1518 (RO Bd. 1, S. 656f.); aufschlußreiche Kommentare dazu in der Korrespondenz Margaretes bei A. WALTHER, Die burgundischen Zentralbehörden unter Maximilian I. und Karl V., Leipzig 1909, Beilage Nr. 5, S. 203–205.

14 RO Bd. 1, S. 682–684.

mit der Regentschaft Margaretes als eines Mitglieds des Hauses Habsburg die politischen Interessen der Dynastie, auch die länderübergreifenden Interessen Karls V., besonders wirksam abgesichert wurden; diese dynastische Lösung des Regentschaftsproblems wurde in der Folge ja zum Modell der meisten anderen Regentschaften des Kaisers.

Daß es auch in der zweiten und dritten Regentschaft Margaretes – also seit 1519 bzw. 1522 – erhebliche Probleme gab, darf freilich nicht übersehen werden. Margaretes Nachfolgerin Maria jedenfalls hat in einem späten Rückblick die Endzeit der Regentschaft Margaretes sehr kritisch – vielleicht: überkritisch – beurteilt[15], und der Kaiser selbst sah sich bei der Einrichtung der Regentschaft Marias 1531 veranlaßt, die burgundische Zentralverwaltung und damit auch deren Verhältnis zur Regentin gründlich zu reorganisieren[16]. Insofern hat die Regentschaft der Niederlande erst 1531 ihre für die Regierungszeit Karls V. definitive Gestalt erhalten. Die Grundzüge aber lagen doch bereits seit 1519 ziemlich fest.

Eine den Verhältnissen angemessene Form der Regentschaft für Spanien zu finden, war ein erst recht zeitraubender Prozeß.

Nach dem Tod Ferdinands von Aragon war Kastilien im Namen Karls von Kardinal Jiménez de Cisneros regiert worden, mit ausgedehnten Vollmachten und in der Praxis nicht eingeschränkt von Restriktionen oder generellen Instruktionen; während der ersten fünf Monate seiner Regentschaft besaß der Kardinal nicht einmal eine spezifische Vollmacht und regierte auf der Grundlage von Ferdinands Testament und Karls Zustimmung[17]. Der unbestreitbare Erfolg des Kardinals scheint am Hof des jungen Königs als beinahe selbstverständlich angesehen worden zu sein; jedenfalls wurden weder jetzt noch auch während Karls erstem Aufenthalt in Spanien 1517–1520 sehr gründliche Überlegungen über die Probleme einer künftigen Regentschaft angestellt[18]. Das bedeutete freilich nicht, daß man die Nachteile der Regentschaft des Kardinals gar nicht gesehen hätte: die sehr weitgehende Unabhängigkeit des Regenten gegenüber dem Hof in Brüssel wie überhaupt die Schwierigkeiten der Koordination zwischen zwei parallelen Zentren der Regierung[19]. Jenen Erfolg

15 Maria an Philipp, 7. September 1558, bei L.P. GACHARD (Hrg.), Retraite et mort de Charles-Quint au Monastère de Yuste, Bd. 2, Bruxelles 1855, S. 342–352, bes. S. 349.

16 Das Kernstück dieser Reorganisation – die Einrichtung bzw. Neuordnung von Conseil d'état, Conseil privé und Conseil des finances als zentraler Ratsgremien (RO Bd. 3, S. 239–254) – sollte bis zum Ende der habsburgischen Herrschaft und darüber hinaus in den Niederlanden Bestand haben. M. BAELDE, De Collaterale Raden onder Karel V en Filips II (1531–1578). Bijdrage tot de geschiedenis van de centrale instellingen in de zestiende eeuw (Verhandelingen van de Koninkl. Vlaamse Ac. voor Wetenschappen... Klasse der Letteren XXVII, Nr. 60), Brüssel 1965.

17 Ferdinands Testament in: A. de SANTA CRUZ, Crónica de los Reyes Católicos, 2 Bde., Sevilla 1951, Bd. 2, S. 342–392.

18 F. WALSER, Die spanischen Zentralbehörden und der Staatsrat Karls V., hrg. von R. WOHLFEIL, Göttingen 1959, S. 108. - M. GIMENEZ FERNANDEZ, Bartolomé de las Casas, Bd. 2, Sevilla 1960, S. 3–379 enthält die bisher detaillierteste Diskussion dieses Aufenthalts.

19 S. de DIOS, El Consejo Real de Castilla (1385–1522), Madrid 1982, S. 183–185.

unter Ausschaltung dieser Mißstände zu wiederholen, schien aber ein Leichtes: Es würde nur nötig sein, die Vollmachten des neuen Regenten hinreichend zu beschränken – mit den in Spanien und in den Niederlanden gemachten Erfahrungen vor Augen und mit dem Ziel, die Zügel strikt in der Hand des Kaisers und seiner Räte zu behalten[20]. Das war jedoch eine Illusion; die folgende Regentschaft Kardinal Adrians von Utrecht erwies sich in den Stürmen des Aufstands der Comuneros als gefährliche und kostspielige Fehlinstitution. Schon daß der Kaiser die Regentschaft mit Adrian einem Ausländer anvertraute, war ein fataler Mißgriff; die allzu rigiden Einschränkungen seiner Vollmachten zugunsten des fernen Kaisers setzten Adrian vollends außerstande, die anstehenden – und gewiß schwierigen – Aufgaben der Regierung zu meistern. Wie wenig man am Kaiserhofe die eigentlichen Probleme erkannte, zeigt die Tatsache, daß jene Einschränkungen der Regentschaftsvollmachten auch dann nicht modifiziert wurden, als – während der Krise der Comunidades – der Admiral und der Condestable von Kastilien zu Mitregenten Adrians ernannt wurden. Und als die Umstände die Regenten unausweichlich dazu zwangen, die ihnen auferlegten Restriktionen mehr und mehr zu ignorieren, wurde dies als ein Beweis für die Gefahren einer Mitwirkung der Granden an der Regierung angesehen[21]. In Wahrheit aber war es nicht die Eigenmächtigkeit der Granden, die die Autorität der Krone gemindert hatte, sondern die Unbedachtsamkeit der Regelungen des Herrschers selbst, wie es denn auch der Admiral von Kastilien dem Kaiser nach dessen Rückkehr nach Spanien unverblümt vor Augen hielt[22]. Diese unerbetene Kritik mag dem Kaiser unangenehm gewesen sein; vielleicht war er in der Zwischenzeit aber auch selbst schon zu entsprechenden Einsichten gelangt – jedenfalls richtete er sich in der Folge gutenteils nach den Ratschlägen des Admirals. Die nächsten sieben Jahre blieb er in Spanien, zunächst vor allem mit der Wiederherstellung seiner eigenen Autorität befaßt und dann mit der Einrichtung eines besser durchdachten Regierungs- und Regentschaftssystems, und das sollte sich in der Folge durchaus bewähren.

Ein wichtiges Ziel dieser Politik bestand schon in der Sicherung einer dynastischen Präsenz über des Kaisers Person hinaus. Die Heirat Karls im Jahr 1526 und die Geburt eines Erben ein Jahr später sicherten die Stellung der Dynastie in dieser Hinsicht. Auch wurde die Regierung der spanischen Besitzungen des Kaisers recht wirksam reorganisiert, in Gestalt vor allem eines erweiterten Kreises von Ratskollegien, deren Koordinierung dem neu institutionalisierten Staatssekretär übertragen wurde[23]. Allerdings genügte dieser Prozeß interner Reorganisation der spanischen Zentralverwaltung noch nicht, die Probleme der Gesamtregierung so vieler verschiedener Länder unter einem Herrscher zu lösen; eine in

20 AGS, PR 26, F. 17; gedruckt in M. DANVILA Y COLLADO, Historia crítica y documentada de las Comunidades de Castilla, 5 Bde., Madrid 1897–1899, Bd. 1, S. 335–339.

21 Vgl. J. PEREZ, La révolution des Comunidades de Castille (1520–21), Bordeaux 1970, S. 206. S. de DIOS, Consejo Real de Castilla, S. 193.

22 M. DANVILA Y COLLADO, Historia crítica , Bd. 5, S. 228–229.

23 DIOS, Consejo Real, S. 209–215; H. RABE, Elemente neuzeitlicher Politik [wie Anm. 2], S. 167–169.

sich schlüssige innere Organisation eines Landes konnte vielmehr sogar zur Folge haben, daß es schwieriger wurde, gleichsam von oben und außen in das Land hinein zu regieren. Die Lösung dieses Problems mußte die zukünftige Gestalt der kaiserlichen Herrschaft bestimmen.

Zwei Ansichten über die zukünftige Gestaltung der Regierung des Kaisers stießen hier aufeinander: die des Großkanzlers Gattinara und die der Spanier bzw. Kastilier, unter denen der königliche Rat Lorenzo Galíndez de Carvajal und der Sekretär Francisco de los Cobos herausragten. Die Vorschläge des Großkanzlers empfahlen eine gleichsam von der Spitze abwärts zu organisierende Regierung des Kaisers, wobei es dem Großkanzler und einem ihm zugeordneten Staatsrat zugefallen wäre, die anstehenden politischen Geschäfte selbst wahrzunehmen oder aber ad hoc auf die Regierungen der einzelnen Länder zu verteilen[24]. Die Vorschläge Galíndez de Carvajals dagegen, zum gleichen Zeitpunkt vorgetragen wie diejenigen Gattinaras, beantworteten die Frage der zukünftigen Organisation einer Regentschaft für Spanien und ihres Verhältnisses zu der den Kaiser begleitenden Regierung deutlich anders. Galíndez nämlich sprach sich für eine grundsätzliche Trennung von Funktionen und Kompetenzen aus – zwischen den Regenten und den diesen zugeordneten Ratskollegien einerseits und der kaiserlichen Sphäre anderseits –, anstatt von Fall zu Fall nach Art und politischem Gewicht eines Problems zu fragen, um dieses dann dem Staatsrat vorzubehalten oder aber einem anderen Kollegium zuzuweisen. Dieser Konzeption, die ja auch den bereits für die Niederlande getroffenen Regelungen gut entsprach, folgte die jetzt realisierte Lösung des Problems[25]. Während der Reise des Kaisers in die Länder der Krone Aragon im Jahr 1528 ergab sich eine erste Gelegenheit, die systematische Trennung von Funktionen und Kompetenzen zwischen dem Kaiser und der Kaiserin als Regentin in der Praxis zu erproben. Der Erfolg dieses Experiments erlaubte es dem Kaiser dann, den Zug nach Italien und weiter nach Deutschland ernsthaft in Angriff zu nehmen. Zwischen der Abreise des Kaisers von Toledo im März 1529 und der Einschiffung nach Italien von Barcelona im Juli ergab sich noch eine letzte Gelegenheit zur Überprüfung der vorgesehenen Lösung, als deren Folge Kompetenzen und Autorität der Regentschaft der Kaiserin gleichsam in Raten überantwortet wurden – ganz ähnlich, wie Karl schon zehn Jahre früher verfahren war, als er seine Tante Margarete mit der Regentschaft der Niederlande betraut hatte.

Weniger spektakulär, aber kaum weniger gravierend als in Spanien war der Mißerfolg der frühen Regentschaftspolitik des Kaisers im Reich.

---

24 Ein Beispiel solcher Vorschläge findet sich bei J.M. HEADLEY, The Emperor and his Chancellor, Cambridge 1983, Anhang IV.

25 F. WALSER, Spanien und Karl V. Fünf spanische Denkschriften an den Kaiser, in: Berichte und Studien zur Geschichte Karls V., [Teil] VI (Nachr. v. d. Gesellsch. d. Wiss. zu Göttingen, Phil.-hist. Klasse II, Bd. 2, Nr. 6), Berlin 1932, S. 163–167.

In den österreichischen Erblanden erwies sich das noch von Maximilian eingesetzte, von Karl V. – zugleich im Namen seines Bruders Ferdinand – bestätigte Oberste Regiment mit Sitz in Augsburg als ganz und gar ungeeignet, die Konflikte mit den Ständen beizulegen oder auch nur den Revolten und Unruhen in Niederösterreich und Tirol ein Ende zu machen. Eine Wende bahnte sich erst an, als Ferdinand, zuerst in Niederösterreich, mit Entschiedenheit durchgriff – nun aber gerade nicht als Statthalter, sondern, gemäß den Zugeständnissen des Kaisers vom April 1521 bzw. Januar 1522, als selbständiger Landesherr der niederösterreichischen Herzogtümer[26]. In Oberösterreich aber, besonders in Tirol, hatte Ferdinand auch in der Folge noch beträchtliche Schwierigkeiten, und dies nicht zuletzt deshalb, weil die Stände seine Autorität als die eines bloßen Statthalters seines kaiserlichen Bruders geringachteten[27]. Das war eine im Grunde groteske Situation; denn das Abkommen der habsburgischen Brüder vom 7. Februar 1522 hatte Ferdinand ja die volle Landesherrschaft auch über die ober- und vorderösterreichischen Besitzungen zuerkannt, nur eben mit der Maßgabe der Geheimhaltung dieser Abmachungen für die Dauer von sechs Jahren oder doch bis zur Kaiserkrönung Karls durch den Papst[28]. Die Statthalterschaft war hier also kaum mehr als eine Fassade mit dem einzigen Zweck, die Fiktion der Landesherrschaft des Kaisers aufrechtzuerhalten. Die Unhaltbarkeit dieser Konstruktion erwies sich alsbald – den Gläubigern mit dem Fugger an der Spitze mußte man ohnehin reinen Wein einschenken –, und es war nur vernünftig, wenn Ferdinand bereits seit dem Herbst 1522 mit steigendem Nachdruck auf die Aufhebung jener Geheimhaltungsklausel drang. An der Jahreswende 1524/25 hatte er damit endlich Erfolg, im Februar 1525 bekannte sich der Kaiser öffentlich zur Landesherrschaft Ferdinands über die Gesamtheit der österreichischen Erblande[29]. Die Einbindung auch dieser Länder in das politische System Karls V.

26 BAUER, Die Anfänge Ferdinands I.[wie Anm. 10], S. 181ff.; LHOTSKY, Das Zeitalter des Hauses Österreich [wie Anm. 8], S. 119–131.

27 Georg Kirchmairs Denkwürdigkeiten seiner Zeit 1519–1533, hrg. von Th.G. von KARAJAN (Fontes rerum Austriacarum I/1), Wien 1855, S. 459f. Vgl. auch die Klage Ferdinands über seine Untertanen: »n'ont envers nous l'amour et l'affection qu'ilz devroient avoir à leur seigneur naturel, pensant, que ci pour le présent sont en notre gouvernement que si-après pourront devenir en cellui d'aultrui« (Ferdinand an Karl, November 1522. Die Korrespondenz Ferdinands I., Bd. 1: Familienkorrespondenz bis 1526, bearb. von W. BAUER, Wien 1912, Nr. 21, S. 21–30, bes. S. 22f.). Daneben standen freilich zunehmende Beschwerden über Person und Umgebung Ferdinands, vor allem über Salamanca; LHOTSKY, Das Zeitalter des Hauses Österreich, S. 131–145. Dabei lag der eigentliche Grund des Gegensatzes der Stände zu Salamanca wohl darin, daß der Schatzmeister seinen fürstlichen Herrn durch eine zielbewußte Finanzpolitik, insbesondere durch die Stärkung der landesherrlichen Einkünfte aus dem Montanwesen, von den Ständen unabhängig zu machen trachtete; vgl. G. RILL, Quecksilber aus Idria. Zur Wertung des Höchstetter-Vertrages von 1525 im Rahmen der österreichischen Finanzen. In: MÖStA 40, 1987, S. 27–60.

28 BAUER, Die Anfänge Ferdinands I. [wie Anm. 10], S. 136–161; der Geheimvertrag vom 7. Februar 1522 ebenda, Beilage Nr. IIIa, S. 249–253.

29 BAUER, Die Anfänge Ferdinands I., ebd., Beilage Nr. VI, S. 260–264.

wurde damit jedoch nicht völlig preisgegeben; die von Ferdinand als selbstverständlich empfundene Verpflichtung auf das Wohl der maison d'Autriche war eine zwar verfassungsrechtlich weniger verbindliche, aber politisch durchaus tragfähige Basis solcher Einbindung.

Auch die Vertretung des Kaisers als deutschen Königs für die Zeit seiner Abwesenheit vom Reich war zunächst sehr unbefriedigend geregelt und erfuhr erst seit dem zweiten Deutschlandaufenthalt Karls V. 1530/31 – in zeitlich enger Parallelität zur Regentschaft der Kaiserin in Spanien seit 1529 und zur Neuordnung der niederländischen Regentschaft nach dem Tode Margaretes – mit dem römischen Königtum Ferdinands eine dauerhafte und funktionsfähige, wenngleich keineswegs spannungslose Institutionalisierung.

An sich gab es ja schon im älteren Reichsrecht ein Organ der Vertretung des Königs, nämlich das Reichsvikariat absente rege. Der Reichsvikar unterlag grundsätzlich dem Weisungsrecht des Königs, doch war der König in der personellen Auswahl des Reichsvikars nicht frei; nach dem Herkommen des Reichsrechts nämlich hatte der Kurfürst von der Pfalz Anspruch auf das Amt[30]. Karl V. hat diesen Anspruch jedoch nicht respektiert. Offenbar befürchtete der Kaiser – und kaum zu Unrecht –, daß sich der Pfalzgraf für die zugleich dynastischen und universalistischen Ziele, auf die es dem Kaiser auch im Reiche ankommen mußte, nicht sonderlich engagieren werde. Überdies war das Reichsvikariat in der Vergangenheit ja nicht selten zum Kristallisationspunkt reichspolitischer Opposition geworden; auch das mochte dem Kaiser andere Lösungen nahelegen. So entschied er sich 1521, seinen Bruder Ferdinand zum Statthalter im Reich zu machen; seine Vertretung sollte Pfalzgraf Friedrich, der jüngere Bruder des pfälzischen Kurfürsten, wahrnehmen. Die auf dem Reichstag zu Worms versammelten Reichsstände stimmten dem zu; Kurfürst Ludwig ließ sich mit einem formalen Vorbehalt der pfälzischen Vikariatsrechte abspeisen[31].

Die Übertragung der Statthalterschaft im Reiche an Ferdinand bedeutete nun aber nicht, daß der Kaiser über den institutionellen Zuschnitt dieser Statthalterschaft und damit über die Möglichkeiten ihrer politischen Wirksamkeit frei hätte befinden können. Der Statthalter war vielmehr im Grunde nichts anderes als der Vorsitzende des Reichsregiments, dessen Einrichtung Karl schon in der Wahlkapitulation von 1519 hatte zugestehen müssen

30 W. HERMKES, Das Reichsvikariat in Deutschland, Karlsruhe 1968. Entsprechend der Aufteilung des Reichsvikariats vacante imperio auf Kurpfalz und Kursachsen wurden auch für das Vikariat absente rege neben den pfälzischen gelegentlich kursächsische Ansprüche erhoben. Sie scheinen zwar 1521, jedenfalls nach Ausweis der Reichstagsakten, keine Rolle gespielt zu haben; im Jahre 1524 aber befürchtete Ferdinand I. »quod... vicarii imperiales subintrabunt absente Mte Sua in officia vicariatus«, d. h. die Geltendmachung pfälzischer wie kursächsischer Vikariatsansprüche (Die Korrespondenz Ferdinands I., Bd. 1, Nr. 76, S. 147–195, bes. S. 158).

31 RTA JR, Bd. 2, bearb. von A. WREDE, Gotha 1896, Nr. 101(6), S. 732; Nr. 239, S. 939, Anm. 1; Nr. 241, S. 940.

und das auf dem Reichstag zu Worms 1521 seine – in manchem freilich ziemlich vage – organisatorische Gestalt erhalten hatte.

Die Institution des Reichsregiments war an sich eine Schöpfung schon der ständischen Reichsreform um die Wende des 15. Jahrhunderts. In seiner ursprünglichen Form, in der es die Reichsstände König Maximilian im Jahre 1500 aufgezwungen hatten, war es sogar der entschiedenste Ausdruck des von den Ständen erstrebten verfassungspolitischen Übergewichts über die Krongewalt gewesen[32]. Mit dem 1521 neu etablierten Reichsregiment verbanden sich solch hochfliegende Pläne nicht mehr. Vor allem war es ja nicht mehr als ständige Einrichtung konzipiert, sondern sollte nur für die Zeit der Abwesenheit des Kaisers vom Reiche amtieren. Aber auch das war – vom Kaiser aus gesehen – unangenehm genug, nahm es ihm doch praktisch die Möglichkeit einer Regelung seiner Vertretung im Reiche nach seinem eigenen Willen und räumte überdies den Ständen absente rege einen erheblichen Einfluß auf die Regierungsgeschäfte des Reichs ein. Daß Ferdinand als Statthalter des Kaisers noch jahrelang keine überlegene Autorität gegenüber dem Reichsregiment geltend machen konnte, machte die Situation erst recht fatal[33]. Freilich stand das Reichsregiment in latentem Gegensatz nicht nur zur Krongewalt; als Reichsorgan, das – wenngleich unter ständischen Vorzeichen – das Gesamtinteresse des Reichs wahrzunehmen suchte, traf es vielmehr immer wieder auch auf Widerstände, die aus den Partikularinteressen mächtiger Reichsstände oder Ständegruppen erwuchsen, und gegen diese Widerstände konnte sich das Reichsregiment um so weniger durchsetzen, als es für die Durchführung seiner Anordnungen auf die einzelnen Stände selbst angewiesen war. Schon 1524 stand es auf des Messers Schneide, ob das Reichsregiment nicht überhaupt aufgelöst würde; es bedurfte eines beträchtlichen politischen – und finanziellen – Engagements Erzherzog Ferdinands, um die Fortdauer der Institution zu sichern. Dieses Engagement zahlte sich dann freilich für die Habsburger und besonders für Ferdinand selbst aus: Seit der Mitte der 20er Jahre wurde das Reichsregiment immer mehr zu einem politischen Instrument der Habsburger, und damit trat seine ursprüngliche Funktion als Institution der Beschränkung und Kontrolle Ferdinands als kaiserlichen Statthalters im Reich immer weiter zurück. Daß sich das Regiment bei der Rückkehr des Kaisers ins Reich 1530 sang- und klanglos auflöste und auch beim erneuten Abschied des Kaisers vom Reiche nicht neu institutionalisiert wurde, war eine insofern durchaus konsequente Entwicklung. Immerhin: Daß die Einrichtung des Reichsregiments 1521 dazu beigetragen hat, eine wirklich funktionsfähige Regentschaft des Kaisers im Reich zu verzögern, steht

32 H. ANGERMEIER, Die Reichsregimenter und ihre Staatsidee. In: HZ 211 (1970), S. 265–315.

33 Allerdings war auch das Verhältnis des Kaisers zu Ferdinand in den frühen 20er Jahren immer wieder von Mißtrauen getrübt. Noch 1523 scheint man am kaiserlichen Hofe für den Fall der Auflösung des Reichsregiments sogar die Ernennung eines anderen Fürsten als kaiserlichen Statthalters im Reich ventiliert zu haben; vgl. BAUER, Die Anfänge Ferdinands I. [wie Anm. 12], S. 206. Anders und verbindlich dann die Entscheidung des Kaisers vom 20. Februar 1525; ebenda, S. 234, Anm. 1.

außer Frage[34]. Und darin lag denn auch einer der entscheidenden Gründe dafür, daß Karl V. während seiner Abwesenheit vom Reich 1521–1530 kaum in der Lage war, in und mit Deutschland eine zielstrebige, vor allem: stetige Politik zu betreiben. Das aber war von weitreichender historischer Bedeutung. Die neuere reformationsgeschichtliche Forschung hat hervorgehoben, daß für den Erfolg der reformatorischen Bewegung wie der beginnenden Ausbildung evangelischer Landeskirchen in den 20er Jahren des 16. Jahrhunderts, daß auch für die Ritterschaftsbewegung und selbst für den Bauernkrieg die Abwesenheit des Kaisers vom Reich eine wesentliche Voraussetzung gebildet habe[35]. Dieses Urteil ist gewiß nicht falsch, es bedarf aber der Differenzierung: Nicht einfach die Abwesenheit Karls V. vom Reich war das entscheidende Moment, sondern die Tatsache, daß der Kaiser während seiner Abwesenheit von Deutschland über keine hinreichend funktionsfähige Regentschaft im Reich verfügte.

Es hätte freilich eine reichsrechtlich legitime Möglichkeit gegeben, Ferdinand auch abgesehen von seinen Funktionen im Reichsregiment und erst recht für den Fall der ja schon 1523 lebhaft diskutierten Auflösung des Regiments, übrigens auch ohne Verletzung der pfälzischen Vikariatsansprüche, zum Reichsverweser zu machen – in der Form nämlich, daß Ferdinand zum Nachfolger des Kaisers designiert, praktisch also: zum römischen König gewählt worden wäre. Der Vorrang der Reichsverweserschaft des Thronfolgers vor dem Reichsvikariat absente rege hatte immerhin eine gute Tradition der Reichsverfassung für sich. Wirklich scheint Karl V. seine grundsätzliche Zustimmung zu einer Nachfolge Ferdinands im Reich in Form seiner Wahl zum römischen König schon bei den Gesprächen der habsburgischen Brüder Anfang 1522 in Brüssel erklärt zu haben[36], und Ferdinand drängte seit November 1522 auf die Realisierung des Wahlprojekts[37]. Auch im Reich gab es Stimmen für eine baldige Wahl Ferdinands zum römischen König – mitunter geradezu mit der Begründung, daß dadurch das Reichsregiment überflüssig werde[38]. Es gab freilich auch kräftige Gegenströmungen von seiten der Gegner des Hauses Habsburg, und vor al-

34 Schon BAUER, Die Anfänge Ferdinands I. [wie Anm. 10], S. 156, hat mit Recht betont, »daß es für die Zukunft sowohl des Infanten wie des Regimentes bedeutungsvoll werden sollte, daß Ferdinands Einfluß auf die Politik des Reiches an den Bestand dieser obersten Behörde in Deutschland gekettet war, mit ihr stand und fiel«. – Im übrigen ist die für die Geschichte des Zweiten Reichsregiments jetzt maßgebende Darstellung: C. ROLL, Das Zweite Reichsregiment 1521–1530 (Forschungen zur deutschen Rechtsgeschichte 15), Köln/Weimar 1996.

35 Vgl. z. B. H. LUTZ, Reformation und Gegenreformation, 2. Aufl. München 1982, S. 27.

36 Jedenfalls berief sich Ferdinand in der großen Instruktion für Bredam 1524 auf eine solche Zusage des Kaisers (Die Korrespondenz Ferdinands I., Bd. 1, Nr. 76, S. 147–195, bes. S. 161).

37 So in der Instruktion für Hemricourt und Salinas (Die Korrespondenz Ferdinands I., Bd. 1, Nr. 21, S. 21–29, bes. S. 26). – Für den Gesamtzusammenhang der Verhandlungen über die Königswahl Ferdinands vgl. E. LAUBACH, Karl V., Ferdinand und die Nachfolge im Reich. In: MÖStA 29, 1976, S. 1–51, sowie A. KOHLER, Antihabsburgische Politik in der Epoche Karls V. Die reichsständische Opposition gegen die Wahl Ferdinands I. zum römischen König und gegen die Anerkennung seines Königtums (1524–1534) (Schriftenreihe der Hist. Komm. bei der Bayer. Ak. der Wiss. 19), Göttingen 1982.

lem: Karl V. selbst engagierte sich lange Jahre hindurch kaum für das Wahlprojekt. Zwar bestimmte er in seinem Testament vom 22. Mai 1522 für den Fall des Fehlens ehelicher Nachkommen seinen Bruder zum Universalerben und Nachfolger, auch stattete er Ferdinand mit einer Reihe sonst dem König vorbehaltener Rechte aus[39]; die Königswahl Ferdinands aber wollte er erst dann mit Entschiedenheit betreiben, wenn er selbst durch den Papst gekrönt worden wäre, und an dieser Verhandlungsposition hielt er die ganzen 20er Jahre hindurch fest. Erst das Jahr 1530 brachte dann den Umschwung: Die Verhältnisse im Reich verlangten gebieterisch das persönliche Eingreifen des Kaisers, auf dem Wege nach Deutschland erfolgte die Kaiserkrönung in Bologna; das Wahlprojekt wurde nun engagiert, auch mit hohem finanziellem Einsatz, betrieben, Anfang 1531 erfolgte die Königswahl. Praktisch gleichzeitig ging die Vertretung des abwesenden Kaisers im Reich auf Ferdinand über, und zwar auf ihn allein – vom Reichsregiment war nicht mehr die Rede[40]. Die inhaltliche Ausgestaltung der Statthalterschaft Ferdinands im Reich aber entsprach im Prinzip den gleichzeitigen Regentschaften Isabellas in Spanien und Margaretes bzw. Marias in den Niederlanden, und wenn auch Ferdinand über den Umfang der Restriktionen seiner Vollmacht enttäuscht war[41], so erwies sich die jetzt realisierte Lösung des Regentschaftsproblems doch hier wie dort als im wesentlichen brauchbar und dauerhaft.

2. Vollmacht – Restriktion – Instruktion: Zur formalen Ausgestaltung der Regentschaftsordnungen Karls V.

Unter »Regentschaftsordnungen« soll hier die Gesamtheit der Regelungen verstanden werden, die der Herrscher für die Regentschaft in den einzelnen Ländern, und zwar regelmäßig zu Beginn[42] und für die Dauer[43] jeder einzelnen Regentschaft, erließ. Die Regent-

38 So das reichsstädtische Votum bei H. BAUMGARTEN, Geschichte Karls V., Bd. 2, Stuttgart 1888, S. 306–309; vgl. auch LAUBACH, Karl V., Ferdinand und die Nachfolge im Reich, S. 7. Ähnlich Ferdinands eigene Argumentation in der Instruktion für Bredam vom Juni 1524 (Die Korrespondenz Ferdinands I., Bd. 1, Nr. 76, S. 158).

39 LHOTSKY, Das Zeitalter des Hauses Österreich [wie Anm. 8], S. 115.

40 Die Korrespondenz Ferdinands I., Bd. 3: Familienkorrespondenz 1531 und 1532, bearb. von H. WOLFRAM und C. THOMAS (1973), Nr. 457a und 457b, S. 25–40. – Über die bis 1534 reichenden Widerstände gegen das römische Königtum Ferdinands vgl. KOHLER, Antihabsburgische Politik, S. 203–373.

41 C. THOMAS, »Moderación del poder«. Zur Entstehung der geheimen Vollmacht für Ferdinand I. 1531, in: MÖStA 27 (1974), S. 101–140.

42 In den ersten Regierungsjahren Karls V. kam es allerdings in den Niederlanden wie in Spanien zu tiefgreifenden Änderungen von Regentschaftsordnungen während der Regentschaftszeit selbst: in Spanien durch die Ernennung des Condestables und des Admirals zu Mitregenten neben Adrian (22. September 1520, CD Bd. 1, S. 83f.), in den Niederlanden durch die Umgestaltung des 1517 eingesetzten Regentsschaftsrats zugunsten Margaretes seit 1518 (24. Juli 1518, RO Bd. 1, S. 656f.; 1. Juli 1519, RO Bd. 1,

schaftsordnungen regelten in jedem Fall die grundlegenden Rechte und Pflichten des Regenten bzw. des Regentschaftsrats selbst; dazu traten regelmäßig Vollmachten und Anweisungen auch für die wichtigsten Behörden der jeweiligen Zentralverwaltung. Das so gefaßte Corpus der Regentschaftsordnungen war eine formal nicht homogene Quellengruppe; auch der zusammenfassende Begriff der »Regentschaftsordnungen« selbst ist nicht zeitgenössisch. Die innere Zusammengehörigkeit dieser Quellengruppe, und zwar auf Grund ihrer spezifischen politischen Funktionen im Regierungssystem Karls V., steht indessen außer Frage, und in ihrer voll ausgebildeten Gestalt, wie sie sich in den 20er Jahren durchsetzte, wiesen sie auch formal eine durchaus typische, eigenständige Struktur auf – als Trias nämlich von Vollmacht, Restriktion und Instruktion.

Das Corpus der Regentschaftsordnungen, das als solches in der Literatur übrigens bislang nur wenig Beachtung gefunden hat[44], ist ein auch quantitativ respektabler Bestand. Eine – vermutlich nicht einmal vollständige – Zusammenstellung der Regelungen für die niederländischen Regentschaften z. B. umfaßt knapp 40 derartige Ordnungen, für Spanien sind über 100 einschlägige Stücke zu verzeichnen[45]. Eine umfassende Analyse der Regentschaften, ihrer Funktionen und Dysfunktionen im politischen System Karls V., müßte zwar gewiß auf sehr viel breiterer Quellenbasis als der der Regentschaftsordnungen aufbauen;

S. 682–684). Diese Änderungen spiegeln die Unsicherheiten der frühen Regentschaften. Spätere Neufassungen von Regentschaftsordnungen während der Amtszeit eines Regenten bestanden regelmäßig bloß in ad hoc-Erweiterungen der Vollmachten in Finanzsachen, für die Verpfändung oder für den Verkauf von Domänen zur Behebung akuter Finanznöte des Kaisers. Diese Vollmachtserweiterungen sind bislang großteils ungedruckt geblieben; vgl. immerhin die niederländischen Ordonnanzen vom 4. Mai 1536 und vom 13. Juli 1554 bei M. BAELDE, Onuitgegeven dokumenten betreffende de zestiendeeeuwse Collaterale raden (BCRH 131), 1965, S. 141–152 bzw. 196–198, sowie die spanischen Vollmachten vom 16. Januar 1530 bzw. vom 18. September 1552 in CD Bd. 1, S. 195–197 sowie Bd. 3, S. 472f.

43 Vgl. jedoch unten S. 93f.

44 Zeitlich und räumlich übergreifende Untersuchungen fehlen fast völlig; M. FERNANDEZ ALVAREZ, Las instrucciones políticas de los Austrias Mayores. In: Span. Forschungen der Görres-Ges. 23, 1967, S. 171–188, gibt kaum mehr als erste, summarische Hinweise. Die bei weitem gründlichste Untersuchung zu einer einzelnen Regentschaftsordnung ist die in Anm. 41 genannte Arbeit von C. THOMAS zur »Moderación del poder« für Ferdinand von 1531. Daß auch der vorliegende Beitrag erst einen Anfang eindringlicher Forschung zu den Regentschaftsordnungen bieten kann, versteht sich. Neben der Einbeziehung der Ordonnanzen für Italien wäre die Klärung der Vorgeschichte der Regentschaftsordnungen in den Niederlanden wie in Spanien, namentlich für die aragonesischen Vizekönigreiche, ein wichtiges Thema künftiger Forschung.

45 Viele dieser Stücke sind bislang ungedruckt geblieben, andere können – auch aus den Archivalien – überhaupt nur erschlossen werden. So scheint z. B. die Vollmacht für Maria als Statthalterin der Niederlande vom Herbst 1540 nicht erhalten zu sein; daß sie tatsächlich ergangen ist, ergibt sich aber aus ausdrücklichen Bezugnahmen auf die Vollmacht in der Instruction particulière vom 14. Oktober 1540 sowie in der Ordonnanz für den Conseil d'état vom 16. Dezember 1540. Vgl. BAELDE, Onuitgegeven dokumenten, S. 161–167 bzw. 167–171. Entsprechendes gilt für Ferdinands Vollmacht vom Oktober 1532; vgl. dazu unten Anm. 78.

schon für eine genauere Klärung des Verhältnisses der Regenten zum Kaiser müßte insbesondere die Politische Korrespondenz Karls V. in großer Breite zu Rate gezogen werden. Auch darf natürlich nicht aus dem Auge verloren werden, daß es sich bei den Regentschaftsordnungen um normative Texte handelt, deren Anordnungen keineswegs immer und in vollem Umfang in die politische Praxis umgesetzt wurden. Gleichwohl lassen die Regentschaftsordnungen den Grundraster der rechtlichen und politischen Kompetenzen der Regentschaften in den einzelnen Ländern Karls V. und auch die institutionellen Grundverhältnisse der kaiserlichen Regierung zu den Regentschaften doch gut erkennen – in ihren länderspezifischen Unterschieden wie in ihren übergreifenden Gemeinsamkeiten. Die Regentschaftsordnungen definieren und spiegeln damit gewiß nicht das Ganze des politischen Systems Karls V., wohl aber wichtige Strukturelemente dieses Systems.

Entsprechend der politischen Funktion der Regentschaften hatten die Regentschaftsordnungen vor allem *eine* große Doppelaufgabe zu lösen: Zum einen mußten sie die Regentschaften mit einer solchen Fülle herrscherlicher Rechte ausstatten, daß sie wirklich als alter ego des Herrschers im Lande amtieren konnten; zum andern aber und zugleich mußten sie diese Vollmachten wiederum so begrenzen, daß die übergeordnete Herrschaft des abwesenden Kaisers, daß auch seine Möglichkeiten einer länderübergreifenden Gesamtpolitik nicht gefährdet, sondern im Gegenteil möglichst gesichert wurden. Darüberhinaus lag es zumindest nahe, im Rahmen der Regentschaftsordnungen auch konkrete Bestimmungen für das Verhältnis des Regenten zum Hof und zur Verwaltung »seines« Landes und damit für diese selbst zu treffen, und dies nicht nur zur Erläuterung der Vollmachten, sondern zugleich als Mittel vorbeugender gegenseitiger Kontrolle.

Die Wahrnehmung dieser Grundfunktionen hat nun, nach einigen Unsicherheiten und Schwankungen in den ersten Regierungsjahren Karls V., zu sehr charakteristischen Ausdifferenzierungen schon der Form der Regentschaftsordnungen geführt.

Zunächst einmal gehörte zu den Regentschaftsordnungen für jede Regentschaft regelmäßig die Vollmacht des Herrschers, für die Zeit seiner Abwesenheit und an seiner Statt die Regierungsgeschäfte zu führen. Eine derartige Vollmacht bildete die rechtliche Voraussetzung für die Wahrnehmung einer Regentschaft und war insofern unverzichtbar[46], ja: sie stellte überhaupt die verbindliche Form der Einsetzung des Regenten dar. Nun war die Einrichtung einer Regentschaft für die Zeit der Abwesenheit des Herrschers eine nicht bloß verwaltungsinterne Angelegenheit und auch kein bloßer Rechtsakt, sondern zugleich eine politische Entscheidung von hoher Bedeutung für das ganze Land. Dem entsprach, daß die Vollmachten in die Form feierlicher, öffentlicher Urkunden gegossen wurden – oft unter sorgfältiger Ausgestaltung der narratio zur Begründung der bevorstehenden Abreise des Kaisers; dem entsprach des weiteren, daß die Vollmachten zunehmend alles Beiwerk von

46 Über die stillschweigende Durchbrechung dieses Prinzips in den Niederlanden wie im Reich nach 1540 vgl. unten S. 93f.

Verfahrens- und Verwaltungsvorschriften abstreiften, sozusagen zur reinen Vollmacht wurden. Und schließlich, ja vor allem gehört in diesen Zusammenhang der politischen Bedeutung, der politischen Außenwirkung der Vollmachten auch die Tatsache, daß aus ihnen schon frühzeitig alle expliziten Beschränkungen der Kompetenzen des Regenten – sei es durch seine Bindung an die Verwaltung des Landes, sei es in Form von Vorbehaltsrechten des Kaisers – verschwanden. Das bedeutete natürlich nicht, daß solche Beschränkungen der Befugnisse des Regenten, daß solche Reservatrechte des Kaisers nicht fortbestanden hätten; nur: die Vollmacht als grundlegende Präsentation der Regentschaft gegenüber dem Lande nannte diese Begrenzungen nicht; sie präsentierte den Regenten vielmehr uneingeschränkt als alter ego des abwesenden Herrschers[47]. Schon die früheste Vollmacht Karls, die Bestätigung der Regentschaft des Kardinals Jiménez de Cisneros über die spanischen Königreiche vom Juni 1516, entspricht im wesentlichen diesem Typ der »reinen« Vollmacht[48], noch ausgeprägter die Vollmacht für den Kardinal Adrian vom Mai 1520 mit der Generalklausel »...provea en nuestro nombre y como nos lo podríamos proveer todos y cualesquier oficios y beneficios de los dichos nuestros Reynos«[49]; diesem Muster folgte dann die lange Reihe der späteren Vollmachten für Isabella, Tavera, Philipp, Maximilian, Maria und schließlich Juana[50].

Ein weniger klares Bild zeigen dagegen die frühen Vollmachten für die Niederlande und für das Reich. So fehlt in der Einsetzung des Conseil Privé als Regentschaftsrat für die Niederlande 1517 nicht nur die für die Autorität der Regentschaft so wichtige Klausel, daß der Conseil Privé grundsätzlich alle Rechte im Lande handhaben solle, die dem Landesherrn selbst zustünden; beinahe wichtiger und jedenfalls ausführlicher als der Katalog der Regentschaftskompetenzen ist vielmehr die Reihe der Beschränkungen dieser Kompetenzen, und im übrigen nehmen Regelungen über Geschäftsordnungen und Verfahren des

47 Sehr starke Formulierungen dieser Art enthielt bereits die Vollmacht Maximilians für Margarete als Regentin der Niederlande vom 18. März 1509: »...comme représentant nostre personne« (RO Bd. 1, S. 79–81); übrigens entspricht diese Urkunde auch formal schon ganz dem Typ der »reinen« Vollmacht. – Zu den alter nos-Formeln der Urkunden für Ferdinand 1522 vgl. oben Anm. 10.

48 Das bislang anscheinend unbekannt gebliebene Stück vom 5. Juni 1516 liegt in AG Simancas, PR 26, F.9.

49 18. Mai 1520, AG Simancas, PR 26, F. 17. Nicht voll befriedigende Drucke des Stückes bei M. DANVILA Y COLLADO, Historia crítica y documentada de las Comunidades de Castilla, Bd. 1, Madrid 1897, S. 335–339, sowie bei L.P. GACHARD, Correspondance de Charles-Quint et d'Adrian VI, Bruxelles 1859, S. 237–242.

50 Ein Spezifikum dieser spanischen Ordnungen besteht darin, daß neben den allgemeinen Vollmachten noch besondere Vollmachten für die Wahrnehmung bestimmter Rechte der Krone standen, insbesondere für die Verwaltung der Ritterorden sowie für Verhandlungen über Krieg und Frieden, auch für Güterverkäufe im Falle einer Gefangenschaft Karls. Während die allgemeinen Vollmachten zum größten Teil im Corpus documental gedruckt vorliegen, sind die speziellen Vollmachten zumeist ungedruckt geblieben; sie finden sich im AG Simancas, PR 26.

Conseil Privé in der Urkunde den breitesten Raum ein[51]. Eine eindrucksvolle Präsentation der Regentschaft gegenüber dem Lande war das gewiß nicht, eher die Dokumentation der Sorge vor einer allzu großen Eigenständigkeit der Regentschaft, vor einem allzu großen politischen Spielraum vor allem Margaretes, der früheren Regentin. Aber schon ein Jahr später wurden gerade die Kompetenzen Margaretes wieder erweitert[52], und im Juli 1519 machte der Kaiser sie überhaupt in aller Form zur »régente et gouvernante« der Niederlande mit der Kompetenz »de faire, ordonner et commander... comme nous mesmes ferions et faire pourrions en nostre propre personne« – ohne das verwaltungsinterne Beiwerk der Ordonnanz von 1517 und ohne daß jene Kompetenzen in der Urkunde selbst in irgendeiner Hinsicht beschränkt wurden[53]. Eben diese Vollmacht von 1519 wurde zum Grundmuster der späteren Ordnungen von 1520 und 1522, ja selbst noch der Vollmachten für die Königin Maria seit 1531[54]; damit hatte sich auch in den Niederlanden – sogar etwas früher als in Spanien – die Form der »reinen« Vollmacht durchgesetzt.

Im Reich schließlich lagen die Verhältnisse insofern anders, als Karl V. hier in der inhaltlichen wie der formalen Ausgestaltung der Regimentsordnung zunächst durchaus auf die Mitwirkung der Reichsstände angewiesen war, ja: daß die konkrete Fassung der Regimentsordnung von 1521 das Ergebnis eines monatelangen Verhandlungsringens zwischen dem Kaiser und den Ständen war, in dem beide Seiten ihre jeweiligen Rechte in Sachen des Regiments durchzusetzen versucht hatten[55]. Kein Wunder also, daß diese Regimentsordnung neben den Befugnissen des Regiments auch und erst recht die Einschränkungen dieser Rechte fixierte; kein Wunder auch, daß Bestimmungen über die Zusammensetzung und Besetzung des Regiments wie über seine Organisation – großenteils konfliktträchtige Gegenstände der vorangegangenen Verhandlungen – in der Ordnung von 1521 eine große Rolle spielten[56]. Schon unter diesem formalen Aspekt war die Regimentsordnung ein halbherziger Kompromiß, offensichtlich nicht dazu gemacht, eine wirkungskräftige Vertretung des Kaisers im Reiche zu schaffen[57]. Anders sah dann freilich auch hier die Vollmacht Karls für seinen zum römischen König gewählten Bruder Ferdinand vom Januar

51 RO Bd. 1, S. 578–581.

52 RO Bd. 1, S. 656f.

53 RO Bd. 1, S. 682–684.

54 RO Bd. 2, S. 26f.; S. 167–169, Bd. 3, S. 236. Die archivalische Überlieferung läßt übrigens gut erkennen, daß die jeweils früheren Vollmachten unmittelbar als Vorlage für die späteren dienten; vgl. z. B. HHStA Wien, Belgien PA 1/2, fol. 42v–44v.

55 RTA JR Bd. 2, S. 173–232.

56 RTA JR Bd. 2, S. 222–232.

57 Anders die merkwürdige Urkunde vom 20. Februar 1525, durch die der Kaiser seinen Bruder für den Fall der Auflösung des Reichsregiments zum alleinigen Statthalter im Reich bestellte (BAUER, Die Anfänge Ferdinands I. [wie Anm. 10], S. 234, Anm. 1). Die Realisierung einer solchen Statthalterschaft wäre freilich mit großer Sicherheit auf den Widerstand der Stände, vor allem des Kurfürsten von der Pfalz als geborenen Reichsvikars absente rege, gestoßen.

1531 aus. Befreit von den früheren Bindungen an das Reichsregiment war jetzt auch diese Regentschaftsvollmacht für das Reich eine im wesentlichen »reine« Vollmacht des Typs, wie er sich schon ein gutes Jahrzehnt zuvor in den Niederlanden und in Spanien durchgesetzt hatte, und Artikel 5 der Urkunde bevollmächtigte Ferdinand vollmundig »...in universos et singulos sacri Romani imperii per Germaniam Superiorem dumtaxat electores, principes tam ecclesiasticos quam saeculares, archiepiscopos, episcopos, abbates, duces, marchiones, comites, barones, nobiles, civitates et oppida et quoscumque alios quacunque nomine censeantur et quacunque prefulgeant dignitate, cuiuscunque status, gradus aut conditionis fuerint, nobis et sacro Romano imperio in Germania Superiori subditos omnimoda iurisdictione civili et criminali et quocunque alio mero et mixto imperio cum omnimoda gladii potestate nobis tanquam Romanorum imperatori de iure vel consuetudine pertinenti utatur, fruatur atque ea exerceat et iis uti, frui atque ea exercere valeat«[58].

Neben den Vollmachten – und sie regelmäßig ergänzend – sind als zweite Grundform der Regentschaftsordnungen die Instruktionen zu nennen: Instruktionen für die Ausübung der Regentschaft, insbesondere für den Umgang mit der Zentralverwaltung des Landes, mitunter als Zusammenfassung der für den Regenten wichtigen Teile von Ordonnanzen, die der Kaiser unmittelbar für bestimmte Bereiche oder Behörden der Verwaltung erlassen hatte[59]. Auch diese zweite Grundform der Regentschaftsordnungen ist bereits frühzeitig bezeugt. So finden sich Instruktionen, insbesondere für Finanzsachen, bereits 1517 und wieder 1520 in den Niederlanden[60]; seit 1520 wurde die Ergänzung von Regentschaftsvollmachten durch eigene Instruktionen in Spanien wie in den Niederlanden überhaupt die Regel, zugleich erweiterte sich der Themenbereich der Instruktionen über die Finanzen hinaus auf prinzipiell alle wichtigen Bereiche der Verwaltung. Frühestes niederländisches Beispiel einer solchen umfassenden Instruktion, die übrigens in den Zusammenhang größerer Vorhaben der Verwaltungsreorganisation gehörte, ist die Instruktion für Margarete vom April/Mai 1522[61]; ihr folgten die Instruction particulière für Maria von 1531, dann

58 Die Korrespondenz Ferdinands I., Bd. 3, Nr. 457a, S. 25–33, bes. S. 28f. Eine gewisse Einschränkung bedeutete immerhin Art. 22: Der Änderungsvorbehalt des Kaisers war an sich selbstverständlich; es war aber nicht selbstverständlich, ihn ausdrücklich in die Vollmacht aufzunehmen – die niederländischen und die spanischen Vollmachten verzichteten darauf.

59 Ein besonders charakteristisches Beispiel dafür ist die Instruction particulière für Maria vom 7. Oktober 1531, die sehr unmittelbar mit den drei großen Ordonnanzen vom 1. Oktober 1531 für den Conseil privé, den Conseil d'état und den Conseil des finances zusammenhängt (RO Bd. 3, S. 239–254; 260f.).

60 Die »ordonnance et instruction« vom 18. August 1517 im RO Bd. 1, S. 586–589, diejenige vom 19. Oktober 1520 ebda. Bd. 2, S. 32–36.

61 K. LANZ, Actenstücke und Briefe zur Geschichte Kaiser Karls V. (Mon. Habsb. 2. Abt., Bd. 1), Wien 1853, S. 92–100, mit irriger Datierung auf 1519. Zur Datierung vgl. H. RABE, H. STRATENWERTH, C. THOMAS, Stückverzeichnis zum Bestand Belgien PA des Haus-, Hof- und Staatsarchivs Wien, (1. Teil). In: MÖStA 29, 1976, S. 437–493; bes. S. 453 (zu Nr. 87).

das entsprechende Stück von 1540[62]. In Spanien setzten diese generellen Regentschaftsinstruktionen bereits 1520 ein[63]; seitdem kehrten sie bei der Einsetzung jeder neuen Regentschaft mit großer Regelmäßigkeit wieder[64], in zunehmendem Maße ergänzt durch besondere Instruktionen für die hohen Verwaltungsbehörden[65]. Bei der Ernennung Philipps zum Regenten 1543 fügte Karl der Instruktion »de la manera que asy en el govyerno... en general os aveys de guyar y governar« noch eine »secreta que sera para vos solo« bei, die den Regenten und Thronfolger insgeheim über die Stärken und Schwächen der wichtigsten Amtsträger des Kaisers informierte und in Teilen geradezu das Gepräge eines politischen Testaments trug[66].

Für die Vertretung des Kaisers im Reich erging zunächst, 1521, überhaupt keine gesonderte Regentschaftsinstruktion. Hier traf vielmehr die Regimentsordnung von 1521 selbst eine Reihe grundlegender Bestimmungen, die der Kaiser durch einseitige Anordnungen kaum hätte ergänzen oder gar verändern können; der verbleibende Spielraum konnte in praxi nur durch ad-hoc-Verhandlungen mit den Reichsständen – sei es des Kaisers selbst, sei es Ferdinands als seines Statthalters im Reich, sei es besonderer Kommissare des Kaisers – auszunutzen versucht werden, notfalls in Form direkter Interventionen Karls V.[67]. Immerhin wäre wohl denkbar gewesen, für Ferdinand als Statthalter des Kaisers – ungeachtet seiner Bindung an das Reichsregiment – bereits 1521 eine besondere Instruktion auszustellen. Das ist indessen nicht geschehen. Soweit sich Karl V. in den 20er Jahren

62 RO Bd. 3, S. 260f. bzw. BAELDE, Onuitgegeven dokumenten [wie Anm. 42], S. 161–167.

63 Diese ungedruckte und bislang unbekannt gebliebene Instruktion für Adrian liegt in der RAH Madrid, Colección Jesuitas, Nr. 9–3688, fol. 634v–637v.

64 Lediglich für die Regentschaft Marias, Tochter Karls, scheint 1550 neben der Vollmacht (AG Simancas, PR 26, F. 113) keine eigene Instruktion ergangen zu sein. Möglicherweise ging man einfach von der fortdauernden Maßgeblichkeit der Instruktion für Maximilian und Maria vom 29. September 1548 (CD Bd. 3, S. 31–36) aus

65 So ergingen anläßlich der Einsetzung Philipps zum Regenten in Spanien 1543 eigene Instruktionen para los de la hacienda, für die contadores mayores, für den Indienrat, für den Ordensrat, für den Rat von Kastilien; F. de LAIGLESIA, Estudios históricos 1515–1555 Bd. 1, 2. Aufl. Madrid 1918, S. 50f.

66 K. BRANDI, Die Testamente und politischen Instruktionen Karls V., insbesondere diejenigen des Jahres 1543/44 (Ber. u. Stud. zur Geschichte Karls V., [Teil] XII, Nachr. v. d. Ges. d. Wiss. zu Göttingen, Phil.-Hist. Kl. II, NF Bd. 1, Nr. 3, Göttingen 1935), S. 46–69 bzw. 70–97; der spanische Text auch im CD Bd. 2, S. 90–103, 104–118. Der besondere Rang dieser Geheiminstruktion war offenbar durch die Sonderstellung Philipps als Thronfolger für die spanischen Reiche mitbedingt; bezeichnenderweise hatte der Kaiser schon anläßlich der Einsetzung Taveras als Regenten nach Isabellas Tod 1539 auch für Philipp eine »Instruction par forme d'admonicion, advis et conseil« verfaßt, die durchaus in die Gattung der Politischen Testamente gehört (CD Bd. 2, S. 32–43).

67 Hierher gehören namentlich die Eingriffe Karls V. in die Antimonopolpolitik von Reichstag und Reichsregiment; vgl. dazu F. BLAICH, Die Reichsmonopolgesetzgebung im Zeitalter Karls V. Ihre ordnungspolitische Problematik, Stuttgart 1967, bes. S. 53–80. Daß diese und andere Interventionen des Kaisers durch die Unklarheiten der Kompetenzregelungen in der Regimentsordnung von 1521 erleichtert wurden, ist freilich nicht zu verkennen. Vgl. dazu auch den Beitrag von C. Roll in diesem Band.

überhaupt um Deutschland kümmerte, hat er die Ziele seiner Politik auch gegenüber Ferdinand nur ad hoc, im Rahmen der Politischen Korrespondenz der habsburgischen Brüder, zur Geltung gebracht. Nach dem erneuten Weggang Karls V. von Deutschland 1530 erhielt Ferdinand – nun Römischer König und vom Ballast des Reichsregiments befreit – dann allerdings auch einige generelle Weisungen für seine Statthalterschaft im Reich, die denen der niederländischen und spanischen Regentschaftsinstruktionen im Prinzip entsprachen[68]. Das »Sommaire Memoire« vom 12. Februar 1531, das diese Weisungen des Kaisers formulierte, enthielt freilich auch Bestimmungen anderer Art – vor allem förmliche Einschränkungen der Regentschaftsvollmachten Ferdinands – und entspricht damit nicht voll dem Typ der Regentschaftsinstruktionen, wie er sich in Spanien und den Niederlanden herausgebildet hatte. Im übrigen waren die Instruktionen dieses »Sommaire Memoire« von 1531, jedenfalls im Vergleich zu den niederländischen und spanischen Instruktionen, inhaltlich ziemlich mager, mitunter geradezu trivial[69].

Im Gegensatz zu den Vollmachten handelt es sich bei den Instruktionen nicht um öffentliche Dokumente. Sie ergingen nicht als lettres patentes »a tous ceux qui ces presentes lettres verront«, wie es in den niederländischen Vollmachten heißt, sondern als interne Verwaltungsanordnungen für den Regenten und für die Behörden der Zentralverwaltung[70]. Das entsprach auch durchaus ihrer politischen Funktion, die – im Unterschied eben zu den Vollmachten – gerade nicht darin bestand, den Regenten gegenüber dem Land als alter ego des Herrschers zu präsentieren, sondern darin, den Regenten in der Handhabung seiner Vollmachten an bestimmte Verfahren, besonders im Umgang mit der Verwaltung, zu binden und ihm darüberhinaus gewisse politische Grundrichtungen zu weisen. Im Innenverhältnis zwischen dem Kaiser und seinen Regenten wurden die Regentschaftsvollmachten damit bis zu einem gewissen Grade eingeschränkt, und das war auch so gewollt. Gutenteils freilich handelte es sich dabei um Einschränkungen, denen der persönlich anwesende Kaiser sich auch selbst unterwarf; die in den Instruktionen häufig wiederkehrende Weisung des Kaisers, sich in den unterschiedlichsten Agenden nach denselben Verfahrensregeln zu richten, die er, der Kaiser, selbst beachte[71], ist dafür ein aufschlußreicher Beleg. Auch gegenüber der Verwaltung sollte die Kontinuität vom Herrscher zum Regenten, sollte die Beinahe-Identität des Regenten mit dem Herrscher möglichst weitgehend realisiert werden.

---

68 Die Korrespondenz Ferdinands I., Bd. 3, Nr. 457c, S. 36–40.

69 Vgl. z.B. Art. 5,7, 14 und 15 des Sommaire. Freilich ist dabei zu berücksichtigen, daß der Umfang der kaiserlichen Regierungsrechte im Reich viel geringer war als in den Erblanden.

70 Daß die Instruktionen deshalb noch keine Geheimdokumente waren, macht das Nebeneinander der beiden Instruktionen für Philipp von 1543 (vgl. Anm. 66) besonders deutlich; die zweite Instruktion – und nur sie – war eine »secreta«.

71 Besonders dichte Belege dafür in der Instruktion für Tavera 1539 (CD Bd. 2, S. 53–55).

Es gab nun aber auch andersartige und prinzipiellere Beschränkungen der Regentschaftsvollmachten, und auch diese weitergehenden Beschränkungen haben alsbald ihre spezifische aktenmäßige Gestalt gewonnen: als Restriktionen nämlich, die die dritte Grundform der Regentschaftsordnungen Karls V. bilden. Daß die »reine« Vollmacht, wie sie sich als Form der öffentlichen Einsetzung der Regentschaften schon frühzeitig durchsetzte, dem Regenten mehr Kompetenzen verlieh, als er tatsächlich wahrnehmen sollte, steht außer Frage und war allen Beteiligten klar; mit der Regentschaftsvollmacht begab sich der Kaiser ja, wenngleich nur auf Zeit, aller Herrschaftsrechte im Lande zugunsten des Regenten; dieser Verzicht stand mit den politischen Grundzielen des Kaisers, mit den Prinzipien seines politischen Systems, in offenkundigem Widerspruch. Bis zu einem gewissen Grade konnten die Regentschaftsinstruktionen diesen Widerspruch mildern; daneben und vor allem war die Politische Korrespondenz des Kaisers mit den Regenten ein wichtiges Mittel, die Wünsche der einzelnen Regenten mitsamt den Interessen der von ihnen regierten Länder mit den übergeordneten politischen Zielen des Kaisers abzustimmen[72]. Indessen schienen dem Kaiser und seinen maßgebenden Beratern diese Sicherungen offenbar als unzureichend, und so band er – nun wirklich in inhaltlichem Widerspruch zu den ostensiblen Regentschaftsvollmachten – die Ausübung einer Reihe wichtiger Herrschaftsrechte durch den Regenten ausdrücklich an seine, des Kaisers, Zustimmung oder behielt sie sich überhaupt selbst vor. Eben das war der Inhalt der Restriktionen, die als eigene Form der Regentschaftsordnungen neben Vollmachten und Instruktionen bereits 1519 bei der Ernennung Margaretes zur Regentin der Niederlande, dann 1520 bei der Einsetzung Adrians als Regenten für die spanischen Reiche ergingen und seitdem zum regelmäßigen Bestand insbesondere der spanischen Regentschaftsordnungen gehörten[73]. Seit 1529 wurde für sie in Spanien auch die Bezeichnung »restricción« bzw. »restricción del poder« geläufig[74].

Wie die Instruktionen und im Gegensatz zu den Vollmachten waren auch die Restriktionen keine öffentlichen Dokumente, sondern verpflichteten den Regenten nur im Innenverhältnis zum Kaiser. Diese formale Nähe zu den Instruktionen hat gelegentlich die Grenzen zwischen beiden Quellengruppen verschwimmen lassen – besonders stark in dem bereits genannten »Sommaire Memoire« für den Römischen König vom 12. Februar 1531, das

72 Nähere Erörterungen zur Funktion der Politischen Korrespondenz Karls V. bei H. RABE, Elemente neuzeitlicher Politik und Staatlichkeit im politischen System Karls V. [wie Anm. 2].

73 Restriktionen für Margarete vom 28. Juli 1519 bzw. 23. Mai 1522 bei LANZ, Actenstücke [wie Anm. 61], S. 100–103 bzw. im HHStA Wien, Belgien, PA 1/2, fol. 45r–46r; das letztgenannte Stück – mit Randkorrekturen von der Hand Granvelles – war vermutlich das Konzept für die anscheinend nicht erhaltene Restriktion der Vollmacht Marias von 1531, deren Ausstellung durch einen Brief Karls an Maria vom 22. Dezember 1538 (HHStA Wien, Belgien, PA 29/1, fol. 133r–136r) gesichert ist. Die Restriktion für Adrian 1520 bei DANVILA Y COLLADO, Historia crítica y documentada de las Comunidades de Castilla [wie Anm. 20], Bd. 1, S. 339–341, die Reihe der spanischen Restriktionen seit 1529 im CD.

74 Zuerst in der Ordonnanz für Isabella vom 8. März 1529 (CD Bd. 1, S. 151–154).

Ferdinand selbst, seinerseits den Inhalt verkürzend, als »moderación del poder« bezeichnet hat; im burgundischen Aktenwesen der Zeit scheint zwischen Restriktionen und Instruktionen, obwohl an sich deutlich geschieden, sogar terminologisch kaum ein Unterschied gemacht worden zu sein. Jedenfalls trugen die Restriktionen der Vollmacht für Margarete 1519 und 1522 sowie anscheinend auch die Restriktion für Maria 1531 die Bezeichnung »instruction et memoire«[75]; für die eigentlichen Regentschaftsinstruktionen dagegen findet sich 1522 die Benennung »instruction et ordonnance« bzw. einfach »instruction«, 1531 und wieder 1540 die Bezeichnung »instructions particuliaires«[76]. Gerade diese Verschwommenheit der burgundischen Aktensprache hat wohl dazu geführt, daß die in den spanischen Quellen so deutlich hervortretende Besonderheit und strukturelle Bedeutung der Restriktionen im Rahmen der Regentschaftsordnungen Karls V. bislang kaum erkannt worden ist.

Die Nichtöffentlichkeit der Restriktionen war im übrigen weder unwichtig noch selbstverständlich – bedeutete sie doch, daß der Kaiser, entsprechend seiner öffentlichen Zusage in der Vollmacht, auch eigenmächtige, die Grenzen der Restriktionen mißachtende Herrschaftsakte eines Regenten gegen sich gelten lassen mußte. Auch wenn der Kaiser in solchen Fällen natürlich die Möglichkeit der Abberufung eines Regenten hatte, drohten hier doch sehr ärgerliche, wenn nicht gar gefährliche Konflikte. So gewiß es wünschbar, ja: notwendig erschien, den Regenten öffentlich als alter ego des Herrschers zu präsentieren, so gewiß war hier die Loyalität der Regenten in der Respektierung derjenigen Grenzen gefordert, die der Kaiser ihren Vollmachten in der Restriktion zog. Für diesen Aspekt ist die sehr merkwürdige formale Ausgestaltung der Restriktion für Margarete vom Juli 1519[77] besonders aufschlußreich: Nachdem Karl 1517 den gesamten Conseil privé zum Regentschaftsrat gemacht hatte – übrigens unter öffentlicher Beurkundung der Vollmacht wie der Begrenzung dieser Vollmacht zugunsten des abwesenden Landesherrn –, wurde Margarete jetzt wieder zur »regente et gouvernante« der Niederlande ernannt, und zwar mit einer Urkunde vom Typ der »reinen« Vollmacht. Zugleich erhielt Margarete eine Restriktion dieser Vollmacht, aber nun nicht einfach im Innenverhältnis zu ihrem kaiserlichen Neffen; vielmehr mußte sie dem Kaiser eine bis auf die Publikation formvollendete lettre patente mit der Anerkennung der – von Wort zu Wort in die Urkunde inserierten – Restriktion

75 Die – noch nicht als solche bezeichneten – Restriktionen vom 28. Juli 1519 bei LANZ, Actenstücke [wie Anm. 61], S. 100–103, vom 23. Mai 1522 im HHStA Wien, Belgien, PA 1/2, fol. 45r–46r. Die Restriktion der Vollmacht Marias von 1531, für die das Stück von 1522 vermutlich als Konzept diente (vgl. Anm. 73), wird vom Kaiser selbst einige Jahre später jedoch ausdrücklich als »restrinction« bezeichnet (HHStA Wien, Belgien PA 29/1, fol. 133r–136r).

76 Die »instruction et ordonnance« von 1522 bei LANZ, Actenstücke, ebd. S. 92–100; die »instructions particuliaires« vom 7. Oktober 1531 bzw. vom 14. Oktober 1540 im RO Bd. 3, S. 260f. bzw. bei BAELDE, Onuitgegeven dokumenten, S. 161–167.

77 LANZ, Actenstücke, ebd. S. 100–103.

Karls ausstellen und übersenden, so daß der Kaiser im Konfliktsfall also jederzeit die Möglichkeit gehabt hätte, das Dokument zu publizieren und damit die Restriktion öffentlich zu machen. Diese Vorsicht, um nicht zu sagen: das Mißtrauen Karls gegenüber Margarete, erwies sich indessen als unnötig; folgerichtig verzichtete der Kaiser bei der erneuten Einsetzung Margaretes als Regentin 1522 auf eine derartige Vorbehaltsöffentlichkeit der Restriktion.

Die vorstehende Erörterung der Regentschaftsvollmachten, -instruktionen und -restriktionen Karls V. hat deutlich gezeigt, daß diese Trias der Regentschaftsordnungen des Kaisers bereits in den 20er Jahren ihre gültige Ausgestaltung erfahren hat. Seitdem änderte sich an dieser formalen Struktur nichts Wesentliches mehr. Man hatte offenbar eine brauchbare, der politischen Struktur der Regentschaften gut entsprechende Form für deren institutionell-rechtlichen Rahmen gefunden. *Eine* wichtige Änderung allerdings griff erst seit den 40er Jahren Platz, auch und gerade sie freilich ein Beleg nicht für ein aus Unzufriedenheit geborenes neues Experimentieren, sondern im Gegenteil ein Hinweis darauf, daß die Regentschaften Karls V. – und nun gewiß nicht nur in ihrer formalen Ausgestaltung, sondern als Institution in ihrer vollen politischen Realität – zur Selbstverständlichkeit geworden waren. Von den Anfängen der Regierungszeit Karls an war die Gültigkeit der Regentschaftsordnungen ja überall und streng auf die Zeit der Abwesenheit des Herrschers beschränkt gewesen. Diese Beschränkung wurde im Reich wie in den Niederlanden – gewiß begünstigt durch das römische Königtum hier, die personelle Kontinuität der Regentschaft Marias dort – seit den 40er Jahren praktisch nicht mehr respektiert. Ferdinand scheint im Spätherbst 1532 zum letzten Mal eine eigene Regentschaftsvollmacht erhalten zu haben[78]; die spätesten erhaltenen bzw. aus anderen Quellen zu erschließenden Regentschaftsordnungen für Maria datieren aus dem Jahre 1540[79], obwohl sie an sich im Januar 1544, im Mai 1545, im März 1546 und wieder im Juni 1550 aufs neue hätten ergehen müssen. Die Ordonnanz für den Conseil Privé vom 8. März 1546 gibt sogar ausdrücklich an, daß die an sich erforderlichen Neubevollmächtigungen des Gremiums beim Weggang des Kaisers aus dem Lande seit 1541 unterblieben seien[80], und für den Finanzrat wurde noch 1554 die Ordonnanz vom 27. Februar 1546 als ohne weiteres verbindlich angesehen[81]. Mit allen Vorbehalten, die einem argumentum e silentio gegenüber natürlich immer angebracht

78 Diese Vollmacht scheint nicht erhalten zu sein. Ihre Ausstellung ist aber durch einen Brief Granvelles an Maria von 1532.10.22 eindeutig bezeugt (Wien HHStA, Belgien PA 23/1, fol. 50r–51r).

79 Zur Vollmacht von 1540 vgl. oben Anm. 45; die Instruktion vom 14. Oktober bei BAELDE, Onuitgegeven dokumenten, S. 161–167. Daß 1540 noch eine eigene Restriktion ergangen ist, dürfte wahrscheinlich sein, ist aber nicht sicher; jedenfalls hat sie sich bislang nicht finden lassen.

80 BAELDE, Onuitgegeven dokumenten, S. 179–182; diese Ordonnanz geht auf ein von Maria veranlaßtes Memoire des Conseil privé zurück, das A. WALTHER, Die burgundischen Zentralbehörden, Beilage 6, S. 205–207 veröffentlicht hat (mit wohl zu früher Datierung auf 1543).

81 BAELDE, Onuitgegeven dokumenten, S. 196–198.

sind, läßt sich daher vermuten, daß die Regentschaft Marias in den Niederlanden – ähnlich wie die Statthalterschaft des Römischen Königs im Reich – für den Kaiser wie für die Regentin, für die Verwaltung wie für das Land so selbstverständlich geworden war, daß man auf den förmlichen Neuerlaß der Regentschaftsordnungen verzichtete und einfach davon ausging, daß die älteren Ordnungen jeweils wieder in Kraft träten, sobald der Kaiser das Land verließ; Änderungen erfolgten offenbar nur mehr, wenn ansonsten veränderte Verhältnisse es erforderlich machten[82]. Trifft diese Vermutung zu, so darf sie wohl als sehr bezeichnender Beleg für die ja auch sonst zu beobachtenden Züge der Rationalisierung und damit Modernisierung der Herrschaft Karls V. gewertet werden.

82 So ausdrücklich in der Ordonnanz für den Conseil privé der Niederlande vom 8. März 1546 (vgl. Anm. 80), in der darauf abgehoben wird, daß der mit Frankreich erzielte Frieden andere Regelungen als in Kriegszeiten angezeigt sein lasse.

Peter Marzahl

Regentschaft und Regierung in Spanien: Die Führung der Geschäfte während der ersten Regentschaft der Kaiserin Isabella.

Am Morgen des 22. April 1533 langte der Kaiser in Barcelona an, so früh, wie der Chronist berichtet, daß er seine Gemahlin noch in ihren Gemächern (cama) vorfand, wo sie dann den Tag bis zum Mittag verbrachten.[1] Mehr als vier Jahre war das kaiserliche Paar getrennt gewesen, der Kaiser in Italien, im Reich und in den Niederlanden, mit der großen Politik befaßt (lo de allá), die Kaiserin Isabella in Spanien mit den Dingen dort (lo de acá), als Regentin der spanischen Königreiche. Dieses Mal war es eine Heimkehr in geordnete Verhältnisse, im Gegensatz zur Rückkehr vor mehr als zehn Jahren, nach dem Aufruhr der Comunidades. Ohne Schwierigkeiten übernahm der Kaiser wieder eine Regierung, deren Kontrolle er in Wahrheit nie ganz abgegeben hatte – die Fäden der Politik hatte der Kaiser immer in der Hand behalten, darunter besonders die Entscheidung über die Finanzen und die Besetzung wichtiger Ämter.

Die Einrichtung dieser dritten Regentschaft unter dem Kaiser war in einer Weise erfolgt, daß trotz einer geteilten Regierung seine Autorität nicht beeinträchtigt wurde; die Regentschaft war praktisch ein verlängerter Arm der Regierung des Kaisers. Die Handlungsfreiheit der Regentin stand nur auf dem Papier ihrer Regierungsvollmacht, da diese durch spezifische Instruktionen und Restriktionen begrenzt wurde. Diese Einschränkungen fanden einen zusätzlichen Ausdruck in den an die Gremien der Zentralverwaltung Kastiliens (corte) ergangenen Anweisungen und Instruktionen, welche in minderem Maße auch denen der Krone von Aragón zugingen. Ihre effektive Ausübung im Sinne des Kaisers hing jedoch von dem ihn begleitenden Stab ab – ob Räten oder Sekretären – mit dessen Hilfe er auch aus der Ferne die Politik bis hin zu Detailfragen bestimmen konnte.[2] Wer waren diese effektiven Träger der Regierungsgeschäfte, wie weit mußte die Form der Regierungsgeschäfte den Bedingungen einer Regentschaft angepaßt werden? Bisher ist das erfolgreiche Zusammenspiel zwischen abwesendem Kaiser und Regentschaft weder in seinen Formen

1 P. GIRON, Crónica del Emperador Carlos V, hrg. von J. SANCHEZ MONTES, Madrid 1964, S. 30.

2 Eine für den Kaiser wichtige Detailfrage war es, den Anschein von Knausrigkeit zu vermeiden, so daß er den Sekretär Cobos instruierte, eine von ihm gewährte Zuwendung für die Reisekosten von Beatriz, der Schwester Isabellas, im Namen der Kaiserin zu schicken, »da es zu gering erscheinen würde, wenn in unserem Namen«. Karl an Cobos, 6. 7. 1533, Archivo General de Simancas (AGS), Estado 27, f. 8.

beschrieben noch in seinem Funktionieren analysiert worden, obwohl die spanische Regentschaft einer der Eckpfeiler im politischen System des Kaisers war.[3]

Die Einrichtung der Regentschaft der Kaiserin war ihrer grundlegenden Tendenz nach auf Fortführung und Fortschreibung bestehender Ordnungen und Regeln gerichtet. Was waren diese Ordnungen und Regeln? Seit seiner Rückkehr nach Spanien im Jahr 1522 hatte der Kaiser einen seinen Vorstellungen und Ansprüchen gemäßen Stil in der Führung der Geschäfte entwickelt, indem er sich immer mehr auf ihm zuarbeitende Sekretäre verließ und weniger auf den Großkanzler Gattinara. Die Vermehrung der Zahl der Ratskollegien – mit der formalen Einrichtung des Indienrates sowie eines Finanzrats und der Konstituierung eines Staatsrats – stand freilich in Widerspruch zu dieser Tendenz. Um diese gegenläufige Entwicklung zu steuern oder zumindest zu kontrollieren, hatte der Großkanzler Vorstellungen über eine Koordinierung der Geschäfte dieser Vielzahl von Gremien durch den Staatsrat entwickelt, mit diesem als organisatorischem Dach. Der Kaiser griff jedoch diese Vorschläge nicht auf, sondern zog es vor, sich auf die Sekretäre Lallemand und Cobos zu stützen, welche ihm direkt zuarbeiteten. Ein gewisses Maß an Koordination war ohnehin dadurch gewährleistet, daß Francisco de los Cobos für die Expedition der Geschäfte mehrerer Ratskollegien, nämlich der Cámara, des Indienrates und des Finanzrates, verantwortlich war. In seiner Hand lag mithin die effektive Erledigung der Geschäfte Kastiliens, und so mag es kaum nötig geschienen haben, eine alles übergreifende einheitliche Organisation der Regierung zu schaffen, wie sie Gattinara vorschwebte. Auch sonst genügte es dem Kaiser, ja er zog es wohl vor, die notwendigen Informationen in Sachen von Politik und Patronage mit Hilfe kompetenter Räte und Sekretäre zu erhalten und, wenn angebracht, Empfehlungen und Gutachten (consultas, pareceres) der betreffenden Ratsgremien anzufordern.[4]

Ein lockeres Regime dieser Art bedurfte eines festen institutionellen Gerüsts. Es wurde durch dauerhaft etablierte Ratsgremien gebildet, welche einer Routine formaler Natur folgten, wobei wichtige und strittige Probleme dem Fürsten über Gutachten zur Information und Entscheidung vorgelegt werden konnten.[5] Das Vorbild für die Arbeitsweise dieser Gremien stellte der königliche Rat (von Kastilien) dar, mit jeweils verschieden strukturier-

3 Eine Standarddarstellung dieser Regentschaft findet sich in M. FERNANDEZ ALVAREZ, La España del Emperador Carlos V (1500–1558; 1517–1556), 5. Aufl., Madrid 1990, S. 479–501. Vgl. auch J. M. JOVER, Carlos V y los Españoles, Madrid 1963. Der Briefwechsel der Kaiserin Isabella mit dem Kaiser findet sich in M. del C. MAZARIO COLETO, Isabel de Portugal. Emperatriz y Reina de España, Madrid 1951.

4 Über das Verhältnis von Kaiser, Kanzler und Sekretären unterrichtet J. M. HEADLEY, The Emperor and his Chancellor. A study of the imperial chancellery under Gattinara, Cambridge 1983. Über Cobos gibt es eine Biographie, H. F. KENISTON, Francisco de los Cobos, Secretary of the Emperor Charles V., Pittsburgh, o.J.

5 F. WALSER, Die spanischen Zentralbehörden und der Staatsrat Karls V., bearb. und hrg. von R. WOHLFEIL, Göttingen 1959, informiert über den Behördenapparat. Für den königlichen Rat siehe S. de DIOS,

ten Verfahren in Sachen der Justiz (via de proceso) und der Verwaltung (via de gobierno). Bei diesen Verfahren konnte auf die Mitwirkung oder Billigung des Fürsten in der Regel verzichtet werden; für die Wirksamkeit von Entscheidungen genügten die Abzeichnung (señal) der verantwortlichen Räte und das königliche Siegel. In strittigen und schwerwiegenden Fragen war jedoch eine Intervention des Fürsten jederzeit möglich, mittels einer ihm zugeleiteten consulta und entsprechenden Anordnungen in der Form einer Weisung (cédula), deren Beglaubigung (refrendo) durch einen königlichen Sekretär zu erfolgen hatte. Durch ihre Stellung in der Erledigung solcher Fragen, insbesondere der Vergabe von Ämtern und Pfründen und in Gnadensachen – von der Bearbeitung von Suppliken mit den entsprechenden Informationen und Empfehlungen bis hin zu ihrer Expedition – konnten die Sekretäre den Fluß der Geschäfte kontrollieren, wenn auch nicht unbedingt die zu treffenden Entscheidungen. Hinzu kam, daß unter Umständen die Abzeichnung eines zuständigen Rates genügte, um die kaiserliche Unterschrift zu erlangen.[6] Es war diese Form einer Regierung auf zwei Ebenen, welche den Anforderungen des Kaisers am besten zu entsprechen schien: einerseits konstituiert als Apparat von in festen Formen operierenden Ratskollegien, andererseits als informeller Stab von Räten und Sekretären. Würde sich ein Regime dieser Art auch für die Einrichtung einer Regentschaft eignen?

Die ersten uns bezeugten Überlegungen des Kaisers, wie den Risiken einer erneuten Abwesenheit von Spanien zu begegnen sei – in den Tagen, bevor ihn die Nachricht vom Sieg bei Pavia erreichte – hatten dynastische und finanzielle Momente in den Vordergrund gestellt: Die Heirat der portugiesischen Prinzessin würde ihm eine große Mitgift bringen; als seine Frau wäre die Prinzessin dann Königin und könnte in seiner Abwesenheit regieren, mit dem Beistand ihrer Ratgeber; diese könnten auch herausfinden, wie Gelder zu beschaffen seien, die er selber nicht so schnell vor seiner Abreise mobilisieren könne.[7] Nur wenig später, im April 1525, berichtete Martin de Salinas, der Vertreter Ferdinands am kaiserlichen Hof dann: »S.M. hat sich entschieden, die portugiesische Prinzessin zu heiraten... und der Zweck ist, eine Reise zur Krönung nach Italien zu unternehmen und die Regierung der Frau (mujer) zu übertragen, mit der Vorstellung, daß die dabei zu erzielenden Summen des Geldes (der Mitgift) für die Reise reichen sollten.« Salinas fügte hinzu, daß dies schon in zwei Monaten geschehen könne.[8] Die Ernsthaftigkeit der damals angestellten Überlegungen belegt ein Gutachten des Dr. Galíndez de Carvajal, der auf Anfrage eine Reihe von

El Consejo Real de Castilla (1385–1522), Madrid 1982, der auch eine Sammlung von Quellen herausgegeben hat: S. de DIOS (Hrg.), Fuentes para el estudio del Consejo Real de Castilla, Salamanca 1986.

6 Dies war eine der Beschwerden Gattinaras, abgedruckt in HEADLEY, Emperor, Appendix III.

7 K. BRANDI, Eigenhändige Aufzeichnungen Karls V. aus dem Anfang des Jahres 1525, Berichte und Studien zur Geschichte Karls V. [Teil] IX. Nachr. v. d. Ges. d. Wiss. zu Göttingen, Phil. Hist. Kl. II, Bd. 3, Nr. 4, 1933.

8 A. RODRIGUEZ VILLA, El Emperador Carlos V y su Corte según las cartas de Don Martín de Salinas, Embajador del Infante Don Fernando (1522–1539), Madrid 1903, S. 270.

detaillierten Vorschlägen vorgelegt hatte, wie eine Regentschaft einzurichten sei.[9] Auch bei Carvajal stand die dynastische Dimension einer Regentschaft im Vordergrund, daneben aber hatte er organisatorische Aspekte betont, so die Frage, welche Ratskollegien bei der Regentschaft bleiben und welche den Kaiser begleiten sollten, d. h. wie eine geteilte Regierung nach Kriterien von Autorität und Effizienz einzurichten sei. Die Konstellation, welche diese Erwägungen produziert hatte, war allerdings nicht von Dauer; die Vermählung des Kaisers fand erst nach einem Jahr statt, und erst nach zwei weiteren Jahren ergab sich eine erste Gelegenheit, die früheren Überlegungen in die Tat umzusetzen.

Im Frühjahr 1528 reiste der Kaiser nach Valencia und Monzón zur Entgegennahme der Huldigung und zur Versammlung der Stände der Krone von Aragón, während er die Kaiserin als Regentin für vier Monate in Kastilien zurückließ. Die Instruktionen und Anweisungen für diese erste Regierung der Kaiserin zeigen die Umsicht, mit der man vorging.[10] Die Autorität der Regentin drückte sich in dem ihren Weisungen (cédulas) vorangestellten Titel »La Reyna« aus, der den des Kaisers (El Rey) ersetzte. Die Geltung ihrer Unterschrift entsprach aber nicht in vollem Umfang dem Anspruch des Titels, denn laut der Vollmacht war ihre Gültigkeit an die Abzeichnung (señal) der zuständigen Räte gebunden.[11] Eine Regierungsinstruktion (la orden) schrieb der Kaiserin vor, wie die Geschäfte zu führen seien. Kernpunkt dieser Instruktion war die Bindung der Regentin an den Rat (consulta) der Gremien, aber auch an die Empfehlungen und Ratschläge des Präsidenten des königlichen Rates, in dessen Klugheit, Erfahrung und Festigkeit der Kaiser das größte Vertrauen setzte. Neben dieser generellen Instruktion erhielten die bei der Regentin verbleibenden Regierungsinstanzen spezifische Anweisungen im Namen der Kaiserin, welche durch einen Revers zu bestätigen waren. Auch der Präsident erhielt eine solche Anweisung über die Führung der Geschäfte (la orden ...que tuviese en el despacho de las espediciones de los negocios), aus der seine zentrale Rolle in den Geschäften hervorging: Der Präsident war verantwortlich für die regelmäßige Beratung (consulta general) der Regentin, konnte aber auch, wenn geboten, besondere Termine für eine Consulta Particular ansetzen oder dafür sorgen, daß der Kaiser informiert wurde; die gesamte offizielle Korrespondenz der Regie-

9 F. WALSER, Spanien und Karl V. Fünf spanische Denkschriften an den Kaiser, Berichte und Studien zur Geschichte Karls V. [Teil] VI, Nachr. v. d. Ges. d. Wiss. zu Göttingen, Phil. Hist. Kl. II, Bd. 2, Nr. 6, 1932.

10 Diese Instruktionen und Vollmachten finden sich in AGS, Patronato Real 26. Ein Teil dieser und späterer Instruktionen findet sich gedruckt in M. FERNANDEZ ALVAREZ, Corpus Documental de Carlos V, 5 Bde., Salamanca 1973–1981, passim (= CD). Für eine Diskussion dieser und anderer Regentschaftsordonnanzen siehe H. RABE und P. MARZAHL, *»Comme représentant nostre propre personne«* – The Regency Ordinances of Charles V as a Historical Source, in: Politics and Society in Reformation Europe. Essays for Sir Geoffrey Elton on his Sixty-Fifth Birthday, E. I. KOURI und T. SCOTT (Hrg.), London 1987.

11 Die Vollmacht und die Instruktion der Regentin an die Sekretäre über die Form von Urkunden und Briefen in AGS, Patronato Real 26, f. 24, f. 29.

rung (cartas de negocios) war über ihn zu leiten; er war verantwortlich für ihre Weiterleitung an die zuständigen Gremien; auch hatte er für ihre prompte Erledigung (despacho) Sorge zu tragen. Die Vorschlagslisten für die Besetzung der corregimientos lagen in seiner Hand und waren entweder von der Regentin oder vom Kaiser zu bestätigen. Gegenüber Behörden wie dem Ordensrat oder dem Finanzrat kam dem Präsidenten eine gewisse Aufsichtspflicht zu. Dem versammelten königlichen Rat wurde diese Instruktion zur Kenntnisnahme vorgelesen.[12]

Besondere Bedeutung kam der Funktion der Cámara in der Instruktion der Regentin zu. Die Cámara – mit dem Präsidenten und dem Licenciado Polanco als vom Kaiser ernannten Mitgliedern – war als ständige Kommission des königlichen Rates zuständig für alle Gnadenakte der Krone, »jede Vergabe von Ämtern oder Benefizien, von Einkünften, von Festungen oder Encomiendas (Komtureien) oder aller anderen Vakanzen, aller Posten am Hof«, kurz für die gesamte Patronage.[13] Neben den Präsidenten und den Licenciado trat bei der Regentin, anstelle des weiter beim Kaiser amtierenden Sekretärs Cobos, dessen »Neffe« Juan Vázquez, welcher alle Petitionen zu empfangen hatte, um sie zur Bearbeitung weiterzuleiten. Die Rolle der Kaiserin sollte sich darauf beschränken, alle Bittsteller gnädig anzuhören und ihnen zu sagen, ihre Bitte in der Form einer Supplik (memorial) an den Sekretär zu leiten, in derselben Weise, wie der Kaiser sich in diesen Dingen verhalte. »Wenn dann der Präsident und der Licenciado Polanco über diese Dinge konferiert und diskutiert haben, werden sie Eurer Majestät mitteilen, was E. M. zu sagen und zu tun haben«. Diese Anordnung diene dazu, der Regentin Mühe, Belästigung und Ärger zu ersparen.[14]

Die Kompetenzen der Cámara wurden in einer spezifischen, ostensibel von der Kaiserin erlassenen Instruktion festgeschrieben, deren Empfang ebenso wie der der anderen Instruktionen per Revers bestätigt wurde. Diese Instruktion gibt Aufschluß über die Arbeitsweise der Cámara; zugleich stellte sie in der Praxis eine Restriktion der Regentschaftsvollmacht dar, in der Form nämlich einer Aufstellung von Gnadenakten, deren Gewährung der Kaiserin verwehrt war, da sie auch der Kaiser nicht gewähre. Die Sitzungen der Cámara seien jeden Samstag nachmittag in der Wohnung (posada) des Präsidenten abzuhalten, der möglichst daran teilnehmen solle, soweit dies mit seinen vielen Pflichten vereinbar sei. Juan Vázquez habe die Formulare (minutas) der auszufertigenden Gnadenerweise in Verwahrung; ohne besondere Anordnung solle nichts daran geändert werden. Alle nicht klar in den Geschäftsbereich der Cámara fallenden Angelegenheiten sollten an die zuständigen Ratskollegien weitergeleitet werden, wobei Streitfälle auf dem Rechtsweg (via de proceso) oder summarisch (por expediente) entschieden werden sollen. Alle Geschäfte, welche übli-

12 DIOS, Fuentes, S. 85–87.

13 CD, Bd.1, S.131–133.

14 Wie Anm. 13.

cherweise dem Kaiser zur Consulta vorgelegt würden, wären der Regentin vorzutragen und, nach Maßgabe, an den Kaiser weiterzuleiten.[15]

Das Grundmuster der Regentschaft, so wie sie 1528 konzipiert wurde, fand auch für die definitive Einrichtung der Regentschaft im folgenden Jahr Anwendung. Neu war nur die Einrichtung eines Staatsrates, dessen Mitglieder Juan Tavera, Präsident des Rates, Alonso de Fonseca, Erzbischof von Toledo, der Graf von Miranda (Mayordomo der Kaiserin) und Don Juan Manuel waren. Dieses Mal enthielt die Regierungsvollmacht keine Einschränkungen, jedoch stand ihr eine spezifische Restriktion gegenüber, welche im wesentlichen die im Vorjahr gegenüber den einzelnen Gremien gemachten Anweisungen und Einschränkungen aufgriff und in einem einzigen Dokument zusammenfaßte.[16]

Die Konsultationsprozesse zur Vorbereitung der Regentschaft hatten in beiden Jahren in der Hand des Sekretärs Cobos gelegen, wie aus Agenden von seiner Hand hervorgeht.[17] Eine detaillierte Denkschrift von der Hand von Juan Vázquez bezeugt die Erörterungen und Diskussionen, welche der endgültigen Abfassung der Vollmachten und Instruktionen vorangingen.[18] Einige Punkte daraus verdienen es, besonders hervorgehoben zu werden: Am Anfang stand die Notwendigkeit der Abfassung eines Testaments, den Schlußpunkt bildete die kursorische Erwähnung von Aragón und Flandes (den Niederlanden), wobei die jeweiligen Entscheidungen von Cobos vermerkt wurden. Die Frage, ob ein Staatsrat und Kriegsrat bei der Regentschaft funktionieren sollten, und zwar als Einheit, wurde positiv beantwortet (proveido). Ob drei Mitglieder des Rates eine separate Justizbehörde zur Behandlung von Rechtsfällen und Residencias bilden sollten und die übrigen Mitglieder des Rates sich auf Fragen der Verwaltung (gobernación) konzentrieren sollten, wurde an den Rat zu weiterer Diskussion verwiesen (und dort beerdigt). Die kritische Bewertung des amtierenden Finanzrates zeigte der Vorschlag, eine Behörde nur für die Verwaltung der außerordentlichen Einkünfte und Ausgaben einzurichten, ohne ihr notwendigerweise den Titel eines Ratskollegiums zu verleihen. Die Anregung, Aufstellungen über alle Einkünfte und Ausgaben der nächsten zwei Jahre zu machen, bezeugt die begrenzte Perspektive der im Moment ins Auge gefaßten Planung, zumindest in ihrer finanziellen Dimension. Das Thema Verteidigung und Sicherheit erscheint unter den Rubriken Kriegsvolk (gente), Festungen (fortalezas) und Grenzen (fronteras). Bezeichnend ist die Feststellung, daß es wegen der inneren Sicherheit wie für die Reputation Ihrer Majestät und die Ruhe im Land genügend Kriegsleute (copia de gente) geben müsse, auch gut ausgerüstet und bezahlt –

15 AGS, Patronato Real 26, f. 27.

16 Vollmacht, Instruktion und Restriktion gedruckt in CD, Bd. 1, S. 143–154. In der Chronik von Santa Cruz findet sich eine Version der Restriktion von 1529, mit dem Datum vom 20. Januar, welche nur in Teilen mit der späteren Version übereinstimmt, A. de SANTA CRUZ, Crónica del Emperador Carlos V, 5 Bde., Madrid 1922–1925, Bd. 3, S. 8–10.

17 In AGS, Estado 16, f. 348–349, f. 449–450, Estado 17/18, f. 4.

18 AGS, Estado 17/18, f. 2–5.

als Reflex und Reminiszenz der unvergessenen Ereignisse der Comunidades vor acht Jahren.

In Kastilien war die Kaiserin als Regentin bei der Abreise des Kaisers von Toledo am 8. März 1529 eingesetzt worden. Die Regelung der Angelegenheiten der Krone von Aragón (lo de Aragón) und die Vorkehrungen für die Regentschaft dort waren bis zur Ankunft in Barcelona verschoben worden. Die Akten zeigen hier ein direktes Eingreifen des Kaisers bei den Vorkehrungen zur Einrichtung der Regentschaft. Die für eine Regentschaft der Kaiserin in diesen Ländern nötigen Schritte und Maßnahmen waren in einem ausführlichen Memorandum von vier Teilen (justicia, mercedes, estado, hacienda) dargelegt worden, mit Vorschlägen auch zur Besetzung der Regierungsposten. Der Rat von Aragón sollte völlig neu besetzt werden; auch genüge ein Vizekanzler statt drei.[19] Einen Teil dieser Vorschläge griff der Kaiser auf; seine eigenhändigen Kommentare zeigen, daß er sich ein Bild von der Qualität der Räte gemacht hatte: »Micer Gualvys ist ein netter Mann; er besitzt keine Fähigkeiten, weder um zu bleiben noch um mitzureisen; wenn möglich, sollte er nach Hause geschickt werden, und wenn nicht, dann kann er als Regent der Rota (des Gerichtshofes von Katalonien) dienen; (aber) da dient als Regent Micer Renna, der kann dann aus Altersgründen sein Amt an Micer Gualvys übergeben.« Zu den Sekretären: »Orihuela ist überflüssig und zu wenig nutze ... Comalonga mischt sich überall ein« und sollte, wenn überhaupt, nur bei den Cortes Verwendung finden; Urriés dagegen, Pero García und Joan González wurden in ihren Aufgaben (cargos) bestätigt. Als Mitglieder des bei der Kaiserin fungierenden Rates von Aragón wurden Micer Ram, Micer Artes und Micer Pastor bestimmt, mit Alonso de Soria als Sekretär. Mit dem Kaiser auf die Reise gehen sollten der neu ernannte Vizekanzler, Micer Juan Sunyer, dazu weitere zwei Räte, Micer Miguel Don Lope und Micer Juan Jacobo de Bononia. Der Rat solle für die Justiz und für die Verwaltung (buena gobernación) verantwortlich sein, daher sei auch kein Staatsrat nötig – »wenn die Verwaltung gut ist«, wie der Kaiser bemerkte.[20]

Die Praxis nach der Abreise des Kaisers mußte zeigen, wie gut die Maschinerie von Ratskollegien und Sekretären mit ihren Protagonisten Tavera und Cobos unter den veränderten Bedingungen funktionieren würde und wie wirksam und angemessen die getroffenen Anordnungen sein würden.[21] Das bestimmende Moment war die Organisation der Kommunikation.[22] Neben der offiziellen Korrespondenz der Regentin gab es eine »priva-

19 AGS, Estado 301, f. 79–81. Dieses Memorandum – »Aviso acerca de la buena orden del regimiento de la Corona de Aragón« – ist undatiert und ohne Verfasser, aber die Erwähnung des Großkanzlers gibt einen klaren Hinweis zur Datierung.

20 AGS, Estado 267, f. 198.

21 Über Cobos' Laufbahn unterrichtet das Buch von KENISTON. Tavera verdiente eine moderne Biographie. Einige Hinweise dazu in WALSER, Denkschriften, und in J. MARTINEZ MILLAN, Las Elites de poder durante el reinado de Carlos V a través de los miembros del Consejo de Inquisición (1516–1558), Hispania, XLVIII/168 (1988), S. 103–167.

te« Kommunikation zwischen Kaiserin und Kaiser, bezeugt durch ihre nicht ganz seltene Erwähnung; wieweit Regierungsgeschäfte auf dieser Ebene regelmäßig Erwähnung fanden, muß offen bleiben.[23] Die Erledigung der offiziellen Korrespondenz zwischen Kaiser und Kaiserin lag auf seiten des Kaisers in der Hand von Cobos und wurde von ihm konzipiert bzw. nach seinen redaktionellen Anweisungen verfaßt. Begleitet und ergänzt wurde sie durch eine parallele Korrespondenz zwischen Kaiser und Präsident, deren Erledigung ebenfalls Cobos besorgte. Die Gegenkorrespondenz der Regentin, zumindest ihre Koordination, lag in den Händen des Präsidenten und von Juan Vázquez.[24] Neben dieser Korrespondenz im Namen der Regentin besaß der Präsident einen eigenen Draht vertraulicher Natur zum Kaiser wie zu Cobos. Die Korrespondenz von Gremien wie des Rats von Kastilien mit dem Kaiser war dagegen rein sporadischer Natur und spielte sich im wesentlichen in der Form von Consultas zu einzelnen Fragen ab.[25] Der Staatsrat wiederum stellte einen Fall eigener Art dar. Als im Sommer 1532 Beschwerden über die Einmischung des Staatsrates in Fragen der Verwaltung und Justiz laut wurden, bestimmte der Kaiser, daß von nun an die für den Staatsrat bestimmte Korrespondenz (estado und guerra) getrennt von den Sachen der Justiz und der Verwaltung (justicia de las partes y governación) geführt werden solle, welche dem Präsidenten direkt zugeleitet werden sollten.[26] Bis dahin hatte der Staatsrat keine eigene Korrespondenz geführt; für die laufende Information über die Geschäfte wurden die Mitglieder in den Zuschriften des Kaisers auf die Briefe der Kaiserin

22 Zur Kommunikation im politischen System des Kaisers siehe H. RABE, Elemente neuzeitlicher Politik und Staatlichkeit im politischen System Kaiser Karls V. Bemerkungen zur Zentralverwaltung und zur Politischen Korrespondenz des Kaisers. In: H. LUTZ und E. MÜLLER-LUCKNER (Hrg.), Das römisch-deutsche Reich im politischen System Karls V., München 1982.

23 Z. B. empfiehlt Cobos ein paar eigenhändige Zeilen des Kaisers als Antwort auf einen eigenhändigen Brief der Kaiserin: Isabella an Karl, AGS, Estado 636, f. 120. In einem anderen Fall sollte das Interesse des Kaisers an der Erbschaft des Herzogs von Béjar geheim bleiben; daher betonte der Kaiser in einem Brief an den Präsidenten, daß er die Angelegenheit nur in seinem eigenen Brief an die Kaiserin erwähne: Karl an Tavera, 25. 11. 1531, CD, Bd. 1, S. 331–333. Bei seiner Mission nach Spanien im Herbst 1529 führte der Bischof von Ciudad Rodrigo, neben einer generellen und einer speziellen Instruktion auch eigenhändige Briefe des Kaisers für die Kaiserin mit sich: AGS, Patronato Real 26, f. 35. Daß ein persönlich-privater Austausch zwischen Kaiser und Kaiserin stattfand, zumindest später, belegt ein eigenhändiger Brief des Kaisers (20.2.1536), abgedruckt in CD, Bd. 1, S. 473–476, welcher die durch die französische Invasion Savoyens geschaffene Lage analysiert und die in Spanien zu treffenden Vorkehrungen diskutiert, neben Erwägungen über den Einsatz des Infante Don Luis, des Bruders der Kaiserin.

24 Nur in seltenen Fällen liegen korrigierte Konzepte zu Briefen der Kaiserin vor, eine Ausnahme ist Isabella an Karl, 12.10.1532, AGS, Estado 24, f. 137–146; siehe auch ebd., Estado 17/18, f. 152.

25 Beispiel einer solchen Consulta ist die Empfehlung des Rates, von den Granden usurpierte Steuern, so die Alcabala, wieder der Krone zuzuführen, aber weil dies ein Problem gravierender Natur sei, das viele betreffe, wolle der Rat nicht ohne spezifische Aufforderung des Königs vorgehen, Rat von Kastilien an Karl, 3. 12. 1531, AGS, Estado 23, f. 140. Der Licenciado Prado, Fiscal des Rates, hatte diese Frage schon einen Monat früher in einem Brief an den Kaiser aufgeworfen, Lic. Prado an Karl, 2. 11. 1531, ebd., f. 160–161.

26 Karl an Isabella, 2.9.1532, CD, Bd. 1, S. 394.

verwiesen.[27] Nur der Erzbischof von Toledo hatte in den Anfängen der Regentschaft versucht, eine eigene Korrespondenz mit dem Kaiser zu initiieren; da er aber über keine Chiffre verfügte, mußte er seinen Mitteilungsdrang beschränken und konnte nur die Regentin mit seinen Querelen behelligen.[28]

Wie lückenhaft dieses Netz von Kommunikationen in seinen Anfängen war, zeigt eine dringende Botschaft, welche die Regentin nur Tage vor der Einschiffung nach Italien an den Kaiser richtete.[29] Sie sei nicht unterrichtet, welche Vorkehrungen für die Verteidigung Spaniens getroffen worden oder welche Fonds (consignaciones) für den Unterhalt der Garden vorgesehen seien; weder sei die Regelung der Geschäfte der Krone von Aragón bekannt noch, wer dort welche Ämter bekleiden solle. Um eine schnelle Information nach der Abreise des Kaisers zu gewährleisten, sollte eine Anzahl von schnellen Schiffen (zabras) in Barcelona bereitgestellt werden. Diese Botschaft wurde in der Form einer Instruktion an den Sekretär Cobos gerichtet, um ihre Beachtung auf jeden Fall zu gewährleisten. Zum gleichen Zeitpunkt liefen jedoch auch Kommunikationen über Zuazola, den Sekretär des Kriegsrats; noch am Tag vor der Einschiffung hatte der Kaiser in Beantwortung früherer Anfragen mitgeteilt, daß er Don Ynigo de la Cueva zum Inspektor (veedor general) der Garden ernenne und daß Diego Hurtado an seinen Platz im Kriegsrat bei der Regentin zurückkehre, während der Sekretär Zuazola den Kaiser nach Genua begleiten solle (tatsächlich kehrte er erst mit dem Kaiser selber zurück).[30]

Zwischen dem Präsidenten Tavera und dem Sekretär Cobos war schon zu Beginn der ersten kurzen Regentschaft der Kaiserin ein direkter Draht etabliert worden. So wies eine kurze Notiz des Präsidenten den Kaiser auf einen ausführlichen Bericht hin, den er an Cobos geschickt habe und dessen Inhalt ihm je nach Interesse vorgetragen werden sollte; sein Kernpunkt war die Feststellung: »Die Dinge hier sind, wie S. M. sie hinterließ; wir alle tragen Sorge, daß es so bleibt. Die Suppliken der Cámara haben Polanco und ich gestern erledigt; auch wenn in Anbetracht meiner geringen Kräfte die Bürde größer geworden ist, so muß man dies im Dienst Seiner Majestät fröhlich tragen. Die Instruktion wird in allen Punkten eingehalten.«[31] Es war der Anfang einer stetigen, für beide Teile nützlichen Verbindung, ob nun der Präsident sich dafür einsetzte, daß nur ein Spanier als Beichtvater des Kaisers in Frage käme – in der Nachfolge des nach Rom entsandten García de Loaysa –

27 So an Don Juan Manuel, CD, Bd. 1, S. 225, oder an den Erzbischof von Toledo, 17. 1. 1530, AGS, Estado 21, f. 242.

28 Toledo, Erzbischof an Karl, 9.12.1529, AGS, Estado 20, f. 205–207. Der Präsident beschrieb das Verhalten des Erzbischofs folgendermaßen: »el arzobispo de Toledo tiene siempre sus querellas y da con ellas mucho trabajo a la Emperatriz,« Tavera an Karl, 22.6.1530, ebd., f. 172.

29 Isabella an Cobos, 18.7.1529, CD, Bd. 1, S. 156–158.

30 Isabella an Karl, 19.7.1529, AGS, Estado 17/18, f. 151.

31 »Lo que V.M. ha de comunicar a S.M. es lo siguiente«, Tavera an Cobos, 3.5.1528, AGS, Estado 16, f. 334–335.

oder ob er sich darauf verließ, daß der Sekretär seine Empfehlungen honorierte, »unter den Bedingungen, welche unter uns bestehen«, wie auch Cobos sich darauf verlassen könne, daß er die ihm empfohlenen Personen fördere.[32] Der Unterschied zwischen dem Präsidenten und dem Sekretär war, daß Cobos sich Verbindungen nach jeder Seite zu schaffen gewußt hatte: so nannte García de Loaysa ihn seinen größten Freund in dieser Welt, bei dem er sich beklagen könne, als der Kaiser ihm nicht Zaragoza als neue Diözese zugewiesen hatte, sondern nur Siguenza.[33]

Gegenüber den früheren Reisen von den Niederlanden nach Spanien und ins Reich – als allein 120 Räte und Sekretäre den Kaiser begleiteten – gab es auf dieser Reise nur einen kleinen Kreis von engen Mitarbeitern, auch wenn zur Krönung in Bologna noch der übliche Troß als Gefolge diente.[34] Ein Bericht des venetianischen Gesandten Tiepolo aus dem Jahr 1532 schilderte den Stab des Kaisers als eine Art von Kommunikationszentrum, dessen Effizienz allerdings nicht nur von den Umständen, sondern auch von den Vorstellungen und Neigungen des Kaisers abhing. »Vier Räte sind es, welche an allen Beratungen des Kaisers teilnehmen, der Sekretär Cobos, Großkomtur von León, Monseigneur de Granvelle, Don García de Padilla, Großkomtur von Calatrava und der Erzbischof von Bari,« so der Bericht des Gesandten. Den beiden erstgenannten vertraue der Kaiser alle Geschäfte an: Cobos sei für die Expedition der Geschäfte Spaniens, Neapels und Siziliens zuständig, für die Justizsachen Spaniens sei es der Großkomtur von Calatrava, während Granvelle für alle anderen Staaten (stati) Verantwortung trage. Weitere Ratgeber seien der Graf Heinrich von Nassau, die Herren von Beaurains, de Praet und Noircarmes. Dieses Regime sei nach dem Tod Gattinaras eingeführt worden und habe dazu geführt, daß nichts ohne des Kaisers Willen und Kenntnis geschehe, mit dem Nachteil, daß vieles sich verzögere oder zu spät

32 Tavera an Cobos, 18.12.1531, AGS, Estado 24, f. 191.

33 Der Kaiser müsse nicht auf den Schein dieser Welt achten, so Loaysa, aber in Rom, wo alles sich von Luft und Schein (ayre y apariencia) nähre, ginge dies gegen die Ehre seines Gesandten, und man sähe es als eine Zurücksetzung an, denn man sei hier nicht in Kastilien, wo man auf die Substanz schaue. Loaysa an Cobos, 28.2.1531. AGS, Estado 25, f. 206.

34 Einen Einblick in den früheren Troß gibt ein Bericht, wohl aus dem Jahr 1520, »les 2 cts gentilhommes des quatre estats, avec plus ses seigneurs, comandeurs et chevaliers des trois ordres d'Espagne – les gens de conseil de Castille, Aragón, Naples, Cecille, Navarre, Flandres et Bourgogne que sont en nombre d'environ cent et vingt que conseillers et secretaires; le trahin de Madame et M. le Archiduc Fernand c'est? gentilhommes et leurs dames que sont en grand nombre. Les officiers de la maison du Roy que sont aussi de grand nombre...« Archives Generales du Royaume, Brüssel, Cart. Man. 391 A, fols. 150–155. Im Jahr 1532 enthält eine Aufstellung (nómina) »los del consejo, secretarios y otros oficios que se libran e pagan en Christóbal Suárez que residen acá en servicio de Su Majestad« insgesamt 37 Namen, davon 10 dones, also Mitglieder des Hochadels, aber auch 6 Ärzte und drei Quartiermacher (aposentadores); auch die Sekretäre Zuazola, Urriés und Valdés gehören dazu, wie auch der Alcalde Leguízamo, Alonso de Idiáquez and Francisco Duarte, der spätere Proveedor de Armadas, und natürlich Cobos und García de Padilla. AGS, E 25, f. 18. Andererseits residierte im Sommer dieses Jahres kein Mitglied des Rates von Aragón beim Kaiser, um ihn in der Frage der Einberufung der Cortes der Krone von Aragón zu beraten, Karl an Isabella, 11.7.1532. CD, Bd. 1, S. 367–368.

erledigt werde. Da der Kaiser über alles informiert sein wolle, auch seine Vorstellungen durchsetzen wolle, blieben Geschäfte nicht selten liegen, während sein Bruder (Ferdinand) die Geschäfte schnell erledige oder erledigen ließe, obwohl er genauso über alles Bescheid wissen wolle. Der Kaiser sei überlegter, reservierter und ernster, während der König schneller, effizienter und lebhafter sei.[35]

Über den Arbeitsstil des Kaisers gibt ein Austausch von Nachrichten mit Cobos näheren Aufschluß. Während der Kaiser zur Osterzeit in Groenendael weilte, hatten Granvelle und Cobos in Gent Verhandlungen mit den päpstlichen Abgesandten Campeggio und Gambara über die Konzilsfrage geführt, deren Resultat der Kurier Idiáquez dem Kaiser überbrachte. In seiner Antwort kommentierte der Kaiser die Verspätung von Idiáquez, der den Weg verloren und im Freien hatte übernachten müssen, und gab detaillierte Instruktionen für die Abfassung der Post an die Kaiserin und an den Bruder Ferdinand, deren Beantwortung Cobos im Entwurf schon vorbereitet und mitgeschickt hatte. Beiden hatte der Kaiser auch selber geschrieben, was ihn zu dem Seufzer veranlaßte, daß beichten (und Buße tun) und Briefe schreiben sich nur schlecht vereinbaren ließen. Auch beschwerte er sich über Insinuationen im Brief seines Bruders (wohl über mangelnde Hilfe), denen er aber selber nicht entgegentreten wolle. Stattdessen beauftragte er Cobos, auf die Anwürfe zu antworten und zwar auf Sekretärsebene – woher sie wohl auch kämen, wie er süffisant anmerkte.[36]

Die Masse der einlaufenden Korrespondenz verlangte zu ihrer Erledigung abgekürzte Verfahren.[37] Vieles wurde an Hand eines Sommaire (relación) mündlich vorgetragen, mit ebenfalls summarischer Disposition.[38] Es gab jedoch Ausnahmen; so teilte Cobos dem Kaiser ermunternd mit: »Ich schicke, was von dort kommt und was Eure Majestät wohl sehen sollten; da es wenig ist, wird kein Resumé (relación) angefertigt. Eure Majestät möge es lesen, es ist weniger als es scheint.«[39] Einer Kopie eines Briefes von Tavera ist die Marginalantwort in der Hand von Idiáquez schon beigefügt, mit dem Vermerk des Kaisers, »dies scheint mir gut so«.[40] Dem Entwurf eines Briefes an die Kaiserin, z.T. in der Hand

35 E. ALBERI (Hrg.), Relazioni degli ambasciatori Veneti al senato, Florenz 1839. In: L. Firpo (Hrg.), Relazioni di ambasciatori Veneti al senato, Bd. 2 (Germania), L. FIRPO (Hrg.), Turin 1970, S. 200–201, 239.

36 Dieses Stück, undatiert in CD, Bd. 1, S. 260–263, ist auf die Karwoche, also den Anfang April 1531 zu datieren.

37 »Es genügt, das unterstrichene Kapitel zu lesen« oder »nur die angekreuzten Kapitel« sind Beispiele von an den Kaiser gerichteten Vermerken in Cobos' Hand. Tavera an Karl, 16.8.1530, AGS, Estado 20, f. 265–267. Tavera an Karl, 17.8.1530, ebd. f. 252.

38 Siehe das Verfahren bei einer extensiven Consulta vom Januar 1531, AGS, Estado 22, f. 64–70. Anweisungen wurden, wenn nicht von Cobos selber notiert, dann oft durch sein Handzeichen bestätigt, einerseits zur unmittelbaren Beantwortung: mit Dank (gracias); es ist erfreulich (que huelga); aufpassen (que tenga cuidado); wird gutgeheißen (bien); fiat; nein (no hay disposición, no hay lugar). Andererseits dienten die Anweisungen der Weiterverfolgung: nochmalige oder weitere Konsultation (consulta), evtl. mit Bericht (relación); Nachricht an den Kriegsrat (an Zuazola, also den Sekretär); al memorial, also zur Vorschlagsliste für die Kirche oder al capítulo, zur Liste für die Generalkapitel der Ritterorden.

39 AGS, Estado, 636, f. 118.

von Idiáquez, fügt Cobos an: »Hier ist das Konzept des Briefes an die Kaiserin, wenn Eure Majestät es sehen wollen!« Der Kaiser wollte es und fügte zwei eigenhändige Vermerke hinzu.[41]

Die Arbeit von Cobos als Sekretär der Cámara lief auch während der Reise des Kaisers in denselben Formen ab wie vorher in Spanien. Nur ein Teil der Suppliken wie die einfacheren Arten von Dispensen und Begnadigungen konnten dort erledigt werden. Die Gewährung von Pfründen, die Vergabe von Ämtern und Posten, von Mitgliedschaften in den geistlichen Ritterorden, all dies lag weiterhin beim Kaiser, wie sich in der Masse der an ihn geleiteten Suppliken und Petitionen zeigt, darunter auch viele von der Regentin befürwortete. Alle diese Anträge wurden weiterhin an den Kaiser geleitet, dort kurz resümiert, mit Vermerken und Empfehlungen von Cobos versehen und, je nach der Entscheidung des Kaisers, als Weisung (cédula) redigiert, von García de Padilla als dem verantwortlichen Rat abgezeichnet, vom Kaiser unterschrieben und von Cobos beglaubigt.[42]

Die Funktion des »Sekretariats« unter Cobos als einer Zentrale für die Vergabe von Ämtern, aber auch den informellen Stil in der Handhabung bestimmter Geschäfte zeigt eine Reihe von Anordnungen Cobos' an die für Neapel und Sizilien zuständigen Sekretäre Valdés und Urriés. Auf Veranlassung des Kaisers wurde Valdés angewiesen, die Summe von 2200 Dukaten an eine Reihe von Mitgliedern des Hofstaates auszuzahlen; die fehlenden 100 Dukaten sollten von den Einnahmen des nächsten anfallenden Amtes (oficio) genommen werden. Andere Erträge aus der Vergabe von Ämtern sollten an die direkt Begünstigten ausgezahlt werden, so den Sekretär Zuazola und den Alcalde Leguízamo. In gleicher Weise sollte Urriés die Erträge des Verkaufs von Ämtern in Sizilien an den Bruder des Herrn von Balançon und an den Herrn von La Chaux zahlen, dem noch 6000 Escudos geschuldet wurden, mit Benachrichtigung des Maestro de la Cámara.[43] Cobos fungierte hier, im Auftrag des Kaisers, als Verwalter des Ämterkaufs in den italienischen Ländern der Krone Aragón und in der Verteilung der daraus erzielten Einnahmen. So wie er der neue Patron des Sekretärs Alonso de Valdés in der Nachfolge von Gattinara geworden war, so »erbte« er auch die Erledigung der Patronagegeschäfte dieser Länder der Krone Aragón.

Bei der Regentin nahm der Präsident in mancher Hinsicht die Funktionen wahr, welche Cobos beim Kaiser ausübte. Die personellen und politischen Aspekte der Situation waren jedoch kaum vergleichbar, wie einem vertraulichen Brief an den Kaiser zu entnehmen ist,

40 AGS, Estado 13, f. 63.

41 Karl an Isabella, 26. 8. 1532, AGS, Estado 636, f. 67.

42 Ein Beispiel einer Liste von mehr als 100 solcher Suppliken, viele von der Kaiserin unterstützt, findet sich in AGS, Estado 24, f. 388, 392–393. Die Relaciones sind in der Hand von Gonzalo Pérez, vielleicht auch von Francisco de Ledesma geschrieben, die Disposition von Cobos; die von der Kaiserin unterstützten Suppliken wurden spezifisch beantwortet, mit einer jeweils relevanten Erklärung, im Gegensatz zur normalen, summarischen Disposition.

43 Biblioteca Nacional de Madrid, Colección de Manuscritos, 18634, fol. 263r–v.

in dem der Präsident die tatsächliche Rolle der Regentin beschrieb, und damit auch seine eigene: »Die Kaiserin hält sehr gut Ordnung in diesen Geschäften und in allem, was zu tun ist und besorgt alles mit gebührender Rücksicht«, aber »da Ihre Hoheit sich bei niemand über Gründe und Anlässe zu äußern hat, und weder Erfahrung in noch Kenntnisse von diesen Ländern hat, welche (eigentlich) vonnöten wären, ergeben sich die von mir erwähnten Folgen.« Diese Folgen lagen für den Präsidenten in der undankbaren Doppelrolle, welche er zu spielen habe und die er kaum zur Zufriedenheit ausfüllen könne: einerseits als Vertreter des Kaisers, dessen Anweisungen er zu folgen habe, andererseits als Anwalt des Landes mit der Verpflichtung, zu raten und zu warnen, was ihn, den Präsidenten, ,der Gefahr aussetze, Front gegen den einen oder anderen machen zu müssen, welche ihm dieses empfehlen oder jenes vorwerfen.[44]

Selbst eine kursorische Analyse der Korrespondenz des Präsidenten zeigt den Umfang seiner Aufgaben: Er sollte und mußte sich buchstäblich um alles kümmern.[45] Es verwundert daher nicht, daß er selber bei Gelegenheit den Kaiser darum bat, von bestimmten Aufgaben entbunden zu werden, so von den komplizierten Finanzierungsverhandlungen, oder auch von der Teilnahme an den Routinesitzungen des königlichen Rates.[46] Es gab allerdings auch Berichte, so von Juan Vázquez, nach denen der Präsident nur deshalb so überlastet sei, weil er alles selber machen wolle; selbst nach der Abreise des Hofes von Medina del Campo sei er noch einen Tag länger geblieben, um die Korrespondenz vor Abgang der Post zu erledigen.[47] Es mag dies ein Indiz dafür sein, daß es dem Präsidenten, im Gegensatz zu Cobos, an der Fähigkeit gebrach, Aufgaben zu delegieren, denn sicherlich besaß der Präsident in seiner Stellung genügend Möglichkeiten, loyale und vertrauenswürdige Mitarbeiter heranzuziehen. Die Konkurrenz der Prälaten bei Hof – neben dem Präsidenten die Erzbischöfe von Toledo und Sevilla und der Bischof von Zamora – mag jedoch die Tendenz des Präsidenten, sich nicht auf andere zu verlassen, verstärkt haben.[48] Es scheint festzustehen, daß der Staatsrat sich im Verlauf der Regentschaft immer weniger in der Lage zeigte, Fragen der Politik konstruktiv zu behandeln, da seine Mitglieder entweder zu alt oder zu sehr mit ihren eigenen Affären befaßt waren.[49] Von einem anderen Gremium, dem Finanzrat, hatte der Präsident von Anfang an keine positive Meinung gehabt.[50]

44 Tavera an Karl, 19.12.1529, AGS, Estado 20, f. 204.

45 Das zeigt z. B. Tavera an Karl, 6.6.1530, mit 45 verschiedenen zu behandelnden Punkten, AGS, Estado 20, f. 15–18, oder Karl an Tavera, 11.7.1532, mit 57 Punkten, AGS, Estado 636, f. 52–55.

46 Tavera an Karl, 5.12.1531, AGS, Estado 24, f. 195; 27.9.1533, AGS, Estado 27, f. 140.

47 Vázquez an Cobos, 9.8.1532, AGS, Estado 25, f. 224–228.

48 Einen Einblick in diese Konkurrenzsituation gibt MARTINEZ MILLAN, Las elites de poder durante el reinado de Carlos V. [wie Anm. 21].

49 So in einem Brief von Juan de Vosmediano und Juan de Enciso an Cobos, in dem diese beiden Finanzleute die Ineffizienz des Staatsrates und auch des Kriegsrates denunzieren, 9.8.1532, AGS, Estado 25, f. 239.

Die Bedeutung des Präsidenten in den Augen des Kaisers mag weniger in seiner Effizienz – oder ihrem Mangel – gelegen haben als in der Loyalität und Diskretion, mit der er die Geschäfte betrieb, ob in der Entgegennahme von 60000 Dukaten in der Scheidungsaffäre der Herzogin von Medina Sidonia oder in der Beschaffung von 100000 Dukaten aus der Erbschaftsmasse des Herzogs von Béjar, als Anleihe oder auf Rentenbasis.[51] Diese Loyalität war auch im Spätherbst 1529 gefragt, als der Erzbischof von Toledo im Staatsrat unter dem Eindruck der maurischen Bedrohung Spaniens die Rückkehr des Kaisers forderte und der Präsident sich gegen diese Art von Defätismus verwahrte, wie er dem Kaiser berichtete.[52] In einer vertraulichen Mitteilung vertrat er allerdings ähnliche Ansichten und warnte vor Unternehmungen (in Deutschland), die man gedenke, in zwei Monaten zu Ende zu bringen und dann in zwei Jahren nicht schaffe.[53]

Als ein realistischer Anwalt des Landes zeigte sich der Präsident, wenn es um Fragen der Verteidigung oder auch einer vorsichtig zu handhabenden Innenpolitik ging. Schon kurz nach der Abreise des Kaisers von Toledo war die Bedrohung der Südflanke Spaniens durch die Mauren im Staatsrat diskutiert worden und die Vorschläge des Erzbischofs von Toledo, auf eigene Kosten vier Galeeren auszurüsten und zu besolden, wenn der Kaiser seinerseits bereit wäre, vier weitere Galeeren auszurüsten; die Einkünfte einer Sondersteuer in Granada (farda) könnten für diesen Zweck eingesetzt werden, anstatt wie bisher für den Unterhalt von Fußtruppen verwendet zu werden. Seinerseits schlug der Präsident einen Kompromiß vor: der Kaiser sollte wenigstens die Kosten für zwei Galeeren aufbringen.[54] Jedoch wurde keines dieser Angebote weiter verfolgt, obwohl schon damals Berichte kursierten, daß Barbarossa vier Galeeren besäße und dreißig fustas (schnelle Boote) und damit eine akute Bedrohung der Küsten Spaniens darstelle. Im Lauf des Jahres verschlechterte sich die Situation dann rapide.[55] Im Sommer, noch vor der Abreise des Kaisers, verloren die Spanier die Kontrolle über den Hafen von Algier, im Oktober vor Ibiza sieben der acht aus Genua zurückkehrenden Galeeren. Der Kaiser löste dieses Problem in charakteristischer Weise, indem er die Dienste Andrea Dorias und seiner Galeeren für die Sicherung der Küsten Spaniens kontrahierte und dadurch Doria noch weiter an sich band, unter Übernahme der Kosten durch Spanien. Als dem Präsidenten im Winter Vorschläge Dorias zu Ohren kamen, 40 Galeeren zu diesem Zweck in Dienst zu stellen, sparte er freilich nicht mit Kritik: Neben den zu hohen Kosten ergäben so viele Galeeren (tanta galera) keinen

50 Tavera an Karl, 19.7.1529, AGS, Guerra Antigua 2, f. 59.

51 Karl an Tavera, 25.11.1531, CD, Bd. 1, S. 331–333. Tavera an Karl, 17.9.1532, AGS, Estado 24, f. 174–175.

52 Tavera an Karl, 29.11.1529, AGS, Guerra Antigua 2, f. 229.

53 Tavera an Karl, 19.12.1529, AGS, Estado 20, f. 204.

54 Tavera an Karl, 26.5.1529, AGS, Estado 26, f. 14–15.

55 Siehe FERNANDEZ ALVAREZ, La España [wie Anm. 3], S. 505–556 für die Situation im westlichen Mittelmeer.

Sinn; wenige genügten, um das Meer »sauber« zu halten; die langfristige Lösung seien nicht Galeeren, sondern Schiffe, welche Soldaten und Pferde zur Eroberung Afrikas transportieren könnten und so das Problem lösen würden.[56] Dieses Projekt einer »Armada« wurde dann jedes Jahr bis zur Rückkehr des Kaisers ohne Erfolg wiederaufgewärmt.

Der politische Realismus des Präsidenten zeigte sich in seiner Weigerung, eine Reihe von heiklen Aufgaben anzugehen, welche der Kaiser vor seiner Abreise der Regentin aufgetragen hatte. Hof und Hofstaat sollten besser geordnet, die contadurías (Rechenkammern) reformiert werden. In einer kurzen Stellungnahme ließ der Präsident verlauten, daß der königliche Rat allein kaum Aufträge dieser Art behandeln könnte, sondern daß eine Reihe verschiedener Gremien damit befaßt werden müßten, welche dann dem Kaiser ihre Gutachten zur Entscheidung vorlegen würden. Ein solcher Prozeß der Beratung kontroverser Fragen würde aber nur Unruhe in das Land tragen und Befürchtungen produzieren, daß in Abwesenheit des Kaisers alle möglichen Neuerungen angestrebt würden. Das Stichwort Neuerungen wird dann den Ausschlag gegeben haben; die Aufträge wurden stillschweigend ad acta gelegt.[57] Ähnliche Bedenken äußerte der Präsident, als der Kaiser immer dringlicher die Einberufung der Cortes forderte, da der im Jahr 1528 gewährte Servicio gegen Ende des Jahre 1532 auslaufe; der Präsident warnte vor der Unruhe im Volke und der Tendenz vieler Granden, diese Unzufriedenheit auszunutzen, um den Kaiser und seine Helfer in Schwierigkeiten zu bringen.[58] Als die Cortes dann trotz der Abwesenheit des Kaisers im September 1532 in Segovia abgehalten wurden, gab es freilich kaum Schwierigkeiten, einen Servicio von 180 Cuentos (180 Mio. Maravedís) für zwei Jahre zu erhalten. Die ursprüngliche Forderung waren 200 Cuentos über zwei Jahre gewesen; für den Staatsrat, so Tavera, wären schon 200 Cuentos über drei Jahre ein akzeptables Resultat gewesen.[59] Für den Kaiser bestand der wichtigste Beitrag des Präsidenten darin, die Hilfsquellen des Landes für seine Unternehmungen zu mobilisieren, ohne dabei Widerstand oder sogar Unruhen herauszufordern. Auch der Präsident verstand seine Rolle in diesem Sinne, was seine Warnungen vor den Risiken einer Abhaltung der Cortes in Abwesenheit des Kaisers erklärt.

Der Servicio der Cortes war Teil eines Kreditpaketes, das seit Mitte des Jahres 1532 diskutiert worden war, und das eine Beisteuer des Klerus (subsidio) und einen Kreuzzugsablaß (cruzada) einschließen sollte. Der im Februar 1533 auf dieser Basis abgeschlossene Kreditvertrag war das letzte der drei großen Kreditpakete, welche während der Regentschaft die Unternehmungen des Kaisers auf der Grundlage außerordentlicher Einkünfte finanziell absicherten und von Spanien getragen wurden.[60] Ein zweiter Antizipationskredit

56 Tavera an Karl, März 1530, AGS, Estado 19, f. 390–393.

57 Tavera an Karl, 23.3.1529, AGS, Estado 17/18, f. 150.

58 Tavera an Karl, AGS, Estado 24, f. 192–194.

59 Tavera an Karl, 15.9.1532, AGS, Estado 24, f. 174–175; 17.11.1532, ebd., f. 176–177.

hatte sich auf die Verpachtung der Maestrazgos (der Einkünfte der Meister der Ritterorden) bezogen und war im Oktober 1530 in Augsburg mit den Welsern abgeschlossen worden, wobei Verhandlungen dort wie auch in Spanien vorangegangen waren[61]. Der erste dieser Antizipationskredite war in Abwesenheit des Kaisers zwischen Dezember 1529 und Februar 1530 verhandelt worden; er verdient es, hier näher analysiert zu werden, da sein Zustandekommen nicht nur die Führung der Geschäfte in der Arbeitsteilung zwischen Kaiser und Regentschaft beleuchtet, sondern gerade auch Zusammenwirken und Konflikte innerhalb der Regentschaft.[62]

»Die große Notlage bedenkend, in der ich mich befinde, und wie nötig dieses Geld für meine Ehre, für meine Stellung (estado) und meine Reputation ist, und was sein Fehlen für mich bedeuten würde, habe ich mich entschieden, den Abschluß (dieses Kreditvertrages) dorthin (nach Spanien) zurückzuverweisen.« Dies war der entscheidende Passus in einem Brief des Kaisers vom 16. Januar 1530 aus Bologna an die Kaiserin. Das Konzept ist vollständig von Cobos' Hand, wie auch die es begleitenden Stücke, in denen alle Nachteile und Defekte des aus Spanien an Karl geschickten Kreditvertrages über 1,5 Mio. Dukaten aufgeführt werden.[63] Trotz dieser Nachteile – im Detail von Cobos analysiert – war der Kaiser entschlossen, den Vertrag zu akzeptieren, auch wenn er die Kaiserin drängte, ein verbessertes Angebot zu verlangen. Deswegen wurde der schon bestätigte Vertrag mit der Bitte um vorläufige Geheimhaltung zurückgeschickt, um die Chance eines verbesserten Angebots nicht zu mindern. Aus der beigefügten Aufstellung (memorial) über die Zahlungen, welche aus der ersten Tranche von 500 000 Dukaten dieses Asiento zu leisten wären, ging die Notlage des Kaisers klar hervor: 400 000 Dukaten waren schon verplant, für seit der Ankunft in Italien eingegangene Verbindlichkeiten, u. a. bei den genuesischen Bankiers.[64] Mit einigen Verbesserungen wurde der Asiento dann in Spanien abgeschlossen und vom Kaiser endgültig gebilligt.[65] An der langfristig prekären Finanzlage des Kaisers änderte freilich auch dieser Asiento nicht viel. Der Kaiser blieb weiterhin auf die sporadische Mo-

60 P. MARZAHL und E. OTTE, El imperio Genovés 1522–1556, in: Banchi pubblici, banchi privati e monti de pietá nell Europa preindustriale. Amministrazione, tecniche operative e ruoli economici, Atti del Convegno 1990, Genua 1991, S. 249–263, hier S. 255–257. Siehe auch H. KELLENBENZ, Die Fugger in Spanien und Portugal bis 1560. Ein Großunternehmen des 16. Jahrhunderts, 2 Bde., München 1990, Bd. 1, S. 73–74.

61 AGS, Estado 20, f. 254. H. KELLENBENZ, Die Fuggersche Maestrazgopacht, 1525–1542, Tübingen 1967, S. 11.

62 Zu diesem Asiento siehe R. CARANDE, Carlos Quinto y sus banqueros, 3 Bde., Madrid 1943–1967, Bd. 3, S. 86–93. KELLENBENZ, Fugger [wie Anm. 60], Bd. 1, S. 71.

63 Karl an Isabella, 16.1.1530, AGS, Estado 21, f. 247–249.

64 Die spezifische Vollmacht und Aufstellung finden sich in CD, Bd. 1, S. 195–197, 199, aber nicht der obige, sich auf jene beziehende Brief des Kaisers von der Hand Cobos'.

65 C. J. de CARLOS MORALES, El Consejo de Hacienda de Castilla en el reinado de Carlos V (1523–1556), Anuario de Historia del Derecho Español, 59 (1989), S. 49–159, hier S. 95–99.

bilisierung außerordentlicher Einkünfte angewiesen, welche durch Antizipationskredite für ihn verfügbar gemacht wurden, um dann zu Messeterminen in Raten bereitgestellt zu werden.

Die durch die Reise des Kaisers verursachte finanzielle Notlage war in der Tat extrem. Statt der erhofften 300000 Dukaten hatte eine spezielle Kommission nur 100000 Dukaten aus dem Verkauf von Renten erlösen können.[66] Beinahe sofort nach der Abreise hatte man sich von seiten der Regentschaft geweigert, weitere Wechsel (cambios) auf Spanien zu honorieren, da Fonds zur Deckung weder im Moment noch bis zum Jahr 1531 vorhanden seien.[67] Nur die Bereitwilligkeit der Grimaldi, dem Kaiser nach der Ankunft in Genua vorläufig Kredit ohne spezifische Sicherheiten zu gewähren, hatte einen ernsthaften finanziellen Engpaß verhindern geholfen.[68]

Im Oktober hatte dann der Papst den Kreuzzugsablaß (cruzada) erneuert und eine Beisteuer von einem Viertel der Einkünfte des Klerus (cuarta) gewährt. Die Belagerung Wiens durch die Türken schuf die Möglichkeit, einer spanischen Öffentlichkeit die Notwendigkeit zu vermitteln, daß der Kaiser seinem Bruder beizustehen habe. Diese in einer Reihe von Denkschriften angestellten Überlegungen fanden ihren Niederschlag in den Instruktionen des Bischofs von Ciudad Rodrigo, der nicht nur den Kredit des Kaisers in Spanien auf eine solide Basis stellen, sondern auch die Möglichkeiten einer Einberufung der Cortes und der Gewährung der Akzise (sisa), also einer neuen Steuer, erkunden sollte.[69] Dieses Bündel von Vorschlägen sollte, so die Instruktion, in einer von der Kaiserin einzuberufenden großen Ratsversammlung diskutiert werden, unter Teilnahme des Staatsrates, des königlichen Rates und des Finanzrates.

Am 21. November langte der Bischof bei der Kaiserin an, fünf Tage nachdem ein detaillierter Bericht über die Vernichtung der spanischen Galeeren vor Ibiza an den Kaiser abgegangen war.[70] Es verwundert kaum, daß die Vorschläge des Kaisers unter diesen Umstän-

66 Die Berechnungen von Cobos, sowohl vor der Abreise wie auch nach der Ankunft in Italien, belegen das finanzielle Jonglieren im Detail, AGS, Estado 17/18, f. 200–206, ebd., Consejo y Juntas de Hacienda 7, f. 169. Die spezifische Situation am 21. Oktober 1529 bezeugen Voranschläge in der Hand von Cobos, welche bis zum Dezember ein ungedecktes Defizit von mehr als 190000 Dukaten ergaben, ebd. Consejo y Juntas de Hacienda 9, f. 25.

67 Isabella an Karl, 31.8.1529, AGS, Estado 17/18, f. 51–57. Isabella an Karl, 9.9.1529, AGS, Guerra Antigua 2, f. 8. Schon in der Restriktion der Vollmacht hatte es geheißen: »ya no hay con el que librar.« CD, Bd. 1, S. 152.

68 Instruktion für den Bischof von Ciudad Rodrigo, Parma, 30.10.1529, AGS, Patronato Real 26, f. 35.

69 Die Denkschriften, u. a. in der Hand von Cobos und von Alonso de Valdés in AGS, Estado 26, f. 191–196 und die darauf beruhenden Instruktionen des Bischofs ebd., Patronato Real 26, f. 33, 35 und Estado 1172, f. 61.

70 Isabella an Karl, 16.11.1529, AGS, Guerra Antigua 2, f. 119, kommentiert in FERNANDEZ ALVAREZ, La España [wie Anm. 3], S. 517–519.

den kein positives Echo fanden und von den versammelten Gremien in Abwesenheit des Kaisers als untunlich abgelehnt wurden.[71]

Nach dem Fehlschlag der Bemühungen des Bischofs, eine positive Antwort der Ratsversammlung zu den Steuervorschlägen des Kaisers zu erhalten, wurde es um so wichtiger, die durch Cruzada und Cuarta gegebenen Möglichkeiten zu verfolgen, um den Kredit des Kaisers auf eine festere Grundlage zu stellen. Nachdem die Bischöfe von Ciudad Rodrigo und Zamora die Bedingungen der Cruzada veröffentlicht hatten, machte zuerst ein Konsortium von Genuesen ein Angebot, dem am 13. Dezember eine Gruppe von Finanzleuten unter Führung des Tesorero Alonso Gutierrez mit einem erweiterten Angebot folgte, welches auch die Cuarta des Klerus miteinbezog und das sich auf die finanziellen Hilfsquellen der Fugger stützte. Diese Offerte der Finanzleute als Vermittler (medianeros) der »Alemanes« wurde von dem Präsidenten Tavera aufgegriffen, zuerst in geheimen Verhandlungen, dann unter Einbeziehung des Grafen von Miranda und schließlich auch unter Teilnahme von Don Juan Manuel und dem Erzbischof von Toledo als Mitgliedern des Staatsrates – auch wenn der letztere sich bitter darüber beklagte, daß die Angelegenheit so eilig und geheimnistuerisch gehandhabt worden sei, daß er keine Chance gehabt habe, die Vorlage näher zu studieren, bevor sie am 19. Dezember an den Kaiser weitergeleitet wurde.[72] Dort traf sie am 4. Januar ein, um von Cobos näher analysiert zu werden – mit dem schon bekannten Resultat.[73] Der »Zwischenbescheid« des Kaisers führte zu einer zweiten Runde von Verhandlungen, wobei der Contador Christóbal Suárez, wohl der fähigste Finanzbeamte am Hof, das Angebot einer scharfen Kritik unterzog.[74] Auch äußerten der Präsident und der Graf von Miranda Bedenken über die Partner des geplanten Asiento, da sie Amtsträger (oficiales) der Krone wären und z. B. als Contadores der Cruzada den Schriftverkehr zu führen hätten; auch wenn sie andere als Vertragspartner vorschöben, so blieben sie doch an dem Geschäft (contratación) beteiligt.[75] Trotz dieser Bedenken und nach einigen weiteren Zwischenspielen wurde der Vertrag am 15. Februar von der Kaiserin gebilligt und an den Kaiser zur endgültigen Annahme geschickt.[76]

---

71 Isabella an Karl, 10.12.1529, MAZARIO COLETO, Isabel [wie Anm. 3], S. 254–257.

72 Tavera an Karl, 19.12.1529, AGS, Estado 20, f. 203. Toledo, Erzbischof an Karl, 19.12.1529, AGS, Estado 20, f. 216.

73 AGS, Estado 21, f. 56–57.

74 AGS, Estado 25, f. 189. Als Suárez, davor Contador de Relaciones, 1532 einer der Vertreter der Contadores Mayores wurde, schrieb Juan Vázquez an Cobos, daß er gute Arbeit leiste, aber der bestgehaßte Mann im Königreich sei, mit tausend Flüchen bedacht, und ohne Hoffnung, daß er sich bessere oder seine Art ändere, 9.8.1532, AGS, Estado 25, f. 224–228.

75 AGS, Estado 4, f. 38. J. MARTINEZ MILLAN und C. J. de CARLOS MORALES, Los orígenes del Consejo de Cruzada (siglo XVI), Hispania, LI, 179 (1991), S. 901–932 informiert über das Personal dieses Gremiums.

76 Tavera an Karl, 25.2.1530, AGS, Estado 20, f. 72.

Der Abschluß des Asiento war jedoch nicht das Ende der mit diesem verbundenen Transaktionen, denn noch mußte es zu einer Einigung über den effektiv zu zahlenden Beitrag mit der Versammlung des Klerus (congregación) kommen. Nach langen Verhandlungen, welche erst im Juni beendet wurden, einigte man sich auf einen festen Beitrag von 480000 Florines über zwei Jahre; die anfänglichen Vorstellungen beider Teile waren weit voneinander entfernt gewesen. Die Verhandlungen waren auch hier durch den Präsidenten geführt worden, mit dem Beistand der Bischöfe von Zamora und Ciudad Rodrigo; trotz der manchmal harten Worte war man schon im März einer Einigung auf 420000 Florines nahe gewesen, wobei die Regentin dem Kaiser schrieb, daß es ein großer Irrtum wäre, mit dem Klerus (estado eclesiastico) zu brechen – der Präsident wird ihr dabei die Feder geführt haben.[77] Bemerkenswert ist hier die Konfrontation zwischen den dem Kaiser ergebenen Prälaten und dem in der Congregación vertretenen Klerus. Die Auseinandersetzung zwischen Krone und Klerus sollte sich zwei Jahre später mit noch schärferen Konturen wiederholen, als dem Kaiser die Hälfte der Einkünfte (media anata) zugestanden wurde. Erst nach seiner Rückkehr im Jahr 1534 und nach Verhandlungen, welche dieses Mal länger als acht Monate währten und von Drohungen und auch der Beschlagnahme von Einkünften begleitet wurden, stimmte die Congregación einer Einigung (concordia) auf der Grundlage der Übereinkunft von 1530 zu. Selbst die persönliche Intervention Karls hatte die Versammlung nicht zum Eingehen auf die kaiserlichen Wünsche veranlassen können.[78]

Der Erfolg der Regentschaft wurde durch den Konflikt mit dem Klerus kaum berührt, denn wo selbst die persönliche Autorität des Kaisers versagte, konnte die delegierte Autorität der Regentin oder ihrer Vertreter, der Bischöfe, wohl kaum etwas ausrichten. Auf jeden Fall war die Regentschaft in der Lage gewesen, den normalen Anforderungen des Kaisers zu genügen: an Machtmitteln und an Geld einerseits, in der Bestimmung von Politik und der Kontrolle über Patronage andererseits. Da diese Regentschaft, im Gegensatz zu früheren, diese Bedingungen erfüllt hatte, konnte sie als Muster für alle späteren Regentschaften unter dem Kaiser dienen. Zunächst konnte der Kaiser – im Vertrauen auf die Tragfähigkeit des einmal gefundenen Arrangements auch für die Zukunft – in Ruhe die lange geplante Unternehmung nach Nordafrika und die Reise zur Huldigung nach Sizilien und Neapel vorbereiten, mit ihrer Verbindung von spanischen Interessen und kaiserlicher Politik. Langfristig aber wurde so eine Politik denkbar, welche sich auf Spanien stützen konnte, um die weitgespannten Unternehmungen des Kaisers zu ermöglichen, ohne dort seine persönliche Präsenz zu verlangen.

77 Ein detaillierter Zwischenbericht (relación) Taveras vom 15.2.1530, AGS, Estado 20, f. 94–95. Isabella an Karl, 29.3.1530, 3.4.1530, 14.4.1530, 7.6.1530. In: MAZARIO COLETO, Isabel [wie Anm. 3], S. 267–280, über den jeweiligen Fortschritt der Verhandlungen bis zu ihrem Abschluß.

78 CARANDE, Carlos Quinto [wie Anm. 62], Bd. 2, S. 474–478.

Die beiden ersten Regentschaften waren Provisorien gewesen, als zeitweiliger Behelf quasi einer schon existierenden Regierungsmaschinerie übergestülpt. Die dritte Regentschaft überwand diese provisorische Perspektive: als Resultat von Planung und Experiment, mit einer klaren Zuordnung von Aufgaben und Verantwortung innerhalb der Regentschaft und zwischen dieser und dem Kaiser. Ein vielfach verschränktes Netzwerk von Korrespondenz produzierte eine Masse an Informationen und stellte ein für die Aufrechterhaltung kaiserlicher Kontrolle nötiges System von Kommunikation sicher. Die Qualität und die Zuverlässigkeit der Information hing freilich von der vom Kaiser getroffenen Auswahl an Personen ab. Für den Kaiser lag ein entscheidendes Moment seiner Politik, vielleicht das entscheidende Moment überhaupt, in dieser Auswahl.

Während das persönliche Moment der Herrschaft beim Kaiser die ausschlaggebende Rolle spielte, kann der institutionelle Aspekt auf der Seite der Regentschaft kaum übersehen werden. Die Existenz einer Reihe von Ratskollegien mit abgegrenzten Kompetenzen und fester Arbeitsweise war eine Voraussetzung für erfolgreiches Funktionieren, in Verbindung mit der Rolle des Präsidenten Tavera in der Führung der Geschäfte. Die Konstituierung des Staatsrates ist ein Beleg für die Tendenz zur Institutionalisierung; sie erwies aber auch die Schwierigkeit einer Abgrenzung der Geschäfte nach Materien. Der Finanzrat stand vor einem ähnlichen Problem. Während die Routine der Contadurías streng formalisiert war, konnte die Mobilisierung außerordentlicher Einkünfte und der entsprechenden Kreditoperationen kaum nach den Regeln finanzieller Orthodoxie erfolgen, so wie sie von dem Contador Suárez verstanden wurden.

Die Funktionen von Gremien, welche nicht eine Geschäftsroutine eigener Art besaßen und geschaffen hatten, wie der Staats- oder der Kriegsrat, gingen nach der Rückkehr des Kaisers wieder in dessen Stab auf; so übernahm Cobos die Finanzgeschäfte und erhielt später sogar den Titel des Contador Mayor als höchsten Amtsträgers der Finanzverwaltung.[79] Der Staatsrat setzte sich wieder aus den nach Bedarf zusammengerufenen Ratgebern des Kaisers zusammen – unter denen Cobos eine wichtige Rolle spielte. In der Verbindung vielfältiger Funktionen in der Hand eines Sekretärs entstand so die Institution des Staatssekretariats – vor ihrer formalen Konstituierung – in der Bündelung von auf den Kaiser zugeschnittenen Funktionen, verkörpert durch Cobos und seine Klientel.[80] Die Rückkehr des Kaisers stellte daher die Rückkehr zu einer Art von begrenztem persönlichen Regiment dar, wobei allerdings zu beachten ist, daß der Apparat der traditionellen Ratsgremien weiterhin in gewohnter Weise funktionierte und die vom Stab des Kaisers

79 Nach 1534 hörte der Finanzrat praktisch auf zu existieren, siehe CARLOS MORALES, El consejo [wie Anm. 65], S. 104–107.

80 J. A. ESCUDERO, Los Secretarios del Estado y Despacho (1474–1724), 4 Bde., Madrid 1969, Bd. 1, S. 123–126, bezeichnet Gonzalo Perez nach seiner Ernennung durch Philipp II im Jahr 1556 – nach Kompetenzen und Aufgabenstellung – als den ersten Staatssekretär, während er Cobos mehr als persönlichen Sekretär und Ratgeber ansieht. Siehe auch HEADLEY, Emperor [wie Anm. 4], S. 141–143.

absorbierten Funktionen des Staats-, des Kriegs- und des Finanzrates je nach Notwendigkeit – wie im Fall einer neuen Regentschaft – reaktiviert werden konnten.

Der Regentschaft der Kaiserin in Spanien entsprachen die Regentschaften von Margarete und Maria in den Niederlanden, in ihrer internen Konfiguration wie auch in ihrem Verhältnis zum Kaiser.[81] Überall bezeugte die Organisation der Regentschaften eine Tendenz zur Institutionalisierung und Rationalisierung, und stets verband sie sich mit einem sehr persönlichen Charakter der kaiserlichen Machtausübung. Regierung durch Ratskollegien auf der Ebene der Regentschaften existierte in Kombination mit einer Art von Kabinettsregierung des Kaisers – insgesamt wohl mit den Vorteilen beider, jedenfalls solange die bewegende Kraft vom Zentrum ausging. Auf Treue und Abhängigkeit beruhende Bindungen mögen in des Kaisers Sicht der wesentliche Zusammenhalt der Politik gewesen sein, aber wenn sie fehlten, konnte er sich in seinen einzelnen Ländern auch auf institutionalisierte Regelungen verlassen. Die konsequente Einrichtung von Regentschaften – in Spanien wie in den Niederlanden – hat so eine Form von Regierung durch Ratskollegien geschaffen, welche ihn um Jahrhunderte überlebt hat.

81 M. BAELDE, De Collaterale Raden onder Karel V en Filips II (1531–1578), Brüssel 1965. H. G. KOENIGSBERGER, Prince and Estates General: Charles V and the Netherlands, Transactions of the Royal Historical Society, 6th ser., 4, (1994), S. 127–151.

MARTIN LUNITZ

Die ständigen Gesandten Karls V. in Frankreich – zum Strukturwandel des Gesandtschaftswesens im 16. Jahrhundert*

Die Zusammenführung der politischen Korrespondenz Kaiser Karls V. und ihre wissenschaftliche Erschließung – ein Langzeitprojekt, das im ersten Beitrag dieses Sammelbandes dargestellt wird – schafft eine wichtige Grundlage für die Erforschung der politischen Geschichte Europas wie auch der Verwaltungsgeschichte in der ersten Hälfte des 16. Jahrhunderts.

Im folgenden wird die politische Korrespondenz herangezogen, um eine Neuerung im Gesandtschaftswesen der europäischen Mächte am Beispiel der Diplomaten Karls V. bei Franz I. von Frankreich zu beleuchten. Die Rede ist von den ersten ständigen Gesandtschaften.

In der Forschung zur Geschichte der Diplomatie herrscht Übereinstimmung, daß diese neue Form in der Pflege der Beziehungen zwischen den europäischen Staaten erstmals um die Mitte des 15. Jahrhunderts in Italien in Erscheinung trat[1]. Manches spricht dafür, daß es sich dabei nicht um eine grundlegende Neuerung handelte, sondern lediglich um die Übertragung einer altbewährten Institution auf die italienischen Verhältnisse; denn seit langem schon unterhielten die italienischen Hafenstädte Konsulgesandte in der Levante, deren bekanntester wohl der venezianische Baiulo in Konstantinopel war[2]. Die Einführung ständiger Gesandtschaften muß mithin als Ergebnis einer länger andauernden Entwicklung verstanden werden, in deren Verlauf die notwendigen Voraussetzungen für dieses Instrument der Außenpolitik geschaffen wurden. Vor allem aber sollten Diplomatie und Gesandtschaftswesen – im 16. Jahrhundert genau wie heute – nicht isoliert, sondern in dem

* Dieser Beitrag faßt einige Ergebnisse meiner Dissertation zusammen: Diplomatie und Diplomaten im 16. Jahrhundert. Studien zu den ständigen Gesandten Kaiser Karls V. in Frankreich. Konstanz 1988.

1 G. MATTINGLY, Renaissance Diplomacy. London 1955, S.59f. W. JANSSEN, Die Anfänge des modernen Völkerrechts und der neuzeitlichen Diplomatie. Ein Forschungsbericht. Stuttgart 1965, S. 72–73.

2 Vgl. die Mitteilung der Ergebnisse der bisher nicht veröffentlichten Habilitationsschrift von J. ENGEL, Kongreß und Staatensystem I: Zur Vorgeschichte der europäischen Völkerrechtsordnung. Lateinisches Abendland und sarazenische Welt (masch.schriftl.) Köln 1958, durch W. JANSSEN; S. 77. Des weiteren J. ENGEL, Von der spätmittelalterlichen res publica zum Mächte-Europa der Neuzeit. Handbuch der Europäischen Geschichte III, hrg. von Th. SCHIEDER. Stuttgart 1971, S.209–386.

institutionellen Zusammenhang betrachtet werden, in den sie hineingehören; dieser Zusammenhang aber ist der des Systems staatlicher Verwaltungsbehörden[3].

Die kaiserlichen Gesandten in Frankreich bieten sich aus mehreren Gründen an, um jenen Strukturwandel in der Diplomatie zu beleuchten.

Akzeptanz und Grad der Institutionalisierung der zu dieser Zeit außerhalb Italiens noch jungen Form des zwischenstaatlichen Verkehrs scheinen gerade hier bereits sehr hoch gewesen zu sein. Die Tatsache jedenfalls, daß trotz des fortwährenden Konflikts zwischen Karl V. und dem französischen König beide Herrscher ständige Missionen beieinander unterhielten, weist deutlich darauf hin, daß die neue Institution jene Stufe schon erreicht hatte, auf der sie aufhörte, Ausdruck einer besonderen Verbundenheit zwischen zwei Staaten zu sein[4]. Nur der offene Konflikt war Anlaß zum Rückruf der ständigen Gesandten.

Bereits Brandi und Mattingly haben des weiteren festgestellt, daß die ständigen Gesandten Karls V. in Frankreich sich fast ausschließlich aus den Gebieten des burgundisch-niederländischen Staatsgebildes rekrutierten[5]. Gerade dem burgundischen Staat aber kommt in der Entstehung moderner Staatlichkeit, gekennzeichnet u. a. durch die beginnende Differenzierung der Aufgabengebiete in der Verwaltung, eine gewisse Vorreiterrolle in Europa zu. Die Gesandten in Frankreich erscheinen insofern als Vertreter der im damaligen Europa am weitesten entwickelten Verwaltung.

Erfahrungen mit ständigen Gesandten machte man in den burgundischen Niederlanden denn auch nicht erst unter Karl V., sondern bereits in der zweiten Hälfte des 15. Jahrhunderts. Bereits für das Jahr 1467 ist ein ständiger Gesandter der Republik Venedig am Hofe Karls des Kühnen nachgewiesen[6], und unter Philipp dem Schönen (1492–1506) richtete auch Burgund selbst eigene ständige Missionen ein; damit gehörte es neben dem Spanien der Katholischen Könige zu den ersten Mächten außerhalb Italiens, die sich des neuen Instruments in der Diplomatie bedienten[7]. Daran konnte Karl V. unmittelbar anknüpfen.

---

3 K.F. von PLEHWE, Internationale Organisationen und die moderne Diplomatie. München 1972, S. 18.

4 F. ERNST, Über Gesandtschaftswesen und Diplomatie an der Wende vom Mittelalter zur Neuzeit. In: Archiv für Kulturgeschichte 33, 1951, S. 93.

5 K. BRANDI, Kaiser Karl V.,Bd. 1 (Erstveröff. 1937). Frankfurt/Main 1979, S.331. MATTINGLY, Renaissance [wie Anm. 1], S. 186f.

6 A. SCHAUBE, Zur Entstehungsgeschichte der ständigen Gesandtschaften. In: Mitteilungen des Instituts für österreichische Geschichtsforschung 10, 1889, S. 525. MATTINGLY, Renaissance, ebd. S. 98.

7 MATTINGLY, Renaissance, ebd. S. 138–153 geht ausführlich auf den »diplomatischen Dienst« Ferdinands von Aragon ein. Dr. de Puebla, schon im Jahre 1490 Gesandter der Katholischen Könige Ferdinand und Isabella am englischen Hof, kehrte 1495 mit einem Kreditiv nach England zurück, das ihn als ständigen Gesandten auswies. Vgl. dazu auch G. MATTINGLY, The reputation of Dr. de Puebla. In: The English Historical Review 55, 1940, S. 29, ferner W. HÖFLECHNER, Die Gesandten der europäischen Mächte, vornehmlich des Kaisers und des Reiches 1490–1500 (Archiv für österreichische Geschichte 129). Wien/Köln/Graz 1972.

Die Rekrutierung der ständigen Gesandten Kaiser Karls V.

Nationale Herkunft

Die Mehrzahl der kaiserlichen Gesandten in Frankreich hatte ihre Heimat in der Franche-Comté, dem südlichen, von den sogenannten burgundischen Niederlanden abgetrennten Landesteil, wie die folgende Namensliste der ständigen Gesandten zeigt.

Philibert Naturel, Dompropst von Utrecht	Franche-Comté
Louis de Flandre, Herr von Praet	Flandern
Nicolas Perrenot, Herr von Granvelle	Franche-Comté
Philippe de Lalaing, Herr von Mouillerie	Flandern
François Bonvalot	Franche-Comté
Jean Hannart, Herr von Liedekerke	Brabant
Cornille de Schepper, Herr von Eke	Flandern
Nicolas de Gilley, Herr von Marnoz	Franche-Comté
Jean de Saint-Mauris, Herr von Montbarrey	Franche-Comté
Simon Renard, Herr von Bermont	Franche-Comté

Die gleiche Beobachtung ist bei jenen Personen zu machen, die als Spezialgesandte mit fest umrissenem Auftrag eingesetzt wurden, wann immer außenpolitischer Handlungsbedarf bestand[8].

Ganz entsprechend stellte die Franche-Comté – wie schon zur Zeit der burgundischen Herzöge – einen auffallend großen Teil der führenden Männer in der niederländischen Zentralverwaltung [9].

Ein wichtiger Grund dafür scheint in der Notwendigkeit spezifischer Sprachkenntnisse gelegen zu haben. Die Muttersprache der aus der Franche-Comté stammenden Beamten war Französisch. Dies aber war die wichtigste Sprache am Kaiserhof und empfahl die Franc-Comtois natürlich auch für den Gesandtschaftsdienst in Frankreich. Hinzu kam, daß die Franche-Comté, obwohl sie rechtlich zum Reich gehörte, durch Sprache, Sitten und Kultur, aber auch durch ihre Institutionen eine französische Landschaft war, mit dem benachbarten Herzogtum Burgund aufs engste verwandt. Die kulturelle Verwandtschaft und die Ähnlichkeit ihrer Verwaltungsstrukturen mit jenen Frankreichs erleichterten einem Comtois deshalb – über die reinen Sprachkenntnisse hinaus – von vornherein das Zurechtfinden und den Umgang mit den französischen Behörden.

---

8 Grundlage für diese Feststellung sind die Rechnungsbücher des Receveur Général des Finances der alten Chambre des Comptes de Flandre, Série B, die in den Archives Départementales du Nord (nachfolgend abgekürzt ADN) in Lille aufbewahrt sind.

9 Nähere Angaben bei A. WALTHER, Die Anfänge Karls V., Leipzig 1911, S. 27.

Soziale Herkunft – Persönliche Naheverhältnisse

Auch in der Franche-Comté, für die im ausgehenden Mittelalter wie im übrigen Europa Anfänge flächendeckender Verwaltungsstrukturen festzustellen sind, war jenes aus dem städtischen Bürgertum stammende Potential an Menschen vorhanden, die ihr Auskommen und ihre Karriere in dem sich ausweitenden staatlichen Justizwesen sowie in der fürstlichen Domänen- und Finanzverwaltung suchten, um die Wende des 15. Jahrhunderts oft schon in der zweiten oder dritten Generation. Seit der Ernennung Margaretes von Österreich, der Tante Karls, zur Comtesse der Freigrafschaft (1509) und ihrer Übersiedelung nach Mecheln, um die Regentschaft über die Niederlande zu führen, gelangten mehr und mehr Amtsträger aus der Franche-Comté in den Dienst und an den Hof der Regentin. Durch die Verknüpfung ihres Landes mit der Dynastie der Habsburger und durch die Rolle Margaretes innerhalb des politischen Systems Karls V. eröffneten sich den Comtois neue Möglichkeiten. Vor allem für die ambitionierten bürgerlichen Juristen war nicht länger die Ernennung zum Rat des Parlaments von Dôle der Gipfel ihrer Karriere. Einige von ihnen fanden vielmehr den Weg von Dôle nach Mecheln und wurden schließlich auch für den Dienst des Kaisers herangezogen.

Dies ist besonders augenfällig in der Person des Nicolas Perrenot, Herrn von Granvelle, der auf diese Weise in den Dienst Karls V. gelangte, zunächst als Botschafter in Frankreich fungierte und danach zum wichtigsten Ratgeber des Kaisers, ja zu dessen leitendem Minister aufstieg. Als solcher wird er vermutlich bei der Besetzung des Gesandtenposten in Frankreich ein gewichtiges Wort mitgesprochen haben; tatsächlich stammten diese Gesandten gutenteils nicht nur aus der Franche-Comté, es gibt auch genügend Anhaltspunkte für eine enge persönliche Bindung zwischen ihnen und Granvelle. Der Schluß liegt nahe, daß sie alle der weitverzweigten Klientel angehörten, die sich Granvelle in der Freigrafschaft geschaffen hatte.

Was zeichnete diese Menschen aus, und wie gelangten sie in jene einflußreichen Positionen im Zentrum der Macht, wo sie mit der adeligen Führungsschicht in Konkurrenz traten?

Ihre Väter waren handeltreibende Stadtbürger, Notare, Advokaten, Steuereinnehmer, die sich verbissen ihrer Arbeit widmeten und beharrlich nach Profit strebten. Ihren materiellen Aufstieg betrieben sie frei von jenem ritterlichen Denken des Mittelalters, dem der Adel weitgehend verhaftet blieb. Gerade in der Franche-Comté vollzog sich neben dem Aufstieg dieser bürgerlichen Schicht der Abstieg und die Verarmung großer Teile des Feudaladels, der mit der ökonomischen Entwicklung nicht Schritt zu halten vermochte, behindert durch eine überholte Lehensverfassung und durch das Festhalten an traditionellen Werten und an Lebensformen, die er sich eigentlich nicht mehr leisten konnte[10].

10 L. FEBVRE, Philippe II et la Franche-Comté (Erstveröff. 1912). Paris 1970.

Allerdings strebten auch die reich gewordenen Bürger, sobald sie eine gewisse Vermögensstufe erreicht hatten, nach Grundbesitz, wobei adeliger Allodialbesitz und Grundherrschaften im Vordergrund ihres Interesses standen, denn der damit verbundene Titel »Herr von ...« war nach wie vor von hohem gesellschaftlichem Prestige[11]. Die Erweiterung ihres Besitzes aber erfolgte nicht zuletzt in der Absicht, die Karrierechancen ihrer Sprößlinge durch eine – typisch bürgerliche – Ausbildung an den Universitäten, vornehmlich den juristischen Fakultäten, zu verbessern. Da das Studium an einer Universität damals ein recht kostspieliges Unternehmen war, gehörte dazu ein ansehnliches Vermögen.

Eine Überprüfung der kaiserlichen Gesandten in Frankreich – erweitert um jene in England – hinsichtlich ihrer Herkunft und Ausbildung zeigt, daß neben Granvelle auch Francois Bonvalot, Jean Hannart, Cornelius Schepper, Nicolas de Gilley, Jean de Saint-Mauris und Simon Renard zu jenen Aufsteigern zu rechnen sind; in der Reihe der Gesandten in England sind es Eustache Chapuys, George de Themseke, Francois van der Delft, Jean Scheyfve.

Gesamtübersicht der kaiserlichen Botschafter in Frankreich; Ausbildung und wichtige Amtsstellungen[12]

Name	Studium/ akad.Titel	Zeitraum der Mission	Ämter vorher	Ämter nachher
Naturel	Dr. jur.	1517–1521	Gesandter	Cons. privé
Praet	Artes	1525–1526	Gesandter, Cons. privé	Cons. d'état (1536)
Granvelle	Dr. jur.	1526–1528	Cons. privé	Cons. d'état (1529)
Lalaing[13]		1529–1530	Maitre d'hotel	
Bonvalot	Dr. jur.	1530–1532	Dôle/Parlament	Dôle/Parlament
Hannart	?	1532–1536	Cons. d'état	Cons. d'état
Schepper	Dr. jur.	1538	Cons. privé	Cons. d'état (1538)
Bonvalot	Dr. jur.	1538–1541	Dôle, Parlament	Dôle, Parlament
Marnoz	?	1541–1542	Gesandter[14]	
St-Mauris	Dr. jur.	1544–1549	Cons. privé	Cons. d'état (1549)
Renard	Dr. jur.	1549–1551	Cons. privé	Cons. d'état (1555)

11 a.a.O., S.180f.

12 Daten, Literatur- und Quellenangaben zu den einzelnen Botschaftern M. LUNITZ, Diplomatie und Diplomaten im 16. Jahrhundert. S. 225–253.

13 Es handelt sich um einen Bastardsohn des Antoine de Lalaing, nicht um dessen Neffen Philippe, der die Titel des Onkels – auch den eines Comte de Hoogstraten – erbte.

14 Gesandtschaften in Mailand, in der Schweiz und in Savoyen.

- in England

Mesa	vermutlich	1514–1523	Elne, Bischof	Badajoz, Bischof
Praet	Artes	1522–1525	Bailli/Gent	Gesandter
Le Sauch	Artes	1525	Cons. privé	Cons. privé
Jonglet	vermutlich	1525–1526	Cons. privé	Cons. privé
Themseke	Dr. jur.	1526–1527	Cons. privé	Cons. privé
Mendoza	vermutlich	1526–1529	?	Burgos, Bischof
Chapuys	Dr.jur.	1529–1545	Ratsstelle am Kaiserhof	
Maioris	vermutlich	1539–1540	Cambrai, Dekan	?
van der Delft	Artes	1544–1550	?	(gest. 1550)
Scheyfve	Dr. jur.	1550–1553	Cons. privé	Cons. privé
Renard	Dr. jur.	1553–1555	Cons. d'état	Cons. d'état

Von den insgesamt neunzehn ständigen Gesandten haben also zwölf nachweislich an Universitäten studiert, neun von ihnen an juristischen Fakultäten. Ein Universitätsstudium der übrigen sieben Diplomaten ist zwar nicht belegt, darf aber bei mindestens vier mit an Sicherheit grenzender Wahrscheinlichkeit angenommen werden.

Von den zwölf Gesandten mit Universitätsbildung hatten neun den juristischen Doktorgrad erworben. Dieser Anteil an promovierten Juristen ist bemerkenswert hoch, verglichen mit der Zusammensetzung der einzelnen Conseils collatéraux der Niederlande[15]. Wenn also Angehörige dieser Ratsgremien für die diplomatische Aufgabe ausgewählt wurden, dann waren es bevorzugt die promovierten Juristen.

Bei der Untersuchung der Gesandten nach Qualifikation und vorausgehender Tätigkeit ergibt sich des weiteren, daß der diplomatische Dienst zur Zeit Karls V. personell noch kein eigenständiger Bereich mit festen Karriereroutinen war, daß jedoch ausgezeichnete juristische Fachkenntnisse hier besonders geschätzt waren. Und das hatte konkrete Gründe; denn die Beziehungen zwischen Karl V. und dem französischen König ruhten auf Verträgen, deren Interpretation ständig Anlaß zu Diskussionen zwischen den Räten des Königs und dem kaiserlichen Gesandten gab[16].

15 Vgl. die biographischen Notizen zu den Mitgliedern der Conseils collatéraux (Conseil d'état, Conseil privé) bei M. BAELDE, De collaterale Raden onder Karel V en Filips II (1531–1578). Brüssel 1965, S. 227–330.

16 Haus-, Hof- und Staatsarchiv Wien (HHStA) Staatenabteilungen (=StA) Frankreich, Berichte 1, Konv.g, fol. 22v: Praet an Karl, 1526 März 21; HHStA Belgien PA 18/3, fol. 155r–157r: Margarete an Karl, 1529 Oktober 3, Brüssel.

Organisation und Aufgaben der ständigen Gesandtschaft

Wie war der Gesandtschaftsposten in Frankreich konkret organisiert? Hinweise hierzu finden sich, wenn auch spärlich, in der Korrespondenz der einzelnen Gesandten mit dem Kaiserhof. Sie besteht aus den Depeschen der Gesandten an den Kaiser und den kaiserlichen Weisungen. Mit den Depeschen gingen von Zeit zu Zeit Schreiben des Gesandten an jene Männer, die am Hofe mit der Bearbeitung der Gesandtschaftkorrespondenz betraut waren. Diese Begleitkorrespondenz vor allem liefert Informationen für eine Beschreibung des Gesandtschaftspostens.

Bei einer Neubesetzung waren beide Höfe daran interessiert, möglichst frühzeitig zu erfahren, wen die Gegenseite als ständigen Gesandten entsenden würde. Des öfteren wurden der anderen Seite zuvor auch die eigenen Erwartungen mitgeteilt[17]. Diesen Wünschen wurde nach Möglichkeit entsprochen. Eine formalisierte Vorgehensweise zur Einholung bzw. Erteilung des »agréments« für einen neuen Botschafter, wie dies heute der Fall ist, gab es allerdings nicht[18].

Die ständigen Gesandtschaften Karls V. waren grundsätzlich Einzelgesandtschaften; Sondergesandtschaften hingegen bestanden oft aus zwei Diplomaten. Die meisten Botschafter Karls V. befanden sich zum Zeitpunkt ihrer Ernennung gar nicht am Kaiserhof. Ihren Auftrag erhielten sie dann durch einen Kurier zugestellt. Nach Erhalt des Schreibens hatte der Beauftragte seine Privatangelegenheiten zu ordnen und unverzüglich an den Einsatzort zu reisen.

Der erste Schritt für den neuen Botschafter war die Zusammenstellung seines Haushalts. An dessen Spitze stellte er einen Maître d'hôtel. Neben dem Sekretär war er der zweite enge Vertraute des Gesandten. Die weiteren Chargen unterschieden sich nicht von jenen, die in jedem adeligen Hofhalt, vom Grandseigneur bis hinunter zum niederen Adel, anzutreffen waren[19]. Leider geben die Quellen kaum Hinweise auf die Größe der kaiserlichen Vertretung in Frankreich. Genaue Angaben, die als Anhalt dienen können, liegen jedoch für die damaligen ständigen Gesandtschaften Venedigs vor[20]. Berücksichtigt man im Vergleich dazu den höheren Rang des kaiserlichen Botschafters, dann gehörten zu seinem Haushalt wohl ein oder zwei Sekretäre, der Maître d'hôtel, ein Kaplan, der Marschall, der

17 HHStA StA Frankreich Weisungen 3, Konv a, fol. 30r–32v: Karl an Praet, 1526 Februar 12, Toledo.

18 F. MOUSSA, Manuel de Pratique Diplomatique. L'Ambassade. Bruxelles 1972, S. 59f. L'agrément de l'ambassadeur.

19 N. ELIAS, Die höfische Gesellschaft. Frankfurt/Main 1983, S. 75–76. L. FEBVRE, Philippe II, S. 369 gibt auf der Grundlage eines Testaments die Größe der Dienerschaft eines adeligen Offiziers aus der Franche-Comté mit zwölf Personen an und bezeichnet dies als relativ bescheidenen Haushalt.

20 Ende des Jahres 1499 legte die Signoria von Venedig die Größe ihrer ständigen Vertretungen auf 13 Personen und 11 Pferde fest. Diese Anzahl sollte fortan verbindlich sein, um Kosten zu sparen. Vgl. D. QUELLER, Early Venetian Legislation on Ambassadors. Genf 1966, Nr. 106: Beschluß des Senats, 1499 Dezember 31.

sich mit einigen Burschen um Pferde und Transportmittel kümmerte, ein Fourrier, der Koch mit Küchenpersonal und eine Anzahl niederer Bediensteter wie Kammerdiener und Lakaien, insgesamt vielleicht 20–25 Personen. Sie alle waren persönliche Bedienstete des Gesandten, wurden von ihm ausgewählt und von ihm bezahlt, waren Leute seines Vertrauens – anders übrigens als bei den Gesandtschaften der italienischen Staaten, bei denen der Sekretär von der Regierung ernannt, besoldet und eigens akkreditiert wurde[21]. Der Sekretär hatte die nach dem Gesandten wichtigste Position inne und diente als dessen Stellvertreter. Für reine Schreib- und Kopierarbeiten wurden bei Bedarf Schreiber an Ort und Stelle engagiert[22].

Die Gesandtschaft des Kaisers am französischen Hof mußte sich auf höchste Mobilität einrichten, denn der Hof Franz' I. wechselte häufig den Standort. Dieser Zwang zum ständigen Reisen verlangte eine adäquate Ausrüstung und Ausstattung der Gesandtschaft mit Pferden und Lasttieren[23]. Zwar legte der Hof immer wieder längere Aufenthalte in größeren Städten ein oder in einigen von Franz I. bevorzugten Schlössern, doch meist war bei der Ankunft der Termin des neuerlichen Aufbruchs bereits bekannt. Resignierend schrieb Jean Hannart im Jahre 1535 an seinen Freund und Kollegen Eustache Chapuys, den Botschafter des Kaisers in England: »Ce Roy (Franz I.) s'en va à Dijon où l'on dit qu'il sera environ quinze jours et après tirer à Lyon, et jamais ne cessons de cheminer, et vous de reposer à Londres« und er versah das Briefdatum mit dem Zusatz »en haste de Langres le 27 de septembre«[24].

Der Botschafter reiste gewöhnlich nicht mit dem Hof, denn er war nicht Teil der Hofgesellschaft. Gleichwohl kam es darauf an, der Regierungsspitze, vor allem aber dem König, möglichst nahe zu bleiben. Wie es um die Art und Qualität ihrer Unterkünfte bestellt war, darüber äußerten sich die kaiserlichen Botschafter in ihren Berichten kaum. Wenn sie in einigem Abstand dem Hofe folgten, benutzten sie wohl die Herbergen in jenen Orten, durch welche die wichtigsten Reisestraßen führten. Bei längeren Aufenthalten in Städten darf man davon ausgehen, daß dem Botschafter samt Gefolge ein Stadthaus zur Verfügung gestellt wurde. Sämtliche Kosten für ihren Aufenthalt hatten die Gesandtschaften selbst zu bestreiten[25].

21 G. MATTINGLY, Renaissance [wie Anm. 1], S. 240.

22 HHStA STA Frankreich Varia 2, Konv. d, fol. 4v: Hannart an Karl, 1533 November 30.

23 G. MATTINGLY, Renaissance [wie Anm. 1], S.243–244.

24 HHStA StA Frankreich Varia 2, Konv. i, fol. 73r–v: Hannart an Chapuys, 1535 September 27, Langres.

25 Es war in Frankreich schon lange nicht mehr üblich, für den Unterhalt fremder Gesandtschaften aufzukommen, vgl. R.A. de MAULDE-LA-CLAVIERE, La diplomatie au temps de Machiavel. Bd. II. Paris 1892, S. 15. Auch die französischen Botschafter mieteten an ihrem Einsatzort ein Haus und mußten die Kosten für den Unterhalt ihres Haushalts selbst tragen. R. DOUCET, Les institutions de la France au XVIe siècle. Bd I. Paris 1948, S. 442.

Das Alltagsgeschäft der Botschafter bestand primär im Sammeln von Informationen über die Vorgänge am Hofe und im Gastland sowie in deren Weitergabe an die eigene Regierung. Sie dienten zur Verifizierung – oder Falsifizierung – der offiziellen Darstellung der Politik des französischen Königs. Denn entgegen der in jedem Beglaubigungsschreiben genannten Aufgabe der Botschafter, den Informationsaustausch zwischen den Herrschern zu gewährleisten und in freundschaftlicher Weise die beiderseitigen Neuigkeiten zu übermitteln[26], wurde – jedenfalls – zwischen Franz I. und Karl V. die eigene Politik dem fremden Gesandten außerordentlich selten offengelegt.

Ein Schreiben des Kaisers vom September 1529 an seine Tante, die Regentin der Niederlande, bestätigt dies ausdrücklich und kennzeichnet überhaupt die Rolle der ständigen Gesandten in der Politik der frühneuzeitlichen Herrscher. Dem französischen Botschafter, so Karl, sollte nicht mehr Einblick in die Regierungsgeschäfte gewährt werden als unbedingt notwendig; sollte er sich weitergehende Informationen verschaffen wollen, so sei er diskret daran zu hindern[27]. Umgekehrt sollte der als Gesandter Karls an den französischen Hof abreisende Philippe de Lalaing mit allen Mitteln Informationen sammeln, besonders aber die tatsächliche Einstellung des Königs, seiner Mutter und des Adels zur Einhaltung des Friedensvertrags (von Cambrai) erforschen. Er solle insbesondere herausfinden, ob der König nach Möglichkeiten der Geldbeschaffung suche – und ob irgendwo im Königreich Truppen aufgestellt würden –, wobei auch Gerüchten Beachtung zu schenken sei. Karl riet, daß der Gesandte zu diesem Zweck Bekanntschaften suchen und sich Vertrauenspersonen schaffen solle, am Hofe und in Paris; finanzielle Aufwendungen hierzu dürfe man nicht scheuen. Wann immer der Gesandte eine Möglichkeit finde, solle er die Regentin und den Kaiser auf geheimem Wege unterrichten[28]. Die Worte des Kaisers scheinen das Urteil jener zu bestätigen, die in den frühen ständigen Gesandtschaften kaum etwas anderes als geduldete Spionageposten und im Botschafter einen privilegierten Geheimagenten und Schnüffler erblickten[29].

26 HHStA StA Frankreich Hofkorrespondenz 2, Konv. g, fol. 30r: Karl V. an Franz I., 1531 Januar 14 (Kreditiv Hannarts); C. WEISS, Papiers d'Etat du Cardinal de Granvelle, d'après les manuscrits de la bibliothèque de Besançon (Collection de documents inédits sur l'histoire de France 48) Bd. I. Paris 1841–1843, S.275: Franz I. an Karl V., ohne Datum (Kreditiv für Jean de Calvimont).

27 Karl V. in einem Schreiben an Margarete vom 23. September 1529 bezüglich des Gesandtenaustauschs nach Abschluß des Friedens von Cambrai. G. de BOOM, ebd., Correspondance de Marguérite d'Autriche et de ses ambassadeurs à la cour de France concernant l'exécution du traité de Cambrai (1529–1530). Bruxelles 1935, S. 2–3, Anm. 1.

28 de BOOM, ebd., Correspondance, S. 2–3.

29 O. KRAUSKE, Die Entwicklung der ständigen Diplomatie vom 15. Jahrhundert bis zu den Beschlüssen von 1815 und 1818. Leipzig 1885. S. 16–19 nennt Beispiele für das Mißtrauen, mit dem Ludwig XII., Franz I., Ferdinand d. Kath., Maximilian I. und Heinrich VII. von England Gesandten begegneten und damit angeblich die Verbreitung ständiger Gesandtschaften verzögerten.

Das Mißtrauen gegenüber den ständigen Gesandtschaften war jedoch in der ersten Hälfte des 16. Jahrhunderts kein Grund mehr, die Zweckmäßigkeit der neuen Institution generell in Frage zu stellen. Franz I. hat sie zum Aufbau der internationalen Beziehungen Frankreichs eingesetzt[30], und schon Kaiser Maximilian war in Friedenszeiten bestrebt, Gesandte um sich zu haben[31]. Erst recht verlangte das gespannte und stets aufs neue mit Verträgen geregelte Verhältnis zwischen Karl V. und Franz I. geradezu die Kontrolle, inwieweit sich der Vertragspartner an die Vereinbarungen hielt. Durch den Gesandtenaustausch als – immerhin doch auch – vertrauensbildende Maßnahme war diese gegenseitige Überwachung einigermaßen gewährleistet. Sie ermöglichte ein sofortiges diplomatisches Einschreiten gegen Vertragsverletzungen, um den status quo zu bewahren und den Frieden zu erhalten[32].

Neben die Beobachtertätigkeit, Informationssammlung und -übermittlung trat also die diplomatische Vertretung der kaiserlichen Interessen, allerdings in einem sehr eng bemessenen Rahmen. Denn die Interessenvertretung durch den Botschafter beschränkte sich weitgehend auf die mündliche Darlegung der ihm zuvor schriftlich übermittelten oder bereits bekannten kaiserlichen Positionen, wenn die Politik Frankreichs solche gefährdete, und auf die Überreichung diplomatischer Noten. Er nahm ferner die französischen Antworten bzw. Antwortschreiben entgegen und übermittelte sie an den Kaiser. Mit wirklichen Verhandlungen, die eine Veränderung des bilateralen Verhältnisses zum Ziel hatten, wurde er kaum betraut; sie blieben Sache von Sondergesandtschaften. Das Verhältnis zwischen ständigem Gesandten und hinzustoßenden Sondergesandten wurde in deren Instruktionen festgelegt.

Bei weitem nicht alle mündlichen und schriftlichen Botschaften des Kaisers an den französischen König wurden vom ständigen Gesandten überbracht. Schickte der Kaiser ungeachtet der Tatsache, daß sich in der Person des Botschafters bereits ein akkreditierter Vermittler am Hofe befand, einen eigenen Beauftragten zum Vortrag einer mündlichen Mitteilung oder zur Übergabe einer Note, so war die nächsthöhere Stufe auf der Skala der diplomatischen Ausdrucksmittel erreicht. Der Kaiser signalisierte damit sein gesteigertes Interesse an einer Angelegenheit sowie den Wunsch nach bevorzugter und rascher Erledigung. Derartige kaiserliche Beauftragte unterstellten sich bis zu ihrer Abreise dem Bot-

30 W. ANDREAS, Italien und die Anfänge der neuzeitlichen Diplomatie. In: Historische Zeitschrift 167, 1943, S. 281.

31 W. HÖFLECHNER, Beiträge zur Geschichte der Diplomatie und des Gesandtschaftswesens unter Maximilian I. 1490–1500 (Phil. Diss. maschinenschr.), Graz 1967, S. 289, Anm. 1.

32 Vgl. die Anweisung Karls an seinen Botschafter, sogleich beim König oder seinen Ministern mit der gebotenen Höflichkeit vorstellig zu werden, wenn etwas getan werde, was den Verträgen von Madrid und Cambrai widerspreche, die durch den Frieden von Crépy bestätigt worden seien. HHStA StA Frankreich Berichte 10, Konv. 18, fol. 2r: Instruktion für Saint-Mauris, 1544 November 24.

schafter. Sie richteten sich in der Erledigung ihres Auftrags genau nach den Empfehlungen des ständigen Gesandten[33].

Anders hingegen war das Verhältnis des Botschafters zu kaiserlichen Sondergesandtschaften, die nicht nur eine Botschaft überbrachten, sondern ein konkretes politisches Problem zu lösen und Vereinbarungen mit dem französischen König zu treffen hatten. In ihren Instruktionen und Kreditiven wird dem ständigen Gesandten seine Rolle genau zugewiesen, die er im Verbund mit seinen Kollegen in der Durchführung des diplomatischen Auftrags spielen sollte, etwa als Verhandlungsführer oder als Mitverhandelnder, mit dem sich der Sondergesandte abzustimmen hatte[34].

Schließlich kann von einer Zusammenarbeit des Sondergesandten und des ständigen Gesandten als gleichberechtigter Kollegen überhaupt nicht mehr gesprochen werden, wenn eine kaiserliche Gesandtschaft erschien, um Verhandlungen von besonderem Gewicht zu führen, und ebensowenig, wenn anläßlich eines Staatsakts eine besonders hochgestellte Persönlichkeit den Kaiser am französischen Hof repräsentierte. Mit derartigen diplomatischen Aufträgen betraute der Kaiser nur Männer aus seiner nächsten Umgebung. Sie waren denn auch, modern gesprochen, eher der Ebene der hohen Politik zuzurechnen als der Verwaltungsebene, zu welcher die ständigen Gesandten zählten.

Charles de Poupet, Herr von Lachaux, bis 1530 Erster Sommelier des Kaisers und Mitglied im spanischen consejo de estado[35], Louis de Flandre, Herr von Praet, Zweiter Chambellan des Kaisers und Mitglied des Staatsrats[36], Jean de Sainte-Aldegonde, Herr von Noircarmes, seit 1530 Erster Sommelier und einflußreicher Rat des Kaisers[37], sowie Graf Heinrich von Nassau, Grand Chambellan und damit höchster Würdenträger am Kaiserhof[38], sind in diese Kategorie der Sondergesandten einzuordnen, die in den Jahren 1529 bis 1534 wichtige Gespräche am Hof des Königs von Frankreich führten. Erste Anlaufstelle war auch für sie der kaiserliche Botschafter, der alle technischen Vorbereitungen für ihre Ankunft und ihren Auf-

33 Als Beispiel vgl. C. WEISS, Papiers d'Etat [wie Anm. 26], Bd. I, S. 596–597: Instruktion für Simon de Tisnacq, 1532 Januar 6.

34 C. WEISS, Papiers d'Etat, ebd., Bd. I, S. 540–543, 545–546: Instruktion und Kreditiv Boutons an Bonvalot.

35 F. WALSER, Die Spanischen Zentralbehörden und der Staatsrat Karls V. Grundlagen und Aufbau bis zum Tode Gattinaras. Bearbeitet, ergänzt und hrg. von R. WOHLFEIL, Göttingen 1959, S. 132, Anm. 10, S. 246f.

36 F. WALSER, Die Spanischen Zentralbehörden, ebd., S. 246; Praet diente als Grand-Chambellan auf dem Reichstag von Augsburg im Jahre 1530, M. SANUTO, I Diarii (1496–1533), Bd. 54. Venezia 1879–1903, S. 110.

37 HHStA StA Frankreich Weisungen 3, Konv. 10, fol. 310r–313r: Instruktion, 1530 Juli 29, Augsburg. Sie weist Noircarmes als chevalier, conseiller und premier sommelier aus; gedruckt bei C. WEISS, Papiers d'Etat [wie Anm. 35], Bd. I, S. 174f. Vgl. auch die hohe Einschätzung Noircarmes' durch den venezianischen Gesandten N. Tiepolo 1532, oben S. 102f.

38 F. WALSER, Die Spanischen Zentralbehörden, S. 17–18.

enthalt traf, ihnen entgegenreiste und sich in der Folge als Berater und Assistent zur Verfügung stellte[39]. Die Verhandlungen aber führte der Sondergesandte als Chef d'ambassade.

Wichtigste Aufgabe des ständigen Gesandten war, wie erwähnt, die Information des Kaisers über alle Vorgänge in Frankreich, auch über solche, die nur entfernt für die Beziehungen zum französischen König von Belang erschienen. »Schreibt so oft und so detailliert wie nur möglich; das ist das Wichtigste, was wir von Euch in unserem Dienst verlangen«, schärfte Karl seinen Botschaftern immer wieder ein[40].

In der Aufgabenstellung unterschied sich somit der Botschafter zu Beginn des 16. Jahrhunderts kaum von jenem der Gegenwart. Doch mehr als bei den heute gegebenen Möglichkeiten der Kommunikation war damals die Nachrichtenbeförderung ein entscheidender Faktor für den Nutzen der ständigen Gesandtschaft überhaupt, und das vorzugsweise benutzte Beförderungsmittel der diplomatischen Korrespondenz war der Kurierreiter. Die Geschwindigkeit der Beförderung behördlicher Briefe hatte sich durch die Einrichtung von Postkursen, welche den Hof als Machtzentrum mit den wichtigsten Verwaltungszentren verbanden, bereits im späteren 15. Jahrhundert[41] beträchtlich erhöht – bezeichnenderweise etwa gleichzeitig mit dem Erscheinen der ersten ständigen Gesandtschaften.

Wie bei der Suche nach den Wurzeln des Gesandtschaftswesens Karls V. empfiehlt sich auch bei der Betrachtung der Anfänge des staatlichen Postwesens ein Blick zurück in die burgundischen Niederlande. Und hier ist sehr bemerkenswert, daß in der Nachrichtenverbindung mit dem Gesandten am französischen Hof im Zeitraum von Philipp dem Schönen bis Karl V. eher ein Rückschritt erfolgte.

Philipp der Schöne von Burgund hatte im Jahre 1505 durch seinen Postmeister Francesco de Taxis nicht nur innerhalb seines Hoheitsgebiets und im Machtbereich der dynastisch mit ihm verbundenen Herrscher Postenketten einrichten lassen, sondern auch einen eigenen Postkurs quer durch Frankreich, um die Niederlande mit Spanien zu verbinden. Außerdem sollten die Taxis einen Kurs zum französischen Hof unterhalten, wann immer Philipp Botschafter nach Frankreich entsandte[42]. Sowohl Maximilian I. als auch Karl V. behielten diese Einrichtung zunächst bei. Im Jahre 1520, spätestens aber 1521, wurde der Transitkurs jedoch eingestellt, wahrscheinlich aufgrund des sich verschlechternden Verhältnisses zwischen Franz I. und dem Kaiser. Später wurden die Briefpakete der Botschafter entweder durch die französische Post bis zur Grenze befördert, wo sie der erste Posten der Taxis übernahm, oder sie wurden durch jene habsburgischen Kuriere abgeholt und zugestellt, die

39 C. WEISS, Papiers d'Etat [wie Anm. 26], Bd. II, S. 118–119.

40 HHStA StA Frankreich Weisungen 10, Konv. 8, fol. 3r–4v: Karl an Marnoz, 1542 Februar 14, Valladolid.

41 F. OHMANN, Die Anfänge des Postwesens und die Taxis. Leipzig 1909, S. 21–22, 58–59; E. VAILLE, Histoire générale des postes françaises, Bd. II. Paris 1953, S. 6, 24f.

42 M. DALLMEIER, Quellen zur Geschichte des europäischen Postwesens 1501–1806 (Thurn und Taxisstudien 9) Bd. II. Kallmünz 1977, Regest Nr. 2.

auf französischen Postkursen zwischen Spanien und den Niederlanden reisen durften. Sie suchten den Botschafter auf, wenn der Königshof nicht allzu weit von ihrem Weg entfernt war und die Dringlichkeit ihrer Briefe den Abstecher dorthin erlaubte. Für unaufschiebbare Fälle sollte der Botschafter einen eigenen Kurier beauftragen[43].

Diese Praxis scheint sich freilich nicht bewährt zu haben, denn Bonvalot, der 1530 den Gesandtschaftsposten in Frankreich übernahm und anfangs die Mehrzahl seiner Depeschen mit der französischen Post expedierte, beantragte bereits vier Monate nach seinem Amtsantritt einige Kuriere zu seiner persönlichen Verfügung. Als Alternative zur Post waren sie ja in der Tat vor allem unverzichtbar, wenn wichtige Schreiben sicher und diskret übermittelt werden sollten. Außerdem wollte Bonvalot seine Depeschen abschicken, wenn er es für erforderlich hielt, nicht wenn durch die Abfertigung eines französischen Postreiters die Gelegenheit bestand, ein Briefpaket mitzugeben[44].

Obwohl hier in elementarer Weise die Funktionstüchtigkeit einer ständigen Gesandtschaft berührt war, reagierte der Kaiserhof auf derartige Anträge sehr langsam oder überhaupt nicht. Als Hannart im August 1532 um zwei Kuriere bat, da die französische Post seine Pakete nicht mehr prompt beförderte[45], schickte man ihm nur einen, der im Winter auch noch durch einen Unfall ausfiel und nicht ersetzt wurde, zumal da der Botschafter sich zusammen mit dem Hof langsam wieder der Route näherte, auf welcher die kaiserlichen Kuriere zwischen Spanien und den Niederlanden verkehrten. Doch als man sich ein halbes Jahr später wieder vom Hauptnachrichtenweg entfernte, stellte sich das Problem erneut. Als Hannart selbst nach mehreren Reklamationen weder Geld noch Kuriere erhielt, drohte er, seinen Posten zu verlassen und heimzukehren[46].

---

43 C. WEISS, Papiers d'Etat [wie Anm. 26], Bd. II. S. 86–87: Karl an Hannart, 1533 Dezember 12, Monzòn. Auch HHStA StA Frankreich Weisungen 10, Konv. 8, fol. 3r–4v: Karl an Marnoz, 1542 Februar 14, Valladolid. Der Kaiser schreibt, er habe lange Zeit nichts mehr von Marnoz erfahren. Er nehme an, daß der Botschafter keine wichtigen Nachrichten habe und deshalb abwarte »que la Royne (Maria v. Ungarn) doit envoyer pour joinctement nous escripre avec luy«. Auch Archives Générales du Royaume, Brüssel (= AGR), Etat et Audience 1672/2 fol. 105r–107v: Maria an Renard, 1551 Mai 16, Bruxelles. Dort heißt es: »Et ferez adresser vos pacquetz par la voie accoustumée de la bougette«, womit der durch die französiche Post transportierte Postsack gemeint ist. Maria fährt fort: Doch wenn Ihr Wichtiges zu berichten habt, »vous pouvez en ce cas despescher homme propre et nous en avertir par la poste«, womit ein postierend reisender Kurier gemeint ist.

44 Bonvalot machte dies dem Sondergesandten Praet klar, der seine Meinung teilte und in diesem Sinne an den Kaiser schrieb. In Chiffre fügte Praet hinzu: »Et d'envoyer lettres par la bougette de France à la vérité n'est chemin sur pour plusieurs respectz.« HHStA StA Frankreich Berichte 2, Konv. 14, fol. 103r: Praet an Karl, 1530 Juli 7, Bordeaux.

45 HHStA StA Frankreich Berichte 4, fol. 442: Hannart an Maria von Ungarn, 1532 August 24.

46 HHStA StA Frankreich Varia 2, Konv. d, fol. 4r–v,6r: Instruktion Hannarts für Mons. de Lachaux an den Kaiser, 1533 November 30. Die Route durchs Rhonetal erscheint hier als wichtigste Verbindung der Niederlande mit Spanien.

Man ist beinahe geneigt, in der mangelhaften Ausstattung mit Kurieren eine Parallele zur unregelmäßigen Auszahlung der Gesandtenbezüge zu sehen – eine weitere Beeinträchtigung der Effizienz einer ständigen diplomatischen Vertretung, wie gleich deutlich werden wird. Beides, Kurierwesen und Gesandtschaftswesen, waren in der Tat sehr kostspielige Haushaltsposten, und wahrscheinlich wurde jede Gelegenheit genutzt, um die Ausgaben hierfür zu drosseln. In den Augen der Gesandten jedoch wurde hier oft die Grenze des Erträglichen überschritten.

Die Finanzierung der ständigen Gesandtschaft

Ernannte der Kaiser einen seiner Beamten zu seinem ständigen Gesandten am französischen Hof, so geschah dies in Form eines schriftlichen Auftrags (= commission), der den oft weit vom Kaiserhof entfernten Männern durch einen Kurier zugestellt wurde[47]. Nach kurzer Begründung der Ernennung folgte die Anweisung, sofort nach Erhalt des Schreibens die Privatangelegenheiten zu ordnen und unverzüglich an den Einsatzort zu reisen. Handelte es sich um eine Ablösung, so hatte sich der neue Gesandte an seinen Vorgänger zu wenden, der noch einige Tage blieb, um ihn in die Geschäfte einzuführen[48]. Wurden dagegen die diplomatischen Beziehungen neu aufgenommen, so sollte der Gesandte sich sogleich dem König vorstellen und unter Vorlage seines Kreditivs den Grund seines Kommens erläutern[49]. Den Schluß dieses kaiserlichen Schreibens bildete regelmäßig die Festlegung der Bezahlung. Der Kaiser nannte den Tagessatz, den der Gesandte vom Tage seiner Abreise an beziehen sollte[50]. Um seinen Gehaltsanspruch bei der zahlenden Stelle dokumentieren zu können, war zusätzlich eine »lettre patente« beigefügt, die seine Ernennung zum ständigen Gesandten in Frankreich mit dem entsprechenden Gehalt bestä-

47 Praet z. B. war von seinem Gesandtschaftsposten in England abberufen worden und befand sich auf der Reise zum Kaiserhof nach Spanien, als ihn der Befehl des Kaisers erreichte. AGR Etat et Audience 412, fol. 40–42v, Karl an Praet, 1525 August 26, Toledo. Gedruckt in K. LANZ, Correspondenz des Kaisers Karl V. (1513–1556) Bd. I. Leipzig 1844, S. 175. Bonvalot wurde von Bologna aus aufgefordert, Besançon zu verlassen und an den französischen Hof zu reisen. HHStA StA Frankreich Berichte 3, Konv. 12, fol. 325r–v: Karl an Bonvalot, 1530 Januar 24, Bologna.

48 AGR Etat et Audience 413, fol 48r-49r.

49 HHStA StA Frankreich Berichte 3, Konv. 12, fol. 325r–v (wie Anm. 47).

50 Anders B. PICARD, Das Gesandtschaftswesen Ostmitteleuropas in der frühen Neuzeit. Beiträge zur Geschichte der Diplomatie in der ersten Hälfte des 16. Jahrhunderts nach den Aufzeichnungen des Freiherrn Sigmund von Herberstein. (Wiener Archiv für Geschichte des Slawentums und Osteuropas 6) Graz/Wien/Köln 1967, S. 48. Doch die Missionen Herbersteins waren ausnahmslos Sondergesandtschaften. Für sie erhielt der Gesandte vor seiner Abreise eine Abschlagszahlung und rechnete nach seiner Rückkehr mit der österreichischen Kammer ab.

tigte und zur Vorlage beim Receveur général der Niederlande oder beim Argentier des kaiserlichen Hofhalts diente[51].

Diese Regelung der Besoldung nach Tagessätzen während der Gesandtschaft entsprach jener für die Räte in den Verwaltungsgremien der Niederlande, wie die vorliegenden Untersuchungen zu den burgundischen Zentralbehörden zeigen[52].

Bereits während des 15. Jahrhunderts wurden die Kosten für Gesandtschaften aus dem vom Receveur général verwalteten Finanzfonds der burgundischen Herzöge bestritten[53]. Es ist für diese Periode noch nicht genau festzustellen, ob für die Ausgaben ganz bestimmte Einnahmen reserviert waren. Deutlicher wird das Bild aber in den Quellen des 16. Jahrhunderts. Eine Überprüfung der Rechnungsbücher des Receveur général ergibt, daß in ihnen tatsächlich über die gesamte Periode Karls V. hinweg die ständigen Gesandten zu finden sind, und zwar unter der Rubrik »ambassades et gros voiaiges«. Allerdings sind darunter nicht nur Zahlungen an Diplomaten verzeichnet, sondern an Beamte für Dienstreisen jeglicher Art, ganz gleich ob innerhalb oder außerhalb des Hoheitsbereichs ihres Herrn. Erst im Rechnungsbuch des Jahres 1555, zu Ende der Regierung Karls V., findet der unterschiedliche Charakter von Reisen im Auftrag des Herrschers seinen Ausdruck dann auch in der Finanzbuchhaltung in Form von getrennten Rubriken »menuz voiaiges et messaigeries«, »gros et menuz voiaiges« und »ambassades«[54].

Durch Hinzunahme der Politischen Korrespondenz läßt sich auch ermitteln, aus welchen Einkünften die Kosten für diplomatische Missionen bestritten wurden. Ein Brief der Regentin der Niederlande an den Kaiser aus dem Jahre 1530 gibt Aufschluß. Es waren demnach die Domäneneinkünfte, die »finances ordinaires«[55]. Das Quellenstück belegt darüber hinaus, daß zur Zeit Karls V. in den Niederlanden in Ansätzen ein staatlicher Haushalt bestand, das heißt: Es gab eine Vorausplanung und Verteilung der ständig wiederkehrenden Ausgaben auf bestimmte, relativ konstant fließende Einnahmen.

---

51 In den Büchern des Receveur général finden sich massenhaft Bezugnahmen auf diese »lettres patentes«, die er mit den »mandements aux finances«, den Zahlungsanweisungen des Conseil des Finances, verglich. Dazu A. WALTHER, Die burgundischen Zentralbehörden unter Maximilian I. und Karl V., Leipzig 1909, S. 75–76.

52 A. WALTHER, Die burgundischen Zentralbehörden [wie Anm. 51]. M. BAELDE, De collaterale Raden onder Karel V en Filips II (1531–1578). Brüssel 1965. M. BAELDE, Het Bezoldigingsstatuut in de Geheime Raad onder Karel V (1531–1555). In: Bijdragen voor de Geschiedenis der Nederlanden 16, 1961, S. 295–311.

53 L.-P. GACHARD, Rapport à M. le Ministre de l'Intérieur sur les archives de la Chambre des Comptes de Flandre à Lille et sur les travaux à y exécuter dans l'intéret de l'histoire de la Belgique. Bruxelles 1836, S. 45–49.

54 Archives Départementales du Nord, Lille (= ADN) Chambre des Comptes de Flandre, Série B 2510, Compte 10e de Robert de Boulogne 1555 fol. 607 und die folgenden Comptes.

55 HHStA Belgien PA 21/1, fol. 386r–388r: Margarete an Karl, 1530 Oktober 4, Mecheln.

Für die weitere Klärung der Frage, unter welchen finanziellen Bedingungen die Botschafter Karls V. ihren Dienst am französischen Hof verrichteten, empfiehlt es sich, vorab einen Blick zurück auf die Verhältnisse jenes Personenkreises zu werfen, den Maximilian I. für diplomatische Aufträge verwendete.

Als Berufsdiplomaten kann man die von Maximilian in der Diplomatie eingesetzten Räte und Amtsträger noch weniger bezeichnen als jene Karls V. Auch Maximilian kannte die Einrichtung der ständigen Gesandten, verwendete sie jedoch nur am Heiligen Stuhl. Er begnügte sich mit Gesandtschaften von Fall zu Fall und beauftragte dazu Männer, die mit einträglichen Ämtern versehen waren, namhafte Lehensträger oder hohe Geistliche, die sich während ihrer Mission selbst versorgen konnten[56].

Maximilian wäre auch gar nicht in der Lage gewesen, ständige Gesandtschaften zu finanzieren[57]. Die erwähnte, seit 1492 bestehende Gesandtschaft in Rom konnte Maximilian nur deshalb nutzen, weil Philipp der Schöne von Burgund diese mit ihm teilte, sie jedoch allein bezahlte[58]. Wenn also Karl V. sich der neuen Einrichtung bediente, ob nun am Papsthof, am englischen oder am französischen Hof, so knüpfte er an seine burgundischen Vorfahren an und stützte sich auf die materiellen und institutionellen Grundlagen, die in den Niederlanden – sowie in Spanien – zu finden waren, weniger in den österreichischen Erblanden und noch weniger im Reich. Die wichtigste Voraussetzung dafür war eine zentralisierte Verwaltung, die durch effiziente Nutzung der verschiedenen Ressourcen des Herrschers über stetige und ausreichende Einnahmen verfügte, um eine kontinuierliche und effiziente Geschäftsführung in den einzelnen Verwaltungsbereichen zu gewährleisten. Untersuchungen zur Verwaltungsstruktur der Niederlande zur Zeit Karls V. kamen denn auch zu dem Ergebnis, daß dort relativ sichere Grundlagen für einen funktionstüchtigen Behördenapparat bestanden[59]. Eine Analyse der Rechnungsbücher der alten burgundischen Rechnungskammer in Lille bestätigt dieses Ergebnis auch bezüglich jenes »ausgelagerten Teils« der Zentralbehörden, als welcher die ständigen Gesandten zu begreifen sind. Doch die Praxis der materiellen Sicherung des Gesandtschaftspostens an weit entfernten fremden Höfen zeigt, daß die verschiedenen Elemente, deren Zusammenspiel das System der Gesandtschaften Karls V. zu einem effizienten außenpolitischen Instrument machen konnten, sich noch nicht harmonisch zusammenfügten.

56 H. GOLLWITZER, Zur Geschichte der Diplomatie im Zeitalter Maximilians I. In: Historisches Jahrbuch 74, 1955, S. 189–199. H. WIESFLECKER, Neue Beiträge zum Gesandtschaftswesen Maximilians I. In: Römische Historische Mitteilungen 23, 1982, S. 303–317.

57 H. WIESFLECKER, Neue Beiträge, ebd., S. 307.

58 G. MATTINGLY, Renaissance [wie Anm. 1], S. 157.

59 A. WALTHER, Die burgundischen Zentralbehörden [wie Anm. 51]; A. WALTHER, Die Anfänge Karls V. Leipzig 1911; F. WALSER, Die Spanischen Zentralbehörden [wie Anm. 35]; M. BAELDE, De collaterale Raden onder Karel V en Filips II [wie Anm. 15].

Es wurde bereits hervorgehoben, daß im Zuge der Einführung von ständigen Gesandtschaften auch eine neue Kategorie von Funktionsträgern auf der diplomatischen Bühne erschien. Die ständigen Gesandten Karls waren nur zum Teil noch Männer, die dem alten Diplomatentyp, also vor allem dem Adel oder dem höheren Klerus, zuzurechnen sind, das heißt Selbstversorger mit dem Anspruch auf Auslagenerstattung oder entsprechende Entschädigung durch fürstliche Gnadenerweise. Zum größeren Teil handelte es sich bei den Botschaftern des Kaisers um Beamte der burgundisch-niederländischen Verwaltung, die dank fachlicher Qualifikation in die höchsten zentralen Ratsgremien aufgestiegen waren und als Diplomaten nun in einem Bereich eingesetzt wurden, der bis dahin eine Domäne vor allem der adeligen Hofbeamten gewesen war. Wenn nun zwar die Stellung eines Botschafters auch nicht die repräsentativen Verpflichtungen eines Sondergesandten mit sich brachte, so hatte er doch schon durch die Führung eines Gesandtenhaushalts weitaus höhere Ausgaben zu bestreiten als seine Ratskollegen am Heimathofe. Das brachte erhebliche Probleme mit sich.

Anders als das Dienstverhältnis zwischen dem adeligen Hofbeamten und dem Fürsten, das von persönlicher Bindung und gegenseitigen Verpflichtungen geprägt war, war das Dienstverhältnis zwischen dem bürgerlichen Beamten und seinem Herrn – im diplomatischen Dienst nicht anders als in der inneren Verwaltung – weitgehend versachlicht. Der Bürgerliche stellte sein Fachwissen und seine Leistungsfähigkeit in den Dienst des Herrn und erwartete dafür eine angemessene Entlohnung. Während in das traditionelle, von Lehnswesen und ritterlicher Gefolgschaft bestimmte Dienstverhältnis des Adeligen über seine Person hinaus selbstverständlich auch sein Besitz mit einbezogen wurde – nicht immer mit der Gewißheit auf Rückerstattung –, hatten die Bürgerlichen eine andere Auffassung vom Dienst. Sie begannen Dienst- und Privatbereich voneinander zu scheiden und zeigten nicht die gleiche Bereitschaft, ihr Privatvermögen für die Belange des Dienstherrn einzusetzen. Gerade dazu waren aber Karls Diplomaten häufig gezwungen, denn oft genug trafen die ihnen zugewiesenen Gagen nicht regelmäßig ein[60], und zudem deckten sie sehr oft nicht die Kosten, die der Gesandtschaftsbetrieb tatsächlich verursachte[61]. Die Effizienz der diplomatischen Arbeit wurde dadurch mit Sicherheit beeinträchtigt.

60 Vorgesehen waren Zahlungen der angesammelten Tagesgagen im Abstand von sechs Monaten durch den Receveur général, was aus einem Brief der Regentin Maria v. Ungarn an Simon Renard hervorgeht, AGR Lettres Missives 1672/2, fol. 105r–107v: Maria an Renard, 1551 Mai 16, Bruxelles.

61 HHStA StA Frankreich Varia 2 h, fol. 27r–31r: Hannart an Granvelle, 1535 Oktober 5, Dijon. Hannart dankt Granvelle für die Zusendung einer »lettre de change« in Höhe seiner rückständigen Bezüge. Er habe damit einen Teil seiner Schulden bezahlen können. Doch er habe auch außerordentliche Ausgaben in Höhe von 4500 Dukaten gehabt, wie Granvelle seiner Rechnung habe entnehmen können. Auf deren Erstattung habe man ihm noch überhaupt keine Hoffnung gemacht, was ihm große Sorgen bereite. Er verbrauche sein eigenes Vermögen bei der Arbeit im Dienste des Kaisers, worüber sich dieser anscheinend gar keine Gedanken mache. Granvelle möge sich diesbezüglich einsetzen, wie er es üblicherweise für seine Freunde und Diener tue. Zu dieser Äußerung Hannarts paßt jene Lalaings in einem Brief an seinen Vater: »Ich beziehe lediglich 6 Gulden täglich, gebe aber mehr als 8 aus, die außerordentlichen

Im übrigen stellte sich bei jeder Zahlung das Problem, wie die verhältnismäßig hohen Beträge transferiert werden sollten. Zwar bestand schon seit geraumer Zeit die Möglichkeit des Geldtransfers mit Hilfe eines Wechsels, doch was für den Fernhandelskaufmann zweckmäßig war, war es für den Diplomaten nur, wenn er sich in der Nähe eines der großen Bank- und Handelsplätze befand, wo der Wechsel auch eingelöst werden konnte. In Anbetracht der ständigen Ortswechsel des französischen Hofes war eine Zahlung der Gesandtengagen per Wechsel eher eine unsichere Sache. In der Regel schickte der Gesandte einen seiner Leute los, um die ihm zugewiesenen Bezüge bei der mit der Auszahlung beauftragten Stelle abzuholen, oder das Geld wurde einem Kurier mit auf den Weg gegeben.

Verzögerten sich nun Auszahlung und Transfer der Tagegelder oder blieben sie gänzlich aus, was bei Zahlungen aus spanischen Kassen häufig vorkam, blieb nichts anderes übrig, als Schulden zu machen und private Mittel einzusetzen. Obwohl alle Botschafter Karls V. in Frankreich sich mit diesen Unzulänglichkeiten herumzuschlagen hatten, fällt auf, daß die Korrespondenz Naturels, Praets, Granvelles und Bonvalots – also der ersten vier Botschafter in der Reihe – kaum Klagen darüber enthält, während Hannart, Marnoz, Saint-Mauris, Renard und die Botschafter Karls in England ständig an ihre prekäre finanzielle Lage erinnern. Im Grunde aber war die Übernahme einer ständigen Gesandtschaft, pekuniär gesehen, zu keiner Zeit attraktiv[62]. Die Finanzverwaltung blieb noch lange Zeit über den strukturellen Wandel der Gesandtschaften hinaus auf den alten Diplomatentyp eingestellt, dem zwar neben Praet auch Naturel, Granvelle und Bonvalot entsprachen, nicht aber mehr die ihnen nachfolgenden Botschafter. Ihre materiellen Verhältnisse und die Bedürfnisse der neuen Institution verlangten die Trennung von privaten und »öffentlichen« Mitteln sowie deren rechtzeitige, regelmäßige Zuweisung. Doch das waren Vorstellungen, die sich im beginnenden 16. Jahrhundert zwar bemerkbar machten, der höfischen Gesellschaft jedoch fremd waren und es noch lange blieben.

Abschließend ist festzuhalten, daß der damalige Strukturwandel im Gesandtschaftswesen der Epoche nur als Teil jenes großen Wandels zu begreifen ist, welcher sich an der Wende vom Mittelalter zur Neuzeit vollzog. In den sich formierenden europäischen Territorialstaaten lassen sich um 1500 Entwicklungstendenzen hin zur Ausübung und Verdichtung von Herrschaft mittels eines bürokratisch organisierten und hierarchisch strukturierten Behördenapparats feststellen, hin zu moderner Staatlichkeit. Die zentralen Ratsgremien

---

Ausgaben noch gar nicht mitgerechnet, und mußte seit Gesandtschaftsantritt bereits 900–1000 Gulden zuschießen.« G. de BOOM, Correspondance, S. 186, Anm. 1. - Allerdings erhielt Lalaing seine Auslagen großzügig zurückerstattet, vgl. ADN, B 2351 passim und B 2357 Micault 1530, fol. 281r–282r. Weitere Belegstücke für die prekäre finanzielle Situation der Botschafter sind HHStA StA Frankreich Berichte 10, Konv. 12, fol. 3r–8v: Marnoz an Maria v. Ungarn, 1542 Juni 6 sowie Frankreich Berichte 2, Konv 13, fol. 103r: Praet an Karl, 1530 Juli 10, Bordeaux. Praet bittet um höhere Bezüge für Bonvalot, dessen gegenwärtige finanzielle Ausstattung für ein standesgemäßes Auftreten in Frankreich nicht ausreiche.

62 G. MATTINGLY [wie Anm. 1], Renaissance, S. 233–236. Zu diesem Ergebnis führten auch meine eigenen Untersuchungen.

der burgundischen Niederlande (Conseil privé, Conseil d'état und Conseil des finances) besaßen bereits wesentliche Elemente moderner Behörden wie Ständigkeit der Einrichtung, Kontinuität und Schriftlichkeit in der Geschäftsführung, feste Verfahrensregeln, klare Kompetenzabgrenzungen und Befehlsstrukturen, Aufstellung eines Budgets sowie die Besetzung durch qualifizierte, professionelle und nach festen Tagessätzen besoldete Beamte, die ausschließlich ihrem Dienstherrn verpflichtet waren[63]. All diese Merkmale treffen grundsätzlich auch auf die ständigen Gesandtschaften Karls V. in Frankreich – eben als Teil der Zentralbehörden – zu. Allerdings war die Ausprägung der Elemente in den verschiedenen Teilen der Staatsverwaltung, die sich gegenseitig bedingten und sich im Idealfall zu einem geschlossenen System zusammenfügen sollten, nicht gleich weit fortgeschritten. Für den Beamten, der als kaiserlicher Botschafter an einem der europäischen Höfe fungierte, bedeutete dies nicht nur eine Erschwernis seiner Aufgabe, sondern es war ihm auch persönlich eher von Nachteil als seinem Kollegen in der Heimat.

63 M. ALBROW, Bürokratie (aus d. Englischen), München 1972, S. 48f. basierend auf Max Webers Soziologie der Herrschaft.

NADJA LUPKE-NIEDERICH

Habsburgische Klientel im 16. Jahrhundert: Hugo von Montfort im Dienste des Hauses Habsburg

Die Bedeutung von Patronage und Klientel für die Geschichte vormoderner Gesellschaften ist von der Wissenschaft lange Zeit unterschätzt worden, denn »Herrschaftselemente dieser Art galten als bloßes Überbleibsel einer vergangenen ›feudalen‹ Epoche – ein Hindernis auf dem Weg zur Moderne, das von dem souveränen Parlament ebenso beiseite gedrängt wurde wie von der Bürokratie des Absolutismus«[1]. Erst nachdem in den 60er und frühen 70er Jahren zahlreiche soziologische Arbeiten zum Thema Patron-Klient-Beziehungen entstanden waren[2], wandten sich auch Historiker diesem Thema zu. Im Jahre 1975 wiesen Peter MORAW und Volker PRESS erstmals explizit darauf hin, daß Klientelverbände »möglicherweise wesentliche ›informelle‹ Bausteine einer modern aufgefaßten Verfassungsgeschichte, das heißt der Geschichte des ganzen inneren Gefüges eines Gemeinwesens, nicht nur seines formal institutionalisierten Teils«[3] seien. Spätestens aber seit Wolfgang REINHARDs wegweisender Studie über die Verflechtungen der römischen Oligarchie um 1600, in der er das soziologische Network-Modell auf in der historischen Wirklichkeit vorkommende Phänomene überträgt und für deren Erforschung nutzbar macht[4], zweifelt kaum ein Historiker[5] mehr an der Bedeutung von Patronage und Klientelverhältnissen für die Verfassungs- und Sozialgeschichte der frühen Neuzeit. Insbesondere die Untersuchungen von PRESS[6] haben gezeigt, daß die Macht der Habsburger im territo-

1 R.G. ASCH, Der Hof Karls I. von England. Politik, Provinz und Patronage 1625–1640, Köln 1993, S. 288.

2 Eine umfassende Bestandsaufnahme hierzu bietet: Friends, Followers, and Factions. A Reader in Political Clientelism, hrg. von St.E. SCHMIDT/J.C. SCOTT/ C. LANDE/L. GUASTI, Berkeley 1977.

3 P. MORAW/V. PRESS, Probleme der Sozial- und Verfassungsgeschichte des Heiligen Römischen Reiches im späten Mittelalter und in der frühen Neuzeit (13.-18. Jahrhundert). In: ZHF 2, 1975, S. 95–108, hier vor allem S. 101.

4 W. REINHARD, Freunde und Kreaturen. »Verflechtung« als Konzept zur Erforschung historischer Führungsgruppen. Römische Oligarchie um 1600, München 1979.

5 Dagegen W. BECKER, Reformation als Revolution. Die Reformation als Paradigma historischer Begriffsbildung, frühneuzeitlicher Staatswerdung und moderner Sozialgeschichte (= Katholisches Leben und Kirchenreform im Zeitalter der Glaubensspaltung 34), 2. Aufl., Münster 1983, S. 120–122.

6 V. PRESS, Patronat und Klientel im Heiligen Römischen Reich. In: Klientelsysteme im Europa der frühen Neuzeit, hrg. von A. MACZAK (= Schriften des Historischen Kollegs, Kolloqium 9), München 1988, S. 19–46.

rial zersplitterten Südwesten des Reiches kaum auf Rechtstiteln der Landesherrschaft, sondern vorwiegend auf einem Personenverband beruhte, dessen Mitglieder auf Grund anderer Beziehungen – eben als Klientelverband – bereit und in der Lage waren, habsburgische Politik im Reich umzusetzen. Auch die Bedeutung solcher Personenverbände für Reichsinstitutionen im engeren Sinne wird neuerdings schärfer erkannt[7].

Bisher liegen keine Untersuchungen vor, die sich mit der Struktur des habsburgischen Klientelverbandes zur Zeit Karls V. und Ferdinands I. und seiner Funktion im politischen System des 16. Jahrhunderts befassten. Eine Analyse des gesamten habsburgischen Klientelverbandes ist freilich auch gar nicht möglich, denn die Zahl der möglichen Beziehungen in einem »network« wächst rasch von einigen hundert Personen in die Millionen an, und deshalb stehen ihrer erschöpfenden Untersuchung praktisch unüberwindbare Schwierigkeiten im Wege[8]. Man wird sich vielmehr auf die Untersuchung bestimmter Teilgruppen dieses Klientelverbandes beschränken müssen. Es erscheint sinnvoll, sich für eine solche Analyse auf eine ständisch wie regional einigermaßen geschlossene Klientengruppe zu konzentrieren. In einer Untersuchung, die ich demnächst abschließen werde, soll das für die dem schwäbischen Grafen- bzw. Herrenstand angehörigen Familien Hohenems, Fürstenberg, Lupfen, Montfort, Waldburg und Zollern geschehen.[9]

Im folgenden soll ein Fall aus jenem reichsadeligen Teil des Klientelverbandes der Habsburger dargestellt werden, an dem sich eine Reihe wichtiger Fragen zur Struktur und Funktion der habsburgischen Klientel exemplifizieren läßt. So werden gerade am Beispiel des Grafen Hugo XVI. von Montfort die Voraussetzungen und Interessen, die zu einer Patron-Klient-Beziehung führten, sichtbar; Spielräume auf Seite der Patrone, aber auch der Klienten werden erkennbar; habsburgische Bestrebungen, mit Hilfe eines Klientelverbandes nicht existierende Verwaltungsstrukturen zu ersetzen, zeichnen sich ab. Des weiteren treten die konkreten Formen einer solchen Patron-Klient-Beziehung deutlich zutage, auch die – im einzelnen sehr unterschiedlichen – Aufgabenbereiche, für die die reichsadeligen Klienten von Kaiser und König eingesetzt wurden. Außerdem bietet bereits die Untersuchung dieses Einzelbeispiels Aufschlüsse über die Binnenstruktur des habsburgischen Kli-

7 C. ROLL, Das zweite Reichsregiment (1521–1530). (= Forschungen zur Deutschen Rechtsgeschichte 15), Köln/Weimar 1996.

8 W. REINHARD (wie Anm. 4), S. 24.

9 Im Rahmen dieser größeren Arbeit wird auch eine theoretische Auseinandersetzung mit den in der Forschung derzeit maßgeblichen Patronage-Konzepten zu leisten sein. Im Hinblick auf diese Theoriebildung sei vorläufig auf folgende historische Studien verwiesen: W. REINHARD (wie Anm. 4), R. ASCH (wie Anm. 1), C. ROLL (wie Anm. 7); S. KETTERING, Patron, Brokers, and Clients in Seventeenth-Century France. New York 1986; U. PFISTER, Politischer Klientelismus in der frühneuzeitlichen Schweiz. In: Schweizerische Zeitschrift für Geschichte, Vol. 42, 1992, S. 28–68. Neben der Begriffsklärung wird bei der Theoriebildung künftig die Abgrenzung von Patronage und Klientelverhältnissen zum Feudalismus von besonderem Interesse sein.

entelverbandes; horizontale und vertikale Loyalitäten zwischen den einzelnen Klienten werden augenfällig.

Graf Hugo XVI. von Montfort-Rothenfels (†1564) war nicht nur wegen seiner Standeszugehörigkeit, seines Festhaltens am alten Glauben und seines Studiums bei Ulrich Zasius geradezu prädestiniert, dem Klientelverband der Habsburger anzugehören, auch verwandtschaftliche und landsmannschaftliche Verbindungen trugen maßgeblich dazu bei.

Hugo entstammte einer alten, seit dem 12. Jahrhundert belegten Familie[10], die schon seit dem 14. Jahrhundert dem habsburgischen Klientelverband zugerechnet werden darf[11]. Die Familie besaß im 16. Jahrhundert Herrschaftsgebiete vor allem im Süden des Reiches, nordöstlich des Bodensees. Hier zu nennen sind unter anderem die von den Montfortern im 14. Jahrhundert erworbene und 1565 verkaufte Grafschaft Rothenfels und die Stammlande Wasserburg, Argen und Tettnang. Die beiden letzten verblieben bis zum Aussterben der Familie mit Franz Xaver 1780 in deren Besitz.

Zu Beginn des 16. Jahrhunderts war das Haus Montfort-Tettnang in zwei Linien geteilt: die auf Ulrich V. (†1495) zurückgehende Tettnanger Linie, die 1520 mit Ulrich VII. ausstarb, und die Rothenfelser Linie, die Hugo XIII. (†1491) begründete. Nach Hugos Tod traten seine Söhne Johann I. (†1529) und Hugo XV. (†1519) die Nachfolge an. Nach dem Tode des kinderlosen Ulrich 1520 heiratete Johann I. die Witwe Ulrichs, Gräfin Magdalena, geb. von Öttingen. Somit wurde das Tettnanger Erbe wieder mit dem Rothenfels'schen Teil verbunden und verblieb im Besitz des Gesamthauses. Da auch aus der Verbindung Johanns I. und Magdalenas keine lebenden Kinder hervorgingen, übertrug Johann den Söhnen seines Bruders Hugo XV. und der Anna Sibylla von Zweibrücken, Tochter des Simon VI. Wecker in Lichtenberg, das Erbe mit dem Wunsche, daß es nicht wieder in die verschiedensten Linien zerfiele. Johann II. (†1547), Hugo XVI. (†1564) und Wolfgang I. (†1540) nahmen keine Teilung des Besitzes vor[12], und Hugo übernahm die Regentschaft in Tettnang. Er wurde am 18. April 1526 von Karl V. mit Tettnang belehnt, und 1547 nach Johanns Tod übernahm er dann auch die Herrschaft Rothenfels.

Über die Kindheit und Jugend Hugos ist kaum etwas bekannt, selbst sein Geburtsdatum bleibt im Dunkeln. Erstmals erfahren wir 1516 von ihm, denn in diesem Jahr taucht er zusammen mit Pfalzgraf Philipp und Philipp Graf von Eberstein in der Matrikel der Universität Freiburg auf, wo er bei Ulrich Zasius die Rechte studierte[13]. In Freiburg lernte er wohl

10 K.H. BURMEISTER, Die Grafen von Montfort. In: Die Grafen von Montfort. Geschichte und Kultur (= Kunst am See 8), hrg. von B. WIEDMANN (Landrat), Friedrichshafen 1982, S. 9–17.

11 K.H. BURMEISTER, Geschichte Vorarlbergs. Ein Überblick, 2. Aufl., München 1983, S. 70–77.

12 Näheres zu diesem Teilungsvertrag bei R. WEISS, Die Grafen von Montfort im 16. Jahrhundert (= Geschichte am See 49), Markdorf 1992, S. 11.

13 H. WINTERBERG, Die Schüler von Ulrich Zasius, Stuttgart 1961, S. 85.

auch Gerwig Blarer, den späteren Abt von Weingarten[14], kennen, mit dem er zeit seines Lebens gut befreundet war. Hugo und Gerwig standen sich sehr nahe und unterstützten einander, wo immer dies möglich war[15].

In den 20er und frühen 30er Jahren kam Hugo in erster Linie seinen Aufgaben als Regent von Tettnang nach und profilierte sich als geschickter Verhandlungspartner. So tat er sich beispielsweise im Bauernkrieg als Vermittler zwischen den aufständischen Bauern und dem Heer des Schwäbischen Bundes hervor[16] und trug damit maßgeblich zum Zustandekommen des Weingartner Vertrages bei. Im selben Jahr versuchte Hugos Onkel Johann von Montfort (†1529), ihn in bayerischen Dienst zu vermitteln. Daß dieses nicht auf Anhieb gelang, wird aus einem Schreiben Johanns an Herzog Wilhelm von Bayern deutlich, in welchem Johann darauf verweist, daß Hugo auf eine Antwort des Herzogs warte und sich deshalb noch nicht um einen Dienst bei einem anderen Herrn bemüht habe[17]. Sein diplomatisches Geschick konnte Hugo im Herbst 1531 erneut unter Beweis stellen, als unter seiner Führung am 24. September die Grafen, Herren und Ritter des Hegaus in Überlingen zur Gründung eines Bundes zusammengekommen waren – auch wenn dieser Bund sich schon bald wieder verlief[18].

Von einem Dienstverhältnis oder auch nur von einem intensiveren Kontakt zum Haus Habsburg hören wir, sieht man von den Belehnungen und den Bestätigungen der Privilegien[19] einmal ab, zunächst nichts. Dies sollte sich im Jahre 1534 ändern, als Hugo seinen ersten Auftrag aus dem Hause Habsburg erhielt. König Ferdinand I. beauftragte den Abt von Weingarten, Gerwig Blarer, bei den Prälaten und Prälatinnen der Viertel an der Donau, im Hegau, im Schwarzwald, am Neckar und Kocher für eine Hilfe gegen Herzog Ul-

14 H. GÜNTER, Gerwig Blarer, Abt von Weingarten 1520–1567, Briefe und Akten, 2 Bde. (= Württembergische Geschichtsquellen 16 und 17), Stuttgart 1914–1921, hier Bd. 1, S. XVI.

15 Die enge Beziehung zwischen Gerwig und Hugo wird an Hand ihrer Korrespondenz deutlich, die im HStA Stuttgart in den Weingartener Missiven (B 515, vor allem Bd. 66–86) erhalten blieb. Bei H. GÜNTER ist der Briefwechsel nur teilweise ediert.

16 Quellen zur Geschichte des Bauernkriegs in Oberschwaben, hrg. von F. L. BAUMANN, Stuttgart 1876, S. 513, 563, 567; Akten zur Geschichte des deutschen Bauernkrieges aus Oberschwaben, hrg. von F. L. BAUMANN, Freiburg i.Br. 1877, Nr. 227, S. 239–240, Georg von Waldburg an Schwäbischen Bund, Feldlager, 17. April 1525; Nr. 233, S. 245–246, Johann Hablützel an Blarer, 18. April 1525; R. WEISS (wie Anm. 12), S. 90–96.

17 Bay. HStA München, Kurbayern Äuß. Archiv, Nr. 2135, fol. 1r, Johann von Montfort an Herzog Wilhelm, 12. Feb. 1525.

18 HHStA Wien, Reichsakten in genere (im folgenden R.A. i.g.) 5, fol. 83r–84r, Kopie der Einung, 24. Sept. 1531. Näheres bei F. GÖTTMANN in diesem Band.

19 HHStA Wien, Reichsregisterbücher Karl V. Bd. 30, fol. 388r, Bd. 17, fol. 288r. Bay. HStA München, Montfort'sches Archiv, Nr. 336 und 336a, 16. April 1521. Am 20. Oktober 1530 erhielten die Grafen von Montfort von Karl V. das Prädikat »Wohlgeboren« zugesprochen, vgl. StAA, Herrschaft Königsegg-Rothenfels Urk. 258 und HHStA Wien Reichsregister Karl V., Bd. 13, fol. 43r.

rich von Württemberg zu werben[20]. Da aber durch den Sieg des Herzogs bei Lauffen am Neckar am 13. Mai die Werbung fragwürdig geworden war, fragte Blarer am 18. Mai beim König an, was nun aus der Kommission werden sollte. Wenn er dennoch mit den Prälaten verhandeln solle, hielte er es für dienlich, wenn man ihm entweder Hugo von Montfort oder Wilhelm Truchseß von Waldburg beiordnete, »welche baid in diser lanndtsart gesessen, unnd den preelaten als nachpaurn auch vol bekannt unnd vertrewt sindt«.[21] Trotz der Niederlage hielt Ferdinand an dem Plan der Werbung bei den Prälaten fest, und am 28. Mai setzte der König Blarer davon in Kenntnis; gleichzeitig kam er auch der Bitte Blarers nach und ernannte Hugo von Montfort zum Mitkommissar[22]. Am 10. Juni fand dann eine Versammlung der Kommissare mit den Prälaten in Waldsee statt, die aber sogleich auf den 25. Juni vertagt wurde. Inwieweit die Werbung letztlich erfolgreich war, läßt sich derzeit noch nicht sagen, jedenfalls haben Weingarten und Salem zusammen dem König 8000 fl. zur Verfügung gestellt[23].

Einen größeren Einfluß auf Hugos Leben scheint diese königliche Kommission zunächst nicht gehabt zu haben; jedenfalls sollte noch einige Zeit verstreichen, ehe der Graf von den Habsburgern erneut zur Übernahme politischer Aufgaben herangezogen wurde. Seine Position und seinen Einfluß in Schwaben hingegen konnte er im folgenden Jahr weiter festigen. Am 20. Januar 1535 wurde in Donauwörth die neunjährige kaiserliche Einung geschlossen, die von den Habsburgern trotz ihrer katholischen Orientierung als Fortsetzung des 1534 ausgelaufenen Schwäbischen Bundes gedacht war[24]. Auf Ferdinands Ansuchen hin lud Hugo als Hauptmann der Gesellschaft mit St. Jörgenschild die Prälaten, Grafen, Herren und Ritter auf einen sogenannten Ritterschaftstag am 12. September nach Überlingen ein, auf dem wegen des Beitritts der Eingeladenen in die neunjährige Einung verhandelt werden sollte[25]. Am 13. September ließen freilich die in Überlingen Versammelten Ferdinand wissen, daß sie zu einem Beitritt nicht bereit seien: Sie wollten ihre eigene Einung[26], die sie im Mai geschlossen hatten, nicht wieder aufgeben und sich zusammen mit Fürsten und Städten in einen gemeinsamen Bund begeben, von dem man eine deutliche

20 HStA Stuttgart B 515, Bd. 119, fol. 75r–76v, Ferdinand an Blarer, Prag, 9. Mai 1534; fol. 81r–82r, Ferdinand an Blarer, Prag, 9. Mai 1534. Siehe auch: H. GÜNTER (wie Anm. 14), Bd. 1, Nr. 363, S. 220–223.

21 HStA Stuttgart, B 515, Bd. 119, fol. 80v, Blarer an Ferdinand, 18. Mai 1534.

22 HStA Stuttgart, B 515, Bd. 119, fol. 87r-v, Ferdinand an Blarer, Prag, 28. Mai 1534.

23 H. GÜNTER (wie Anm. 14), Bd. 1, Nr. 368, S. 225–226, FN 1.

24 Zur Geschichte des Bundes siehe immer noch: Ph. E. SPIESS, Geschichte des Kayserlichen neunjährigen Bunds vom Jahr 1535 bis 1544 als eine neue Erscheinung in der Teutschen Reichsgeschichte aus den Orginal-Akten dargestellt, Erlangen 1788. Neuere Forschungen bei: R. ENDRES, Der Kayserliche neunjährige Bund vom Jahr 1535 bis 1544, in: Bauer, Reich und Reformation, hrg. von P. BLICKLE, Festschrift für Günther Franz, Stuttgart 1982, S. 85–103.

25 TLA Innsbruck, Regierungskopialbuch (im folgenden RKB) Bd. 16, fol. 132r–133r, Ferdinand an Regierung in Innsbruck, Wien, 25. Juli 1535; HStA Stuttgart, B 515, Bd. 74, fol. 339r und H. GÜNTER (wie Anm. 14), Bd. 1, Nr. 426, S. 269–270, Ferdinand an Blarer, Wien, 7. Aug. 1535.

Einschränkung der eigenen Einflußmöglichkeiten befürchtete[27]. Die Ernennung Hugos zum Hauptmann läßt erkennen, daß der Graf seine Stellung innerhalb Schwabens weiter ausbauen und verbessern konnte. Er war zu Ansehen gelangt und konnte zunehmend Einfluß auf die Vorgänge in Schwaben nehmen.

In der Folgezeit erhielt Hugo seinen ersten militärischen Auftrag von den Habsburgern. Als es 1536 erneut zu kriegerischen Auseinandersetzungen zwischen Franz I. von Frankreich und Karl V. kam, wurde Graf Hugo durch ein Schreiben König Ferdinands aus Innsbruck aufgefordert, in seinen Herrschaften für Karl V. ein Fähnlein Fußknechte auszuheben, einen Hauptmann zu benennen und auf weitere Befehle zu warten. Am 12. Juni ernannte der Kaiser Friedrich Graf zu Fürstenberg zum Obersten über etliche tausend Fußknechte, und Hugo wurde diesem unterstellt[28].

Nach diesem Ausflug in den Militärdienst widmete sich der Montforter in den folgenden Monaten allem Anschein nach hauptsächlich schwäbischen Belangen[29], bis er im Jahre 1538 wieder für das Haus Habsburg tätig wurde. Am 19. Januar wollte die Regierung in Innsbruck von ihm wissen, wie es um die Reformation in Ravensburg stehe. Gegebenenfalls sollte er mit Wilhelm Truchseß von Waldburg und Schweikhart von Gundelfingen dorthin gehen, um die Ravensburger auf den richtigen, also katholischen, Weg zurückzubringen[30]. Bereits am 29. Januar konnte Blarer jedoch jeden Verdacht von den Ravensburgern abwenden[31], und am 18. Februar sandte daraufhin die Innsbrucker Regierung an Monfort ein Schreiben, in welchem der Auftrag zurückgezogen wurde[32].

Aber das war nur der Anfang, denn das Jahr 1538 sollte für Hugos Karriere eines der wichtigsten werden. Seit 1537 wurde an einem Plan zur Errichtung einer neuen katholischen, gegen den Schmalkaldischen Bund gerichteten Einung gearbeitet. Maßgeblich initiiert wurde dieses Vorhaben vom kaiserlichen Vizekanzler Matthias Held, der möglicherweise ohne kaiserliche Vollmacht, aber auf jeden Fall mit Ferdinands Unterstützung, handelte[33]. Auch die Prälaten, Grafen, Herren und Ritter in Schwaben sollten für diesen Bund gewonnen werden[34]. Daher beauftragte der König am 26. März Gerwig Blarer, sich mit

26 Hierbei handelte es sich um die Überlinger Einung vom 11. Mai 1535. Der Vertragstext: HStA Stuttgart, B 515, Bd. 74, fol. 284r–292v, gedruckt bei H. GÜNTER (wie Anm. 14), Bd. 1, Nr. 419, S. 260–265.

27 Dazu auch V. PRESS, Kaiser Karl V., König Ferdinand und die Entstehung der Reichsritterschaft, Wiesbaden 1976, S. 33–36.

28 HStA Stuttgart, B 123 I, Bü 67, Karl an Hugo, Asti, 12. Juni 1536.

29 1537 beispielsweise war er als Schlichter im Streit zwischen Fürstenberg und Zollern tätig, vgl. TLA Innsbruck, RKB Bd. 16, fol. 481r, Ferdinand an Regierung in Innsbruck, Prag, 7. Mai 1537.

30 HStA Stuttgart, B 17, Bd. 16, 1531–1540, fol. 263v–264r, Regierung in Innsbruck an Hugo, 19. Januar 1538.

31 H. GÜNTER (wie Anm. 14), Bd. 1, Nr. 497, S. 330–333, Blarer an Bischof von Wien, Weingarten, 29. Jan. 1538.

32 HStA Stuttgart, B 17, Bd. 16, 1531–1540, fol. 267v–268r, Regierung in Innsbruck an Hugo, 18. Feb. 1538.

Hugo von Montfort, Wilhelm Truchseß von Waldburg und Schweikhart von Gundelfingen in dieser Sache zu beraten, um dann mit den übrigen Schwaben den Beitritt vorzubereiten[35]. Wilhelm und Schweikhart reagierten nicht sonderlich bereitwillig auf das königliche Anliegen[36], und auch Hugo zögerte wohl zunächst, aber er war schlußendlich doch in Nürnberg anwesend, denn mittlerweile hatte ihn der Kaiser zu seinem Kommissar bei den Bundesverhandlungen ernannt[37]. Am 10. Juni wurde dann in Nürnberg der Bundesvertrag der sogenannten »Christlichen Vereinigung« oder des Nürnberger Bundes abgeschlossen, dem Kaiser Karl V., König Ferdinand I., der Kurfürst von Mainz, der Erzbischof von Salzburg, die bayerischen Herzöge Ludwig X. und Wilhelm IV., Herzog Georg von Sachsen und die Herzöge Erich und Heinrich von Braunschweig angehörten; die Prälaten, Grafen und Herren sowie die Ritter in Schwaben waren zunächst nicht beigetreten. Am 16. Juni berichtete Matthias Held dem König von den erfolgreichen Verhandlungen in Nürnberg[38]; hier hieß es unter anderem, daß er, Held, und Hugo von Montfort auch in Ferdinands Namen gehandelt hätten, da Ulrich von Schellenberg[39], der eigentlich vom König Verordnete, in Nürnberg nicht erschienen war. Offensichtlich war Held mit der Arbeit des Grafen zufrieden, denn er handelte mit ihm auch gleich eine Besoldung aus. Um den Beitritt der Schwaben weiterhin zu betreiben, wurde der Plan gefaßt, Hugo von Montfort zusammen mit Blarer mit ihrer Werbung zu beauftragen[40].

Auf den 1. September 1538 wurden dann die schwäbischen Prälaten, Grafen, Herren und Ritter und dazu noch einige schwäbische Städte nach Überlingen eingeladen, um dort über einen Beitritt zum Nürnberger Bund zu verhandeln[41]. Dieser Tag indessen war erst der Auftakt für eine Reihe weiterer Treffen, auf denen die Beitrittsbedingungen ausgehan-

33 Zu diesem Bund vgl. H. BAUMGARTEN, Karl V. und der katholische Bund vom Jahre 1538, in: Deutsche Zeitschrift für Geschichtswissenschaft 6, 1891, S. 273–300; J. LAUCHS, Bayern und die deutschen Protestanten 1534–1546. Deutsche Fürstenpolitik zwischen Konfession und Libertät, Neustadt a.d. Aisch 1978, S. 104–131; V. PRESS, Die Bundespläne Kaiser Karls V. und die Reichsverfassung. In: Das römisch-deutsche Reich im politischen System Karls V., hrg. von H. LUTZ (= Schriften des Hist. Kollegs, Kolloquien 1), München 1982, S. 55–106.

34 LAUCHS, S. 124–129, dazu auch HHStA Wien, RA i.g. 9/1, fol. 193r-v, Gesellschaft mit St. Georgenschild an Ferdinand, 14. Juli 1537.

35 H. GÜNTER (wie Anm. 14), Bd. 1, Nr. 504, S. 335–337, Ferdinand an Blarer, Prag 26. März 1538.

36 HStA Stuttgart, B 515, Bd. 76, fol. 90r-v, Wilhelm Truchseß von Waldburg an Blarer, 11. April 1538; fol. 91r, Hugo an Blarer, 2. Mai 1538.

37 HStA Stuttgart, B 515, Bd. 76, fol. 98r, Hugo an Blarer, 21. Mai 1538.

38 HHStA Wien, RA i.g. 9/2, fol. 73r-74v, 99r, Held an Ferdinand, Eichstätt, 16. Juni 1538.

39 Dazu auch H. GÜNTER (wie Anm. 14), Bd. 1, Nr. 515, S. 344–345, Ulrich von Schellenberg an Blarer, Feldkirch, 17. Juni 1538.

40 HHStA Wien, RA i.g. 9/2, fol. 74r (wie Anm. 38); HStA Stuttgart, B 515, Bd. 76, fol. 117r, Hugo an Blarer, 24. Juni 1538; in diesem Brief berichtet der Graf, daß er zu solcher Kommission mit Blarer mündlichen Befehl habe.

41 H. GÜNTER (wie Anm. 14), Bd. 1, Nr. 519, S. 350–353, Blarer an Hugo, 1. September 1538.

delt wurden[42], bis im Spätsommer 1539 die Aufnahme in den Bund letztlich besiegelt werden konnte.[43]

In der Zwischenzeit hatte der Kaiser Montfort »in ansehung seiner schicklicheit vernunft und erfarung«[44] offiziell zu seinem Rat mit 300 Gulden jährlichem Sold beim Nürnberger Bund ernannt. Hugo konnte mit seinem Erfolg zufrieden sein: Nicht nur den Kaiser konnte er von seinen Fähigkeiten überzeugen, auch seine Beziehungen zum bayerischen Herzog Ludwig konnten vertieft werden, denn dieser war zum Hauptmann des Bundes ernannt worden. Der Montforter war in den kommenden Jahren noch manches Mal in Sachen des Nürnberger Bundes unterwegs[45], und offensichtlich waren auch die Habsburger mit seinen Diensten zufrieden, denn er wurde von nun an von ihnen häufig für die Durchführung politischer Aufgaben herangezogen. Nicht nur seine politischen Fähigkeiten, auch seine Verbindungen mit dem schwäbischen Adel erschienen den Habsburgern als nützlich zur Durchsetzung ihrer politischen Ziele.

Im April 1539 erhielt der Graf von Ferdinand den Auftrag, zusammen mit dem Vogt von Bregenz, Ritter Eitel-Egg von Reischach, nach dem Tode des Prälaten des Klosters Reichenau eine Neuwahl zu verhindern[46]. Dieser Auftrag stand im Zusammenhang mit der Inkorporation der Abtei Reichenau in das Hochstift Konstanz[47]. Schon am 14. März 1535 hatte Papst Paul III. für den Konstanzer Bischof Johann von Lupfen die Inkorporationsbulle ausgestellt. Die Inkorporation konnte aber erst vollzogen werden, wenn der Reichenauer Abt Markus von Knöringen auf die Abtswürde verzichtete oder starb. Hinzu kam noch, daß Ferdinand als Schirmherr der Abtei seine Zustimmung geben mußte und seine Interessen sich nicht unbedingt mit denen des Bischofs deckten. Lange Verhandlungen wurden in Gang gesetzt, in deren Verlauf Hugo mit Eitel-Egg von Ferdinand den oben genannten Auftrag erhielt. Der Auftrag kam aber nie zur Ausführung, da Markus von Knöringen im Februar 1540 auf die Abtei verzichtete, worauf Bischof Johann von Weeze, der seit 1537 die Bischofswürde von Konstanz besaß, die Inkorporation durchführen konnte.

---

42 H. GÜNTER, ebd., Bd. 1, Nr. 528, S. 358–359, 8. Januar 1539; Nr. 530, S. 359–360, Hugo an Gerwig, 17. Januar 1538; Nr. 540, S. 371, Friedrich von Fürstenberg an Blarer, Heiligenberg, 2. April 1539.

43 H. GÜNTER, ebd., Bd. 1, Nr. 547, S. 374, Friedrich von Fürstenberg an Blarer, 21. August 1539.

44 HHStA Wien, R.A. i.g. 9/2, fol. 139r–140v, vom 10. Oktober 1538.

45 Beispielsweise schon im Februar 1539 beim Bundestag in Pilsen, siehe HHStA Wien, R.A. i.g. 10/2, fol. 40r–41r, Ferdinand an Hugo und Ulrich von Schellenberg, Wien, 9. Februar 1539; Hinweise auch in: Politisches Archiv des Landgrafen Philipp des Großmütigen von Hessen (= Veröffentlichungen der hist. Komm. für Hessen und Waldeck. Quellen und Darstellungen zur Geschichte des Landgrafen Philipp des Großmütigen Bd. 1 und 2), 2. Aufl., hrg. von F. KÜCH, Osnabrück 1965, Nr. 793, S. 500.

46 HStA Stuttgart, B 123 II, Bü 17.

47 W. DOBRAS, Konstanz zur Zeit der Reformation. In: M. BURKHARDT/W. DOBRAS/W. ZIMMERMANN, Konstanz in der Frühen Neuzeit. Reformation, Verlust der Reichsfreiheit, österreichische Zeit, (= Geschichte der Stadt Konstanz, Bd. 3), Konstanz 1991, S. 116–118.

Ende 1541 wurde Hugo dann erneut von Karl V. in die Pflicht genommen. Aufgrund massiver Schwierigkeiten, die die Türken Ferdinand in Ungarn bereiteten, wurde vom Kaiser für Anfang 1542 ein Reichstag in Speyer angesetzt[48]. Karl überließ die Vorbereitungen weitgehend seinem Bruder, der auch den Auftrag erhielt, neben dem Reichsvizekanzler Johann von Naves[49] einen weiteren kaiserlichen Kommissar zu ernennen; Ferdinand sollte sich darüber mit Naves beraten[50]. Bereits Mitte Oktober 1541 hatten sich die beiden für Hugo von Montfort entschieden[51]. Am 29. Dezember erging dann an Hugo die Aufforderung, am 14. Januar 1542 – auf diesen Tag war die Versammlung zunächst angesetzt worden – in Speyer zu erscheinen und im kaiserlichen Namen dort zu handeln[52]. Am selben Tag verließ auch Karls Instruktion für Ferdinand, Montfort und Naves die kaiserliche Kanzlei[53]. Wegen einiger Verzögerungen[54] konnte der Reichstag erst am 9. Februar 1542 eröffnet werden, und bereits am 11. April wurde die Versammlung wieder geschlossen – immerhin mit dem Ergebnis, daß die Reichsstände Ferdinand eine Türkenhilfe gewährten[55]. Karl war mit Hugos Diensten offensichtlich zufrieden, denn er entlohnte des Grafen Bemühungen mit 300 fl. in Gold[56].

Ein Jahr später, 1543, bei der Neuwahl des Bischofs von Augsburg, war Hugo abermals für Habsburg tätig. Zusammen mit Gerwig Blarer sollte Hugo sich für die Wahl Ottos Truchseß von Waldburg zum Bischof einsetzen[57]. Wirklich wurde Otto am 10. Mai zum Bischof gewählt, und wenn man der Zimmerischen Chronik Glauben schenken darf, so hatte Otto dies weniger seiner Eignung für dieses Amt zu verdanken als vielmehr seinen berühmten und zahlreichen Fürsprechern[58].

48 S. SCHWEINZER, Die Vorgeschichte des Reichstags von Speyer 1542 im Spiegel der politischen Korrespondenz Kaiser Karls V. In: Aus der Arbeit an den Reichstagen unter Karl V. Sieben Beiträge zu Fragen der Forschung und Edition, hrg. von H. LUTZ/A. KOHLER (= Schriftenreihe der historischen Kommission bei der Bayerischen Akademie der Wissenschaften 26), Göttingen 1986, S. 228–272.

49 Zur Person des Reichsvizekanzlers vgl. A. HASENCLEVER, Johann von Naves aus Luxemburg, Reichskanzler unter Karl V. In: MIÖG 26, 1905, S. 280–328. Zum Reichstag in Speyer vor allem S. 315–317.

50 HHStA Wien, Belgien PA 39/4, fol. 1r-4v, vor allem 3r und S. SCHWEINZER (wie Anm. 48), S. 240.

51 K. LANZ (Bearb.), Correspondenz des Kaisers Karl V. Aus dem königlichen Archiv und der Bibliothèque de Bourgogne zu Brüssel, 3 Bde., Nachdruck Frankfurt a. M. 1966, hier Bd. 2, Nr. 480, S. 328–335, vor allem S. 332, Naves an Karl, 12. November 1542.

52 HStA Stuttgart, B 123, Bü 31, Karl an Hugo, 29. Dezember 1541.

53 HHStA Wien, Reichskanzlei: Reichstagsakten 8, Konv. 1, fol 14r–24v, 29. Dezember 1541.

54 S. SCHWEINZER (wie Anm. 48), S. 245–248.

55 S. SCHWEINZER (wie Anm. 48), S. 259.

56 K. LANZ (wie Anm. 51) Nr. 486, S. 344–345, Karl an Naves, Valladolid, 10. Mai 1542.

57 H. GÜNTER (wie Anm. 14), Bd. 1, Nr. 663, S. 463, Wilhelm von Waldburg an Blarer, 28. April 1543; Nr. 665, S. 464, Otto von Waldburg an Blarer, Dillingen, 1. Mai 1543.

58 F. ZOEPFL, Das Bistum Augsburg und seine Bischöfe im Reformationsjahrhundert (= Geschichte des Bistums Augsburg und seiner Bischöfe, Band II.), Augsburg 1969, S. 173–463, hier S. 188–192.

In den nun folgenden Jahren war Hugo in verschiedenen Angelegenheiten der Habsburger unterwegs[59], bis sich im Jahre 1545 sein Leben deutlich verändern sollte. Mitte August nämlich unterbreitete ihm der bayerische Hofmarschall Wolf von Schellenberg[60] im Namen des bayerischen Herzogs das Angebot, in München die Stelle des Landhofmeisters anzunehmen[61]. Völlig unerwartet konnte dieses Angebot für den Montforter nicht sein, gab es doch seit langem Verbindungen zwischen dem Hause Montfort und den Wittelsbachern. Hugos Vater (†1519) war bayerischer Diener von Haus aus gewesen[62], und auch sein Onkel Johann (†1529)[63] hatte mit den Herzögen in Verbindung gestanden. Daneben leistete die Bregenzer Verwandtschaft schon seit geraumer Zeit Dienste für Wittelsbach: Georg von Montfort-Bregenz (†1544) stand im Dienste Herzog Ludwigs[64]; Georgs Bruder Hugo (†1536) hingegen hatte dem Pfalzgrafen Ottheinrich gedient[65], dessen Verhältnis zu den bayerischen Wittelsbachern freilich nicht das beste war. Hugos Bruder Wolfgang (†1540) war ebenfalls ein Dienstverhältnis mit den bayerischen Herzögen eingegangen und hatte 1522 mit der schlechten Zahlungsmoral der Herzöge Bekanntschaft gemacht – mußte er doch mehrere Male die Bezahlung seines Dienstgeldes in München anmahnen[66]. Gleichwohl lud er Herzog Wilhelm zu seiner Hochzeit mit Eleonora von Wolkenstein, die am 25. Januar 1523 gefeiert werden sollte, ein[67]. Nicht zuletzt aber dürften die Beziehungen Hugos XVI. zum Münchner Hof durch seine Gattin Magdalena von Schwarzenberg verstärkt worden sein. Magdalenas Eltern waren der bayerische Rat Christoph Freiherr von Schwarzenberg (†1538), der in den Jahren 1521 bis 1538 das Amt des bayerischen Landhofmeisters innegehabt hatte[68], und Eva Gräfin von Montfort (†1527)[69]. Magdalenas Bruder Wilhelm

59 So z. B. als Schlichter zwischen Pfalzgraf Ottheinrich und dessen Gläubigern, HStA Stuttgart, B 123 II, Bü 19, Karl an Hugo, Speyer, 29. April 1544; für eine Werbung zur Gewährung einer Türkenhilfe vom Adel und von den Prälaten im Hegau und im Allgäu, HStA Stuttgart, B 123 II, Bü 42, Karl an Hugo und Hans Jacob von Landau, 31. Juli 1544.

60 M. LANZINNER, Fürst, Räte und Landstände. Die Entstehung der Zentralbehörden in Bayern 1511–1598 (= Veröffentlichungen des Max-Planck-Instituts für Geschichte 61), Göttingen 1980, S. 349.

61 HStA Stuttgart, B 515, Bd. 79, fol. 331r, Wolf v. Schellenberg an Blarer, München, 17. August 1538; H. GÜNTER (wie Anm. 14), Bd. 1, Nr. 739, S. 529–530, Hugo an Blarer, 28. Oktober 1545.

62 M. LANZINNER (wie Anm. 60), S. 377.

63 S. RIEZLER, Geschichte Baierns, Bd. 3, Gotha 1889. S. 492.

64 Bay. HStA München, Fürstensachen 337a, fol. 14r–15v, Georg an Herzog Ludwig, 3. Februar 1537.

65 K. H. BURMEISTER, Graf Hugo von Montfort-Bregenz (†1536). In: Siedlung, Macht und Wirtschaft. Festschrift für Fritz Posch, hrg. von G. PFERSCHY, Graz 1981, S. 189–202, vor allem 194, 196.

66 Bay. HStA München, Fürstensachen 337a, fol. 7r–9v, Korrespondenz zwischen Wolfgang von Montfort und den bayerischen Herzögen Ludwig und Wilhelm, 1522.

67 Bay. HStA München, Fürstensachen 337a, fol. 1r, Wolfgang an Wilhelm, 8. Dezember 1522.

68 M. LANZINNER (wie Anm. 60), S. 206.

69 Evas und Hugos Großväter waren Brüder, vgl.: Europäische Stammtafeln, Stammtafeln zur Geschichte der Europäischen Staaten. Neue Folge, hrg. von D. SCHWENNICKE, bisher 15 Bde., Marburg 1980–1993, hier Bd. 12, Tafel 55.

(†1552) – er hatte in den Jahren 1548 bis 1552 ebenfalls das Landhofmeisteramt in Bayern inne – war seit dem 25.10.1544[70] mit Maria von Eck, Tochter des berühmten Leonhard von Eck[71], verheiratet. Diese Verbindung Hugos mit der Familie Schwarzenberg hat neben seinem Ratsdienst beim Nürnberger Bund von 1538 sicherlich dazu beigetragen, daß ihm ein Amt in der herzoglichen Verwaltung übertragen wurde. Am 16. Oktober schickte Hugo seinen Diener Konrady zur Aushandlung des Vertrags nach München[72].

Zur gleichen Zeit hatte freilich König Ferdinand andere Pläne für Hugos Zukunft. Als im Oktober 1545 der Landvogt im oberen Elsaß, Gangolf von Geroldseck, starb, teilte Ferdinand der Regierung in Innsbruck mit, daß er Hugo als Nachfolger für dieses Amt einsetzen wollte[73]. Wann genau dieses Angebot an den Grafen weitergeleitet wurde, wird aus den Quellen nicht ersichtlich. Allerdings geht aus einem Schreiben der Innsbrucker Regierung an Hugo vom 13. November hervor, daß der Graf in einem Brief vom 5. November das Angebot der Landvogtei ablehnte. Die Regierung forderte Hugo nochmals nachdrücklich dazu auf, nach Innsbruck zu kommen, um dort über die freigewordene Stelle zu verhandeln[74]. Wenige Tage später, am 27. November, informierte die Innsbrukker Regierung Ferdinand über den Stand der Dinge. Hugo, der selbst nicht nach Innsbruck kam[75], hatte seinen Schwager Carl von Welsberg geschickt, und dieser hatte die Regierung davon in Kenntnis gesetzt, daß Hugo bei dem Herzog von Bayern einen Dienst angenommen habe und daher für die Landvogtei nicht zur Verfügung stehe. Daraufhin empfahl Innsbruck dem König, die Stelle einer andern Person zu übertragen[76]. Am folgenden Tag teilte der Montforter dem Abt von Weingarten, Gerwig Blarer, mit, daß er die Landhofmeisterstelle in München angenommen habe und täglich auf seine Abberufung nach München warte[77]. Am 4. Dezember schrieb Ferdinand nach Innsbruck, er habe die Weigerung des Montforters angenommen und erwarte nun von der Regierung Vorschläge, wer für das Amt sonst in Frage komme. Hugo legte am 31. Dezember in München seinen Amtseid[78] ab, und bereits am 2. Januar 1546 schrieb er von München aus an

70 Ebd., Bd. 5, Tafel 111.

71 Zur Person des Leonhard von Eck vgl. E. METZGER, Leonhard von Eck (1480–1550). Wegbereiter und Begründer des frühabsolutistischen Bayern, München 1980.

72 H. GÜNTER (wie Anm. 14), Bd. 1, Nr. 739, S. 529–530, Hugo an Blarer, 28. Oktober 1545.

73 TLA Innsbruck, RKB, Bd. 23, fol. 184r–v, Ferdinand an Regierung in Innsbruck, 17. Oktober 1545.

74 HStA Stuttgart, B 17, Bd. 2, fol. 408r, Regierung in Innsbruck an Hugo, 13. November 1545.

75 Hugo begründete sein Fernbleiben mit den Ereignissen um Herzog Heinrich von Braunschweig-Wolfenbüttel, der im Oktober 1545 in hessische Gefangenschaft geraten war. Vgl. hierzu H. RABE, Deutsche Geschichte 1500–1600. Das Jahrhundert der Glaubensspaltung, München 1991, S. 385–386.

76 TLA Innsbruck, RKB, Bd. 21, fol. 557r–v, Regierung in Innsbruck an Ferdinand, 27. Dezember 1545.

77 HStA Stuttgart, B 515, Bd. 79, fol. 405r, Hugo an Blarer, 28. November 1545; vgl. H. GÜNTER Bd. 1, Nr. 746, S. 534.

78 M. LANZINNER (wie Anm. 60), S. 377.

Blarer: »dann wiewol ich gantz gnedeklich alhir gehalten so ist mier doch ich in zway jarn nit dahaimet gewesen seys«[79].

Hugo wurde in den folgenden Jahren von Herzog Wilhelm mit verschiedenen Aufgaben betraut. Am 15. August 1546 schickte der Herzog den Montforter und Johann Weissenfelder zu Hilgartsberg zum Kaiser nach Regensburg. Die Räte hatten den Auftrag, Karl V. daran zu erinnern, wie sehr Bayern bereits jetzt im erst kürzlich ausgebrochenen Krieg gegen den Schmalkaldischen Bund gelitten habe. Sie sollten den Kaiser im Namen des Herzoges davor warnen, die kaiserlichen Truppen in Regensburg zusammenzuziehen, denn dann sei ein Überlaufen der Untertanen zu befürchten[80]. Die Mission Montforts und Weissenfelders war nicht eben erfolgreich, denn trotz der herzoglichen Einwände marschierten die kaiserlichen Truppen nach Regensburg, um von dort zum Schlag gegen die Schmalkaldischen auszuholen[81]. Auch im Jahre 1547 setzte der Herzog Hugo für verschiedene Aufgaben ein[82], aber bereits knapp drei Jahre nach seinem Dienstantritt in München bat Hugo am 9. Oktober 1548 Herzog Wilhelm um seine Entlassung aus dem Landhofmeisteramt[83].

Obgleich Hugo 1545 das königliche Angebot der Landvogtei im Elsaß abgelehnt und statt dessen beim bayerischen Herzog ein Amt übernommen hatte, nahm das gute Verhältnis Hugos zum Hause Habsburg keinen Schaden. Wurden seinem Bregenzer Namensvetter Hugo von Montfort-Bregenz (†1536) 1525 noch bittere Vorwürfe von seiten der Familie wegen seiner engen Beziehungen zu Pfalzgraf Ottheinrich gemacht[84], fiel Hugo weder bei seiner Familie noch bei den Habsburgern in Ungnade. Er konnte insoweit zwischen zwei Patronen wählen, ohne daß er von irgendeiner Seite etwas zu befürchten hatte. Freilich muß festgehalten werden, daß Hugo in den Jahren 1546 bis 1548 nicht nur in Bayern Dienst tat: Auch von den Habsburgern wurde er in diesen Jahren für verschiedene Tätigkeiten eingesetzt[85], und dies ließ sich offenbar ohne Schwierigkeiten miteinander in Ein-

79 HStA Stuttgart, B 515, Bd. 80, fol. 4r, Hugo an Blarer, München, 2. Januar 1546.

80 Des Viglius van Zwichem Tagebuch des Schmalkaldischen Donaukriegs, hrg. von A. v. DRUFFEL, München 1877. S. 65.

81 F. ZOEPFL (wie Anm. 58), S. 213–214.

82 Beispielsweise beim Landtag in Landshut im Januar 1547; vgl. Briefe und Akten zur Geschichte des sechzehnten Jahrhunderts mit besonderer Rücksicht auf Bayerns Fürstenhaus, bearbeitet von A. v. DRUFFEL, 4 Bde., München 1873–1896, hier Bd. 3, Nr. 78, S. 26–41, oder für eine Sendung nach Augsburg zusammen mit Leonhard von Eck, Ulrich von Schellenberg und Georg Stockhammer wegen der Entschädigung für Plünderungen; vgl. E. METZGER (wie Anm. 71), S. 294.

83 Bay. HStA München, Fürstensachen 337a, fol. 1r–v, Hugo an Herzog Wilhelm, Landshut, 9. Oktober 1548.

84 B. BILGERI, Geschichte Vorarlbergs. Ständemacht, Gemeiner Mann – Emser und Habsburger, Bd. 3, Wien 1977, S. 339.

85 So wurde er 1546 von Karl V. mit der Schlichtung eines Streits zwischen den Häusern Fürstenberg und Zollern betraut: HHStA Wien, Kleinere Reichsstände 120, o. fol., Karl an Hugo von Montfort und Eitel-Eck von Reischach, 7. April 1546. Außerdem saß Hugo für die Grafen in dem auf dem Reichstag von Augsburg eingesetzten Religionsausschuß, der zwischen 10. Februar und 20. Februar 1548 tagte; vgl. H.

klang bringen, jedenfalls in der konkreten politischen Situation. Sicherlich hätte es für ein Mitglied des habsburgischen Klientelverbandes einschneidende Folgen gehabt, in den Dienst des französischen Königs[86] zu treten oder im Schmalkaldischen Krieg dem Herzog von Württemberg Pferde und Ausrüstung zur Verfügung zu stellen oder gar persönliche Dienste zu leisten[87]. Wohl aber konnte damals ein habsburgischer Klient in wittelsbachischen Dienst treten, ohne Sanktionen fürchten zu müssen[88]. Ein Blick auf das Verhältnis der Habsburger zu den bayerischen Herzögen mag zur Erklärung dieses Handlungsspielraums des Grafen beitragen[89].

War Kaiser Maximilian I. noch an einer Verstärkung der verwandtschaftlichen Beziehung der Häuser Habsburg und Wittelsbach interessiert, so gab sein Enkel Karl diese Politik nach dem Tod des alten Kaisers auf[90], und auch in anderen Bereichen wurden die Erwartungen der bayerischen Herzöge Ludwig und Wilhelm und mit ihnen die Leonhards von Eck an den neuen Kaiser enttäuscht. Wie sehr sich die Herzöge von Karl V. entfernt hatten, zeigte sich bei der Wahl Ferdinands zum König 1531, die von den Bayern massiv bekämpft wurde und in deren Folge sich die katholischen Herzöge sogar auf ein Bündnis mit den Protestanten einließen. Eine Verständigung zwischen Bayern und Habsburg bahnte sich erst 1534 an, als man nach der Rückeroberung Württembergs über eine Restitution des Herzogtums[91] an Herzog Christoph von Württemberg – einen Neffen der bayerischen Herzöge – verhandelte. Mit dem Linzer Vertrag vom September 1534 wurde ein erster Ausgleich zwischen den beiden Häusern geschaffen[92]. Dieser Ausgleich blieb zwar vorerst nicht lange wirksam, denn Anfang der 40er Jahre opponierten die Herzöge unter dem Einfluß Leonhards von Eck vehement gegen die religiöse Ausgleichspolitik Karls V.[93], aber bei Ausbruch des Schmalkaldischen Krieges stand Herzog Wilhelm, politisch ganz konsequent, wieder an Karls Seite. Genau in diesen Tagen der habsburg-wittelsbachischen An-

RABE, Reichsbund und Interim. Die Verfassungs- und Religionspolitik Karls V. und der Reichstag von Augsburg 1547/48, Köln 1971, S. 418–424.

86 So z. B. Graf Wilhelm von Fürstenberg, vgl. die Biographie von J. V. WAGNER, Graf Wilhelm von Fürstenberg, 1491–1549, und die politisch-geistigen Mächte seiner Zeit, Stuttgart 1966.

87 Beispielsweise Graf Christoph von Lupfen, vgl. HStA Stuttgart, A 178, Bü 4.

88 In diesem Zusammenhang darf nicht vergessen werden, daß zahlreiche schwäbische Adlige den Wittelsbachern Dienst leisteten. Über die Motive Bayerns vgl. V. PRESS, Schwaben zwischen Bayern, Österreich und dem Reich 1486–1805. In: Probleme der Integration Ostschwabens in den bayerischen Staat, hrg. von P. FRIED, Sigmaringen 1982, S. 17–78.

89 Grundlegend zu diesem Problemkomplex immer noch: H. LUTZ, Karl V. und Bayern. Umrisse einer Entscheidung. In: ZBLG 22, 1959, S. 13–41, dem hier gefolgt wird.

90 H. LUTZ (wie Anm. 89), S. 18–19.

91 V. PRESS, Die württembergische Restitution von 1534 – reichspolitische Voraussetzungen und Konsequenzen. In: Bll. f. württembergische Kirchengeschichte 87, 1987, S. 44–71.

92 H. M. KLINGENBERG, Der Linzer Vertrag zwischen Bayern und Österreich vom 11. September 1534 nach Münchner Akten. In: HZ 194, 1962, S. 568–598.

93 H. LUTZ (wie Anm. 89), S. 30–35.

näherung[94] übernahm Hugo das Amt des bayerischen Landhofmeisters – und er konnte das tun, ohne dadurch mit seinem habsburgischen Patron in Konflikt zu geraten.

Nach dem für Karl so glücklichen Ausgang des Schmalkaldischen Krieges verschlechterte sich das Verhältnis zwischen dem Kaiser und Herzog Wilhelm – Ludwig war im April 1545 gestorben – erneut. Hatte Bayern schon in Ulm 1547 die kaiserlichen Bundespläne hintertrieben[95], so trat die bayerische Opposition auf dem Augsburger Reichstag 1547/48 mit der Ablehnung der kaiserlichen Bundespolitik und auch mit Vorbehalten gegen die Religionspolitik Karls V. vollends zutage. Am 30. Juni wurde der Reichstag verabschiedet, drei Monate später, im Oktober 1548, reichte Hugo seine Entlassung aus dem bayerischen Landhofmeisteramt ein. Er blieb zwar immer noch bayerischer Rat und Diener von Hause aus, aber zog sich doch ganz vom Münchner Hof zurück. Er begründete sein Entlassungsgesuch mit wichtigen Angelegenheiten in seiner Herrschaft, doch diese Erklärung erscheint vorgeschoben. Zwar gab es in Tettnang Probleme mit der unmittelbar benachbarten Reichsstadt Lindau, aber dieser Konflikt schwelte schon seit dem ausgehenden 14. Jahrhundert, und überdies gelang es dem Montforter, mit der Stadt am 24. September 1548 einen Vertrag zustandezubringen, mit dem der Konflikt als gelöst angesehen werden konnte[96]. Hatte Hugo die Befürchtung, daß er durch seine enge Beziehung zu Bayern nun, nach dem neuerlichen Konflikt zwischen Kaiser und Herzog, in kaiserliche Ungnade fallen könnte? Die Quellen schweigen hierzu, aber es entsteht doch der Eindruck, daß Hugo mit seinem Rücktritt vom bayerischen Amt ein deutliches Zeichen für seine Loyalität zum Kaiser und zu Habsburg setzen wollte.

Nachdem Hugo im Herbst 1548 nach Tettnang zurückgekehrt war, konnte er fast ein Jahr lang hauptsächlich seinen Pflichten als Regent nachkommen. Erst im August 1549 betraute Ferdinand ihn abermals mit einer Kommission. Nach der Niederlage des Schmalkaldischen Bundes und dessen Auflösung hatte sich die Stadt Konstanz nicht wie andere Bundesgenossen in kaiserliche Gnade und Ungnade ergeben, und der Konflikt zwischen Kaiser und Stadt spitzte sich im Laufe des Jahres 1548 immer weiter zu. Am 6. August wurde Konstanz vom Kaiser in die Reichsacht erklärt und mußte sich schließlich am 14. Oktober den österreichischen Truppen unter Nikolaus von Pollweiler ergeben[97]. Im Mai 1549 erhielt die Stadt eine neue Stadtordnung, in der festgelegt wurde, daß künftig ein von Österreich ernannter Hauptmann die Oberaufsicht über die Stadt führen würde. Alle städtischen Freiheiten und damit alle Privilegien, die der Kaiser der Stadt verliehen hatte, wurden aufgehoben. Um die Neuordnung der städtischen Verhältnisse formell abzuschließen, erteilte Ferdinand am 25. August 1549 Wilhelm dem Jüngeren Truchseß von Waldburg den Auf-

94 J. LAUCHS (wie Anm. 33), S. 278–281.

95 H. RABE (wie Anm. 85), S. 134–176, vor allem S. 139–141 und V. PRESS (wie Anm. 33), S. 76.

96 R. WEISS (wie Anm. 12), S. 59–61.

97 W. DOBRAS (wie Anm. 47), S. 141–146.

trag, zusammen mit Hugo von Montfort und Friedrich von Fürstenberg den »fuosfall und abbittung« der Konstanzer im Namen Österreichs entgegenzunehmen. Der Truchseß möge mit dem Hauptmann der Stadt, Pollweiler, und seinen Mitkommissaren einen Termin, möglichst vor Herbstbeginn, anberaumen; weitere Instruktionen würden die Kommissare von Pollweiler direkt empfangen[98]. Am 15. Oktober leistete die Konstanzer Bürgerschaft ihren Fußfall, und die Kommissare erteilten der Stadt die kaiserliche Absolution. Damit stand die Stadt wieder in kaiserlicher Huld und Gnade, und die eingezogenen Güter wurden zurückerstattet; die Reichsfreiheit freilich war damit auf immer verloren. Mit diesem förmlichen Akt waren die Konflikte in Konstanz aber noch nicht beigelegt, denn die Rekatholisierung der Stadt stand noch aus. Auch für diese Aufgabe wurde Hugo von Montfort herangezogen, hatte er ja bereits 1539 Einblicke in die Konstanzer Verhältnisse zwischen Klerus und Stadt gewonnen. Nachdem im Jahre 1526 Bischof und Klerus aus Konstanz vertrieben worden waren, sollte nun die katholische Geistlichkeit – so der Wunsch des Landesherrn – wieder in ihre alte Residenz zurückkehren[99], um Konstanz zum katholischen Glauben zurückzuführen. Dabei kam es aber zu Auseinandersetzungen zwischen dem Klerus und dem Stadtherrn. Einerseits forderte die Geistlichkeit die uneingeschränkte Rückgabe ihres ehemaligen Eigentums, andererseits hatte Ferdinand ein lebhaftes Interesse an der dem Hochstift inkorporierten Reichenau, die er in den städtischen, d. h. österreichischen, Besitz eingliedern wollte. Der Konflikt eskalierte, und Pollweiler befürwortete einen militärischen Schlag gegen den Bischof. Davor schreckte Ferdinand jedoch zurück, er wollte den Streit mit friedlichen Mitteln beilegen, und darin stimmte er mit dem Bischof überein, der bereits den Kaiser um eine Vermittlung gebeten hatte. Karl berief am 8. Dezember 1549 Hugo von Montfort und den Abt von Kempten, Wolfgang von Grünenstein, als Schlichter in der Konstanzer Angelegenheit. Am 26. Januar 1550 fand ein Schlichtungsgespräch in Überlingen statt, das den Anfang lang andauernder Verhandlungen bilden sollte[100].

Während Hugo mit der Konstanzer Angelegenheit beschäftigt war, verlangte wieder einmal der bayerische Herzog nach Hugos Diensten. Zwar war der Graf vom Amt des bayerischen Landhofmeisters zurückgetreten, er war aber immer noch bayerischer Rat von Haus aus. Nach Herzog Wilhelms Tod am 7. März 1550 forderte Herzog Albrecht, Wilhelms Nachfolger, Hugo am 15. März auf, zusammen mit Graf Karl von Zollern das Ableben Wilhelms beim Kaiser anzuzeigen. Gleichzeitig sollten die beiden auch die Lehen und Regalien für Albrecht erbitten[101]. Hugo war über diesen Auftrag nicht sehr erfreut und bat

98 Fürstlich Waldburg-Zeil'sches Gesamtarchiv, Schloß Zeil, ZAKi 1, 1549, VIII. 25.

99 Folgendes nach W. ZIMMERMANN, Konstanz in den Jahren von 1548–1733. In: M. BURKHARDT/ W. DOBRAS/W. ZIMMERMANN, Konstanz in der Frühen Neuzeit. Reformation, Verlust der Reichsfreiheit, österreichische Zeit (wie Anm. 47), S. 152–155.

100 HHStA Wien, Österreichische Akten, Vorderösterreich 4, fol. 103r–v, vom 8. Dezember 1549; zu den Verhandlungen ebd. fol. 112r–113v vom 23. Mai 1550.

101 Bay. HStA München, Fürstensachen 360, fol. 2r–3r, Herzog Albrecht an Hugo, o.D.

am 15. März von Rothenfels aus um die Erlassung der Reise[102]; auf den Sonntag nach Ostern sei eine Versammlung der schwäbischen Grafen und Herren angesetzt, die sehr wichtig sei und die ohne seine Anwesenheit nur bedingt tagen könne. Der Herzog lehnte die Bitte des Grafen jedoch ab, und dieser mußte nolens volens die Reise zum Kaiser antreten[103].

Im Juni war Hugo dann wieder zusammen mit dem Abt von Kempten in Sachen Stadt Konstanz contra Bischof von Konstanz tätig[104]. Nachdem der oberste Hauptmann und Landvogt im oberen Elsaß Johann Marquart Freiherr zu Königseck-Aulendorf um seine Entlassung aus dem Amt ersucht hatte, schlug am 8. Oktober 1550 die Regierung in Innsbruck dem König vor, entweder den Grafen Froben von Zimmern oder Hugo von Montfort als Nachfolger einzusetzen[105]. Ferdinand folgte aber dem Rat seiner Regierung nicht; die Gründe hierfür bleiben unbekannt, auf jeden Fall war Hugo immer noch intensiv mit der Konstanzer Schlichtung beschäftigt und dort wohl kaum abkömmlich. Ungeachtet aller Bemühungen konnten Hugo und sein Mitkommissar in dieser Angelegenheit freilich keinen Erfolg verbuchen. Ein Vergleich zwischen der Stadt und dem Bischof war unmöglich, und so wurde der Konflikt am 29. Januar 1551 durch eine kaiserliche Resolution beendet[106]. Trotz dieses Mißerfolges setzte Ferdinand den Montforter mit Wilhelm von Zimmern und Sigmund von Hornstein am 14. März 1551 erneut als Schlichter ein[107]. Dieses Mal ging es um Streitigkeiten zwischen Friedrich von Fürstenberg und Karl von Zollern, die schon seit geraumer Zeit wegen verschiedenster Angelegenheiten miteinander stritten.

Lange war Hugo mit dieser Schlichtung freilich nicht beschäftigt, denn der Kaiser hatte eine neue Aufgabe für den Grafen: Er bestellte ihn zu einem seiner Oratoren beim Konzil von Trient. Zunächst hatte der Kaiser den Grafen Friedrich von Fürstenberg für dieses Amt berufen wollen[108]. Ob dieser absagte oder ob der Kaiser seine Pläne änderte, muß offen bleiben, letztlich aber wurde der Montforter mit diesem ehrenvollen und wichtigen Amt betraut. Wann Hugo erstmals davon erfuhr, daß der Kaiser ihn für diese Aufgabe beim Konzil in Anspruch nehmen wollte, kann nicht rekonstruiert werden. Die erste bekannte Instruktion Karls für Hugo in dieser Sache wurde am 15. Juni 1551 ausgefer-

102 Bay. HStA München, Fürstensachen 360, fol. 4r–5v, Hugo an Herzog Albrecht, Rothenfels, 15. März 1550.

103 Bay. HStA München, Fürstensachen 360, fol. 6r–v, Herzog Albrecht an Wilhelm von Schwarzenberg, Landshut, 18. März 1550.

104 TLA Innsbruck, RKB, Bd. 28, fol. 43v, Ferdinand an Regierung in Innsbruck, Augsburg, 8. Juli 1550; RKB, Bd. 26, fol. 295v–296r, Regierung in Innsbruck an Ferdinand, 21. Juni 1550.

105 TLA Innsbruck, RKB, Bd. 26, fol. 368r–369r, Regierung in Innsbruck an Ferdinand, 8. Okt. 1550.

106 W. ZIMMERMANN (wie Anm. 99), S. 154.

107 HHStA Wien, Reichsregister Ferdinands I. Bd. 6, fol. 127r–128r, 14. August 1551.

108 HHStA Wien, Belgien PA 77 (alt), fol. 94r–101v, hier fol. 97v, Arras an Maria, Augsburg, 21. April 1551, gedruckt bei A. v. DRUFFEL (wie Anm. 82), Bd. 1, Nr. 627, S. 625. Dazu auch: Nuntiaturberichte aus Deutschland, Erste Abteilung 1533–1559, hrg. vom Deutschen (früher Preußischen) Historischen Institut in Rom, Bd. 12, bearb. von G. KUPKE, Berlin 1901, S. 2–3.

tigt[109]. Der Graf hatte aber schon früher von den kaiserlichen Plänen erfahren, denn aus einem Schreiben Gerwig Blarers an Hugo vom 18. Juni 1551 geht hervor, daß der Graf wegen seines schlechten Gesundheitszustandes den Auftrag ablehnen wollte. Blarer und Arras, der von dem Abt in dieser Angelegenheit konsultiert wurde, rieten Hugo jedoch strikt von einer Absage ab, denn dieser würde unweigerlich die kaiserliche Ungnade folgen[110]. Am 1. Juli ernannte Karl V. offiziell Francisco de Toledo, Hugo von Montfort und Wilhelm, Archidiakon von Campen, zu seinen Oratoren[111]; am 29. Juli traf Hugo in Trient ein[112]. Am 1. November beklagte er sich bitter bei seinem Freund Blarer über das langweilige Leben am Konzil. Täglich würde zwölf Stunden verhandelt, er lamentierte: »Hab in vil jaren kain bredigt gehort, muos ich ietz erstaten«[113]. So schnell wie möglich, nach der ersten Verhandlungsetappe, verließ er dann auch Trient, schon am 9. Dezember war er wieder zu Hause in Tettnang[114]. Gleich nach Weihnachten mußte er jedoch zurück zum Konzil, und dieses Mal war es ihm offensichtlich weniger langweilig. Hugo bemühte sich seit seiner Rückkehr nach Trient um die Vermittlung zwischen den württembergischen und kursächsischen Konzilsgesandten und dem Konzil. Obgleich die Protestanten seit Herbst 1551 versuchten, am Konzilsgeschehen teilzunehmen, konnten sie ihre Forderungen erst Ende Januar vor einer Generalkongregation vorbringen. Am 24. Januar 1552 fand diese Anhörung statt, die nicht zuletzt wegen des Einsatzes Graf Hugos zustande gekommen war. Der Konflikt zwischen Konzil und Protestanten konnte aber nicht beigelegt werden, denn die Protestanten lehnten die Forderung des Konzils nach Unterwerfung strikt ab. Die kaiserliche Konzilspolitik, die die unterschiedlichen Glaubensrichtungen wieder zusammenführen wollte, war damit gescheitert; die Bemühungen der kaiserlichen Oratoren blieben erfolglos[115].

Während Hugo in Trient mit Religionsangelegenheiten beschäftigt war, wuchs im Reich die Kriegsgefahr. Bereits im Februar 1550 wurde der Grundstein für eine protestantische Fürstenopposition gegen den Kaiser gelegt[116], und im Mai 1551 schlossen Markgraf Hans

109 Concilium Tridentinum: Diariorum, Actorum, Epistolarum, Tractatuum Nova Collectio, hrg. von d. Görres-Gesellschaft, Tomus 7, Actorum Pars 4, Volumen 2, Freiburg 1976, S. 705.

110 HStA Stuttgart, B 515, Bd. 82, fol. 348r–349v, Blarer an Hugo, Augsburg, 18. Juni 1551.

111 H. JEDIN, Geschichte des Konzils von Trient, Bd. III, Freiburg 1970, S. 257.

112 H. JEDIN, ebd., S. 494, Anm. 20.

113 HStA Stuttgart, B 515, Bd. 82, fol. 449r, Hugo an Blarer, Trient, 1. November 1551.

114 HStA Stuttgart, B 515, Bd. 82, fol. 487r, Hugo an Blarer, Tettnang, 9. Dezember 1551.

115 H. RABE (wie Anm. 75), S. 430–431; R. WEISS (wie Anm. 12), S. 88–89; dazu auch: Briefwechsel des Herzogs Christoph von Wirtenberg, hrg. von V. ERNST, Bd. 1., Stuttgart 1899. Zum ersten Zusammentreffen der württembergischen Konzilsgesandten mit Hugo Nr. 279, S. 303–308; zu den Bemühungen der kaiserlichen Oratoren vgl. unter anderem Nr. 311, S. 338–339; Nr. 316, S. 343; zur Anhörung Nr. 343, S. 367–372.

116 A. KOHLER, Die innerdeutsche und die außerdeutsche Opposition gegen das politische System Karls V. In: Das römisch-deutsche Reich im politischen System Karls V., hrg. von H. LUTZ (= Schriften des Historischen Kollegs, Kolloquien 1), München 1982, S. 125.

von Küstrin, Herzog Albrecht von Preußen und Herzog Albrecht von Mecklenburg in Torgau mit Kurfürst Moritz von Sachsen und Landgraf Wilhelm von Hessen einen ausdrücklich gegen Karl V. – nicht gegen das Gesamthaus Habsburg – gerichteten Bund. Ziel dieses Bundes war neben der Befreiung des Landgrafen Philipp von Hessen, der im Schmalkaldischen Krieg in kaiserliche Gefangenschaft geraten war, die Erhaltung der Confessio Augustana, aber auch der reichsständischen Libertäten[117]. Um ihre Ziele durchsetzen zu können, nahmen die Fürsten Kontakt zum französischen König Heinrich II. auf, und am 15. Januar 1552, mit dem Vertrag von Chambord, wurde der Beitritt des Franzosen zum Bündnis der deutschen Fürsten besiegelt. Damit war die Grundlage eines Krieges der Fürsten gegen Karl V. geschaffen, und bereits im Februar begann mit dem Einfall Heinrichs II. in Lothringen der Feldzug gegen den Kaiser. Erst jetzt – viel zu spät, obwohl gewarnt – erkannte Karl die Gefahr. Die feindlichen Truppen konnten nicht aufgehalten werden, und der Kaiser mußte am 23. Mai aus Innsbruck vor den Truppen des Kurfürsten Moritz nach Villach fliehen. Am 31. Mai erhielt Hugo, der nach der Schließung des Konzils sofort dem Kaiser nachreiste[118] und daher persönlich in Villach anwesend war[119], den kaiserlichen Befehl, in Württemberg Knechte zu werben[120] – und dies, obgleich bereits am folgenden Tag in Passau Friedensverhandlungen zwischen den erfolgreichen Fürsten und dem Kaiser begannen. Karl verzögerte bewußt die Verhandlungen, um sich militärisch und finanziell konsolidieren zu können[121]. Zur gleichen Zeit warben auch Graf Hans von Nassau, Philipp von Eberstein, Graf Jos Niklas von Zollern, Heinrich Truchseß von Waldburg und Conrad von Bemelberg Knechte für den Kaiser[122]. Die Truppen sollten sich am 13. Juni in Konstanz sammeln und unter den Befehl des neuernannten obersten Kriegskommissars Hugo von Montfort gestellt werden, der auch das Laufgeld mit sich führte[123]. Am 27. Juli erhielt Hugo dann den kaiserlichen Befehl, mit drei Regimentern am 3. August in Füssen zu erscheinen.

Bereits am 23. Juni 1552 war es in Passau zu einer Einigung zwischen Moritz von Sachsen als Vertreter der Kriegsfürsten, den kaiserlichen Kommissaren Georg Sigismund Seld und Joachim de Rye, Herrn von Balançon, sowie Ferdinand als Vermittler gekommen. Am 2. August unterschrieben Kurfürst Moritz und Landgraf Wilhelm von Hessen den Vertrag,

117 H. RABE (wie Anm. 75), S. 432–436.

118 Ende April befand sich der Graf noch in Trient, dazu: Concilium Tridentinum (wie Anm. 109), Tomus 11, Epistularum Pars 2, S. 876, FN 2.

119 A. v. DRUFFEL (wie Anm. 82), Bd. 2, S. 557, Nr. 1495, Arras an Ferdinand, Villach, 3. Juni 1552.

120 Briefwechsel des Herzogs Christoph v. Wirtenberg, hrg. von V. ERNST, 4 Bde., Stuttgart 1899–1907, hier Bd. 1, Nr. 589, S. 596, Florenz Graseck an Herzog Christoph, Villach, 31. Mai 1552.

121 H. RABE (wie Anm. 75), S. 436.

122 A. v. DRUFFEL (wie Anm. 82), Bd. 2, S. 586, Nr. 1531, Herzog Christoph an Herzog Albrecht, Tübingen, 11. Juni 1552.

123 HHStA Wien, Öst. Akten, Vorderösterreich 5, fol. 73r–74r, Nikolaus von Pollweiler an Ferdinand, Konstanz, 8. Juli 1552.

und am 15. August endlich ratifizierte der Kaiser in München den Kontrakt. Kurze Zeit später zog Karl mit seinen im Sommer nicht nur im Südwesten des Reiches, sondern auch in Italien und Spanien gesammelten Truppen nach Lothringen.

Auch Hugo von Montfort blieb keine Zeit, sich auszuruhen. Am 30. September benachrichtigte Karl V. Herzog Albrecht von Bayern, daß er seinen Kriegskommissar nach München geschickt habe. Hugo war damit beauftragt worden, den bayerischen Herzog für ein neues kaiserliches Bundesprojekt zu gewinnen[124]. Der Montforter erhielt die Instruktion allerdings erst am 12. Oktober, und noch am selben Tag bat er den Kaiser um Erlassung der Kommission, denn er leide schon seit längerer Zeit an Fieber[125]. Karl erließ dem Grafen die Kommission und schickte statt dessen Georg Spet nach München[126]. Das Bundesprojekt gedieh nur langsam; immerhin lud Karl am 27. Februar 1553 einen Teil der schwäbischen und bayerischen Stände auf den 5. April nach Memmingen ein. Unter den Eingeladenen waren unter anderem die Bischöfe von Salzburg und Augsburg, Herzog Albrecht von Bayern, Friedrich von Fürstenberg, Conrad von Rechberg und die Städte Ulm und Augsburg[127]. Am selben Tag teilte der Kaiser Hugo von Montfort mit, daß er ihn zusammen mit Georg Spet zu seinem Kommissar ernannt habe, und wenn es Hugos Gesundheit zulasse, solle er nach Memmingen reisen und gemäß den Instruktionen in Karls Namen handeln[128]. Karl begründete auch, warum er so großen Wert auf Hugos Teilnahme an der Kommission legte: »demnach du auch bey den graven und herren im schwäbischen Kreis so dir durch sippschaft oder schwagerschaft verwandt auch sonst mit dir benachpart sind in ainen sondern ansehen bist«. Karl nutzte also ganz gezielt seinen schwäbischen Klienten und dessen regionale Verflechtungen für sein Vorhaben. Hugo war in zweierlei Hinsicht geeignet für die Kommission: Er war mit etlichen Familien des schwäbischen und bayerischen Adels verwandt und verschwägert, und er stand in hohem Ansehen bei Prälaten, Grafen und Herren.

Tatsächlich fanden dann zwischen dem 14. und 19. April 1553 in Memmingen Vorverhandlungen zu einem neuen Bund statt, doch endete die Tagung ohne Ergebnis. Ein weiterer Tag wurde anberaumt, abermals mit Montfort und Spet als kaiserlichen Kommissaren[129],

124 HHStA Wien, R.A. i.g. 16, fol. 254r–256r, Karl an Herzog Albrecht, Landau, 30. September 1552; Reichsregisterbücher Karl V. Bd. 25, fol. 5v–10v, Instruktionen für Hugo, Landau, 1. Oktober 1552. Zum Memminger Bund siehe auch V. PRESS (wie Anm. 33) und M. SALOMIES, Die Pläne Kaiser Karls V. für eine Reichsreform mit Hilfe eines allgemeinen Bundes, Helsinki 1953, S. 148–191.

125 HHStA Wien, R.A. i.g. 16, fol. 257r, Hugo an Karl, 12. Oktober 1552; HStA Stuttgart, B 515, Bd. 83, fol. 213v, Hugo an Blarer, 18. September 1552.

126 HHStA Wien, R.A. i.g. 16, fol. 267r–276v.

127 HHStA Wien, R.A. i.g. 17, fol. 46r–49r, Karl an Hugo, Brüssel, 27. Februar 1553.

128 Die Instruktionen für Hugo und Georg Spet finden sich in den Reichsregisterbüchern Karl V. Bd. 25, fol. 37r–41r und R.A. i.g. 17, fol. 50r–52v, Brüssel, 27. Februar 1553.

129 HHStA Wien, R.A. i.g. 17, fol. 197r–198r, Karl an Hugo und Georg Spet, Brüssel, 7. Mai 1553.

aber auch dieses Mal verlief die Tagung erfolglos. Trotz des Mißerfolges dankte der Kaiser seinen beiden Kommissaren am 16. Juni für ihre treuen Dienste[130].

Neben den Plänen zur Errichtung eines neuen Bundes nach Muster des Schwäbischen Bundes plante Karl noch ein weiteres Projekt, in welches Graf Hugo eingebunden werden sollte. Schon seit Sommer 1552 liefen zwischen Karl und Ferdinand Verhandlungen zu einer Reform des kaiserlichen Hofrates, deren Zweck sein sollte, das deutsche Element im Hofrat zu stärken[131]. Am 23. März 1553 sandte der Kaiser seinem Bruder ein Schreiben mit den Namen der Personen, die er für den neuen Hofrat vorsah; unter anderem sollte Hugo von Montfort als Rat eingesetzt werden[132]. Die Reform blieb aber in ihren Anfängen stecken; ob und wie häufig Hugo als Hofrat tätig war, läßt sich bis dato nicht beantworten.

Für lange Zeit sollten dies die letzten Dienste des Grafen für Karl V. und das Haus Habsburg gewesen sein, zumindest schweigen die Quellen. Zwischen dem Sommer 1553 und der zweiten Jahreshälfte 1556 erfahren wir wenig über den Montforter. Dies hängt sicherlich nicht zuletzt damit zusammen, daß Karl sich weitgehend aus der deutschen Politik zurückzog. Hugos Dienste wurden vom Kaiser nicht mehr benötigt, und Ferdinand, der seit Karls Rückzug aus dem Reich die Reichspolitik lenkte, setzte andere Personen zur Durchsetzung seiner politischen Ziele ein. So brachen für den Tettnanger Grafen ruhigere Zeiten an. Im März 1554 schrieb Hugo von Tettnang aus an Blarer, und erkundigte sich nach dessen Gesundheitszustand[133], im November 1555 handelte er angeblich mit der Familie Fugger eine Heirat zwischen einem seiner Söhne und der Tochter eines Jacob Fugger aus[134], und im Dezember lud Hugo dann zur Hochzeit seiner Tochter Barbara mit dem Grafen Christoph von Fürstenberg am 30. Dezember 1555 ein[135].

Auf dem historisch so bedeutenden Reichstag von 1555 in Augsburg spielte Hugo keine Rolle, erst im Frühjahr 1556 kehrte er noch einmal auf die reichspolitische Bühne zurück, aber nun stand er nicht mehr im Zentrum der Ereignisse. 1556 lief der 1553 gegründete Heidelberger Verein[136] aus, und die Bündnispartner suchten nach neuen Möglichkeiten

---

130 HHStA Wien, R.A. i.g. 17, fol. 297r, Karl an Hugo und Georg Spet, Brüssel, 16. Juni 1553.

131 Dazu H. LUTZ, Christianitas Afflicta. Europa, das Reich und die päpstliche Politik im Niedergang der Hegemonie Kaiser Karls V. (1552–1556), Göttingen 1964, S. 184 und H. RABE (wie Anm. 75), S. 442.

132 HHStA Wien, Handschriften blau, Bd. 596/2, fol. 89v–94r, vor allem 93v, Karl an Ferdinand, Brüssel, 23. März 1553.

133 H. GÜNTER (wie Anm. 14), Bd. 2, Nr. 1352, S. 365, Hugo an Blarer, Tettnang, 19. März 1554.

134 H. GÜNTER, ebd., Bd. 2, Nr. 1398, S. 399–401, David Baumgartner an Hugo, Baumgarten, 19. November 1555.

135 H. GÜNTER, ebd., Bd. 2, Nr. 1400, S. 402, Hugo an Blarer, 4. Dezember 1555; A. v. DRUFFEL (wie Anm. 82), Bd. 4, Nr. 681, S. 753–754, Zasius an Ferdinand, Günzburg, 22. November 1555; Heiratsabrede vom 17. Juli 1554 im Fürstlich-Fürstenbergischen Archiv Donaueschingen, OB 4, Fasz. 3, Heiraten.

136 Zum Heidelberger Verein vgl.: B. SICKEN, Der Heidelberger Verein (1553–1556). Zugleich ein Beitrag zur Reichspolitik Herzog Christophs von Württemberg in den ersten Jahren seiner Regierung. In: ZWLG 32, 1973, S. 320–435.

zur Wahrung des Reichslandfriedens. Seit dem Frühjahr 1556 verhandelten Ferdinand und Herzog Albrecht von Bayern über die Errichtung eines neuen Bundes. Im Verlauf dieser Verhandlungen erhielt am 7. Mai 1556 der königliche Rat Johann Ulrich Zasius, der maßgeblich an diesem Prozeß beteiligt war, von Ferdinand die Instruktion, er solle mit Gerwig Blarer, Friedrich von Fürstenberg, Hugo von Montfort und Wilhelm dem Älteren Truchseß von Waldburg wegen eines etwaigen Beitritts zu diesem neuen Bund verhandeln[137]. Zwischen dem 28. Mai und dem 4. Juni fand dann in Landsberg am Lech die Gründungsversammlung des neuen Bundes statt. Gründungsmitglieder waren König Ferdinand für Ober- und Vorderösterreich, Herzog Albrecht V. von Bayern, Erzbischof Michael von Salzburg und die Reichsstadt Augsburg[138]. Die Mitglieder waren von Anfang an bestrebt, den Bund zu erweitern; so traten beispielsweise die Bischöfe von Würzburg und Bamberg 1557 dem Bund bei. Aber viele Versuche, weitere Mitglieder zu gewinnen, scheiterten, auch die Verhandlungen mit den schwäbischen Prälaten, Grafen und Herren blieben erfolglos. Die Entwicklung des Landsberger Bundes soll hier nicht weiter ausgeführt werden; wichtig ist aber, daß der Montforter an den Verhandlungen zwischen Bund und Prälaten, Grafen und Herren großen Anteil hatte. Nach dem ersten Versuch von 1556, die Schwaben für den Bund zu gewinnen, verloren die Mitglieder des Bundes zunächst das Interesse an ihnen. Erst im Frühjahr 1558 wurden die Verhandlungen wieder aufgenommen, und am 10. März forderte Ferdinand von Frankfurt aus Hugo von Montfort auf, zusammen mit Johann Ulrich Zasius und Georg Spet die schwäbischen Prälaten, Grafen und Herren zu einem Tag nach Pfullendorf einzuladen und dort mit ihnen über den Beitritt zum Bund zu verhandeln[139]. Am 2. April fand dann die Zusammenkunft in Pfullendorf statt; die Beteiligung und das Interesse der schwäbischen Prälaten, Grafen und Herren waren aber so gering, daß eine erneute Versammlung auf Ende Mai in Riedlingen anberaumt wurde. Ferdinands Gesandte wiesen den Kaiser in ihrem Bericht über die Versammlung darauf hin, daß die Prälaten am ehesten zu einem Beitritt bewegt werden könnten, wenn Gerwig Blarer sich dazu entschließen könnte; für die Grafen und Herren seien wohl Hugo von Montfort und Friedrich von Fürstenberg ausschlaggebend[140]. Hier zeigt sich, daß Hugo, obgleich er auf die Reichspolitik keinen großen Einfluß mehr nahm, immer noch als eine der wichtigsten Integrationsfiguren im schwäbischen Raum galt, und daß man auf sein Urteil und seine Ent-

137 Briefe und Akten zur Geschichte des sechzehnten Jahrhunderts mit besonderer Rücksicht auf Baierns Fürstenhaus. 5. Bd.: Beiträge zur Geschichte Herzog Albrechts V. und des Landsberger Bundes 1556–1598, hrg. von W. GOETZ, München 1898. Nr. 16, S. 26, Anm. 1.

138 Zum Landsberger Bund vgl.: F. GÖTTMANN, Zur Entstehung des Landsberger Bundes im Kontext der Reichs-, Verfassungs- und regionalen Territorialpolitik des 16. Jahrhunderts. In: ZHF 19, 1992, S. 415–444.

139 HHStA Wien, R.A. i.g. 38, fol. 34r–v, Ferdinand an Georg Spet, Frankfurt a.M., 10. März 1558; Instruktionen fol. 40r–41v, Frankfurt a.M., 10. März 1558.

140 W. GOETZ (wie Anm. 137), Nr. 79, S. 111–112, Bericht der kaiserlichen Gesandten, Pfullendorf, 2. April 1558.

scheidungen, zumindest in puncto der schwäbischen Belange, nach wie vor großen Wert legte. Auch auf der Bundesversammlung in Landsberg vom 9. bis zum 12. Mai wurde der Beitritt der Schwaben verhandelt, und auch hier wurde in den Verhandlungen darauf hingewiesen, daß mit den Personen, die man für die einflußreichsten hielt, also mit den Grafen von Helfenstein, Öttingen, Montfort und mit den Truchsessen von Waldburg, ad partem verhandelt werden sollte[141]; deren Entscheidung würden sich die übrigen anschließen.

Auch in Riedlingen konnte kein Ergebnis erzielt werden[142], und auf einem weiteren Bundestag in Landsberg vom 4.–5. Juli berichteten die österreichischen Bundesräte von der Weigerung der schwäbischen Prälaten, Grafen und Herren, weshalb man die Sache zunächst auf sich beruhen lassen wolle[143]. Hugo fand sich bei diesen Verhandlungen in einer Doppelrolle. Zum einen sollte er als kaiserlicher Kommissar die Schwaben zum Beitritt in den Bund bewegen, zum andern war er als Schwabe an einem Beitritt nur unter günstigsten Bedingungen interessiert. Von kaiserlicher Seite wurden große Hoffnungen in die Einflußmöglichkeiten des Grafen gesetzt, auch hier wollte man sich seiner Verbindungen bedienen – aber auch hier konnte Hugo die habsburgischen Hoffnungen nicht erfüllen.

Neben den Bundesangelegenheiten hatten die Habsburger noch andere Aufgaben für Hugo. Im Juli 1556 forderten die Erzherzöge Maximilian und Ferdinand den Grafen auf, sie bei der Hochzeit von Dr. Zasius am 2. August in Ravensburg zu vertreten[144], was als weiteres Indiz dafür gelten kann, daß Hugo bei den Habsburgern nach wie vor in sehr hohem Ansehen stand. Am 25. August 1556 erhielt der Montforter dann den wohl letzten Auftrag, den er im Namen Karls V. durchführen sollte: Karl setzte Hugo und Friedrich von Fürstenberg als Schlichter im Streit zwischen den Brüdern Hans Georg und David Baumgartner und Friedrich von Gravenegg wegen der Session auf Reichs- und anderen Tagen ein[145].

Die immer noch bestehende Beziehung Hugos zum bayerischen Herzog wurde 1558 ein letztes Mal aktiviert, als abermals zwischen den Familien Montfort und Fürstenberg eine Heirat festgesetzt wurde[146]. Zur Hochzeit, die am 10. Oktober zwischen Heinrich von Montfort und Barbara von Fürstenberg stattfand, lud Hugo am 7. September auch Herzog

141 W. GOETZ (wie Anm. 137), Nr. 84, S. 115–121, vor allem S. 118, Bundestag zu Landsberg, 9.–12. Mai 1558.

142 HHStA Wien, R.A. i.g. 39, fol. 50r, Hugo an Ferdinand, Riedlingen, 25. Mai 1558; W. GOETZ (wie Anm. 137), Nr. 86, S. 122–124, Bericht der österreichischen Gesandten an Ferdinand, Riedlingen, 25. Mai 1558.

143 W. GOETZ (wie Anm. 137), Nr. 88, S. 125–126, Bundestag zu Landsberg, 4.–5. Juli 1558.

144 HStA Stuttgart, B 123 I, Bü 26, Maximilian an Hugo, Speyer, 3. Juli 1556; Ferdinand an Hugo, Prag, 24. Juli 1556.

145 Mitteilungen aus dem Fürstlich Fürstenbergischen Archive, bearbeitet von F. L. BAUMANN/G. TUMBÜLT, 2 Bde., Tübingen 1894/1902, hier Bd. 1, Nr. 863, S. 567, Karl an Friedrich von Fürstenberg und Hugo, Gent, 25. August 1556.

146 Fürstlich Fürstenbergisches Archiv Donaueschingen, O.B. 5, Fasz. III g, Heiratsakten 1559.

Albrecht von Bayern ein. Albrecht war früher schon einmal in Tettnang gewesen, hatte aber damals zu seinem großen Bedauern »diese lanndzart und den Bodensee« wegen eines Gewitters nicht genießen können. Hugo sprach in der Einladung die Hoffnung aus, daß, wenn der Herzog kommen würde, er dieses nachholen könne[147].

Am 21. Juli 1559 schickte dann Ferdinand Hugo als kaiserlichen Kommissar auf einen Landtag der österreichischen Stände im Elsaß nach Breisach[148], und ein Jahr später wurde Hugo noch einmal als Schlichter beauftragt. Er sollte zusammen mit Georg Sigmund von Hornstein, Landkomtur von Altshausen, die immer wieder aufflammenden Auseinandersetzungen zwischen Karl von Zollern und Joachim von Fürstenberg um verschiedene Herrschaftsrechte schlichten[149].

Danach widmete sich Hugo wohl ausschließlich seinen eigenen – sehr unerfreulichen – Angelegenheiten. Aufgrund der hohen Verschuldung des Hauses Montfort mußte er die Grafschaft Rothenfels verkaufen. Am 12. Juni 1563 erhielt er vom Kaiser die Erlaubnis, das Lehen zu veräußern[150]. Obgleich Hugo mit seinem Schwiegersohn Johann Jakob Freiherr von Königseck noch eine Verkaufsabrede aushandelte[151], erlebte er den eigentlichen Verkauf der Grafschaft nicht mehr. Am 21. November 1564 starb Hugo[152], ohne daß er den Verlust der Grafschaft noch miterleben mußte.

Betrachtet man das Leben des Grafen im ganzen, so lassen sich unter dem Aspekt seines Klientelverhältnisses zu den Habsburgern verschiedene Phasen feststellen. In der ersten Phase seines Lebens erarbeitete sich Hugo seine Stellung innerhalb des schwäbischen Reichsadels. Er bewährte sich als Regent seiner Herrschaften und zeigte diplomatisches Geschick in schwierigen Situationen wie z. B. im Bauernkrieg. Durch die Übernahme kleinerer Missionen sowie durch die Fürsprache Blarers, der sich seinerseits bereits als Anhänger des Hauses Habsburg profiliert hatte, konnte Hugo auch jetzt schon seine prohabsburgische Grundhaltung unter Beweis stellen – das Klientelverhältnis zu den Habsburgern bereitete sich vor.

Diese erste Phase der Vorbereitung und Profilierung endete 1538, als Hugo erstmals eine wichtige Kommission für Kaiser und König übernahm. Seit dieser Zeit war er über zwei Jahrzehnte hinweg, wenngleich mit unterschiedlicher Intensität, für das Haus Habsburg tätig, vor allem für den Kaiser. In den Jahren 1545 bis 1548 diente Graf Hugo daneben den bayerischen Herzögen als Landhofmeister, was wohl als Element eines zusätzlichen Klientelverhältnisses zum Münchner Hof verstanden werden muß. Die Verbindungen

147 Bay. HStA München, Fürstensachen 337a, fol. 31r–v, Hugo an Herzog Albrecht, 7. September 1558; der Herzog sagte die Einladung ab, fol. 33r, Herzog Albrecht an Hugo, München, 11. November 1558

148 TLA Innsbruck, Hofregistratur Aa 1559, o. fol., Ferdinand an Hugo, 21. Juli 1559.

149 TLA Innsbruck, RKB, Bd. 36, fol. 340v–342v, Regierung in Innsbruck an Ferdinand, 26. Oktober 1560.

150 StA Augsburg, Herrschaft Königsegg-Rothenfels Urk. 319.

151 HStA Stuttgart, B 123 II, Bü 282 o.D.

152 Europäische Stammtafeln (wie Anm. 70), Bd. 12, Tafel 55.

des Montforters zu den Habsburgern rissen aber nicht ab und erfuhren seit 1548 sogar eine neue Intensivierung: Hugo wurde vom Kaiser mit Aufgaben betraut, die weit über seinen bisherigen mehr oder weniger regional begrenzten Aufgabenbereich hinaus gingen. Auf dem Konzil von Trient und bei der anschließenden militärischen Auseinandersetzung zwischen Kaiser und Fürsten griff Hugo in die »große« Politik ein.

Mit dem Jahr 1553 endete jene Lebensphase Hugos, in der er aktiv an der Umsetzung habsburgischer Politik teilnahm. Seitdem widmete er sich in erster Linie seinen Aufgaben als Regent, vereinzelt wurden ihm aber auch jetzt noch Kommissionen übertragen; offensichtlich genoß er, trotz seines Rückzuges aus der Reichspolitik, immer noch hohes Ansehen bei den Habsburgern wie auch beim schwäbischen Reichsadel.

Die skizzierte Geschichte Graf Hugos und seines Klientelverhältnisses zu den Habsburgern läßt bestimmte – vermutlich für die reichsadlige Klientel der Habsburger überhaupt typische – Grundmerkmale deutlich erkennen. Sie seien hier zusammenfassend noch einmal hervorgehoben:

1. Die Habsburger suchten mit Graf Hugo eine Person bzw. Familie für ihren Klientelverband zu gewinnen, die in ihrer Region – vor allem also in dem territorial so zerrissenen Oberschwaben – und insbesondere bei ihren Standesgenossen in der Region eine geachtete und einflußreiche Position innehatte. Daneben dürfte die konfessionelle Zuverlässigkeit eine unverzichtbare Voraussetzung des Klientelverhältnisses gewesen sein.

2. Das Klientelverhältnis Graf Hugos wurde nicht auf einen Schlag begründet; es entstand und verfestigte sich vielmehr allmählich. Seine erste Phase – bis etwa 1538 – erscheint insofern als Erprobungsphase, in der der Graf seine prohabsburgische Einstellung, aber auch seine politischen Fähigkeiten beweisen konnte.

3. Der primäre Zweck der Klientel bestand für die Habsburger offensichtlich darin, sich die wichtige Stellung Graf Hugos in der Region und insbesondere bei seinen Standesgenossen zur Gewährleistung und Verstärkung des habsburgischen Einflusses in Oberschwaben zunutze zu machen. Die Klientel konnte aber darüber hinaus zur personellen Ressource auch für die Wahrnehmung regional übergreifender Aufgaben werden, für die es mangels einer hinreichend ausgebauten Zentralverwaltung und formalisierter Rekrutierungsverfahren sonst an geeignetem Personal fehlte; die Trienter Mission Graf Hugos 1551/52 ist dafür ein schlagendes Beispiel.

4. Das Grundinteresse Graf Hugos an der habsburgischen Patronage bestand sicherlich in der Hoffnung auf politische Absicherung und wohl auch auf finanziellen Nutzen – etwa durch gut besoldete Kommissionen im Dienst der Habsburger -; nicht minder wichtig aber dürfte für den Grafen die Aussicht auf Ruhm und Ehre, mit anderen Worten: auf Prestigegewinn, gewesen sein, was wiederum positiv auf seine Stellung in der Region wie unter seinen Standesgenossen zurückwirken mußte.

5. Das Klientelverhältnis zu den Habsburgern war nicht in der Weise ausschließlich, daß es die Begründung eines weiteren, latent konkurrierenden Klientelverhältnisses unmöglich

gemacht hätte. Vielmehr standen einem Klienten vom Range Graf Hugos, wie seine bayerischen Engagements zeigen, solche Handlungsspielräume durchaus offen. Freilich durfte es dabei nicht zu Interessenkonflikten zwischen den beiden Patronen kommen, weil sich sonst die Verbindung zu dem einen oder dem anderen Patron aufgelöst hätte – mit negativen Konsequenzen für den Klienten, möglicherweise aber auch für den Patron, für den der Verlust eines Klienten ja immer auch einen Imageverlust bedeutete.

Schon das hier vorgestellte Beispiel des Grafen von Montfort zeigt sehr konkret, daß Klientelpolitik ein wichtiges Instrument der habsburgischen Herrschaft war, mit dessen Hilfe Kaiser und König ihre politischen Ziele durchzusetzen versuchten. Die Fülle der Aufgaben, für die die Klienten in Anspruch genommen wurden, ist ein deutlicher Hinweis auf die keineswegs marginale Bedeutung des Klientelverbandes für das politische System Karls V. und Ferdinands I.

STEFANIE HOFMANN

Die Städte zwischen Kaiser und Reich – zum politischen Handlungsspielraum der Reichsstädte am Beispiel der Gesandtschaft zu Kaiser Karl V. nach Valladolid im Jahr 1523[1]

Eine reichsstädtische Gesandtschaft zu Kaiser Karl V.

Die Reichstage unmittelbar nach dem Regierungsantritt Karls V. waren – neben der bald dominierenden Luthersache – überwiegend von Bemühungen um die Realisierung von Reformforderungen bestimmt, die Karl in seiner Wahlkapitulation den Reichsständen hatte konzedieren müssen und die auf eine stärkere Beteiligung der Stände an der Reichsregierung abzielten. Bereits auf dem Reichstag in Worms 1521, der wichtige organisatorische Grundentscheidungen getroffen hatte, wurden auch die finanziellen Fragen der Wiedererrichtung von Reichsregiment und Reichskammergericht beraten.[2] Einen weiteren Verhandlungspunkt stellte die Romzugshilfe dar, die dann rasch angesichts der Türkenbedrohung in eine Türkenhilfe verwandelt wurde.[3] Bei diesen Entscheidungen fühlten sich die Städte von den Ständen benachteiligt, und zwar sowohl bei der Verteilung der fiskalischen Lasten der Romzugshilfe und der kurzfristigen Finanzierung der beiden Reichsbehörden durch einen Matrikelanschlag als auch durch das Fehlen von Mitwirkungsmöglichkeiten bei den Reichstagsverhandlungen überhaupt.[4] Als dauerhaftes finanzielles Fundament für Regiment und Kammergericht wurde von den Ständen und vom Regiment darüber hinaus noch der Vorschlag eines Reichszolls auf Handelswaren ausgearbeitet; der Zoll hätte ebenfalls

1 Der vorliegende Aufsatz stellt einen Ausschnitt der ungedruckt vorliegenden Zulassungsarbeit zur wissenschaftlichen Prüfung für das Lehramt an Gymnasien mit dem Titel »Wirtschaftspolitik und Reichsreform: Eine reichsstädtische Gesandtschaft zu Kaiser Karl V. nach Valladolid im Jahr 1523« vor, die im Sommer 1994 bei Prof. Rabe an der Universität Konstanz angefertigt wurde. An dieser Stelle sei nicht nur Herrn Rabe, sondern auch Dr. Christine Roll und Prof. Frank Göttmann für Betreuung und beharrliche Anregung gedankt. Die Arbeit berücksichtigt von der Vorgeschichte über Planung und Durchführung der Gesandtschaftsreise bis zu ihren Ergebnissen sehr unterschiedliche Fragestellungen der Verfassungs-, Finanz- und Wirtschaftspolitik bis hin zu sozialgeschichtlichen Aspekten; die Ergebnisse dieser Untersuchung wurden teilweise und ohne weitere Kennzeichnung in den Aufsatz übernommen.

2 H. RABE, Reich und Glaubensspaltung. Deutschland 1500–1600 (Neue deutsche Geschichte Bd. 4), München 1989, S. 163 und 165.

3 ebd. S. 166.

4 G. SCHMIDT, Der Städtetag in der Reichsverfassung. Eine Untersuchung zur korporativen Politik der Freien und Reichsstädte in der ersten Hälfte des 16. Jahrhunderts, Stuttgart 1984, S. 352f.

in erster Linie die großen Handelsmetropolen getroffen und sich in seiner Wirkung gegen die großen Handelsgesellschaften und den Fernhandel mit der von den Ständen zudem geforderten verschärften Monopolgesetzgebung verbunden.[5]

Das Verhalten der Stände mußte zwangsläufig am Reichstag zu Auseinandersetzungen mit den Städten führen. Sie erreichten auf dem Nürnberger Reichstag 1522/23 ihren Höhepunkt: Monopolgesetzgebung, Reichszollordnung und der Matrikelanschlag für die Türkenhilfe wurden gegen den Willen der Städte beschlossen.[6] Den städtischen Vertretern war, wie auch schon auf den vorhergehenden Reichstagen, nicht einmal mehr ein votum consultativum, geschweige denn eine tatsächliche Mitwirkung bei der Verteilung der finanziellen Lasten zugesprochen worden.[7] Einen letzten Ausweg sahen die Städte nun darin, daß sie sich weigerten, dem Abschied zuzustimmen, und Hilfe beim Kaiser suchten. Da dieser sich aber bereits seit dem Sommer 1522 in Spanien aufhielt, wählten die Städte die Form einer gemeinsamen Botschaft durch ausgewählte Vertreter, um die wichtigsten Beschwerden – gegen den Reichszoll und die Monopolgesetzgebung und für ihre Stimme am Reichstag – dem Kaiser vorzutragen.[8] In den Verhandlungen am Hof kam der Kaiser den Städten in einigen Punkten entgegen. Der nächste Reichstag brachte ihnen dann – jedenfalls wirtschaftspolitisch – den erwünschten Erfolg: Der Kaiser zog das Vorgehen gegen Monopole in seine Entscheidungskompetenz. Auch die rechtlich fixierte Beteiligung der Städte am Reichstagsverfahren wurde immerhin erwogen. Der Widerstand der Städte und des Kaisers gegen den Zoll fiel zeitlich mit dem Höhepunkt der schon früher entstandenen breiten Opposition der Reichsstände gegen das Reichsregiment zusammen und besiegelte so das Scheitern des Reichszollprojekts.[9]

Die hier knapp geschilderten Umstände einer gemeinsamen reichsstädtischen Gesandtschaft nach Valladolid zu Kaiser Karl V. im Sommer 1523 sind seit langem bekannt und vielfach im Zusammenhang der Kontroversen zwischen Städten und Ständen am Reichstag um die Wirtschaftspolitik – vor allem die Monopoldebatte – und die fiskalpolitischen Überlegungen zur Finanzierung der Reichsbehörden untersucht worden.[10] Ihre Vorge-

5 ebd. S. 441.

6 ebd. S. 430f. (Monopole), S. 443 (Zoll) und 356f. (Türkenhilfe).

7 ebd. S. 269.

8 ebd. S. 174.

9 ebd. S. 176.

10 Bereits RANKE beschrieb die Gesandtschaft in ihrer historischen Bedeutung hinsichtlich der Wirtschaftspolitik der Städte; L. RANKE, Deutsche Geschichte im Zeitalter der Reformation (Ranke-Gesamtausgabe, I/7), Bd. 2, München 1925, S. 89–95. Der Reichszoll zur Finanzierung der Reichsbehörden steht im Vordergrund bei: A. TEICKE, Reichssteuerbestrebungen unter Karl V., Leipzig 1910, und SCHMIDT, Städtetag, S. 440–449. Im Zusammenhang der Monopoldebatte untersuchen die Städtegesandtschaft: A. KLUCKHOHN, Zur Geschichte der Handelsgesellschaften und Monopole im Zeitalter der Reformation. In: Historische Aufsätze, dem Andenken an Georg Waitz gewidmet, Hannover 1886, S. 666–703; C. BAUER, Conrad Peutingers Gutachten zur Monopolfrage. In: Archiv für Reformationsgeschichte 45

schichte auf den Reichstagen seit Worms 1521, die wirtschaftspolitischen Ziele und erreichten Ergebnisse der Städte – die Abwendung des Reichszolls und einer schärferen Monopolgesetzgebung – bleiben deshalb hier aus der Fragestellung ausgeklammert. In den Vordergrund sollen hingegen die Spielräume reichsstädtischer Politik in Belangen des Reichs in der konkreten Situation der frühen zwanziger Jahre rücken, die geprägt war einerseits durch die Abwesenheit des Kaisers vom Reich, andererseits durch die sich seit Ende des 15. Jahrhunderts zusehends verdichtende Reichsverfassung.[11]

Als Voraussetzung für den Plan einer Gesandtschaft der Städte müssen zunächst die Situation der Städte in der Verfassungswirklichkeit des Reichstags und ihre Einflußmöglichkeiten außerhalb dieser Institution untersucht werden. Dabei ist zu klären, wie überhaupt der politische Handlungsspielraum der Städte aussah, der es ihnen als vernünftig und erfolgversprechend erscheinen ließ, die hohen Kosten und großen Mühen einer Gesandtschaftsreise[12] durch den halben europäischen Kontinent auf sich zu nehmen, und wie sich dieses Vorhaben eines direkten Kontaktes mit dem Kaiser zu den gleichzeitigen Bemühungen der Städte um die Reichsstandschaft verhielt. Darüber hinaus wird nach den Voraussetzungen zu fragen sein, die es dem Kaiser ermöglichten, nicht nur in die bereits gefallenen Entscheidungen zum Zoll und zur Monopolordnung einzugreifen, sondern auch zugunsten der Städte Überlegungen über die Reichstagsverfassung anzuregen.

Die Städte am Reichstag

Bei der Entwicklung vom Hoftag zum ständisch bestimmten Reichstag[13] am Übergang vom Mittelalter zur Neuzeit änderte sich auch die Rolle, die die Städte bei diesen Tagen

(1954), S. 1–43 und 145–196; F. BLAICH, Die Reichsstädte und die Antimonopolpolitik des Reiches im Zeitalter Karls V. In: Jahrbuch f. Gesch. d. oberdeutschen Reichsstädte/Esslinger Studien 12/13 (1966/67), S. 202–213 und SCHMIDT, Städtetag [wie Anm. 4], S. 423–440.

11 Bisher wurde die Gesandtschaft lediglich in der detailreichen Arbeit von G. SCHMIDT über das korporative Handeln der Reichsstädte auch in ihrer Funktion angesichts der verfassungsrechtlichen Stellung der Städte und auch im Rahmen der gleichzeitigen Bemühungen um eine gleichberechtigte Anerkennung als Reichsstand am Reichstag berücksichtigt; SCHMIDT, Städtetag, ebd., S. 174, S. 175 Anm. 13 und S. 270ff.

12 Die längste Reise hatten die Nürnberger Gesandten, sie waren 7 Monate, vom 6. Mai bis zum 10. Dezember unterwegs (Scheurl-Bibliothek Nürnberg/Fischbach Codex 497/400 »Rayspuchlein« des Christoph Scheurl, fol. 203r–223r – aus den knappen privaten Aufzeichungen Scheurls lassen sich auch am ehesten die Strapazen der Reise erahnen). Die Kosten der Reise beliefen sich einschließlich aller Verehrungen an die Hofräte, Hannart und die Teilnehmer der Gesandtschaft auf 9285,5 Gulden (Städtetagsabschied Speyer 1524, Sta Ulm A 527).

13 Die Terminologie Hoftag/Reichstag folgt P. MORAW, Versuch über die Entstehung des Reichstags. In: Politische Ordnungen und soziale Kräfte im Alten Reich, hrg. von H. WEBER (Veröffentlichungen des Instituts für Europäische Geschichte Mainz, Beiheft 8), Wiesbaden 1980, S. 1–36, hier S. 11.

und bei der Entscheidung von Reichssachen spielten. Zunächst waren die Städte als direkte Untertanen des Königs am Hof und am Hoftag vertreten, die den weitgehend auf personalen Bezügen ruhenden Mittelpunkt von Regierung, Verwaltung und Politik des Königs im Reich bildeten.[14] Der Hoftag war politisches Herrschaftsmittel des Königs. Der Stellung des Königs als Herr auf diesen Tagen entsprach im institutionellen Bereich eine weitgehende Regellosigkeit, die dem Herrscher den größtmöglichen Handlungsspielraum ließ.[15] Die Besucher von Hof und Hoftag kamen nicht wegen eines abstrakten Prinzips der Repräsentation, sondern wegen des Königs, der zugleich Gerichts-, Friedens- und Lehnsherr, im Fall der Städte auch allgemein der Stadtherr war.[16] Das Erscheinen der Städte war – wie das der anderen Beteiligten – weniger ein Recht als eine Pflicht; demgemäß wurden sie dann geladen, wenn man sie aus praktischen oder finanziellen Gründen brauchte, und sie kamen in erster Linie, um Anordnungen entgegenzunehmen und deren Ausführung sicherzustellen.[17] Als Untertanen des Königs waren die Städte höchstens an den Beratungen über die Modalitäten ihrer als selbstverständlich geltenden Verpflichtungen beteiligt.[18] Die Städte blieben meist jedoch politisch passiv. Sie waren ausschließlich bemüht, ihre Leistungen für das Reich so gering wie möglich zu halten, im übrigen aber ihre Privilegien bestätigt zu bekommen und den Frieden im Reich zur Sicherung ihres Handels bewahrt zu sehen.

Durch die Ferne und Schwäche des Königtums von König Wenzel bis zu Friedrich III. schwand die Bedeutung des Königshofes. Daneben entstand dadurch, daß König, Hof und Hoftag die nötigen und wachsenden Aufgaben weder erfüllten noch erfüllen konnten, die mit dem Hoftag konkurrierende Institution des Königlosen Tages.[19] Aus diesem Forum der Kontrolle und der Opposition der versammelten Großen gegen den König, allen voran der Kurfürsten, und den erwähnten Hoftagen entwickelte sich seit den 80er Jahren des 15. Jahrhunderts der Reichstag in der Form, die im 16. Jahrhundert bestimmend wurde. Die Teilnahme der Städte an den Hoftagen und ihr Zugang zum Hof beruhte auf ihrem Verhältnis zum König als Stadtherrn; bezeichnenderweise gehörten sie zunächst nicht zu der Gruppe der Teilnehmer an den Königlosen Tagen. Wenn sie aber im Laufe des 15. Jahrhunderts unregelmäßig auch auf diesen Versammlungen auftauchten, die zunehmend Reichstagscharakter hatten, macht dies nur die grundsätzliche Offenheit der Reichsverfassung deutlich. Dennoch blieb immer eine große soziale Distanz zum tonangebenden Adel.[20]

14 ebd. S. 15.

15 ebd. S. 20 und 22.

16 ebd. S. 16 und 21.

17 SCHMIDT, Städtetag [wie Anm. 4], S. 249.

18 MORAW, Versuch, S. 30.

19 ebd. S. 18.

20 »Im 15. Jahrhundert bot sich den Städten niemals die Chance auf Gleichberechtigung, dazu war der Vorsprung der Kurfürsten und Fürsten an ständischer Dignität, an Königsnähe und auch nach den Regelungen der Goldenen Bulle viel zu groß.« SCHMIDT, Städtetag [wie Anm. 4], S. 250.

Seit 1489 wurden die Städte einigermaßen regelmäßig zu den Reichsversammlungen geladen, sie formierten sich als geschlossenes Kollegium innerhalb des nun mehr und mehr ständisch geprägten Reichstags. Das aber bedeutete keineswegs die Anerkennung des Städterats als gleichberechtigter Kurie.[21] Vielmehr wurde die Stellungnahme der Städte bis zur Anerkennung der Städte als dritter Kurie des Reichstags im Westfälischen Frieden als unverbindliches votum consultativum betrachtet, das ihnen zudem oft genug auch vorenthalten blieb. Seit der Zeit Maximilians I. wurden die Städte immer wieder zu einzelnen Beratungen und Entscheidungen herangezogen, allerdings vorwiegend bei Ausführungsbestimmungen und Organisationsfragen.[22] Bei grundsätzlichen Fragen blieben sie weiterhin ausgeschlossen. Stimmten die Städte den Beschlüssen der oberen Stände zu, so trugen sie die Entscheidungen mit; folgten sie den Ratschlägen der Kurfürsten und Fürsten aber nicht, oder weigerten sie sich, Grundsatzentscheidungen mitzutragen, so verzichteten die oberen Stände in der Regel einfach auf ihre Mitwirkung, was, wenn sie denn mit dem Kaiser einig waren, der Gültigkeit eines Reichstagsbeschlusses keinen Eintrag tat.[23] Der Ausschluß von den Entscheidungen des Reichstags wurde von den Städten zunehmend als diskriminierend empfunden, zumal er von den Ständen dazu genutzt wurde, den Städten unverhältnismäßig hohe Beiträge zu den finanziellen Lasten des Reichs aufzubürden.[24]

Die Benachteiligung der Städte wurde nach dem Regierungsantritt Karls V. noch deutlicher spürbar, als sich mit den Bemühungen um die Umgestaltung mancher Verfassungselemente auch wirtschaftspolitische Bestrebungen sowie die Neuordnung der Reichsfinanzen verbanden, um die in der Wahlkapitulation zugesicherten Reichsbehörden auf eine tragfähige finanzielle Grundlage zu stellen. Bereits 1521 in Worms wurde über die Finanzierung der Reichsbehörden beraten und dabei ein fünfprozentiger Zoll auf alle Handelswaren bei der Ein- oder Ausfuhr in das oder aus dem Reich als eine der Möglichkeiten in die Diskussion eingebracht.[25] Die Stände versuchten jedoch nicht nur auf diese Weise, die Kosten der Unterhaltung von Reichsregiment und Reichskammergericht auf die Kaufleute abzuwälzen, sondern auch von den Matrikelanschlägen zum Romzug und zur kurzfristigen Finanzierung der Reichsbehörden sollten die Städte nicht weniger als ein Viertel des Ge-

21 RABE, Reich und Glaubensspaltung [wie Anm. 2], S. 79.

22 SCHMIDT, Städtetag [wie Anm. 4], S. 259.

23 M. HUBER, Städtearchiv und Reichsstandschaft der Städte im 16. Jahrhundert, in: Ulm und Oberschwaben 35 (1958), S. 97 und SCHMIDT, Städtetag [wie Anm. 4], S. 261.

24 RABE, Reich und Glaubensspaltung [wie Anm. 2], S. 79.

25 Gutachten des kleinen Ausschusses, Worms, 13. Mai 1521, Deutsche Reichstagsakten, Jüngere Reihe, hrg. durch die Historische Kommission bei der bayerischen Akademie der Wissenschaften, Bde. 2–4, bearb. von A. WREDE, Gotha 1896–1905, Neudruck Göttingen 1962–63 (im folgenden RTA), hier: Bd. 2, Nr. 52, S. 410f. Das Gutachten folgt für den Zoll im wesentlichen dem Gutachten des Markgrafen Kasimir von Brandenburg-Ansbach, Februar 1521, RTA Bd. 2, Nr. 51.

samtbetrags übernehmen.[26] Gleichzeitig versuchten die oberen Stände, die großen Handelsgesellschaften durch eine Monopolgesetzgebung einzudämmen, die weit über die Bekämpfung von Monopolen hinausging.[27] Die Klagen der Städte gegen den geplanten Zoll, die Monopolgesetzgebung und den hohen städtischen Anteil an der Reichsmatrikel waren vergeblich. Als die Städte die Beteiligung an der Festsetzung der Anschläge verlangten – zumindest aber die vollständige Abschrift der Matrikel –, antwortete man ihnen von seiten der Stände: »Sie weren bishar, wozu sich geburt erfordert worden; wes sich nit geburt, wer nit von neten sie dorbi zu haben.«[28] Dies war eine klare Absage an den Anspruch der Städte, am Reichstag als stimmberechtigte Kurie anerkannt zu werden. Doch in Worms konnten sie immerhin noch die Teilnahme je eines städtischen Vertreters durchsetzen, die in den Ausschüssen zum Zoll, zu den Monopolbestimmungen und zur Überprüfung der Reichsmatrikel saßen.[29]

Auf den folgenden Reichstagen verschlechterte sich die Situation der Städte aber weiterhin. Von den Beratungen des ersten Nürnberger Reichstags im Frühjahr 1522 über eine »eilende hilf« für das von den Türken bedrohte Ungarn und die Vorschläge zur Unterhaltung von Regiment und Kammergericht wurden sie vollständig ausgeschlossen und nur unzureichend über die Ergebnisse informiert.[30] Wegen der sich häufenden Zurücksetzungen am Reichstag beriefen die Städte im Sommer 1522 erstmals nach einer längeren Pause wieder einen Städtetag ein, der zur Abstimmung ihres Handelns auf dem nächsten Reichstag dienen sollte. Ergebnis war ein langer Katalog von Beschwerden, der auch die Klage gegen den Ausschluß von den Beratungen des Reichstags und erstmals die generelle Forderung nach der gleich- und stimmberechtigten Reichsstandschaft für die Städte enthielt.[31]

Auf dem zweiten Nürnberger Reichstag im Winter 1522/23 begannen die Auseinandersetzungen zwischen Ständen und Städten schon bei der Beratung über die Türkenhilfe, denn der Bescheid der oberen Stände an die Städte, sie hätten zu bewilligen, worauf sich Fürsten und Stände zuvor geeinigt hätten, berührte von vornherein das Problem der städtischen Stimme am Reichstag.[32] Auch die Antwort der Stände auf die von den Kommunen

26 SCHMIDT, Städtetag [wie Anm. 4], Tabellen S. 404ff. und 413f.; C. ROLL, Das zweite Reichsregiment 1521–1530 (Forschungen zur deutschen Rechtsgeschichte 15), Köln/Weimar 1996, S. 113f. Vgl. auch Wormser Matrikel 1521, RTA Bd. 2, Nr. 55.

27 Entwurf einer Polizeiordnung, RTA Bd. 2, Nr. 30, §23 und BAUER, Peutingers Gutachten [wie Anm. 10], S. 149.

28 Die Straßburger Gesandten an ihren Rat, 17. Mai 1521, Politische Correspondenz der Stadt Straßburg im Zeitalter der Reformation, Bd. 1, bearb. von H. VIRCK, Straßburg 1882, Nr. 86, vgl. auch Fürstenberg an Frankfurt, 20. Mai 1521, RTA Bd. 3, Nr. 230, S. 921.

29 SCHMIDT, Städtetag [wie Anm. 4], S. 264.

30 ebd. S. 265f.

31 ebd. S. 266; vgl. auch den Städtetagsabschied von Esslingen, 25. Juli 1522, RTA Bd. 3, Nr. 85.

32 So berichtet der Frankfurter Gesandte Holzhausen: »daraus auch zu vornemen nichts anders, dan das der curfursten und fursten gemude und meinung ist, hinfurter den stetten kein stant ader stim in reichstegen

zusammengetragenen Beschwerden war höchst unzureichend. Gaben die Stände auf Klagen der Städte über den Mangel an Sicherheit auf den Straßen, die zunehmenden Territorialzölle und die Parteilichkeit der Gerichte überwiegend hinhaltende Antworten, wiesen sie um so schroffer die Bitte um Mitwirkung an den Beschlüssen der Reichsversammlung zurück.[33] Auf die Klage über die zu hohen Anschläge erwiderten sie, »so sei auch meniglich kundig und offenbar, das die Reichsstette und zuvor die grossen in mererm aufnemen sein dann all ander reichsstend«[34] – was konkret bedeutete, daß man eine Mehrbelastung der Städte durchaus als gerecht ansah. Noch bevor die Reichszollordnung, der Vorschlag einer verschärften Monopolgesetzgebung und der Anschlag zur Türkenhilfe durch die Stände am Reichstag beschlossen worden waren[35], stand nach dem abschlägigen Bescheid der Stände zur städtischen Mitwirkung beim Zustandekommen dieser Beschlüsse fest, daß die Reichsstädte den Reichsabschied nicht annehmen würden.[36] Die Weigerung galt also keineswegs nur dem Zoll oder der Monopolgesetzgebung, genauso wichtig, wenn nicht sogar wichtiger war eine solche prinzipielle Weigerung für die Städte im Kampf um ihre Beteiligung an den Entscheidungen der Reichsversammlung überhaupt: Wenn sie die beanspruchten Rechte der Mitbestimmung wahren wollten, mußten sich die Städte den Reichstagsbeschlüssen, an denen sie nicht die Gelegenheit gehabt hatten mitzuwirken, verweigern.[37] Freilich wahrten die Städte damit lediglich ihre Rechtsposition in der Frage der Reichsstandschaft, das Inkrafttreten des Abschieds konnten sie bei Übereinstimmung der anderen Kurien durch ihre Weigerung nicht unterbinden.

Die Situation der Städte am Reichstag, an dem ihnen keine gesicherte Möglichkeit zur Mitbestimmung und seit 1522 nicht einmal mehr der Mitberatung zugebilligt wurde, mach-

und gescheften zu vergunden, sonder die genzlich auszuschliessen etc.« RTA Bd. 3, Nr. 206, S. 877f. Vgl. auch O. REDLICH, Der Reichstag von Nürnberg 1522/23, Leipzig 1887, S. 67.

33 Supplikation der Städte an Statthalter und Stände, 26. Dezember 1523, RTA Bd. 3, Nr. 89 und Antwort der Stände auf die Beschwerden der Städte, 23. Januar 1523, RTA Bd. 3, Nr. 91, S. 498f. Vgl. auch E. ISENMANN, Reichsstadt und Reich an der Wende vom späten Mittelalter zur frühen Neuzeit. In: Mittel und Wege früher Verfassungspolitik = Kleine Schriften 1, hrg. von J. ENGEL (Spätmittelalter und Frühe Neuzeit, Tübinger Beiträge zur Geschichtsforschung, Bd. 9), Stuttgart 1979, S. 9–223, hier S. 143.

34 Antwort der Stände auf die Beschwerden der Städte, 23. Januar 1523, RTA Bd. 3, Nr. 91, S. 504.

35 »auf disem reichstag noch mer ander sachen zugetragen, als nemlichen die beharrliche hilf wider den Turken belangend, ainen hohen zoll auf alle hantirend waren im reich zu schlahen, item der hantirung und kaufmanshandlung halben und dann von wegen ainer vernern und merern anlag zu underhaltung regiments und camergerichts, auch der hohen anschleg«. Städte an Statthalter und Stände, 2. Februar 1523, RTA Bd. 3, Nr. 93, S. 512.

36 Städte an Statthalter und Stände, 28. Januar 1523, RTA Bd. 3, Nr. 92, sowie der Bericht Holzhausens: »Auf die gegeben Antwort sint die gesanten von stetten fast unlostig, haben sich dess vereinigt, auf der curfursten und fursten, auch andere stend beschlissen kein antwurt zu geben und in nichtz vorwilligen, auch den abscheit nit helfen vorsigeln.« ebd. Nr. 239.

37 So faßten die Städte ihre Beschwerden noch einmal zur Begründung der Ablehnung des Abschieds für den Erzherzog zusammen. RTA Bd. 3, Nr. 97.

te es notwendig, daß die Städte sich grundsätzlich und intensiv mit ihren Chancen, auf die Politik des Reichstags einzuwirken, auseinandersetzten. Sie entschieden sich prinzipiell dafür, den Weg des Reichstags und der Reichsverfassung zur Institutionalisierung mitzubeschreiten und sich innerhalb der Institutionen einen Platz zu erkämpfen. Seit dem Reichstag 1522/23 wurde die Diskussion über die städtischen Rechte in der Reichsversammlung dann auch nicht mehr nur für einzelne, die Städte besonders betreffende Fragen geführt, sondern als generelle Forderung auf den Begriff von »Stand, Stimme und Session« gebracht. Die Städte als Städtecorpus strebten nach Gleichberechtigung mit den »oberen Ständen«, den Kurfürsten und Fürsten, am Reichstag.[38] Seit dem Städtetag 1522 führte dies die Städte zu einer engen Zusammenarbeit, nach dem Reichstag 1523 wurden die Bemühungen des Städtecorpus durch Nachforschungen in den Kanzleien seiner Mitglieder und die Befragung älterer Gesandten zu allen Fragen, die Stand, Stimme und Session am Reichstag betrafen, noch intensiviert.[39] Auch in der Folge versuchten die Städte immer wieder mit Eingaben an den Reichstag oder den Kaiser, als dritte, voll stimmberechtigte Kurie anerkannt zu werden; bis 1648 war ihnen dabei allerdings kein Erfolg beschieden.[40]

Die Städte und der Kaiser

Solange sich am Verfahren des Reichstags nichts zugunsten der Städte geändert hatte, konnten und mußten sie versuchen, für die ihnen hier fehlenden Möglichkeiten einen Ausgleich zu finden. Einen solchen Ausgleich sahen sie in der Möglichkeit, sich unmittelbar an den Kaiser zu wenden. Schon nach dem Nürnberger Reichstag im Sommer 1522, als das Regiment und die Reichsstände dem Kaiser ihre unterschiedlichen Vorschläge zur Finanzierung des Unterhalts der Reichsbehörden vorlegten, hatten die Städte die Gelegenheit genutzt, ihren Standpunkt und ihre Gründe für die Ablehnung des Zolls dem Kaiser brieflich darzulegen, da sie befürchteten, daß ihre Bedenken in dem Gutachten des Regiments nicht an den Kaiser gelangen würden.[41] Auch nach dem Reichstag 1523 intervenierten die Städte zunächst schriftlich und begründeten ihre Ablehnung des Abschieds beim Kaiser. Zugleich wurde aber auch schon auf dem Städtetag, der neben den letzten Verhandlungen des Reichstags in Nürnberg tagte, angesichts der Abwesenheit des Reichsoberhaupts eine

38 SCHMIDT, Städtetag [wie Anm. 4], S. 264.

39 Aus den Ergebnissen entwickelte sich allmählich das Städtearchiv und eine reichsstädtische Registratur, die die Grundlage für zahlreiche Gutachten zur Reichsstandschaft bildete. Im einzelnen dazu: HUBER, Städtearchiv [wie Anm. 23].

40 ISENMANN, Reichsstadt [wie Anm. 33], S. 141–189 und HUBER, Städtearchiv, S. 100–112.

41 Die Städte an den Kaiser, April 1522, RTA Bd. 3, Nr. 31, S. 160f.

Gesandtschaft nach Spanien erwogen, die den Standpunkt der Städte im Streit mit den Ständen gegenüber dem Kaiser persönlich und mit Nachdruck vertreten sollte.[42]

Neben der grundsätzlich immer und für alle Reichsstände vorhandenen Möglichkeit, sich mit ihren Wünschen und Beschwerden an das Reichsoberhaupt zu wenden, wirkten noch andere Umstände zugunsten einer direkten städtischen Intervention beim Kaiser. Am 9. Februar war zwar der Abschied des Nürnberger Reichstags den Ständen verlesen worden, doch das Fehlen des Tagesdatums macht deutlich, daß er nicht rechtsgültig vollzogen wurde[43]: Einerseits hatten sich die Städte geweigert, ihn zu unterzeichnen, was als nicht geringer Mangel betrachtet wurde[44]; andererseits herrschte über die Gültigkeit des Reichsabschieds ohne die Zustimmung des Kaisers keine Klarheit[45] – die Kompetenzen von Statthalter und Reichsregiment waren hier nicht hinreichend geregelt.[46] Der in Abwesenheit des Kaisers von den Ständen – mit Ausnahme der Städte – bewilligte Abschied wurde also an den Kaiser nach Spanien gesandt, und zwar zusammen mit der Zollordnung und dem Entwurf einer Monopolgesetzgebung.[47] In einem Begleitschreiben zu den übersandten Dokumenten wurde der Kaiser in der Sache des Zolls ausdrücklich gebeten, er solle »darin dermass gnediglich bewilligen«, damit dieser auf einem zum 13. Juli 1523 angesetzten Reichstag endgültig verabschiedet werden könne. Für den Zoll hatte sich der Kai-

42 Abschied des Städtetags in Nürnberg, 6. Februar 1523, RTA Bd. 3, Nr. 95, S. 523.

43 RTA Bd. 3, S. 736.

44 Planitz an Kurfürst Friedrich, 16. Februar 1523, Des kursächsischen Rathes Hans von der PLANITZ Berichte aus dem Reichsregiment in Nürnberg 1521–1523, gesammelt von E. WÜLCKER, bearb. von H. VIRCK, Leipzig 1899, S. 372.

45 SCHMIDT, Städtetag [wie Anm. 4], S. 175 vertritt die Ansicht, daß trotz Statthalter und kaiserlichem Regiment die Gültigkeit des Reichsabschieds an die Zustimmung des Kaisers gebunden blieb. Dabei bezieht er sich auf K. SCHLAICH, Maioritas – protestatio – itio in partes – corpus Evangelicorum. Das Verfahren im Reichstag des Heiligen Römischen Reichs Deutscher Nation nach der Reformation. In: ZSavRG, KA 94 (1977), S. 264–299, hier S. 267. Dort heißt es: »So [durch Re- und Correlation von Kurfüstenrat und Fürstenrat und anschließenden Vergleich mit den Städten] entstand im ordentlichen Verfahren das Reichsgutachten, das dann noch der kaiserlichen Zustimmung bedurfte, um zum Reichsschluß zu werden.« SCHLAICH geht bei seiner Analyse des Reichstagsverfahrens aber überwiegend von den Artikeln des Westfälischen Friedens sowie dem im späteren 16. Jahrhundert entstandenen »Traktat über den Reichstag im 16. Jahrhundert« aus (Quellen und Studien zur Verfassungsgeschichte des Deutschen Reiches in Mittelalter und Neuzeit 1.1, hrg. von K. RAUCH, Weimar 1905). Vgl. auch G. OESTREICH, Zur parlamentarischen Arbeitsweise der deutschen Reichstage unter Karl V. (1519–1556). In: MÖStA 25 (1972), S. 217–243, hier S. 227. Tatsächlich traf die Regimentsordnung aber keine eindeutige Regelung. RABE, Reich und Glaubensspaltung, S. 165, urteilt deshalb vorsichtig, daß sich der Kaiser faktisch das Recht der Bestätigung der Reichstagsbeschlüsse vorbehalten habe. In der Einleitung zum Abschied, RTA Bd. 3, S. 736 ist vollends davon die Rede, daß der Kaiser von den Beschlüssen des Reichstags lediglich in Kenntnis gesetzt worden sei.

46 Regimentsordnung, RTA Bd. 2, Nr. 21. Vgl. auch H. ANGERMEIER, Die Reichsreform 1410–1555. Die Staatsproblematik in Deutschland zwischen Mittelalter und Gegenwart, München 1984, S. 238.

47 Statthalter und Stände an den Kaiser, 8. Februar 1523, RTA Bd. 3, Nr. 118.

ser bereits ein endgültiges Entscheidungsrecht vorbehalten, als ihm die verschiedenen Vorschläge des Regiments für die Unterhaltung der Reichsbehörden nach dem ersten Nürnberger Reichstag im Sommer 1522 zur Stellungnahme vorgelegt worden waren.[48] Weder bei der Erwähnung des Abschieds noch der Monopolgesetzgebung in dem Brief an den Kaiser findet sich hingegen ein ausdrücklicher Hinweis auf die vom Kaiser einzuholende Zustimmung.[49] Dennoch hielt man es seitens des Statthalters und des Reichstags offensichtlich für notwendig, die Beschlüsse dem Kaiser vorzulegen. Von Regiment und Statthalter wurde Johann Maria Warschütz abgesandt, um möglichst rasch den Abschied und die anderen Handlungen des Reichstags dem Kaiser zu überbringen und eine Antwort zu erlangen, die eine Lösung der dringenden Geldprobleme des Regiments bringen sollte.[50]

Innerhalb der großen Linie der Institutionalisierung der Reichsverfassung, die mit Maximilian eingesetzt hatte, waren gerade die Jahre nach dem Wormser Reichstag geprägt durch eine weitgehende Unsicherheit in wichtigen Fragen, verstärkt und teilweise auch erst hervorgerufen durch die Abwesenheit des Reichsoberhaupts und die ungewisse Situation seiner Vertretung im Reich.[51] Dazu zählt insbesondere die einer Entscheidung durch den Kaiser konkurrierende, aber umstrittene Kompetenz von Reichsregiment, Statthalter und Reichstag bei der Bestätigung der Reichstagsbeschlüsse und der Verabschiedung von Reichsgesetzen.[52] Solange derartige Unsicherheiten bestanden, gab es offensichtlich für die Städte die Möglichkeit, andere, in der Reichsverfassung nicht institutionalisierte Formen der Einflußnahme auf die Beschlüsse zu nutzen. Sie konnten auf die »alten Wege« zurückgreifen, die ihnen ihr durch Königsrecht geregeltes Verhältnis zum Reichsoberhaupt

---

48 Die Stände an den Kaiser, Nürnberg, 16. April 1522, RTA Bd. 3, Nr. 28. In seiner Antwort wies der Kaiser die Stände an, die näheren Modalitäten des Zolls zu bestimmen, darauf »wollen wir euch alsdan auf diesen artigkel weiter unsern willen und meinung eroffnen.« Der Kaiser an den Statthalter Pfalzgraf Friedrich und das Regiment, November 1522, RTA Bd. 3, Nr. 41, S. 232.

49 Zum Abschied heißt es in dem Schreiben: »wie wir E. kai Mt [...] copi des abschids diss reichstags und solicher handlung hiemit undertheniglich zuschicken [...]; ufs underthenigst bittend E. kei Mt wollen solichs von uns guter getreuer meinung und nach notturft aller sachen versteen und aufnemen und unser gnedigster herr sein und pleiben.« Statthalter und Stände an den Kaiser, 8. Februar 1523, RTA Bd. 3, Nr. 118, S. 760.

50 Instruktion des Regiments für Warschütz bei seiner Sendung an den Kaiser, RTA Bd. 3, Nr. 119.

51 Dies im Widerspruch zu der u. a. von SCHINDLING vertretenen These, daß die Abwesenheit des Kaisers die Institutionalisierung des Reichstags vorangetrieben hätte. A. SCHINDLING, Der Westfälische Frieden und der Reichstag. In: Politische Ordnungen und soziale Kräfte im Alten Reich, hrg. v. H. WEBER (= Veröffentlichungen des Instituts für europäische Geschichte Mainz, Beiheft 8), Wiesbaden 1980, S. 113–153, hier S. 117. Vgl. dazu H. RABE, Deutsche Geschichte 1500–1600. Das Jahrhundert der Glaubensspaltung, München 1991, S. 245f. Zu weiteren offenen Fragen der Reichstagsverfassung ebd. S. 119.

52 Vgl. RABE, Reich und Glaubensspaltung, [wie Anm. 2], S. 171 zum Reichsabschied 1524: »Es entsprach der Unsicherheit der Vertretung Karls V. im Reich, daß der Beschluß des Reichstags – ungeachtet des Einverständnisses von Statthalter und Regiment – faktisch der zusätzlichen Billigung durch den Kaiser in Spanien bedurfte.«

offenließ, und sich direkt an ihren unmittelbaren Herrn, den König, wenden. Wenn diese zur Zeit der Städtegesandtschaft also durchaus aktuelle Möglichkeit, Einfluß auf Reichssachen geltend zu machen, hier als »alt« bezeichnet wird, so dient dies der Abgrenzung von der relativ neuen Forderung nach gleichberechtigter Mitwirkung am Reichstag, zugleich aber auch dazu, auf die Entwicklung aufmerksam zu machen, die die Rolle der Städte auf Reichsversammlungen im Laufe der Jahrhunderte bestimmt hatte.

Zunächst beruhte ja die Anwesenheit der Städte auf den Hoftagen oder am Hof des Königs auf ihrem Verhältnis zum Reichsoberhaupt als Stadtherrn, der in erster Linie finanzielle Forderungen an seine Städte stellte. Ihre formelle Zustimmung war zumindest wünschbar und jedenfalls wichtig, um die Ausführung der ihnen übertragenen finanziellen oder militärischen Leistungen zu sichern; ein gewisser Handlungsspielraum erwuchs den Städten dabei aus ihrer finanziellen Position, insbesondere gegenüber den Wünschen des Königs nach Sonderleistungen.[53] Der Königlose Tag, der sich im 15. Jahrhundert – gleichzeitig mit der begrifflichen Loslösung des Reichs von der Person des Königs – um die Kurfürsten als ein Forum der Vertretung des Reichs gegenüber dem Kaiser bildete, bot dann für die Städte kaum mehr Möglichkeiten, ihre politischen Ziele durchzusetzen. So blieben sie, die nicht zu den politisch Mächtigen im Reich gehörten, diesen Tagen überwiegend fern. Neben dieser Versammlung der mächtigen Fürsten des Reichs blieb aber stets der Hof des Herrschers bestehen und behielt auch weiterhin ein »hoftagähnliches Potential«: Die am Reichstag nicht oder schlecht Vertretenen, also zuerst die Kleinen, hatten weiterhin stets die Möglichkeit, sich an den Kaiserhof zu wenden.[54] In der Regierungszeit Maximilians, in der sich der Reichstag erstmals in seiner späteren ständisch geprägten Form formierte – wenn er auch noch stark den alten Hoftagen ähnelte – und die Städte regelmäßiger zu den Reichsversammlungen eingeladen wurden, profitierten sie sogar von ihrer Stellung zwischen dem Kaiser und den Ständen. In dem labilen Kräftegleichgewicht, das zwischen beiden bestand, gelang es den Städten häufig, eigene Vorstellungen einzubringen, indem sie die eine oder andere Seite verstärkten.[55]

Die Abwesenheit des Kaisers von den Reichstagen seit 1522 brachte dann aber eine folgenschwere Reduzierung der direkten Einflußmöglichkeiten der städtischen Vertreter. Der geringe Einfluß der Städte am Reichstag wurde zum entscheidenden Nachteil, als dieser zum einzigen Forum für die Regelung von Reichsangelegenheiten wurde und sich das Verfahren der Beschlußfassung verfestigte.[56] Lange Zeit hatte den Städten ihr unmittelbares Untertanenverhältnis zum Kaiser zusätzlich zu den ständisch dominierten Reichsversammlungen die Möglichkeit zu direkten Verhandlungen mit dem Reichsoberhaupt selbst – und

53 SCHMIDT, Städtetag [wie Anm. 4], S. 251.

54 MORAW, Versuch [wie Anm. 13], S. 18f.

55 SCHMIDT, Städtetag [wie Anm. 4], S. 176.

56 ebd. S. 270.

umgekehrt – offengelassen.[57] Seit dem Reichstag 1522 war ihnen nun dieser Weg durch die Abwesenheit des Kaisers erschwert. Zugleich mußten sie hinnehmen, daß ihnen jegliche Beteiligung an den Beratungen und Beschlüssen der Reichsversammlung von den oberen Ständen verwehrt wurde. An der Praxis der Appellation an den Kaiser bei ungünstigen Entscheidungen konnten die Städte mithin nur noch festhalten, indem sie entweder schriftlich oder aber durch Vertreter direkt beim Reichsoberhaupt appellierten.

Die Gesandtschaft

Die Angelegenheiten, die am Reichstag 1522/23 wesentlich zuungunsten der Städte entschieden worden waren, erschienen diesen nun als so wichtig, daß sie nicht auf die Wirkung einer schriftlichen Eingabe vertrauen wollten. Der Brief der auf dem Reichstag versammelten Städte an den Kaiser sollte zunächst nur Aufschub schaffen, die eigentliche Überzeugungsarbeit aber direkt am Kaiserhof geleistet werden.[58] Wie wichtig die Angelegenheit den Städten war, läßt sich an der überdurchschnittlich hohen Beteiligung der Städtevertreter an den Städteversammlungen in Nürnberg und Speyer im Winter und Frühjahr 1523 ablesen, die den Beschluß der Gesandtschaft als Reaktion auf die Benachteiligung am Reichstag brachten.[59] Waren bisher schon Gesandtschaften einzelner Städte zur Wahrung ihrer Interessen an den Kaiserhof gesandt worden[60], sollte die Gesandtschaft, die 1523 nach Spanien geschickt wurde, explizit eine gemeinsame Unternehmung aller Städte

57 HUBER, Städtearchiv [wie Anm. 23], S. 97.

58 Auf dem Städtetag in Nürnberg beschlossen die Städte, »das also in allweg die gross notturft erfordern will, wo anderst desshalben etwas fruchtpars bei kair Mt ausgericht und erlangt solt werden, das ir Mt der gemeinen und sondern beschwernussen halber durch ein potschaft oder ein sondern solicitatorem am hofe auf ein genugsame instruction und aller frei- und reichstet costen und verlegung ferner lauter underricht muss werden.« Abschied des Städtetags in Nürnberg, 6. Februar 1523, RTA Bd. 3, Nr. 95, S. 523. Deshalb baten sie den Kaiser in ihrem Brief, ihrer Bedenken »gnediglich ingedenk zu sein, auch in sollichem allem nit ilen, furfaren oder sich was entlichs der erbarn stett halben unverhort zu entschliessen«, sondern zunächst abzuwarten, bis die Städte ihre Beschwerden erläutert hätten. Brief der Städte an den Kaiser, 6. Februar 1523, RTA Bd. 3, Nr. 96.

59 Der Städtetag, der im März in Speyer abgehalten wurde, erreichte den höchsten Anteil direkter Teilnahme der Städtetage der ersten Hälfte des 16. Jahrhunderts: 44 Reichsstädte hatten einen oder mehrere eigene Gesandte geschickt, nur 5 ließen sich vertreten oder entschuldigen. Die direkte Teilnahme am Städtetag lag damit weit über dem Durchschnitt von 23 persönlich vertretenen neben 22 entschuldigten oder mitvertretenen Städten. Bereits der neben dem Reichstag gehaltene Städtetag im Februar hatte eine ähnlich hohe Beteiligung erreicht, hier waren 42 Städte vertreten, 5 weitere ließen sich auch hier entschuldigen oder von anderen Städten mitvertreten. SCHMIDT, Städtetag [wie Anm. 4], Tabelle S. 47 und S. 48.

60 Vgl. die Gesandtschaft Nürnbergs zu Karl V. im Jahr 1519, bei der es insbesondere um Zollstreitigkeiten mit dem benachbarten Territorium des Markgrafen Kasimir von Brandenburg-Ansbach ging. J. MÜLLER, Nürnbergs Botschaft nach Spanien zu Kaiser Karl V. im Jahr 1519, HZ 98 (1907), S. 302–328.

des Städtecorpus sein – manifestiert insbesondere in der Umlage der Kosten auf alle Städte.[61]

Als die Gesandtschaft im März 1523 in Speyer endgültig beschlossen wurde, hielt der Abschied als vorrangiges Ziel fest, das Inkrafttreten der Reichszollordnung zu unterbinden.[62] Daneben gelangten aber auch eine Reihe weiterer Beschwerden in den Abschied des Städtetags und in die Instruktion, die von dem Augsburger Advokaten Konrad Rehlinger verfaßt wurde. Die Vertreter der Städte sollten am Kaiserhof nicht nur den Reichszoll und die Verschärfung der Bestimmungen über »Kaufmannshändel und Monopolia« verhindern, sondern auch das Problem von »Stand, Stimme und Session« am Reichstag anschneiden, sich allgemein über die hohen Lasten bei der Türkenhilfe beklagen sowie die Beschwerden einzelner Städte über zu hohe Anschläge, die Bitte um Änderung einzelner Artikel der Landfriedensordnung und weitere Beschwerden vortragen.[63]

Die Vorbereitung und Durchführung der Gesandtschaftsreise, auch die Auswahl der Gesandten, übernahmen die vier großen Städte, die selbst die Gesandten stellen sollten: Augsburg, Nürnberg, Straßburg und Metz.[64] Die unmittelbar an der Gesandtschaft beteiligten Städte waren Metropolen nach ihrer ökonomischen und politischen Stellung, sie waren tonangebend unter den Städten auf den Städte- und Reichstagen und bestimmten dort überwiegend die gemeinsame Politik des Städtecorpus. Ihre Stellung als nach zeitgenössischer Einschätzung wichtigen Fernhandelsstädten basierte auf Fernhandel mit handwerklich-gewerblichen Waren und Luxusgütern, diejenige Augsburgs und Nürnbergs auch auf einer exportgewerblichen Produktion mit Bedarf an importierten Rohstoffen.[65] Diese Städte mußte der Zoll in ihren Wirtschaftsinteressen am härtesten treffen. Zugleich aber verfügten auch nur die großen Städte über genügend diplomatische Erfahrung sowie über die finanziellen und personellen Mittel zur Entsendung einer Gesandtschaft zum Kaiserhof in Val-

61 Städteabschied von Speyer, 2. April 1523, Artikel 7, Urkunden zur Geschichte des Schwäbischen Bundes (1488–1533), hrg. von K. KLÜPFEL, Bd. 2 (Bibliothek des literarischen Vereins in Stuttgart, Bd. 31), Stuttgart 1853, S. 256f. Das Interesse der hinsichtlich ihrer ökonomischen Stellung stark differierenden Städte an der Gesandtschaft war sehr unterschiedlich groß. Um ein Auseinanderbrechen des Städtecorpus zu verhindern, wurden die Kosten nicht nach dem Vermögen, sondern nach den Interessen der einzelnen Stadt an der Abwendung des Zolls verteilt. SCHMIDT, Städtetag [wie Anm. 4], S. 111.

62 Das Ziel der Gesandtschaft wurde bereits im Artikel über den Zoll fixiert; sie diente, »neben und mit andern iren beschwernussen, zu abwendung und verhinderung, solichs fürgenomen Zols« und sollte »von ir Mt, darüber ain genediger schrifftlicher beschaid Zu nit verwilligung, sonder abschaffung solichs Zols« erlangen. Abschied des Speyrer Städtetags, 2. April 1523, KLÜPFEL, ebd., S. 246.

63 Instruktion der Städtegesandten, STA Nürnberg, RS Nürnberg, Reichstagsakten Nr. 10, fol. 336–350. Vgl. TEICKE, Reichssteuerbestrebungen [wie Anm. 10], S. 113, Anm. 3 und SCHMIDT, Städtetag [wie Anm. 4], S. 431.

64 Städteabschied Speyer, 2. April 1523, Artikel 7, KLÜPFEL, S. 256f.

65 In der Instruktion für Warschütz werden als Städte mit »großem Handel« mit dem Ausland genannt: Nürnberg, Augsburg, Straßburg, Metz, Köln und Lübeck. RTA Bd. 3, Nr. 119, S. 765.

ladolid.[66] Innerhalb dieser Städte dominierten die kaufmännischen Oberschichten ebenso die Politik wie die Fernhandelsstädte innerhalb des Städtecorpus.[67] Auch die einzelnen Gesandten stammten alle aus den politisch und wirtschaftlich führenden Kreisen, jedoch gehörten sie weder der absoluten Spitze der Handelsaristokratie, wie sie die Familien der Welser oder der Fugger darstellten, noch den prominenten Köpfen der städtischen Wirtschaftspolitik an, wie Peutinger oder Rehlinger zu dieser Zeit.[68]

Die Verhandlungen am Kaiserhof in Valladolid

Zwei Gesandtschaften machten sich also nach dem Nürnberger Reichstag von 1522/3 nach Spanien auf. Zuerst langte der im Auftrag des Regiments und des Statthalters reisende Warschütz dort an, der den Kaiser zur Bewilligung des Zolls bewegen sollte, indem er ihm die Argumente der Stände vortrug und die Dringlichkeit des Inkrafttretens der Zollordnung für das Fortbestehen des Regiments vor Augen führte. Gleichzeitig sollte er die grundsätzliche Ablehnung des städtischen Anspruchs auf Beteiligung an den Entscheidungen des Reichstags zum Ausdruck bringen und dem Kaiser darlegen, daß jede Regierung unmöglich würde, wenn die Städte sich nicht an die Beschlüsse des Reichstags halten müßten, sondern alles von ihrer Zustimmung abhinge, indem sie beliebig beim Kaiser eine Abänderung der Reichstagsbeschlüsse verlangen könnten.[69] Warschütz kam im Mai in Valladolid an. Bereits kurz nach seiner Ankunft wurde für den zu Margarete 1523 geplanten nächsten Reichstag Jehan Hannart, der als kaiserlicher Gesandter diesen Reichstag besuchen sollte, für seine Aufgabe instruiert.[70] Hannart wurde dann aber nicht abgefertigt, weil die brieflich angekündigte Stellungnahme der Städte zum Zoll und ihre Ablehnung des Reichsabschieds fehlten, und auch Warschütz mußte am Hof auf eine endgültige Entscheidung war-

66 H. GOLLWITZER, Bemerkungen über Reichsstädte und Reichspolitik auf der Wende vom 15. zum 16. Jahrhundert. In: Civitatum Communitas. Studien zum europäischen Städtewesen, hrg. von H. JÄGER, F. PETRI, H. QUIRIN (Festschrift für H. Stoob), Bd. 2 (Städteforschung A/21, II), Köln 1984, S. 488–516, hier S. 498.

67 SCHMIDT, Städtetag [wie Anm. 4], S. 113 und E. MASCHKE, Deutsche Städte am Ausgang des Mittelalters. In: Die Stadt am Ausgang des Mittelalters, hrg. von W. RAUSCH, Linz 1974, S. 1–32, hier S. 20.

68 Nach Spanien gesandt wurden aus Metz Philipp von Esch, aus Straßburg Bernhard Wurmser, aus Augsburg Simon Seitz und aus Nürnberg Clement Volkamer sowie zusätzlich der Advokat Christoph Scheurl. Zu den wirtschaftlichen Strukturen der teilnehmenden Städte und insbesondere den Gesandten ausführlich das Kapitel 4 der genannten Arbeit über die Gesandtschaft [wie Anm. 1].

69 Instruktion des Regiments für Warschütz bei seiner Sendung an den Kaiser, RTA Bd. 3, Nr. 119, S. 763ff.

70 Proposition Hannarts, Fassung O (Instruktion), RTA Bd. 4, S. 291, Anm. 1 – aus der Überschrift ergibt sich, daß die Instruktion schon für den Reichstag ausgestellt wurde, der für den 13.7. (Margarete) geplant gewesen war.

ten.[71] Die Städtegesandten trafen nach einer mühsamen und beschwerlichen Reise erst Anfang August in Valladolid ein.[72] Der Kaiser traf also keine Entscheidung, solange nicht die Städtegesandten Gelegenheit gehabt hatten, ihre Bedenken vorzutragen, obwohl dadurch das Regiment ernsthaft gefährdet und der Gang der Reichsgeschäfte nicht unerheblich verzögert wurde – immerhin scheiterte auch wegen des Fehlens des kaiserlichen Gesandten im Sommer 1523 ein Reichstag. Diese Tatsache und die Verhandlungen mit wichtigen kaiserlichen Räten in Valladolid zeigen, wieviel Bedeutung der Kaiserhof dem Erscheinen der Städte, ihren Einwänden und dem guten Einvernehmen mit ihnen beimaß.

Hauptpunkt der Verhandlungen war – auch infolge der in diesem Punkt ausführlichen Argumentation der städtischen Proposition – der Zoll.[73] Bereits in den Verhandlungen mit den kaiserlichen Räten zeigte sich die grundsätzliche Bereitschaft des Kaisers, die Städte in ihrem Anliegen zu unterstützen; als Gegenleistung wurde freilich von den Städten eine direkte Zahlung an den Kaiser erwartet.[74] Die Städtegesandtschaft zog sich hier jedoch auf ihre begrenzte Vollmacht zurück und erklärte, keine bestimmte Summe zusichern zu können.[75] Der offizielle Abschied, den die Städte am 19. August erhielten, war dementsprechend vage gehalten und verwies die städtischen Beschwerden überwiegend an den nächsten Reichstag.[76]

Erst in den mündlichen Zusatzvereinbarungen, mit denen der Kaiser den Städten »vertrawlich und in gehaim« zu verstehen gab, daß er bereit sei, sich in den wichtigsten Punkten Zoll, Monopolbestimmungen und Reichsstandschaft für die Städte einzusetzen, wurden Ergebnisse der Gesandtschaft faßbar. Der Kaiser, dessen »gemut kains wegs sy, den kaufmanshandel zuhindern noch ainigen abpruch zuthun«, wollte den Zoll nicht genehmigen.[77] Tatsächlich ist, anders als es die Städte in ihrer Instruktion vorgesehen hatten, am Kaiserhof gar nicht mehr über den Zoll als Finanzierungsinstrument für Regiment und Kammergericht verhandelt worden; vielmehr wurde der Erhalt des Regiments, das den viel größeren Finanzbedarf der beiden Behörden hatte, überhaupt in Frage gestellt: Karl lehnte es ab, den ständischen Einfluß auf das Regiment durch die Genehmigung des Reichszolls noch zu vergrößern. Am Kaiserhof fürchtete man, daß der Zoll als eine selbständige, direkte und dauerhafte Einnahme, die nicht der kaiserlichen Kontrolle unterlag, sondern von den Ständen verwaltet wurde, die Position des Regiments zu sehr stärken und diese Institution auf

71 Gesandtschaftsbericht, Sta Ffm, RTA Bd. 39, fol. 42r.

72 ebd. fol. 40v.

73 ebd. fol. 45r.

74 ebd. fol. 46r–v.

75 ebd. fol. 46r.

76 Gesandtschaftsbericht im Städteabschied Nürnberg 1524, Sta Ulm, A 526, fol. 28r–v.

77 Gesandtschaftsbericht, Sta Ffm, RTA Bd. 39, fol. 48v.

Kosten des Reichsoberhaupts festigen würde.[78] Der Kaiser war nicht mehr bereit, mit den Ständen um die Konzeption des Regiments, nun punktuell auch dessen Finanzierung, zu ringen. Zumindest den Städten gegenüber vertrat er die Meinung, er wolle die Regierung des Reichs selbst mit Hilfe eines Statthalters in die Hand nehmen und nur das Kammergericht erhalten.[79] Die Entscheidung des Kaisers gegen den Zoll war aufgrund solcher Überlegungen bereits vor der Ankunft der Städtegesandten gefallen.[80] Der Unwille der Städte, den Zoll zu bezahlen, ihre Drohungen, die bis hin zum Abfall der Reichsstädte vom Reich gingen, und die Berichte von Plänen der Fürsten, das Reich aufzuteilen und mit Hilfe der Zolleinnahmen eine unabhängige Regentschaft aufzurichten, bestärkten den Kaiser aber wohl in seiner Entscheidung.[81] Der Zoll konnte gegen den Willen der Städte nicht erhoben werden. Wollte man von ihnen finanzielle Unterstützung für die Aufgaben der Friedenswahrung erhalten, mußte ein Konsens angestrebt werden. Auf das gute Einvernehmen mit den Städten war Karl aber auch wegen seines eigenen Bedarfs an Geld angewiesen, zumal er sich gerade jetzt bei den Städten um eine finanzielle Hilfe für die Aufrichtung einer Regentschaft im Reich wandte. Wenn jemand im Reich seine Politik gegen die Stände wirksam unterstützen konnte, dann waren dies die reichen Handelsstädte, deren Abgesandte er vor sich hatte – auch wenn sie im Auftrag des gesamten Städtecorpus handelten.

---

78 SCHMIDT, Städtetag [wie Anm. 4], S. 446.

79 »Und derhalb ire gemut und meynung kains wegs den furgenomen zoll in sein wirkung komen zulassen, und zubewilligen sonder die Regirung zu iren handen zunemen und eyn dapfern Stadthalter sampt eynem Stadtlichen Cammergericht, zuverorden, damit im heyligen Reich frid Execucion erhalten werden mocht.« Gesandtschaftsbericht, Sta Ffm, RTA Bd. 39, fol. 48v.

80 Dafür spricht auch die Tatsache, daß die Instruktion, die Hannart als kaiserlicher Kommissar am Reichstag 1524 hatte, mit der bereits für den Reichstag im Sommer 1523 angefertigten sehr weitgehend übereinstimmt: Lediglich ein dreizehnter Punkt, der vom Erscheinen der Städtegesandten am Hof berichtet und Hannart anweist, die städtischen Klagen am Reichstag zu befördern, wurde später angefügt. Am ersten Artikel, der die Unterhaltung von Regiment und Kammergericht betraf, wurde jedoch nichts verändert. Proposition Hannarts, Fassung O (Instruktion), RTA Bd. 4, Nr. 34, S. 291, Anm. 1 und S. 296, Anm. 2.

81 Daß die Drohungen nicht ganz aus der Luft gegriffen waren, sondern der Abfall einiger Reichsstädte vom Reich durchaus befürchtet wurde, belegt ein Brief des kaiserlichen Agenten Michiel Gillis, der über Straßburg am 8. August 1523 an Karl berichtete: »ceulx de Strasbourg estoient entre en practiques avec les Suisses bien avant ce que a continue jusques a oyres«. Zitiert nach H. BAUMGARTEN, Geschichte Karls V., Bd. 2, Stuttgart 1885, S. 313, Anmerkung. Ähnlich hatte sich schon Planitz gegenüber Kurfürst Friedrich am 24. Februar 1523 geäußert, angesichts des Gerüchts, daß sich die Graubündner den Schweizern angeschlossen hätten: »Gott gebe, das sich nicht auch eczlich reichsstett zu inen schlahen.« PLANITZ, Berichte [wie Anm. 44], S. 376. Mit Hilfe der Zolleinnahmen würde es leicht möglich sein, einen römischen König zu wählen, behaupteten die Städtegesandten: »Was auch in der wal zu Franckfurt practicirt sey, wo eynn Churfurst das Reich zuunderhalten vermegende gewesen were, derhalb diser Zoll nit allain dem huß Osterrich mit der Zit nachthailig sein mocht, sonder auch dem Reich aus angezaigten Ursachen mehr verderbnis dan aufnung verursachen wurde. Alsdann etlich Fursten und ander berait under sich aufgethailt hetten.« Gesandtschaftsbericht Sta Ffm, RTA Bd. 39, fol. 44r–v. Vgl. auch RANKE, Deutsche Geschichte [wie Anm. 10], Bd. 2, S. 92f.

Wie sehr der Kaiser dabei auf die Wünsche auch einzelner Handelsmetropolen eingehen konnte, zeigt seine Aufnahme der Monopolsache unter die wichtigen Verhandlungspunkte – an einer Einstellung der Monopolklagen war vornehmlich Augsburg interessiert, während die übrigen Städte einem Vorgehen gegen die Monopole nicht grundsätzlich und vollständig ablehnend gegenüberstanden. Der mitgereiste Augsburger Vertreter hatte dem Kaiser – gegen den Willen der übrigen Gesandten – neben der von allen Städten unterstützten Ablehnung bestimmter verschärfter Bestimmungen gegen den Fernhandel auch eine nur von Augsburg vertretene ausführliche Rechtfertigung der Monopole und Fernhandelsgesellschaften in Form eines »Ratschlags« vorgelegt.[82] Daraufhin ließ der Kaiser den Reichsfiskal das wegen Monopolvergehens gegen eine Reihe von Augsburger Kaufleuten eröffnete Verfahren einstellen und verhinderte eine Verschärfung der Monopolgesetzgebung durch Stände und Regiment, indem er die Monopolsachen ganz in seine Kompetenz zog.[83] In der Monopolfrage – so darf man annehmen – haben die Rücksichten auf die Geldgeber des Hauses Habsburg unter den oberdeutschen Kaufleuten die wichtigsten Gründe für das Einschreiten des Kaisers zugunsten der Handelsgesellschaften geliefert.

Lediglich in den beiden Punkten Zoll und Monopole hatten die Städte also weitgehende Zusicherungen vom Kaiser erhalten: sicher auch, weil er hierin am ehesten gegen die Zusage eines finanziellen Ausgleichs den Wünschen der Städte entgegenkommen konnte.[84] Wenn ihnen die Ablehnung des Zolls auch nicht schriftlich zugesichert worden war, so konnten sie doch sicher sein, daß Hannart am Reichstag in ihrem Sinne zu handeln beauftragt sein würde. Er sollte zugleich den Befehl haben, mit den Städten eine bestimmte Summe Geld als Entschädigung und Verehrung für den Kaiser zu vereinbaren.[85]

Die übrigen Klagen der Städte, insbesondere die Bitte, für ihre gleichberechtigte Stellung am Reichstag einzutreten, konnte das Reichsoberhaupt nicht durch direktes Einschreiten erfüllen. Die Entscheidung hierüber verwies der Kaiser an den Reichstag, da »sölichs der Frey und Reichsstett ansuchen und begern ain Newrung und wider alten geprauch und herkomen ist, wie sölchs gemain Stende des Reichs anzaigen, wil Kayserlich Maiestat aus-

---

82 Gesandtschaftsbericht, Sta Ffm, RTA Bd. 39, fol. 41v.

83 »Desglichen woll ir Mst by den Reichs Stenden und Regiment verfugen, das sie inn Sachen der Monopolien und Kaufmanshendel hinfuro wie bisher onbesichtigt irer Mt. nichts ausgehen lassen, sonder ir dasselbig zuvor zuschicken. Was sie alsdan befindt den Rechten ongemeß wolle sie cassiren und abthun.« Gesandtschaftsbericht, Sta Ffm, RTA Bd. 39, fol. 48v. In zumindest zeitlich engem Zusammenhang mit der Gesandtschaft befahl der Kaiser am 15. September 1523 von Burgos aus dem Reichsfiskal die Einstellung des Verfahrens wegen Monopolvergehen, das dieser gegen Jakob Fugger, Andreas Grander, Christoff Herwart, Ambrosius Höchstetter, Bartolome Welser, Andres Rem und ihre Mitgesellschafter eingeleitet hatte. Der Brief Karls V. ist abgedruckt bei J. STRIEDER, Studien zur Geschichte kapitalistischer Organisationsformen, Leipzig 1914, S. 370f. Vgl. auch BAUER, Peutingers Gutachten [wie Anm. 10], S. 156f.

84 SCHMIDT, Städtetag [wie Anm. 4], S. 432.

85 Gesandtschaftsbericht, Sta Ffm, RTA Bd. 39, fol. 53r.

serhalb Churfürsten, Fürsten und ander Stende nit wol gezymmen, ychths endtlichs in dysem artickel zubeschliessen.«[86] Doch signalisierte er zugleich, daß er bereit sei, seinen Einfluß zugunsten der Städte geltend zu machen und für ihr Anliegen einzutreten. Der Hinweis Karls auf die »Newrung«, die die Forderung der Städte bedeutete, zeigte aber seine nicht geringe Skepsis, ja eigentliche Abneigung gegenüber der Bitte der Städte, deren prinzipieller Ablehnung durch den Reichstag er sicher war. Der Kaiser konnte ja auch wohl kaum ein Interesse daran haben, die reichsständische Stellung »seiner« Reichsstädte zu stärken und damit die Notwendigkeit des direkten Kontakts einzuschränken, der ihm nicht nur finanzielle Vorteile bringen konnte.

Der Nürnberger Reichstag 1524

Der nächste, auf Juli 1523 nach Nürnberg angesetzte Reichstag, für den – nach der erwarteten Zustimmung des Kaisers – lediglich der endgültige Beschluß einiger Fragen zu Zoll, Monopolen und Türkenhilfe vorgesehen war, scheiterte daran, daß gerade diese Stellungnahme, die der kaiserliche Gesandte Hannart überbringen sollte, ausgeblieben war.[87] Die versammelten Reichsstände wurden auf ein späteres Erscheinen Hannarts vertröstet, doch sie beschlossen, den Reichstag zu verschieben, und setzten einen neuen Termin zu Martini 1523 fest.[88] Doch der Beginn der Reichsversammlung verschob sich abermals Woche um Woche.[89]

Auch als der Reichstag am 14. Januar 1524 endlich mit der Proposition des Statthalters und des Regiments eröffnet wurde – inzwischen war das Eintreffen des kaiserlichen Gesandten in den Niederlanden bekannt geworden –, kamen die Verhandlungen nicht voran.[90] Alle Teilnehmer warteten auf die Stellungnahme des Kaisers und dessen Proposition, die am 4. Februar endlich am Reichstag vorgetragen werden konnte. Sie bildete von nun an die Grundlage der Verhandlungen und ersetzte die Proposition des Regiments vollständig.[91] In der Sache des Zolls waren die beiden Stellungnahmen einander völlig entgegengesetzt. Empfahl die Regimentsproposition den Zoll weiterhin wärmstens und betonte, daß

86 Abschied des Kaisers vom 19. August 1523, Städteabschied Nürnberg 1524, Sta Ulm, A 526, fol. 28r.

87 B. MOGGE, Studien zum Nürnberger Reichstag von 1524. In: Mitteilungen des Vereins für Geschichte der Stadt Nürnberg 62 (1975), S. 84–101, hier S. 86.

88 Brief des Kaisers vom Juni 1523, erwähnt in den offiziellen Aufzeichnungen über die Verhandlungen des Regiments mit den zum Reichstag erschienenen Botschaften vom 14. August 1523, RTA Bd. 4, Nr. 6, S. 21, Anm. 4.

89 MOGGE, Nürnberger Reichstag 1524 [wie Anm. 87], S. 87.

90 Proposition von Statthalter und Regiment, vorgetragen am 14. Januar 1524, RTA Bd. 4, Nr. 32, S. 272.

91 Proposition, die Hannart durch Georg Truchseß im Auftrag des Kaisers den Ständen vortragen ließ, 4. Februar 1524, RTA Bd. 4, Nr. 34, S. 292f. Vgl. auch RTA Bd. 4, S. 269.

die Reichsstände »keinen gewissern, furderlichen noch furträglichern wege« zur Unterhaltung des Reichsbehörden bisher hatten finden können, lehnte die durch Hannart vorgetragene Stellungnahme des Kaisers den Zoll schlichtweg ab und forderte die Stände auf, andere Wege der Unterhaltung der Reichsbehörden zu finden. Dabei betonte Karl aber – entgegen seinen Zusicherungen an die Städte in Valladolid –, »daz ain regiment und camergericht der verordnung nach zu Wormbs aufgericht in esse und in irem wesen besteen soll.« Danach dürften auch die Stände, die zuvor noch für den Zoll waren, eingesehen haben, daß weitere Beratungen über den Zoll vergeblich waren.[92]

Für die widerspruchslose Hinnahme der kaiserlichen Ablehnung des Zolls hatte eine breite reichsständische Opposition gegen das Reichsregiment gesorgt, denn nicht nur am Kaiserhof stand man jetzt beiden kritisch gegenüber.[93] Die rechtlichen, politischen und nicht zuletzt die finanziellen Bedingungen hatten die Behörde derart eingeschränkt, daß es ihr nicht gelungen war, eine eigenständige Position in Reichsverfassung und Reichsregierung zu erwerben. Kritik rief vor allem die reale Hilflosigkeit des Reichsregiments angesichts zahlreicher Landfriedensbrüche und die völlige Machtlosigkeit, seinen Befehlen Geltung zu verschaffen, hervor.[94] Auch diejenigen Stände, die das Regiment gefordert hatten, um eine über den Ständen stehende Reichsordnung zu garantieren, zeigten wenig Bereitschaft, es als Zentralbehörde tatsächlich über sich zu respektieren.[95] Spätestens seit 1523 schuf sich das Regiment durch sein Eingreifen in verschiedene Streitigkeiten eine Reihe unerbittlicher und einflußreicher Gegner, die sich zu einer oppositionellen Gruppe zusammenschlossen.[96] Keines der mächtigeren Mitglieder des Reichs hatte ein Interesse daran, das Regiment zu einer mächtigen und sich in ihre lokalen Machtsphären einmischenden Zentralgewalt werden zu lassen, die durch die regelmäßigen Zolleinnahmen nicht nur an Unabhängigkeit gewonnen, sondern auch erstmals die finanziellen Möglichkeiten für eine wirkungsvolle Exekution erlangt hätte.[97]

92 Die Stellungnahme der Herzöge Wilhelm und Ludwig von Bayern zu den einzelnen Punkten von Hannarts Proposition, 11. Februar 1524, hält dies treffend fest: »dieweil [...] der zol im reich nit zu erheben ist«, RTA Bd. 4, Nr. 36, S. 300. Vgl. auch die Bedenken Kurfürst Friedrichs von Sachsen über die kaiserliche Instruktion, 11. Februar 1524, RTA Bd. 4, Nr. 35, S. 297.

93 ROLL, Reichsregiment [wie Anm. 26], S. 205–216.

94 RABE, Reich und Glaubensspaltung [wie Anm. 2], S. 165.

95 ANGERMEIER, Reichsreform [wie Anm. 46], S. 237–244.

96 Das Eingreifen des Regiments in einen Streit zwischen den Herzögen von Bayern und dem Reichskammergericht zugunsten des Gerichts, die Mandate gegen den Bischof von Würzburg, das Urteil in der Sache Frowins von Hutten zuungunsten der gegen Sickingen verbündeten Kriegsfürsten, der Kurfürsten von Pfalz und Trier, sowie des Landgrafen von Hessen, und nicht zuletzt die Mandate gegen den Strafzug des Schwäbischen Bundes gegen die fränkischen Ritter hatten alle in diese Richtung gewirkt. RTA Bd. 4, S. 7. Vgl. auch die Beschwerden gegen das Regiment, ebd. S. 524–555.

97 Diese Entwicklung, die sich durch regelmäßige Zolleinnahmen und die daraus folgende unabhängigere Stellung des Regiments und die verbesserte Exekution ergeben hätte, skizziert der bayerische Rat Leonhard von Eck in einem Brief an Herzog Wilhelm im Hinblick auf die bayerische Stellung vor allem im

In den Verhandlungen am Reichstag ging es den Ständen vor allem um eine Änderung der Regimentsordnung und eine genaue Abgrenzung der Befugnisse. Die Verhandlungen über die Unterhaltung des Regiments sowie des Kammergerichts, über dessen künftiges Bestehen keine Zweifel bestanden, konzentrierten sich auf die Frage der Verteilung der Kosten zwischen Ständen und Kaiser. Hannart machte zwar noch einen letzten Versuch, von den Städten etwas für die Unterhaltung der Reichsbehörden zu erreichen, indem er sie an das in Spanien gegebene Versprechen erinnerte; ohne die Zustimmung der heimischen Räte wollten die Städte jedoch nichts genehmigen.[98] Schließlich wurde vereinbart, daß Stände und Kaiser die Kosten für die nächsten zwei Jahre je zur Hälfte aufbringen sollten.[99] Das Provisorium der Finanzierung durch eine Matrikelumlage auf die Stände wurde so allmählich zum Dauerzustand: Anfang April wurde wiederum ein Anschlag unter den Ständen in Höhe des halben Wormser Anschlags vereinbart.[100] Die Städte brauchten also nicht einmal den zugesagten zusätzlichen finanziellen Ausgleich zu erbringen, weil die Frage der Unterhaltung der beiden Reichsbehörden nun nicht mehr unter den Ständen ausgetragen wurde, sondern zu einer politischen Frage zwischen dem Kaiser beziehungsweise seinen Vertretern am Reichstag und den Ständen geworden war, wobei die Städte bei der Ausgestaltung der ständischen Forderungen diesmal durchaus mitwirken konnten.[101]

Anders als der Zoll war die Frage der Reichsstandschaft der Städte in der kaiserlichen Proposition, die den Inhalt und Gang der Reichstagsverhandlungen beherrschte, nicht angeschnitten worden. Die Städte hingegen legten 1524 erstmals eine breite Argumentation für die städtische Stimme vor, in der das vorläufige Ergebnis der Nachforschungen zum Ausdruck kam, zu denen der Städteabschied vom 6. Februar 1523 angeregt hatte.[102] Die

Schwäbischen Bund, der in einer gewissen Konkurrenz zum Reichsregiment stand: »... so wirdet das regimennt gewelltiglich regieren und tiranisiern, den bundt und alle pundtischen unnterdrucken, wie dann gleich E.f.gn. unndter dem regimennt und camergericht sitzen werden.« Eck an Herzog Wilhelm, 28. März 1523, München BayHStA KBÄuA 2023, fol. 61r–63v, nach ROLL, Reichsregiment [wie Anm. 26], S. 207f.

98 Protokoll des Hagenauer Stadtschreibers Hug, 28. März 1524, RTA Bd. 4, Nr. 28, S. 233. Vgl. auch die Aufzeichnungen des Speyerer Stadtschreibers Drawel zum selben Tag, RTA Bd. 4, Nr. 31, S. 28. Dazu paßt auch die Vermutung, daß Hannart noch eine Nebeninstruktion des Kaisers hatte und er angewiesen war, die mögliche Einführung des Zolls als Druckmittel den Städten gegenüber zu benutzen; Wien HHStA RKG Vis. A. 316/2, fol. 246r–255v, nach ROLL, Reichsregiment, S. 209, Anm. 20.

99 Reichstagsabschied Nürnberg, 18. April 1524, RTA Bd. 4, Nr. 149, S. 592.

100 Anschlag zur Unterhaltung von Regiment und Kammergericht, April 1524, RTA Bd. 4, Nr. 84, S. 423.

101 Die Städte waren zur Unterhaltung des Kammergerichts bereit, zogen sich aber hinsichtlich der Unterhaltung des Regiments auf ihre ungenügenden Vollmachten zurück, als sie von den oberen Ständen zu einer Stellungnahme aufgefordert wurden. Die Städte antworten auf die an sie gestellte Frage der Stände, wie sie sich zu der Unterhaltung von Regiment und Kammergericht stellen würden, 17. März 1524, RTA Bd. 4, Nr. 70. Erklärungen der Städte zu der Antwort der Stände an Statthalter und Orator, 22. März 1524, RTA Bd. 4, Nr. 74 und 23. März 1524, RTA Bd. 4, Nr. 77.

102 Abschied des neben dem Reichstage gehaltenen Städtetags zu Nürnberg, 6. Februar 1523, RTA Bd. 3, Nr. 95, S. 521.

Städte wiesen vor allem auf das alte Herkommen und ihre Anwesenheit auf den Reichstagen seit Friedrich III., aber auch auf die städtischen Vertreter in den Ausschüssen des Reichstags und im Reichsregiment sowie auf ihre überproportional hohen Beiträge zu den Lasten des Reichs hin.[103] Den wichtigsten Teil der Argumentation bildete aber die Berufung auf die Rechtmäßigkeit und Billigkeit ihrer Forderung nach Mitberatung von Entscheidungen, deren Lasten sie mittragen sollten und die ihre elementaren Interessen betrafen.[104] Mit ihrer Supplikation für die stimmberechtigte Teilnahme am Reichstag verbanden die Städte zugleich die Weigerung, in Verhandlungen über die Punkte der kaiserlichen Proposition einzutreten, bevor nicht die Frage ihrer Mitberatung geklärt sei, um so ihre Interessen zu wahren.[105] Hannart, dessen Instruktion sehr wohl eine Stellungnahme zu dieser Frage enthielt, erklärte – wie es ja der Abschied am Kaiserhof den Städten zugesichert hatte – , daß der Kaiser zwar für eine Gewährung des von den Städten Geforderten sei, aber in dieser Sache nichts ohne die Stände entscheiden wolle.[106] Erstmals wurde daraufhin vom Reichstag ernsthaft die Möglichkeit erwogen, die Städte direkt am Stimmverfahren des Reichstags teilnehmen zu lassen. Ein Angebot der Kurfürsten, den Städten zwei Sitze mit einer gemeinsamen Stimme im Fürstenrat einzuräumen, scheiterte am Widerstand der Fürsten, die fürchteten, daß dadurch den Städten die feindselige Haltung einzelner Fürsten bekannt werden könne. Insbesondere in Fragen der Wirtschaftspolitik, die die Kommunen betrafen, befürchteten die Fürsten, daß die Städte bei Kenntnis der Meinung der oberen Stände deren Pläne leichter durchkreuzen könnten.[107] An den Verhandlungen über das Angebot der Kurfürsten wird deutlich, wie gering die Verfestigung der Reichs-

103 Supplikation der Städtegesandten an Statthalter und Stände, 8. Februar 1524, RTA Bd. 4, Nr. 41, S. 311.

104 ISENMANN, Reichsstadt [wie Anm. 33], S. 148f.

105 Protokollarische Aufzeichnungen des Mainzer Sekretärs Rucker über die Reichstagsverhandlungen, 13. Februar 1524, RTA Bd. 4, Nr. 22, S. 65.

106 »...ir Mt sehe vor billich ane, das den stedten stümm und stant im reich zugelossen würden.« Protokollarische Aufzeichnungen des Wormser Dompropstes Ribisen, 15. Februar 1524, RTA Bd. 4, Nr. 25, S. 104. »Aber ir Mt hab one die churfursten, fursten und stende nichts wollen darauf handeln oder mit inen [den Städten, S.H.] schliessen, sonder ime dem commissarien bevolhen, churfursten, fursten und stenden anzuzeigen: nachdem die stett nit die geringst last des heiligen reichs trugen, achten ir Mt nit fur unzimlich, das sie ein stim und session im reich haben solten.« Protokollarische Aufzeichnungen des Mainzer Sekretärs Rucker über die Reichstagsverhandlungen, 15. Februar 1524, RTA Bd. 4, Nr. 22, S. 66. Vgl. RTA Bd. 4, S. 269. Ursprünglich hatte die Instruktion Hannarts eine eher indifferente Stellungnahme des Kaisers enthalten, daß es bei der Stimme der Städte im Reichstag »nach altem gebrauch und herkommen« gehalten werden sollte; später wurde dieser Absatz gestrichen und nach den Verhandlungen des Kaisers mit der Städtegesandtschaft ein 13. Punkt angefügt, der Hannart anwies, die Bitten der Städte zu befördern, »dweil wir [der Kaiser, S.H.] derselben stette begeren fur zimlich achten«. Proposition Hannarts, RTA Bd. 4, Nr. 34, S. 296, Anm. 2.

107 Aufzeichnungen von Georg von Klingenbeck, Rat des Hochmeisters von Preußen, 13. Februar 1524, RTA Bd. 4, Nr. 26, S. 188. Bedenken der Fürsten, Prälaten und Grafen gegen die Erteilung von Sitz und Stimme an die Städte, 18. Februar 1524, RTA Bd. 4, Nr. 46.

tagsverfassung noch war: Es wurde nicht darüber diskutiert, ob die Beteiligung der Städte rechtlich möglich sei, sondern wie sie organisatorisch zu bewältigen wäre, ohne daß Interessen anderer Gruppen am Reichstag beeinträchtigt würden.[108] Kurfürsten und Fürsten einigten sich schließlich darauf, daß die Städte zwei Vertreter in den Reichsrat entsenden sollten, jedoch mit nur einer Stimme nach den Grafen und Herren – die Fürsten hatten sich mit ihren aus den Eigentümlichkeiten der Verfassung der Städte resultierenden Bedenken voll durchgesetzt. Die Städtevertreter sollten aus den »alten oder ewigen vertrauten rethen« verordnet werden und ohne Rückfragen bei ihren heimischen Räten oder beim Städtecorpus entscheiden. Bei der Beratung von sie betreffenden Wirtschaftsfragen sollten sie gar nicht teilnehmen dürfen.[109] Diese Mitwirkungsmöglichkeiten erschienen den Städten als zu gering, und sie lehnten das Angebot der oberen Stände auf einem Städtetag in Speyer im Frühjahr 1524 ab.[110] Die Chancen, offiziell als mehr oder weniger gleich- und stimmberechtigter Reichsstand anerkannt zu werden, die sich den Städten 1524 zwischen zwei Perioden strikter Ablehnung und zunehmenden Mißtrauens geboten hatten, kehrten in den folgenden Jahren nicht wieder.[111]

Die Städte zwischen Reichstag und Kaiser

Der immer wieder verschobene Beginn des dritten Nürnberger Reichstags hatte den Städten Gelegenheit gegeben, noch vor den Verhandlungen am Reichstag auf einem Städtetag den Bericht der Städtegesandtschaft nach Spanien zu hören und auf der Grundlage der dort erlangten Resultate ihr weiteres gemeinsames Vorgehen abzustimmen.[112] Der Schlußsatz des vorgelegten Berichts glich einer Entschuldigung: »Pessers oder mehers haben die Botschafften uff furgewandten vilfaltigen vlys muhe und arbeit diser zit nit erlangen mogen sonder sich aus obgemelter Handlung und Abschiet inn bedacht allerley gelegenhait settigen lassen mussen.«[113] Den Erfolg der Mission bewerteten die meisten Städtetagsgesandten dann auch nicht als besonders groß: Wo sie sich direkt zum Nutzen der Gesandtschaft äußern, schwingt Enttäuschung über das Erlangte mit. So berichtet der Speyrer Stadtschreiber, die Städtevertreter hätten aus der Relation der Gesandten entnommen, daß »den

108 HUBER, Städtearchiv [wie Anm. 23], S. 99.

109 Beschluß der Stände über Stimme und Session der Städte, 19. März/2. April 1524, RTA Bd. 4, Nr. 48, S. 333f. Vgl. ISENMANN, Reichsstadt [wie Anm. 3], S. 149, Anm. 447.

110 SCHMIDT, Städtetag [wie Anm. 4], S. 274.

111 Infolge des Bauernkriegs wurden die Städte nach 1525 als Zentren der Empörung betrachtet. MOGGE, Reichstag Nürnberg 1524 [wie Anm. 87], S. 96 und HUBER, Städtearchiv [wie Anm. 23], S. 100f.

112 Aufzeichnungen des Memminger Gesandten über den Beginn des Reichstags und die Verhandlungen der Städte vom 12. Januar bis zum 2. Februar 1524, RTA Bd. 4, Nr. 29, S. 256.

113 Städteabschied Nürnberg, Sta Ulm A 526, fol. 31r.

stetten zu nutz nit viel erlangt« worden sei.[114] Als Ergebnis der Gesandtschaft teilte der Überlinger Gesandte seiner Stadt lediglich mit, der Kaiser habe Hannart einen Befehl gegeben, mit den Städten auf dem Reichstag über die Beschwerden zu verhandeln.[115] Nach dem Beginn der Reichstagsverhandlungen war dann aus der Enttäuschung ein scharfes Urteil geworden. Wohl vor allem unter dem Eindruck der Verhandlungen der Städte mit Kurfürsten, Fürsten, Statthalter und Hannart über die städtische Beteiligung am Reichstag schrieb der Vertreter Hagenaus nun an seinen Rat: »Den grossen costen in Hispanien zu keir Mt hette man wol gespart, ouch die schenke dem Johann Hannart und andern zu thund; dann als ich sehe, ist alles verlorn.«[116] Kritik an den Ergebnissen der Gesandtschaft, die, wie zunächst scheinen mußte, nur in der Ablehnung des Zolls und der Monopolordnung bestand, wurde vor allem seitens der mittleren und kleineren Mitglieder des Städtecorpus laut.

Zu dem harten Urteil trugen wohl auch die Auseinandersetzungen innerhalb des Städtecorpus über das Vorgehen Augsburgs in der Monopolsache bei.[117] Augsburg war bereits am Reichstag 1522/23 durch ein von der Meinung der übrigen Städte abweichendes Gutachten ausgeschert, das jede Beschränkung der Handelsgesellschaften ablehnte. In ihrer Mehrheit waren die Städte dagegen eher für eine Abschaffung oder zumindest Einschränkung der großen Handelsgesellschaften.[118] Die Ablehnung der Augsburger Position geschah wohl aus mehreren Gründen. Sie war grundsätzlich und von Anfang an eine Folge der tatsächlich unterschiedlichen Interessen gewesen. Der Handel keiner anderen Stadt beruhte vergleichsweise so stark auf Privilegien und tatsächlichen Monopolstellungen – vor allem im Bergwesen, aber auch im Fernhandel – wie der Augsburgs. Insbesondere für Ulm und Nürnberg war Augsburg zusätzlich ein unmittelbarer und expandierender Konkurrent.[119] Natürlich brachten die Städtevertreter das Handeln Augsburgs in Valladolid auch in Zusammenhang mit den Monopolklagen, die der Reichsfiskal im Sommer 1523 gegen einige Augsburger Handelsgesellschaften erhoben hatte und die wohl mehrheitlich von

114 Aufzeichnungen des Speyrer Stadtschreibers Dietrich Drawel über die Verhandlungen auf dem Reichstage, Januar bis April 1524, RTA Bd. 4, Nr. 31, S. 264.

115 »Uns langt vorgebenlich an, die gesanten in Hispanien haben andern abschid nit erlangt, dann sein Mt welle irem comissarien, dem Hannert, befelch geben, uf disem reichstag ir der stett erclagt beschwerden mit inen zu handlen«. Stadtschreiber Ulrich Vischer an Überlingen, RTA Bd. 4, Nr. 166, S. 643. Ähnlich auch der Frankfurter Gesandte Holzhausen an seinen Rat: »... duch will E. W. ich nit verbergen, das die gedachten botschaft bie kair Mt nitz entlichs beschliesslich erlangt, sondern die 6 artikel auf die reichsstende itz auf dissen reichstag zu erortern verschoben«. Doch berichtet er zugleich auch vom Inhalt der mündlichen Zusicherung des Kaisers. RTA Bd. 4, Nr. 178, S. 654.

116 Johann Hug an den Rat von Hagenau, 17. Februar 1524, RTA Bd. 4, Nr. 195, S. 689.

117 SCHMIDT, Städtetag [wie Anm. 4], S. 431–437; M. MEYER, Die Haltung der Vertreter der Freien und Reichsstädte auf den Reichstagen 1521–26. In: Jahrbuch für Geschichte des Feudalismus 5 (1981), S. 181–236, hier S. 203–216 und Aufzeichnungen des Memminger Gesandten über den Beginn des Reichstags und die Verhandlungen der Städte vom 12. Januar bis zum 2. Februar 1524, RTA Bd. 4, Nr. 29.

118 MEYER, Haltung, ebd., S. 204.

den Städten als nicht unberechtigt betrachtet wurden.[120] In der extremen Position Augsburgs in der Monopolfrage sahen die Städteboten aber auch die wichtigste Ursache für die Feindseligkeiten der oberen Stände.[121] Mit der Zustimmung zu den geplanten Beschränkungen der Handelsgesellschaften, die grundsätzlich alle unter Monopolverdacht standen, wollten die Städteboten deshalb auch eine Verbesserung der Verhandlungsatmosphäre für die anderen noch offenen Fragen – vor allem wohl die Reichsstandschaft – herbeiführen.[122] Nun aber hatten sich die augsburgischen Interessen am Kaiserhof durch den Alleingang des Augsburger Vertreters durchgesetzt. Was die Städtevertreter dabei besonders empörte, war, daß Augsburg »under der stet kosten« etwas »der grossen gesellschaft zu gut und zu nachtail aller frei- und reichsstet« erlangt hatte.[123] Dem größeren Teil der Städte, dem die großen Handelsgesellschaften selbst ein Dorn im Auge waren, mußte deutlich geworden sein, daß man sie für die Sonderinteressen einzelner Augsburger Handelshäuser eingespannt hatte, und daß die spezielle Klage gegen die Monopolordnung und gegen das Vorgehen des Reichsfiskals gegen die Handelsgesellschaften mehr Erfolg gehabt hatte als die gemeinsame Forderung aller Städte nach Sitz und Stimme am Reichstag.

Der Zoll und die Monopolordnung waren für die Städte, die nicht als Fernhandelsstädte zu den unmittelbaren Nutznießern der kaiserlichen Intervention in diesen wirtschaftlichen Fragen gehörten, für die Beurteilung des Erfolgs der Gesandtschaft von untergeordneter Bedeutung. Ihr Hauptanliegen war die Durchsetzung des städtischen Anspruchs auf gleich- und stimmberechtigte Anerkennung als dritter Kurie des Reichstags. Dieser Anspruch aber hatte bei den oberen Reichsständen – nicht zuletzt als Folge der wirtschaftspolitischen Interventionen des Kaiserhofs, die man den Städten insgesamt anlastete – nur geringe Chancen; das Angebot fiel dementsprechend mager aus. Die auf dem folgenden Städtetag 1524[124] beschlossene Ablehnung des Angebots der oberen Stände war im Grunde eine Bestätigung der Augsburger Haltung, kam jetzt aber unter dem Einfluß der großen Fernhandelsstädte überhaupt zustande.[125] Gerade diese reichen und damit auch einflußreichen

119 N. SAVINA, Die Handelsgesellschaften und die gesellschaftliche Bewegung in Deutschland während des ersten Drittels des 16.Jahrhunderts. In: Jahrbuch für Geschichte des Feudalismus 5 (1981), S. 149–179, hier S. 161.

120 BAUER, Peutingers Gutachten [wie Anm. 10], S. 155f., auch Anm. 25.

121 Holzhausen an Frankfurt, 28. Januar 1524, RTA Bd. 4, Nr. 178, S. 655.

122 SCHMIDT, Städtetag [wie Anm. 4], S. 435.

123 Holzhausen an den Rat von Frankfurt, 12. Februar 1524, RTA Bd. 4, Nr. 187, S. 673.

124 Als die oberen Stände den Städtevertretern ihren Beschluß über Stimme und Session der Städte eröffneten, waren nur noch wenige Städtevertreter überhaupt am Reichstag anwesend: Hans Holdermann berichtet am Tag der Eröffnung des ständischen Angebots, am 2. April 1524, seinem Rat von der Anwesenheit der folgenden Städte: Regensburg, Augsburg, Ulm, Esslingen, Köln, Straßburg, Metz, Lübeck, Frankfurt, Hagenau – dazu muß selbstverständlich die Anwesenheit eines Nürnberger Vertreters angenommen werden. RTA Bd. 4, Nr. 241.

125 SCHMIDT, Städtetag [wie Anm. 4], S. 274.

Städte waren sich aufgrund der Erfahrungen ihrer Gesandtschaft nach Valladolid – und eben auch des Erfolgs der Augsburger Sonderinitiativen – dessen bewußt geworden, daß sie am Kaiserhof möglicherweise größere Chancen auf die Durchsetzung ihrer Interessen hatten als am Reichstag, während die politisch und wirtschaftlich weniger mächtigen Kommunen ihre Hoffnungen viel stärker auf eine institutionalisierte und rechtlich gesicherte Teilnahme einer Städtekurie an der Reichsversammlung setzten.

Die schon 1524 sichtbare Unterscheidung der Städte zwischen diesen zwei Möglichkeiten, ihre reichspolitischen Interessen einzubringen und durchzusetzen, wird noch deutlicher in einem Gutachten, das 1543 im Auftrag der Städte von den beiden Juristen Dr. Lamb und Dr. Gremp zur Reichsstandschaft der Städte angefertigt wurde. Das Gutachten, das als Diskussionsgrundlage für einen Städtetag dienen sollte, wiederholte nicht nur die bekannten Argumente der Städte für ihre Gleichberechtigung am Reichstag, sondern erörterte auch die innerhalb des Städtecorpus aufgekommene Frage, ob überhaupt etwas an dem bisherigen Zustand geändert werden sollte. Ein Teil der Städte befürchtete, daß, setzten sich die Reichsstädte mit ihrem Rechtsbegehren durch, ihnen eher ein Nachteil als ein Vorteil entstünde. Sie würden von den Kurfürsten und Fürsten dann »als maiorem et saniorem partem ubermehret und dann solchem mehr oder beschluß volg zuthun dester hoeher obligiert, kündten auch sich der mittel rechtens so fruchtbarlich nit mehr behelffen als wenn sie gar nicht gehört und also per contemptum außgeschlossen weren, inn welchem falh im rechten die reclamation oder der zugang zu der key. oder koe. Ma. als superiores per viam adpellationis, aut supplicationis, aut simplicis querelae zugelassen ist.«[126] Für ein Vorantreiben der Forderung nach der Reichsstandschaft wurde vor allem angeführt, daß die Städte, wenn sie sich nicht gegen die Zurücksetzung am Reichstag wehrten, schließlich ganz von der Reichsversammlung ausgeschlossen und den fürstlichen Territorialstädten gleich behandelt würden.[127]

Ganz offen traten hier die Unterschiede in der Einschätzung städtischer Handlungsmöglichkeiten zutage. Während die volle Integration des Städtecorpus in die Reichstagsverfassung den Städten zwar nur geringe, dafür aber institutionalisierte Mitwirkungsrechte gesichert hätte, stand den größeren, wirtschaftskräftigen und deshalb auch politisch mächtigeren Städten angesichts der Zurücksetzung der Städte auf den Reichsversammlungen immer noch der Weg zum Kaiser offen, um dem städtischen Anliegen zum Erfolg zu verhelfen.

Die beste Position hatten hier die Augsburger Hausbankiers der Habsburger, die ihnen 1523 sogar das offene Ausscheren aus der Politik der übrigen Städte erlaubte. Die Prinzipien augsburgischer Reichspolitik – und damit der Politik der großen Handelshäuser – ziel-

---

126 Dr. Ludwig Gremp/Dr. Hieronimus zum Lamb: Summa und innhalt aller undergebner Acten und darauff gestellter Radtschläg der Erbaren Frey und Reichstett Session, Stand und Stimm belangende, Straßburg 1543, Sta Ulm A 21, S. 158. Nach ISENMANN, Reichsstadt [wie Anm. 33], S. 154, Anm. 465 wurde diese Position »vor allem in den beiden Augsburger Konsilien vertreten«.

127 Summa und innhalt, Sta Ulm A 21, S. 162f.

ten deshalb weder auf eine möglichst umfassende Absicherung in der Reichstagsverfassung noch auch nur auf eine feste Integration in das Städtecorpus ab, sondern auf eine eigene, selbständige Politik, die wesentlich auf der Finanzmacht und dem guten Verhältnis zum Kaiser basierte. Auch die schroffe Konfrontation, in die Augsburg wegen seiner Haltung zu den Monopolen immer wieder mit den übrigen Städten geriet, schadete deshalb dem Anliegen der Augsburger kaum: Sie hatten es nicht nötig, von ihren Maximalforderungen in der Monopolpolitik abzurücken. Falls das Städtecorpus nicht hinter ihnen stand, beeinträchtigte das ihre Einflußmöglichkeiten, die ohnehin im wesentlichen auf den direkten Kontakt mit dem Reichsoberhaupt gegründet waren, kaum.

Ergebnisse

Die Ablehnung der wirtschafts- und finanzpolitischen Beschlüsse des Reichstags von 1523 durch die Städte war nicht nur die Folge der hohen Belastung und offensichtlichen Ungleichbehandlung der Städte, sondern auch der Tatsache, daß ihnen gerade in diesen Angelegenheiten, die sie empfindlich treffen mußten, keinerlei Mitbestimmungsrechte zugebilligt wurden. Gerade diese Erkenntnis spielte eine zentrale Rolle bei der Entscheidung der Städte für eine Gesandtschaft zu Karl V. nach Spanien, aber auch für die nach dem Städtetag 1522 einsetzenden systematischen Bemühungen um die gleich- und stimmberechtigte Reichsstandschaft.

Da die Reichsversammlung unter Maximilian als zunehmend institutionalisierter Reichstag an Bedeutung gewonnen hatte und in der Regierungszeit Karls V. zum einzigen Forum für die Regelung von Reichsangelegenheiten geworden war, dessen Beschlüsse alle Reichsmitglieder betrafen, waren die Städte gezwungen, wollten sie nicht jeglichen Einfluß am Reichstag verlieren, den Weg des Reichstags und der Reichsverfassung zur Institutionalisierung mitzubeschreiten und sich innerhalb der Institutionen einen Platz zu erkämpfen. Dies geschah in Form der Forderung nach »Stand, Stimme und Session«. Orientierten sich die Einflußmöglichkeiten auf die Reichspolitik aber wie auf den Reichstagen allein an der reichsständischen Ordnung, waren die Städte stets benachteiligt. Eine Möglichkeit zur Durchsetzung ihrer Interessen war den Städten neben den Reichsversammlungen aber immer offengeblieben: der direkte Weg zum Reichsoberhaupt als ihrem Herrn. Dieses Verfahren nahm wegen der Abwesenheit Karls V. vom Reich, deren Ende 1523 noch nicht abzusehen war, die spektakuläre Form einer städtischen Gesandtschaft nach Valladolid an.

Voraussetzung für das Eingreifen des Kaisers bot vor allem die Tatsache, daß die Vertretung der kaiserlichen Gewalt im Reich trotz der andauernden Abwesenheit des Kaisers in den 1520er Jahren durchaus nicht klar zwischen Reichsregiment und Statthalter einerseits und den zu den Reichstagen eigens abgeordneten kaiserlichen Gesandten und dem

Kaiser andererseits geregelt war. Die insoweit trotz der längerfristigen Tendenz zur Verdichtung durchaus offene Phase in der Ausbildung der Reichsverfassung ermöglichte nicht nur ein Eingreifen in die wirtschaftspolitischen Belange, sondern auch in Fragen der Reichstagsverfassung, um die es sich bei der Anerkennung der Städte als dritter Kurie ja handelte.

Bei der Abwägung zwischen den geringen Mitwirkungsmöglichkeiten, die den Reichsstädten von den Ständen in der Reichsversammlung angeboten wurden, und dem kaiserlichen Hof als Ort zur Durchsetzung ihres Willens entschieden sich zumindest diejenigen Städte für den Kaiserhof, die aufgrund ihrer wirtschaftlichen Stellung ihren Forderungen dort ein gewisses Gewicht verleihen konnten – zumindest solange nicht konfessionelle Konflikte die Beziehungen zum Kaiser trübten.[128] Die großen Städte dürften sich gerade angesichts ihres Erfolges in Valladolid dessen bewußt gewesen sein, daß sie am Kaiserhof ungleich größere Chancen auf die Wahrung ihrer Interessen hatten als am Reichstag – während die politisch und wirtschaftlich weniger mächtigen Kommunen ihre Hoffnungen auf eine institutionalisierte und rechtlich gesicherte Teilnahme einer Städtekurie an der Reichsversammlung setzten. Dennoch trafen die Städte keine grundsätzliche Entscheidung zwischen dem Bündnis mit dem Kaiser und der Stärkung ihrer Stellung auf den Reichstagen; vielmehr betrieben sie ihr Begehren nach besseren Möglichkeiten politischer Mitsprache immer wieder sowohl am Reichstag als auch beim Kaiser, der allerdings in den folgenden Jahrzehnten nicht mehr zu ihren Gunsten in die Verfassung des Reichstags eingreifen konnte und wohl auch nicht wollte.

128 Seit dem Sommer 1524 trat die Religionsfrage, vor allem die Forderung des Reichstags nach einem Nationalkonzil, in den Vordergrund und drängte zeitweise alle anderen politischen Anliegen zurück. RABE, Reich und Glaubensspaltung [wie Anm. 2], S. 170f.

Wolfgang Dobras

Karl V., Ferdinand I. und die Reichsstadt Konstanz

Als Kaiser Karl V. seine Herrschaft im Heiligen Römischen Reich deutscher Nation antrat, hatten die Reichsstädte ganz bestimmte Erwartungen an ihn – Erwartungen, die die Reichsstädte generell an das Reichsoberhaupt seit dem Spätmittelalter hatten. Das Reichsoberhaupt war für sie der Garant ihrer Freiheit: Der Kaiser bzw. König sollte sie in ihrer reichsunmittelbaren Stellung beschirmen und dadurch verhindern, daß sie durch Dritte vom Reich entfremdet würden. Die Beziehungen zwischen dem Kaiser und den Kommunen waren freilich nicht einseitig. Das Reichsoberhaupt war seinerseits nämlich auch auf die Freien und Reichsstädte angewiesen. Sie dienten ihm als Handels-, Geld- und Kommunikationszentren, er brauchte sie als Versammlungsorte für Reichstage und als Stützpunkte gegen zentrifugale Kräfte in den Problemzonen des Reiches. Der Kaiser bzw. König war der »rechte ordentliche Herr« der Reichsstädte und als solcher verlangte er von ihnen auch besondere Hilfeleistungen gegenüber König und Reich. Die enge Bindung der Reichsstädte an das Reichsoberhaupt ging sogar so weit, daß der Kaiser ihnen drohen konnte, die Freiheiten, die er ihnen gegeben habe, auch wieder zu entziehen[1].

Dieses herrschaftliche und obrigkeitliche Verhältnis zu den Reichsstädten hat Kaiser Karl V. während seiner Regierung in besonderer Weise intensiviert. Seine Gebotsgewalt gegenüber den Reichsstädten, die ihm nicht nur als oberstem Richter, Wahrer des Friedens und Schützer der Unversehrtheit des Reiches, sondern vor allem als Stadtherrn zustand, wandte er nämlich in ganzer Schärfe nach seinem Sieg im Schmalkaldischen Krieg gegenüber den südwestdeutschen evangelischen Reichsstädten an. Am härtesten von allen Reichsstädten wurde – neben Magdeburg – Konstanz von diesen Maßnahmen getroffen, welches 1548 seine Reichsfreiheit verlor. Im folgenden soll aus der Perspektive der Hauptakteure – Kaiser Karls V., seines Bruders Ferdinand als österreichischen Landesherrn und der Reichsstadt Konstanz – skizziert werden, wie es zu dieser Katastrophe für die Stadt kommen konnte[2]. Zu

1 Diese Drohung wurde zum Beispiel am Hof Kaiser Friedrichs III. 1481 ausgesprochen. Siehe E. ISENMANN, Reichsstadt und Reich an der Wende vom späten Mittelalter zur frühen Neuzeit. In: Mittel und Wege früher Verfassungspolitik (Spätmittelalter und frühe Neuzeit Bd. 9), hrg. von J. ENGEL, Stuttgart 1979, S. 9–223, hier S. 31.

2 Zur Außenpolitik der Reichsstadt Konstanz in der ersten Hälfte des 16. Jahrhunderts liegen zahlreiche, überwiegend aus städtischem Blickwinkel geschriebene Studien vor: A. MAURER, Der Übergang der

zeigen ist, in welcher Form habsburgische Hausmacht- und Reichspolitik auf die am Schnittpunkt zwischen Eidgenossenschaft und österreichischer Einflußsphäre gelegene Bodenseestadt einwirkten. Dabei geht es auch um die Frage, inwieweit Karl und Ferdinand eine einheitliche politische Linie gegenüber der Reichsstadt Konstanz verfolgten. Schließlich soll überlegt werden, ob die fatale Entwicklung für die Reichsstadt Konstanz geradezu zwangsläufig war, oder ob es – insbesondere wenn man die Situation von Konstanz mit der anderer Reichsstädte vergleicht – politische Alternativen gegeben hätte.

1. Das Erbe Kaiser Maximilians I.

Um das schwierige Verhältnis von Konstanz zu den habsburgischen Brüdern Karl und Ferdinand verstehen zu können, gilt es zunächst, den Blick auf die Zeit Kaiser Maximilians zurückzulenken. Denn die politischen Erfahrungen, die Konstanz mit dem Großvater Karls und Ferdinands gemacht hatte, waren überwiegend negativer Natur gewesen; die von Maximilian herrührende Frustration der Konstanzer[3] wirkte sich von Anfang an auf die Beziehungen zu Kaiser Karl V. und Erzherzog Ferdinand aus.

Stadt Konstanz an das Haus Österreich nach dem schmalkaldischen Kriege. In: Schriften des Vereins für Geschichte des Bodensees und seiner Umgebung 33 (1904), S. 3–83; H. BUCK, Die Anfänge der Konstanzer Reformationsprozesse, Österreich, Eidgenossenschaft und Schmalkaldischer Bund, 1510/22–1531 (Schriften zur Kirchen- und Rechtsgeschichte H. 29/31), Tübingen 1964; H. BUCK/E. FABIAN, Konstanzer Reformationsgeschichte in ihren Grundzügen. I. Teil: 1519–1531 (SKRG H. 25/26), Tübingen 1965, S. 277–343; H.-C. RUBLACK, Die Außenpolitik der Reichsstadt Konstanz während der Reformationszeit. In: Der Konstanzer Reformator Ambrosius Blarer 1492–1564. Gedenkschrift zu seinem 400. Todestag, hrg. von B. MOELLER, Konstanz 1964, S. 56–80; A. MOSER, Quellen zur Konstanzer Stadt- und Reformationsgeschichte in spanischen Bibliotheken (1547–1552), in: SVGB 91 (1973), S. 17–40, bes. S. 17–24; H.-C. RUBLACK, Die Einführung der Reformation in Konstanz von den Anfängen bis zum Abschluß 1531 (Quellen und Forschungen zur Reformationsgeschichte Bd. 40 = Veröff. d. Ver. f. Kirchengeschichte in der evang. Landeskirche in Baden Bd. XXVII), Gütersloh/Karlsruhe 1971, S. 1–10, 120–128 u. 146–148; ders., Politische Situation und reformatorische Politik in der Frühphase der Reformation in Konstanz. In: Kontinuität und Umbruch. Theologie und Frömmigkeit in Flugschriften und Kleinliteratur an der Wende vom 15. zum 16. Jahrhundert (Spätmittelalter und frühe Neuzeit Bd. 2), hrg. von J. NOLTE/H. TOMPERT/C. WINDHORST, Stuttgart 1978, S. 316–334. Zu den wichtigen außenpolitischen Weichenstellungen um 1500 siehe P.F. KRAMML, Die Reichsstadt Konstanz, der Bund der Bodenseestädte und die Eidgenossen. In: Die Eidgenossen und ihre Nachbarn im Deutschen Reich des Mittelalters, hrg. von P. RÜCK, Marburg 1991, S. 295–328. Zu den Bemühungen der Stadt, nach 1548 ihre Reichsfreiheit wiederzuerlangen, siehe W. ZIMMERMANN, Rekatholisierung, Konfessionalisierung und Ratsregiment. Der Prozeß des politischen und religiösen Wandels in der österreichischen Stadt Konstanz 1548–1637 (Konstanzer Geschichts- und Rechtsquellen XXXIV), Sigmaringen 1994, S. 80–101.

3 Diese Enttäuschung spricht bereits aus einem Vortrag des Rats an die Zünfte (oder des kleinen Rats an den großen Rat?) vom Jahre 1501, der bei P. RUPPERT, Die Landgrafschaft Thurgau im Besitz der Stadt Konstanz. In: Konstanzer geschichtliche Beiträge, hrg. von P. RUPPERT, Heft 3, Konstanz 1892, S. 98–139, hier S. 138f., teilweise gedruckt ist. Siehe auch RUBLACK, Einführung [wie Anm. 2], S. 178 Anm. 5.

Die Bischofsstadt Konstanz war – infolge des Übergangs der Vogtei in die Hände des Königs Mitte des 13. Jahrhunderts – gleichzeitig Reichsstadt: Verfassungsrechtlich handelte es sich bei Konstanz um »ein zwischen Bischofs- und Reichsstadt schwankendes Gebilde«[4]. Seit der Mitte des 14. Jahrhunderts hatte sich die Bürgergemeinde weitgehend von der bischöflichen Herrschaft emanzipiert. Durch das Konzil war die Stadt berühmt geworden. Überregionale Bedeutung besaß die Stadt bis in die 70er Jahre des 15. Jahrhunderts zudem als Ort wichtiger Vertragsschlüsse und Schiedsinstanz zwischen Eidgenossen und Österreich. Doch seit der Mitte des 15. Jahrhunderts gab es gravierende Verschiebungen im politischen Gefüge des Bodenseeraumes. Durch die sich verschärfende Polarisierung zwischen den beiden Machtblöcken Eidgenossenschaft und Österreich wurde Konstanz zur Grenzstadt[5]. Die Option einer Gleichgewichtspolitik war Konstanz dadurch genommen[6].

Aufgrund ihrer geographischen Lage, durch die die Stadt auf den Thurgau als natürliches Hinterland und wirtschaftliches Rückgrat verwiesen war, tendierte sie eher zur Anlehnung an die Eidgenossenschaft. Außerdem hoffte der Konstanzer Rat, mit Hilfe des Thurgauer Landgerichts, welches man seit 1417 innehatte, ein Territorium im Thurgau aufbauen zu können. Doch diese engen, im Wunsch, schweizerisch zu werden, intensivierten und daher aber auch reichspolitisch neuralgischen Beziehungen von Konstanz zur Eidgenossenschaft riefen den Kaiser bzw. Österreich auf den Plan. Kaiser Maximilian nahm dem Konstanzer Rat die Entscheidung zwischen dem Anschluß an die Eidgenossenschaft und der Eingliederung in das habsburgische Klientel- und Bündnissystem ab, indem er seine Stellung als Reichsoberhaupt gegenüber der Reichsstadt zur Geltung brachte: 1497 ließ er die Stadt – ungeachtet ihres Protestes – schwören, eine »stat deß Hl. Richs« sein und bleiben zu wollen[7], und ein Jahr später – noch kurz vor Beginn des Schwabenkrieges – zwang Maximilian Konstanz schließlich zum Beitritt in den Schwäbischen Bund, den die Stadt dann schwer zu büßen hatte. Nicht nur, daß eine große Anzahl von Konstanzer Bürgern in der Schlacht am Schwaderloh 1499 ihr Leben verlor: Im Basler Frieden mußte Konstanz das Thurgauer Landgericht an die Eidgenossen abtreten. Dieser Verlust wurde von der Stadt als existentiell empfunden, weil damit alle territorialen Ambitionen begraben werden mußten, bot doch die rechtsrheinische Seite – der schmale Streifen des Bodanrücks, der in die Gebiete des Reichenauer Abts, des Mainauer Deutschordenskomturs, des Grafen von Heiligenberg sowie des österreichischen Landvogts zu Nellenburg zerfiel – kaum Aussich-

4 H. MAURER, Konstanz im Mittelalter. I. Von den Anfängen bis zum Konzil (Geschichte der Stadt Konstanz 1), Konstanz 1989, S. 115.

5 H. MAURER, Konstanz im Mittelalter. II. Vom Konzil bis zum Beginn des 16. Jahrhunderts (Geschichte der Stadt Konstanz 2), Konstanz 1989, S. 200 u. 213.

6 RUBLACK, Einführung [wie Anm. 2], S. 179 Anm. 7. Gegen KRAMML, Reichsstadt Konstanz [wie Anm. 2], S. 328, der die Abweichung von der Neutralitätspolitik als entscheidenden Fehler des Rats kritisiert.

7 Zit. n. MAURER, Konstanz im Mittelalter II [wie Anm. 5], S. 218.

ten auf Gewinnung eines Territoriums. Zu dieser Einbuße an Macht gesellte sich der wirtschaftliche Niedergang. Konstanz – im Hochmittelalter durch Fernhandel vor allem nach Italien reich geworden – hatte im Verlauf des 15. Jahrhunderts die führende Position im Leinwandhandel des Bodenseegebietes an das ostschweizerische St. Gallen verloren. Die Verluste an Menschen und Gütern im Schwabenkrieg taten ein übriges, um die wirtschaftliche Misere von Konstanz zu verschärfen. Die wirtschaftliche Schwäche implizierte aber eine Gefährdung der politischen Stabilität.

In dieser Lage wandte sich Konstanz, enttäuscht vom Kaiser, der 1499 sein Versprechen, die Stadt müßte nicht auf das Thurgauer Landgericht verzichten, gebrochen hatte, bereits ein Jahr später wieder der Eidgenossenschaft zu. Konstanz glaubte sich mächtig genug, um den Eidgenossen Bedingungen stellen zu können[8]. Die Schweizer waren jedoch nicht willens, auf die Konstanzer conditio sine qua non, nämlich die Überlassung des Thurgauer Landgerichts, einzugehen. Alarmiert von den Verhandlungen machte Maximilian der Bodenseestadt ein verlockendes Angebot, das Konstanz auch annahm. In einem 1502 zwischen Konstanz und dem Kaiser in seiner Funktion als Erzherzog von Österreich ausgehandelten Schirmvertrag verpflichtete sich Maximilian, der Stadt zu einem Territorium zu verhelfen bzw. sie wieder in den Besitz des Thurgauer Landgerichts zu bringen[9]. Welche Bedeutung Österreich der Stadt am Bodensee für sein Herrschaftssystem beimaß, ist daraus ersichtlich, daß Konstanz entgegen den sonstigen Gepflogenheiten maximilianeischer Schutz- und Schirmpolitik gegenüber den Städten keine finanziellen Leistungen erbringen mußte[10]. Maximilian erklärte sich vielmehr bereit, nicht nur die Reichsanschläge für Konstanz zu übernehmen[11], sondern der Stadt auch ein jährliches Schirmgeld von 1200 Gulden zu zahlen – eine Summe, die im Verhältnis zu dem, was Österreich der – nota bene: gesamten – Eidgenossenschaft aufgrund der Erbeinung zahlte, sehr hoch war[12]. Daß Konstanz fest zum Reich gehörte, machte Maximilian dann 1507 deutlich, als er die Stadt

8 Der Entwurf des Bündnisses mit den Eidgenossen von 1500 gedr. in: Amtliche Sammlung der ältern Eidgenössischen Abschiede, Bd. 3, Abt. 2, bearb. von A. P. SEGESSER, Luzern 1869, Nr. 14, S. 35–39 u. Nr. 25, S. 58–62. Zu den Verhandlungen mit den Eidgenossen MAURER, Konstanz im Mittelalter II, ebd., S. 253f.

9 Der Schirmvertrag vom 15. Juli 1502 im GLA Karlsruhe, D 1073 u. 1074. RUBLACK, Einführung [wie Anm. 2], S. 179f. Anm. 10.

10 G. SCHMIDT, Der Städtetag in der Reichsverfassung. Eine Untersuchung zur korporativen Politik der freien und Reichsstädte in der ersten Hälfte des 16. Jahrhunderts (Veröff. d. Inst. f. Europ. Geschichte Mainz, Abt. Universalgeschichte, Bd. 113), Stuttgart 1984, S. 182–185. So zahlte Speyer aufgrund des 1511 mit Maximilian abgeschlossenen Vertrages jährlich 200 Gulden an Österreich.

11 Daß die Übernahme der Reichsanschläge durch Maximilian die Gefahr implizierte, daß die Stadt dem Reich entzogen werden könnte, sah der Konstanzer Rat offensichtlich nicht.

12 Das Erbeinungsgeld, das Maximilian den Schweizer Orten zahlte, betrug 2700 gl. Zur Erbeinung Kaiser Maximilians mit der Eidgenossenschaft siehe B. BRAUN, Die Eidgenossen, das Reich und das politische System Karls V., Diss. masch., Konstanz 1995, S. 244–332, bes. S. 314–331.

mit einem prachtvollen Reichstag beehrte[13]. Doch das Geschenk des Reichstages ließ die Konstanzer nicht vergessen, daß die im Vertrag von 1502 niedergeschriebene elementare Forderung nach einem Territorium von Maximilian bis dahin nicht erfüllt worden war.

So suchte Konstanz seit 1508 wieder den Kontakt mit der Eidgenossenschaft, und als Kaiser Maximilian dann im Sommer 1510 auch noch dem Konstanzer Bischof Hugo von Hohenlandenberg, dem ehemaligen Stadtherrn, die Inkorporation der Abtei Reichenau in sein Hochstift bewilligte, entschloß sich der Konstanzer Rat, als 13. Ort Aufnahme in die Eidgenossenschaft zu suchen. Hintergrund dieser außenpolitischen Krise war der Konflikt um Macht und Herrschaft innerhalb der Stadtmauern, in dessen Verlauf der Konstanzer Rat die letzten Reste der bischöflichen Stadtherrschaft zu beseitigen, der Bischof diese wiederum zu reaktivieren beabsichtigte[14]. So glaubte der Rat, der Bischof versuche, durch die Inkorporation der Reichenau Konstanz territorial einzukreisen und so seiner Reichsfreiheit zu berauben. Der Konstanzer Entschluß, schweizerisch zu werden, wurde also auch wesentlich durch das Trauma, wie das 1462 mediatisierte Mainz zur »Pfaffenstadt« degradiert werden zu können, genährt. Doch bevor Konstanz den entscheidenden Schritt vollziehen konnte, erschien Kaiser Maximilian im September 1510 persönlich mit Truppen vor der Stadt. Er zwang Konstanz wieder ins Reich zurück und zu einer Österreich genehmen Außenpolitik. Zwei Maßnahmen Maximilians sollten dies auf Dauer gewährleisten: Zum einen oktroyierte Kaiser Maximilian – wozu er als oberster Herr der Reichsstädte befugt war – Konstanz eine neue Verfassung, die die von Kaiser Sigismund nach dem Zunftaufstand von 1430 erlassene »Richtung« ablöste und vor allem die Zahl der Zünftigen im Rat beträchtlich erhöhte. Offensichtlich erblickte Maximilian in den Zünften eher Garanten einer österreichfreundlichen Politik als in den Patriziern. Zum andern mußte Konstanz den Schirmvertrag mit Österreich erneuern – nur: im Gegensatz zu 1502 galt dieser nun ewig und unabhängig von der Erfüllung der Konstanzer Forderungen. Außerdem durfte Konstanz Bündnisse nur mehr mit Zustimmung Österreichs eingehen. An seinen hohen finanziellen Verpflichtungen gegenüber der Stadt hielt Maximilian fest. Außerdem nahm er 123 Konstanzer Bürger direkt in seinen Dienst, die damit nicht mehr nur dem Rat, sondern auch Österreich den Treueid leisten mußten. Sie hatten dem für Tirol und Vorderösterreich zuständigen Innsbrucker Regiment unverzüglich Meldung zu erstatten, falls sie von Umtrieben gegen Kaiser und Reich in Konstanz erfuhren[15].

13 MAURER, Konstanz im Mittelalter II [wie Anm. 5], S. 261–266.

14 RUBLACK, Einführung [wie Anm. 2], S. 129–139.

15 Zu den Ereignissen von 1510/11: RUBLACK, Einführung, ebd., S. 3–10; MAURER, Konstanz im Mittelalter II [wie Anm. 5], S. 268–270; W. DOBRAS, Konstanz zur Zeit der Reformation. In: M. BURKHARDT/W. DOBRAS/W. ZIMMERMANN, Konstanz in der frühen Neuzeit. Reformation – Verlust der Reichsfreiheit – Österreichische Zeit (Geschichte der Stadt Konstanz 3), Konstanz 1991, S. 23–26. Die Ausfertigung des auf den 15. Oktober 1510 datierten, aber erst im April 1511 beschworenen Schirmvertrages befindet sich im GLA Karlsruhe, D 1133, eine Abschrift im zweiten Band der »Collectaneen« des zeitgenössischen Chronisten Christoph Schulthaiß (StA Konstanz, A I 8, f. 149r–153r).

Der Schirmvertrag hat wegen seiner außenpolitischen Implikationen die Forschung verschiedentlich zu dem Urteil verleitet, Konstanz sei 1510 de facto[16], wenn nicht sogar de jure[17] zur österreichischen Landstadt degradiert worden. Beides trifft nicht zu: Zunächst ist zu beachten, daß Schutz und Schirm allein keine Obrigkeit verliehen[18]. Konstanz erschien auch weiter auf Reichstagen, und im Städtecorpus wurde der Status von Konstanz als freie Reichsstadt ebenfalls nicht bezweifelt[19]. Die landesherrlich-dynastischen Motive mögen zwar bei Maximilians Handeln 1510 überwogen haben; den Reichsstadtstatus von Konstanz anzutasten, hatte er aber nicht vor. Denn Maximilian ließ Rat und Bürgerschaft erneut huldigen und schwören, alles das zu tun, was »getrüw und gehorsam underthonen seyner kay. mt. und dem heiligen reych als ainen römischen kayser, unserm rechten herren, ze thün pflichtig und schuldig sind«[20]. Durch den Schirmvertrag schien das Problem eines Abfalls der Stadt vom Reich und von Österreich gelöst, doch eine gewisse Unsicherheit über das künftige Verhalten von Konstanz blieb[21].

2. Ferdinand, die oberösterreichische Regierung in Innsbruck und Konstanz

In direkten Kontakt mit Kaiser Karl V. kam Konstanz erstmals 1521, als sich die Stadt wie viele andere auf dem Wormser Reichstag ihre Privilegien vom neuen Herrscher bestätigen ließ. Auch der Schirmvertrag von 1510 wurde von neuem bekräftigt[22]. Die maximilianeische Konstellation, wonach der Kaiser auch Oberhaupt der habsburgischen Erblande war, dauerte

16 BUCK, Anfänge [wie Anm. 2], S. 449; P.-J. SCHULER, Bischof und Stadt vor Beginn der Reformation in Konstanz. In: Kontinuität und Umbruch [wie Anm. 2], S. 300–315, hier S. 301 (auf die neue Ratsverfassung bezogen).

17 W. BENDER, Zwinglis Reformationsbündnisse. Untersuchungen zur Rechts- und Sozialgeschichte der Burgrechtsverträge eidgenössischer und oberdeutscher Städte zur Ausbreitung und Sicherung der Reformation Huldrych Zwinglis, Zürich 1970, S. 93; SCHULER [wie Anm.16], S. 315 (auf den Schirmvertrag bezogen).

18 SCHMIDT, Städtetag [wie Anm. 10], S. 197.

19 SCHMIDT, Städtetag, ebd., S. 59.

20 Der Wortlaut des Eides bei Schulthaiß, Collectaneen [wie Anm. 15], Bd. II, f. 154v.

21 Als nach dem Tod Maximilians der Herr von Zevenbergen im Frühjahr 1519 mit einer Mission Karls in die Schweiz reiste, machte er auch in Konstanz Station. Von seiner Werbung für die Wahl Karls zum römischen König vor dem Konstanzer Rat mußte er jedoch berichten, es gebe Gerüchte, Konstanz wolle wie Straßburg und einige andere Reichsstädte das Rottweiler Vorbild nachahmen und der Eidgenossenschaft beitreten: Négociations diplomatiques entre la France et l'Autriche durant les trente premières années du XVIme siècle (Collection de documents inédits sur l'histoire de France 45), hrg. von M. LE GLAY, Paris 1845, Bd. II, Nr. 102, S. 369 (Zevenbergen an Karls Kommissare in Augsburg, Zürich 22.3.1519).

22 RUBLACK, Einführung [wie Anm. 2], S. 209 Anm. 22.

unter Karl allerdings nur kurz an. Nachdem Karl seinem Bruder Ferdinand 1522 die österreichischen Erblande übertragen und ihn während seiner Abwesenheit vom Reich zu seinem Statthalter ernannt hatte, konzentrierte sich die Konstanzer Außenpolitik in den nächsten Jahren nicht auf Karl, sondern auf Ferdinand. Während Konstanz auf lange Sicht innerhalb Karls imperialer Politik nur eine Marginalie bildete, führte Ferdinand die an den habsburgischen Positionen im deutschen Südwesten zäh festhaltende Politik Maximilians fort.

Auf die Bedeutung von Konstanz wurde Erzherzog Ferdinand noch im Jahre 1522 vom Innsbrucker Regiment ausdrücklich hingewiesen: Konstanz sei »der pessten paß an den grenitzen gegen den aidgnossen ainer und allen sundern und vordern osterreichischen landen und herrschafften, daran vast vil gelegen« sei, und »wo die von dem Romischen Reiche und des Hawß Osterreich schirm gedrungen solten werden, so stuennden solhe lannd und herrschafften in grosser geverlichheit«[23]. Konstanz bildete nicht nur ein wichtiges Bindeglied der in Südwestdeutschland verstreuten Herrschaften Österreichs zu Vorarlberg und Tirol, sondern auch das Tor zur Schweiz. Wie Straßburg für das Elsaß, so sollte Konstanz für das Bodenseegebiet als Eckpfeiler des österreichischen Klientel- und Territorialgefüges gegen die Eidgenossenschaft dienen[24]. Von einer »Verschweizerung« der zentral gelegenen Bodenseestadt befürchtete man eine Sogwirkung auf die Vorlande[25], was es unbedingt zu verhindern galt. Die Innsbrucker Räte rieten daher, Konstanz bei gutem Willen zu halten. Konkret sah die österreichische Politik so aus, daß man Konstanz, was die Erfüllung des Schirmvertrages betraf, hinhielt. Durch Veit Suter, einen Agenten, der in dem – Österreich als Stützpunkt dienenden – Gasthaus »Zum Hecht« in Konstanz logierte, wurde man über die Vorgänge in der Stadt auf dem laufenden gehalten[26]. Im übrigen versuchte man, die Konstanzer Politik dadurch zu steuern, daß man einem Teil der städtischen Führungsschicht private Pensionen zahlte[27]. Doch das Erbe Maximilians sollte sich für Ferdinand als zu schwere Last herausstellen.

23 TLA Innsbruck, Kopialbuch Regierung Von u. an fürstl. Durchlaucht 2 (1521–23), f. 306r (Instruktion der Innsbrucker Regierung für den Bischof von Trient an Erzherzog Ferdinand, Innsbruck 14.10.1522). Gedr. bei RUBLACK, Einführung [wie Anm. 2], S. 147.

24 Siehe auch TLA Innsbruck, Kopialbuch Regierung Von u. an fürstl. Durchlaucht 2 (1521–23), f. 342v (8.12.1522); gedr. bei RUBLACK, Einführung, ebd., S. 352 Anm. 11: Auf Konstanz hätten »alle reichs stett am Podensee und derselben art ir aufsehen«.

25 RUBLACK, Einführung, ebd., S. 358 Anm. 67.

26 Suter hatte den Auftrag, von Konstanz aus die Innsbrucker Regierung mit Nachrichten aus der Schweiz zu versorgen. Zu seiner Biographie siehe O. VASELLA, Österreich und die Bündnispolitik der katholischen Orte 1527–1529 (Freiburger Universitätsreden N.F. 11), Freiburg i.Ü. 1951, S. 7–16; J. VÖGELI, Schriften zur Reformation in Konstanz 1519–1538 (SKRG 39–41), hrg. von A. VÖGELI, Bd. 1: Texte und Glossar, Bd. 2/1: Beilagen, Bd. 2/2: Kommentar und Register, Tübingen/Basel 1972/73, hier: Bd. 2/2, S. 1008–1010 Anm. 289. Zum Gasthaus »Zum Hecht« und seinem Wirt Jakob Kundigmann siehe RUBLACK, Einführung [wie Anm. 2], S. 112 u. S. 247 Anm. 49. Der »Hecht« war auch später noch »die« Konstanzer Adresse für Österreich: 1539 hielt sich ein Mitglied der Innsbrucker Regierung in dem Gasthof auf (StA Konstanz, Ratsbuch 1540 (B I 46), f. 155r (28.6.1540)).

Österreich war 1522 mit den Soldzahlungen an die 123 Konstanzer Bürger bereits seit drei Jahren in Verzug[28]. Die finanziellen Ressourcen reichten nicht aus, die großen Versprechungen zu erfüllen, zu denen sich Maximilian in seinem Eifer, Konstanz dem Reich und dem Haus Österreich zu verpflichten, hatte hinreißen lassen. Bereits 1521 hatte das Innsbrucker Regiment aus diesem Grund Karl gegenüber dafür plädiert, die Hälfte des Dienstgeldes auf die Reichsstände abzuwälzen, da das Geld doch auch dem Zweck diene, Konstanz beim Reich zu halten[29]. Seine Bemühungen, das Reich finanziell in die Verantwortung gegenüber Konstanz zu nehmen, setzte das Innsbrucker Regiment auch unter Ferdinand fort, doch ohne Erfolg[30]. Statt dessen vergrößerten sich die Außenstände. Als Ferdinand im Frühjahr 1524 den Plan erwog, Konstanz solle den Schirmvertrag neu beschwören, riet das Innsbrucker Regiment davon ab: Wenn Konstanz den Eid auf den Vertrag leisten solle, dann müßten auch die Zusagen erfüllt werden; »wie aber ew(er) f(ürstlich) d(urchlauch)t damit zu dieser zeit gefasst gewesst seyn, ist unns verborgen«[31].

1524 belastete aber nicht mehr nur der Schirmvertrag die Beziehungen zwischen Österreich und Konstanz. Der Konflikt verschärfte sich nämlich dadurch, daß die reformatorische Bewegung in der Stadt mit Billigung des Rates zunehmend an Boden gewann. Die Unsicherheiten und Schwächen Ferdinands in den ersten Jahren seiner Regierung begünstigten die Ausbreitung der Reformation in Konstanz. Eine erste Niederlage mußte Österreich bei seinem Versuch, Konstanz von den reformatorischen Neuerungen abzubringen, Anfang 1524 hinnehmen. Vom Konstanzer Bischof Hugo von Hohenlandenberg war Österreich um Hilfe gegen den Konstanzer Rat, der sich schützend vor die evangelischen Prediger stellte, angerufen worden. Im Januar 1524 sandte Erzherzog Ferdinand eine Kommission, die dem Konstanzer Rat einschärfte, das Mandat des Nürnberger Reichsregiments vom 6. März 1523 durchzusetzen. Nach dem Vorschlag der Kommissare sollte der Rat den Predigern befehlen, gemäß dem Nürnberger Mandat das Heilige Evangelium so zu verkünden, wie es von der Kirche approbiert war. Der Konstanzer Rat ging auf diesen Vorschlag ein, doch die österreichischen Kommissare merkten zu spät, daß der Rat in seiner Instruktion für die Geistlichen den entscheidenden Passus, nämlich das Evangelium nur nach der Auslegung der Kirche zu predigen, ignoriert hatte. Doch Ferdinand sah über diesen Mißer-

27 1523 empfingen Bürgermeister Bartholomäus Blarer 85 gl, der Altbürgermeister Jörg von Hof 50 gl, der Stadtschreiber Jakob Funckeli 25 gl und der heimliche Rat Heinrich von Ulm d.Ä. 20 gl (TLA Innsbruck, Raitbuch 1523, f. 141r–v (15.7.1523)). Im Dezember 1524 erließ der Konstanzer Rat in Reaktion auf die Verschlechterung der Beziehungen zu Österreich ein Pensionenverbot: Die Statutensammlung des Stadtschreibers Jörg Vögeli (Konstanzer Stadtrechtsquellen Bd. IV), hrg. von O. FEGER, Konstanz 1951, Nr. 10, S. 20.

28 RUBLACK, Einführung [wie Anm. 2], S. 146f.

29 GLA Karlsruhe 67/527, f .13v (10.12.1521).

30 RUBLACK, Einführung [wie Anm. 2], S. 248 Anm. 53.

31 RUBLACK, Einführung, ebd., S. 37f.; das Zitat aus TLA Innsbruck, Kopialbuch Regierung An fürstl. Durchlaucht 1 (1523–25), f. 153r (29.3.1524).

folg seiner Kommissare hinweg und nannte in einem milden Mahnschreiben die Prediger-instruktion sogar »ain cristenlich guet werck« – in dem naiven Glauben, sie werde gegen die neue Lehre angewandt[32].

Der von Ferdinand im Stich gelassene Bischof suchte nun Hilfe bei Karl V. Er erreichte, daß der Kaiser Ende 1525 in Spanien zwei Urkunden ausstellte, mit denen dieser ihn und das Domkapitel in Schutz nahm[33]. Hinter den Kulissen bemühte sich der ehemalige Konstanzer Generalvikar und damalige Beichtvater, Hofprediger und Rat Erzherzog Ferdinands, Dr. Johann Fabri, auf seinen Herrn einzuwirken, den Schutzbrief Karls für den Konstanzer Bischof zu vollstrecken. Doch das Innsbrucker Regiment hatte schwere Bedenken: Abgesehen davon, daß die Räte ein Eingreifen zugunsten des Bischofs bei der momentanen schlechten Reputation der katholischen Kirche bei den Untertanen für inopportun hielten, sahen sie Schwierigkeiten voraus, wenn man dem Bischof einen österreichischen Schirmbrief gegen eine Stadt ausstellte, die sich ebenfalls in österreichischem Schutz und Schirm befand[34]. Die starke Stellung der Innsbrucker Regierung gegenüber dem Landesherrn resultierte nicht zuletzt daraus, daß sich Ferdinand seit der Gewinnung der Königskronen von Böhmen und Ungarn zunehmend im Osten seiner Lande engagierte. So folgte Ferdinand dem ablehnenden Rat seiner Regierung, die in ihrer Politik den territorialen Interessen Österreichs Vorrang vor der Glaubensfrage einräumte.

Aus ähnlichen Überlegungen heraus versuchte die Innsbrucker Regierung, auch den Hegau- und den schwäbischen Adel vor übereilten Aktionen zugunsten des Bischofs zurückzuhalten. Nach dem Speyerer Reichstag von 1526 hatte der Adel dem Konstanzer Rat zu erkennen gegeben, daß er dem Bischof und dem Domkapitel helfen und es nicht bei Verhandlungen und guten Worten belassen werde. Der umliegende Adel wollte seine durch die Reformation bedrohten Positionen im Konstanzer Domstift bewahren, galt dieses doch auf den hohen und niederen Adel »gestifft« und als dessen »spittal«. Hinter den Drohungen der Adligen verbarg sich die Furcht, daß aufgrund der Reformation »zuletzst der ganntz stifft abgeen« könnte[35]. So sehr Österreich auf die Adligen und ihre Verbindungen zur Adelskirche für sein Klientel system in Südwestdeutschland angewiesen war, so sehr hatte man auch Angst, der Adel könnte durch seine unbedachten Drohungen Konstanz erst dazu treiben, »von dem Reich und zu den Sweitzern« zu fallen. Innsbruck lehnte daher Ende 1526 weiterhin eine harte Linie ge-

32 RUBLACK, Einführung [wie Anm. 2], S. 34f. u. S. 38. Das Zitat aus dem Schreiben Ferdinands an Konstanz, Wien 6.8.1524 (StA Konstanz, A I 7, Nr. 4); als Regest gedr. in: VÖGELI, Schriften [wie Anm. 26], Bd. 2/2, S. 1089 Anm. 452.

33 GLA Karlsruhe, 5/1031 u. 1032. Zu beiden Urkunden siehe BUCK/FABIAN [wie Anm. 2], S. 222–225, insb. S. 225 Anm. 1091.

34 RUBLACK, Einführung [wie Anm. 2], S. 260 Anm. 187; BUCK/FABIAN, ebd., S. 227f.

35 VÖGELI, Schriften [wie Anm. 26], Bd. 2/1, S. 714 (Grafen, Ritter und Adlige des Landes zu Schwaben an die österreichische Regierung zu Innsbruck, Esslingen 18.12.1526).

gen die Reichsstadt Konstanz ab und mahnte Ferdinand zu Vorsicht, zumal sich die Nachrichten über die antihabsburgische Haltung der Bodenseestadt verdichteten[36].

Der Konstanzer Rat war mittlerweile fest entschlossen, die Reformation in der Stadt auch gegen den Druck von seiten Österreichs und des Bischofs durchzusetzen, und hatte begonnen, die Konstanzer Kirche zu kommunalisieren. In Reaktion darauf hatte sich der Bischof im Herbst 1526 auf sein Schloß nach Meersburg zurückgezogen, bald gefolgt vom Domkapitel und dem übrigen altgläubig gebliebenen Klerus der Stadt. Was vom Bischof als Machtdemonstration und wirtschaftliches Druckmittel gedacht war, bestärkte Konstanz jedoch nur in seinem Handeln, und Anfang 1527 wagte es der Rat sogar, in die Verwaltung des in der Vorstadt gelegenen Klosters Petershausen einzugreifen, damit bewußt einen möglichen Konflikt mit Österreich in Kauf nehmend. Denn das Kloster unterstand der Kastvogtei Ferdinands, die für ihn der Landvogt in Schwaben ausübte[37]. Trotzdem entschied sich Ferdinand erneut für gütliche Verhandlungen. Er beauftragte das Reichsregiment, zwischen dem Bischof und dem Domkapitel einerseits und dem Konstanzer Rat anderseits einen Vermittlungstag anzuberaumen. Parallel zu diesen Vermittlungsbemühungen des Reichsregiments sollte eine österreichische Kommission mit Konstanz wegen des Schirmvertrages verhandeln und eine gütliche und tragfähige Lösung finden.

Daß der vom Reichsregiment auf den 11. März 1527 nach Überlingen angesetzte Vermittlungstag ohne Ergebnis verlaufen mußte, war vorauszusehen. Die Fronten zwischen Bischof und Stadt waren unüberwindbar geworden. Der Konstanzer Rat war froh, nach dem Auszug des Bischofs ohne eigenes Zutun von der bischöflichen Herrschaft befreit worden zu sein, und er war überzeugt, durch gütliche Verhandlungen mehr verlieren zu können, als wenn man es auf einen Prozeß ankommen ließ[38]. Auch die Verhandlungen mit Österreich, die vom 16. bis 26. März 1527 dauerten, waren von vorneherein zum Scheitern verurteilt: Die österreichischen Kommissare konnten Konstanz nur Geld bieten, nicht jedoch die Wiedergewinnung des Thurgaus, was die Stadt forderte[39]. Den Grund, warum Konstanz die Verhandlungen scheitern ließ, erkannten die österreichischen Unterhändler sehr wohl: Die Konstanzer »weren gern mit fuegen auß dem osterreichischen vertrag, damit sy mit den von Zurich und etlichen anndern stetten diser lanndtsart, so auch derselbigen sect sind, in verstannd und villeicht in bundtnuß« kommen[40]. Denn seit der Einführung der Reformation stellte der Schirmvertrag für Konstanz nicht mehr nur eine politische Fessel dar, sondern auch eine Gefahr für den neuen Glauben. Vor allem das vertraglich festgeschriebene Öffnungsrecht bereitete dem Rat große Sorge, ermöglichte es Österreich doch

36 RUBLACK, Einführung [wie Anm. 2], S. 261 Anm. 200.

37 RUBLACK, Einführung, ebd., S. 42–51.

38 RUBLACK, Einführung, ebd., S. 49.

39 RUBLACK, Einführung, ebd., S. 63.

40 GLA Karlsruhe, 67/527, f. 52r–55v, das Zitat auf f. 52v (Relation der österreichischen Kommissare an König Ferdinand vom 28.3.1527); gedr. bei RUBLACK, Einführung, ebd., S. 64.

eine militärische Intervention in Konstanz[41]. Um sich aber gegen Österreich und den Bischof wirksam zu schützen, brauchte Konstanz Bündnispartner, und so legte nicht nur die außenpolitische Tradition, sondern auch die Vorbildfunktion der Zürcher Reformation eine engere Allianz mit der Limmatstadt nahe. Da aufgrund der ausgebliebenen österreichischen Zahlungen in Konstanz die Stimmung mehrheitlich gegen Habsburg gerichtet war, fiel es dem Konstanzer Rat relativ leicht, den Kurswechsel seiner Politik gegenüber der Gemeinde zu vertreten.

Nach dem Abbruch der Verhandlungen mit Konstanz im März 1527 konnte die Innsbrucker Regierung Ferdinand nichts anderes vorschlagen, als den nächsten Reichstag bzw. bis zu dessen Zusammentreten das Reichsregiment zu ersuchen, Konstanz vor dem Abfall vom Reich zurückzuhalten. Zur Begründung verwies Innsbruck nicht nur auf die geringen finanziellen Mittel Österreichs, sondern gab auch zu bedenken, daß, falls Konstanz schweizerisch werden sollte, Ferdinand dann nicht allein die Verantwortung dafür tragen müßte[42]. Doch die Bemühungen des Reichsregiments um eine Vermittlung zwischen Konstanz und dem Bischof wurden von der Stadt ignoriert, was in den Augen der Innsbrucker Räte nicht gerade das Ansehen der Reichsregierung förderte[43]. Obwohl Innsbruck seine Hoffnungen, die es auf das Reichsregiment gesetzt hatte, enttäuscht sah und ihm zudem im Oktober 1527 vom Konstanzer Wirt zum Hecht die Nachricht zugetragen wurde, daß Konstanz in der Eidgenossenschaft ein Bündnis suche[44], verharrte Österreich aufgrund der Geldnot wie gelähmt. Das von Maximilian gerade zur Verhinderung solcher außenpolitischen »Eskapaden« von Konstanz eingerichtete Gremium der 123 versagte. So mußten Ferdinand und das Innsbrucker Regiment ohnmächtig mitansehen, wie Konstanz Ende Dezember 1527 das sogenannte »Christliche Burgrecht« mit Zürich und Bern einging[45].

41 Im Bauernkrieg verweigerte die Stadt deswegen österreichischen Truppen und solchen des Schwäbischen Bundes die Öffnung, was Österreich als gegen sich gerichteten Affront wertete und der Stadt den Ruf einbrachte, mit den Bauern sympathisiert zu haben; vgl. RUBLACK, Einführung [wie Anm. 2], S. 143f.; ders., Politische Situation [wie Anm. 2], S. 327–329. Die Ungnade Österreichs bekam Konstanz ein Jahr später auf dem Speyerer Reichstag 1526 zu spüren: Der Bürgermeister Jakob Gaisberg wollte bei König Ferdinand wegen des Schirmvertrages vorsprechen, erhielt jedoch keine Audienz gewährt, was die Stadt als entwürdigend empfand. Vgl. VÖGELI, Schriften [wie Anm. 26], Bd. 2/2, S. 1203 Anm. 826 u. S. 1349 Anm. 1019; RUBLACK, Einführung, ebd., S. 277 Anm. 395.

42 Deutsche Reichstagsakten. Jüngere Reihe, hrg. von der Hist. Komm. d. Bayer. Ak. d. Wiss.: Deutsche Reichstagsakten unter Kaiser Karl V., Bd. 7/1–2, bearb. von J. KÜHN, Stuttgart 1935, hier Bd. 7/1, S. 123 Anm. 1 (Regierung an Ferdinand, Innsbruck 18.7.1527).

43 RUBLACK, Einführung [wie Anm. 2], S. 125.

44 GLA Karlsruhe, 67/527, f. 80v–81r (6.10.1527). RUBLACK, Einführung, ebd., S. 122.

45 In einem Gutachten für König Ferdinand vom 27.12.1527 scheint die Innsbrucker Regierung, die zu diesem Zeitpunkt noch keine Nachricht vom Abschluß des Burgrechts zwischen Konstanz und Zürich besaß, bereits resigniert zu haben: sie wüßte nicht, wie der Abfall von Konstanz zu verhindern sei, außer man erfülle alle Zusagen aus dem Schirmvertrag. Im Grunde sei Konstanz arm, es habe nichts vor den

Als der Schritt der Bodenseestadt bekannt wurde, entfachten Österreich und das Reichsregiment einen Propagandafeldzug[46]. Sie warfen Konstanz vor, vom Reich abgefallen zu sein[47]. Dahinter stand die – auch von den Reichsständen geteilte – Meinung, ein Bündnis mit der Eidgenossenschaft führe, auch wenn das Reich darin vorbehalten sei, letztendlich zu einer Verweigerung der Pflichten gegenüber dem Reich[48]. Welche Emotionen das Burgrecht von Konstanz mit Zürich freisetzte, zeigt auch ein im Sommer 1528 im Bodenseeraum kursierendes Schmachlied[49]. Der für den Bischof und Österreich Partei ergreifende Verfasser, der ein intimer Kenner der Konstanzer Verhältnisse gewesen sein muß und wahrscheinlich unter den ausgezogenen, in Überlingen residierenden katholischen Geistlichen zu suchen ist, verleumdete Konstanz, Kaiser und Reich verraten zu haben[50]. Warum die Stadt nicht schon längst auch äußerlich durch die entsprechenden Symbole – Kuh bzw.

Stadttoren, und die Eidgenossen seien »schwere« Nachbarn (TLA Innsbruck, Kopialbuch Regierung An kgl. Mt. 3 (1527–29), f. 136r–138v, hier f. 137r u. 138v).

46 Bereits anläßlich der Konstanzer Verhandlungen mit der Eidgenossenschaft im Jahre 1500 gab es so etwas wie eine Reichspropaganda, die Konstanz zum Festhalten am Reich aufforderte; vgl. MAURER, Konstanz im Mittelalter II [wie Anm. 5], S. 254.

47 VÖGELI, Schriften [wie Anm. 26], Bd. 2/2, S. 1370 Anm. 1028.

48 Im Jahre 1500, als Konstanz zum ersten Mal ein Bündnis mit der Eidgenossenschaft suchte, schaltete sich auch der zu Augsburg versammelte Reichstag ein. Eine Gesandtschaft sollte dem Konstanzer Rat einschärfen, sich nicht durch die Eidgenossen »vom reich dringen« zu lassen: Frankfurts Reichscorrespondenz nebst andern verwandten Aktenstücken von 1376–1519, hrg. von J. JANSSEN, Bd. 2, Abt. 2, Freiburg i. Br. 1872, Nr. 802, S. 647–652, hier S. 647. Sollte sich die Stadt Konstanz mit dem Argument verteidigen, daß in dem Bündnis das Reich ausgenommen werde, so befahl die Instruktion den Gesandten, darauf zu antworten, daß dieser Reichsvorbehalt »allain fur ain scheine und on allen grundt zuo hallten« sei; »dann offenbar und war sey, das der merrer tayl von stetten und lendern der Aydgenossen auch in Welhischen und andern landen on mittell under das hailig reich gehoeren, die aber wenig achten, dem, wie pillich waere, anzehangen, oder gehorsam und gewaerttig ze sein und in anligen des hailigen reichs nit zusamen gepracht, dardurch allwegen gesagt werden moecht, der krieg oder anligen berurte nit das gantz Roem. reich. Und wurde allso die beruert statt Costentz dem hailigen reich entwendet und abgezogen, das der kon. maj. und den churfursten, fursten und stenden nit zuo gedulden oder durch schweigen zuo verwilligen, noch auch inen, den von Costentz, den vorbestymbten iren pflichten nach hinder der kon. maj. und den stenden des reichs zuo verwilligen oder einzegeen nit gepurte, noch gezimpte« (JANSSEN, S. 651). Der Text macht auch deutlich, daß die Zugehörigkeit der Eidgenossenschaft zum Reich außer Frage stand. Siehe zu diesem Thema B. BRAUN, Die Eidgenossen, das Reich und das politische System Karls V. [wie Anm. 12], S. 76f. und 143.

49 Historische Lieder aus Konstanz, hrg. von P. RUPPERT. In: Konstanzer geschichtliche Beiträge, hrg. von P. RUPPERT, Heft 2, Konstanz 1890, S. 85–100, hier S. 91–100. Bei RUPPERT, Lieder, S. 89f. ein weiteres – möglicherweise vom Konstanzer Domherrn Dr. Johann Botzheim verfaßtes – Spottlied auf das Burgrecht zwischen Konstanz und Zürich.

50 RUPPERT, Lieder [wie Anm. 49], S. 92 (»Und sind truwlos worden an kaiser und rych, / Deßglichen am hus Österrych«; »Sy sind gefallen vom kayser und vom rych«), S. 97 (»Sy verachtent kayser mit samt dem rych / Und ist irs hochmuts niemant glich«) und S. 98 (»Dem kayser zu spott und dem rych zu schand«). Dem Konstanzer Rat unterstellte der Verfasser des Liedes, die Gemeinde betrogen zu haben: »sy honts beschissen mit aim betrug / Und hont erdacht ain solichen lug, / Das inen der kayser hab darneben / All fryhait gnomen und die dem bischoff geben, / Der werd wider ir herr, wie vor alter her. / Das

Feder – deutlich gemacht habe, ob man nun zur Eidgenossenschaft oder zum Reich bzw. Österreich gehöre, wunderte er sich: Hätten die Konstanzer ihre von Kaiser und Reich stammenden Privilegien »gehenkt ainer ku undern swantz, / So hetten sie das grün wachs bevor / Und wüeschten den adler ab dem thor / und malten einen kuswanz dran, / So wyste doch jeder biderman, / Was er sich solt halten oder sagen, / Die feder hinter sich oder für sich tragen«[51]. Nicht nur die politische Moral führte der Liedschreiber gegen Konstanz ins Feld, das Burgrecht bot ihm auch Gelegenheit, die Animositäten gegen die »Kuhschweizer« zu schüren[52].

Gegen den Vorwurf, vom Reich abgefallen zu sein, verteidigte sich der Konstanzer Rat in einer großen Schrift, die den Abschluß des Burgrechts als Akt der Notwehr gegen die angemaßte Stadtherrschaft des Bischofs darstellte und zu diesem Zweck die Vorgeschichte, die zum Abschluß des Burgrechts führte, nämlich die Auseinandersetzung mit dem Bischof seit 1525, breit referierte. Diese Apologie vom 10. März 1528 ließ der Rat Ende April drucken, um sie danach nicht nur an das Reichsregiment und die oberösterreichische Regierung zu Innsbruck, sondern auch an einzelne Adlige, die altgläubigen eidgenössischen Orte, die meisten Reichsstädte sowie an etliche Reichsstände, insgesamt fast 80 Empfänger, zu versenden[53]. Der Tenor der Schrift – Konstanz sei gerade durch das Burgrecht dem Reich erhalten geblieben, denn nur dieses schütze Konstanz vor der Degradierung zur bischöflichen »Pfaffenstadt« – wurde durch das Titelbild des Druckes verdeutlicht: Es zeigt einen Ritter mit dem Konstanzer Wappen samt Reichsapfel und Reichsadler. Auf publizistische Weise versuchte Konstanz, so gut es ging, sich der ehrenrührigen Versuche Österreichs zu erwehren, das Ansehen der Stadt im Reich zu schmälern.

Österreich deutete das Konstanzer Burgrecht jedoch nicht nur als Verstoß an den Pflichten gegenüber Kaiser und Reich, sondern auch als Vertragsbruch. Dabei bezog sich Österreich weniger auf den Schirmvertrag, wenngleich eine im März 1528 vor dem Konstanzer Rat erscheinende österreichische Gesandtschaft noch einmal deutlich machte, daß Konstanz den Schirmvertrag einseitig gebrochen hatte[54]. Vielmehr wurden Österreich und das Reichsregiment bei der eidgenössischen Tagsatzung und bei Zürich vorstellig, um gegen

was dem gmainen man zu schwär, / Dazu sind sy vom rych und kayser verlon / Und müssent ain andern ruggen hon« (S. 97).

51 RUPPERT, Lieder, ebd., S. 96.

52 Zum mentalitätsgeschichtlichen Hintergrund siehe H. MAURER, Schweizer und Schwaben. Ihre Begegnung und ihr Auseinanderleben am Bodensee im Spätmittelalter, 2. Aufl., Konstanz 1991.

53 B. MOELLER, Johannes Zwick und die Reformation in Konstanz (QFRG Bd. 28), Gütersloh 1961, Anhang II., Nr. 32, S. 278: »Ain schrift der Kaiserlich=/en Regierung im Hailigen Rich zuoge=/schickt, darinn sich Burgermaister vnnd Radt der Statt / Costantz, ettlicher hendel, deren sy verunglimpfft sind, ent=/schuldigent, mit erschainung allerlay vnrechtes, das jnen / begegnet, Ouch was sy verursacht hab, ettliche ort der Aid=/gnosschafft zuo Burger anzenemmen, vnnd hin=/wider jren Burger zewerden./.« – Vgl. auch VÖGELI, Schriften [wie Anm. 26], Bd. 2/1, S. 747–771; die Liste der Empfänger der Druckschrift bei BUCK/FABIAN [wie Anm. 2], S. 306f. Anm. 183.

das Burgrecht zu protestieren, weil es dem Basler Frieden von 1499 und der Erbeinung Kaiser Maximilians mit den Eidgenossen von 1511 zuwiderlaufe, die die Aufnahme von Angehörigen der einen Partei ins Burgrecht der anderen verboten hatten[55]. Doch Zürich und Konstanz wiesen zurecht darauf hin, daß der Basler Friede nicht zwischen den Eidgenossen und dem Reich, sondern mit Maximilian als Erzherzog von Österreich abgeschlossen worden war: Konstanz sei jedoch nicht am Friedensschluß beteiligt gewesen, und daher sei der Frieden für die Stadt in diesem Punkt irrelevant; von der Erbeinung sei Konstanz ebenfalls nicht betroffen, da die Stadt nicht Österreich, sondern nur Kaiser und Reich untertan sei. Außerdem stellte der Konstanzer Rat die rhetorische Frage, warum ihm verboten sein sollte, was sich andere Fürsten (wie etwa der Bischof von Konstanz) und Städte des Reichs (wie Mülhausen und Rottweil) erlaubt hatten, die nämlich ebenfalls ein Bündnis mit den Eidgenossen eingegangen waren[56].

Neben diesen diplomatischen Aktionen plante Österreich aber auch, Konstanz wegen Abfalls vom Reich vom Reichsregiment in die Reichsacht erklären und danach von Reitern des Schwäbischen Bundes überfallen zu lassen. Als weitere Möglichkeit, einen Reichsachtprozeß gegen Konstanz anzustrengen, boten sich die Eingriffe des Konstanzer Rats in das Kloster Petershausen an, weil damit die österreichischen Kastvogteirechte verletzt worden waren. Doch weil der Schwäbische Bund, selbst durch die religiösen Auseinandersetzungen gelähmt, sich versagte, und da Österreich Geld und Truppen für die Abwehr der Türken im Osten benötigte, ließ Ferdinand den Plan fallen[57]. Österreich konnte auch nicht die »Christliche Vereinigung«, die es in Reaktion auf das Burgrecht mit den altgläubigen fünf Orten geschlossen hatte, für seine Zwecke nutzen, weil dieses Bündnis infolge des ersten Kappeler Landfriedens wieder aufgelöst werden mußte. Dadurch verlor Österreich aber diejenige Kraft, die im Falle eines Angriffes auf Konstanz dessen Burgrechtspartner Zürich und Bern in Schach hätte halten sollen. Ebenso zerschlug sich der Achtplan, den Ferdinand auf dem Reichstag zu Speyer 1529 erneut gegen Konstanz vorgebracht hatte, und das, obwohl eine Delegation der Reichsstände in Konstanz gewesen war und vom Rat die erwartete ablehnende Antwort bekommen hatte, auf die hin vom Reichsregiment der Reichsachtprozeß hätte eingeleitet werden sollen[58].

54 VÖGELI, Schriften, ebd., Bd. 2/2, S. 1372–1376 Anm. 1028/I.7g-l. RUBLACK, Einführung [wie Anm. 2], S. 125.

55 VÖGELI, Schriften [wie Anm. 26], Bd. 2/2, S. 1369–1371 Anm. 1028; Amtliche Sammlung der ältern Eidgenössischen Abschiede, Bd. 4, Abt. 1a, bearb. von J. STRICKLER, Brugg 1873, Nr. 504, S. 1271 (Zu i.4).

56 VÖGELI, Schriften, ebd., Bd. 2/2, S. 1377 Anm. 1028/I.7p (Konstanz an das Reichsregiment zu Speyer, 23.3.1528); Eidgenössische Abschiede 4/1a, Nr. 513, S. 1285 (Zu a.6) (Zürich und Bern an das Reichsregiment zu Speyer, 7.3.1528). Siehe auch die Konstanzer Denkschrift zu den angeblichen Verpflichtungen gegenüber Reich und Österreich vom 27.4.1528, gedr. in: Eidgenössische Abschiede 4/1a, Nr. 529, S. 1316–1318 (Zu g.2). Siehe auch RUBLACK, Einführung [wie Anm. 2], S. 174.

57 RUBLACK, Einführung, ebd., S. 125f.; BUCK/FABIAN [wie Anm. 2], S. 234.

3. Kaiser Karl V. und Konstanz

Im Gegensatz zu seinem Bruder Ferdinand hatte Kaiser Karl V. in den 20er Jahren mit dem Fall Konstanz weit weniger zu tun: vor allem reagierte er nur auf das, was an ihn herangetragen wurde. Dabei wurde Karl nicht durch Ferdinand über die Probleme mit der Bodenseestadt informiert[59], sondern durch den Konstanzer Bischof, der Hilfe gegen die evangelische Stadt suchte. Den Wünschen, die der Bischof an den Kaiser in dessen Funktion als Advokat der Kirche herantrug, kam Karl durch die Erteilung verschiedener Privilegien weitgehend nach, angefangen von der Erlaubnis zur Inkorporation der Reichenau in das Hochstift, die schon Maximilian dem Bischof zugesagt, aber dann auf Wunsch der Reichsstadt Konstanz doch verweigert hatte, bis hin zur Verhängung der Reichsacht, die Konstanz treffen sollte, wenn der Rat nicht für die sofortige völlige Restitution der altgläubigen Kirche in der Stadt sorgen würde. Beide Urkunden blieben allerdings ohne Folgen. Die Inkorporation der Reichenau war nur bei einem Rücktritt des Abtes zu realisieren, woran dieser momentan aber nicht dachte[60]. Die Reichsachturkunde, die Kaiser Karl V. – beeinflußt von dem am Hof weilenden Reichsvizekanzler Balthasar Merklin, der gleichzeitig Koadjutor des Konstanzer Bischofs war – am 3. Februar 1528 im kastilischen Burgos ausgefertigt hatte, wurde aus Rücksicht auf die reichspolitische Lage schließlich zurückgehalten[61]. Konstanz erfuhr von dieser Gefahr nichts. Anders verhielt es sich mit den beiden – bereits weiter oben erwähnten – Schirmbriefen, die Kaiser Karl V. Ende 1525 in Spanien dem Konstanzer Bischof und dem Domkapitel erteilt hatte. Denn in der schärferen Fassung des Schutzbriefes erklärte der Kaiser alle städtischen Freiheiten, soweit sie den Rechten und Privilegien des Bischofs entgegenstünden, für aufgehoben[62]. Nachdem in Konstanz im Januar 1527 die mildere und im Oktober die schärfere Fassung des Schirmbriefes für Bischof Hugo von Hohenlandenberg bekannt geworden war, erschütterte dies das Verhältnis zu Karl V. zutiefst[63].

58 RTA, J.R., Bd. 7/1, S. 779f.; Bd. 7/2, Nr. 38, S. 1265f. (Regest) (= VÖGELI, Schriften [wie Anm. 26], Bd. 2/1, Beilage Nr. 18, S. 807–809); Bd. 7/2, Nr. 155, S. 1329 (Eingabe Ferdinands an die Reichsstände vom 23.4.1529). Zu den Verhandlungen mit der Reichstagsdelegation in Konstanz siehe VÖGELI, Schriften, Bd. 2/2, S. 1384–1391 Anm. 1028.

59 Die Korrespondenz Ferdinands I. I. Bd.: Familienkorrespondenz bis 1526, bearb. von W. BAUER, Wien 1912, Repr. Nendeln 1970, führt nur einen auf Konstanz Bezug nehmenden Brief Ferdinands an Karl aus dem Jahre 1523 auf (Nr. 50, S. 89).

60 GLA Karlsruhe, 5/12848 (3.2.1528).

61 GLA Karlsruhe, 5/9045. BUCK, Anfänge [wie Anm. 2], S. 339–343. Immerhin ließ Karl im Herbst 1528 bei den altgläubigen eidgenössischen Orten Luzern, Unterwalden und Zug sondieren, ob sie Konstanz Hilfe leisten würden, falls der Kaiser die Bodenseestadt wegen des Burgrechts »ankeren« sollte (HHStA Wien, Schweiz 7/4, f. 64r (Gesandte von Luzern, Unterwalden und Zug an Karl, Baden 28.10.1528)).

62 GLA Karlsruhe, 5/1031 u. 1032. Zu beiden Urkunden siehe BUCK/FABIAN [wie Anm. 2], S. 222–225, insb. S. 225 Anm. 1091.

Bis zu diesem Zeitpunkt war es für den evangelisch gewordenen Rat ohnehin schwer geworden, dem altgläubigen Kaiser zu geben, was des Kaisers war. Man hatte insofern einen Ausweg gefunden, als man, was den Gehorsam gegenüber den kaiserlichen Mandaten und Reichsabschieden betraf, differenzierte: in geistlichen Dingen sei nicht dem Reich, sondern nur Gott zu gehorchen, während in weltlichen Dingen der Kaiser Oberherr der Stadt sei und bleibe[64]. Doch nun – seit 1527 – mußte Konstanz vom Kaiser, zu dessen Pflichten es doch nach Auffassung der Bürger gehörte, die reichsstädtischen Freiheiten zu schützen, die Derogation eben dieser Freiheit gewärtigen. Konstanz erhob förmlich gegen die Schirmbriefe Widerspruch. Wenn es in dem Protestationsinstrument vom 23. Oktober 1527 hieß, die Stadt könne nicht glauben, daß der Kaiser sie ihrer reichsstädtischen Freiheiten »onverschult, onverkundt, onverhert, ouch hinderrugks und on wissen« berauben wollte, so hatte das zwar den Charakter eines Topos, gleichwohl schwang die Überzeugung mit, der Kaiser sei nur schlecht informiert und ein willfähriges Instrument der bischöflichen Partei[65]. Diese Argumentation hatte auch den Vorteil, daß man einem Konflikt mit dem Kaiser aus dem Wege ging, da der wahre Schuldige ja der Bischof war. Trotzdem setzte Konstanz kein Vertrauen mehr auf das Reichsoberhaupt. In der Konstanzer Instruktion für den Esslinger Städtetag vom Juli 1528 kam dies deutlich zum Ausdruck: Kaiser und König hätten die »wolfart« der Städte aus den Augen verloren, seit die Geistlichen sich »so ghaim gmachet habent, das si ire bichtvater und gehaimste rät worden sind«[66].

Daß die kaiserlichen Schirmbriefe in Konstanz die Distanz zum Reich förderten, braucht nicht besonders betont zu werden. Sie trugen dazu bei, daß Konstanz seine Bemühungen, schweizerisch zu werden, forcierte. Als sich der Rat Anfang Oktober 1527 definitiv entschloß, ein Bündnis in der Schweiz zu suchen, begründete er dies damit, daß »die statt Co-

63 RUBLACK, Einführung [wie Anm. 2], S. 48.

64 VÖGELI, Schriften [wie Anm. 26], Bd. 2/1, S. 707 (Bürgermeister und Rat an Graf Christoph von Werdenberg, Konstanz 22.11.1526); RUBLACK, Einführung [wie Anm. 2], S. 94. Konstanz verwahrte sich aber dagegen, den Kaiser als »natürlichen Herrn der Reichsstädte« zu titulieren, »welhes von alter her nit bruchlichen gwesen, dann ir m. nit ain geporner, besunder ain erwelter kaiser und herr des reichs ist«. Mit dem Wort »natürlich« könnte – so befürchtete Konstanz – eine mögliche Beeinträchtigung der Städtefreiheit legitimiert werden (RTA, J.R., Bd. 7/1, S. 334 (Stellungnahme von Konstanz zum Abschied des Esslinger Städtetages vom Juli 1528)).

65 GLA Karlsruhe, 5/8972. Siehe auch BUCK/FABIAN [wie Anm. 2], S. 224.

66 StA Konstanz, RefA 5, f. 7r–14v (als Regest in: RTA, J.R., Bd.7 /2, Nr. 63, S. 1059–1061). Gerade weil man den Kaiser den Einflüsterungen der bischöflichen Partei ausgesetzt glaubte, schien es dem Konstanzer Rat geraten, den Kontakt zum Reichsoberhaupt wenigstens nicht ganz abbrechen zu lassen. Im Mai 1529, zur Zeit des Speyerer Reichstages, aktivierte Konstanz seine Beziehungen zum kaiserlichen Rat Ulrich Ehinger. Zu ihm besaß man, da er einem in Memmingen und Konstanz ansässigen Patriziergeschlecht entstammte und mit dem Konstanzer Ratsherrn Thomas Blarer verwandt war, gute Kontakte. Konstanz bat ihn, er möge doch beim Kaiser ein gutes Wort für die Stadt einlegen in der Hoffnung, der Kaiser werde »uff solh läre fürgeben« der Konstanzer Widersacher »kain ungnad gegen uns haben«: VÖGELI, Schriften [wie Anm. 26], Bd. 2/2, S. 1384 Anm. 1028 (Konstanz an Ulrich Ehinger, 22.5.1529).

stantz von deß richs wegen je und je vil angst, not, schad und schmach gelitten hatt«[67]. Die Mehrheit der Konstanzer Gemeinde teilte diese Ansicht, es gab aber auch einige Bürger – vor allem aus der traditionell österreichfreundlich gesinnten Fischerzunft –, die dem Entschluß des Rats nur unter der Bedingung zustimmten, daß man kein Bündnis gegen Kaiser und Reich oder das Haus Österreich schließe[68]. Als der Konstanzer Rat dann zwei Monate später das Votum der Gemeinde zu dem Burgrechtsvertrag mit Zürich einholte, gab es keinen größeren Widerstand; allerdings stimmten immerhin 104 von ca. 1000 stimmberechtigten Bürgern dagegen[69], und der Zunftmeister der Fischerzunft gab aus Protest sogar sein Bürgerrecht auf[70].

In den folgenden Jahren ist es immer wieder zu Kontakten zwischen Konstanz und Kaiser Karl V. gekommen, vor allem deswegen, weil die Stadt sich den Forderungen, die das Reich an sie stellte, nicht entziehen konnte. Zu erinnern ist etwa an den Augsburger Reichstag von 1530, als Konstanz zusammen mit Straßburg, Memmingen und Lindau Karl V. die Confessio Tetrapolitana übergab[71], oder an die Reichsanschläge, die Konstanz zu zahlen hatte, und um deren Nachlaß sich die Stadt seit Beginn der 40er Jahre beim Kaiser bemühte[72]. Von sich aus hat Konstanz jedoch nur einmal die Nähe zum Kaiser gesucht, und diese Initiative hatte erneut etwas mit den reichsstädtischen Freiheiten zu tun.

Seit Ende der 30er Jahre versuchte Konstanz, vollkommene Autonomie nach innen und außen zu erlangen. Um dieses Ziel zu erreichen, benötigte man jedoch, so paradox es war, den Oberherrn – eben den Kaiser, der dem Bischof die Derogation der Konstanzer Privilegien versprochen hatte. Nachdem der Rat durch den Wegzug des Bischofs keine Beeinträchtigung seiner Herrschaft durch den ehemaligen Stadtherrn mehr zu befürchten und sich außerdem der außenpolitischen Fessel des Schirmvertrages mit Österreich entledigt hatte, war als letzte Beschränkung der städtischen Freiheit die von Kaiser Maximilian 1510 oktroyierte Verfassung geblieben[73]. Rechtsgelehrte hatten den Konstanzer Rat davor

67 VÖGELI, Schriften, ebd., Bd. 2/2, S. 1348 Anm. 1019/7. RUBLACK, Einführung [wie Anm. 2], S. 122.

68 VÖGELI, Schriften, ebd., Bd. 2/2, S. 1350 Anm. 1019/11. RUBLACK, Einführung, ebd., S. 122.

69 VÖGELI, Schriften, ebd., Bd. 2/2, S. 1357 Anm. 1021/11. RUBLACK, Einführung, ebd., S. 123.

70 StA Konstanz, Bürgerbuch 1527/28, 1541–1550 (A IV 6), S. 3. RUBLACK, Einführung, ebd., S. 329 Anm. 66.

71 MOELLER, Johannes Zwick [wie Anm. 53], S. 111–115.

72 Siehe die Liste der seit 1526 bezahlten Reichsanschläge im StA Konstanz, RefA 30, f. 22r–34r. Zu den Konstanzer Bemühungen um Reduzierung bzw. Befreiung von den Reichsanschlägen: DOBRAS, Konstanz [wie Anm. 15], S. 127f.

73 Zum folgenden: W. DOBRAS, Ratsregiment, Sittenpolizei und Kirchenzucht in der Reichsstadt Konstanz 1531–1548. Ein Beitrag zur Geschichte der oberdeutsch-schweizerischen Reformation (QFRG Bd. 59 = Veröff. d. Ver. f. Kirchengeschichte in der evang. Landeskirche in Baden Bd. XLVII), Gütersloh/Karlsruhe 1993, S. 47–53.

gewarnt, die Verfassung eigenmächtig ohne Wissen und Willen des Kaisers abzutun, da man in diesem Fall mit Gegenmaßnahmen des Reichsfiskals zu rechnen hätte. So entschied sich die Konstanzer Führung, den legalen Weg, das hieß den Weg über den Kaiser, einzuschlagen. Der Konstanzer Gesandte auf dem Regensburger Reichstag 1541, der Kleinratsherr Konrad Zwick, sollte beim Kaiser um ein Privileg nachsuchen, das kleinen und großen Rat ermächtigen würde, über Zusammensetzung, Wahl und Pflichten des Rats nach Belieben zu bestimmen. Nachdem der heimliche Rat den kleinen Rat im Mai 1541 über das Vorhaben informiert hatte, wollte dieser jedoch dafür nicht die Verantwortung übernehmen. Beim kleinen Rat überwogen die politischen Rücksichten alle Unabhängigkeitswünsche. Man hatte den Schirmbrief Karls V. für Bischof Hugo von Hohenlandenberg nicht vergessen und befürchtete, der jetzige Bischof Johann von Weeze könnte durch die Konstanzer Aktivitäten beim Reichstag auf den Verfassungshandel aufmerksam werden und mit einer ähnlichen Urkunde wie der für Bischof Hugo seine Rechte als Stadtherr gegenüber Konstanz geltend machen. Die Weisung des Rats, nichts weiter in der Sache zu unternehmen, ignorierte der städtische Gesandte allerdings. Mit Unterstützung des Straßburger Reformators Bucer, der ihn beim Reichsvizekanzler Johann von Naves empfahl, erreichte es Konrad Zwick, daß Kaiser Karl V. Konstanz am 18. Juli 1541 nicht nur die maximilianeische Verfassung konfirmierte, sondern auch die Freiheit verlieh, einzelne Artikel der Verfassung durch Großratsbeschluß abzuändern[74]. Zwar machte der Konstanzer Rat, nachdem Zwick mit dem Privileg zurückgekehrt war, keinen Gebrauch von der wiedergewonnenen Handlungsfreiheit, sieht man einmal davon ab, daß die maximilianeische Ordnung in Zukunft anläßlich des alljährlichen Schwörtages nicht mehr verlesen wurde; gleichwohl konnte sich Konstanz seit 1541 auf dem Höhepunkt seiner städtischen Freiheit wähnen, sich – verfassungsrechtlich gesprochen – als freie Stadt fühlen[75].

Das Privileg des Kaisers für das in der habsburgischen Politik als großer Unsicherheitsfaktor geltende Konstanz wirft die Frage auf, wie der Kaiser, der in den 20er Jahren im sogenannten »Konservatorium« für Bischof Hugo die reichsstädtischen Freiheiten widerrufen hatte, sie 1541 bestätigen konnte. Bernd Moeller vermutete, daß der Kaiser über die Lage in Konstanz schlecht unterrichtet war[76], und Otto Feger nahm die Urkunde als Indiz für das geringe Interesse der Reichsgewalt »an einem Normierungsrecht und an einer Einwirkung auf die Stadtverfassung«[77]. Der Grund dürfte jedoch woanders liegen: In Naves hatte Zwick eine wichtige Person aus der Umgebung des Kaisers gefunden, die sich für die Erteilung des Privi-

74 GLA Karlsruhe, 5/7214. Zur Hilfe Bucers: Briefwechsel der Brüder Ambrosius und Thomas Blaurer 1509–1567, hrg. von T. SCHIESS, 3 Bde., Freiburg i.Br. 1908–1912, hier Bd.2, Nr. 1049, S.220.

75 Bereits der Verfasser des Schmachliedes von 1528 titulierte Konstanz aufgrund der Lösung vom österreichischen Schirmvertrag als »die frygste statt, / Die kain fürst im rych nit hat« (RUPPERT, Lieder [wie Anm.49], S. 100).

76 MOELLER, Johannes Zwick [wie Anm. 53], S. 235.

77 FEGER, Statutensammlung [wie Anm. 27], S. 44*.

legs einsetzte, ohne daß jedoch in der kaiserlichen Kanzlei überprüft wurde, ob früher erteilte Privilegien dem Gesuch des Konstanzer Antragstellers entgegenstanden[78]. Die Urkunde zeigt auch, daß Karl dem Fall Konstanz im Rahmen seiner vielfältigen politischen Geschäfte keine größere Aufmerksamkeit widmete. An dem gespannten Verhältnis der Bodenseestadt zu Kaiser Karl V. dürfte das Privileg im übrigen wenig geändert haben; Karls bisherige Parteinahme für den Bischof und seine Religionspolitik auf Reichsebene verhinderten dies[79].

4. Konstanz zwischen Bischof, Österreich und Eidgenossenschaft

Zu gemeinsamen, aufeinander abgestimmten Aktionen der beiden habsburgischen Brüder gegenüber Konstanz war es in den 20er Jahren nicht gekommen. Das erste Mal wurden Karl und Ferdinand gleichzeitig aktiv nach dem Zweiten Kappeler Krieg vom Herbst 1531, der mit der Niederlage Zürichs und Berns gegen die altgläubigen Orte geendet hatte. Im ersten Überschwang erhoffte sich König Ferdinand vom Sieg der Altgläubigen das Ende des Protestantismus in der Schweiz und wohl auch in Konstanz. Doch der Kappeler Frieden ließ das reformierte Bekenntnis bestehen, brachte aber immerhin die Aufhebung des »Christlichen Burgrechts«. Ob Ferdinand wirklich die offene Situation nach dem Krieg und die Verunsicherung der Evangelischen zu einer militärischen Intervention in Konstanz nutzen wollte, sei dahingestellt: Zürich und Konstanz befürchteten es jedenfalls[80]. Daß

78 Siehe zu den »Verehrungen« als Mittel städtischer Politik und zum Problem sich widersprechender Privilegien SCHMIDT, Städtetag [wie Anm. 10], S. 177–180.

79 Nach Ansicht von F. HIRSCH, Konstanzer Häuserbuch, Bd. 1, Heidelberg 1906, S. 152–157, soll es aus dieser Zeit eine Manifestation pro-kaiserlicher Gesinnung in der Konstanzer Bürgerschaft gegeben haben. In einem der fünf Medaillons, die das 1543 im Stil der Renaissance umgestaltete Portal des Hauses »zur Leiter« schmückten, will Hirsch das Porträt Karls V. erkennen (Abb. ebd., S. 153): »Es wäre auffallend, daß im Jahre 1543, da das Stadtregiment durchaus protestantisch und antikaiserlich gesinnt war, ein Konstanzer Bürger den Geist der Opposition in solcher Weise ostentativ zur Schau getragen habe, wenn wir nicht wüßten, daß um jene Zeit das Haus zur Leiter im Besitz der Familie Ehinger« (ebd., S.155) war, die über enge Verbindungen zum Kaiser verfügte. In den Akten lassen sich jedoch die Ehinger nicht als Besitzer dieses Hauses für das 16. Jahrhundert nachweisen. Und ob der Kopf des Medaillons tatsächlich Karl V. darstellt, muß – auch wenn eine gewisse Ähnlichkeit besteht – offenbleiben, da das ikonographische Programm des Portals dunkel bleibt. Nur ein Porträtmedaillon läßt sich aufgrund einer italienischen Inschrift einwandfrei als Nero identifizieren, die Umschrift »MORILA« des zweiten Medaillons bleibt mysteriös (vielleicht eine Verballhornung für Marcus Aurelius?). Das Medaillon über dem Türsturz zeigt möglicherweise die Dioskuren. Über den beiden, sich an das Portal anschließenden Fenstern ist je ein Medaillon angebracht: Das eine zeigt das angebliche Bildnis Karls V., das andere eine Frauenbüste in zeitgenössischer Kleidung. Genausogut kann es sich um Porträts der Besitzer handeln (so auch P. MOTZ in einer unveröffentlichten Handschrift in: StA Konstanz, Nachlaß Motz, 18/253).

80 StA Konstanz, RefA 4 Beilage: Am 11. Oktober 1531 »hatt der rat zu Costantz, der mit Zurich und Bern in aim burgkrechten was, ouch gegen den Ostrichischen von solhes wegen in sorgen stuend, funf kriegsrat verordnet, (...)«; gedr. in: VÖGELI, Schriften [wie Anm. 26], Bd. 2/1, S. 832 Anm. 52.

man am Hof Kaiser Karls V. zumindest die Chancen für eine Rekatholisierung von Konstanz hoch einschätzte, beweist eine Äußerung des Gesandten Karls V. am französischen Hof, François Bonvalot[81]. Aus Sorge um die Sicherheit des ehemaligen Bündnispartners erwirkte Zürich von den fünf Orten wenigstens die Zusage, Konstanz im Falle eines Angriffs schützen zu wollen[82]. Außerdem machte Zürich Konstanz Hoffnung auf einen Beitritt in die Eidgenossenschaft als Ersatz für das Burgrecht[83]. Um dies zu verhindern, sandten sowohl Ferdinand als auch Karl Gesandte in die Eidgenossenschaft[84]. Nicht zuletzt auf den Druck der beiden Reichsoberhäupter scheiterten die Verhandlungen schließlich[85]. Ende Januar 1532 erklärten die altgläubigen fünf Orte, daß man mit Konstanz nichts zu schaffen haben wolle[86]. Die von Karl und Ferdinand so gefürchtete »Verschweizerung« von Konstanz schien auf Dauer gebannt.

Die Niederlage Zürichs in der Schlacht von Kappel bedeutete einen schweren Rückschlag für die Expansion der schweizerischen Reformation, gleichzeitig aber auch eine Entlastung für das Haus Österreich und seinen an die Eidgenossenschaft grenzenden Länderkomplex. Konstanz war jedoch dadurch noch keineswegs für das Reich, geschweige denn für Österreich zurückgewonnen. Die Frage der politischen Zukunft der Bodenseestadt blieb weiterhin offen. Sie wurde auch von den Konstanzern offen gehalten, weil man den Verlust an Macht und Ansehen nicht wahrhaben wollte und bei aller Frustration zu maßloser Selbstüberschätzung neigte[87]. Einen gewissen Rückhalt besaß Konstanz zwar am Schmalkaldischen Bund, doch aufgrund ihrer Affinität zur zwinglischen Reformation war und blieb die Stadt innerhalb des Bundes theologisch und damit auch politisch ein Außen-

81 HHStA Wien, Frankreich Berichte und Weisungen 4, f. 81r–83v (Bonvalot an Karl V., 22.11.1531): »ay je sceu (...), que (...) Constance y a beaulcop de gens de bien aymans dieu et notre ste foy et y auroit moyen de les reduire« (f. 82r). Den Hinweis auf diese Stelle verdanke ich M. LUNITZ.

82 Amtliche Sammlung der ältern Eidgenössischen Abschiede, Bd. 4, Abt. 1b, bearb. von J. STRICKLER, Zürich 1876, Nr. 650, S. 1218, Nr. 15 (19.11.1531). Als Beilage in StA Konstanz, RefA 4, f. 400r.

83 Actensammlung zur Schweizerischen Reformationsgeschichte in den Jahren 1521–1532 im Anschluß an die gleichzeitigen eidgenössischen Abschiede, hrg. von J. STRICKLER, Bd. 4, Zürich 1881, Nr. 1046, S. 344.

84 Siehe die Korrespondenz der Brüder in: Die Korrespondenz Ferdinands I. 3. Band: Familienkorrespondenz 1531 und 1532, bearb. von H. WOLFRAM/C. THOMAS, Wien 1973/1977/1984, Nr. 605, S. 457; Nr. 607, S. 468; Nr. 610, S. 480. Karl sandte Cornelius Schepper, Ferdinand Balthasar von Ramschwag in die Eidgenossenschaft.

85 H. ESCHER, Die Glaubensparteien in der Eidgenossenschaft und ihre Beziehungen zum Ausland, vornehmlich zum Hause Habsburg und zu den deutschen Protestanten 1527–1531, Frauenfeld 1882, S. 312.

86 STRICKLER, Actensammlung 4 [wie Anm. 83], Nr. 1358, S. 471, Nr. 4.

87 Genau diese Selbstüberschätzung meinte ein altgläubiger Chronist, wenn er 1527 die Konstanzer folgendermaßen charakterisierte: »... frag man ain geborn en Costentzer, bistu ain Swab oder bistu ain Thurgouer oder ain Swytzer: Er spricht nain darzu und will nur ain Costentzer sin« (GLA Karlsruhe, 65/11229, S. 18). RUBLACK, Außenpolitik [wie Anm. 2], S. 56 und MAURER, Schweizer und Schwaben [wie Anm. 52], S. 70 sehen dagegen in dieser Äußerung eine »neutralistische« Haltung der Konstanzer.

seiter. Wie sehr Konstanz aber in seiner exponierten Lage zwischen Österreich, Eidgenossenschaft und dem Hochstift des Konstanzer Bischofs auf zusätzlichen Schutz angewiesen war, zeigte sich nur wenige Jahre nach Kappel, als sich die Verhältnisse in ähnlicher Form zuspitzten, wie es schon einmal in den Jahren um 1510 geschehen war.

Der erwählte Bischof Johann von Lupfen hatte den Plan seines Vorgängers Hugo von Hohenlandenberg, die Abtei Reichenau in das Hochstift zu inkorporieren, wieder aufgegriffen und in Rom erreicht, daß Papst Paul III. ihm am 14. März 1535 eine neue Inkorporationsbulle ausstellte. Konstanz drohte damit erneut die Gefahr einer Einkreisung durch bischöfliches Gebiet. Um die Inkorporation vollziehen zu können, mußte der Bischof jedoch erst den Reichenauer Abt, Markus von Knöringen, zum Verzicht auf die Abtswürde bewegen; vor allem aber brauchte der Bischof die Zustimmung König Ferdinands, des Schirmherrn der Abtei. Die Entscheidung in dieser Sache hing, so schien es, von König Ferdinand ab. Die diplomatischen Aktionen sowohl des Bischofs als auch der Stadt Konstanz konzentrierten sich daher zunächst auf ihn[88].

Prinzipiell befürwortete Österreich den Plan des Bischofs. In einem Ende März 1535 erstellten Gutachten für den König unterstützte die Innsbrucker Regierung das Argument der bischöflichen Seite, daß das Hochstift und die Reichenau infolge der Reformation verarmt seien und nur eine Zusammenlegung den Ruin beider Reichsfürstentümer aufhalten könne. Innsbruck sah andernfalls bereits eine Mediatisierung des Hochstifts durch Zürich und Konstanz voraus: da der Bischof kaum mehr in der Lage sei, die diesen Städten für Kreditaufnahmen verschriebenen Zinsen zu bezahlen, sei eine Beschlagnahmung der diesseits des Bodensees und des Rheins gelegenen, als Pfand eingesetzten bischöflichen Güter durch die beiden Gläubiger zu befürchten. Könnten sich Zürich und Konstanz erst einmal in bischöflichem Gebiet etablieren, dann wäre dies das Ende des Hochstifts. Der Hinweis, daß das Reich damit ein wichtiges Glied verlöre, hatte für die Innsbrucker Regierung wohl eher zweitrangige Bedeutung. Ihr kam es vor allem darauf an, das Hochstift als »ain schidmaur zwischen den vordern lannden und den aidgnossen« unter allen Umständen zu erhalten. In dunklen Farben deutete die Regierung an, daß ein Verlust dieses Puffers nicht nur Unruhe für die eigenen Lande heraufbeschwören, sondern auch den altgläubigen Hegauadel veranlassen werde, sich woanders – gedacht war wohl an die Eidgenossenschaft und das Herzogtum Württemberg – »schutz und schirmb« zu suchen[89].

88 Zur Inkorporation der Abtei Reichenau in das Hochstift Konstanz siehe K. MAIER, Das Domkapitel von Konstanz und seine Wahlkapitulationen. Ein Beitrag zur Geschichte von Hochstift und Diözese in der Neuzeit (Beiträge zur Geschichte der Reichskirche in der Neuzeit Bd. 11), Stuttgart 1990, S. 60–62 und DOBRAS, Konstanz [wie Anm. 15], S. 116–119.

89 TLA Innsbruck, Kopialbuch Regierung An kgl. Mt. 5 (1532–35), f. 445v–447r, die beiden Zitate auf f. 446r u. f. 446v (Regierung und Kammer Innsbruck an Ferdinand, 29.3.1535). Ob die Innsbrucker Räte von dem Verlust des Hochstifts auch ein Umschwenken der Hegauritter zur Reformation befürchteten, wie V. PRESS, Adel, Reich und Reformation. In: Stadtbürgertum und Adel in der Reformation (Veröff. d. Dt. Hist. Inst. London Bd. 5), hrg. von W. J. MOMMSEN, Stuttgart 1979, S. 330–383, hier S. 358

Diese grundsätzlichen Überlegungen machten Ferdinand und die Innsbrucker Regierung jedoch nicht automatisch zu natürlichen Verbündeten des Bischofs und des Hegauadels. Dem stand Österreichs expansive Territorialpolitik im Bodenseegebiet entgegen. Vor allem war Österreich bestrebt, in der Landgrafschaft Nellenburg mit ihrem von zahlreichen fremden Rechten durchsetzten Hoheitsbezirk die volle Souveränität zu erlangen. Die Folge waren nicht abreißende Konflikte mit den Nachbarn: Der damals amtierende, bereits in Diensten Maximilians bewährte Landvogt von Nellenburg, Hans Jakob von Landau, stritt sich seit den 20er Jahren des 16. Jahrhunderts nicht nur mit dem Reichenauer Abt um die Hochgerichtsbarkeit in verschiedenen reichenauischen Dörfern sowie um die Forst- und Jagdgerechtigkeit zwischen Unter- und Überlingersee, sondern steuerte, weil die Hegauadligen und nicht zuletzt der Konstanzer Bischof sich für ihre Gebiete von der österreichischen Landgerichtsbarkeit zu eximieren versuchten, auch einen Konfrontationskurs gegenüber diesen[90]. Aufgrund dieser Auseinandersetzungen neigte Hans Jakob von Landau sogar dazu, den Konstanzer Interessen Sympathie entgegenzubringen[91]. Er war ein Gegner des bischöflichen Inkorporationsvorhabens, so daß der Konstanzer Rat über von Landau sogar urteilen konnte, er sei der Stadt guter Nachbar[92]. Wahrscheinlich ohne von der Innsbrucker Regierung beauftragt zu sein, vertrat von Landau 1535/36 sogar die Idee eines neuen Schirmvertrages zwischen Konstanz und Österreich[93]. Möglicherweise glaubte der Landvogt, durch eine ähnliche Lösung wie 1510 die gefährliche Situation entspannen zu können.

annimmt, erscheint mir in dem Gutachten weniger deutlich. Eine kurze, allgemeiner gehaltene Interpretation auch bei V. PRESS, Vorderösterreich in der habsburgischen Reichspolitik des späten Mittelalters und der frühen Neuzeit. In: Vorderösterreich in der frühen Neuzeit, hrg. von H. MAIER/V. PRESS, Sigmaringen 1989, S. 1–41, hier S. 20f.

90 C.F. ROTH VON SCHRECKENSTEIN, Der sogenannte Hegauer Vertrag zwischen der Landgrafschaft Nellenburg, dem Deutschorden und der Reichsritterschaft. In: ZGO 34 (1882), S. 1–30, hier S. 3f. Zu diesen Auseinandersetzungen bieten die Nellenburger Kopialbücher im GLA Karlsruhe, 67/734–737 viel Material.

91 Vgl. die Charakterisierung Landaus bei C.F. ROTH VON SCHRECKENSTEIN, Materialien zur Geschichte der Landgrafschaft Nellenburg. I. Französische Werbungen im Hegau, 1524–1530. In: ZGO 34 (1882), S. 196–223, hier S. 199f.: »Ob er aber ein dem Hause Oesterreich durchaus ergebener, stets zuverläßiger Diener war, muß bis auf weitere, eingehende Forschungen, noch dahingestellt bleiben. (...)/ (...), daß Herr Hans Jacob zu jener Schule von mächtig gewordenen Dienern und Beamten, aus der Zeit der Kaiser Friedrich III. und Maximilian I. gehörte, die da gehorchten, wenn sie wollten«.

92 StA Konstanz, RefA 14, S. 151 (Instruktion für den Kleinrat Konrad Zwick zu Hans Jakob von Landau, Anfang Januar 1536) und S. 163 (Bericht Zwicks über seine Mission bei Landau, undat.). Von Landau betitelte sich selbst als »guter Costantzer« (RefA 14, S. 315).

93 StA Konstanz, RefA 14, S. 124 (19.10.1535): Von Landau ließ seinen Plan dem Konstanzer Rat bezeichnenderweise über den Wirt zum Hecht, Jakob Kundigmann (zu ihm siehe Anm. 26), übermitteln. Siehe auch RefA 14, S. 315 (14.4.1536).

Wenn es Konstanz gelungen wäre, die Reichenau in die eigenen Hände zu bringen – ein Gedanke, der dem Konstanzer Rat eine Zeitlang vorschwebte –, dann wäre die Stadt vielleicht zu einem Schirmvertrag mit Ferdinand, aber nur in seiner Funktion als Kastvogt der Abtei, bereit gewesen. Doch die Reichenau sich selbst einzuverleiben, bestand kaum Hoffnung, und so blieb der Stadt nur der Weg, am Hofe König Ferdinands ihre Supplikationen vorzubringen. Der Konstanzer Gesandte appellierte vor den Innsbrucker Räten an die Verpflichtung Österreichs, nicht zuzulassen, daß Konstanz »von deß richs gehorsame in aigentschafft deß bistumbs« komme. Man brachte die bekannte Klage vor, daß die Stadt »von deß richs und furnemlich von deß hus Osterrichs wegen« im Schwabenkrieg viel Land, Leute und Gut, vor allem aber das Thurgauer Landgericht, eingebüßt habe[94]. Daß der Gesandte auch die ganz ähnliche Situation von 1510 ansprach, war sicherlich nicht sehr klug, konnte dies doch in Innsbruck als Drohung, erneut eidgenössisch zu werden, verstanden werden. Daß die Konstanzer Position trotz allem nicht aussichtslos war, lag daran, daß König Ferdinand und der Bischof sich alles andere als einig waren. König Ferdinand war nämlich nicht ohne weiteres bereit, der Inkorporation sein Placet zu erteilen, beabsichtigte er doch, nicht nur die Schutz- und Vogteirechte über die Abtei zu wahren, sondern sie sogar auf das ganze Hochstift auszudehnen. Einen entsprechenden Schirmvertrag mit dem Haus Österreich einzugehen, war der Konstanzer Bischof allerdings nicht willens[95]. Da jedoch bekannt war, daß Johann von Lupfen das Bistum zu resignieren beabsichtigte, wartete Österreich die kommende Neuwahl ab in der Hoffnung, einen ihm genehmen Kandidaten für den Konstanzer Bischofsstuhl »empfehlen« zu können. Dem Druck Österreichs widersetzte sich das Domkapitel nicht lange: Nach dem Rücktritt Lupfens postulierte es im April 1538, wie von Österreich und auch von Karl V. gewünscht, Johann von Weeze, den aus Schweden vertriebenen, früheren Erzbischof von Lund und kaiserlichen Diplomaten, zum Bischof von Konstanz[96]. Die Einschätzung, Weeze sei ein willfähriger Parteigänger Österreichs, sollte sich aber als trügerisch erweisen.

Denn der politisch erfahrene Weeze, der zudem mit der Unterstützung Karls rechnen konnte, betrieb das Inkorporationsvorhaben geschickter als seine Vorgänger. Obwohl Weeze – von kaiserlichen Aufträgen abgehalten – sein Bistum noch gar nicht betreten hatte, verdichteten sich im Frühjahr 1539 die Gerüchte einer bevorstehenden Inkorporation derart, daß der Konstanzer Rat in Panik geriet. Den einzigen Ausweg sah die städtische Führung erneut in einem Beitritt von Konstanz zur Eidgenossenschaft. Um dies zu errei-

94 StA Konstanz, RefA 14, S. 7 (Instruktion für Joachim Maler zu König Ferdinand, 29.5.1535) und S. 459 (Instruktion für Ludwig Kürnstaller zu König Ferdinand, 19.8.1536).

95 Zu dem Entwurf eines Schirmvertrages zwischen Österreich und dem Bischof von Konstanz siehe MAIER, Domkapitel [wie Anm. 88], S. 61 Anm. 70.

96 Eine biographische Skizze bietet R. REINHARDT, Johannes von Weeze, kaiserlicher Generalorator, Erzbischof von Lund, Bischof von Roskilde und Konstanz. In: Rottenburger Jahrbuch für Kirchengeschichte 3 (1984), S. 99–111.

chen, galt es vor allem, die altgläubigen fünf Orte, an erster Stelle Luzern, von den Vorteilen eines Konstanzer Beitritts zur Eidgenossenschaft zu überzeugen. In einem Dossier stellte der Konstanzer heimliche Rat die Argumente zusammen, die die städtischen Unterhändler in den Geheimverhandlungen mit einflußreichen Vertretern der altgläubigen Orte zur Sprache bringen sollten. Konstanz betonte insbesondere seine militärische Bedeutung für die Eidgenossen: Im Falle eines Krieges könnte Konstanz mit nur wenigen Truppen dem Feind den »paß« zur Schweiz versperren. Wer der Feind der Eidgenossenschaft sei, wurde von Konstanz auch deutlich ausgesprochen: das Haus Österreich. Konstanz wies darauf hin, daß Österreich die früheren Versuche der Stadt, eidgenössisch zu werden, allein deswegen verhindert habe, weil es sich nicht die Möglichkeit nehmen lassen wollte, die Eidgenossen von der strategisch günstig gelegenen Bodenseestadt aus zu bekriegen[97]. Derart mit Argumenten und auch mit viel Geld versehen, versuchten die städtischen Gesandten, bei den fünf Orten für das Konstanzer Begehren zu werben. Daß dem »Schweizerisch-Werden« von Konstanz erneut kein Erfolg beschieden war, lag weniger an der Glaubensfrage, als vielmehr wie schon zuvor daran, daß die Konstanzer Forderung nach einer Abtretung der Landgrafschaft Thurgau nicht nur für die fünf Orte, sondern auch für Zürich inakzeptabel war. Der Aktionen Ferdinands und der Innsbrucker Regierung, die relativ schnell von den Konstanzer Plänen erfahren hatten[98] und auf den eidgenössischen Tagsatzungen gegen diese agitieren ließen[99], bedurfte es deshalb eigentlich gar nicht.

Auch in der Inkorporationssache unterlag die Stadt. Der Konstanzer Hinweis auf die Gefahren, die von einer Erwerbung der Abtei mit ihren größtenteils im Thurgau befindlichen Dörfern durch den Konstanzer Bischof ausgingen, machte vor allem auf die eidgenössischen Länderorte keinen Eindruck[100]. Vielmehr gelang es Bischof Johann von Weeze, die Mehrheit der eidgenössischen Orte mit dem Versprechen zu beruhigen, die Insel Reichenau nicht militärisch nutzen zu wollen und die Zinsen und Rechte der Abtei in der Schweiz keinem anderen Schirmherrn als den eidgenössischen Orten selbst zu unterstellen[101]. Als Anfang Februar 1540 Abt Markus von Knöringen auf die Abtei verzichtete, inkorporierte der Bischof die Reichenau sofort in das Hochstift und stellte damit König Ferdinand ein-

97 GLA Karlsruhe, 209/358, f. 21r–24v. Siehe hierzu auch MOELLER, Johannes Zwick [wie Anm. 53], S. 226–230 und DOBRAS, Konstanz [wie Anm. 15], S. 117f.

98 Die Innsbrucker Regierung wurde durch den Konstanzer Domherrn Georg Sigmund von Ems auf dem laufenden gehalten (HHStA Wien, Hs. W 376/3, f. 4v (Regierung Innsbruck an Graf Wolf von Montfort, Hans Jakob von Landau und Hans Friedrich von Landeck, 3.10.1539)).

99 HHStA Wien, Hs. W 376/3, f. 5v–7r (Instruktion Ferdinands für Hans Friedrich von Landeck und Dr. Ulrich Schmotzer auf die Tagsatzung zu Baden, 1.12.1539).

100 MOELLER, Johannes Zwick [wie Anm. 53], S. 229 Anm. 167.

101 Amtliche Sammlung der ältern Eidgenössischen Abschiede, Bd. 4, Abt. 1c, bearb. von K. DESCHWANDEN, Luzern 1878, Nr. 716, S. 1179 (Zu n. 3) (Urkunde des Bischofs vom 5.2.1540).

fach vor vollendete Tatsachen. 1541 ließ sich Johann von Weeze, was ihm bei seinen guten Beziehungen zum Kaiserhof leichtfiel, von Kaiser Karl V. die Inkorporation bestätigen[102].

Damit hatte sich erneut gezeigt, daß die Konstanzer Bischöfe ihre Politik – auch gegenüber der Reichsstadt Konstanz – leichter mit der Hilfe des Kaisers als mit der Ferdinands verwirklichen konnten, fühlte sich Karl doch gegenüber der Reichskirche stärker verpflichtet als der Territorialpolitik betreibende Ferdinand[103]. Im Falle der Inkorporation der Reichenau hatte dies sogar dazu geführt, daß sich die Reichsstadt Konstanz und König Ferdinand zumindest zeitweise, wenn auch aus unterschiedlichen Beweggründen, in der Verhinderung des bischöflichen Vorhabens einig waren[104]. Das Beispiel zeigt auch, daß es mit der Koordination zwischen Karl und Ferdinand nicht zum besten bestellt war.

5. Die Degradierung von Konstanz zur österreichischen Landstadt

Karl Brandi hat in seiner Biographie Karls V. geschrieben, die Jahre des Schmalkaldischen Krieges hätten »den Höhepunkt in dem inneren Verhältnis der habsburgischen Brüder zueinander« gebracht[105]. Diese Feststellung läßt sich in gewisser Weise auch auf das diplomatische und kriegerische Zusammenwirken Karls und Ferdinands gegenüber Konstanz in dieser Zeit übertragen. Karl gab dem Wunsch Ferdinands nach einer Einbeziehung der Bodenseestadt in die österreichischen Vorlande nach. Dies stellt insofern eine Ausnahme dar, als Karl generell den Krieg nicht dazu benutzen wollte, die habsburgische Hausmacht – etwa durch die Rückgewinnung Württembergs – wieder tiefer nach Schwaben hineinwachsen zu lassen. Vielmehr fühlte er sich als Reichsoberhaupt verpflichtet, den Anschein zu vermeiden, als verfolge er eigene Interessen[106]. Daß Karl im Falle von Konstanz von die-

102 MAIER, Domkapitel [wie Anm. 88], S. 62.

103 Bereits am 3.2.1528 hatte Karl V. Bischof Hugo von Hohenlandenberg die Erlaubnis zur Inkorporation erteilt (GLA Karlsruhe, 5/12848). In der Inkorporationssache hatten die beiden habsburgischen Brüder ihre Politik offensichtlich nicht aufeinander abgestimmt.

104 Vier Jahre später, am 21.9.1544, kam der Nellenburger Landvogt Hans Jakob von Landau in einer vertraulichen Unterredung mit dem Konstanzer Unterschreiber Matthäus Molckenpur noch einmal auf die Inkorporation der Reichenau zu sprechen. Landau erklärte, daß er »die beschehnen incorporation der Richenow ungern gesehen« habe, und daß auch König Ferdinand ursprünglich gegen die Inkorporation gewesen sei, weil der Konstanzer Bischof und sein Bistum sich nicht »dem hus Osterrich zugethon« machen wollten: und »schlug ir mt. die sach dermassen entlich ab, das er sich kainer widerwertigen mainung hernacher hette versehen, aber sydert hat der bischoff sin beger erlangt. Es hat aber der kunig sydert wol befunden unnd noch teglichs, was er thon hat, unnd wurts noch je lenger je mer befinden (...)« (StA Konstanz, RefA 23, f. 307r–v).

105 K. BRANDI, Kaiser Karl V. Werden und Schicksal einer Persönlichkeit und eines Weltreiches, 7. Aufl., Darmstadt 1979, S. 485.

106 BRANDI [wie Anm. 105], S. 467f.

sem Prinzip abwich, lag unter anderem daran, daß die Stadt die kaiserliche Autorität auf das gröbste mißachtet und so den Zorn Karls V. provoziert hatte.

Seit Beginn des Krieges im Sommer 1546 hatte Konstanz den Schmalkaldischen Bund, so gut es seine ohnehin stark angegriffenen Ressourcen erlaubten, mit Geld und Truppen unterstützt, doch bereits gegen Ende des Jahres war das Bündnis in Süddeutschland auseinandergebrochen[107]. Im Gegensatz zu den anderen oberdeutschen Städten, von denen sich die meisten, an ihrer Spitze Ulm, noch im Dezember dem Kaiser ergeben hatten und vor dem sie den Fußfall vollziehen mußten, verweigerte Konstanz die Unterwerfung. Die radikalreformatorische Gruppe im Rat, die seit Anfang der 40er Jahre die Konstanzer Politik beherrschte und das Heil der Stadt einzig und allein in der Erfüllung von Gottes Willen sah, ignorierte die veränderten politischen Kräftekonstellationen und war nicht bereit, Kompromisse, schon gar nicht auf dem Gebiet des Glaubens und der Reformation, einzugehen[108].

Das Handeln des Rats beschränkte sich darauf, Ende Januar 1547 Kontakt zu dem – der Stadt seit dem Reichenauhandel wohlgesonnenen – österreichischen Landvogt zu Nellenburg, Hans Jakob von Landau, aufzunehmen, um durch diesen die Stimmung am Kaiserhofe erforschen zu lassen[109]. Selbst als im April der Krieg mit der Niederlage Kursachsens in der Schlacht von Mühlberg seine definitive Entscheidung gefunden hatte, hielt Konstanz an seiner Taktik fest, die Aussöhnung mit dem Kaiser so lange hinauszuzögern, bis man in einem günstigen Moment für die Stadt annehmbare Konditionen aushandeln könnte. Dabei besaß die Bewahrung des protestantischen Bekenntnisses den Primat vor allen anderen Überlegungen. Daß die Machtmittel von Konstanz nicht ausreichten, sich dem Kaiser entgegenzustellen, war auch den Konstanzer Führern klar, doch sie vertrauten – vergeblich, wie sich herausstellen sollte – darauf, daß eidgenössische und französische Hilfe den Kaiser von seiner Forderung nach unbedingter Unterwerfung abbringen würde[110]. Nicht nur gegenüber anderen Städten, die Konstanz zur Aussöhnung mit Karl V. drängten, sondern auch gegenüber der kaiserlichen Seite stellte sich die Stadt auf den etwas naiven Standpunkt, der Schmalkaldische Krieg sei nur zur Verteidigung der religiösen Freiheit geführt worden, nicht aber gegen Kaiser und König gerichtet gewesen; seither hätte Konstanz beiden Majestäten allen schuldigen Gehorsam geleistet, so daß von Konstanzer Seite eigentlich keine Aussöhnung vonnöten sei[111].

---

107 Zur Konstanzer Politik während des Schmalkaldischen Krieges siehe MAURER, Übergang [wie Anm. 2], passim, und DOBRAS, Konstanz [wie Anm. 15], S. 130–146.

108 Siehe zu dieser Haltung das Schreiben des Konstanzer Rats an Augsburg vom 9. Januar 1547, in dem er zum Durchhalten aufforderte und zur sittlichen Erneuerung und zu Gottvertrauen mahnte (Der Konstanzer Sturm im Jahre 1548 von Georg Vögeli (richtig: Gregor Mangolt), hrg. von G.W. ISSEL, Belle-Vue bei Konstanz 1846, S. 13). Siehe auch DOBRAS, Ratsregiment [wie Anm. 73], S. 151.

109 MAURER, Übergang [wie Anm. 2], S. 17.

110 MAURER, Übergang, ebd., S. 21–29.

111 Konstanz an den Altbürgermeister von Wangen Andreas Schlegel, 18.6.1547: Gerwig Blarer, Abt von Weingarten und Ochsenhausen. Briefe und Akten (Württembergische Geschichtsquellen Bd. 17,2), bearb. von H. GÜNTER, Bd. 2, Stuttgart 1921, S. XI Anm. 5. – Konstanz an Nicolas Perrenot de Gran-

Als Kaiser Karl V. im Herbst 1547 durch ein Mandat die Arrestierung aller Konstanzer Güter und Einkünfte außerhalb des Stadtgebietes befahl, wurde Konstanz unsanft aus seinen Träumen geweckt und mußte sich nun ernsthaft um eine Aussöhnung beim Kaiser bemühen. Aber selbst jetzt glaubte Konstanz noch, die Bedingung stellen zu können, die Glaubensfrage – und das hieß für Konstanz die Restitution der altgläubigen Kirche – auszusparen. Der über das Konstanzer Begehren ungehaltene Kaiser ließ sich nun seinerseits mit dem Ausstellen eines Geleitbriefes für die Konstanzer Unterhändler Zeit, und als der Geleitbrief endlich im März 1548 in Konstanz eintraf, wurde gleichzeitig eine Bemerkung des königlichen Rats Georg Gienger kolportiert: Konstanz werde sich »selbs helfen und ein übrigs thun miessen; denn des kaisers zorn und ungnad schwerer als jemand vermaint auf sy gefallen«[112].

Das ließ nichts Gutes erwarten, und in der Tat wurden den Konstanzer Gesandten auf dem Augsburger Reichstag im Juni vom Kaiser und seinem Rat Antoine Perrenot de Granvelle, Bischof von Arras, als Unterwerfungsbedingungen unter anderen die Wiederaufnahme des Bischofs und der altgläubigen Geistlichkeit, die Annahme des Interims und die Einsetzung eines Stadthauptmanns genannt[113]. Als Konstanz einer Entscheidung über Annahme oder Ablehnung dieser für die Stadt inakzeptablen Forderungen aus dem Wege zu gehen versuchte, brach Granvelle am 5. August 1548 die Verhandlungen ab. Am nächsten Tag erfolgte zusammen mit der Verhängung der Reichsacht ein Angriff spanischer Truppen auf die Stadt, der jedoch von der Bürgerschaft abgewehrt werden konnte[114].

Nach dem Mißerfolg der Spanier übertrug Karl V. seinem Bruder Ferdinand und dessen Obersten, Freiherrn Nikolaus von Pollweil, am 16. August 1548 die Exekution der Reichsacht. Im selben Schreiben riet Karl Ferdinand mit Nachdruck, die Reichsacht zu nutzen, »pour joindre icelle ville a voz pays et faire a cest effect tout effort possible«[115]. Während Karl die momentane Situation als überaus günstig einschätzte – nach dem Abzug der spanischen Truppen würden sich die Konstanzer in Sicherheit wähnen, außerdem sei von Schweizer Seite keine Unterstützung für Konstanz zu erwarten –, hatte Ferdinand doch einige Bedenken. Von einer erneuten militärischen Intervention, wie sie Karl und Oberst Pollweil vorschwebte, hielt er nichts. Das bedeutete nicht, daß Ferdinand es an Entschlos-

velle, 24.9.1547 (MOSER [wie Anm. 2], S. 27): »(...) Deum testamur immortalem, quod vel caesaream sive regiam m^{tem}. de divinibus concessa potestate legitimoque magistratu deturbare vel obedientie iugum excutere atque a nobis deijcere cogitaremus, verum ut nos ipsos defenderemus«.

112 StA Konstanz, RefA 28, S. 479. Siehe auch MAURER, Übergang [wie Anm. 2], S. 37.

113 StA Konstanz, RefA 29, S. 403–406.

114 Die Reichsachturkunde ediert in: Quellen zur Geschichte der Reformationsbündnisse und der Konstanzer Reformationsprozesse 1529–1548 (SKRG 34), hrg. von E. FABIAN, Tübingen/Basel 1967, Nr. 39, S. 232–235.

115 HHStA Wien, PA 5/2 (= alt 6/b), f. 79r–80r, hier f. 79v. Als Regest in: Beiträge zur Reichsgeschichte 1546–1551 (Briefe und Akten zur Geschichte des 16. Jahrhunderts Bd. 1), bearb. von A. von DRUFFEL, München 1873, Nr. 196, S. 143.

senheit, die Exekution der Reichsacht auch durchzusetzen, fehlen ließ. Durch »Praktiken«, d.h. wohl durch Gewinnung der Sympathisanten Österreichs in der Konstanzer Bürgerschaft, sollte die Stadt gewonnen werden[116]. Vor allem das Versprechen Ferdinands, den Konstanzern Schutz von Leib und Gut zu garantieren, verfehlte seine Wirkung nicht. So ergab sich Konstanz, dem alle außenpolitischen Alternativen genommen waren, nachdem die erhoffte Unterstützung aus der Eidgenossenschaft ausgeblieben war, dem Haus Österreich. Am 14. Oktober zog Pollweil mit österreichischen Truppen in die Stadt ein, am 15. nahm Pollweil in Vertretung des Landesherrn die Huldigung der Bürgerschaft entgegen. Die Bürger mußten für sich und ihre Nachkommen schwören, daß sie den König als »naturlichen Erbherren und Landsfürsten halten und erkennen« würden[117].

Doch in das Zusammenspiel zwischen den beiden habsburgischen Brüdern schlichen sich aufgrund mangelnder Kommunikation und unterschiedlicher Interessen auch Mißtöne ein. Karl scheint über die militärische Besetzung der Stadt durch Ferdinand durchaus überrascht worden zu sein und mag sich unter dem »joindre (...) a voz pays« etwas anderes vorgestellt haben. In diese Richtung deutet nämlich, daß Abt Gerwig Blarer von Weingarten Anfang Oktober dem Kaiser angeboten hatte, die Unterwerfung von Konstanz entgegenzunehmen[118]: Blarer bekam von Granvelle auch eine kaiserliche Verfügung zugestellt, wonach Konstanz von jeglicher Konfiskation befreit und gegen Erlegung einer Strafsumme von 22000 Gulden begnadigt werden sollte[119]. Doch »der koe. mt. prevention« – gemeint war die Einnahme von Konstanz am 14. Oktober – hatte, wie Gerwig Blarer klagte, alles zunichte gemacht[120]. Auch nachdem sich der verfassungsrechtliche Status von Konstanz durch die Degradierung zur österreichischen Landstadt geändert hatte, verhielt sich Karl gegenüber Konstanz so, wie er es bei den anderen, am Krieg gegen ihn beteiligten Reichsstädten getan hatte: Er insistierte weiter auf der Forderung nach finanzieller Bestrafung der Konstanzer und drohte mit der Arrestierung und Konfiskation der Konstanzer Güter. Damit brachte er jedoch Ferdinand in eine schwierige Lage, da dieser aufgrund der gegebenen Unversehrtheitsgarantie gegenüber den Bürgern in der Pflicht stand. Am

---

116 Ferdinand an Karl, Wien 26.8.1548 (HHStA Wien, PA 8/3 (= alt 9/c), f. 7r–10v).

117 Druck des Eides bei ISSEL, Konstanzer Sturm [wie Anm. 108], S. 137–139. Die Huldigung wird beschrieben bei SCHULTHAISS, Collectaneen [wie Anm. 15], Bd. VI, f. 59–61. Siehe W. ZIMMERMANN, Konstanz in den Jahren von 1548 bis 1733. In: M. BURKHARDT/W. DOBRAS/W. ZIMMERMANN, Konstanz in der frühen Neuzeit. Reformation – Verlust der Reichsfreiheit – Österreichische Zeit (Geschichte der Stadt Konstanz 3), Konstanz 1991, S. 147.

118 Blarer, Briefe und Akten [wie Anm. 111], Bd. 2, Nr. 1041, S. 135 (Gerwig Blarer an Antoine Perrenot de Granvelle, [Oktober 1548]).

119 Blarer, Briefe und Akten, ebd., Bd. 2, Nr. 1042, S. 136f. (Antoine Perrenot de Granvelle an Gerwig Blarer, [Oktober 1548]). Ein Teil der Summe, nämlich 14000 Gulden, hatte der Kaiser Gerwig Blarer versprochen, um so seine Schulden bei diesem zu begleichen.

120 Blarer, Briefe und Akten, ebd., Bd. 2, Nr.1050, S. 142f., hier S. 142 (Gerwig Blarer an Antoine Perrenot de Granvelle, Weingarten 23.10.1548).

10. Dezember 1548 beklagte sich Ferdinand daher in einem Brief an seinen Bruder über dessen Vorgehen: Er hielt Karl vor Augen, daß er die Unterwerfung von Konstanz nur »pour respect principallement de vre ma^{te}., conservation et augmentation de son autorité et réputation de l'empire« ausgeführt habe. Eindringlich mahnte Ferdinand den Bruder, von seiner finanziellen Forderung abzulassen; andernfalls setze er Ferdinands Ehre und Ansehen aufs Spiel[121]. Doch Karl ließ sich nicht erweichen. Erst als die Strafsumme, für die schließlich Ferdinand aufkam, erlegt war, wurde die Stadt im September 1549 vom Kaiser aus der Reichsacht gelöst. Die Differenzen hatten sich dadurch ergeben, daß Ferdinand in seiner neuen Funktion als Landesherr über Konstanz die Verbesserung der desolaten wirtschaftlichen Lage der Stadt im Auge hatte. Ihm war von daher an einer baldigen und sozusagen kostenlosen Absolution von Konstanz aus der kaiserlichen Acht gelegen. Karl wiederum wollte keine Ausnahme von dem Prinzip machen, das er bei den anderen Reichsstädten angewandt hatte – ganz abgesehen davon, daß er das Strafgeld auch benötigte, um seine Schulden – u. a. bei dem Weingartener Abt Gerwig Blarer – zu bezahlen.

Von grundsätzlicher Art waren dagegen die Divergenzen zwischen den beiden Brüdern in der Frage des Expansionsgrades der österreichischen Territorialpolitik. Denn Ferdinand wollte seine starke Stellung nach Einnahme der Stadt konsolidieren und Bischof und Domkapitel endlich – was ihm Ende der 30er Jahre mißlungen war – zu einem Schutz- und Schirmvertrag für die inkorporierte Abtei Reichenau bzw. das gesamte Hochstift drängen. Doch wie schon 1541 ignorierte Karl auch dieses Mal den Wunsch Ferdinands und entschied damit erneut zugunsten des Bischofs[122]. Um Karls Handeln zu verstehen, darf man nicht vergessen, daß die Position des Kaisers – bei allem Eifer für die Interessen des Hauses Österreich – zumindest nach außen hin dadurch bestimmt wurde, daß er als Reichsoberhaupt möglichst unbeteiligt an den Maßnahmen Ferdinands erscheinen und Protesten der Reichsstände über die Annexion von Konstanz aus dem Wege gehen wollte[123]. Aus diesem Grund lehnte Karl nicht nur Ferdinands Wunsch nach Errichtung einer landesherr-

121 HHStA Wien, PA 8/3 (= alt 9/c), f. 45r–47v, das Zitat auf f. 45r. Als Regest bei DRUFFEL [wie Anm. 115], Nr. 244, S. 179f. Siehe auch MOSER [wie Anm. 2], S. 23; Blarer, Briefe und Akten, ebd., Bd. 2, S. XIII.

122 ZIMMERMANN, Rekatholisierung [wie Anm. 2], S. 31, 34f. u. 38f. Siehe auch ZIMMERMANN, Konstanz [wie Anm. 117], S. 152–155. Österreich übernahm, wie ZIMMERMANN eindrücklich zeigt, nach 1548 die vom Konstanzer Rat in den Jahren vor 1548 eingeschlagene politische Linie gegenüber dem Bischof.

123 Siehe die Instruktion Karls V. für Thomas Chantonney an Ferdinand, Brüssel 12.7.1549: »(...) et que en fin il peut estre certain que nulluy désire plus le bien et grandeur de notre maison que nous, mais qu'il emporte, que nous ne nous mettions en chose qui arrivée scandalise l'empire, et que pourtant il est bien que nous ne montrions d'approuver ce qu'il prétend de la (= Konstanz: W.D.) ranger nuement et sans condition sous notre maison d'Austriche, et que aussi regarderons nous d'éviter tout ce que pourroit estre contraire à son dessein« (DRUFFEL [wie Anm. 115], Nr. 315, S. 242–251, hier S. 248).

lichen Festung in Konstanz ab[124], sondern drängte ihn auch, bei Eingriffen in das städtische Regiment maßvoll vorzugehen[125]. So schaffte Ferdinand einerseits nach dem Beispiel der zeitgleichen Verfassungsänderungen Karls V. in Augsburg und Ulm die Zünfte in Konstanz ab[126] und erfüllte mit der Wiedereinführung der alten Religion in Konstanz auch ein allgemeines Kriegsziel Karls. Anderseits gab er auf kaiserliche Intervention den Plan auf, die Mitglieder des städtischen Rats durch den österreichischen Stadthauptmann und die Innsbrucker Regierung ernennen zu lassen, und beließ statt dessen dem kleinen Rat das Wahlrecht für Bürgermeister und großen Rat[127]. Daß auch Ferdinand im Blick auf das Reich Vorsicht walten ließ, ist schon daraus ersichtlich, daß Österreich für Konstanz die Reichsanschläge übernahm und weiter bezahlte[128].

Widerstand gegen Ferdinands Vorgehen erhob sich trotzdem von seiten der Reichsstände. So war im Fürstenkrieg von 1552 immerhin die Forderung nach einer Restitution der Reichsstadt Konstanz aufgestellt, jedoch bald wieder fallengelassen worden[129]. Danach war es der Schwäbische Kreis, der Ferdinand zusetzte, Konstanz wieder in seinen vollen Reichsrechten zu restituieren. Der König bot daraufhin die Übernahme der Kreisanlagen an, damit »nit ursach gegeben werde, das man sagen müg, das dem Heilligen Reich durch einnembung der stat Costnitz, darzue wir dann guet fueg und recht gehabt, ainicher abganng, abpruch oder schmellerung ervolge«[130]. Ein weiterer Kompromißvorschlag Ferdinands, der anstatt der Delegation von städtischen Gesandten die von österreichischen auf die Kreistage vorsah, wurde vom Schwäbischen Kreis ebenfalls abgelehnt. Den massiven Druck des Schwäbischen Kreises konnte Ferdinand schließlich dadurch abschwächen, daß er 1558 Konstanz einige seiner Freiheiten, wenn auch nicht solche, die Österreich an seinen landesherrlichen Rechten Abbruch taten, konfirmierte. Denn dadurch wurde zumindest vordergründig der Vorwurf, die Eroberung von Konstanz hätte irgendwelche Reichsfrei-

124 DRUFFEL, ebd., Nr. 245, S. 180–182, hier S. 181 (Karl an Ferdinand, Brüssel 10.12.1548).

125 DRUFFEL, ebd., Nr. 294, S. 221f., hier S. 222 (Karl an Ferdinand, Brüssel 10.5.1549).

126 ZIMMERMANN, Rekatholisierung [wie Anm. 2], S. 24; P. MEISEL, Die Verfassung und Verwaltung der Stadt Konstanz im 16. Jahrhundert (KGRQ VIII), Konstanz 1957, S. 25f. Die königliche Stadtordnung vom 13.5.1549 im GLA Karlsruhe, 5/7216. Zu den Eingriffen des Kaisers in die Städteverfassungen siehe: Kaiser Karl V. und die Zunftverfassung. Ausgewählte Aktenstücke zu den Verfassungsänderungen in den oberdeutschen Reichsstädten (1547–1556) (Veröff. d. Kom. f. geschichtl. Landeskunde in Baden-Württemberg, Reihe A, Bd. 36), hrg. von E. NAUJOKS, Stuttgart 1985.

127 ZIMMERMANN, Rekatholisierung, ebd., S. 26.

128 HHStA Wien, PA 8/3, f. 25r–28r, hier f. 27v (Ferdinand an Karl, Wien 27.10.1548): »Pour effacer aussi monsieur toute occasion de parler et murmure que les estatz de l'empire pourroient faire pour raison dudit Constance, je seray content monsieur, s'il est besoing, que en toutes les contributions communes de l'empire je furniray austant que porte le contingent dudit Constance, de quoy a mon advis se debveront par raison laisser contenter«.

129 ZIMMERMANN, Rekatholisierung [wie Anm. 2], S. 84f.

130 TLA Innsbruck, Kopialbuch Regierung Von kgl. Mt. 11 (1554–56), f. 28v–29r (17.3.1554). ZIMMERMANN, Rekatholisierung, ebd., S. 93 Anm. 140.

heiten berührt, weitgehend entkräftet. Die vom Schwäbischen Kreis auf dem Augsburger Reichstag von 1559 vorgebrachten Beschwerden wegen Konstanz verhallten wirkungslos, so daß die Stadt endgültig für Österreich gewonnen war[131].

6. Resümee

Aus der Perspektive des Jahres 1548 erscheint die Entwicklung, die zum Verlust der Reichsfreiheit von Konstanz führte, geradezu zwangsläufig. In Wirklichkeit ist die Geschichte von Konstanz in der ersten Hälfte des 16. Jahrhunderts jedoch eine Geschichte der verpaßten Möglichkeiten. Es ist nicht zuviel spekuliert, wenn man behauptet, daß Konstanz im Jahre 1500 eine ganz reale Chance gehabt hätte, in die Eidgenossenschaft aufgenommen zu werden – eine Chance, die das in einer ganz ähnlichen Situation – nämlich zwischen den Blöcken Eidgenossenschaft und Österreich – befindliche Basel nutzte. Bei den drei weiteren Möglichkeiten, die sich Konstanz boten – 1510, 1527 und 1539 –, hatten sich die äußeren Bedingungen bereits grundlegend gewandelt: Vor allem seit der Reformation hatte sich das politische Gebilde der Eidgenossenschaft so stark verfestigt, daß die Länderorte einen Zuwachs zugunsten der Städte in der Schweiz nicht mehr akzeptierten. Hinzu kam, daß für die katholischen Orte eine Verstärkung der Evangelischen wenig ratsam schien. Vielleicht wäre aber trotzdem ein Schweizerisch-Werden von Konstanz möglich gewesen, wenn die politische Führung der Stadt mehr Entschlossenheit an den Tag gelegt und weniger hohe Ansprüche gehabt hätte. So wurden der Reichsstadt Konstanz seine Nachbarn zum Verhängnis. Derselbe König Ferdinand, der Konstanz 1527 vorgeworfen hatte, durch das Burgrecht mit Zürich vom Reich abgefallen zu sein, sollte es schließlich sein, der die Bodenseestadt dem Reich entfremdete. Kaiser Karl V., der bis 1548 der Reichsstadt Konstanz keine größere Beachtung in seiner Politik geschenkt hatte, wurde, da er seinem Bruder das Placet zur Annexion von Konstanz erteilte, zum Totengräber der reichsstädtischen Freiheit von Konstanz.

131 ZIMMERMANN, Rekatholisierung, ebd., S. 94–97.

Frank Göttmann

Alternativen zum Schwäbischen Bund? Habsburg und die oberschwäbischen Einungen zu Beginn der dreißiger Jahre des 16. Jahrhunderts[1]

1. Zur Einleitung

Die Beschäftigung mit Spätzeiten war in der Historiographie noch nie recht beliebt. So erging es auch der Endphase des Schwäbischen Bundes (1488–1534)[2], der über die Jahrzehnte der Zeitenwende für Oberdeutschland – und darüber hinaus – den erstrangigen politischen Ordnungsfaktor verkörpert hat. Seine bedeutende Rolle in jenen krisenträchtigen Zeiten des Umbruchs, in politisch-verfassungsmäßiger Hinsicht geprägt durch die Reichsreform und einen kräftigen Schub auf dem Weg zum frühmodernen Fürstenstaat, ist unbestritten: Er sicherte jener Vielzahl kleiner und kleinster reichsunmittelbarer Herrschaftseinheiten das politische Überleben gegen den Mediatisierungsdruck seitens stärkerer Nachbarn. Gleichzeitig aber stabilisierte er das Kaisertum des Hauses Habsburg nachdrücklich; ja, er bot sich diesem als Instrument dar, seine territorialherrschaftlichen Interessen im deutschen Südwesten auch politisch zu realisieren, und bildete zudem das institutionelle Gerüst, an dem sich ein dichtes personales Beziehungsnetz aufbauen ließ. Und schließlich entwickelte der Schwäbische Bund Organisationsstrukturen, rechtliche Verfahren der Kon-

1 Den Teilnehmern der »Bundes-Tagung« zu Bad Liebenzell im Nov. 1994 bin ich für vielerlei Anregungen zum Thema zu Dank verpflichtet. Namentlich aber möchte ich Nadja LUPKE-NIEDERICH vielmals für ihre Hilfe bei der Quellenbeschaffung danken und Horst RABE für die kritische Durchsicht des Manuskripts. – Verwendete Archivabkürzungen: HStA S Hauptstaatsarchiv Stuttgart; HHStA W Haus-, Hof- u. Staatsarchiv Wien; StA ÜB Stadtarchiv Überlingen; TLA I Tirolisches Landesarchiv Innsbruck; StaaA SIG Staatsarchiv Sigmaringen.

2 Das zeigt die zu guten Teilen veraltete Literatur zum Schwäbischen Bund. Zu seiner Endzeit am ausführlichsten und mit Blick auf die großen Zusammenhänge immer noch BOCK, dessen Diss. von 1927 bezeichnenderweise 1968 nachgedruckt worden ist. E. BOCK, Der Schwäbische Bund und seine Verfassungen (1488–1534). Ein Beitrag zur Geschichte der Zeit der Reichsreform. ND d. Ausg. 1927 Aalen 1968, S. 203ff.; dazu seine aktuelleren Bemerkungen im Vorwort des Wiederabdrucks, S. XLVIII. Eher aus bayerischer Perspektive H. PUCHTA, Die habsburgische Herrschaft in Württemberg 1520–1534, Diss. phil. München 1967, Kap. 3. – Derzeit arbeitet Horst CARL in seinem Tübinger Habilitationsprojekt an der längst fälligen Neufassung der Geschichte des Schwäbischen Bundes. CARLs Aufsatz: Eidgenossen und Schwäbischer Bund – feindliche Nachbarn? In: Die Eidgenossen und ihre Nachbarn im Deutschen Reich des Mittelalters, hrg. von P. RÜCK, Marburg 1991, S. 215–265 bietet unter dieser speziellen Fragestellung derzeit den besten Zugang zu Strukturen und Stellenwert des Bundes.

fliktregelung und politische Entscheidungsstrategien, die den im Aufbau befindlichen Reichskreisen das erprobte Vorbild lieferten. Seinen letzten großen Auftritt in der Literatur hat der Schwäbische Bund zwar gemeinhin mit der Niederschlagung des Bauernaufstandes in Südwestdeutschland; aber im Zusammenhang mit den sog. Reichsbundplänen Karls V. im Jahre 1547 erinnern die Verweise auf sein Vorbild daran, daß er in den Köpfen vieler Zeitgenossen durchaus noch lebendig war.

Sein Ende jedenfalls verliert sich in der Historiographie in Nebensätzen hinter der sich verschärfenden Polarisierung in der Glaubensfrage, äußerlich sichtbar im Zusammenschluß der Protestanten zum Schmalkaldischen Bund 1531[3], und der unter deren Rückendeckung erfolgten Rückführung des 1519 vom Schwäbischen Bund vertriebenen Herzogs Ulrich und der Verdrängung Habsburgs aus Württemberg 1534. Mit diesen Ereignissen wird regelmäßig auch begründet, daß sich die Bundesstände, die sich nun nolens volens in unterschiedlichen politischen und konfessionellen Lagern fanden, nicht mehr auf eine Verlängerung ihrer Einung verständigen konnten[4]. Aber trotzdem lebte der Bund faktisch noch jahrelang fort und behinderte sogar den 1535 gegründeten Kaiserlichen Neunjährigen Bund in der Durchführung seiner Tagungen[5]. Die Gründe dafür lagen vor allem in der Fehde des fränkischen Reichsritters Hans Thomas von Rosenberg, die erst 1552 beigelegt werden konnte[6] – ein Landfriedensfall also.

Gerade diese Tatsache zeigt, daß man sich bei der Frage nach dem Ausklang des Schwäbischen Bundes und nach dem Scheitern der Versuche seiner Fortsetzung nicht von der, gleichwohl unleugbar ihren Einfluß entfaltenden, »hohen« Konfessions- und Machtpolitik den Blick auf die regionalen Niederungen vernebeln lassen darf. Eingangs war auch die Rede von dem stabilisierenden Effekt des Schwäbischen Bundes für die kleinen südwestdeutschen Herrschaften gewesen. Dieser äußerte sich ja nicht nur gegenüber mächtigeren Herrschaftskräften, sondern auch im Binnenverhältnis untereinander und in der Sicherung und Durchsetzung eigener Herrschaftsrechte: also in der Sprache der Zeit in der Gewähr-

3 Dem Schmalkaldischen Bund widmet sich ebenfalls ein Tübinger Habilitationsunternehmen, das von Gabriele HAUG-MORITZ.

4 So ist die Generallinie der Argumentation in der Literatur seit dem 1698 erschienenen Werk von DATT über KLÜPFEL zu BOCK, der sich freilich nachhaltig bemüht hat, den Auflösungsprozeß auch strukturgeschichtlich aufgrund der gegensätzlichen politischen und sozialen Interessen der am Bund beteiligten Ständegruppen zu erklären. J. P. DATT, Volumen rerum Germanicarum novum sive de pace imperii publica libri 5, Ulm 1698, S. 425ff. Urkunden zur Geschichte des Schwäbischen Bundes, hrg. von K. KLÜPFEL, 2 T., Stuttgart 1846 u. 1853, hier T. 2, S. 347ff.

5 P.E. SPIESS, Geschichte des Kayserlichen neunjährigen Bunds vom Jahre 1535 bis 1544 als eine neue Erscheinung in der Teutschen Reichsgeschichte aus den Original-Akten dargestellt, Erlangen 1788, S. 24f. u. 32. Darauf aufbauend R. ENDRES, Der Kayserliche neunjährige Bund vom Jahr 1535 bis 1544. In: Bauer, Reich und Reformation. FS f. G. FRANZ zum 80. Geb. am 23. Mai 1982, hrg. von P. BLICKLE, Stuttgart 1982, S. 85–103.

6 Vgl. V. PRESS, Kaiser Karl V., König Ferdinand und die Entstehung der Reichsritterschaft (Inst. f. Europ. Gesch. Mainz, Vortr. 60), 2. mit einem Nachw. versehene Aufl., Wiesbaden 1980, S. 29f.

leistung des Landfriedens und der polizeilichen Ordnung. Damit ist gemeint ein bestimmtes politisch-verfassungsmäßiges, aber auch ständisch-soziales Ordnungssystem, das dem begrenzten politischen, herrschaftlichen und wirtschaftlichen Potential gerade der sog. mindermächtigen Stände des Raumes Rechnung trug. Und dieses System fand seine spezifische Ausprägung im »Bund«, der als kollektive Organisation die mindere Potenz seiner einzelnen Genossen aufwog und zu einer staatlichen Verfestigung tendierte. So gesehen verkennt die konfessions- und machtpolitische Perspektive die tatsächliche Tragweite der Auflösung des Schwäbischen Bundes. Das von ihm hinterlassene Machtvakuum tat sich mehr noch in den bisher vernachlässigten Bereichen der Existenzinteressen der vielen kleinen Bundesstände auf.

Schattenwesen im Vergleich zum großen Schwäbischen Bund waren die hier zu betrachtenden oberschwäbischen Einungen: die Überlinger Bünde von 1531 und 1535 und der Meßkircher Bund von 1534, die Einungen und Abschiede von Ravensburg 1530, Riedlingen 1531 und Ehingen 1532[7]. Zu ersterem und den anschließenden Einungsversuchen hat zuletzt PRESS, und noch am ausführlichsten, einige Überlegungen angestellt, und zwar besonders unter dem Gesichtspunkt einer neuen Adelspolitik König Ferdinands und der Zusammenfassung der habsburgischen Klientel in Südwestdeutschland vor dem Hintergrund der sich ausbreitenden Reformation[8]. In dieser – nämlich »ein Gegengewicht gegen die Übermacht der angrenzenden protestantischen Städte Schwabens und der Schweiz zu schaffen« – sah WINCKELMANN das vordringliche Motiv für die Überlinger Einung von 1531[9]. Und mit dieser nun auch schon hundert Jahre alten Referenz auf einer knappen dreiviertel Seite und den wenigen, gleichwohl nicht sehr erhellenden, Ausführungen bei BOCK[10] erschöpfen sich denn auch schon im großen und ganzen die Würdigungen jener Einung – freilich abgesehen von den versteckten Hinweisen in Fußnoten[11] oder gar der in eine Fußnote verbannten Edition eines Entwurfs des Überlinger Bundesbriefes[12].

Eher noch schlechter stellt sich die Überlieferungs- und Forschungssituation für die zweite, 1535, in Überlingen vereinbarte Einung dar. Ihre mangelnde Bedeutung im politischen Spiel der Zeit konstatierend, wird sie meist nebenbei in wenigen Sätzen abgetan. Wenn schon der tatsächlich so viel bedeutendere Schwäbische Bund lange auf so wenig

7 Nachweise im Anh., Ziff. 2, 8, 9, 11, 16 u. 22.

8 PRESS, Kaiser Karl [wie Anm. 6], S. 26ff.

9 O. WINCKELMANN, Der Schmalkaldische Bund 1530–1532 und der Nürnberger Religionsfriede, Straßburg 1892, S. 135f.

10 BOCK [wie Anm. 2], S. 187f.

11 Z.B. Die Korrespondenz Ferdinands I., Bd. 3: Familienkorrespondenz 1531 u. 1532, bearb. v. H. WOLFRAM u. C. THOMAS, Wien 1973/77/84, S. 423, Anm. 10.

12 Gerwig Blarer, Abt von Weingarten und Ochsenhausen. Briefe und Akten, bearb. v. H. GÜNTER, Bd. 1: 1518–1547 (Württ. Geschichtsquellen 16), Stuttgart 1914 (künftig zit.: BLARER I), S. 175–177, Nr. 282, Anm. 2; Nachweis weiterer Fundorte vgl. Anh., Ziff. 9.

Interesse der Historiker stieß – warum dann auch der kleine Verein am Bodensee[13]? Auch der im März 1534 zu Meßkirch zustande gekommene Grafen- und Herrenverein fand in der wissenschaftlichen Diskussion nur einen bescheidenen Niederschlag[14].

Aber ganz entgegen dem allgemeinen historiographischen Befund können die 1530er Jahre geradezu als eine Blütezeit des Einungswesens gelten. Schon vor 200 Jahren hat SPIESS Beispiele aufgezählt, an denen man später leichthin vorüberging, die aber doch mit ihrer zeitlichen Häufung prinzipielle Fragen aufwerfen. »Es entstand ein Bündnis um das andere«, schreibt er: der Schmalkaldische Bund 1531, 1532 der Rheinische Bund zwischen den rheinischen Kurfürsten, Hessen und Würzburg, ein Städtebund zwischen Augsburg, Nürnberg und Ulm 1533, 1534 die Eichstättische Einung zwischen den verschiedenen Pfalzgrafen, den fränkischen Markgrafen, dem Bamberger Bischof und den bayerischen Herzögen und im darauffolgenden Jahr der Kaiserliche Neunjährige Bund, 1538 dann der Nürnberger Bund[15]. Die Mehrheit dieser Einungen ist der Forschung kaum in den Blick geraten, geschweige denn erschöpfend behandelt worden. Wenn das tatsächlich an deren mangelnder Bedeutung gelegen haben sollte, dann sagt diese Feststellung aber noch nichts über die Bedeutung des Bundeswesens selbst aus. Dieses Phänomen wird damit methodisch zu einem Problem der Wahrnehmung durch die Historiographie.

Kehren wir – um die Lage etwas zu bessern – in den engeren schwäbischen Raum zurück, so lassen sich die erwähnten Einungen zwischen 1530 und 1535 mit vielen weiteren Hinweisen auf Einungen oder Einungsbestrebungen und -versuche zu einem Bild verdichten, welches die Einung als räumlich und mental dominierendes politisches, rechtliches und soziales Gestaltungsprinzip und -mittel hervortreten läßt. Um diese Ansicht zu erhärten, wären nun in aller Ausführlichkeit die letztgenannten Strukturelemente am Beispiel der hier thematisierten Einungen zu erörtern. Das kann aber nicht geschehen; es würde den Rahmen dieses Beitrages sprengen. Indessen soll im folgenden ein erster knapper Zugang unter den Aspekten zeitliche Verteilung, räumliche Ausdehnung, Teilnehmer und inhaltli-

13 Erwähnungen in der älteren Literatur bei: F. L. BAUMANN, Geschichte des Allgäus, Bd. 3: Die neuere Zeit (1517–1802), ND d. Ausg. Kempten 1895, Aalen 1973, S. 152. J. VOCHEZER, Geschichte des fürstlichen Hauses Waldburg in Schwaben, Bd. 2, Kempten 1900, S. 207, dürfte ebenfalls die 1535er Einung meinen. Dieser gedenkt PRESS, Kaiser Karl [wie Anm. 6], S. 35, Anm. 55 in einer Fußnote. Diesem wiederum folgt zuletzt R. WEISS, Die Grafen von Montfort im 16. Jh., Markdorf 1992, S. 84; vgl. auch S. 19. – Quellennachweis Anh., Ziff. 22.

14 Hauptsächlich S. RIEZLER, Graf Friedrich II. von Fürstenberg als Stifter eines katholischen Schutzbündnisses (1533, 1534). In: Zs. d. Ges. f. Beförderung d. Geschichts-, Altertums- u. Volkskunde von Freiburg, dem Breisgau u. angrenzenden Landschaften 2 (1870 – 72), S. 273–306. In der zeitlichen Einordnung zweifelhaft J. MEISTER, Kirchenpolitik der Grafen von Fürstenberg im 16. Jh. In: FDA N.F.10 (1909), S. 1 – 64, hier S. 10f. (zgl. Diss. Freiburg 1909). Weitere Erwähnungen: PRESS, Kaiser Karl [wie Anm. 6], S. 35, Anm. 54. W. THOMA, Die Kirchenpolitik der Grafen von Fürstenberg im Zeitalter der Glaubenskämpfe (1520–1660). Ein Beitrag zur Geschichte der Kirchenreform und Konfessionsbildung, Diss. phil. Freiburg 1960, S. 31. - Quellennachweis Anh., Ziff. 16.

15 SPIESS [wie Anm. 6], S. 8f.

che Schwerpunkte der Einungen versucht werden. Während dies in erster Linie aus dem sozusagen regionalen Blickwinkel geschieht, soll dann der größere Teil der Ausführungen der habsburgischen Perspektive gewidmet sein[16].

2. Befunde, Probleme, Hypothesen

Verschafft man sich einen Überblick über die Bundesaktivitäten jener Jahre[17], zeigt sich zunächst in Hinblick auf die zeitliche Verteilung: Das Jahr 1531 vereinigt allein ein Drittel aller Belege auf sich und einen ebenso hohen Anteil der Einungsbriefe und Abschiede. Ein zweiter Gipfel wird 1535 erreicht, schrittweise nach dem Tief von 1532. Wie ist dieser Befund zu erklären? KLÜPFEL ließ seine Dokumenten-Sammlung zum Schwäbischen Bund Mitte 1529 enden und konstatierte die »Unthätigkeit des Bundes in den Jahren 1530, 1531, 1532. In diesen Jahren finden wir beinahe gar keine Spuren einer Thätigkeit des Bundes...«[18]. Die religiösen Gegensätze zwischen den Bundesmitgliedern wirkten lähmend, da die neugläubigen Stände analog zur reichsweiten Entwicklung die innerbündischen Ausgleichs- und Friedensmechanismen in Glaubens- und Kirchenfragen nicht mehr akzeptierten und sich dem Schmalkaldischen Bund zuwandten, von dem sie sich die Stärkung ihrer Position erhofften. Die altgläubigen Bundesstände, in der Mehrheit, waren zur Partei geworden und sahen ihre Interessen auch nicht mehr gewahrt. Zudem war mit einer bedingungslosen Unterstützung seitens Kaiser und König nicht zu rechnen, da die habsburgischen Brüder reichspolitische und dynastische Rücksichten zu nehmen hatten – die Anerkennung Ferdinands als König und die Türkengefahr – und deswegen den Ausgleich mit den Protestanten – im Nürnberger Anstand von 1532 – suchten.

Aber offenbar hatten die vielen kleinen und allein zu schwachen Stände einen großen Bedarf an bündischen, d. h. gemeinschaftlichen Herrschafts- und Ordnungsfunktionen. Als sich 1534 das Ende des Schwäbischen Bundes abzeichnete, zudem noch Ulrich wieder von seinem Herzogtum Württemberg Besitz nahm, wurde die Lücke allseits um so stärker bewußt, welche die Einung zurücklassen würde. Die allseitigen Bemühungen, eine Auffangorganisation zu schaffen, nahmen zu. Ein einheitlicher Bund kam jedoch nicht mehr zustande: Neben regionalen oberschwäbischen entstand unter König Ferdinands Leitung der weiträumige Kaiserliche Neunjährige Bund. Bedenkt man die möglichen schwerwiegenden Konsequenzen aus dem drohenden Verlust eines regionalen Ordnungssystems, bedeutet das: Es standen bei den oberschwäbischen Einungsbestrebungen der 1530er Jahre andere Ziele und Bedürfnisse im Vordergrund, und nicht die Verteidigung des alten Glaubens. Mit diesem Etikett

16 Der Vf. bereitet z. Zt. eine breitere Darstellung des Themas vor.

17 Vgl. Anh.

18 KLÜPFEL [wie Anm. 4], T. 2, S. 346.

sind sie allerdings behaftet, seit RIEZLER den Grafen Friedrich von Fürstenberg als »Stifter eines katholischen Schutzbündnisses« in die Literatur eingeführt hat[19].

Nun zum zweiten Aspekt unseres Annäherungsversuches an den Charakter der Vereinbarungen der kleinen Stände im südlichen Schwaben: zu ihrer geographischen Zuordnung. Die räumliche Verteilung der Tagungsorte und der Teilnehmerschaft bieten Ansatzpunkte, die erfaßte Region genauer zu beschreiben[20]: Die am häufigsten als Versammlungsorte in Erscheinung tretenden Städte Überlingen, Pfullendorf, Ravensburg und Waldsee kennzeichnen gewissermaßen das innere Kraftfeld der betrachteten politischen Landschaft. Nach Norden in einigem Abstand versetzt, folgen Meßkirch, Riedlingen und Ehingen der Donaulinie. Villingen weitab westlich und Ulm nördlich markieren die äußersten Punkte eines mit dem Allgäu nach Osten offenen Raumes. Mit dem derart umschriebenen Gebiet haben wir eine Region verdichteter politischer und sozialer Beziehungen vor uns, die raumbildend wirkten und in Wechselwirkung mit der räumlichen Identität ihrer Insassen standen. Ohne Verschiebungen und Ausfransungen an den Rändern leugnen zu wollen, zeichnet sich ein fast über Jahrhunderte stabiler Kernraum ab, der sich über die letztlich relativ kurzfristigen und in ihrer Zusammensetzung schwankenden Einungen hinaus auf lange Sicht institutionell verfestigte: Das Gebiet deckt sich annähernd mit dem Oberen oder Konstanzer Viertel des Schwäbischen Reichskreises, dessen äußere Grenzen Donau, Iller und Bodensee markieren; und östlich trat das Augsburger Viertel bis zum Lech hinzu. Nördlich noch die Donau überlappend bis zur Südgrenze des Herzogtums Württemberg[21], wurde die Einungsregion auch sonst von den Zeitgenossen politisch und als Landschaft durchaus als Einheit gesehen. Im Sprachgebrauch der oberösterreichischen Regierung in Innsbruck etwa wurde sie schlicht als »Land zu Schwaben« bezeichnet und als Hochgerichtsbezirk der Landvogtei Schwaben beansprucht[22].

Es ist schon aufschlußreich zu sehen, wie der Name Schwaben hier die württembergische Territorialbildung ausschloß und sich also gerade mit den kleinen, mindermächtigen Ständen und ihren Einungen verband. Er wurde für sie zum gemeinsamen Bezugspunkt, ja Symbol ihrer Distanz und Unabhängigkeit gegenüber dem den Druck verschärfenden fürstlichen Territorialstaat. Und dieser präsentierte sich im deutschen Südwesten in erster Linie

19 RIEZLER, Graf Friedrich [wie Anm. 14]; ihm folgt später THOMA [wie Anm. 14], S. 30f.

20 Die folgenden Ausführungen beschränken sich im wesentlichen auf die Darstellung der Befunde. Ausführliche Argumentation und Darstellung der Thesen zu diesem Themenkomplex im Aufsatz des Vfs.: Die Bünde und ihre Räume. Über die regionale Komponente politischer Einungen im 16. Jh. In: Recht und Reich im Zeitalter der Reformation (FS Horst Rabe, hrg. von C. ROLL), Frankfurt/M. 1996, S. 441–469.

21 B. WUNDER, Der Bischof im Schwäbischen Kreis. In: Die Bischöfe von Konstanz, Bd. 1: Geschichte, hrg. von E. L. KUHN u. a., Friedrichshafen 1988, S. 189–198, hier S. 190; Karte der Vierteleinteilung ebd., S. 192.

22 H.-G. HOFACKER, Die Landvogtei Schwaben. In: Vorderösterreich in der frühen Neuzeit, hrg. von H. MAIER u. V. PRESS, Sigmaringen 1989, S. 57 – 74, hier S. 62f.

in Gestalt von Österreich und Württemberg. Schon von der Gründung her angelegt, verlief zwischen den Mächtigen und den Mindermächtigen die strukturelle – ja bis zu gewissem Grade auch geographisch zu interpretierende – Bruchstelle innerhalb des Schwäbischen Bundes. An ihr entlang verschärften sich bereits geraume Zeit vor der letzten Verlängerung des Bundes von 1522 die Konflikte und drohten ihn bereits damals scheitern zu lassen. Denn ein großer Teil des Adels und der Städte sah durch den Bund nicht mehr seine Sicherheits- und rechtlichen Interessen gewahrt und sich durch die von den Fürsten dominierte, in zunehmenden Maße nach außen reichsweit wirkende Bundespolitik finanziell weit über Gebühr und Leistungsvermögen belastet[23].

Nach zeitlicher und räumlicher Verteilung seien nun zum dritten die Träger der oberschwäbischen Einungen betrachtet. Es treten auf: Prälaten, also im wesentlichen die Äbte der oberschwäbischen Reichsklöster, Grafen und Herren, Ritteradlige und Reichsstädte – praktisch die Stände der Zweiten und Dritten Bank des Schwäbischen Bundes. Um wenigstens einen annähernden quantitativen Überblick über die beteiligten Einungsgenossen zu erhalten, kann man sich der überlieferten Unterschriften- bzw. Teilnehmerlisten der Abschiede bedienen:

Teilnehmerschaft von Einungen und Tagungen schwäbischer Mindermächtiger 1531, 1532 und 1535[24]

		Prälaten	Grafen und Herren	Ritter und Adlige	Städte
1	Einung Überlingen 1531		6	33	
2	Einungsentwurf Ehingen 1532		1	9	
3	Brief an ksl. Kommissare Jan. 1535	17	3	33	
4	Abschied Ulm März/Apr.1535	19	8	27	
5	Vorbesprechung Pfullendorf Mai 1535	7	8		4

23 Vgl. zu diesen komplexen Vorgängen BOCK [wie Anm. 2], S. 176ff. Sie bedürfen freilich noch weiterer Aufhellung.

24 Leider sind nur für die Überlinger Einung von Michaelis 1531 die Teilnehmer aufgrund ihrer eigenhändigen Unterschriften greifbar. In Abschrift liegen Unterschriften- bzw. Teilnehmerlisten von Abschieden aus dem Jahr 1532 sowie von 1535 vor. – Durch Genossen mitvertretene oder durch Gesandte vertretene Beteiligte wurden mitgezählt; eine unbestimmte Anzahl ohne Namensnennung erwähnter Brüder, Vettern und sonstiger Verwandter einzelner Teilnehmer wurde nicht berücksichtigt. – Quellennachweis vgl. Anh.; zu Ziff. 2 HStA S B 123 II Bü 38; Ziff. 3 BLARER I, S. 248–250, Nr. 405.

Soweit bekannt nähern sich diese Daten – bei allen Schwierigkeiten der Vergleichbarkeit aufgrund der personalen, nicht territorialen Mitgliedschaft der Adligen – den letzten Bestandszahlen des Schwäbischen Bundes[25]. Bedenkt man, daß unter diesen auch Nicht-Schwaben erfaßt sind, spricht das doch für ein hohes Maß an personell-ständischer Kontinuität zwischen Schwäbischem Bund und oberschwäbischen Nachfolgeeinungen.

Grafen und Herren bildeten, trotz ihrer geringen Zahl, aber gewöhnlich mit der größeren rechtlichen und finanziellen Potenz ausgestattet als der übrige nicht-fürstliche Adel, die Kerngruppe, den Kristallisationskern des St. Jörgenschildes aus dem 15. Jahrhundert und auch nun wieder in den dreißiger Jahren des 16. Jahrhunderts, als die neuen Einungen sich des traditionsreichen Namens bedienten, ohne daß eine direkte Kontinuität auszumachen wäre[26]; der programmatische Anspruch dieser Übernahme sei dahingestellt. Um die Grafen und Herren scharte sich die Masse der Angehörigen des sog. Niederadels, in sich wiederum mannigfach abgestuft. Zur adligen Trägerschicht traten in zweiter Linie die Prälaten hinzu und hin und wieder einige Reichsstädte. Die Mitgliedschaft vereinzelter schwäbischer Reichsklöster und Deutschordenskommenden im St. Jörgenschild hatte bereits eine hundertjährige Tradition[27]. Sie hatte sich durch die Teilnahme der reichsunmittelbaren schwäbischen Klöster am Schwäbischen Bund gefestigt und in hohem Maße zur Ausbildung des schwäbischen Reichsprälatenkollegiums beigetragen[28].

Ein besonderes Schlaglicht auf unser Thema wirft im übrigen die Tatsache, daß Georg Truchseß von Waldburg und Abt Gerwig Blarer von Weingarten, beide gleichermaßen Wortführer ihrer jeweiligen ständischen Gruppe und zugleich dem Haus Habsburg durch Dienste nahe verbunden, in der Mitte der zwanziger Jahre erfolgreich den Widerstand des Adels und der Prälaten gegen die Mediatisierungsversuche der österreichischen Landvogtei Schwaben organisiert hatten[29]. Sie stehen damit gleichsam für die Interessenkonvergenzen zwischen den beiden ständischen Gruppen. Adel und Prälaten waren gleichsam natürliche Partner in der Wahrung und Herstellung des Landfriedens und in der Abwehr von Mediatisierungsbestrebungen seitens größerer Territorialfürsten[30].

---

25 Laut freundlicher Mitteilung von H. CARL befanden sich zuletzt im Schwäbischen Bund 1522 (nach 1524): 22 (32) Prälaten, 6 (13) Grafen und Herren, 28 (42) Niederadlige.

26 Vgl. BOCK [wie Anm. 2], S. 179 u. 187.

27 H. OBENAUS, Recht und Verfassung der Gesellschaften mit St. Jörgenschild in Schwaben. Untersuchungen über Adel, Einung, Schiedsgericht und Fehde im 15. Jh. (Veröff. d. MPI f. Gesch. 7), Göttingen 1961, S. 16.

28 A. v. REDEN-DOHNA, Weingarten und die schwäbischen Reichsklöster. In: Die Territorien des Reichs im Zeitalter der Reformation und Konfessionalisierung. Land und Konfession 1500–1650, Bd. 5: Der Südwesten, hrg. von A. SCHINDLING u. W. ZIEGLER, Münster 1993, S. 232–254, hier S. 238f. – Allgem. vgl. auch E. BÖHME, Das Kollegium der Schwäbischen Reichsprälaten im 16. und 17. Jh. Untersuchungen zur korporativen Verfassung und Organisation mindermächtiger geistlicher Reichsstände. In: Rottenburger Jb. f. KG 6 (1987), S. 267–300.

29 Dazu HOFACKER [wie Anm. 22], S. 60.

So gesehen erhält das politisch-verfassungsmäßige Interesse beim Zusammenschluß zu Bünden ein überaus starkes Gewicht. Gerade in der Umbruchzeit des sich auflösenden Schwäbischen Bundes war es für die Prälaten höchst bedeutsam, als Mitglieder einer regionalen Einung den benötigten Schutz zu finden, zumal Strukturen und Institutionen des Schwäbischen Reichskreises, der den Reichsklöstern wie den Kleinherrschaften überhaupt auf lange Sicht Stabilität verleihen sollte, noch längst nicht hinreichend gefestigt waren[31]. Die gemeinsame Abwehrfront von Prälaten und Adel gegen das drohende fürstliche Element wurde später flankiert durch ein besonderes Verhältnis zum kaiserlichen Schutzherrn. Es half den meisten schwäbischen Reichsgotteshäusern zwar, die Reformation zu überstehen, brachte sie aber in eine stärkere Abhängigkeit zu Österreich[32].

Läßt man die drei Trägergruppen, die an den oberschwäbischen Einungsbestrebungen der dreißiger Jahre des 16. Jahrhunderts beteiligt waren, nämlich Grafen, Herren und sonstiger Adel, sodann die Reichsprälaten und schließlich die Reichsstädte, Revue passieren, zeigen sich strukturelle Gemeinsamkeiten und prinzipiell gleichgerichtete politische Haltungen, die sie zu einer gemeinsamen Einungspolitik prädisponierten: Es war zunächst die Verankerung in einer oberschwäbischen Kernregion als räumlichem Bezugsrahmen, welche einerseits nach innen das Zusammengehörigkeitsgefühl stärkte, welche es aber andererseits erschwerte, jene Grenzen zu überschreiten und darüber hinausreichende Beziehungen aufzubauen. Diese regionale Struktur, gewissermaßen auch eine Polarität von Zentrum und Peripherie, spiegelt sich in der personalen: Die Protagonisten der Einungsbewegung entstammten weithin der jeweiligen ständischen Elite und gehörten ins Zentrum eines verdichteten sozialen Netzwerks. Ihr Prestige und ihre Autorität wurden darüber hinaus aufgewertet durch ihre Nähe zum Haus Habsburg.

Damit scheint auch eine Option für den alten Glauben gegeben, dem sich mitnichten die politische Praxis unterordnen mußte. In dieser verliefen die Fronten anders: Gewiß verbanden sich die Furcht vor erneuten Bauernaufständen und die Abwehrhaltung gegenüber dem gemeinen Mann, der in der Vorstellungswelt schwäbischer Herrschaftskreise mit dem Bild des evangelischen und traditionell bedrohlichen Eidgenossen verschmolz, in den oberschwäbischen Einungsbemühungen mit einer Abwehrhaltung gegenüber dem neuen Glauben. Aber die Glaubensfrage wurde doch entgegen anderslautenden Deklamationen letztlich hintangestellt. Vielmehr vereinigte unsere drei Ständegruppen als sog. Mindermächtige primär die Sorge um Landfrieden und Sicherheit und eine bewußte Abwehrhaltung gegen das sie in ihren Gerechtsamen und in ihrem Bestand bedrohende Territorialfürsten-

30 Zu den österreichischen Mediatisierungsversuchen gegenüber schwäbischen Reichsprälaten REDEN-DOHNA [wie Anm. 28], S. 238f.

31 Zu den mühsamen Anfängen des Ausbaus des Schwäbischen Reichskreises A. LAUFS, Der Schwäbische Kreis. Studien über Einungswesen und Reichsverfassung im deutschen Südwesten zu Beginn der Neuzeit (Unterss. z. dt. Staats- u. Rechtsgesch., N.F. 16), Aalen 1971, bes. S. 156–166.

32 REDEN-DOHNA [wie Anm. 28], S. 243ff.

tum, zu dem in dieser Eigenschaft auch das Haus Österreich zählte; und auf der anderen Seite führte sie ihre Anlehnung an Kaiser und Reich als Schutzinstanz ihrer Reichsfreiheit zusammen, begründete damit aber auch ihre Abhängigkeit von beiden – es sei denn, sie könnten sie durch die Schaffung von Einungen eigenen Rechts mildern, freilich um den Preis, sich nach innen und untereinander einem erhöhten Solidaritätsdruck auszusetzen.

Die Beschreibung von zeitlicher Verteilung, regionaler Verbreitung und ständischer Trägerschaft haben einige Grundtendenzen der schwäbischen Einungsbewegung der frühen 1530er Jahre sichtbar werden lassen. Kann man nun diese Feststellungen aufgrund des Inhalts der vorliegenden Einungsbriefe[33] bestätigen? Als zentrale Zweckbestimmung treten unter den Leitzielen des Landfriedens, des Schutzes und der Sicherheit inhaltlich durchgängig hervor: die gegenseitige Hilfe gegen Gewalt von außen und von innen und die internen friedlichen Ausgleichsverfahren zwischen den Genossen. Die dazu geschaffenen Organisationsstrukturen und Verfahren ähneln sich prinzipiell. Eine dezidiert altgläubige, konfessions-politische Zielsetzung – wie teilweise in der älteren Literatur behauptet – ist nicht erkennbar. Daß sich die oberschwäbischen Bundesgenossen wohl mehrheitlich zum alten Glauben bekannten – hierzu fehlen freilich noch genauere Untersuchungen – und dies durch die Eröffnungszeremonien der Bundestage dokumentierten, steht auf einem anderen Blatt. Wo religiös motivierte Übergriffe auf Bundesstände und Untertanen abgewehrt werden sollten, ging es letztlich um die Wahrung von Herrschafts- und Besitzrechten.

In diesem Sinne erwartete man vom Schwäbischen Bund nichts mehr und sah von ihm seine Interessen nicht mehr vertreten. So spiegelt sich von Beginn an in den Einungsbriefen die fortschreitende Absetzbewegung vom alten Bund, dem der kleine Adel ohnehin schon je länger desto zahlreicher den Rücken gekehrt hatte. Die Ehinger Einung von 1531 stellte sich freilich noch ausdrücklich in die Tradition der alten Adelsgesellschaft des St. Jörgenschildes, welche einst zum Kristallisationskern des jungen Schwäbischen Bundes geworden war, und als solche verstand sie sich offenbar als Sondereinung innerhalb des Schwäbischen Bundes. Nur ein halbes Jahr später hat der vom Riedlinger Vorbild textlich in höchstem Grade abhängige Ehinger Einungsbrief vom Februar 1532 den Bezug zum Schwäbischen Bund völlig aufgegeben, und von der Berufung auf den St. Jörgenschild ist nur noch die Inanspruchnahme des Heiligen als Schutzpatron geblieben.

Dieser Tendenz zur Distanzierung entsprach bis zu gewissem Grade ein regionales Erscheinungsbild: Es ist fraglich, inwieweit die im Riedlinger Einungsbrief zum Ausdruck kommende und noch im Ehinger transportierte Einteilung in Viertel überhaupt den Realitäten entsprach oder nicht einfach eine mehr oder weniger unbesehene Übernahme der Regionalstruktur von Schwäbischem Bund und St. Jörgenschild war, also eher Anspruch als Wirklichkeit. Waren nämlich zum Beispiel noch in Riedlingen die Bestimmungen über

33 Deren Nachweis im Anhang.

Austrags- und Hilfeverfahren recht komplex und umfangreich und offenbar nach den Bedürfnissen einer zahlreichen und regional weit ausgedehnten Mitgliedschaft bemessen, präsentierten sie sich schon in Ehingen wesentlich gestraffter und auf in jeder Beziehung kleinere Verhältnisse zugeschnitten. Und die weiteren Einungsbriefe kamen überhaupt ohne regionale Substrukturen aus; sie scheinen sich räumlich völlig auf das schon beschriebene Gebiet zwischen Schwarzwald und Lech, zwischen Donau und Bodensee zurückgezogen zu haben. Diese Region – von der Territorialstruktur her freilich auch der größte Verdichtungsraum kleiner Herrschaften und keineswegs einfach Rückzugsgebiet – läßt sich damit als räumlicher Schwerpunkt mindermächtiger Politik in Schwaben und darüber hinaus bestätigen.

Ein Stemma der Textverwandtschaften zwischen den Einungsbriefen könnte die skizzierte Entwicklung weiter erhellen. Es wäre allerdings ein sehr aufwendiges Unterfangen. Andeutungen müssen hier genügen: Einerseits gehören die Briefe der beginnenden dreißiger Jahre eng zusammen: der von Riedlingen Anfang und der von Überlingen Ende des Septembers 1531 sowie der von Ehingen vom Ende des Februars 1532. Ausschließlich die Gefahr der Empörung des gemeinen Mannes thematisiert die Ravensburger Einung vom Juli 1530. Der hier formulierte »Asyl-Artikel« – wechselseitige Gewährung von Unterschlupf mit Leuten, Hab und Gut – fand wörtlich Eingang in die drei zeitlich folgenden Briefe. Und auf der anderen Seite sind textlich weitgehend identisch der Meßkircher Brief vom März 1534 und der Überlinger vom Mai 1535, der allerdings einige redaktionelle Verbesserungen und inhaltliche Erweiterungen aufweist, die zum Teil der Tatsache geschuldet sind, daß der ursprüngliche Teilnehmerkreis von den Grafen und Herren auf die Prälaten und den sonstigen Adel ausgedehnt worden war.

Innerhalb der ersten Einungsgruppe weisen die Briefe von Riedlingen und Ehingen die engste, zum Teil wörtliche Textverwandtschaft auf – besonders dort, wo es um die sittlich-moralischen Verhaltensnormen und das grundsätzliche Verhältnis zu den Mitgenossen sowie um die Spesenerstattung für die Leitungsgremien und um die Ausnehmungen in den Hilfsverpflichtungen geht. In Hinblick auf Schiedsgerichts- und Hilfeverfahren formuliert der Ehinger Brief bei Übernahme einzelner Passagen wesentlich knapper, was keineswegs mit einem Verlust an inhaltlicher Substanz erkauft erscheint.

Der zeitlich zwischen dem Riedlinger und dem Ehinger Brief liegende Überlinger Bundesbrief von 1531 bietet bei weithin deckungsgleichen inhaltlichen Bestimmungen – außer den sittlich-moralischen – eine eigenständige Redaktion. Freilich ist er mit den Nachbareinungen über die fast identische Formulierung der allgemeinen Zielsetzung in der Präambel und der Verpflichtung zur Teilnahme an der Eröffnungsmesse verklammert, ebenso über den »Asyl-Paragraphen«. Darüber hinaus bildet hinsichtlich der Spesenvergütung der Leitungsgremien der Überlinger Brief für den Ehinger das fast wörtliche Vorbild. – Hier wären nun weitere mögliche Textverwandtschaften zu überprüfen: zu Bundesbriefen vorher und nachher, zu Reichsabschieden, Polizeiordnungen etc. Von einem derartigen Untersuchungsansatz wären tiefere Aufschlüsse über politische Diskussions- und Handlungszusammenhänge zu erwarten; seine Ausführung würde aber den Rahmen dieser Arbeit sprengen.

Wie sind die hier ausgebreiteten Beobachtungen zu deuten? Zunächst noch zur Ergänzung: Es gibt eine versteckte Randinformation am Ende des Ravensburger Briefes, man wolle erst noch darüber beraten, ob Ferdinand als Herr der Vorlande in die Einung mit einzubeziehen sei. Das Ergebnis wolle man dann dem Freiherrn von Gundelfingen, Ferdinands Rat und Vertrauensmann, mitteilen. Sodann: Ferdinand vermerkte mit Unmut, daß man sich mit ihm vor Abschluß des Überlinger Bundes 1531 nicht abgesprochen habe. Faßt man alle Eindrücke zusammen, zeichnen sich für die oberschwäbischen Einungen zwei Entstehenszusammenhänge ab: auf der einen Seite Kreise eines eher autonom, sozusagen einungs- und standesbewußt aus der Tradition alter Adelsgesellschaften handelnden schwäbischen Adels, auf der anderen Seite die Formierung habsburgnaher Mindermächtiger in einem tendenziell geschlossenen südschwäbischen Raum, und zwar unter habsburgischem Einfluß. Inwieweit diese Hypothese trägt, soll im folgenden Hauptteil aus der Perspektive habsburgischer Interessen überprüft werden.

3. Die Frage der Erneuerung des Schwäbischen Bundes

Die Haltung, die der Kaiser und sein Bruder Ferdinand gegenüber den hier thematisierten oberschwäbischen Einungen einnahmen, ob ablehnend, ob fördernd, ist nicht von ihrem Interesse zu trennen, den Schwäbischen Bund zu erhalten oder eine Ersatzorganisation zu schaffen. Die Gründe und die Umstände des Scheiterns des Bundes und die Versuche seiner Fortsetzung sind hier nur knapp zu erörtern, zumal der Forschungsstand darüber noch in mancherlei Hinsicht der Ergänzung bedarf[34]. Es besteht weithin Einigkeit darüber – so der freilich wenig aussagekräftige kleinste gemeinsame Nenner –, daß eine Einigung der Bundesstände über eine Verlängerung nicht mehr möglich war, als zu den bestehenden politischen und sozialen Gegensätzen die religiöse Frage hinzutrat[35]. Diese Konfliktbereiche überschnitten sich im Fall Württemberg, der schließlich zum Haupthindernis der Verlängerung wurde[36]. Man weiß, daß selbst die evangelischen oberdeutschen Städte, die sich inzwischen den Schmalkaldenern angeschlossen hatten, zu einer Verlängerung bereit gewesen wären, hätte der Bund nur seine konfessionspolitische Neutralität erklärt. Ihnen ging die Erhaltung der Landfriedensfunktion des Bundes über die politisch überregional polari-

34 Vgl. Anm. 2.

35 So schon BOCK [wie Anm. 2], S. 219.

36 PUCHTA [wie Anm. 2], S. 71.

sierende württembergische Frage. Ebenso lauteten, wie bereits dargelegt, die Präferenzen des mindermächtigen Adels und der Prälaten[37].

Sollte jenes Bedürfnis der Mindermächtigen in der habsburgischen Politik überhaupt eine erkennbare Rolle gespielt haben, dann trat es jedenfalls gegenüber ihren reichs-, dynastie- und religionspolitischen Interessen eindeutig zurück. Für Habsburg verband sich die Frage der Verlängerung des Schwäbischen Bundes maßgeblich zum einen mit der Verteidigung seiner südwestdeutschen Position, konkret mit der Einbeziehung seiner württembergischen Erwerbung in das bündische Sicherungssystem und mit der Abwehr der Ansprüche des vertriebenen Herzogshauses. Zum zweiten ging es aus habsburgischer Sicht darum, die mit den bayerischen Herzögen bestehenden Differenzen beizulegen und diese aus der Saalfelder Koalition mit den Schmalkaldenern und mit dem französischen König herauszulösen – entscheidendes Ziel hierbei war die Anerkennung von Ferdinands römischem Königtum. Und damit kamen, zum dritten, auch strategische Fragen der europäischen Politik ins Spiel, was die Anwesenheit eines französischen Gesandten auf dem letzten regulären Bundestag zu Augsburg im Jahre 1533 vollends klarmachte[38]. Insbesondere hatte König Ferdinand wegen der ständigen Türkengefahr generell auf die Reichsstände Rücksicht zu nehmen, um sich nicht deren Unterstützung zu verscherzen. Zum vierten schließlich stellte sich den habsburgischen Brüdern nach wie vor die Aufgabe, die Religionsfrage zu lösen, wozu es nach ihrem Selbstverständnis auch gehören mußte, ein Gegengewicht zum Schmalkaldischen Bund zu schaffen. Freilich entschärfte der Nürnberger Anstand von 1532 den Glaubenskonflikt zunächst und erhöhte die Manövrierfähigkeit der habsburgischen Politik auf den anderen genannten Politikfeldern.

Nun verschoben sich im Laufe der dreißiger Jahre die Gewichte zwischen jenen Bereichen – sei es daß in dem einen eine Beruhigung eintrat wie in der Frage von Ferdinands Königswahl, sei es daß sich in einem anderen die Lage zuspitzte, wie in der württembergischen Frage. Wurde davon auch das Interesse berührt, mit dem Karl und Ferdinand die Verlängerung des Schwäbischen Bundes betrachteten, und wirkte es sich darauf aus, mit welchem Nachdruck sie diese Verlängerung betrieben?

Bevor man darüber Überlegungen anstellt, sollte man sich die Entwicklung im Reich in den vorangegangenen Jahren ins Gedächtnis rufen. Sie war dadurch gekennzeichnet, daß sich in den späten zwanziger Jahren die religionspolitischen Spannungen verschärften[39]. Krieg zwischen den sich schon seit geraumer Zeit in unterschiedlichen Bündnissen enger formierenden Religionsparteien schien bevorzustehen. Für Habsburg war besonders bedrohlich, daß der hessische Landgraf seinem Glaubensgenossen Ulrich mit allem Nach-

37 Vgl. auch ebd., S. 70f. u. die S. 72 zitierte Äußerung des bayerischen Rats Leonhard von Eck.

38 PUCHTA [wie Anm. 2], S. 72f.

39 Zum folgenden H. RABE, Deutsche Geschichte 1500–1600. Das Jahrhundert der Glaubensspaltung, München 1991, S. 319ff.

druck dessen Herzogtum Württemberg wieder zu verschaffen suchte. Auch die Tatsache, daß eine oberdeutsche Reichsstadt nach der anderen offen zur Reformation überging, schien der kaiserlichen Autorität in der Öffentlichkeit zunehmend Abbruch zu tun. Die Ereignisse kulminierten im berühmten Speyerer Reichstag von 1529, in dessen Folge sich Philipp von Hessen anstrengte, eine europaweite Koalition gegen das Haus Habsburg zustande zu bringen, um die Reformation politisch abzusichern.

Auch wenn die Aktivitäten des Schwäbischen Bundes seit dem Ende der zwanziger Jahre scheinbar zu einem Stillstand gekommen waren, wie KLÜPFEL in seiner Aktensammlung dokumentiert und damit den Bund faktisch 1529 enden läßt[40], sind doch schon seit Anfang des Jahres 1531 Sondierungen seitens Ferdinands zu beobachten, die Bundesstände zu einer Verlängerung zu verpflichten[41]. Das geschah in Absprache mit dem abwesenden Kaiser, der seinem Bruder die Vollmacht erteilt hatte, in seinem Namen, aber doch mit Rücksprache, Bündnisse abzuschließen[42]. Aus der Korrespondenz des Jahres 1531 zwischen Karl und Ferdinand treten ihre Beweggründe hervor, den Schwäbischen Bund wieder stärker in ihr politisches Kalkül zu ziehen[43]: vor allem der Druck seitens Philipps von Hessen und Ulrichs von Württemberg mit dem Ziel einer Reinstallierung des Herzogs, und in deren Rücken die Schmalkaldische Vereinigung quasi als Drohgebärde – dies um so gefährlicher, als Ferdinands Kräfte durch den Türken gebunden waren. So schien es vordringlich, sich der Ressourcen des Schwäbischen Bundes zu versichern, um die habsburgische Herrschaft über Württemberg zu stabilisieren und notfalls mit Waffenhilfe durch den Bund zu verteidigen[44]. Mit einer solchen aber sei, so Ferdinand an Karl, nicht zu rechnen, solange er nicht seine immensen Schulden beim Bund beglichen habe[45], die als Entschädigung für die bündischen Kriegskosten bei der Vertreibung Ulrichs gedacht gewesen waren.

Folgerichtig starteten die Habsburger gezielte diplomatische Initiativen, um durch Direktverhandlungen mit einzelnen Bundesständen, mit Ständegruppen oder allen auf den Bundestagen Versammelten jene Finanzfrage als Haupthindernis einer Fortsetzung der Einung beiseite zu räumen[46]. Als es 1533 Ferdinand endlich gelungen war, die Finanzierung der schwäbischen Forderungen zu sichern, erwiesen sich allerdings die weiteren Hemm-

40 KLÜPFEL [wie Anm. 4], Urkunden, T.2, S. 346.

41 Schilderung dieser Initiativen bei PUCHTA [wie Anm. 2], S. 67ff.

42 Korrespondenz Ferdinands I., 3, S. 31, Nr. 457a (1531 Jan. 16), Abs. 18 u. S. 39, Nr. 457c (1531 Febr. 12), Abs. 16.

43 Vgl. ebd., Nr. 485, Abs. 6; 492a; 498, Abs. 13; 504, Abs. 15; 510, Abs. 12; 516, Abs. 9; 590, Beil. 12; 598, Abs. 6.

44 Diese Zweckbestimmung des Schwäbischen Bundes durchzieht die Korrespondenz der habsburgischen Brüder als feste politische Größe. Vgl. z. B. ebd., S. 724f., Nr. 492a (1531 Mai 23); S. 401, Nr. 590, Beil. 12 (1531 Nov. 24); S. 430, Nr. 598, Abs. 6 (1531 Dez. 6/9).

45 Korrespondenz Ferdinands I., 3, S. 126, Nr. 485, Abs, 6 (1531 Mai 14).

nisse als erschwerend oder ganz unüberwindlich: der Wunsch verschiedener Fürsten nach Ausnehmung ihrer Bundeshilfe gegenüber jeweils dritten Bundesgenossen, die Frage der Zuständigkeit des Bundes in Religionssachen und schließlich die Frage der Mitgliedschaft Württembergs im Bund[47] – letztere überhaupt die conditio sine qua non für die Sicherung der Herrschaft Habsburgs dort und daher dessen vordringliches Interesse.

Freilich ist es der habsburgischen Diplomatie nicht gelungen, die genannten Einzelfragen voneinander zu trennen und sie jeweils für sich auf dem Verhandlungswege einer Lösung näher zu bringen. Denn gerade die neugläubigen Stände machten ihre Verhandlungsbereitschaft in den strittigen Sachen von Zugeständnissen in Richtung einer Neutralisierung der Religionsfrage abhängig. Der Kaiser hatte schon Anfang des Jahres 1531 die Möglichkeiten eines gewaltsamen Vorgehens gegen die Protestanten ventiliert; ihm war aber von den katholischen Ständen dringend davon abgeraten worden. Nun plädierte er für den Fall, daß mit den »desvoyéz«, den vom rechten Glauben Abgewichenen, kein Übereinkommen erzielt werden könne, schon Mitte 1531 für eine Verbindung der katholischen Stände, um die Ausbreitung der Häresie einzudämmen. Das solle allerdings in einer Weise geschehen, welche die Evangelischen nicht zu einem engeren Zusammenschluß provoziere. In diesem Sinne sprach der Kaiser auch zunächst eher unbestimmt von »quelque intelligences«, vertraulichen Abmachungen[48]. Doch schon bald wurde die Sache deutlich beim Namen genannt: ein Verteidigungsbündnis, eine »lighe deffensive«, die zu Gelegenheit des künftigen Reichstags vorzubereiten sei, und zwar im Geheimen. Doch diese Idee wurde dem Kaiser von seinem Bruder Ferdinand ausgeredet[49].

Allerdings standen – das darf nicht übersehen werden – jene Verhandlungen, die hier zunächst in Hinblick auf die Verlängerung des Schwäbischen Bundes aufgeführt worden sind, in Wechselwirkung mit dem Verlauf der Ausgleichsverhandlungen, die zwischen der kaiserlichen Seite und den Protestanten seit dem abgebrochenen Reichstag von 1530 mehr oder minder intensiv geführt worden und Mitte 1532 mit dem Nürnberger Anstand zu einem Abschluß gelangt waren[50]. Mit diesem hatten sich aber auch zwei wichtige Rahmenbedingungen verändert bzw. waren in ihrer Bedeutung reduziert worden, Rahmenbedingungen, welche bis dahin den habsburgischen Bewegungsspielraum hinsichtlich der Erneuerung des Schwäbischen Bundes oder der Gründung einer Nachfolgeorganisation eingeschränkt hatten: Zum einen konnte der akuten Bedrohung seitens der Türken durch eine Reichshilfe selten gesehenen Ausmaßes begegnet werden; zum andern wurde 1532

46 Vgl. z.B. den Vorstoß des Kaisers bei den Bundeshauptleuten; Karl an Ferdinand, ebd., S. 724f., Nr. 492a (1531 Mai 23). – Laut PUCHTA [wie Anm. 2], S. 68 kümmerte sich Ferdinand erst ab Herbst 1532 um die Lösung der Schuldenfrage.

47 PUCHTA [wie Anm. 2], S. 69.

48 Karl an Ferdinand, 1531 Juni 14; Korrespondenz Ferdinands I., 3, S. 157, Nr. 498, Abs. 13.

49 Ebd., S. 174, Nr. 504, Abs. 15; S. 187, Nr. 510, Abs. 12.

50 Zu Inhalt und Bewertung vgl. RABE, Deutsche Geschichte [wie Anm. 39], S. 330ff.

durch die Bereitschaft der Evangelischen zum Kompromiß mit dem Kaiser faktisch die Zusammenarbeit zwischen den Schmalkaldenern und Bayern gesprengt. Und damit verlor auch die Instrumentalisierung der mit der Wahlfrage verquickten Glaubensfrage als Mittel bayerischer Politik gegenüber Habsburg an Bedeutung. War damit auch auf den ersten Blick eine relative Schwächung der bayerischen Position eingetreten[51], so wurde dies doch hinsichtlich der oberdeutschen Kräfteverhältnisse, wie sie bei der Verlängerung des Schwäbischen Bundes und bei der württembergischen Frage zum Tragen kommen konnten, zunächst dadurch wettgemacht, daß Hessen, Mainz und Kurpfalz den Verzicht auf eine weitere Mitgliedschaft erklärten. Das relative Gewicht Bayerns im Bund wurde damit gestärkt[52]. Allerdings manövrierte seit 1533 Kanzler Eck die bayerische Politik derart ins Abseits, daß kein Weg mehr an einem habsburgisch-wittelsbachischen Ausgleich vorbeiführen konnte, der 1534 im Linzer Vertrag auch niedergelegt wurde. Zwischenzeitlich hatte es so ausgesehen, als könne Christoph von Württemberg, der Sohn Herzog Ulrichs, entschädigt und der Schwäbische Bund ohne Einschluß des habsburgischen Württemberg verlängert werden[53]. Aber diese Rechnung war bekanntlich ohne den hessischen Landgrafen und Frankreich gemacht. Und so stand am Ende der im Frieden zu Kaaden festgeschriebene Verlust Württembergs für Habsburg[54], und der schwäbische Bundesvertrag wurde auch nicht erneuert.

Dessen Hauptzweck bestand ja in den Augen von Karl und Ferdinand, wie schon dargelegt, in der Sicherung Württembergs. Aber gerade dieser Zweck hatte sich mit den Bundestagen von 1533 – neben den anderen schon genannten Beschwerden der Stände – als Haupthindernis einer Fortsetzung des Bundes erwiesen. Der Kaiser – mehr als sein Bruder – neigte schon damals dazu, das Problem mit Druck zu lösen oder gänzlich andere Wege zu suchen: Sein Kommissar, Bischof Christoph von Augsburg, sollte laut Instruktion auf einer sofortigen Verlängerung des Bundes bestehen, freilich im Bedarfsfall Verhandlungen über die Beschwerden anbieten. Auf Stände, die sich nicht anschließen wollten, solle keine Rücksicht genommen werden[55]. Ergebnis mußte nach Lage der Dinge ein Bereinigungsprozeß sein, eine Neustrukturierung der Mitgliedschaft, ja ein neuer Bund.

Hier sei auf Überlegungen hingewiesen, die schon Ende 1531 in Ferdinands Umgebung angestellt worden waren: Entweder müsse zur Erhaltung Württembergs der Schwäbische Bund reaktiviert und verstärkt werden, oder es müsse ein neuer Bund zwischen Ferdinand, Bayern, Salzburg und weiteren Fürsten gegründet werden[56]. Damit war im Grunde schon

51 RABE, Deutsche Geschichte [wie Anm. 39], S. 332.

52 PUCHTA [wie Anm. 2], S. 69f.

53 Vgl. die Schilderung der bayerischen Politik bei PUCHTA, ebd., S. 70–80.

54 Zu den Ereignissen des Jahres 1534 ausführlich PUCHTA, ebd., Kap. 4.

55 PUCHTA, ebd., S. 69.

56 Ferdinand an Karl, 1531 Nov. 24; Korrespondenz Ferdinands I., 3, S. 401, Nr. 590, Beil. 12.

die Organisation vorausgedacht, die sich mit dem Kaiserlichen Neunjährigen Bund nach dem Ende des Schwäbischen 1535 auf Initiative Ferdinands hin sofort formierte. Dieser Bund mußte also allein schon in Hinblick auf Zusammensetzung und Zweck einen anderen Charakter erhalten als der Schwäbische (Landfriedens-) Bund: Denn er sollte, wenn es nach den Vorstellungen der beteiligten Fürsten und besonders Bayerns ging, zu einer Vereinigung von Fürsten werden und deren territorial- und machtpolitischen Interessen dienen. Mindermächtige Stände und Städte hatten darin eigentlich keinen Platz. Sollte aber der neue Bund für deren Beitritt überhaupt geöffnet werden, dann war vorauszusehen, daß diese sich nicht mit einem gegenüber den Verhältnissen im Schwäbischen Bund minderen Status zufriedengeben würden, wie von seiten der Fürsten beabsichtigt. Diese machten von Anfang an wenig Hehl daraus, die Stimmenzahl der kleinen Stände und Städte reduzieren und deren Lasten erhöhen zu wollen[57]. So wurden denn auch neben Nürnberg tatsächlich nur wenige unbedeutendere Städte in den Kaiserlichen Neunjährigen Bund aufgenommen, nachdem die Mehrheit der oberdeutschen Städte dem Werben des Königs widerstanden hatte[58]. Aber auch Adel und Prälaten Schwabens erteilten dem Habsburger auf ihrem Tag zu Überlingen im September 1531 endgültig eine Absage[59].

An dieser Stelle sei innegehalten. Bei aller Lückenhaftigkeit unseres Wissens über die Endjahre des Schwäbischen Bundes zeichnet sich doch ab, daß die habsburgischen Bemühungen um seine Erhaltung auf längere Sicht einigen Schwankungen unterworfen waren. Karl und Ferdinand ist es nicht gelungen, das Gesetz des Handelns zu bestimmen, obwohl die Sicherung des württembergischen Besitzes gleichsam eine politische Konstante bildete. Entweder überlagerten wichtigere Fragen wie die Türkengefahr oder die Befriedung des Glaubenskonfliktes das Problem der Bundesverlängerung, so daß die Anfang 1531 aufgenommenen Initiativen erst 1533 wieder intensiviert werden konnten. Oder die sich in den Beschwerden der Bundesstände manifestierenden strukturellen Gegensätze waren derart erstarrt, daß sie bei allen Bemühungen der habsburgischen Diplomatie nicht mehr in einem einheitlichen Bund alter Art zu integrieren waren. Dabei ist zu bedenken, daß die habsburgische Position keineswegs etwa eine von außen vermittelnde, sondern Teil des antagonistischen Systems war und einen eigenen Interessenstandpunkt verkörperte. Daher war auch Habsburgs Vorstellung von Bund eigentlich ein Bündnis unter seiner Führerschaft. Das zeigt sich gerade bei der Behandlung der Städte und der Mindermächtigen, deren Gefolgschaft es geradezu einforderte, deren Stellung im Bund es aber weiter herabdrücken wollte, quasi zur Stellung von Nettozahlern und Hilfstruppen ohne großen politischen Einfluß[60].

57 SPIESS [wie Anm. 5], S. 10 u. 14; M. SALOMIES, Die Pläne Kaiser Karls V. für eine Reichsreform mit Hilfe eines allgemeinen Bundes (Annales Academiae Fennicae, R. B, Bd. 83, 1), Helsinki 1953, S. 81f.

58 SPIESS, ebd., S. 15 u. 18; Mitgliederliste ebd., S. 217f., Beil. XXXIX.

59 BLARER I, S. 270ff., Nr. 427. – Zum Ablehnungsgrund der übergroßen räumlichen Entfernung vgl. meinen Aufsatz: Die Bünde und ihre Räume [wie Anm. 20].

60 KLÜPFEL [wie Anm. 4], T. 2, S. 356.

Und genauso war ja dann auch der Kaiserliche Neunjährige Bund konstruiert. Der entbehrte aber damit genau derjenigen Qualitäten, auf die es der großen Mehrheit der kleinen Stände des ehemaligen Schwäbischen Bundes ankam. Das mit Ferdinands neuem Bund sich abzeichnende Bundesmodell war ihre Sache nicht. Wenn aber die Vorstellungen der Schwaben und Habsburgs derart divergierten, welche Rolle sollte dann in Habsburgs Augen den regionalen oberschwäbischen Bünden zukommen?

4. Habsburgische Einungspolitik in Oberschwaben: Initiativen, Interessen, Verhaltensweisen

Um die politische Situation und Stimmungslage im südwestdeutschen Raum um 1530 richtig einschätzen zu können, ist daran zu erinnern, daß sich der hessische Landgraf im Gefolge des Speyerer Reichstages von 1529 darum bemühte, auch die evangelischen Eidgenossen in eine breite Koalition gegen Habsburg mit einzubeziehen. Das mußte in den Augen der altgläubigen Schwaben eine Bedrohung ihrer Südflanke bedeuten und war geeignet, alte Ressentiments gegen die Eidgenossen aus dem Schweizerkrieg von vor kaum einem Menschenalter zu wecken. Damit verband sich, modern gesprochen, ein Bewußtwerden von Systemunterschieden zwischen einem adlig verfaßten Schwaben – die Städte einmal beiseite – und einer bäuerlich und städtisch verfaßten Eidgenossenschaft. Und dieser Systemunterschied war ja erst unlängst im eigenen Land in Gestalt des Bauernaufstandes aufgebrochen[61]. Wie leicht zu zeigen wäre, hatte die noch längst nicht überwundene Furcht vor einem Aufruhr des gemeinen Mannes den Autoren der oberschwäbischen Bundesbriefe mit die Feder geführt.

Die skizzierte politische und mentale Konstellation mußte Ferdinand darin begünstigen, die regionalen altgläubigen Kräfte zu sammeln. Im Auftrag von Statthalter und Räten der oberösterreichischen Lande hatte Gerwig Blarer Prälaten, Grafen, Herren, Edle und Städte auf August 1529 nach Überlingen geladen, um dort über ein Hilfsabkommen zu beraten und Beschlüsse für den Fall zu fassen, »so sich yendert ain unfall zutruege den glauben oder newe empoerung (die gemainlich mit ain andern geen) beruerend«. Allerdings verliefen sich die Versammelten schon nach wenigen Stunden wieder ohne Ergebnis[62]. Ein paar

61 Vgl. hierzu besonders CARL [wie Anm. 2], S. 253ff. und 257ff., der Unterschiede und Gemeinsamkeiten zwischen Eidgenossenschaft und Schwäbischem Bund u. a. auch unter dem Aspekt des Bauernkrieges herausgearbeitet hat.

62 BLARER I, S. 134f., Nr. 212; RTA j. R. 8, 2, S. 762f., Anm. 1. - Vgl. auch W. ENDERLE, Konfessionsbildung und Ratsregiment in der katholischen Reichsstadt Überlingen (1500–1618) im Kontext der Reformationsgeschichte der oberschwäbischen Reichsstädte (Veröff. d. Komm. f. geschichtl. Landeskd. in Baden-Württemberg Reihe B, Bd. 118), Stuttgart 1990, S. 197f. PRESS, Kaiser Karl [wie Anm. 6], S. 26, Anm. 40 nennt auch die Türkenhilfe als Einladungsmotiv. Vgl. zuletzt auch die Hinweise bei B.

Monate zuvor hatte Ferdinand mit den altgläubigen Fünf Orten der Eidgenossenschaft die nur kurze Zeit währende »Christliche Vereinigung« abgeschlossen[63]. Es ist in unserem Zusammenhang von Interesse zu sehen, wen die Vertragsparteien laut Einungsentwurf als potentielle Bündnispartner anzusprechen gedachten: die Herzöge von Lothringen und Savoyen, den Bischof von Konstanz, den Pfalzgrafen, den Grafen Friedrich von Fürstenberg und den von Werdenberg, den Truchseß von Waldburg, die Städte Überlingen, Ravensburg, Freiburg i.Ü. und Solothurn sowie die Landschaft Wallis[64]. Mit Fürstenberg, Werdenberg und Waldburg sind Adlige genannt, die auch in der oberschwäbischen Einungsbewegung der dreißiger Jahre eine zentrale Rolle spielen sollten. Unter diesem Vorzeichen sind auch die von Ferdinand beauftragten adligen Unterhändler mit den katholischen Innerschweizern zu betrachten: die Grafen Rudolf von Sulz, Gabriel zu Ortenburg, Friedrich von Fürstenberg, die Ritter Hans Jakob von Landau und Eiteleck von Reischach[65] sowie Mark Sittich von Ems und Heinrich Treusch von Buttlar[66] – außer Fürstenberg allesamt hochrangige österreichische Amtsträger in den Vorlanden oder Räte. Bis auf Ortenburg, den Landvogt im Elsaß, waren alle Genannten in der einen oder anderen Weise in die oben vorgestellten oberschwäbischen Einungen involviert.

Dennoch wäre es verfehlt anzunehmen, die oberschwäbischen Bünde hätten von Habsburg mittels jener genannten Männer ohne weiteres installiert und gelenkt werden können: Siehe den gescheiterten Überlinger Versuch von 1529[67]. Im Gegenteil, Ferdinand mußte sich ausgeschaltet und übergangen fühlen, als ihm der Vollzug der Überlinger Einung vom September 1531 gemeldet wurde. Obwohl er die Notwendigkeit der Einung des Hegauadels durchaus anerkenne, so ließ er gegenüber der Innsbrucker Regierung vernehmen, hätte doch seine Zustimmung eingeholt und er eingeladen werden müssen, mit seinen Vorlanden beizutreten. Das Regiment solle sondieren, unter welchen Bedingungen dies nachgeholt werden könne[68].

BRAUN, Die Eidgenossen, das Reich und das politische System Karls V., Diss. phil. (masch.) Konstanz 1995, S. 358.

63 Amtliche Sammlung der ältern Eidgenössischen Abschiede, hrg. von J. KAISER, Bd. 4, Abt. 1 b: 1529–1532, bearb. v. J. STRICKLER, Zürich 1876, S. 1467–1475, Beilage Nr. 5; vgl. auch das Protokoll dazu ebd., S. 123f., Nr. 60. – Im übrigen suchte Ferdinand auch weiterhin das Einvernehmen mit den katholischen Eidgenossen. Vgl. z. B. die Geheimverhandlungen im August 1531, kurz vor dem Höhepunkt des Kappeler Krieges; ebd., S. 1110, Nr. 589. – Zur »Christlichen Vereinigung« ausführlich BRAUN, S. 332ff., Abschn. 1.2.1.

64 Eidgenössische Abschiede, Bd. 4, Abt. 1b, S. 57.

65 Ebd., S. 123.

66 Ebd., S. 1468.

67 Wie Anm. 62.

68 BLARER, S. 169, Nr. 472, Anm. 1, 1531 Okt. 21. Dies offenbar die Antwort auf den Bericht des Regiments an Ferdinand, 1531 Okt. 11; TLA I Regierungskopialbücher [im folgenden: RKB] 10, fol. 439r – v. Ähnlichen Inhalts das Schreiben Graf Rudolfs v. Sulz an Mark Sittich v. Ems (Konzept), 1531 Okt. 22; HHStA Wien, Reichsakten in genere 5, fol. 93r–94v.

Die kühle Reaktion Ferdinands belegt, daß die neue Einung offenbar seinem Bemühen in die Quere kam, die altgläubigen Kräfte zu sammeln und den Schwäbischen Bund vielleicht doch noch zu retten – bot sie doch dem beteiligten Adel einen eigenständigen Rückhalt und erleichterte ihm den Verzicht auf eine über den Schwäbischen Bund vermittelte engere Bindung an Habsburg. Dabei übersah man von seiten der Einungsstände geflissentlich – mit Absicht? – den habsburgischen Teilnahmewunsch und wähnte sich auch ohne des Königs ausdrückliche Genehmigung zum Abschluß berechtigt. Dies um so mehr, als mit dessen Vorwissen Georg Truchseß von Waldburg an den Vorgesprächen maßgeblich beteiligt gewesen war. Aber dessen Tod noch vor Unterschrift des Einungsbriefes hatte letztlich verhindert, daß die habsburgischen Interessen zur Geltung gebracht werden konnten[69]. Im übrigen zeigt sich an der Person des Truchseß in exemplarischer Weise, welche bedeutende Rolle adligen Mittelsmännern aus Schwaben zukam, wenn es um die Gestaltung der Beziehungen zwischen Habsburg und dem schwäbischen Adel ging[70].

Kurz, es war also eine Einung zwar zustandegekommen, aber nicht in der Weise, wie man sich das auf seiten Habsburgs vorgestellt hatte: Nach einem Entwurf am Wiener Hof von Mai 1531 sollten sich Grafen, Herren, Adel, Prälaten und Städte zusammenschließen, die der Eidgenossenschaft am nächsten gesessen seien[71]. Man befürchtete also, das sagt schon diese regionale Eingrenzung, ein Übergreifen des schweizerischen Religionskonflikts auf schwäbischen Boden. Freilich waren von dem Kreis von Mitgliedern, den die habsburgischen Räte ins Auge gefaßt hatten, in der tatsächlichen Einung nur Grafen, Herren und Adel geblieben. Das suchte man in der Folge zu korrigieren und, zwar vergeblich, darauf hinzuwirken, daß sich altgläubige Städte und Prälaten doch noch anschlössen[72].

Der Mißerfolg der ferdinandeischen Diplomatie läßt doch fragen, ob man nicht die Stimmung in Schwaben fehleinschätzte und mit jener Initiative nicht überhaupt die eigenen Bemühungen um eine Fortsetzung des Schwäbischen Bundes konterkarierte. Denn wie der enge Zusammenhang zwischen den von September 1531 bis Februar 1532 abgehaltenen Adelseinungen und ihr Inhalt ausweisen, lagen deren Interessen gerade darin, die Landfriedensfunktion des Schwäbischen Bundes fortzuschreiben und die eigene ständische Position zu stärken, ohne weiter den Nachteilen des alten Bundes und der Fremdbestimmung durch einflußreichere Mitgenossen unterworfen zu sein. Aber gerade daran hätte sich ja mit dem vom König geplanten größeren Bund unter Einschluß der Prälaten, der Städte und vor allem seiner selbst wenig geändert. Angesichts dieser umfassenderen Ziel-

69 Vgl. das Schreiben der Innsbrucker Regierung an Ferdinand, 1531 Okt. 11; TLA I RKB 10, fol. 439r–v. – Georg III. Truchseß v. Waldburg * 25.1.1488 †29.5.1531.

70 Zu derartigen Klientelbeziehungen des schwäbischen Adels zu Habsburg demnächst N. LUPKE-NIEDERICH in ihrem Konstanzer Dissertationsvorhaben (abgeschlossen 1996); vgl. ihre Vorstudie in diesem Band: Habsburgische Klientel im 16. Jh.: Hugo v. Montfort im Dienste des Hauses Habsburg.

71 HHStA Wien, Reichsakten in genere 5, fol. 81v – 82 r.

72 Vgl. zur Entstehung der Überlinger Einung von 1531 PRESS, Kaiser Karl [wie Anm. 6], S. 26f.

setzung ist es dann auch fraglich, ob sich für diesen Zeitpunkt tatsächlich schon von einer neuen Form königlicher Adelspolitik sprechen läßt[73], die dann später in die Institutionalisierung der Reichsritterschaft mit ihrem besonderen Verhältnis zum Kaiser mündete.

Auf der anderen Seite läßt sich aber auch nicht übersehen, daß die von Habsburg ausgehenden Ansprüche an die einzelnen mindermächtigen Ständegruppen und seine Versuche, deren Politik zu lenken, auf deren Seite Tendenzen zum jeweils engeren Zusammenschluß und zur Solidarisierung verstärkt haben. Ein in jenen Zeiten immer wieder begegnender Ansatz zu solcher Solidarisierung war die Forderung von Türkenhilfe, die zum Beispiel im Frühjahr 1531 die oberschwäbischen Prälaten zwang, Formen der Beratung zu finden und sich zu organisieren[74]. Aus nämlichem Anlaß lud damals Überlingen Vertreter seiner altgläubigen Nachbarstädte zu sich[75].

Mangelte es auf der einen Seite an der Bereitschaft der schwäbischen Adressaten, sich auf Einungen im Sinne Habsburgs einzulassen, nämlich als im wesentlichen altgläubige Bündnisse gegen die weitere Ausbreitung der Reformation – was freilich über ihre religiösen Präferenzen nichts aussagt –, so sorgte auf der anderen Seite eine kaum durchschaubare, ja nach außen hin teils widersprüchliche habsburgische Politik für Verwirrung und ließ ihre Vorstellungen über eine bündische Organisation in Schwaben daher auch nicht zum Tragen kommen. Insbesondere die Zweigleisigkeit, einerseits auf Reichsebene offiziell den Friedstand mit den Protestanten zu suchen und andererseits regional in Schwaben, und nicht nur dort, insgeheim die altgläubigen Kräfte zu sammeln, mußte ja irritierend wirken. Diese Zwiespältigkeit fand ihren beredten Ausdruck in der Tatsache, einerseits zwar den Nürnberger Anstand abgeschlossen zu haben, andererseits aber die Reichskammergerichtsprozesse gegen Evangelische nicht auszusetzen[76].

Jedenfalls schlug sich der Grundsatz der Geheimhaltung, was den Aufbau einer Gegenposition gegenüber den Schmalkaldenern anbetraf – er zog sich im Jahre 1531 wie ein roter Faden durch die Korrespondenz zwischen Karl und Ferdinand –, auch in Ferdinands schwäbischen Bundesinitiativen nieder und sorgte für ein gerüttelt Maß an Unsicherheit über die habsburgische Haltung: bei den Geneigten darüber, wieweit es Habsburg überhaupt ernst meine und ob es sich nicht womöglich bei der ersten Gelegenheit distanziere und sie schutzlos sich selbst überlasse; bei den Abgeneigten, den evangelischen Städten zumal, darüber, ob ihnen denn eine Fortsetzung des Schwäbischen Bundes überhaupt den nötigen Schutz gewähren könne und ob nicht vielmehr eine engere Bindung an die Schmalkaldener unabdingbar sei. Die verdeckte habsburgische Diplomatie folgte einer

73 So PRESS, Kaiser Karl [wie Anm. 6], S. 27f.

74 Vgl. das Schreiben der Äbte von Weingarten, Weißenau und Schussenried an den Marchtaler Abt, 1531 Apr. 5; StaaA SIG, Dep. 30, Nr. 7. Beschluß des diesbezüglichen Prälatentages 1531 Abs. 25 bei BLARER I, S. 163f., Nr. 262.

75 StA ÜB Missiv-Protocoll 1530–1539, fol. 65v – 66 r; vgl. Anh., Ziff. 5.

76 Dazu RABE, Deutsche Geschichte [wie Anm. 39], S. 332.

Leitlinie, wie sie schon das zitierte Gutachten vom Mai 1531[77] empfohlen hatte: Das Ausschreiben zum Gründungsbundestag solle besser nicht von Männern ausgehen, die dem Haus Österreich »verwandt«, also diesem durch Dienste oder anderweitig verbunden seien. Denn es sei dem Eindruck vorzubeugen, daß die Initiative vom Kaiser ausginge – der sie dann möglicherweise mit Forderungen konfrontiere. Andererseits würden aber auch vermutlich nicht viele kommen, wenn sich kein dem Kaiser »Verwandter« unter den Ausschreibenden befände, da man sonst annehmen könne, die Veranstaltung sei gegen den Kaiser gerichtet. Als im Sinne dieser Grundsätze geeignete offizielle Initiatoren wurden Georg Truchseß, Graf Hugo von Montfort-Tettnang, Schweikhart von Gundelfingen und Joseph von Laubenberg gehandelt[78]. Man suchte also von seiten Habsburgs durchaus auf die schwäbischen Befindlichkeiten Rücksicht zu nehmen, um nicht Widerstand zu provozieren und dann gar nichts zu erreichen.

Derselben taktischen Variante wollte man sich übrigens bei dem Versuch bedienen, die Aufnahme des Kaiserbruders in die eben gegründete Überlinger Einung zu erreichen. Geeignete neutrale Personen sollten die Sache ins Spiel bringen und dabei die Bedingung vorschlagen, Hilfe solle nur für diejenigen österreichischen Herrschaften in Aussicht gestellt werden, die innerhalb des Einungsbezirkes gelegen seien[79]. Bemerkenswerter Weise wäre damit die bisher alle Einungsbemühungen unter Einschluß Habsburgs lähmende Frage der Hilfeleistung für Württemberg umgangen worden. Dieses Zugeständnis hätte in der Öffentlichkeit die habsburgische Position zweifellos geschwächt und als vorzeitige Resignation gedeutet werden können. Daher suchte man es ohne Preisgabe seiner Quelle zu lancieren.

Man könnte die habsburgischen Anläufe bis zum Ende des Jahres 1531 oder Anfang 1532, mit den schwäbischen Mindermächtigen zu Vereinbarungen zu kommen und an deren Einungen mit den habsburgischen Vorlanden teilzunehmen, als Versuche werten, den Schwäbischen Bund gleichsam zu reanimieren. Das sollte indessen unter dem Vorzeichen der Verteidigung des alten Glaubens geschehen. Und auch im Hinblick auf die württembergische Frage wäre der Charakter eines erneuerten Bundes als politisches und militärisches Bündnis eindeutig in den Vordergrund getreten. Damit hätte aber, pointiert gesprochen, der Bund seinen Charakter vom konfessionsneutralen (Landfriedens-) Bund zum konfessionellen politischen Bündnis grundlegend geändert. Aber gegen eine derartige offenkundige Umfunktionierung und Instrumentalisierung durch eine dominierende Macht

77 HHStA Wien, Reichsakten in genere 5, fol. 81r – 82 r.

78 So in einem Memorial Josephs v. Laubenberg im Auftrag der oberösterreichischen Regierung für Georg Truchseß v. Waldburg, 1532 (1531?) Mai 28; ebd., fol. 97r–98v. Der Gedanke von nach außen neutralen Mittelsmännern, die im Interesse der habsburgischen Seite agieren sollten, findet sich wiederholt in deren Korrespondenz; z.B. auch im Schreiben der Innsbrucker Regierung an Ferdinand, 1531 Okt. 11; TLA I RKB 10, fol. 439r–v.

79 Schreiben Gf. Rudolf v. Sulz an Mark Sittich v. Ems (Konzept), 1531 Okt. 22; HHStA Wien, RA i.g. 5, fol. 93r–94v.

sperrten sich jene alten Einungen in aller Regel und zeugen damit von ihrer eigentümlichen Qualität in den politischen Ordnungsvorstellungen ihrer Zeit. Wie nun Ferdinand mußte dies noch ein halbes Jahrhundert später der bayerische Herzog erfahren, als er den Landsberger Bund zum konfessionellen Kampfbündnis umformen wollte[80].

Nach der von wenig Erfolg gekrönten habsburgischen Aktivitätsphase, in der sich die Bemühungen um eine Fortsetzung des Schwäbischen Bundes mit den Versuchen der Einflußnahme auf die sich formierenden Adelseinungen verbanden, scheint das Interesse daran zunächst wieder nachgelassen zu haben. Dafür spricht auch die abnehmende Dichte der Quellenbelege in den Wiener und Innsbrucker Akten. Eine gewisse Entspannung in der Glaubensfrage und die Türkengefahr hatten erst einmal die politischen Gewichte verlagert. Nachdem im Herbst 1532 die Türken wieder aus Ungarn abgezogen waren, konnte sich Habsburg wieder nachdrücklicher den inneren Verhältnissen im Reich zuwenden. Das Jahr 1533 sah nochmals kräftige diplomatische Aktivitäten von seiten Habsburgs, den Schwäbischen Bund doch noch zu retten. So wurden zwar durch die ferdinandeischen Kommissare einzelne Stände und Ständegruppen angesprochen, aber, soweit ersichtlich, nicht mehr wie 1531 mit dem Ziel, auf dem Wege von Sondervereinbarungen dem in Auflösung befindlichen Schwäbischen Bund sozusagen stabilisierende Korsettstangen einzuziehen – eine Konzeption, die sich ja nicht bewährt hatte und im Augenblick eher geeignet erscheinen mußte, den Zerfallsprozeß zu beschleunigen als ihn aufzuhalten.

Jedoch fehlten für einen derartigen politischen Ansatz diesmal auch auf seiten der Mindermächtigen im Unterschied zu 1531/32 hinreichend organisierte Ansprechpartner. Der Überlinger Bund vom September 1531 war nach Ablauf des Einungsvertrages nach nur einem Jahr nicht mehr verlängert worden. Allerdings hatte es zu einer solchen Verlängerung durchaus Initiativen gegeben: Nachdem Graf Hugo von Montfort als bisheriger Hauptmann bereits für Mitte November auf einen Tag nach Überlingen geladen hatte[81], scheint es tatsächlich im Januar 1533 zwischen Grafen, Rittern und Adligen zu einem neuerlichen Abschluß gekommen zu sein. Soweit ersichtlich, scheint er freilich keine Wirkung entfaltet zu haben[82]. In Ferdinand nahe stehenden schwäbischen Adelskreisen bis hin zur Regierung in Innsbruck registrierte man zwar die Vorgänge in Überlingen und machte sich Gedanken darüber, ob und wie sie im habsburgischen Interesse zu nutzen seien[83]; doch ist

80 Vgl. meinen Aufsatz: Zur Entstehung des Landsberger Bundes im Kontext der Reichs-, Verfassungs- und regionalen Territorialpolitik des 16. Jh. In: ZHF 19 (1992), S. 415–444, hier S. 420 u. 443f.

81 Das geht aus einem Brief Montforts an Joseph v. Laubenberg hervor, 1532 Nov. 3; HHStA Wien, RA i.g. 5, fol. 99r. PRESS, Kaiser Karl [wie Anm. 6], S. 27, Anm. 43 datiert irrtümlich auf 3. Sept.

82 Vgl. den mittelbaren Hinweis auf eine Versammlung Mitte Jan. 1533 in Überlingen und eine dort z.T. angenommene Einung bei BLARER I, S. 191, Nr. 307; auch zitiert bei PRESS, Kaiser Karl [wie Anm. 6], S. 29, Anm. 47.

83 Auf Montforts Brief hin (vgl. Anm. 81) informiert v. Laubenberg unter dem 8. Nov. 1532 den oberösterreichischen Statthalter Rudolf v. Sulz in Innsbruck und fragt an, ob mit König Ferdinand wegen des ge-

nicht erkennbar, daß die sich bietende Gelegenheit tatsächlich ergriffen worden wäre. Vielmehr verlegte sich die habsburgische Politik in der Folge zunehmend auf eine klare Linie des Entweder – Oder, d. h. entweder Verlängerung des Schwäbischen Bundes unter Einschluß der bisherigen mindermächtigen Mitglieder der Zweiten und Dritten Bank oder – unter deren Ausschluß – die Neugründung eines Bundes, wie er dann 1535 mit dem Kaiserlichen Neunjährigen Bund Wirklichkeit wurde.

Die sich derart abzeichnenden Alternativen mußten den schwäbischen Mindermächtigen angesichts der nach wie vor bestehenden Beschwerden und Vorbehalte und der auch zukünftig zu erwartenden Nachteile freilich gleichermaßen inakzeptabel erscheinen. Um so mehr waren sie gefordert, eine eigene Lösung zu finden. Noch Ende 1533 wurde der im März 1534 abgeschlossene Meßkircher Grafen- und Herrenbund angebahnt[84]. Und weiter finden sich für dieses Jahr noch mehrfach Hinweise für Konferenzen zwischen Vertretern von schwäbischen Prälaten, Grafen, Herren, Adligen und Reichsstädten, auf denen diese ihre Politik abstimmten[85]. Ergebnis dieses Meinungsbildungsprozesses war jener denkwürdige Ulmer Abschied vom April 1535, mit dem Prälaten und Adel sich erstmals und dann im September endgültig dem Werben Ferdinands verweigerten, in den Neunjährigen Bund einzutreten[86]. Mit dem Ulmer Abschied vom April waren dann aber auch die Weichen gestellt für den Abschluß der Überlinger Einung vier Wochen später[87].

Die altgläubigen Städte übrigens distanzierten sich davon, nachdem sie noch zwei Tage zuvor an Vorgesprächen zu Pfullendorf teilgenommen hatten[88]. Sie suchten später unter Führung Überlingens den Anschluß an den Neunjährigen Bund. Auf einem Termin nur vier Tage, bevor Prälaten und Adel ebenfalls in Überlingen den erwähnten Septemberabschied formulierten, hatten die Überlinger ihre reichsstädtischen Nachbarn aus Ravensburg, Pfullendorf, Buchhorn, Wangen, Leutkirch und Kaufbeuren bei sich versammelt. Bei dieser Gelegenheit wurde vermutlich über den Aufnahmeantrag beraten, den diese Städte gemeinsam an den Kaiserlichen Bund stellten[89]. Es ist unbekannt, was daraus geworden ist. Jedenfalls kam es nicht zu einem Beitritt.

---

planten Tages Rücksprache gehalten werden solle, besonders auch darüber, ob Montfort zum Hauptmann gewählt werden solle oder ob ein anderer dem König mehr zusage. HHStA W RA i.g. 5, fol. 100r.

84 Anh., Ziff., 6, Absprache zumindest unter Information Innsbrucks.

85 Vgl. Anh., Ziff. 17–19.

86 Anh., Ziff. 20 u. 24.

87 Anh., Ziff. 22.

88 Anh., Ziff. 21. Es waren beteiligt Vertreter der Städte Überlingen, Ravensburg, Wangen und Pfullendorf. Leutkirch bat schriftlich um Übermittlung des Abschieds.

89 Allerdings ohne Kaufbeuren; beraten auf dem Bundestag zu Ingolstadt 1535 Sept. 21 u. den königlichen Kommissaren zu weiteren Verhandlungen übergeben. SPIESS [wie Anm. 5], S. 16f. und S. 161f. Beil. XV.

Mit der Gründung des Kaiserlichen Neunjährigen Bundes auf der einen Seite, trotz der Teilnahme Nürnbergs letztlich ein altgläubiges Fürstenbündnis mit dem regionalen Schwerpunkt im fränkisch-bayerischen Raum, und mit der Gründung des Überlinger Bundes, einer Adelseinung mit dem regionalen Schwerpunkt im südlichen Schwaben, auf der anderen Seite – und zwar beide in der ersten Hälfte des Jahres 1535 – waren denn nun auch die Fronten zunächst erstarrt. Gewiß war jene Ulmer Absage in nicht geringem Maße auf die unflexible Haltung Ferdinands den schwäbischen Prälaten und Adligen gegenüber zurückzuführen, erst nach vollzogenem Beitritt über deren Beschwerden verhandeln zu wollen. Selbst der antihabsburgischer Regungen wahrhaft unverdächtige Gerwig Blarer von Weingarten hatte keine Möglichkeit mehr gesehen, die ferdinandeische Politik zu unterstützen, und hatte sich die Entschlußlinie seiner Standesgenossen zu eigen gemacht[90].

Im Unterschied zum König nahm die Innsbrucker Regierung, den schwäbischen Verhältnissen näher und damit vertrauter und auch personell dem schwäbischen Adel verbunden, eine dessen Problemen gegenüber aufgeschlossenere, kompromißbereite Position ein und mahnte eine Intensivierung der Bemühungen an. Noch nachdem die Entscheidung schon gefallen war, warb das Regiment bei Ferdinand um Verständnis für schwäbische Prälaten, Grafen, Herren und Adel, die wegen zu hoher Belastungen nicht in den Neunjährigen Bund kommen wollten. Zum einen sei zu bedenken, daß sie dem wahren Glauben anhingen und ihren Zusagen mehr zu trauen sei als denen etlicher Städte; zum andern, appellierten die Innsbrucker an Werte traditioneller Bindung, seien die Vorfahren des schwäbischen Adels einstmals als erste den Bund mit Kaiser Friedrich eingegangen. Daher auch sei auf den Adel nicht minder zu achten als auf die – vom König offenbar ausdauernder umworbenen – Städte. Er solle es sich freilich angelegen sein lassen, auch sie auf jeden Fall – nötigenfalls unter gehörigem Druck, so ein halbes Jahr später[91] – in die Einung zu ziehen oder sie auf andere Weise bei seiner Partei zu erhalten, bevor sie sich anderswo Schutz und Schirm suchten[92]. Sie könnten dies bei zwinglischen Städten tun, wird einmal an anderer Stelle die Befürchtung laut[93]. Und es war auch das Regiment, das unter Beru-

90 GÜNTER, Einleitung zu BLARER I, S. XXXIIf.

91 Sofern sie nicht »gutwillig« beiträten, sollte mit kaiserlichen Mandaten gedroht werden, sie »darein zudringen«; und zwar »wie vormals beschehen ist«, heißt es wohl in Anspielung auf die kaiserlichen Pressionen bei Verlängerungen des Schwäbischen Bundes in der Vergangenheit. Regiment an Ferdinand, 1535 Nov. 29; TLA I RKB 13, fol. 533r.

92 Regiment Innsbruck an Ferdinand, 1535 Apr. 23; TLA I RKB 13, fol. 455r. – Unter dem 1. Juli 1535 äußerte das Regiment, es halte die von Wien angeordneten Schreiben an die schwäbischen Prälaten und Adligen für wenig effektiv, habe sie daher nicht abgeschickt, füge sie aber bei und stelle dem König die Absendung anheim. Denn seiner Meinung nach seien sie wirkungslos, wenn nicht »lebendige ansehliche werbung mitlaufft« – also wohl der König seine Autorität einsetze und auch Kommissare schicke. TLA I RKB 13, fol. 475r–v.

93 Vgl. z. B. die Äußerung von Ferdinand und seinen Räten, etliche Prälaten hätten sich bei fremden zwinglischen Orten wie Ulm unter Schutz gestellt. Wie folgende Anm., fol. 95v. – In seiner Antwort vom

fung auf einen kaiserlichen Befehl den König darauf hinwies, daß nicht nur ehemalige Mitglieder des Schwäbischen Bundes, sondern auch die anderen schwäbischen Prälaten, Grafen, Herren, Adligen und Städte nach Möglichkeit beigezogen werden sollten[94]. Es scheint, als ob am Wiener Hof etwas falsche Vorstellungen über den Organisationsgrad der schwäbischen Stände im Bund geherrscht hätten.

Kurz, die Überlegungen des Regiments gaben in Wien doch offenbar zu denken, und man bemühte sich in den kommenden Monaten und – mit anscheinend abnehmender Intensität – auch noch 1536 wieder verstärkt um die geistlichen und adligen schwäbischen Mindermächtigen – freilich ohne eine grundsätzliche Umkehrung der Prioritäten hinsichtlich Beitritt zum neuen Bund und Behandlung der Beschwerden[95]. Bei jenen Anstrengungen lassen sich im wesentlichen vier Ansatzpunkte erkennen: Erstens boten die Tage der Mitglieder des ehemaligen Schwäbischen Bundes, auf denen die sich schier endlos weiterschleppende Rosenberg-Fehde und ungelöste Finanzfragen behandelt wurden, dem Mitgenossen Österreich die willkommene Gelegenheit, zumindest informell im Sinne seiner Politik auf die versammelten Stände einzuwirken und für den Kaiserlichen Bund zu werben[96]. Diese Konferenzen der Ehemaligen sind politisch keineswegs gering zu schätzen, zumindest als Kommunikationsforen, führten sie doch Teilnehmer zusammen, die inzwischen ganz unterschiedlichen politischen Verbünden – und dies ständisch, konfessionell und regional – angehörten oder sogar auf Distanz zwischen allen standen.

Zweitens schickten Wien und Innsbruck Kommissare mit Beglaubigungsschreiben und genauen Instruktionen auf die Treffen der Prälaten, des Adels und der Städte und auf die Tage der Adelseinungen, wo sie zum Besuch der Tagungen des neuen Kaiserlichen Bundes und zu Aufnahmeanträgen auffordern sollten[97]. Dem sollte stets der Hinweis auf die Segnungen des vergangenen Schwäbischen Bundes, für die nun auch der neue Bund einstehe,

---

1. Juli 1535 schreibt das Regiment, es wolle sich erkundigen, um welche Prälaten es sich handele. TLA I RKB 13, fol. 475r – v. – Im übrigen wurde mit diesen Verdächtigungen die ausführliche Überlinger Stellungnahme der Prälaten und des Adels vom 13. Sept. 1535 provoziert (Anh., Ziff. 24), in welcher diese die Anschuldigungen zurückwiesen und nochmals ihre Weigerung bekräftigten, in den Neunjährigen Bund zu kommen.

94 Regiment an Ferdinand, 1535 Nov. 29; TLA I RKB 13, fol. 533r.

95 Diese Richtlinie tritt erneut deutlich hervor aus der umfassenden Anweisung Ferdinands ans Innsbrucker Regiment betr. die Verhandlungen mit Prälaten, Adel und Städten, 1535 Juni 24; TLA I RKB 16, fol. 93v–96v.

96 Vgl. dazu PRESS, Kaiser Karl [wie Anm. 6], S. 29f. unter Betonung des Zusammenhaltens der habsburgischen Klientel. – Bezugnahme auf den Bericht des könglichen Rates Dr. Frankfurter vom Bundestag zu Lauingen im Schreiben des Innsbrucker Regiments an Ferdinand, 1535 Apr. 23; TLA I RKB 13, fol. 455r. – Zu den Bundestagen in Donauwörth und Lauingen vgl. das Schreiben des Regiments an Ferdinand, 1535 Aug. 3; ebd., fol. 493v.

97 Regiment Innsbruck an Ferdinand über die geplante Entsendung königlicher Kommissare auf den Tag der Prälaten, Grafen, Ritterschaft und des Adels zu Mindelheim, 1535 Mai 8; TLA I RKB 13, fol. 458v–459r. Ähnlich 1535 Juli 1; ebd., fol. 475r. – Vgl. besonders die umfangreiche Verhandlungsan-

nämlich Erhaltung von Landfrieden, Ruhe und Sicherheit, Nachdruck verleihen[98]. Damit ging man zwar auf die Grundbedürfnisse der schwäbischen Mindermächtigen ein. Aber auf deren Seite überwogen doch die Zweifel, ob diese Ziele tatsächlich im Zentrum der Kaiserlichen Einung stünden, und so schätzte man die Nachteile einer Mitgliedschaft höher ein als deren Vorteile. Wenn schon kein Anschluß der Schwaben an den Kaiserlichen Bund zu erreichen sei, dann sollten die Kommissare, so zieht sich der Grundsatz durch die hier zitierte Korrespondenz zwischen Wien und Innsbruck, wenigstens zu verhindern suchen, daß sie sich in eine andere Einung einließen oder eine eigene begründeten. Die habsburgische Politik zielte Mitte der dreißiger Jahre im Unterschied zu deren Beginn geradezu auf eine Verhinderung schwäbischer Einungen – gewiß in der Hoffnung, um so leichter einen Anschluß an die eigene erreichen zu können.

Drittens bediente sich die habsburgische Seite bei ihren Avancen an Prälaten, mittleren und niederen Adel eines personalen Ansatzes, der bei den Angesprochenen Vertrauen erzeugen und sie aufnahmebereit für das vorgetragene Anliegen machen sollte: Dem zu den Ständen entsandten königlichen Rat sollte nach Möglichkeit ein geeigneter Mann aus dem Adel mit Ansehen und Einfluß bei seinen Standesgenossen zur Seite gestellt werden[99]. Es ist kein Zufall, daß uns hier Leute begegnen, die sowohl in der schwäbischen Einungsbewegung die Fäden zogen als auch hin und wieder in österreichischem Auftrag Sondermissionen erfüllten. Leute wie Wilhelm Truchseß von Waldburg und Schweikhart von Gundelfingen, die Grafen Hugo von Montfort und Friedrich von Fürstenberg sowie Gerwig Blarer, der Abt von Weingarten, zum Teil sogar mit dem Titel eines königlichen Rates ausgestattet, nahmen ohnehin gewöhnlich an den Adelstagen teil und dienten auch ohne besonderen Auftrag als Kontaktpersonen der Innsbrucker Regierung[100].

---

weisung Ferdinands an das Innsbrucker Regiment, 1535 Juni 24; TLA I RKB 16, fol. 93v–96v, hier 94v. – Zur hinhaltenden Antwort des am 12. Sept. in Überlingen versammelten Überlinger Bundes an die dort werbenden königlichen Kommissare vgl. das Schreiben des Regiments an Ferdinand, 1535 Sept. 20; ebd. 13, fol. 507v und des letzteren an ersteres, Sept. 21; ebd. 16, fol. 176r–v sowie Sept. 28; ebd., fol. 191v. – Zu den Verhandlungen des königlichen Rates Dr. Faut (Veyth) mit der »Ritterschaft zwischen Donau, Iller und Lech« und den Äbten von Roggenburg, Wettenhausen und Ursberg vgl. das Schreiben des Innsbrucker Regiments an Ferdinand, 1535 Nov. 29; TLA I RKB 13, fol. 533r.

98 Dieses Motiv wird mehrfach variiert in Ferdinands Direktive vom 24. Juni; ebd.

99 »Yemannd geschickhten vom Adl« laut Regiment Innsbruck an Ferdinand, 1535 Mai 8; TLA I RKB 13, fol. 458v. – Die Anweisung Ferdinands ans Regiment vom 24. Juni 1535 spricht von einer »tauglichen Person« vom Adel; TLA I RKB 16, fol. 93v.

100 Das Innsbrucker Regiment hat von Wilhelm Truchseß und Gundelfingen einen Bericht über die Mindelheimer Adelstagung angefordert. Regiment an Ferdinand, 1535 Mai 8; TLA I RKB 13, fol. 459r. – Truchseß und Gundelfingen waren von Wien auch dazu ausersehen, den Anschluß von Prälaten und Adligen an anderweitige Bünde zu verhindern und an den eigenen zu fördern. Ferdinand an das Regiment, 1535 Juni 24; ebd. 16, fol. 93v–96v, hier 96r–v. – Hugo von Montfort sollte nach diesen Vorstellungen veranlaßt werden, in seiner Stellung als Hauptmann des Überlinger Bundes und aufgrund seines guten Ansehens »ad partem« mit Prälaten und führenden Adligen im Sinne der habsburgischen Politik zu verhandeln. Ebd., fol. 95r–v. – Vier Wochen später wollten Ferdinand und seine Räte alle

Viertens gehörten sie, insbesondere sofern es sich um Grafen und Herren handelte, einer Gruppe von Adligen an, die man gern zu einer politischen Kerngruppe der habsburgischen Anhängerschaft im deutschen Südwesten formiert hätte, nicht zuletzt um den Widerstand von Prälaten und Adel gegen einen Beitritt zum Kaiserlichen Bund aufzuweichen. Es lag auf dieser Linie, daß Wien Wilhelm Truchseß und Gundelfingen den Auftrag erteilte, an die Grafen und Herren Montfort, Fürstenberg, Zollern, Lupfen, Sulz, Zimmern und Königsegg als vermeintlich ehemalige Genossen des Schwäbischen Bundes heranzutreten und sie zu versammeln. Freilich mußte man sich von Gundelfingen belehren lassen, jene hätten bis auf Montfort und Königsegg der Elfjährigen Einung, der letzten Auflage des Bundes also, nicht angehört[101] – ein neuerliches Beispiel für die mangelnde Vertrautheit des Wiener Hofes mit den schwäbischen Verhältnissen.

5. Schluß

Wenn, dann zeichnen sich tatsächlich hier im Jahre 1535/36, um die These von PRESS aufzugreifen[102], die Konturen einer besonderen habsburgischen Adelspolitik ab, die einherging mit einer Entwicklung, in deren Verlauf sich die Wege der sich in Reichs- und Kreistag etablierenden Grafen und Herren einerseits und des zu großen Teilen in der Reichsritterschaft eine neue Heimat findenden Niederadels andererseits trennten. Diese Entwicklung konnte sich aber erst Bahn brechen, als die beide Gruppen umfassende Klammer des Schwäbischen Bundes entfiel und es der ferdinandeischen Diplomatie nicht gelang, beide, wenigstens der Idee nach, geschlossen in den neuen Kaiserlichen Bund zu überführen. Wien zog offenbar den Schluß daraus, den Adel nicht mehr in seiner Gesamtheit anzusprechen, sondern einzelne Teile daraus. Die sich in der Verfassungsentwicklung schon abzeichnende Polarisierung wurde damit auch politisch bestätigt. Als auch die kleineren geistlichen Herren, die Prälaten, verfassungsgeschichtlich den Grafen und Herren folgten, hatte der Überlinger Bund von 1535, der in der Tradition des St. Jörgenschildes nochmals alle drei Gruppen vereinigt hatte, vollends keine dauerhafte Überlebenschance mehr. Die politische und Verfassungswirklichkeit ließ eine Fortsetzung nicht mehr zu. Auch die habsburgische Politik mußte über kurz oder lang erkennen, daß eine schlichte Neuauflage des Schwäbischen Bundes unzeitgemäß und nicht zu erreichen war.

---

fünf genannten als Kommissare eingesetzt sehen, welche die schwäbischen Prälaten und Adligen zum Eintritt in den Kaiserlichen Bund bewegen sollten. Ferdinand an das Regiment in Innsbruck, 1535 Juli 25; ebd., fol. 132r–133r.

101 Gundelfingen an Ferdinand, 1536 Mai 21; HHStA W RA i.g. 8, fol. 76r–v. Vgl. auch Ferdinand an Wilhelm Truchseß, 1536 Mai 16; ebd., fol. 71r.

102 Breiter ausgeführt in PRESS, Kaiser Karl [wie Anm. 6].

Wenn man gewohnt war, die schwäbische Einungsbewegung der 1530er Jahre unter den habsburgischen Bemühungen zu verbuchen, die Region allgemein- und konfessionspolitisch zu stabilisieren und an sich zu binden, dann geschah diese Einschätzung aus der Vogelperspektive des Kaiserhauses. Setzt man dem kontrapunktisch die Froschperspektive der betroffenen schwäbischen Mindermächtigen entgegen, offenbaren sich unter dem harmonisierenden Bild der gemeinsamen, einheitlichen Interessen an einem bündischen Ordnungssystem doch erhebliche Unterschiede zwischen Habsburg und den Schwaben hinsichtlich der daran geknüpften Bedürfnisse und Zielvorstellungen: Habsburg ging es letztlich um die Wahrnehmung seiner reichs-, dynastie- und glaubenspolitischen Positionen; ein Bund wie der ehemalige Schwäbische oder eine entsprechende Nachfolgeorganisation konnte dafür nur nützlich sein.

Hingegen wurde ein solcher, gerade in der Gestalt, wie er sich in den letzten Jahren dargeboten hatte, den Interessen und Vorstellungen der kleineren schwäbischen Stände nicht gerecht: Denn sie suchten primär den Landfrieden und die Sicherung ihrer Herrschaftsrechte. Pointiert ausgedrückt, sollte ihre Einung allererst Wirkung im Inneren entfalten. Umgekehrt vor allem nach außen sollte ein Bund im Sinne Habsburgs wirken. Insofern sich übrigens derart grundlegende Unterschiede bestimmen lassen, sollte dem aber auch die wissenschaftliche Begriffssprache Rechnung tragen und bei Fällen wie dem ersteren von Bünden, in Fällen wie dem letzteren von Bündnissen sprechen.

Den genannten Unterschieden in den Bedürfnissen und Zielvorstellungen entsprachen abweichende Auffassungen von Herrschaft und Politik, welche eine Fortsetzung des Schwäbischen Bundes ausschlossen und in der Folge tendenziell zu getrennten Entwicklungen führten: Auf der einen Seite stand ein Territorialfürstentum, das die Einung als Instrument der politischen Interessenwahrung zum Bündnis fortentwickelte, auf der anderen Seite befanden sich die mindermächtigen Stände, welche die Einung als Instrument der politischen Selbstorganisation und Herrschaftssicherung in dauerhafte institutionelle Strukturen überführten – in Form der Bänke, Viertel und Ständekollegien der Reichskreise oder der Reichsritterkantone etwa. Dieser Differenzierungs- und Wandlungsprozeß beschleunigte sich vor dem Hintergrund der Auflösung des Schwäbischen Bundes sichtlich. Wenn dieser in der politischen Öffentlichkeit trotzdem noch jahrzehntelang als ideale Zielvorstellung propagiert wurde, verbarg sich dahinter die Projektion politischer Wert- und Wunschvorstellungen auf einen aus der zeitlichen Distanz überhöhten Traditionstatbestand als Mittel des aktuellen politischen Diskurses. Der Schwäbische Bund – ein Mythos, in seiner Art ohne Alternative.

Anhang

Regionale Tagungen und Einungen in Schwaben, 1529–1535[103]

Nr.	Datum	Ort	Teilnehmer	Nachweis
1	1529 08 13	Überlingen	altgläub.Stände OSCHWs	Tagung
2	1530 07 13	Ravensburg	Ausschüsse der G, H, A; Verordnete der P u. S	Einungsbrief
3	1531 03 < 13	Ravensburg	P, G, H, A, S	Korrespondenz/ Abschied
4	1531 04 25	Altdorf	P OSCHWs	Einladung/ Abschied
5	1531 05 03	Überlingen	ÜB, RW, RV, KF, LK, WA, BU, PFU	Einladung
6	1531 07 24	Waldsee	P	Korrespondenz
7	1531 07 30	Waldsee	P, G, H, A, S	Korrespondenz
8	1531 09 04	Riedlingen	G, H, R der Viertel Donau, Iller u. Lech bis Schwarzwald	Einungsbrief
9	1531 09 29	Überlingen	G, H, R	Einungsbrief
10	1531 11 26	Waldsee	P (G, R, E)	Korrespondenz
11	1532 02 27	Ehingen	G, H, R der Viertel Donau, Neckar-Schwarzwald u. Kocher	Einungsbrief
12	1532 07 01	Waldsee	P	Abschied
13	1533 01 12	Überlingen	G, R, A	Korrespondenz
14	1533 01 29	Waldsee	P	Einladung
15	1533 02 01	Villingen	P, G, A, S	Korrespondenz/ Abschied
16	(1533 11) 1534 03 20	Meßkirch	G, H	Korrespondenz Einungsbrief

103 Abkürzungen: A Adel, BU Buchhorn, E Edle, F Freie/Freiherrn, G Grafen, H Herren, KF Kaufbeuren, LK Leutkirch, OSCHW Oberschwaben, P Prälaten, PFU Pfullendorf, R Ritter, RV Ravensburg, RW Rottweil, S Städte, ÜB Überlingen, WA Wangen. – Zusammenstellung der Liste ohne Anspruch auf Vollständigkeit, aber auch ohne Rücksicht auf die höchst unterschiedliche quellenkritische Qualität der Belegstellen. Nicht zuletzt scheinen die Städte unterrepräsentiert zu sein, die ja auf eine lange Tradition nachbarlichen Austausches zurückblicken können. Zudem ist es wahrscheinlich, daß bei einer intensiven Suche in den Archiven angesichts der Vielzahl der beteiligten Herrschaftsträger weitere Belege zutage gefördert werden könnten. Allerdings würde sich dadurch wohl im großen und ganzen an der Tendenz der hier vertretenen Aussage nur wenig ändern; also stünde der voraussichtlich große Aufwand in keinem vertretbaren Verhältnis zum Ertrag.

17	1534 05	Pfullendorf	P, G, F, S	Fremdprotokoll (Tagung)
18	1534 06 08	Ravensburg	P, G, F, S	Fremdprotokoll (Tagung)
19	1534 08 > 12	Überlingen	G, H	Korrespondenz (Tagung)
20	1535 03 15 04 11	Ulm	P, G, H, A	Abschied
21	1535 05 < 09	Pfullendorf	altgläub. P, G, H, S	Vorbesprechung
22	1535 05 11	Überlingen	P, G, H, R	Einungsbrief
23	1535 09 09	Überlingen	ÜB, RV, PFU, BU, WA, LK, KF	Einladung
24	1535 09 13	Überlingen	Bischof v. Konstanz, P, G, H, R, A	Einladung/ Abschied

Quellennachweise

1. ENDERLE [wie Anm. 62], S. 197f. 1530, 16.–29. Juli Tagung der habsburgischen Regierungen von Innsbruck, Ensisheim und Stuttgart (RTA j. R. 8, 2, S. 762f.); bitten Abt Gerwig Blarer von Weingarten um Ausschreibung eines Tages auf 14. Aug. nach Überlingen, um weiterem Ausgreifen der Reformation vorzubeugen. Beteiligte Reichsstädte der Region: ÜB, RV, WA, PFU, BU. Aber kein Abschluß eines Bündnisses.
2. HStA S B 123 II, Bü 36.
3. BLARER I, S. 160, Nr. 256 u. S. 169, Nr. 272: »von des gemainen nuotz wegen«. Reflex auf Ziff. 2; kein eigener Bund.
4. Die Äbte von Weingarten, Weißenau und Schussenried laden zu einem Prälatentag (hier den Abt von Marchtal) zur Beratung über die Türkenhilfe. StaaA SIG Dep. 30 Nr. 7. BLARER I, S. 163f., Nr. 262.
5. StA ÜB Missiv-Protocoll 1530–1539, fol. 65v – 66r: Überlingen lädt zu einem Städtetag zur Beratung über den Städtetag zu Eßlingen betr. Türkenhilfe.
6. BLARER I, S. 170, Nr. 273: Beratung über Eintritt in den Bund unter Einbeziehung der Städte.
7. BLARER I, S. 169, Nr. 272, Anm. 1 u. 2.
8. HStA S B 579 Bü 1592, fol. 256v–272r; PRESS, Kaiser Karl [wie Anm. 6], S. 28.
9. BLARER I, S. 175–177, Anm. 2, Nr. 282. Eine weitere Edition einer Kopie, allerdings unter dem vermuteten Jahr 1533, in: Quellen zur Geschichte des F. Hauses Fürstenberg und seines ehedem reichsunmittelbaren Gebietes. 1510–1559, bearb. v. F. L. BAUMANN (Mitt. aus dem fürstenbergischen Archive 1), Tübingen 1894, S. 215–218, Nr. 301. Schluß und Namen der Unterzeichneten (Wiedergabe der Namen im Abdruck bei BAUMANN mit z.T. zweifelhafter Transskription wie auch im Archivrepertorium

des HStA S) wurden hierbei allerdings ergänzt aus dem Exemplar des HStA S B 123 I, Bü 123, das mit den eigenhändigen Unterschriften der Beteiligten als das Original gelten darf. Allerdings ist es im Archivrepertorium fälschlich unter dem Jahr 1535 nachgewiesen. Der Vergleich mit den anderen hier genannten Editionen und Kopien verweist es aber eindeutig in das Jahr 1531. Diese frühere Datierung erhält noch eine weitere Stütze durch den Hinweis BAUMANNs, ebd., S. 218, Anm. 1 auf den Tod des an erster Stelle unterzeichneten Grafen Christoph von Werdenberg. Das HStA S birgt unter Sign. B 123 II, Bü 37 eine weitere, wegen Wasserschäden und verblaßter Schrift äußerst schwer lesbare Kopie des Textes ohne Unterschriften. Eine weitere Kopie enthalten die Reichsakten in genere 5, fol. 83r – 85v im HHStA W. Ein Zusatz von anderer Hand im Rubrum nennt als Datum den 24. Sept., der so auch in die Literatur einging (z. B. PRESS, Kaiser Karl [wie Anm. 6]). Aber in dieser wie in den anderen Fassungen wird als Tag des Abschlusses Michaelis genannt, also der 29. September. – Alle Fassungen weichen z.T. orthographisch voneinander ab. Besonders aber in der Wiener Kopie fehlen einige Sätze bzw. Passagen in den Artikeln 4, 6 und 8. Und die Geltungsdauer der Einung variiert in den Fassungen von einem bis zu drei Jahren. – Wilhelm Truchseß v. Waldburg spricht in seinem Antwortbrief an Hugo v. Montfort auf dessen Aufforderung zum Beitritt ausdrücklich von Grafen, Herren, Ritterschaft und Adel des Viertels Hegau und Bodensee, 1532 März 1; HStA S B 123 II, Bü 38; demnach wäre in der Liste bei den Teilnehmern A für Adel zu ergänzen.

10 BLARER I, S. 175f., Nr. 82: Bischof Hugo v. Konstanz an Abt Gerwig v. Weingarten: lädt zur Besprechung mit anderen Prälaten nach Waldsee. – Bischof v. Konstanz an Hugo v. Montfort: hat auf Bitten des letzteren Prälaten zum Tag nach Waldsee geladen; erbittet Bericht über weltliche Teilnehmer und Verlauf. HStA S B 123 II, Bü 37, 1531 Nov. 23.

11 HStA S B 579, Bü 1592, fol. 247v–254r. Ebd., B 123 II, Bü 38: Graf Georg v. Lupfen an Hugo v. Montfort, 1532 Feb. 19: Man will über gewünschte Teilnahme eines Vertreters des Viertels Hegau beraten. Ebd. Abschied 1532 Feb. 26. Vgl. auch PRESS, Kaiser Karl [wie Anm. 6], S. 29. – Etwa zur gleichen Zeit müßte eine Adelsversammlung zu Weißenhorn bei Ulm stattgefunden haben. Vgl. die Korrespondenz Hugos v. Montfort mit Adam v. Homburg, Friedrich v. Freyberg und Schweikhart v. Gundelfingen, Dez. u. März 1531/32. HStA S B 123 II, Bü 37 u. 38. Wieweit etwa Überschneidungen mit dem Ehinger Tag (Ziff. 11) oder gar eine Identität vorliegt, ist im Augenblick nicht zu klären.

12 Abschied 1532 Juli 1; HStA S B 362, Bü 10, fol. 1r–2v; vgl. auch BLARER I, S. 185, Nr. 298: v.a. Beratung über Türkenhilfe.

13 BLARER I, S. 191, Nr. 306f. Die Überlinger Tagung richtete die Aufforderung an die Prälaten, sich anzuschließen; A. WILLBURGER, Die Konstanzer Bischöfe Hugo v. Landenberg, Balthasar Merklin, Johannes v. Lupfen (1496–1537) und die Glaubens-

spaltung, Münster 1917, zgl. Diss. phil. Tübingen 1917, S. 236; PRESS, Kaiser Karl [wie Anm. 6], S. 29, Anm. 47.

14 WILLBURGER [wie Anh., Ziff. 13], S. 236.

15 RIEZLER, Graf Friedrich [wie Anm. 14], S. 284ff.; Abschied ebd., S. 294f.

16 Abdruck des Einungsbriefes bei RIEZLER, Graf Friedrich, ebd., S. 297–302. Ein, textlich davon z.T. abweichender, Entwurf liegt in Kopie vor im TLA I RKB 15, fol. 199r–200v, 1533 Nov. 2. – Vgl. auch BLARER I, S. 218, Nr. 355; PRESS, Kaiser Karl [wie Anm. 6], S. 35, Anm. 54.

17 WILLBURGER [wie Anh., Ziff. 13], S. 237 laut Verhandlungsprotokoll des Konstanzer Domkapitels Hinweis auf vergangenen Tag.

18 Ebd. analog Hinweis auf angekündigten Tag.

19 BLARER I, S. 240, Nr. 389.

20 BLARER I, S. 253–256, Nr. 411–413. HStA S B 515 Bd. 74.

21 Vorbesprechung für den Abschluß einer schwäbischen Vereinigung. BLARER I, S. 254–259, Nr. 418. Weitere Nachweise bei A. UHRLE, Regesten zur Geschichte der Edelherren v. Gundelfingen, v. Justingen, v. Steußlingen und v. Wildenstein, Diss. phil. (masch.) Tübingen 1960, S. 479, Regest Nr. 2202.

22 Abdruck der Bundesordnung 1535 Mai 11 bei BLARER I, S. 260–265, Nr. 419.

23 Einladungsschreiben Überlingens zum Städtetag, 1535 Aug. 30. StA ÜB Missiv-Protocoll 1530–1539, fol. 276v–277r.

24 BLARER I, S. 270, Anm. 1, Nr. 426 u. S. 270ff., Nr. 427: lehnen Beitritt zum Kaiserlichen Neunjährigen Bund ab.

Bettina Braun

Die Eidgenossenschaft und das Politische System Karls V.

Auf der Tagsatzung in Baden, die am 26. Juni 1536 begann[1], nahmen die Boten der eidgenössischen Orte nicht nur wie jedes Jahr um diese Zeit die Rechnungslegung für die Gemeinen Herrschaften im Aargau ab, sondern mußten sich – neben zahlreichen anderen Geschäften – auch mit den Anbringen des kaiserlichen und des französischen Gesandten auseinandersetzen.

Sowohl Karl V. als auch Franz I. hatten nämlich ihren Gesandten in der Eidgenossenschaft auf die Tagsatzung verordnet, um sich in dem gerade wieder in aller Heftigkeit entbrannten Kampf um Oberitalien der Schweizer zu versichern.

Zuerst erhielt der kaiserliche Gesandte das Wort[2]. Er eröffnete seinen Vortrag mit der Aufforderung an die Eidgenossen, den mit Österreich-Burgund 1511 geschlossenen Vertrag, die sogenannte Erbeinung, zu halten. Dann bat er sie, an ihren Reislaufverboten für die Zeit des gegenwärtigen Konflikts festzuhalten. Der Gesandte konkretisierte seine Bitte schließlich dahingehend, die Eidgenossen sollten vor allem dem französischen König keine Söldner zuziehen lassen und die bereits Ausgezogenen heimmahnen[3].

Anschließend war der französische Gesandte mit seinem Vortrag an der Reihe[4]. Er forderte die eidgenössischen Orte auf, gemäß der mit Frankreich 1521 geschlossenen Vereini-

1 Amtliche Sammlung der ältern Eidgenössischen Abschiede, hrg. von J. KAISER, bearb. von A. P. SEGESSER/J. STRICKLER/K. DESCHWANDEN u. a. [für das 16. Jahrhundert: Bd. 3/2–5/1], Luzern/Zürich/Bern/Brugg 1858–1886, künftig zitiert: EA; hier EA 4/1c, Nr. 437. Das in den EA angeführte Datum bezeichnet jeweils den Beginn der Tagsatzung. Gerade die Jahrrechnung in Baden wies aber stets eine so umfangreiche Tagesordnung auf, daß diese nicht an einem Tag zu bewältigen war. Aber auch die Mehrzahl der anderen Tagsatzungen dürfte länger als einen Tag gedauert haben, wie aus den Datumsangaben der im Zusammenhang der Tagsatzungen erwachsenen sonstigen Akten zu ersehen ist.

2 Es dürfte sich dabei um Nicolas de Gilley, Herrn von Marnoz, gehandelt haben. Karl V. war zu diesem Zeitpunkt mit zwei Gesandten in der Eidgenossenschaft vertreten, mit Marnoz und mit Leonard de Gruyeres, dem Offizial von Besançon. Dabei nahm die mit Reisen verbundenen Termine zumeist Marnoz wahr, während Gruyeres am Sitz der Gesandtschaft in Luzern blieb.

3 EA 4/1c, Nr. 437, S. 709. Der Vortrag des kaiserlichen Gesandten ist zwar nicht überliefert, läßt sich aber in seinen Grundzügen aus der ausführlichen Wiedergabe der eidgenössischen Antwort ohne Schwierigkeiten rekonstruieren.

4 Ständiger Gesandter Frankreichs in der Eidgenossenschaft war seit 1522 Louis d'Augerant, Herr von Boisrigaut, der in seiner Arbeit regelmäßig von außerordentlichen Gesandten unterstützt wurde. Im Okto-

gung dem französischen König die gewünschte Anzahl Söldner zulaufen zu lassen. Dieser Verpflichtung seien bisher nämlich lediglich Glarus, Schaffhausen und Appenzell nachgekommen. Den Hauptteil seines Vortrags bildete freilich eine ausführliche Auseinandersetzung mit den kaiserlichen und savoyischen Argumenten, die – so der Tenor des Vortrags des französischen Gesandten – mit unlauteren Mitteln darauf abzielten, Frankreich ins Unrecht zu setzen und die eidgenössische Erfüllung der Bündnispflichten gegenüber Frankreich als mit der Erbeinung unvereinbar darzustellen[5].

Eine solche Situation mit dem direkten Aufeinandertreffen eines kaiserlichen und eines französischen Gesandten auf der Tagsatzung war durchaus nicht ungewöhnlich, ebensowenig der enge Bezug der Vorträge der beiden Gesandten aufeinander. Das diplomatische Ringen um die eidgenössischen Söldner war nämlich bereits seit Jahrzehnten ein Nebenschauplatz des Ringens zwischen den beiden großen Dynastien Habsburg und Valois um die Vorherrschaft in Europa, ein Ringen, das sich nicht zuletzt in Oberitalien entscheiden mußte.

Hintergrund der Vorträge von Ende Juni 1536 war der nach dem Tode Herzog Francesco Sforzas im November 1535 erneut ausgebrochene Kampf um Mailand. Die Eidgenossen waren in diesen Kampf von vornherein indirekt involviert, da Bern die Situation, in der die Aufmerksamkeit der Großmächte aufeinander und auf Mailand gerichtet war, ausgenützt und im Januar 1536 die savoyische Waadt erobert hatte. Frankreich wiederum hatte die sich mit dem Tod des mailändischen Herzogs eröffnende Chance ohne Zögern ergriffen. Der sich im Frühjahr 1536 zunächst gegen Savoyen richtende Angriff konnte niemanden darüber hinwegtäuschen, daß das wirkliche Ziel der französischen Unternehmungen Mailand war. Indirekt war bereits dieser Kriegszug auch gegen Karl V. gerichtet, da der Herzog von Savoyen ein enger Verbündeter und zudem Verwandter des Kaisers war. Als die Gesandten den Eidgenossen ihre Anliegen vorbrachten, hatte das französische Heer längst ganz Savoyen erobert, und der Kaiser rüstete zum Gegenschlag.

Das direkte Aufeinandertreffen der gegnerischen Heere stand also erst noch bevor, und dafür suchten sich die Kontrahenten mit allen ihnen zur Verfügung stehenden Mitteln zu stärken. Seit einigen Jahrzehnten gehörte zu solchen Vorbereitungen auch die Anwerbung von Söldnertruppen, wobei die Schweizer die neben den Landsknechten begehrtesten Söldner stellten. In den Burgunderkriegen und in den italienischen Feldzügen zu Beginn des 16. Jahrhunderts hatten sich die schweizerischen Truppen einen ausgezeichneten Ruf erkämpft. Als die Eidgenossen nach der Niederlage von Marignano 1515 eigene Expansionsabsichten aufgegeben hatten, bildete die Schweiz vollends das bedeutendste Söldnerre-

---

ber 1535 hatte er erstmals Urlaub genommen, kehrte aber im Februar 1536 angesichts der sich anbahnenden Ereignisse in die Eidgenossenschaft zurück. Zu den französischen Gesandten in der Eidgenossenschaft siehe E. ROTT, Histoire de la représentation diplomatique de la France auprès des cantons suisses, de leurs alliés et de leurs confédérés, Bd. 1: 1430–1559, Bern 1900; zu Boisrigaut bes. S. 305–330.

5 EA 4/1c, Nr. 437, S. 718f.

servoir Europas, nachdem Schweizer bereits in den Kriegen zwischen Habsburg und Valois um Oberitalien in den Jahren zuvor mal auf der einen, mal auf der anderen Seite teilgenommen hatten. Aus dieser Zeit rührte allerdings auch das am tiefsten sitzende Trauma eidgenössischen Söldnerwesens: Immer wieder kam es nämlich vor, daß Schweizer in beiden Heeren kämpften. Solange es sich dabei nur um kleine Kontingente handelte, führte dies kaum zu Schwierigkeiten. In der Schlacht von Novara 1500 standen sich jedoch in beiden Heeren Tausende von Schweizer Söldnern gegenüber. Ihre Weigerung, gegeneinander zu kämpfen, und der Verrat eines Schweizers am mailändischen Herzog Ludovico (Il Moro) entschieden die Schlacht zugunsten Frankreichs. Den eidgenössischen Obrigkeiten war die Kontrolle über die Söldnertruppen sichtbar aus der Hand geglitten, Vorkommnisse wie der »Verrat von Novara« trugen zudem nicht gerade zur Mehrung eidgenössischen Ruhms bei. In Reaktion auf diese schmerzliche Erfahrung wurde 1503 der Pensionenbrief beschlossen, der zumindest die Auswüchse des Söldnerwesens eindämmen sollte[6]. Zu stark war freilich das Interesse der eidgenössischen Oberschichten wie auch der in den Kriegsdienst auslaufenden Männer an den mit dem Solddienst verbundenen Einnahmen, zu groß war auch das Interesse der konkurrierenden Großmächte an den Schweizer Söldnern, als daß dieser Beschluß hätte Wirkung zeitigen können. Schweizer Söldner waren weiterhin auf allen Schlachtfeldern, besonders Oberitaliens, vertreten.

So bildete denn auch das Bemühen um Schweizer Söldner 1536 einen unverzichtbaren Bestandteil der Kriegsvorbereitungen Karls V. und Franz' I. Daß ihre Gesandten mit recht unterschiedlichen Forderungen vor die Tagsatzung traten, daß nämlich der kaiserliche Gesandte die Neutralität[7] der Eidgenossen einklagte, während der französische Gesandte um eine Anwerbeerlaubnis für eidgenössische Söldner bat, lag nun keineswegs daran, daß Karl auf die Schweizer weniger angewiesen oder in geringerem Maße an ihnen interessiert gewesen wäre. Sowohl Karl als auch Franz waren nämlich an Verträge gebunden, die sie mit

6 EA 3/2, Beilage Nr. 10.

7 Marnoz brachte die kaiserliche Forderung den Eidgenossen gegenüber zwar nicht auf den Begriff der Neutralität, aber das Begehren, die Eidgenossen sollten weder Karl noch Franz die Anwerbung von Söldnern erlauben, lief doch genau darauf hinaus. Daß auch die kaiserlichen Gesandten das so sahen, zeigen Formulierungen in Briefen an den Kaiser. Gruyeres gab eine Antwort der sieben katholischen Orte mit den Worten wieder, »quilz entendent se tenir neutres et naccorder leurs gens ny a vre ma^{te} ny aussi au roy de france ou a aultre quelconque« (Gruyeres an Karl, Luzern, 23.3.1536 (HHStA Wien, Staatenabt. Außerdeutsche Staaten, Schweiz 10, fol. 133r–v, 136r–v, hier fol. 133r)). Einige Monate später berichtete Gruyeres von der Bereitschaft Zürichs, Basels und der sieben katholischen Orte »dobserver la neutralite concluee a Bade dernierement« (Gruyeres an Karl, Luzern, 14.6.1536 (ebd., fol. 194r–v, 196r, hier fol. 194r)). Die Eidgenossen selbst umschrieben diese Haltung mit »sich aller fremden Fürsten und Herren zu müssigen« (EA 4/1c, Nr. 453, S. 738) oder mit »stillesitzen«, d. h. mit dem Begriff, den sie auch für die neutrale Haltung verwendeten, die den zuletzt beigetretenen Orten auferlegt worden war und diesen eine Parteinahme in innereidgenössischen Streitigkeiten verbot. Vgl. den Baslerbund: EA 3/2, Beilage Nr. 5, S. 1294.

den Eidgenossen abgeschlossen hatten und die ihren Spielraum für derartige Forderungen einengten.

Der Vertrag, dessen Erfüllung der französische Gesandte vor der Tagsatzung anmahnte, war die Vereinigung von 1521[8]. Die Vereinigung war genau zu dem Zweck abgeschlossen worden, der jetzt auf der Tagesordnung stand: die Anwerbung eidgenössischer Söldner. Im Vertragstext selbst war dies mit »zuo sicherheit, beschützung, beschiermung und behaltung personen, stäten, küngkrich, herzogthumben, ertrichen und aller herrschaften gedachter unser beder partien, die wir beden halben inhalten und besitzend hie diset und enet dem gebürg«[9] umschrieben, wobei der letzte Zusatz für die Zeitgenossen ein unmißverständlicher Hinweis auf Mailand war, das sich zum Zeitpunkt des Vertragsabschlusses in französischem Besitz befand[10]. Während diese Zielbeschreibung der französisch-eidgenössischen Allianz noch unverfänglich klang, nicht zuletzt dadurch, daß sie reziprok formuliert war, trat in den Detailbestimmungen der wirkliche Zweck des Vertrags unverhüllt zutage. Für den Fall eines Angriffs auf seine Länder erhielt der französische König nämlich das Recht, zwischen 6 und 16.000 eidgenössische Söldner anzuwerben, sobald er die Einwilligung der eidgenössischen Obrigkeiten eingeholt hatte. Die Eidgenossen mußten einem entsprechenden Begehren willfahren, sofern nicht bei ihnen selbst Krieg herrschte. Mit Hilfe dieses Passus' und mit der Entscheidung, ob sie der Einschätzung des französischen Königs, er befinde sich in einem Verteidigungskrieg, folgen wollten, wußten sich die Eidgenossen immerhin einen gewissen Spielraum gegenüber entsprechenden französischen Bitten zu wahren[11]. Falls umgekehrt die Eidgenossen angegriffen würden, war der französische König ihnen nicht etwa die Entsendung von Truppen schuldig, sondern mußte ihnen lediglich 200 Lanzen und 12 Büchsen zur Verfügung stellen sowie 25.000 Goldkronen pro Vierteljahr zahlen. Diese Bestimmungen entsprachen zwar insofern durchaus den realen Gegebenheiten, als nicht damit zu rechnen war, daß die Eidgenossen im Kriegsfall auswärtige

8 EA 4/1a, Beilage Nr. 1. Vertragspartner auf eidgenössischer Seite waren alle eidgenössischen Orte außer Zürich sowie die Zugewandten Abt und Stadt St. Gallen, die Drei Bünde, das Wallis, Mülhausen, Rottweil und Biel. Bern ergriff 1529 energische Maßnahmen gegen den Solddienst, die einer Kündigung des Vertrags gleichkamen (ROTT, Histoire [wie Anm. 4], S. 315), die Stadt wurde fortan nicht mehr zu den Mitgliedern der Vereinigung gerechnet. Boisrigaut wandte sich mit seinem Anliegen folgerichtig auch lediglich an 11 eidgenössische Orte (EA 4/1c, Nr. 437, S. 718).

9 EA 4/1a, Beilage Nr. 1, S. 1493, ähnlich S. 1492.

10 Im darauffolgenden Absatz werden dann das Herzogtum Mailand und die Herrschaft Genua neben dem französischen Königreich explizit erwähnt (EA 4/1a, Beilage Nr. 1, S. 1493).

11 Die Bestimmung war zwar präzise formuliert: Die Eidgenossen sollten nur dann nicht zum Erteilen der Anwerbeerlaubnis verpflichtet sein, wenn sie in ihren »eignen ertrichen, landen und herrschaften mit krieg beladen« würden (EA 4/1a, Beilage Nr. 1, S. 1494). Die Eidgenossen interpretierten sie aber häufig sehr weitreichend, indem sie die Anwerbeerlaubnis unter Hinweis auf allgemein unsichere Zeiten verweigerten. Umgekehrt versuchte der französische König, die Bestimmung vom Defensivkrieg zu seinen Gunsten zu dehnen, indem er z. B. auch Präventivkriege als defensive Maßnahme verstanden wissen wollte.

Söldner benötigten, aber ein deutliches Ungleichgewicht in den Bestimmungen war doch nicht zu übersehen. Daß in erster Linie Frankreich von diesem Vertrag profitierte, zeigt zudem die französische Zusage über jährliche Pensionszahlungen an die eidgenössischen Orte von 3.000 Fr. pro Ort.

Kernpunkt der Vereinbarung war also die fast uneingeschränkte Anwerbeerlaubnis für den französischen König bei einem Angriff auf sein Land. Der Vertrag wird deshalb häufig als »Soldbündnis« bezeichnet, wobei die Betonung auf »Sold« liegen muß, denn die Allianz war »kein Bündnis, das die beiden Länder zu totaler und unbedingter Hilfe und einer gemeinsamen Politik verpflichtete, sie war zunächst ein Staatsvertrag, der gegenseitige Leistungen vorsah, für Frankreich der Lizenzvertrag zur Werbung von Söldnern«[12]. Dieser Vertrag war der Endpunkt einer Reihe von Verträgen, die zwischen Frankreich und den Eidgenossen seit 1444 abgeschlossen worden waren und in denen das militärische Element allmählich an Gewicht gewonnen hatte[13]. Grundsätzlich neu war 1521, daß die Eidgenossenschaft dem französischen König auf sein Begehren nicht ein entsprechendes Söldnerkontingent zur Verfügung stellte, das die Orte zusammengestellt hatten, sondern daß die Eidgenossenschaft mit der Anwerbeerlaubnis die Verfügungsgewalt über ihr Militärpotential an den französischen König abtrat.

Auf diesen Vertrag also berief sich Boisrigaut im Juni 1536 wie bereits auf mehreren Tagsatzungen in den Monaten zuvor[14]. Dabei stellte sich allerdings für den französischen Gesandten das Problem, daß bis zu diesem Zeitpunkt kein kaiserlicher Angriff auf französisches Gebiet erfolgt war[15]. Der Gesandte ermahnte deshalb die Eidgenossen zur Einhaltung ihrer in der Vereinigung eingegangenen Pflichten, beließ es aber nicht dabei, sondern erinnerte sie an die finanziellen Vorteile, die ihnen das französische Bündnis bot und die ihnen der Kaiser und der Herzog von Savoyen nie bieten könnten. Außerdem führte er ihnen vor Augen, daß der bevorstehende Krieg zuallererst die eidgenössische Freiheit bedro-

12 L. v. MURALT im Handbuch der Schweizer Geschichte, Bd. 1, 2. Aufl. Zürich 1980, S. 430.

13 Auf die einzelnen Verträge kann hier nicht eingegangen werden. Siehe dazu R. THOMMEN, Friedensverträge und Bünde der Eidgenossenschaft mit Frankreich 1444–1777. In: Basler Zeitschrift für Geschichte und Altertumskunde 15 (1916), S. 117–214.

14 So am 27. März in Baden (EA 4/1c, Nr. 408, S. 667) und in einem Schreiben an die fünf Orte Anfang Juni 1536 (EA 4/1c, Nr. 432, S. 704f.).

15 Möglicherweise aus diesem Grund waren die ersten Bitten um eidgenössische Söldner im Frühjahr 1536 ohne ausdrücklichen Hinweis auf das Soldbündnis von 1521 erfolgt. Zumindest enthält das Anbringen Boisrigauts in der in den EA wiedergegebenen Form keinen solchen Bezug (EA 4/1c, Nr. 393, S. 646), ein gleichzeitiger Brief an Schaffhausen und Basel begründet den Wunsch nach eidgenössischen Söldnern für den im Frühjahr geplanten Kriegszug mit »der Liebe, dem Vertrauen und der Achtung, die er (= der französische König) zu den Eidgenossen habe« (ebd.). Auch die zweite Bitte des französischen Gesandten am 4. März in Luzern enthält keinen ausdrücklichen Hinweis auf den Vertrag zur Begründung des französischen Begehrens (EA 4/1c, Nr. 402, S. 656), der Tadel, »daß man dem König die Knechte vorenthalte« (ebd., S. 657), impliziert aber eine Pflicht der Eidgenossen zur Stellung von Söldnern, die eben nur aus der Vereinigung von 1521 herrühren kann.

he, wohl ein Appell an antihabsburgische Ressentiments bei den Eidgenossen. Die doch ziemlich gewundene Argumentation macht das Dilemma deutlich, in dem der französische Gesandte steckte. Als er drei Monate zuvor sich bei seinem Gesuch um eine Anwerbeerlaubnis auf die Allianz von 1521 berufen und dabei argumentiert hatte, daß dem französischen König ein Verteidigungskrieg gegen den Kaiser bevorstehe, hatten die Eidgenossen ihm eine unmißverständliche Absage erteilt[16], und zwar mit der Begründung, daß bis jetzt noch kein Angriff erfolgt sei und die Eidgenossen überdies angesichts der unruhigen Zeiten ihre Soldaten selbst benötigten.

Aber auch die kaiserlichen Gesandten befanden sich in keiner einfachen Lage. Zwar waren die Eidgenossen dem Kaiser ebenfalls vertraglich verbunden – nämlich durch die Erbeinung von 1511 –, aber aus diesem Vertrag ließen sich keine unmittelbaren militärischen Verpflichtungen der Eidgenossen gegenüber Karl ableiten. Die Erbeinung war 1511 von Maximilian abgeschlossen worden, dieser Abschluß war aber ausdrücklich auch im Namen Karls für die Grafschaft Burgund erfolgt[17]. Maximilian selbst handelte dabei nicht als Kaiser, sondern als Erzherzog von Österreich für Vorderösterreich und Tirol. Diese Einschränkung hatte ihre Ursache darin, daß Maximilian den Vertrag – wiewohl neu ausgehandelt – praktisch von Herzog Sigmund zusammen mit den genannten Territorien »geerbt« hatte. Sigmund hatte 1474 mit der »Ewigen Richtung« ein gänzlich neues Kapitel in den bis dahin vor allem von Kriegen geprägten eidgenössisch-habsburgischen Beziehungen aufgeschlagen, als er sich angesichts der Bedrohung durch Karl den Kühnen mit den Eidgenossen zusammenschloß[18]. Sigmunds Gegenleistung für das eidgenössische Hilfsversprechen war die Anerkennung des eidgenössischen Besitzstandes, d. h. der formelle Verzicht auf die ehemals habsburgischen Gebiete in der Eidgenossenschaft; ein Schritt, zu dem sich Friedrich III. zeit seines Lebens nicht entschließen konnte, so daß diese Garantie von ih-

16 EA 4/1c, Nr. 408, S. 667.

17 EA 3/2, Beilage Nr. 19, der Passus über den Vertragsabschluß im Namen Karls auf S. 1343.

18 Noch wenige Jahre zuvor hatte es militärische Auseinandersetzungen zwischen Sigmund und den Eidgenossen gegeben. 1468 hatte sich Sigmund im Waldshuter Frieden zur Zahlung einer Kriegsentschädigung von 10.000 gl. an die Eidgenossen innerhalb eines Jahres verpflichten müssen, andernfalls würden Waldshut und der Schwarzwald in eidgenössischen Besitz übergehen. Um den angesichts leerer Kassen und des näherrückenden Zahlungstermins drohenden Gebietsverlust abzuwenden, verpfändete Sigmund 1469 im Vertrag von St. Omer Karl dem Kühnen das Elsaß gegen die Begleichung seiner Schulden bei den Eidgenossen. Sigmunds Hoffnung auf militärische Unterstützung gegen die Eidgenossen erfüllte sich freilich nicht, und statt Waldshuts und des Schwarzwalds schien nun das Elsaß verlorenzugehen, da Karl der Kühne dort eine Politik betrieb, die deutlich darauf ausgerichtet war, das Gebiet endgültig in seinen Besitz zu bringen. In dieser Situation vollzog Sigmund eine Kehrtwende seiner Politik und wandte sich den Eidgenossen zu, die sich ebenfalls von der burgundischen Expansion bedroht fühlten, so daß das bisher wohl nicht für möglich gehaltene Bündnis zustande kam. Zur Ewigen Richtung siehe R. JANESCHITZ-KRIEGL, Geschichte der ewigen Richtung von 1474. In: ZGO N.F. 66 (1957), S. 150–222 und S. 409–455; zu der Zeit davor: M. A. MEIER, Der Friede von Waldshut und die Politik am Oberrhein bis zum Vertrag von St. Omer. In: ZGO N.F. 51 (1938), S. 321–384.

rem direkten habsburgischen Nachbarn für die Eidgenossen um so wertvoller war. Nachdem die burgundische Bedrohung mit dem Tod Karls des Kühnen in der Schlacht von Nancy Anfang 1477 weggefallen war, war die »Geschäftsgrundlage« für die Ewige Richtung hinfällig geworden. Die drohende französische Übermacht führte die Partner von 1474 aber erneut zusammen, das Ergebnis war die Erbeinung von 1477.

An diesen Vertrag knüpfte Maximilian 1487 und 1500 in seinen Vereinbarungen mit den Eidgenossen an, die freilich ohne größere Wirkung blieben[19]. Bedeutung hatte vor allem der Vertrag von 1487 freilich insofern, als er den Eidgenossen signalisierte, daß Maximilian ihnen gegenüber eher die Politik Herzog Sigmunds als die seines Vaters, Friedrichs III., einzuschlagen gedachte. Die Eidgenossen mußten sich also in ihrer Existenz nicht länger durch habsburgische Restitutionsansprüche bedroht sehen, dementsprechend waren sie aber auch immer weniger bereit, für eine bloße Besitzstandsgarantie Habsburg weitergehende Hilfszusagen zu machen und sich so in die Konflikte der habsburgischen Dynastie hineinziehen zu lassen. Mehr als diese Besitzstandsgarantie konnte ihnen Maximilian aber nicht bieten, insbesondere war er nicht in der Lage, mit den französischen Pensionszahlungen zu konkurrieren[20]. Die Vereinbarungen zwischen Habsburg und den Eidgenossen verloren deshalb zunehmend den Charakter von Bündnissen und wurden in erster Linie zu Nachbarschaftsverträgen. Dies war zwar angesichts der jahrhundertelangen Spannungen zwischen den Vertragspartnern sicherlich eine wichtige und für beide Seiten erstrebenswerte Entwicklung, es war aber eben nicht das, was Maximilian, genauso wie nach ihm Karl, sich von Vereinbarungen mit den Eidgenossen vorrangig erhoffte.

Selbst als die Eidgenossen sich 1510/11 enttäuscht von Frankreich abgewandt hatten, die Voraussetzungen für weitergehende Vereinbarungen Habsburgs mit den Eidgenossen also vergleichsweise günstig waren, gelang es Maximilian nicht, von den Eidgenossen irgendwelche Hilfszusagen zu erlangen. Die Erbeinung sah lediglich vor, daß kein Vertragspartner und auch nicht dessen Untertanen feindliche Handlungen gegen den anderen Vertragspartner verüben durften. Dieses Verbot feindlicher Handlungen schloß ausdrücklich alle jetzigen und künftigen Länder Maximilians und Karls ein, galt also nicht nur für Oberösterreich und Burgund. Damit wurde der Einsatz eidgenössischer Söldner gegen habsburgisches Gebiet ausgeschlossen. Statt eines Artikels über gegenseitige Hilfeleistung enthielt

19 1487 kam die Siegelung des Vertrags durch die eidgenössischen Orte nicht zustande, 1500 waren von vornherein nur vier Orte – Zürich, Bern, Uri und Unterwalden – zum Abschluß eines Vertrages bereit. Zu den Details siehe B. BRAUN, Die Eidgenossen, das Reich und das politische System Karls V., Diss. masch. Konstanz 1995, S. 251–255.

20 Zwar konnte auch Frankreich durchaus nicht immer pünktlich und vollständig zahlen, galt aber trotzdem als vergleichsweise zuverlässiger Schuldner. Maximilian dagegen hätten die Eidgenossen ein entsprechendes Angebot wohl gar nicht erst geglaubt. Nicht zufällig wälzte Maximilian die Pensionszahlungen 1511 an Karl ab. Im Laufe der Verhandlungen hatte Maximilian auch an eine Einbeziehung seines Sohnes Philipp als Erbe Spaniens gebeten und den Eidgenossen dafür spanische Pensionen in Aussicht gestellt (EA 3/2, Nr. 96, S. 173; Nr. 115, S. 207).

der Vertrag lediglich die Verpflichtung zu »getreuem Aufsehen« bei einem Angriff auf das in der Erbeinung eingeschlossene Gebiet eines der Vertragspartner, d. h. für Habsburg konkret, die Eidgenossen waren nur bei einem Angriff auf Oberösterreich oder Burgund zu »getreuem Aufsehen« verpflichtet[21], nicht jedoch bei Angriffen auf andere Länder Maximilians oder Karls. Aus der Formel vom »getreuen Aufsehen« waren freilich ohnehin kaum konkrete Forderungen abzuleiten, sie war vielmehr deutlicher Ausdruck der Tatsache, daß keine Seite sich vertraglich zur Hilfeleistung verpflichten wollte.

Die Erbeinung von 1511 bildete die Rahmenbedingungen für das Handeln auch der kaiserlichen Gesandten von 1536. Daß die von den Gesandten vorgebrachten Forderungen – nämlich die nach Daheimhaltung aller eidgenössischen Söldner – so vergleichsweise bescheiden ausgefallen waren, wird vor dem Hintergrund dieses Vertrags verständlich. Er bot keine Handhabe für eigene Forderungen nach Söldnern, das Verbot feindlicher Handlungen gegen alle habsburgischen Gebiete bildete die Grundlage für die Forderung, daß auch Frankreich keine Söldner gewährt werden dürften, da diese zweifelsohne gegen Habsburg eingesetzt würden, was einen Verstoß gegen die Erbeinung bedeutet hätte. Kein Wunder, daß der französische Gesandte mit allerlei Kunstgriffen versuchte, gerade dieses Argument zu entkräften.

Was den Wortlaut der Verträge anbetrifft, waren die Bedingungen für Karl also wesentlich schlechter als für Franz. Karl hat deshalb mehrere Male versucht, dies zu ändern.

Ähnlich wie 1536, als auf den Tagsatzungen ein direktes Ringen des französischen und des kaiserlichen Gesandten um die eidgenössischen Söldner stattfand, hatten die Gesandten über anderthalb Jahrzehnte zuvor, nämlich 1519–21, um ein Bündnis mit den Eidgenossen gerungen. Allerdings war das Ringen 1519–21 noch weit erbitterter als das 1536, ging es doch dabei nicht nur um eine Entscheidung für den Einzelfall, d. h. um Söldner für einen konkreten Kriegszug, sondern um eine Grundsatzentscheidung für viele Jahre.

Die Hartnäckigkeit dieses Kampfes wird nur verständlich, wenn man bedenkt, daß beide Großmächte es in ihrem Streben nach einer Vormachtstellung in Europa für mitentscheidend ansahen, über die eidgenössischen Söldnerheere verfügen zu können. Der Hegemonialkampf zwischen Habsburg und Valois gewann mit der Regierungsübernahme Franz' I. in Frankreich und des Kaiserenkels Karl in Spanien für ungefähr drei Jahrzehnte den Charakter eines persönlichen Zweikampfes zwischen den ungefähr gleichaltrigen Monarchen. Seinen ersten Höhepunkt und zugleich die dramatischste Zuspitzung erreichte dieser Kampf in der Bewerbung beider Könige um die Kaiserkrone. Maximilian I. hatte noch – bekanntermaßen vergeblich – versucht, seinem Enkel den Weg auf den römischen Königs-

21 Ihrer Verpflichtung gegenüber Burgund kamen die Eidgenossen übrigens dadurch nach, daß sie immer wieder Neutralitätsabkommen zwischen der Grafschaft und dem Herzogtum Burgund vermittelten, so daß Burgund von den zahlreichen Kriegen zwischen Frankreich und Habsburg verschont blieb. Siehe dazu R. MAAG, Die Freigrafschaft Burgund und ihre Beziehungen zu der schweizerischen Eidgenossenschaft vom Tode Karls des Kühnen bis zum Frieden von Nymwegen (1477–1678), Zürich 1891.

thron zu ebnen, und ihm bei einer Auflistung der zur Erreichung dieses Ziels notwendigen Maßnahmen unter anderem erklärt, »que nous les (= die Schweizer) devons practiquer et par tous moyens les attraire de nostre party«[22]. Maximilian selbst hatte in seinen Bemühungen, die Eidgenossenschaft auf seine Seite zu ziehen, auch nach dem Abschluß der Erbeinung 1511 nie nachgelassen. Er hatte wiederholt versucht, sie zum Beitritt in die wechselnden antifranzösischen Bündnisse zu bewegen, um sie auf diese Weise außenpolitisch und militärisch einzubinden, also das nachzuholen, was ihm mit der Erbeinung nicht gelungen war.

Karl folgte dem Rat seines Großvaters und beauftragte im Herbst 1518 den Niederländer Maximilian von Bergen, Herrn von Zevenbergen, mit einer Mission in die Schweiz. Zevenbergen sollte sich wegen genauerer Anweisungen an Maximilian wenden, ein deutliches Indiz dafür, daß Karl zwar Maximilians Einschätzung von der Bedeutung der Schweizer teilte – diese kommt auch in der Auswahl eines so hochrangigen Rates wie Zevenbergen für diese Mission zum Ausdruck –, daß er sich aber offenbar nicht in der Lage sah, seinem Gesandten eine detaillierte Instruktion zu erteilen – die Verhältnisse in der Eidgenossenschaft lagen dem spanischen König doch reichlich fern.

Konkret war immerhin die Anweisung, die Eidgenossenschaft um die Erlaubnis für die Anwerbung von 4000 Söldnern zu bitten; reichlich unpräzise dagegen der Auftrag, »pratiquer plus estroicte amitié«[23]. Maximilian kam nicht mehr dazu, Zevenbergen präzisere Anweisungen zu erteilen, da dieser erst in Augsburg war, als der Kaiser am 17. Januar 1519 starb. Die Mission Zevenbergens war nun freilich noch dringlicher als zuvor. Zevenbergen verlor denn auch keine Zeit und traf – unterstützt von einigen Räten aus Maximilians Dienst – am 15. März 1519 in Zürich ein[24]. Seine Bemühungen in den nächsten Monaten galten unter anderem der »plus estroicte amitié«, seine beiden anderen Aufträge, nämlich eine Parteinahme der Eidgenossenschaft für die Kaiserwahl Karls zu erreichen sowie sie von einer Unterstützung Herzog Ulrichs von Württemberg abzuhalten, waren vergleichsweise schnell – und erfolgreich – erledigt.

---

22 Maximilian an Karl, Innsbruck, 18.5.1518 (Négociations diplomatiques entre la France et l'Autriche durant les trente premières années du XVIme siècle, hrg. von M. LE GLAY (Collection de documents inédits sur l'histoire de France 45), 2 Bde., Paris 1845, hier Bd. 2, Nr. 40, S. 125–133, Zitat auf S. 131).

23 Diese Anweisungen waren in zwei Briefen Karls und des Herrn von Chièvres vom 12. Januar 1519 enthalten, die aber nur in ihrer Zusammenfassung durch Zevenbergen überliefert sind: Zevenbergen an Margarete, Augsburg, 1.2.1519 (LE GLAY, Négociations 2 [wie Anm. 22], Nr. 54, S. 189–193, Zitat auf S. 191).

24 Zevenbergen berichtete den Augsburger Kommissaren ausführlich über den Beginn seiner Tätigkeit in Zürich (Zevenbergen an die Augsburger Kommissare, Zürich, 22.3.1519 (LE GLAY, Négociations 2 [wie Anm. 22], Nr. 102, S. 364–373, hier S. 364)).

Zevenbergen knüpfte in seinen Verhandlungen an die bestehende Erbeinung an[25], was sich auch deshalb anbot, weil nach dem Tode Maximilians ohnehin eine Bestätigung der Erbeinung durch Karl nötig geworden war[26].

Die Verhandlungen der Gesandten setzten nun vor allem an zwei Punkten an: Zum einen sollte eine Einbeziehung aller jetzigen und künftigen Länder Karls in die Erbeinung erreicht werden; zum anderen sollte keine Seite die Feinde der anderen unterstützen, außerdem sollten die Eidgenossen niemandem außer Karl die Anwerbung ihrer Söldner gestatten. Dafür sollten die eidgenössischen Orte eine jährliche Pension von 1000 gl. pro Ort erhalten[27].

Eine direkte Hilfsverpflichtung der Eidgenossen enthielt der Antrag Karls also nicht. Offenbar hielt man eine solche von vornherein für nicht durchsetzbar und wollte die Verhandlungen nicht durch zu hoch geschraubte Forderungen gefährden. Auf diese Weise sollte wenigstens verhindert werden, daß die Gegner Karls, konkret also Frankreich, über eidgenössische Söldner verfügen konnten, was im Zusammenhang mit der Einbeziehung aller jetzigen und künftigen Länder Karls in die Erbeinung Habsburg einen nicht unbe-

25 In diesem Punkt stimmten die beiden Instruktionen, die Zevenbergen vorlagen, überein. Nachdem Maximilian gestorben war, ohne Zevenbergen noch instruieren zu können, benötigte Zevenbergen von anderer Seite, am besten natürlich von Karl selbst, eine Instruktion. Karl sandte ihm denn auch eine Instruktion; da aber nicht sicher war, ob diese rechtzeitig aus Spanien eintreffen würde, fertigten die Augsburger Kommissare ebenfalls eine Instruktion (Instruktion für die Gesandten in die Eidgenossenschaft, Augsburg, 9.3.1519 (HHStA Wien, Staatenabt. Außerdeutsche Staaten, Schweiz 4, fol. 270r–273r). Da die Instruktion Karls aber doch rechtzeitig eintraf, mußten sich Zevenbergen und seine Mitgesandten entscheiden, nach welcher sie sich richten wollten. Die beiden Instruktionen unterschieden sich beträchtlich, vor allem was die Verpflichtungen der Vertragspartner betraf. Die Instruktion Karls enthielt offenbar eine einseitige Hilfsverpflichtung der Eidgenossenschaft, für die Eidgenossenschaft eine inakzeptable Bedingung, wie die Augsburger Kommissare Karl denn auch erklärten. Die Instruktion Karls ist nicht erhalten, ihr Inhalt läßt sich aber teilweise aus der Kritik erschließen, die die Augsburger Kommissare an den darin vorgesehenen Vertragsbestimmungen übten (Matthäus Lang, Jakob Villinger, Nikolaus Ziegler, Jean Marnix an Karl, Augsburg, 13.3.1519 (LE GLAY, Négociations 2 [wie Anm. 22], Nr. 90, S. 340–344)).

26 Auf diesen Punkt hatte der Sekretär Hans Acker aufmerksam gemacht, als er Ende Januar 1519 mit Graf Rudolf von Sulz und Wolf von Homburg in Zürich war, um die Eidgenossenschaft vom Tod Maximilians in Kenntnis zu setzen. Acker hatte darauf hingewiesen, daß Maximilian 1511 zugesagt habe, sich bei Erreichen der Volljährigkeit Karls darum zu bemühen, daß Karl die Erbeinung erneuere und ratifiziere. Da dies unterblieben sei, sei eine solche Ratifizierung jetzt notwendig und biete damit einen guten Ansatzpunkt für Verhandlungen mit der Eidgenossenschaft (Rudolf von Sulz, Wolf von Homburg, Hans Acker an Regierung Innsbruck, Zürich, 31.1.1519 (HHStA Wien, Staatenabt. Außerdeutsche Staaten, Schweiz 4, fol. 244r–245v, hier fol. 244v–245r)).

27 Dies war der Inhalt des Vorschlags, den die Gesandten den Eidgenossen auf der Tagsatzung am 15.3.1519 unterbreiteten. Eine Zusammenfassung des Vortrags als Beilage bei dem Bericht der Gesandten an die Regierung Innsbruck vom 21.3.1519 (Bericht: HHStA Wien, Staatenabt. Außerdeutsche Staaten, Schweiz 4, fol. 274r–v, 278r, Beilage: fol. 275r–v); eine knappe Wiedergabe auch in EA 3/2, Nr. 772, S. 1142.

trächtlichen Vorteil gegenüber Frankreich gesichert hätte[28]. Denn entscheidend für Karl war, daß er und nicht Franz I. die eidgenössischen Söldner einsetzen konnte, und dieses Ziel war mit dem Versprechen der Eidgenossen, ihre Söldner nur Karl zulaufen zu lassen, genauso zu erreichen wie mit einer exakt festgeschriebenen Hilfspflicht[29].

Selbstverständlich blieb den Eidgenossen dieses Ziel von Karls Vorschlag nicht verborgen, der entsprechende Artikel firmierte in ihren Beratungen bezeichnenderweise denn auch stets unter »Hilfe«, während der andere kurzerhand als »Erweiterung der Erbeinung« bezeichnet wurde. Beide Vorschläge trafen bei den Eidgenossen freilich auf einhellige Ablehnung[30]. Ihre Begründung war symptomatisch für die unterschiedlichen Erwartungen, die mit der Erbeinung auf beiden Seiten verknüpft waren: »Da sich dieselbe (= die Erbeinung) weit erstrecke und zu gutem nachbarlichem Verhalt hinreiche, so trete man zur Zeit in die begehrte Erweiterung nicht ein«[31]: Die Eidgenossen wollten einen Nachbarschaftsvertrag zur Sicherung ihrer Grenzen – diesen Zweck erfüllte die Erbeinung in der Form von 1511 völlig –, Habsburg dagegen ein wirksames Instrument für die eigenen außenpolitischen, vor allem militärischen Unternehmungen – dafür aber war die Erbeinung von 1511 denkbar ungeeignet.

Karl gab seine Absicht, die Erbeinung zu einem solchen Instrument zu machen, nach diesem ersten Fehlschlag aber keineswegs sofort auf[32]. Das Angebot eines engeren Bündnisses mit den Eidgenossen zieht sich vielmehr durch die Korrespondenz[33] und die Verhandlungen der Jahre 1520/21[34]. So bat Karl nach seiner Ankunft in den Niederlanden die Eidgenossen, Gesandte zu ihm zu schicken, um endlich in entsprechende Verhandlungen eintreten zu können. Die Eidgenossen lehnten die Entsendung von Gesandten aber ab; ein

28 Die Einbeziehung »künftiger« Länder Karls bezog sich nicht so sehr auf irgendwelche vagen zukünftigen Eroberungen, sondern berücksichtigte vor allem die Tatsache, daß sich Mailand zum Zeitpunkt der Verhandlungen nicht in Karls, sondern in französischem Besitz befand. Nur bei der Aufnahme dieses Passus konnte die Erbeinung bei der Verteidigung eines wiedereroberten Mailand nützlich sein.

29 Auf dem Papier war eine Hilfspflicht selbstverständlich bindender, politisch – und darauf kam es in erster Linie an – war der Unterschied aber nicht so groß; es ging vor allem darum, Frankreich keine Handhabe für Werbungen in der Eidgenossenschaft zu bieten. Außerdem hätte eine die Eidgenossenschaft rechtlich stärker bindende Hilfspflicht von Habsburg auch größere Gegenleistungen verlangt.

30 EA 3/2, Nr. 778, S. 1164.

31 EA 3/2, Nr. 778, S. 1164.

32 Auch Zürich hatte nach der ablehnenden Antwort der Eidgenossen auf der Tagsatzung am 10. Mai 1519 die Eidgenossen gebeten, ihre Haltung nochmals zu bedenken (der Zürcher Vortrag in HHStA Wien, Staatenabt. Außerdeutsche Staaten, Schweiz 4, fol. 292r–296r), Karls Gesandte wurden aber auf der nächsten Tagsatzung erneut abschlägig beschieden (EA 3/2, Nr. 780, S. 1169).

33 Karl an Zürich, Barcelona, 15.1.1520 (StA Zürich, A 176.2, Nr. 28), Karl an Luzern, Santiago de Compostela, 12.4.1520 (StA Luzern, Urk. Nr. 22/853), Zürich an Karl, 29.6.1520 (StA Zürich, B IV 2, Nr. 373).

34 EA 3/2, Nr. 810, S. 1228f.; Nr. 814, S. 1232; StA Zürich, A 176.2, Nr. 37 (Vortrag der Gesandten Karls auf der Tagsatzung am 17.7.1520).

Indiz dafür, daß sie kein Interesse an entsprechenden Verhandlungen hatten. Angesichts der Interessenlage beider Seiten war dieses Vorgehen Karls auch einigermaßen erstaunlich. Er als der an den Verhandlungen interessierte Teil hätte eigentlich eine Botschaft zu den Eidgenossen entsenden müssen und konnte nicht von ihnen die Entsendung einer solchen verlangen, zumal die Eidgenossen ohnehin nur äußerst ungern Gesandte über die Eidgenossenschaft hinaus verordneten[35].

Als Karl dieses Versäumnis im Frühjahr 1521 mit der Entsendung einer hochkarätigen Gesandtschaft wiedergutmachen wollte[36], war es zu spät: Seine Gesandten waren gerade in der Eidgenossenschaft eingetroffen, als die Nachricht vom Abschluß des eidgenössischen Bündnisses mit Frankreich die Runde machte. Damit war der Versuch, die Erbeinung zu einem effektiven Instrument der habsburgischen Politik gegen Frankreich zu machen, endgültig gescheitert. Trotzdem hielten die Habsburger – und zwar sowohl Karl als auch Ferdinand, den sie ja nach 1522 als Inhaber der österreichischen Erblande nicht zuletzt betraf – weiterhin an der Erbeinung fest, waren auch sorgsam auf ihre Einhaltung und, wenn nötig, erneute Ratifikation[37] bedacht, was sich nicht zuletzt an ihren Bemühun-

---

35 Karl unterbreitete den Eidgenossen denn auch später nie mehr einen vergleichbaren Vorschlag. Die Abordnung von Gesandten war in der Eidgenossenschaft nämlich ein recht komplizierter Vorgang, da man nicht über »Berufsdiplomaten« verfügte, die man einfach losschicken konnte. Im allgemeinen wurden zwei Männer aus zwei unterschiedlichen Orten mit einer solchen auswärtigen Mission betraut, wobei die Auswahl der Orte oft eine langwierige Prozedur war, da das Verhältnis von Städte- und Länderorten, zwischen französisch und kaiserlich gesinnten Orten, bald auch das zwischen evangelischen und katholischen Orten zu berücksichtigen war.

36 Instruktion Karls für Bischof Hugo von Konstanz, Zevenbergen, Herzog Heinrich von Mecklenburg, Wolf von Homburg, Dr. Jakob Sturtzel und Veit Sutor, Worms, 4.4.1521 (HHStA Wien, Allg. Urkundenreihe 1520 XI 6, fol. 61r–65r).

37 1543 kam es deshalb zu längeren Verhandlungen mit den Eidgenossen. Im Februar baten burgundische Gesandte auf der Tagsatzung um die Erneuerung der Erbeinung (EA 4/1d, Nr. 116, S. 219), aber erst am 9.9.1543 wurde die Bestätigungsurkunde ausgefertigt (StA Luzern, A1 F1, Sch. 77), und selbst dann waren die Eidgenossen noch nicht bereit, Gesandte zur Erneuerung nach Burgund zu schicken (EA 4/1d, Nr. 161, S. 329). Die Eidgenossen hatten nämlich geltend gemacht, daß die Erbeinung an ihnen nicht in allen Teilen gehalten werde, und hatten eine Erneuerung von der Abstellung ihrer Beschwerden abhängig gemacht (EA 4/1d, Nr. 119, S. 228). Vor allem aber setzten die Eidgenossen die Frage der Erneuerung der Erbeinung als Druckmittel ein, um von Karl die Einstellung der Prozesse gegen eidgenössische Orte und Zugewandte wegen Nichtbezahlung von Türkenhilfe und Kammergerichtsunterhalt zu erreichen (EA 4/1d, Nr. 123, S. 239 und 243; Nr. 134, S. 264) – eine Taktik, die letztlich zum Erfolg führte, auch wenn Karl diese Verknüpfung zunächst ausdrücklich ablehnte (Karl an die Eidgenossenschaft, Düren, 23.8.1543 (EA 4/1d, Nr. 154, S. 316)). Im März 1544 aber kassierte Karl dann alle wegen nicht bezahlter Türkenhilfe gegen Schweizer Äbte und Städte anhängigen Prozesse (Urkundenbuch der Stadt Basel, hrg. von der histor. und antiquar. Gesellschaft zu Basel, Bd. 10, Basel 1908, Nr. 273). Der burgundische Gesandte brachte diesen Schritt explizit mit der Erneuerung der Erbeinung in Zusammenhang (Bern an seine Boten auf der Tagsatzung, 20.4.1544 (StA Bern, A III 26, S. 520f., hier S. 520)). Daraus wird erneut der hohe Stellenwert der Erbeinung für Karl deutlich.

gen, den in der Erbeinung festgelegten Zahlungsverpflichtungen nachzukommen[38], ablesen läßt. Auf dieses einzige vertragliche Band zu den Eidgenossen wollte man nicht verzichten, zudem konnte das Verbot feindlicher Handlungen immerhin gegen französische »Umtriebe« und »Praktiken« vorgebracht werden. Um die Eidgenossen aber wirksam in die eigene Politik und die eigenen Ziele einzubinden, mußte man sich andere Mittel suchen. Nach 1521 hat Karl denn auch nicht mehr versucht, eine Umgestaltung der Erbeinung zu diesem Zweck zu erreichen.

Zunächst verschwanden die Eidgenossen allerdings für einige Jahre aus dem Blickfeld Karls. Im Frühjahr 1522 verließ Karl die Niederlande und kehrte in seine spanischen Königreiche zurück, die – neben den anhaltenden Kämpfen in Italien – in den nächsten Jahren seine Aufmerksamkeit weitgehend in Anspruch nehmen sollten. Als Karl acht Jahre später wieder Reichsboden betrat, hatten sich die Verhältnisse dort und eben auch in der Eidgenossenschaft durch die Ausbreitung der Reformation tiefgreifend verändert. Dies hatte auch Auswirkungen auf das Verhältnis Karls zu den Eidgenossen.

Nachdem Zürich mit der Einführung der Reformation lange Zeit in der Eidgenossenschaft isoliert gewesen war, folgten 1528/29 kurz hintereinander Bern, Basel und Schaffhausen dem Zürcher Vorbild, außerdem hatte die zugewandte Stadt St. Gallen 1526/27 die Reformation eingeführt. Damit waren die großen Schweizer Städte evangelisch geworden, während die vier Waldstätte und Zug – die sogenannten fünf Orte – sich klar zur alten Kirche bekannten, auch in Freiburg war die Entscheidung gegen die Reformation gefallen. In den übrigen Orten dagegen war die Lage noch unübersichtlich.

Für die auswärtigen Partner der Eidgenossenschaft wurden die Verhandlungen mit den Eidgenossen durch die konfessionelle Spaltung noch komplizierter, als sie es ohnehin schon gewesen waren. Die 13 Orte schieden sich jetzt nicht »nur« in Städte und Länder, pro-französisch und pro-kaiserlich, sondern auch noch in alt- und neugläubig. Dabei verliefen die Trennungslinien zwischen den Parteien in jeder dieser Fragen anders, wodurch stabile Fraktionsbildungen unmöglich waren, gleichzeitig aber auch ein Auseinanderbrechen der Eidgenossenschaft verhindert wurde. Die Haltung der einzelnen Orte war dadurch noch schwerer berechenbar geworden, die Großmächte mußten also noch mehr als zuvor um jeden einzelnen Ort kämpfen, wenn sie sich mit einem Anliegen an die Eidgenossen wandten. Dabei war die Lage für Karl wie auch für seinen Bruder Ferdinand schwieriger

38 Habsburg mußte den zwölf eidgenössischen Orten (außer Appenzell) je 200 gl., den (zum Zeitpunkt des Vertragsabschlusses 1511) zugewandten Appenzell, Abt und Stadt St. Gallen je 100 gl. bezahlen, also insgesamt 2700 gl. Nach einer hartnäckigen Auseinandersetzung zwischen Ferdinand und seiner Tante Margarete als Statthalterin der Niederlande wurde die Summe 1525 zwischen Österreich und Burgund im Verhältnis 3:1 aufgeteilt. Insbesondere für Österreich bereitete die Bereitstellung dieses sogenannten »Erbeinungsgeldes« meist erhebliche Probleme. Letztlich wurde das Erbeinungsgeld in der Regierungszeit Karls V. aber vollständig, wenn auch nicht immer pünktlich, gezahlt. Zum Erbeinungsgeld siehe BRAUN [wie Anm. 19], S. 314–332 sowie die Tabelle über die geleisteten Zahlungen in Anhang I, S. 517–522.

als für Franz I. Da Karl und Ferdinand im Reich energisch die Ausbreitung der neuen Lehre bekämpften, wäre eine Zusammenarbeit mit den evangelischen Städten der Schweiz für sie zumindest sehr heikel gewesen. Damit fiel aber der treueste Anhänger Habsburgs in der Schweiz – die Stadt Zürich – für Habsburg als Ansprechpartner aus: wenn man bedenkt, wie stark sich Karl in den Verhandlungen 1519–21 auf Zürich gestützt hatte[39], wird deutlich, daß die durch die Reformation geschaffene Situation eine völlige Umstrukturierung der habsburgischen Politik gegenüber den Eidgenossen erforderlich machte. Da die evangelischen Städte als Partner nicht mehr in Frage kamen, blieben für Habsburg nur die altgläubigen Orte, um wieder engere Verbindungen zu den Eidgenossen anzuknüpfen[40]. Deren unumstrittenes Haupt war Luzern, und ausgerechnet in Luzern war die französische Partei immer sehr stark gewesen. Zudem waren antihabsburgische Ressentiments gerade in der Innerschweiz besonders zählebig. Die Voraussetzungen für eine Zusammenarbeit der Eidgenossen mit Habsburg waren gegen Ende der 20er Jahre also wesentlich ungünstiger als ein Jahrzehnt zuvor.

Trotzdem setzten Karl und Ferdinand klar auf die konfessionelle Karte – es blieb ihnen in der von den Glaubenskämpfen aufgeheizten Atmosphäre der Jahre um 1530 auch kaum etwas anderes übrig. In diesen Jahren bestimmten die religionspolitischen Überlegungen weitgehend die Politik der eidgenössischen Orte. Nur unter diesen Bedingungen konnte ein Vertrag wie die »Christliche Vereinigung« vom 27. April 1529 zwischen Ferdinand und den fünf Orten[41] zustandekommen, der so völlig der traditionellen Politik der Innerschweizer Orte widersprach[42]. Als die fünf Orte gut zwei Monate später nach ihrer Niederlage im Ersten Kappeler Krieg die »Christliche Vereinigung« kündigen mußten, bedeutete dies aber keineswegs das Ende ihrer Zusammenarbeit mit Habsburg. Ganz im Gegenteil – auch Karl befaßte sich nun wieder zunehmend mit den Eidgenossen, die Eidgenossenschaft begegnet fortan regelmäßig als Thema in den Briefen zwischen Karl und Ferdinand[43]. Dieses Mal ging es aber nicht darum, eidgenössische Söldner für die Unterstützung der habs-

39 Ihren weithin sichtbaren Ausdruck fand die enge Zusammenarbeit in der Tatsache, daß Karls Gesandte stets in Zürich Quartier bezogen.

40 Die noch unentschiedenen Orte Glarus und Appenzell waren von untergeordneter Bedeutung; Solothurn kam als Sitz der französischen Gesandtschaft für Habsburg als Partner nicht in Frage.

41 EA 4/1b, Beilage Nr. 5.

42 Eine stark auf die Reformationsgeschichte ausgerichtete Historiographie sah in der »Christlichen Vereinigung« die selbstverständliche, quasi »natürliche« Antwort auf das Burgrecht der evangelischen Städte. Dabei wurde übersehen, daß auf beiden Seiten erst erhebliche Widerstände überwunden werden mußten, bevor der Vertrag zustandekam. Siehe dazu: O. VASELLA, Österreich und die Bündnispolitik der katholischen Orte 1527–1529 (Freiburger Universitätsreden N.F. 11), Freiburg i.Ü. 1951 sowie BRAUN [wie Anm. 19], S. 332–344.

43 Dies ergibt eine Durchsicht der in der Familienkorrespondenz Ferdinands edierten Briefe aus dieser Zeit. Die Korrespondenz Ferdinands I., Bd. 2: Familienkorrespondenz 1527–1530, bearb. von W. BAUER und R. LACROIX, Wien 1937/38.

burgischen Politik zu erhalten, sondern die katholischen Orte erwarteten umgekehrt von Karl und Ferdinand Hilfe in einem als unabwendbar angesehenen erneuten Waffengang gegen die evangelischen Orte[44].

Der Zweite Kappeler Krieg im Herbst 1531 war dann freilich so schnell zu Ende, daß jede Hilfe von außen ohnehin zu spät gekommen wäre, wenn eine solche denn ernsthaft gewollt worden wäre. Karl aber war zu solcher Hilfe nicht bereit, er befürchtete bei einer Unterstützung der katholischen Orte ein Übergreifen des Religionskrieges auf das Reich. In einem ausführlichen Gutachten seiner Räte zu dieser Frage vom Oktober 1531 wurde indessen eine andere Möglichkeit der Unterstützung der fünf Orte ins Spiel gebracht: Hilfe aus Italien[45].

Damit wurde ein grundsätzlicher Wandel in der Politik Karls gegenüber den Eidgenossen eingeläutet. Bisher war Karl an die Eidgenossen stets von Norden her herangetreten, was auch in der Entsendung deutscher und niederländischer Gesandter und im Tagungsort Zürich zum Ausdruck kam. Karl war damit der Politik seiner Vorfahren als Erzherzögen von Österreich und Herren der Vorlande gefolgt. Ferdinand setzte diese Politik nach den Brüsseler Verträgen von 1522 fort. Karls Länder aber lagen im Westen und – nach der Rückeroberung Mailands – Süden der Eidgenossenschaft. Direkten Zugang zu den katholischen Orten hatte er nur von Süden her, und diese Perspektive bestimmte ab 1531 Karls Politik gegenüber den Eidgenossen.

Das Gutachten der Räte vom Oktober 1531 blieb aufgrund des raschen und umfassenden Erfolgs der fünf Orte im Zweiten Kappeler Krieg ohne unmittelbare Folgen. Freilich glaubte kaum jemand, daß dies das Ende der militärischen Auseinandersetzungen um die Religionsfrage in der Eidgenossenschaft sein würde, dementsprechend ging die Suche nach Unterstützung für den Fall eines dritten Religionskrieges weiter.

Die fünf Orte setzten ihre Hoffnung dabei neben Karl V. vor allem auf den Papst. Dabei wandten sie sich allerdings nicht direkt an Clemens VII., sondern an Ennius Filonardi, der seit dem Frühjahr 1531 Nuntius in Mailand war und den die Eidgenossen aus seiner Tätigkeit als Nuntius in der Schweiz von 1514 bis 1517 kannten[46]. Filonardi nahm rasch eine

44 Um den habsburgischen Brüdern ihre bedrängte Lage in Erinnerung zu rufen, entsandten die fünf Orte den Luzerner Jakob am Ort zu Karl und Ferdinand auf den Augsburger Reichstag 1530 (Instruktion für Jakob am Ort, o.D. (HHStA Wien, Staatenabt. Außerdeutsche Staaten, Schweiz 9, fol. 21r–24r, frz. Übersetzung in EA 4/1b, Nr. 360, S. 720–722)).

45 Staatspapiere zur Geschichte des Kaisers Karl V., hrg. von K. LANZ (= Bibliothek des Literarischen Vereins Stuttgart 11), Stuttgart 1845, Nr. 15, S. 73–78, hier S. 75. Die Räte listeten dabei auch die Vorteile dieser Variante auf: Die kurze Entfernung nach Mailand ermöglichte einen schnellen Informationsaustausch, außerdem konnte der Weg zwischen Mailand und den fünf Orten nicht von der gegnerischen Seite gesperrt werden, wie dies bei den Verbindungen in die Vorlande der Fall war.

46 Außerdem war er 1521 als Legat beauftragt worden, in der Schweiz Truppen für den Papst anzuwerben, was ihm auch gelang. Eine erneute Mission als Nuntius in der Eidgenossenschaft 1525, um der Ausbrei-

zentrale Position ein in den Bemühungen, Unterstützung für die fünf Orte zu organisieren[47].

Diese Bemühungen mündeten schließlich in das Projekt eines Bündnisses zwischen den fünf Orten, dem Papst und dem Kaiser. Für Karl schien sich damit eine Möglichkeit zu eröffnen, wenigstens einen Teil der Eidgenossenschaft zur Unterstützung seiner Politik in Oberitalien zu gewinnen. Denn bereits auf die ersten Vorschläge des Papstes für ein solches Bündnis ließ er seinem Bruder Ferdinand gegenüber keine Unklarheit darüber aufkommen, was ihn bewog, diesem Projekt näherzutreten. Er teilte Ferdinand mit, »que nostre sainct pere m'a adverty qu'il desireroit traicter quelque lighe generalement, si faire se peut, avec lesd. des lighes pour la desfension de l'Italie ou du moings particulierement avec les cinq quantons, que me sembleroit tres bonne oeuvre, si elle se pouvoit conduire«[48]. Es ging Karl demnach nicht in erster Linie um die Verteidigung des alten Glaubens in der Schweiz, sondern um »la desfension de l'Italie«, was nur heißen konnte: um die Verteidigung der gegenwärtigen Herrschaftsverhältnisse in Italien[49]. Diese Zielsetzung ist in dem ersten Bündnisentwurf, der während der Zusammenkunft Karls V. und Clemens' VII. in Bologna um den Jahreswechsel 1532/33 entstand, unschwer zu erkennen, wenn auch nicht expressis verbis formuliert[50]. Der Entwurf sah nämlich vor, daß die katholischen Orte im Verteidigungsfall 2000 italienische Büchsenschützen von Kaiser und Papst erhalten sollten. Umgekehrt verpflichteten sich die sechs Orte[51] bei einem Angriff auf Italien dem Angreifer keine Söldner zuziehen zu lassen und Truppen des Angreifers keinen Durchpaß zu gewähren. Wenn für einen solchen Angriff auf Italien als Ursache an erster Stelle der Glauben genannt wurde, so war dies freilich nur eine Tarnung des wahren Sachverhalts – ein evangelischer Angriff auf Italien stand nun wirklich nicht zu befürchten. Was zu befürchten war und was in dem Artikel gemeint war, war ein französischer Angriff auf Ita-

---

tung der Reformation Einhalt zu gebieten, war dagegen ein völliger Fehlschlag. Zu Filonardi siehe: C. WIRZ, Ennio Filonardi, der letzte Nuntius in Zürich, Zürich 1894.

47 Der Nuntius hielt selbstverständlich Kontakt zum Papst, aber auch zum Herzog von Mailand und zum Kaiser über dessen Gesandten in Mailand, Caracciolo.

48 Karl an Ferdinand, Brüssel, 22.12.1531/2.1.1532 (Die Korrespondenz Ferdinands I., Bd. 3: Familienkorrespondenz 1531/32, bearb. von C. THOMAS und H. WOLFRAM, Wien 1973/77/84, Nr. 605, S. 454–459, hier S. 457).

49 Gruyeres, der für Karl dann die Bündnisverhandlungen führte, bezeichnete ebenfalls die Sicherheit Italiens als den zentralen Punkt seines Auftrages (Gruyeres an Granvelle, Luzern, 10.6.1533 (Bibliothèque municipale Besançon, Collection Granvelle, Ms.1145, fol. 35r–37v, hier fol. 35v)).

50 Der Text des Entwurfs ist gedruckt in: Preliminar-Akten zu einem Schutz-Bündniss zwischen Papst Clemens VII., Kaiser Carl V. und den VI katholischen Orten Luzern, Ury, Schwyz, Unterwalden, Zug und Freiburg Anno 1529 (?) bis 1533, hrg. von Gf. Th. SCHERER-BOCCARD. In: Archiv für die schweizerische Reformationsgeschichte 2 (Solothurn 1872), Amsterdam 1972, S. 546–557, hier Nr. 4, S. 555–557; außerdem in EA 4/1c, Nr. 9, S. 14f.

51 Die Verhandlungen wurden zwar überwiegend nur mit den fünf Orten geführt, geplant war aber fast von Anfang an die Einbeziehung Freiburgs in das Bündnis.

lien, und dieser wurde durch den Zusatz »oder in anderwäg oder anderer gesuchten farben oder funden halb, was wäsens condition oder würde die sin möchten«[52] in der Bestimmung über die Angriffsursache gedeckt[53].

An den unterschiedlichen Erwartungen, die mit dem geplanten Bündnis verknüpft waren, scheiterten schließlich die Verhandlungen, die Filonardi im Auftrag des Papstes und Gruyeres im Auftrag des Kaisers von Frühjahr bis Herbst 1533 mit den katholischen Orten führten[54].

Damit war auch dieser Versuch fehlgeschlagen, mit Hilfe eines neuen Bündnisses sich wenigstens der Söldner eines Teils der eidgenössischen Orte zu versichern. Die katholischen Orte waren – ungeachtet ihrer prekären Situation innerhalb der Eidgenossenschaft, die auch nach 1531 keineswegs als gesichert gelten konnte – nicht bereit, für das vage Versprechen von Unterstützung in einem Religionskrieg sich mehr oder weniger vollständig in die habsburgische Politik einspannen zu lassen, zumal die vergangenen Kriege sie in bezug auf die versprochene Hilfe hatten skeptisch werden lassen. Außerdem hatte die französische Diplomatie es selbstverständlich nicht versäumt, die katholischen Orte auf die Risiken einer solchen Politik aufmerksam zu machen, sie an das französische Bündnis zu erinnern und diese Argumente mit der Bezahlung rückständiger Pensionen zu bekräftigen.

Die Bündnisverhandlungen von 1533 hatten Karl nach langer Pause wieder in engen Kontakt mit der Eidgenossenschaft gebracht. Sein Gesandter bei den Verhandlungen, Gruyeres, informierte Karl und Granvelle nämlich fortlaufend über seine Tätigkeit in Luzern und erhielt umgekehrt Anweisungen vom Kaiserhof[55].

Diese Wiederaufnahme einer aktiven Politik gegenüber den Eidgenossen war – angesichts der Verhältnisse zu Beginn der 30er Jahre nicht überraschend – unter konfessionellen Vorzeichen erfolgt. Das Leitmotiv für Karls Interesse an der Eidgenossenschaft war aber das gleiche geblieben: das Bestreben, bei Bedarf über die eidgenössischen Söldner verfügen zu können. An dem konfessionellen Kräfteverhältnis in der Eidgenossenschaft war Karl nicht als solchem interessiert, solange entsprechende Auseinandersetzungen nicht über die Eidgenossenschaft hinausgriffen – obwohl er selbstverständlich eine Eindämmung der neuen Lehre für wünschenswert hielt –; die religiösen Differenzen waren für ihn vor allem in ihren Auswirkungen auf die Haltung der eidgenössischen Orte in der Söldnerfrage wichtig.

---

52 Preliminar-Akten [wie Anm. 50], S. 556.

53 Das Versprechen der sechs Orte, dafür zu sorgen, daß ihre Leute, wenn sie als Söldner dienten, möglichst dem Kaiser oder dem Papst zuzögen, war ebenfalls deutlich gegen Frankreich gerichtet.

54 Zu den Verhandlungen siehe BRAUN [wie Anm. 19], S. 384–389.

55 Gruyeres führte während seines Aufenthalts in der Schweiz ein Kopialbuch, das ein- und ausgehende Schreiben, darunter vor allem die Korrespondenz mit dem Kaiserhof, enthält. Das Kopialbuch ist für die Zeit von März bis September 1533 und von Dezember 1535 bis Juni 1536 erhalten: Bibl. mun. Besançon, Collection Granvelle, Ms. 1145.

Mit den Bündnisverhandlungen 1533 versuchte Karl demzufolge, sich die religiöse Spaltung in der Eidgenossenschaft zunutze zu machen, indem er ein konfessionelles Bündnis anbot, um damit wenigstens einen Teil der Orte für seine italienischen Ziele einsetzen zu können.

Frankreich verfuhr übrigens aus guten Gründen genau umgekehrt: Da der französische König sich nicht wie Karl ohne weiteres an eine der beiden Konfessionsparteien wenden konnte – nahegelegen hätte ja eine Zusammenarbeit mit den evangelischen Orten, aber gerade die beiden führenden evangelischen Städte Zürich und Bern gehörten dem französischen Soldbündnis nicht an –, versuchte er, in den konfessionellen Auseinandersetzungen zu vermitteln, da er wußte, daß er nur von einer im Inneren befriedeten Eidgenossenschaft Söldner erwarten konnte.

Zunächst also hatte diese an der religiösen Spaltung orientierte Politik Karls einen Fehlschlag erlitten. Daß aber der Grundansatz dieser Politik so ganz ohne Erfolgsaussichten nicht war, zeigte sich kurz nach dem endgültigen Scheitern der Bündnisverhandlungen[56]. In Solothurn eskalierten die Kämpfe zwischen Altgläubigen und Reformierten im Herbst 1533. Da beide Seiten auswärtige Unterstützung erhielten, war ein neuer Religionskrieg in der Eidgenossenschaft zu befürchten. Die fünf Orte wandten sich deshalb hilfesuchend an Gruyeres, aber auch an den Herzog von Mailand und den päpstlichen Nuntius, ganz so, als ob das Bündnis, das sie vor Monatsfrist abgelehnt hatten, existierte[57]. Soweit funktionierte diese »konfessionelle Achse« also, von daher erschien es nicht völlig abwegig, sie sich auch anderweitig zunutze zu machen, wie Karl dies versucht hatte. Dazu hätte es aber wohl zumindest deutlicherer Signale an die katholischen Orte bedurft, daß sie im Notfall wirklich auf kaiserliche (und päpstliche) Hilfe rechnen konnten; solche Signale erfolgten aber auch jetzt nicht.

Praktische Auswirkungen hatte das Ausbleiben der kaiserlichen Hilfe auch in diesem Fall nicht, da die Unruhen in Solothurn bereits am 17. November beendet wurden und die Kriegsgefahr damit gebannt war.

---

56 Die Ablehnung des Bündnisses war in den einzelnen Orten unterschiedlich stark ausgeprägt, die Orte fanden denn auch nicht zu einem gemeinsamen Beschluß. Am 4. Oktober teilten die Boten der sechs Orte dem kaiserlichen Gesandten und dem Nuntius die Voten der einzelnen Orte mit (EA 4/1c, Nr. 97, S. 164. Die Voten der Orte in: HHStA Wien, Staatenabt. Außerdt. Staaten, Schweiz 9, fol. 209r–v). Nunmehr war auch für Filonardi und Gruyeres endgültig klar, daß weitere Verhandlungen zwecklos waren (Antwort Filonardis und Gruyeres' vom 4.10.1533 (HHStA Wien, Staatenabt. Außerdt. Staaten, Schweiz 9, fol. 211r–v; EA 4/1c, Nr. 97, S. 164)). Die Orte hatten zwar keine ausdrückliche Ablehnung formuliert, da sie Kaiser und Papst, auf deren Hilfe sie vielleicht noch einmal angewiesen sein würden, nicht vor den Kopf stoßen wollten, sondern stets nur Bedenken zu einzelnen Punkten vorgebracht, aber der Grundtenor ihrer Aussagen war doch nicht länger zu überhören.

57 So Karls Gesandter in Mailand, Caracciolo, an Gruyeres, Mailand, 10.11.1533 (HHStA Wien, Staatenabt. Außerdt. Staaten, Schweiz 9, fol. 237r–v).

Immerhin zog Karl seinen Gesandten nach dem Ende der Bündnisverhandlungen nicht zurück, sondern beließ Gruyeres weiterhin in Luzern. Der Offizial versah seinen Dienst als Gesandter in der Eidgenossenschaft bis in den Herbst 1536 hinein, mit einer krankheitsbedingten Unterbrechung von August 1534 bis Mai 1535. Gruyeres selbst sorgte aber dafür, daß der Gesandtschaftsposten auch in dieser Zeit nicht unbesetzt blieb und entsandte seinen Neffen, Dr. Estienne Clerc, nach Luzern[58]. Aus dem genau umschriebenen Auftrag von Anfang 1533 war auf diese Weise eine ständige Gesandtschaft geworden, ohne daß hierfür ein ausdrücklicher Befehl, eine eigene Instruktion vorlagen. Die Gesandtschaft war aber nach wie vor auf die katholischen Orte beschränkt. Hier wirkte der ursprüngliche Auftrag, nämlich ein konfessionelles Bündnis auszuhandeln, doch deutlich nach.

Ständiger Gesandter Karls bei den katholischen Orten – das war Gruyeres auch noch, als Marnoz Mitte Februar 1536 in der Eidgenossenschaft eintraf, um ihn angesichts der sich zuspitzenden Lage zu unterstützen. Marnoz' Auftrag war nun allerdings nicht religionspolitischer Natur, sondern gehörte in den Zusammenhang des sich ankündigenden Krieges mit Frankreich. Er sollte nämlich Bern von einem Eingreifen zugunsten Genfs abhalten, damit der Herzog von Savoyen nicht in einen Zweifrontenkrieg verwickelt würde, vor allem aber sollte Marnoz die Eidgenossen von einer Unterstützung Frankreichs abhalten[59]. Diesem Auftrag kam Marnoz auf zahlreichen Tagsatzungen, so auch auf der zu Beginn erwähnten von Ende Juni 1536, und durch Reisen in einzelne Orte nach.

Daß die Verhandlungen mit den Eidgenossen in den letzten Jahren ganz unter konfessionellen Vorzeichen gestanden hatten, wirkte indessen trotz des jetzt ganz anders gelagerten Falles weiter nach, mit negativen Folgen für die kaiserliche Politik. Karl neigte nämlich dazu, die evangelischen Städte der Sympathie für Frankreich zu verdächtigen und dementsprechend die katholischen Orte für seine »natürlichen« Bündnispartner zu halten. Die konfessionellen Auseinandersetzungen in der Eidgenossenschaft hatten sich aber mittlerweile so weit beruhigt, daß die religionspolitischen Überlegungen nicht länger alle anderen Überlegungen und Orientierungen dominierten; die Präferenz der einzelnen Orte für die eine oder die andere der beiden Großmächte ließ sich also keineswegs aus der Konfessionszugehörigkeit ableiten.

Zwar berichteten Gruyeres und Marnoz Karl frühzeitig, daß die katholischen Orte durchaus nicht ohne weiteres bereit seien, den kaiserlichen Wünschen zu folgen[60], ja: daß bei den evangelischen Orten sogar eine größere Bereitschaft anzutreffen sei, auf Karls An-

58 Gruyeres informierte Luzern über diesen Schritt (Gruyeres an Luzern, Besançon, 20.8.1534 (StA Luzern, A1 F1, Sch. 54)). Siehe außerdem EA 4/1c, Nr. 217, S. 412.

59 Instruktion Karls für Marnoz in die Eidgenossenschaft, Neapel, 1.2.1536 (Bibl. mun. Besançon, Collection Granvelle, Ms. 1145, fol. 198v–201v).

60 Zuerst Gruyeres an Granvelle, Luzern, 23.1.1536 (HHStA Wien, Staatenabt. Außerdt. Staaten, Schweiz 10, fol. 108r).

liegen einzugehen[61]. Dieser Befund war aber offenbar zu irritierend, als daß am Kaiserhof daraus Konsequenzen für die Verhandlungen mit der Eidgenossenschaft gezogen worden wären – jedenfalls ist keine entsprechende Reaktion bekannt, und dies, obwohl die Berichte der Gesandten in dieser Richtung immer deutlicher wurden. Marnoz stand mit Bern in ständigem Kontakt, reiste wiederholt an die Aare, um die kaiserlichen Forderungen vorzutragen. Damit war der Kontakt zu den evangelischen Städten, den Gruyeres jahrelang vermieden hatte, nach langer Pause wiederhergestellt. Mit der Hauptforderung Karls nach Zurückhaltung der eidgenössischen Söldner gezielt bei den evangelischen Orten anzusetzen, konnten die Gesandten freilich ohne kaiserlichen Befehl nicht wagen, und ein solcher Befehl erfolgte eben nicht.

Der konfessionelle Blickwinkel verstellte am Kaiserhof ganz offensichtlich den Blick auf die ungleich komplizierteren politischen Verhältnisse innerhalb der Eidgenossenschaft, und aus dieser falschen Grundannahme folgte fast zwangsläufig eine »falsche« Politik.

Auch das Mittel, dessen sich Karl über seine Gesandten in den Verhandlungen bediente – die Erbeinung –, war wenig geeignet, um zu dem gewünschten Ziel zu gelangen. Die Gesandten empfahlen Karl denn auch, den französischen Werbungen eigene Werbungen entgegenzusetzen, da die Reisläufer, sobald ein Krieg ausbreche, ohnehin nicht zu Hause zu halten seien. Die Forderung nach Neutralität der Eidgenossen, das heißt: nach einem völligen Reislaufverbot, war insofern illusorisch.

Karl ging auf diese Vorschläge seiner Gesandten aber nicht ein, sondern hielt an der Erbeinung als Instrument seiner Politik gegenüber den Eidgenossen fest. Ebensowenig rückte er – zumindest nicht erkennbar – von seinem konfessionell bestimmten Blickwinkel ab. Versäumt wurde auf diese Weise eine pragmatische Politik, die der Haltung der einzelnen Orte und den eidgenössischen Gegebenheiten, wie z. B. dem Drang der Reisläufer in den Solddienst, Rechnung trug. Gerade das Bemühen, die Eidgenossenschaft auf Dauer, das heißt vertraglich, in die eigene Politik einzubinden, dürfte eine der Hauptursachen dafür gewesen sein, weshalb Karl mit seinen Anträgen immer wieder scheiterte. Dies zeigte sich auch 1536, auf dem Höhepunkt des kaiserlich-französischen Konkurrenzkampfes um die Eidgenossenschaft.

Nach dem Einmarsch Karls in die Provence Ende Juli 1536 standen seine Gesandten in der Eidgenossenschaft dann vollends auf verlorenem Posten. Damit war ja der Fall eingetreten, der den französischen König nach dem Soldbündnis berechtigte, von den Eidgenossen Söldner zu fordern; seine Gesandten mußten also nicht länger heimlich Söldner anwerben und auf den Tagsatzungen Vorträge mit doch reichlich gesuchten Argumenten halten.

Dem militärischen Desaster des Jahres 1536 entsprach also ein völliges Fehlschlagen der diplomatischen Bemühungen Karls in der Eidgenossenschaft.

61 Marnoz an Karl, 22.3.1536 (HHStA Wien, Staatenabt. Außerdt. Staaten, Schweiz 10, fol. 128r–130v, hier fol. 128r).

Zu einer Neuauflage des diplomatischen Ringens um die eidgenössischen Söldner kam es in dieser Schärfe in den nächsten Jahren nicht mehr. Zwar bemühte sich Marnoz, der seit der Abreise Gruyeres' im Herbst 1536 allein die kaiserlichen Interessen vertrat, weiterhin, französische Anwerbungen zu verhindern, aber diesen Bemühungen fehlte angesichts der im Vergleich zu 1536 doch deutlich abgeflauten Kämpfe die Dringlichkeit des Vorjahres. Die Verhandlungen des Jahres 1536 hatten – wenn auch für die Beteiligten wohl nicht so deutlich erkennbar wie für den zurückblickenden Betrachter – aber nicht zuletzt gezeigt, daß die Eidgenossen kaum mehr bereit waren, ihre nach den Religionskriegen so mühsam wiedergewonnene innere Einheit durch die offizielle Gewährung von Anwerbeerlaubnissen für ausländische Mächte aufs Spiel zu setzen[62]. Hier dürfte eine der wesentlichen Quellen der schweizerischen Neutralität liegen, lange bevor sie von eidgenössischen Politikern zur offiziellen außenpolitischen Doktrin erhoben wurde.

Dadurch ließ aber auch die Bedeutung der schweizerischen Söldner in den großen militärischen Auseinandersetzungen der Zeit nach, eine Entwicklung, die sich rein militärisch ohnehin bereits angekündigt hatte. Ihre psychologische Bedeutung dürfte von nun an für Jahrzehnte ihre tatsächliche Bedeutung weit übertroffen haben; die europäischen Großmächte bemühten sich jedenfalls weiterhin um Vereinbarungen mit den Eidgenossen, die ihnen die eidgenössischen Söldner sichern sollten.

Karl aber hatte 1536 seine entsprechenden Ambitionen wohl endgültig begraben. Daß die Eidgenossen für ihn an Bedeutung verloren, zeigte sich auch daran, daß er nach der Abreise Marnoz' aus der Eidgenossenschaft im Sommer 1538 den Gesandtschaftsposten nicht wieder besetzte; die ständige Gesandtschaft in der Schweiz hatte sich zunächst also nicht als dauerhaft erwiesen.

Wenn die Eidgenossen für Karl aber auch weiterhin eine gewisse Bedeutung behielten[63], so vor allem als direkter Nachbar Mailands. Trotz der Mißerfolge in Südfrankreich war es ja nach 1536 gelungen, Karls Herrschaft in Oberitalien zu konsolidieren. Nun bedurfte das Verhältnis zu den Nachbarn im Norden – den Eidgenossen – einer Regelung. Ab 1547 waren deshalb ständig mailändische Gesandte in der Eidgenossenschaft tätig, die ständige Gesandtschaft Karls wurde also als mailändisch-kaiserliche Gesandtschaft wiederaufgerichtet[64].

---

62 Ein Ausweg aus dem Dilemma zwischen dieser der Sorge um die Einheit der Eidgenossenschaft entspringenden Politik und den weiterhin starken Interessen an auswärtigen Solddiensten bildete das unautorisierte Reislaufen, das zumindest einige schweizerische Obrigkeiten immer wieder stillschweigend duldeten.

63 Der Sonderfall des Schmalkaldischen Krieges soll hier außer Betracht bleiben.

64 Siehe dazu BRAUN [wie Anm. 19], S. 443–448. Erster mailändischer Gesandter war ab 1547 Giovanni Angelo Ritio, der aus dem Dienst des mailändischen Herzogs nach dessen Tod in kaiserlichen Dienst übergewechselt war. Ihm folgte als ständiger Gesandter in der Eidgenossenschaft ab 1549 Ascanio Marso, der diesen Posten bis 1558 versah, erst im Dienste Karls, dann im Dienste Philipps.

Die Verlegung des Gesandtschaftssitzes von Luzern nach Altdorf in Uri 1553, also in den Ort, der mit dem Gotthard die Verbindung nach Süden kontrollierte, hat insofern Symbolcharakter für die Schwerpunktverlagerung der kaiserlichen Schweizpolitik, wenn die Ursachen für diesen Schritt auch weit banaler waren: Der mailändische Gesandte, Ascanio Marso, war die ständigen Querelen mit dem Luzerner Rat, die schon seine Vorgänger zermürbt hatten, leid, und zog daraus die Konsequenz. Für Altdorf als neuen Sitz der Gesandtschaft sprach nun neben persönlichen Verbindungen Marsos nach Uri[65] aber eben doch die günstige Verbindung nach Süden.

Gegen Ende seiner Regierungszeit trat Karl den Eidgenossen also nicht zuletzt als Herr Mailands gegenüber, außerdem waren immer wieder burgundische Gesandte in der Eidgenossenschaft tätig. Karl begegnete den Eidgenossen damit vor allem über seine Teilreiche. Vergleicht man diese Situation mit dem Anfang seiner Regierungszeit und noch mit den Verhandlungen 1536, so zeigt sich, daß die Politik Karls gegenüber den Eidgenossen tiefgreifende Wandlungen erfahren und verschiedene, recht deutlich erkennbare Stadien durchlaufen hat. Zunächst agierte Karl als Erbe Maximilians, d. h. als Reichsoberhaupt und Erzherzog von Österreich. Sehr bald wurde aber erkennbar, daß Karl nicht wie sein Großvater sein Prestige und seine Mittel als Reichsoberhaupt einsetzen wollte, um seine Anliegen bei den Eidgenossen durchzusetzen. Karl handelte vielmehr als Herrscher eines großen Imperiums, das um die Hegemonie in Europa kämpfte. Diese Position – 1521 bereits in Ansätzen vorhanden – dominierte in den 30er Jahren völlig. Im letzten Regierungsjahrzehnt nahm dann die mailändische Perspektive überhand.

Diese Entwicklung wird auch an den Gesandtschaften deutlich: Der kaiserlich-mailändische Gesandte Marso versah ab 1556 seinen Dienst als spanisch-mailändischer Gesandter; kaiserlicher Gesandter war von nun an der Gesandte Ferdinands, Hans Melchior Heggentzer, der als österreichischer Gesandter bereits seit 1542 in der Eidgenossenschaft tätig war; die Politik Maximilians wurde also weit mehr von Ferdinand als von Karl fortgesetzt.

---

65 Marso kam in Altdorf im Haus seines Freundes Jakob a Pro, eines alten kaiserlichen Parteigängers, unter.

CHRISTINE ROLL

Reichstags-Absage und Waldkirch-Mission. Überlegungen zur kaiserlichen Reichspolitik im ersten Jahrzehnt der Regierung Karls V.*

Am 3. Februar 1528 sagte Karl V. den auf Anfang März nach Regensburg ausgeschriebenen Reichstag ab – mit einem Mandat aus dem fernen Burgos, ohne Nennung von Gründen. Vom gleichen Tag datieren kaiserliche Vollmacht und Beglaubigung für Balthasar Merklin, Propst von Waldkirch und kaiserlichen Reichsvizekanzler, für dessen Gesandtschaft ins Reich[1]. Schon das Abkündungsmandat läßt den engen, eben auch inhaltlichen Zusammenhang von Reichstags-Absage und Waldkirch-Mission erkennen[2]; die Betroffenen im Reich, von der Mitte April bei ihnen eingetroffenen Absage vollkommen überrascht, haben ebenfalls sogleich diese Verbindung hergestellt und die Sendung Waldkirchs zu den Ständen als Ersatz für den Reichstag begriffen, vielfach freilich darüber rätselnd, welche Gründe den Kaiser wohl zur Absage des Reichstags veranlaßt haben könnten.

Niemals vorher – und wohl auch später nicht – ist ein mit ausdrücklicher Zustimmung des Kaisers ordnungsgemäß ausgeschriebener, kurz vor der Eröffnung stehender Reichstag vom Kaiser ohne erkennbaren Grund abgesagt worden – abgesagt, nicht einfach verschoben: Karl befahl dem Reichsregiment, es solle »denselben reichstag gedachten stenden zum furderlichsten widderbieten und abkunden unnd sich an solchem gar nichts verhindern

* Heide Stratenwerth danke ich für ihre Hilfe bei der Lektüre mancher schwer lesbaren französischen Konzepte, vor allem aber für ihre nie nachlassende Bereitschaft, die oftmals sperrigen Befunde und Erkenntnisse wieder und wieder mit mir zu diskutieren.

1 Das Abkündungsmandat Karls an Ferdinand vom 3. Februar 1528 und gleichlautend an das Reichsregiment teils referiert, teils abgedruckt in: Deutsche Reichstagsakten Jüngere Reihe: Deutsche Reichstagsakten unter Kaiser Karl V. Bd. 7/1, bearb. von J. KÜHN, 2. Aufl. Göttingen 1963 (Erstveröff. 1935) (im folgenden: RTA JR 7/1), S. 185/86; Beglaubigung und Vollmacht ebd., S. 186, ebenfalls teils referiert, teils abgedruckt, teils nur erwähnt.

2 Am 13. April teilte das Regiment aus Speyer den sich in Regensburg versammelnden Ständen die kaiserliche Abkündung mit und referierte das Mandat dabei folgendermaßen: Karl sei veranlaßt worden – »uß mercklichen obligen eehafften, daran ir kayserlich maiestat person, dem hailigen reich unnd der gemeinen cristenheit hochlichen gelegen sy« –, den Reichstag abzusagen »unnd derselben obligen und eehafften halben irer maiestat bottschafft zu allen irer maiestat unnd des heiligen reichs churfursten, fursten unnd gemeinen stenden iglichen in sonderheit abzufertigen...« (Kopie des Mandats aus der Kurpfälzer Überlieferung, HStA München, Kasten blau 103/1E, fol. 61r–62r, RV 62v: »Abkundung des reichs dags zu Regenspurg 28«; vom 16. April datiert das gedruckte Mandat des Regiments zur Abkündung des Reichstags); vgl. auch das Referat des Abkündungsmandats an Ferdinand, RTA JR 7/1, S. 185.

lassen«[3]. Auch der Statthalter und Bruder des Kaisers, Erzherzog Ferdinand, erhielt lange keine überzeugendere Begründung als »aus merglichen obligen und ehaften, daran unser person, dem h. reiche und der gemeinen Christenheit hochlichen gelegen ist«[4], und wurde auf mündliche Unterrichtung durch Waldkirch vertröstet[5]; noch am 15. Mai wußte Ferdinand den Grund nicht[6]! Unter den Ständen, die z.T. schon in Regensburg versammelt waren, löste die Absage vor dem Hintergrund der »Packschen Händel«[7] und überhaupt der Verschärfung der religiösen Auseinandersetzungen erneut Irritationen und Gerüchte über die Ziele habsburgischer Reichspolitik aus; man vermutete gar, »die Hispanier wöllen uns Teutschen nunmehr regiren. Sie sehen und haben befunden, das wenig uss den gehalten reichstegen verfolgt«[8].

Die Gründe Karls V. für diesen harten Eingriff in Entscheidungsprozesse im Reich sind bis heute nicht hinreichend geklärt. So leuchtet ja zunächst überhaupt nicht ein, warum Balthasar Merklin mit seinen Aufträgen – in erster Linie der Werbung von Truppen für den in Italien tobenden Krieg – nicht als kaiserlicher Kommissar auf den Reichstag gesandt werden sollte, zumal auch die übrigen zur Verhandlung anstehenden Punkte seiner Instruktion gutenteils solcher Art waren, daß man sie auf einem Reichstag durchaus hätte behandeln können; das geschah indessen nicht. Als einen der Gründe dafür nimmt die Forschung schon länger die prekäre militärische und politische Lage des Kaisers um die Jahreswende 1527/28 an und vermutet einen Zusammenhang mit der französischen und englischen Kriegserklärung am 22. Januar 1528, ohne dabei allerdings die politische Gesamtsituation so genau zu analysieren, daß der plötzliche Umschwung des Kaisers, den Reichstag abzusagen, befriedigend erklärt worden wäre.

3 Kopie des Regimentsschreibens (wie Anm. 2), fol. 61v; vgl. auch RTA JR 7/1, S. 185/86.

4 Kaiserliches Mandat (wie Anm. 1).

5 Gleich nach seiner Ankunft in Antwerpen am 9. April schrieb Waldkirch an Ferdinand und kündigte ihm an, die Gründe für die Absage mündlich übermitteln zu wollen (RTA JR 7/1, S. 215).

6 Ferdinand an Martin de Salinas, [Prag], 15. Mai 1528, Calendar of Letters, Despatches, and State Papers, relating to the Negotiations between England and Spain, hrg. von P. de GAYANGOS, Bd. 3/2: Henry VIII 1527–1529, Neudruck Nendeln, Liechtenstein 1969 (Erstveröff. London 1877), S. 680–684, hier S. 680/81.

7 Otto von Pack, Rat des katholischen Herzogs Georg von Sachsen, streute im Januar 1528 gezielte Gerüchte am Hofe Philipps von Hessen, daß einige Monate zuvor in Breslau ein katholisches, gegen die Anhänger der neuen Lehre gerichtetes Angriffsbündnis der fränkischen Bischöfe, des herzoglichen Sachsen und Österreichs geschlossen worden sei. Daraufhin begannen Hessen und Kursachsen zu rüsten; das Reich stand am Rande eines Religionskriegs, als Anfang Juli 1528 der Betrug offenbar wurde (dazu vor allem: K. DÜLFER, Die Packschen Händel. Darstellung und Quellen (= Veröff. d. Hist. Komm. für Hessen und Waldeck 24,3), Marburg 1953).

8 Ein Sekretär des Kurfürsten von Mainz an Gerwig Blarer, Regensburg, 20. April 1528, in: Gerwig Blarer Abt von Weingarten (1520–1567). Briefe und Akten, bearb. von H. GÜNTER, Bd. 1: 1518–1547 (= Württembergische Geschichtsquellen 16), Stuttgart 1914, S. 112–114, hier S. 112/13.

Nun blieben freilich die längerfristigen politischen Folgen der Reichstags-Absage und der Mission des Propstes gering – vor allem im Vergleich zu den beiden Speyerer Reichstagen vor- und hinterher; überdies dauerte die Phase extremer militärischer Bedrohung der kaiserlichen Position in Europa nicht einmal bis zum Abschluß der Mission Waldkirchs im Spätsommer 1528, und Truppen erhielt der Kaiser ebenfalls nicht; auch der Ärger verrauchte bald wieder. Wenn hier trotz der relativen Folgenlosigkeit der Maßnahmen Karls nach möglichen Gründen dafür gefragt werden soll, so vor allem deshalb, weil eine Analyse der Situation zu Beginn des Jahres 1528 wie in einer Ausschnittvergrößerung Grundprobleme kaiserlicher Reichspolitik dieser Zeit deutlich werden läßt, insbesondere im Hinblick auf die Koordination dieser Politik. Die Abkündung des Reichstags scheint sich ja beinahe nahtlos in die kaiserliche Reichspolitik der zwanziger Jahre einzupassen, die auch noch bei näherer Betrachtung ziemlich unkoordiniert wirkt: mit Ferdinand und dem Reichsregiment nicht abgestimmt, jedenfalls nicht gerade kontinuierlich, mitunter sogar ziellos. Insbesondere gilt dieser Eindruck für die Politik Karls mit und gegenüber den Reichstagen dieser Zeit. Hier überwogen offenbar Ad-hoc-Entscheidungen aufgrund der französisch-habsburgischen Auseinandersetzungen eine gezielter Planung folgende Politik. Demnach wären die Maßnahmen Karls vom Februar 1528 geradezu symptomatisch für seine frühe Reichspolitik, in gewisser Weise die höchste Steigerung nicht koordinierten Eingreifens.

Die Dinge sind indessen komplizierter, die Fragen nach der Funktion des Reichs im politischen System Karls V. noch immer nicht hinreichend beantwortet. Denn trotz der bekannten konzeptionellen Nachordnung des Reichs im politischen Programm des Kaisers wäre die Vorstellung von der Reichspolitik Karls als schlichter Ableitung seiner außerdeutschen Verwicklungen zu kurz gegriffen – und das um so mehr, als man ja davon auszugehen hat, daß Karl ein erhebliches Maß an Einheitlichkeit der Politik für sein Gesamtreich anstrebte[9]. Und selbst wenn die Reichspolitik Karls V. gerade in den zwanziger Jah-

9 Durch die Forschungen Horst RABEs und die Überlegungen Heinrich LUTZ' ist das Bewußtsein für die gesamteuropäischen Zusammenhänge der einzelnen politischen Entscheidungen des Kaisers erheblich gewachsen, und damit einher ging die Erkenntnis von der zentralen Bedeutung politischer Kommunikation für die Koordination dieser Politik: Mit der Auffassung des Gesamtreichs Karls V. als politischen Systems und der Frage nach der Bedeutung des römisch-deutschen Reichs im Rahmen dieses Systems sind der Forschung völlig neue Perspektiven eröffnet worden. So hat RABE – aufgrund der Regentschaftsinstruktionen Karls V. und der politischen Korrespondenz des Kaisers – überhaupt erst das Regentschaftssystem des Kaisers herausgearbeitet; vgl. dazu RABEs älteren Aufsatz: Elemente neuzeitlicher Politik und Staatlichkeit im politischen System Karls V. Bemerkungen zur spanischen Zentralverwaltung und zur Politischen Korrespondenz des Kaisers. In: Das römisch-deutsche Reich im politischen System Karls V., hrg. von H. LUTZ (= Schriften des Historischen Kollegs. Kolloquien 1), München/Wien 1982, S. 161–187; siehe auch die zahlreichen Hinweise in der Gesamtdarstellung RABEs: Deutsche Geschichte 1500–1600. Das Jahrhundert der Glaubensspaltung, München 1991. LUTZ hat zu diesem Thema keine spezielle Untersuchung vorgelegt, aber im Schlußwort zu dem genannten Kolloquiumsband, S. 269–282, der Forschung seinerzeit manch wichtige Grundlinie entworfen. Zum Regentschaftssystem des Kaisers

ren schon aufgrund der nur von kurzen Friedensphasen unterbrochenen Kriege des Kaisers mit Frankreich vielfach wirklich lediglich Reflex auf diese äußeren Verwicklungen gewesen ist, konnten solche Reaktionen doch sehr unterschiedlich aussehen. Zudem mochten sie von sehr verschiedenen Umständen veranlaßt sein, vom plötzlichen Wechsel der mächtepolitischen Konstellation in Europa ebenso wie von Ereignissen und Entscheidungen im Reich selbst – oder von beidem. Daher wäre für das Verständnis der Reichspolitik Karls V. eine Untersuchung gefragt, die die vielfachen Bedingtheiten dieser Politik über eine längere Phase hinweg umfassend analysierte und dabei die Vielfalt der Argumentations- und Handlungsmöglichkeiten des Kaisers in Betracht zöge[10]. Hier können freilich nur bestimmte Probleme zur Sprache kommen, und zwar einige Aspekte der Reichstagspolitik Karls V. im ersten Jahrzehnt seiner Regierung: Im folgenden soll versucht werden, bei der Suche nach Gründen und Motiven des Kaisers für die Absage des Reichstags von 1528 Bedingungen, Probleme und Spielräume[11] von Entscheidungen am kaiserlichen Hof in Reichsbelangen zu analysieren. Aufgrund einer solchen Untersuchung wird man möglicherweise deutlicher als bisher Prinzipien und Verfahren der frühen Reichspolitik Karls V. erkennen, jedenfalls aber genauere Aufschlüsse über einige politische und verfassungspolitische Defizite der Regimentskonstruktion von 1521 erhalten und darüber hinaus weitere Einblicke in die vielfältigen politischen Zielkonflikte des Kaisers selbst gewinnen.

Die bisher gebotenen, ohnehin nur äußerst knappen Erklärungen für die Absage des Reichstags vom Frühjahr 1528 mögen als Teilerklärungen hilfreich sein, hinreichend sind sie jedenfalls nicht[12]. Treffend erscheint zwar die Bemerkung LUTTENBERGERs: Karl sei 1528, auch um die Stände breiter französischer Propaganda zu entziehen, darauf verfal-

---

jetzt vor allem: H. RABE/P. MARZAHL, »Comme représentant nostre propre personne« – Bemerkungen zu den Regentschaftsordnungen Kaiser Karls V. (in diesem Band).

10 Vgl. dazu auch RABE, Deutsche Geschichte (wie Anm. 9), S. 302. Die Reichspolitik des Kaisers wurde von der Forschung bislang nicht eigens thematisiert, auch nicht in dem Kolloquiumsband zum römisch-deutschen Reich im politischen System Karls V. (wie Anm. 9). Sehr viel weiter führend als bisherige Untersuchungen ist aber der darin befindliche Aufsatz von A. LUTTENBERGER, Karl V., Frankreich und der deutsche Reichstag, S. 189–221. LUTTENBERGER untersucht darin Rolle und Funktion des Reichstags im politischen und diplomatischen Kräftespiel zwischen Karl V. und Frankreich.
Im Hinblick auf die Handlungsspielräume Karls V. angesichts seiner europäischen Belange sind wichtig die Beiträge von W. REINHARD, Die kirchenpolitischen Vorstellungen Karls V., ihre Grundlagen und ihr Wandel, sowie H. RABE, Befunde und Überlegungen zur Religionspolitik Karls V. am Vorabend des Augsburger Reichstags 1530. In: Confessio Augustana und Confutatio. Der Augsburger Reichstag 1530 und die Einheit der Kirche, hrg. von E. ISERLOH (= RST 118), Münster 1980, S. 62–100 bzw. 101–112. Eine wichtige Untersuchung kaiserlicher Politik hat H. RABE jetzt auch mit seinem Aufsatz zur kaiserlichen Religionspolitik als einem zentralen Feld der Politik Karls überhaupt vorgelegt (vgl. in diesem Band: Karl V. und die deutschen Protestanten. Wege, Ziele und Grenzen kaiserlicher Religionspolitik).

11 Zu der Kategorie »Spielraum« vgl. R. VIERHAUS, Handlungsspielräume. Zur Rekonstruktion historischer Prozesse. In: HZ 237 (1983), S. 289–309, dem der vorliegende Aufsatz zahlreiche Anregungen verdankt.

len, »den bereits ausgeschriebenen Regensburger Reichstag wieder abzusagen und in Verhandlungen seiner Kommissare mit den einzelnen Ständen und dem Schwäbischen Bund Militärhilfe gegen Frankreich einzufordern«[13]; doch bedarf auch diese Feststellung einer genaueren und weitergehenden Interpretation, vor allem im Hinblick auf die Motive Karls[14]. So ist ja davon auszugehen, daß Karl V. sich der prinzipiellen verfassungspolitischen wie der allgemein politischen Probleme einer Reichstags-Abkündung bewußt war: Treffen würde er damit vor allem Ferdinand, der dringend einer Reichstagsentscheidung über die Türkenhilfe und über die Finanzierung der Reichsbehörden bedurfte und dessen Statthalterposition diese Maßnahme darüber hinaus alles andere als zuträglich war. Karl muß sich also von der Mission des Propstes so viel versprochen haben, daß er die Desavouierung nicht nur des Regiments, sondern auch Ferdinands in Kauf nahm und damit selbst zentrale Postulate seines Regentschaftssystems außer Kraft setzte.

Warum aber gab der Kaiser Einzelverhandlungen eines Gesandten mit den Ständen den Vorrang vor einem Reichstag? Wieso sollte der Schwäbische Bund angesprochen werden? Warum konnte nicht der Reichstag wie vorgesehen stattfinden und Merklin anschließend Einzelverhandlungen führen? Hat Karl nicht ermessen können, daß eine solche offiziell nicht weiter begründete Absage die Unsicherheit und das Mißtrauen der Stände gegenüber der habsburgischen Politik schürte und deshalb den positiven Effekt, den das Abblocken der französischen Propaganda bedeuten konnte, bestenfalls neutralisierte? Hatte die Absage mit der von Ferdinand begehrten Türkenhilfe zu tun[15]? Welche Informationen besaß Karl überhaupt über die aktuelle Lage im Reich, und vor allem: warum hat er Ferdinand

12 Denn daß Karl »von den deutschen Fürsten in erster Linie die moralische Unterstützung« wünschte, wie BRANDI, Kaiser Karl V. Werden und Schicksal einer Persönlichkeit und eines Weltreiches, 4. Aufl. München 1937, S. 231 meint – also nicht wirklich Truppenhilfe erbat –, und den Reichstag absagte, um »unliebsame Erörterungen über strittige Fragen« zu verhindern, ist vorderhand ebenso wenig befriedigend wie die ähnliche Vermutung KOHLERs, Karl habe mit der Absage »die Vertagung einer Entscheidung in der Religionsfrage« bezweckt (A. KOHLER, Antihabsburgische Politik in der Epoche Karls V. Die reichsständische Opposition gegen die Wahl Ferdinands I. zum Römischen König und gegen die Anerkennung seines Königtums (1524–1534) (= Schrr.Reihe der Hist. Komm. bei der Bayerischen Akademie der Wissenschaften 19), Göttingen 1982, S. 98).

13 LUTTENBERGER, Karl V. (wie Anm. 10), S. 206.

14 Bemerkenswert ist, daß selbst J. KÜHN, der die Quellen zweifellos am besten kannte, auch keine befriedigende Anwort fand; in einem Verweis auf das der Waldkirch-Mission gewidmete Kapitel seiner RTA JR 7 merkt er lediglich an, dieses bringe »auch Licht in die Motive der Abkündung« (RTA JR 7/1, S. 187, Anm. 2).
Die Untersuchung von A. HASENCLEVER, Balthasar Merklin, Propst zu Waldkirch, Reichsvizekanzler unter Karl V. In: ZGO 73 (1919), S. 485–502 und ZGO 74 (1920), S. 36–80, ist vor allem in der Beurteilung des Propstes zu korrigieren; sie unterstellt Merklin mehr Eigenmächtigkeiten, als diesem nachgewiesen werden können.

15 Eine solche nicht weiter ausgeführte Vermutung äußert W. STEGLICH, Die Reichstürkenhilfe in der Zeit Karls V. In: Militärgeschichtliche Mitteilungen 11 (1972), S. 7–55, hier S. 35/36.

nicht konsultiert? Wie ist das Verhalten Balthasar Merklins in diesem Zusammenhang zu bewerten?

Wirklich gesichert ist zunächst einmal nur, daß die Absage des Reichstags aus dem gleichen Grund erfolgte – »derselben obligen und eehafften halben«[16] – wie die Gesandtschaft Balthasar Merklins: Karl bat für seinen Kampf gegen eine mittlerweile fast ganz Europa umfassende Koalition um die militärische Hilfe des Reichs. Das hatte er vorher noch nie getan, sondern sich damit zufrieden gegeben, daß die Stände sich wenigstens nicht auf der Seite Frankreichs engagierten und französische Werbungen unterbanden[17]. Die Situation für die Kaiserlichen war jetzt, Anfang 1528, aber auch so bedrohlich wie nie zuvor.

Zwischen Franzosen und Türken – die Probleme der Habsburger in Italien und Ungarn 1527/28 und die Reichsversammlungen dieser Zeit

Der im Januar 1526 zwischen Karl V. und Franz I. in Madrid geschlossene Frieden, der nach dem Wunsche Karls ein wirklicher Versöhnungsfrieden sein und dem gemeinsamen Kampf gegen Türken und Lutheraner den Weg bereiten sollte[18], hatte nicht gehalten – wie von Gattinara prognostiziert. Schon im Mai brachte Franz in der »Heiligen« Liga von Cognac all jene italienischen Mächte zusammen, denen die nun drohende habsburgische Hegemonie unerträglich war: den Papst, Venedig, Florenz und sogar Mailand. Auch England erklärte sich bereit, wenigstens Subsidien zu leisten[19]. Der »Sacco di Roma« am 6. Mai 1527 ließ das Bündnis noch enger zusammenrücken, wenngleich die Position des Papstes nun natürlich erheblich schwächer war und dieser nach seiner Freilassung von deutlich antikaiserlicher Politik abließ. Die übrige Liga verstärkte indessen ihr militärisches Engagement, und ihre Erfolge zogen wiederum eine nochmalige Erweiterung der antikaiserlichen Koalition nach sich: Im November traten Ferrara und Mantua bei. Eine Erleichterung für Karl stellte allerdings das Ausbleiben der dem Bündnis zugesagten englischen Hilfe dar. Die definitive Entscheidung zugunsten des Kaisers bedeutete dann der Frontenwechsel des Andrea Doria im Sommer 1528, der der kaiserlichen Armee die Genueser Flotte zur Verfügung stellte[20].

---

16 Wie Anm. 2.

17 LUTTENBERGER, Karl V. (wie Anm. 10), S. 207, 212 u.ö.

18 Vgl. dazu und zum folgenden RABE, Deutsche Geschichte (wie Anm. 9), S. 226 sowie S. 304–306.

19 Im Frühjahr 1527; BRANDI, Karl V. (wie Anm. 12), S. 228.

20 Die Geheimverhandlungen hatten Mitte Juni begonnen. Am 4. Juli fuhr der Neffe des Admirals, Filipino Doria, mit der Flotte von Neapel ab, am 10. August war Andrea Doria kaiserlicher Admiral; vgl. P. RASSOW, Die Kaiser-Idee Karls V. dargestellt an der Politik der Jahre 1528–1540 (= Historische Studien 217), Vaduz 1965 (Erstveröff. Berlin 1932), S. 11.

Dieser für Karl V. schließlich doch sehr glückliche Ausgang des Kampfes um Italien war aber eben zu Beginn des Jahres alles andere als wahrscheinlich; vielmehr drohte zu dieser Zeit der Verlust sämtlicher italienischer Besitzungen an Frankreich. Eine solche Perspektive zeichnete sich seit September 1527 ab, als die Franzosen Genua eroberten und dadurch die Kommunikation zwischen dem Kaiserhof und den in Oberitalien befindlichen Hauptleuten so weit erschwert wurde, daß Karl seinen Vizekönigen in Neapel und Sizilien sowie seinem Statthalter in Mailand, Antonio de Leyva, schrieb, sie müßten nun nach eigenem Ermessen handeln, ohne Weisungen von ihm erwarten zu können[21]. Da starb auch noch der langjährige Vizekönig von Neapel, Charles de Lannoy. Bald darauf wurde Pavia erobert und Mailand zweimal, wenngleich schließlich erfolglos, von der französischen Hauptarmee unter Lautrec belagert. Im Oktober brach Lautrec dann nach Süden auf, in das zur Krone Aragon, also zu Karls spanischen Erblanden, gehörende Königreich Neapel, und im Januar 1528 fielen französische Heere dort ein; die Belagerung der Stadt Neapel von der Land- wie von der Seeseite her, schon seit Dezember zu erwarten, begann im April: »Das Ende von Karls Vorherrschaft in Italien schien gekommen«[22].

Wie stark Karl die Bedrohung empfunden haben muß, zeigt seine Instruktion für Wilhelm von Montfort an Margarete und Ferdinand Ende Januar 1528[23], und das zeigen ebenso die zahlreichen Hilfsappelle, die der Kaiser am 7. Februar 1528 an nahezu jeden europäischen Hof sandte, der sich noch nicht in der antikaiserlichen Koalition befand. Neben einigen wenigen mit wirklicher Aussicht auf Erfolg angesprochenen Potentaten wie etwa den Königen von Portugal und Schottland erhielt auch der Großfürst von Moskau ein kaiserliches Schreiben aus Burgos[24]. Viele dieser Maßnahmen des Kaisers dienten natürlich weniger dem tatsächlichen Hilfsgesuch als vielmehr der Demonstration gegenüber seinen Gegnern, daß deren auf die Isolierung Karls zielende Politik fehlgeschlagen war. Den besten Anlaß zu dieser europaweiten Propaganda hatten ihm freilich Franz I. und Heinrich VIII.[25] selbst gegeben: mit ihrer militärisch zwar vollkommen unbedeutenden, aber

21 Mitteilung Karls an Ferdinand, Palencia, 8. September 1527, gedruckt in: Die Korrespondenz Ferdinands I., Bd. 2: Familienkorrespondenz 1527–1530, bearb.von W. BAUER und R. LACROIX (= Veröff. d. Komm. f. Neuere Geschichte Österreichs 30), Wien 1937 (im folgenden FK 2), S. 119–123, hier S. 121f. (H. BAUMGARTEN, Geschichte Karls V., Bd. 2, Stuttgart 1888, S. 615, referiert die Textstelle mit Bezug auf einen – wohl irrig – auf den 27. September datierten Brief). Demzufolge blieb auch der bedauernswerte Leyva auf seine klagenden Bitten hin, ihn und sein zahlenmäßig weit unterlegenes Heer wenigstens zu ermutigen, immer ohne Antwort (vgl. auch BAUMGARTEN, S. 604).

22 Manuel FERNÁNDEZ ALVAREZ, Imperator Mundi. Karl V., Kaiser des Heiligen Römischen Reiches Deutscher Nation, Stuttgart/Zürich 1977, S. 90.

23 Instruktion Karls für Wilhelm von Montfort, Burgos, 31. Januar 1528, FK 2 (wie Anm. 21), S. 176–185.

24 Der Großfürst wurde freilich nicht um Truppen gebeten, sondern um die Rücksendung des Hauptmanns Severinus Norby, den der Großfürst offenbar festhielt und den Karl, wie er angab, jetzt dringend benötige. Cornelius Schepper wurde nach Dänemark, Schottland, an die wendischen (Hanse-) Städte und zu König Sigismund nach Polen u. a. gesandt; Regesten der Instruktionen und Briefe in: Calendar of Letters (wie Anm. 6), S. 577–79.

propagandistisch dafür um so wirkungsvolleren feierlichen Kriegserklärung, die »mit der lärmenden Förmlichkeit homerischer Helden«[26] durch die Herolde der beiden Könige am 22. Januar 1528 in Burgos erfolgte – propagandistisch wirkungsvoll für Franz I., der mit dieser Demonstration wiedergewonnener Stärke seinen Ständen für die Zustimmung zur Auslösung seiner Söhne sowie zum beabsichtigten Krieg danken und sie darauf einschwören konnte; propagandistisch wirkungsvoll aber auch, wenngleich unbeabsichtigt, für Karl V., dem vor allem dieses Ereignis dazu diente, um die militärische Gefährdung seiner Position und die Schuld seiner Feinde am erneuten Kriegsausbruch darzutun – nicht ohne dabei die Szene kräftig auszumalen[27]. Überhaupt ließ Karl unter ausdrücklichem Bezug auf die Kriegserklärung in ganz Europa Rechtfertigungen, »justiffications«, verbreiten – sogar in England[28] –, die die Rechtmäßigkeit seiner Position erläutern sollten[29]. Die prekäre militärische und politische Lage war demnach der Grund für die Hilfsgesuche des Kaisers, die Kriegserklärung der Könige aber bot erst die argumentative Grundlage, die auf eine positive Resonanz hoffen lassen konnte.

Vor allem auf dieses Ereignis der Kriegerklärung rekurrierte denn auch die kaiserliche Vollmacht für Balthasar Merklin. Am Kaiserhof war man sich freilich dessen bewußt, daß die Kriegserklärung Karl nicht als Kaiser, sondern als König von Spanien und Herrn der Niederlande galt. Wollte man auf die Hilfe des Reichs hoffen, mußte dessen Mitbetroffenheit von den Feindseligkeiten der Könige erwiesen werden; ein Gesuch um reichsständische Hilfe zur Abwendung des drohenden Verlusts Neapels wäre von vornherein zum Scheitern verurteilt gewesen[30]. Selbst die Bedrohung des Reichslehens Mailand hatte in

25 Heinrich VIII. brachte zusätzlich zur Furcht vor der habsburgischen Hegemonie sein Scheidungsproblem auf die Seite der Gegner Karls.

26 BRANDI, Karl V. (wie Anm. 12), S. 229.

27 Welchen Stellenwert diese Kriegserklärung und die sich daran schließende Diskussion über einen Zweikampf zwischen Karl und Franz für den Kaiserhof wirklich besaßen, zeigt auch die Autobiographie Gattinaras (Historia Vite et gestorum per Dominum Magnum Cancellarium, Mercurino Arborio di Gattinara, hrg. von C. BORNATE, Turin 1915), in der diese Ereignisse mehrere Seiten einnehmen (S. 132–35), der Wormser Reichstag von 1521 z. B. aber nur einer Zeile für wert befunden wird (S. 55).

28 Das Vorgehen war auf das genaueste geplant: Wilhelm von Montfort sollte ein großes Briefpaket mit in die Niederlande zu Margarete nehmen, die wiederum dafür sorgen sollte, daß der kaiserliche Gesandte in England, Iñigo de Mendoza, es bald bekäme (Instruktion für Wilhelm von Montfort, Burgos, 31. Januar 1528, Art. 1, FK 2 (wie Anm. 21), S. 176/77). Vom gleichen Tag datiert die kaiserliche Abberufung Mendozas von seinem Botschaftsposten in London, die dem Gesandten aber noch die Verteidigung der kaiserlichen Sache mit Hilfe der von Montfort gebrachten Briefe ans Herz legte (Karl an Mendoza, Burgos, 31. Januar 1528, Calendar of Letters (wie Anm. 6), S. 562/63). – Karls Gesandter in Frankreich, Granvelle, erhielt mit seiner Abberufung zwar nicht solche Rechtfertigungsschriften, aber doch eine Kopie der Erwiderung des Kaisers auf die Kriegserklärung des französischen Herolds, damit er informiert sei (Karl an Granvelle, Burgos, 5. Februar 1528, ebd., S. 574/75).

29 Vgl. Anm. 24.

30 Zur politischen Mentalität der Reichsstände treffend und zugleich ausgewogen LUTTENBERGER, Karl V. (wie Anm. 10), S. 190/91.

der Vergangenheit die Reichsstände ja nicht zu aktivieren vermocht, und der Appell Karls an das übergreifende Reichsinteresse und die gemeinsame Verantwortung von Kaiser und Ständen für die territoriale Integrität des Reichs hatte 1521 lediglich eine bedingte – und auch nur notgedrungen bewilligte – Romzugshilfe bewirkt[31]. So argumentierte der Kaiser jetzt, im Frühjahr 1528, anders, und zwar erklärte er die beiden Könige zu Feinden des Reichs und der Christenheit, die ihn an der Wahrnehmung seiner eigentlichen Aufgaben hinderten; um den Frieden in der Christenheit wiederherzustellen, suche er, Karl, jetzt Rat und Hilfe bei »kurfürsten und gemeinden stenden als unsern negsten loblichen gliddern«, die durch die ihrem Oberhaupt angetragene Herausforderung mit herausgefordert seien[32]. Der einzelne Vasall war also aufgerufen, seinem kaiserlichen Herrn Hilfe zu gewähren.

Ferdinand gegenüber argumentierte Karl freilich überwiegend direkt mit den militärischen und politischen Erfordernissen. Schon im August 1527, nachdrücklicher dann seit dem Fall Genuas im September, bemühte sich der Kaiser darum, seinen Bruder zum militärischen Eingreifen auf dem oberitalienischen Kriegsschauplatz zu bewegen. Dazu war Ferdinand im Prinzip auch gerne bereit, hatte er doch jahrelang gerade darum gebeten[33]. Seit aber sein Schwager Ludwig, König von Ungarn und Böhmen, bei Mohács im August 1526 gefallen war und Ferdinand seine Erbansprüche auf die Kronen der beiden Länder geltend machte, hatten sich seine politischen Prioritäten verschoben: Die Absicherung seiner Herrschaft vor allem im lange umstrittenen Ungarn – gegen den ungarischen Gegenkönig, den Woiwoden von Siebenbürgen Johann Zápolya, und gegen die Türken – war

31 Vgl. LUTTENBERGER, Karl V. (wie Anm. 10), S. 203–205.

32 Vollmacht Karls für Balthasar Merklin, Burgos, 3. Februar 1528; überwiegend referiert, nur zu einem kleinen Teil zitiert RTA JR 7/1, S. 186/87, hier S. 186. – Noch deutlicher wird diese Auffassung Karls von der Mitbetroffenheit nicht nur Ferdinands, sondern auch der Reichsstände in der Montfort-Instruktion: Nicht nur Ferdinand sollte sich durch einen Herold für mit-herausgefordert – »pour deffié d'eulx« – erklären, sondern auch die Kurfürsten und die übrigen Stände sollten und könnten das tun, weil sich die Herausforderung an ihn, Karl, als ihrer aller Oberhaupt richtete – »puisque l'on nous a deffié qui sommes leur chief, ceulx qui sont membres principaulx de l'empire se tiennent aussi pour dessafiéz« (Instruktion Karls für Wilhelm von Montfort an Margarete und Ferdinand, Burgos, 31. Januar 1528, Art. 15, FK 2 (wie Anm. 21), S. 181/82). Zu der Argumentation der Behinderung der kaiserlichen Aufgaben vgl. auch F. BOSBACH, Monarchia Universalis. Ein politischer Leitbegriff der frühen Neuzeit (= Schrr. Reihe d. Hist. Komm. bei der Bayerischen Akademie der Wissenschaften 32), Göttingen 1986, S. 51–53.
Karl griff hier also Teile jener Argumentation auf, mit der Ferdinand und der kaiserliche Orator Hannart 1524 eine Reichstags-Gesandtschaft zum Zwecke einer Friedensvermittlung zwischen Karl und Franz verhinderten: die Verpflichtung der Stände zur Rücksicht auf die besonderen Interessen ihres Oberhaupts auch dann, wenn seine Interessen mit den ihrigen nicht vollständig übereinstimmten; LUTTENBERGER, Karl V. (wie Anm. 10), S. 207. Zu der verhinderten Gesandtschaft jetzt G. RILL, Fürst und Hof in Österreich von den habsburgischen Teilungsverträgen bis zur Schlacht von Mohács (1521/22 bis 1526), Wien/Köln/Weimar 1993, S. 57–62.

33 BAUMGARTEN (wie Anm. 21), S. 615. Karl hatte solche Angebote und Bitten Ferdinands stets abgelehnt, noch im Juli 1526; vgl. Karl an Ferdinand, 27. Juli 1526, in Auszügen übersetzt in: Quellen zur Geschichte Karls V., hrg. von A. KOHLER (= Ausgewählte Quellen zur deutschen Geschichte der Neuzeit: Freiherr vom Stein-Gedächtnisausgabe XV), Darmstadt 1990, S. 117–121.

seither sein vorrangiges Ziel. Freilich handelt es sich dabei nicht um grundsätzlich andere Zielvorstellungen von habsburgischer Politik und dem Wohle der Casa de Austria, wohl aber um unterschiedliche Auffassungen Karls und Ferdinands darüber, welche Ziele zunächst vorrangig anzusteuern und wie demzufolge die anderen Aufgaben anzugehen seien. In den folgenden Jahren ist die Korrespondenz der Brüder daher geprägt von beiderseitigen Bitten um Unterstützung der jeweiligen Angelegenheiten: Während Ferdinand den Kaiser um Friedensschluß mit Frankreich und um Unterstützung gegen Zápolya und die Türken bat, forderte Karl seinen Bruder zum Friedensschluß mit Zápolya, zum Waffenstillstand mit den Türken und zur Hilfe in Italien auf. Auch in seiner Instruktion für Wilhelm von Montfort Ende Januar 1528 bat der Kaiser seinen Bruder nochmals nachdrücklich um Mitteilung darüber, was er, Ferdinand, für den Krieg in Italien zu tun gedenke, und empfahl ihm dringend einen Waffenstillstand oder sonst ein beliebiges Stillhalteabkommen mit Zápolya und den Türken[34]. Ferdinand aber hatte am 23. November nochmals deutlich gemacht, daß er, so gerne er es auch wolle, unmöglich selbst nach Italien gehen könne, denn wenngleich die vormaligen Anhänger Zápolyas nun fast alle zu ihm, Ferdinand, übergegangen seien, würden sie ihm wieder den Rücken kehren, wenn er sich entfernte[35].

Vor allem aber verknüpften sich seit 1526 die Einzelprobleme Ferdinands nicht nur immer enger miteinander, sondern auch mit den europäischen Angelegenheiten des Hauses Habsburg. So verschärfte der Herrschaftsantritt Ferdinands in Böhmen zunächst den Gegensatz zu den Herzögen von Bayern ganz erheblich. Denn diese waren an Böhmen ebenfalls hochgradig interessiert, aber bei der Wahl unterlegen gewesen und sahen sich nun von drei Seiten von ihrem Konkurrenten bedroht. Ihre Gegenmaßnahmen bestanden in der Aufnahme von Kontakten zu Zápolya, zu Frankreich und zu einigen Kurfürsten, denen sie für den Fall der Wahl Ferdinands nun auch noch zum Römischen König das Schreckensbild einer europäischen Hegemonie Habsburgs entwarfen und ihnen deshalb die Wahl Herzog Wilhelms nahelegten[36]. Daneben war Ferdinand durch das ungarische Erbe jetzt auch zuständig für die Türkenabwehr und zugleich der Empfänger der Reichstürkenhilfe. Ferdinand mußte daher ständig bemüht sein, den – tatsächlich berechtigten – Verdacht der Reichsstände zu zerstreuen, daß er die Truppen gar nicht gegen die Türken verwenden,

34 Instruktion Karls für Wilhelm von Montfort an Margarete und Ferdinand, Burgos, 31. Januar 1528, Art. 12, FK 2 (wie Anm. 21), S. 176–185, hier S. 181.

35 Ferdinand an Karl, Gran, 23. November 1527, FK 2 (wie Anm. 21), S. 152–161. Die Sachen seien jetzt solcher Art, »que, si j'en partoie en nulle manière du monde que ce fust, le dangier de perdre le tout et estre à recommancer pis que devant est si tres evidant que plus ne pourroit, car, mong[r], je ne fais doubte sçavez assez la nature des Hongrois et de leur muable et fragille vouloir, lesquelz demandent, si l'on en veult jouir, estre tenuz de près et soubz bride« (S. 155/56).

36 KOHLER, Antihabsburgische Politik (wie Anm. 12), S. 93–98; RABE, Deutsche Geschichte (wie Anm. 9), S. 319. Vgl. auch A. KOHLER, Die innerdeutsche und die außerdeutsche Opposition gegen das politische System Karls V. In: Das römisch-deutsche Reich (wie Anm. 9), S. 107–127, bes. 113–118.

sondern im Thronstreit gegen Zápolya einsetzen wolle. Um solchen »Mißbrauch« der Türkenhilfe zu verhindern, bemühten sich die Stände um ein Kontrollinstrument, das über die Verwendung der Gelder und Truppen wachen konnte[37]. Der Esslinger Regimentstag im Dezember 1526 richtete mit der Deputation eine solche Kontrollinstanz ein, ohne daß er die – auf dem Reichstag in Speyer schon bewilligten – Gelder der eilenden Hilfe freigegeben hätte; lediglich zur Bereitstellung eines Teils der Summe für den Fall eines türkischen Angriffs im Frühjahr 1527 verstand man sich[38]. Die Frage der beharrlichen Hilfe glaubte der Regimentstag nun schon gar nicht alleine lösen zu können und beschloß daher seine personelle Erweiterung zu einer in der Regimentsordnung von 1521 genau für solche Angelegenheiten vorgesehenen Versammlung in Regensburg am 1. April 1527[39] – das war kein Reichstag[40]! Um diesmal endlich in den Genuß von Reichshilfe zu kommen, hatte sich Ferdinand schon im Vorfeld dieser Versammlung mit erheblichem personellen Aufwand in Einzelverhandlungen mit den Reichsständen um Reiterdienst gegen die Türken und Zápolya bemüht – mit gemischtem Erfolg[41]. Der »Versammlungstag«[42] selbst war dann so schlecht besucht, daß man sich zum Beschluß einer beharrlichen Hilfe wiederum

37 STEGLICH, Reichstürkenhilfe (wie Anm. 15), S. 24–27; zu den Bemühungen Ferdinands, die Türkenhilfe zur Erlangung Ungarns zu verwenden, ebd., S. 27.

38 Abschied des Regimentstags vom 21. Dezember 1526. In: Neue und vollständigere Sammlung der Reichsabschiede, ... Neudruck der Ausgabe von 1747, Osnabrück 1967, S. 281–284, hier vor allem § 9–13. Vgl. auch STEGLICH, Reichstürkenhilfe (wie Anm. 15), S. 28.

39 Im Abschied des Regimentstages (wie Anm. 38), § 3 und 4.

40 Die 1521 sehr umstrittene Frage, ob das Regiment befugt sein sollte, einen Reichstag auszuschreiben, ist schließlich mit einem Formelkompromiß »gelöst« worden: »Und so die sachen also treffenlich weren, die keinen verzug erleiden, möchten stathälter und regiment, auch churfürsten und fürsten in sachen fürgen und dem, so durch den mereren teil beschlossen wird, volg thun; oder ob es die groß der sachen erfordert, andere des reichs fürsten und stende zu inen zu erfordern und zu berüffen, dieselben fürsten und stende darauf auch gehorsamlich erscheinen und also mit vleiß und treuen thun und handlen söllen, als sie uns und dem heiligen reich verwant und schuldig sein« (Regimentsordnung Art. 12, RTA JR 2, S. 227). Das Wort »Reichstag« fällt nicht, auch nicht der Begriff »Reichstag ausschreiben«. Daher rührt die Unsicherheit in der Forschung zum einen darüber, ob das Regiment befugt war, Reichstage auszuschreiben, zum anderen darüber, welche Versammlungen zur »Regierungszeit« des Regiments denn wohl Reichstage gewesen seien und welche nicht (vgl. dazu die Überlegungen von H. NEUHAUS, Reichstag und Supplikationsausschuß. Ein Beitrag zur Reichsverfassungsgeschichte der ersten Hälfte des 16. Jahrhunderts (= Schriften zur Verfassungsgeschichte 24), Berlin 1977, S. 26/27). In der politischen Praxis der zwanziger Jahre setzte sich im übrigen die kaiserliche Interpretation der 1521 gefundenen »Lösung« durch: Alle Reichstage der Zeit sind von ihm bzw. nur mit seiner ausdrücklichen Genehmigung ausgeschrieben worden (vgl. dazu ausführlich C. ROLL, Das zweite Reichsregiment 1521–1530 (= Forschungen zur deutschen Rechtsgeschichte 15), Köln/Weimar 1996).

41 RTA JR 7/1, S. 8–41. Einige Fürsten, vor allem die im nordöstlichen und östlichen Reichsgebiet wohnenden, waren diejenigen, die »ad partem hilf zu tun bewilligt haben« (Kurbrandenburg, Pommern, Mecklenburg, Herzog Georg von Sachsen, Braunschweig). Das Hauptargument derjenigen, die zunächst nicht bewilligten, bestand – neben den offensichtlichen und bekannten Vorwänden und Ausreden – darin, daß über eine Türkenhilfe viel besser auf einem auch von Ferdinand besuchten Reichstag entschieden werden könne (so auch Herzog Georg von Sachsen, der sich aber trotzdem bereit erklärte, mindestens

nicht durchringen konnte: Die Gesandten Ferdinands[43] versuchten zwar noch, eine Erstrekkung bis Martini zu erreichen, doch die Stände beschieden sie mit dem Hinweis, die Erstreckung und Ausschreibung eines Reichstags [!] stehe dem Kaiser zu, an den sie sich deshalb aber gerne wenden wollten[44]. Am 18. Mai 1527 baten denn auch Regiment und anwesende Stände und Gesandte den Kaiser um das Ausschreiben eines Reichstags, ebenfalls nach Regensburg[45]. Dieser Bitte entsprach Karl am 1. August und gab dem Regiment den Befehl, auf Martini 1527 einen Reichstag nach Regensburg auszuschreiben[46]; er versprach, zu diesem Reichstag sowohl Oratoren zu senden als auch kaiserliche Kommissare zu ernennen[47] und erteilte die Befugnis, alles zu beraten und zu beschließen, »das zu abwendung der obbemelten beswerlichen und sorglichen last des Turkens auch der irtumb unsers h. cristenlichen glaubens und zu aufrichtung und erhaltung einigkait, fridens, rechtens und gueter pollicei, desgleichen underhaltung unsers KGs und Rgts im h. reich allenthalben von noten ... sein muge«[48]. Mit Nennung der gleichen Verhandlungsgegenstände schrieb das Regiment dann am 6. November 1527 auf den 1. März des folgenden Jahres einen Reichstag aus[49].

---

80 Reiter zu stellen; RTA JR 7/1, S. 26) und daß man sich angesichts des bevorstehenden Reichstags nicht zu einem solchen Reiterdienst bereitfinden wolle.

42 So die Bezeichnung z. B. im Abschied dieses Tages, §11, Reichsabschiede (wie Anm. 38), S. 286; er tagte vom 27. April bis 18. Mai. Die Quellen vermeiden beharrlich das Wort »Reichstag« für diesen Tag. In ihrem Schreiben an den Kaiser nennt sich diese Versammlung »aine gemeine der reichs Stende versamlung des angeregten beharrlichen widerstands halber« (die zu Regensburg versammelten Reichsstände an Karl V., 18. Mai 1527, Beilage 24 des Aufsatzes S. STOY, Erste Bündnisbestrebungen evangelischer Stände. In: Zeitschrift des Vereins für Thüringische Geschichte und Altertumskunde 14, N.F. 6 (1889), S. 1–270, hier S. 266).

43 Instruktion für diese, 2. Mai 1527, RTA JR 7/2, S. 993 (referiert).

44 »... Nemlich auf den ersten Articul, daß dieser Versammlungs-Tag biß auf Martini erstreckt, und wieder hieher ernennt werden solt, Wüsten wir uns zu erinnern, daß das Austhun und Verkündung eines Reichs-Tags Röm. Kayserlicher Majestät unserm allergnädigsten Herrn eignet, und in unser Macht und Gewalt nicht stünde« (Abschied dieses Tages, §12, Reichsabschiede (wie Anm. 38), S. 287 (dasselbe durch KÜHN, RTA JR 7/2 teils zitierte, teils referierte Stück S. 999–1005 läßt das Problem nicht erkennen)). Daß neben dem Gefühl mangelnder reichsrechtlicher Legitimität für die versammelten Stände auch die Chance einer weiteren Verschiebung ihrer Zahlungsverpflichtung eine wichtige Rolle spielte, soll damit nicht bestritten werden.

45 Bei STOY, Bündnisbestrebungen (wie Anm. 42), S. 266–268 (viel besser zu verwenden als der Teildruck in den RTA JR 7/2, S. 1005/6).

46 Karl an Ferdinand oder Markgraf Philipp und das Regiment, Valladolid, 1. August 1527, RTA JR 7/2, S. 1009/10.

47 »... so wellen wir hiedann von unserm ksl. hofe unser treffenliche oratores und botschaft mit notdurftigen befehl, gwalt und instruction mitler zeit auch darauf hiedan schicken, desgleichen ander commissarien darzu benennen...« (ebd., S. 1009).

48 Ebd., S. 1009/10.

49 RTA JR 7/2, S. 1010/11. Die Überschrift des Kapitels IV: »Reichsregierung und neuer Reichstag bis zum Erlaß des Ausschreibens 1527«, vor allem aber die einzelnen Seitenüberschriften dieses Kapitels,

Der Kaiser hat es also an Bereitschaft nicht fehlen lassen, diesen Reichstag zustande zu bringen. Auch die angekündigte und prognostizierte Beteiligung der Stände war durchaus beeindruckend. Die Erweiterung der Verhandlungsgegenstände um die »klassischen« Themen der Reformationsreichstage – 1527 war ja nur Türkenhilfe vorgesehen gewesen – wird man zu einem erheblichen Teil auf den Einfluß des Reichsregiments zurückzuführen haben: Den Reichsregenten lag ja nicht nur ihre eigene Besoldung am Herzen[50]; sie waren es auch gewesen, die unabhängig von ihrer personellen Zusammensetzung seit Herbst 1524 immer wieder darauf gedrängt hatten, daß der Glaubensstreit Gegenstand der Reichstagsverhandlungen würde[51]; aber gerade angesichts dieses Themas hatten jetzt, 1528, weder die Altgläubigen noch die Anhänger Luthers ein gutes Gefühl[52]. Eine Einflußnahme Ferdinands auf die Reichstagsthemen konnte indessen nicht festgestellt werden[53].

Was sich der Beeinflussung der Reichsstände freilich weitgehend entzog, war die jetzt deutlich werdende Internationalisierung der Reichstagspolitik: Mit französischen und englischen Gesandtschaften war ebenso zu rechnen wie mit ungarisch-siebenbürgischen. Das Verhältnis Ferdinands zu Zápolya hatte nämlich inzwischen eine neue Qualität erhalten. Nachdem die Vermittlung durch den polnischen König im Juni 1527 gescheitert war und Ferdinand durch einen schnellen Feldzug fast ganz Ungarn hatte unter seine Herrschaft bringen können, gelang es ihm, auch Ofen kampflos einzunehmen und nach der Bestätigung seiner Wahl am 7. Oktober 1527 gekrönt zu werden. Zápolya aber tat nun das, was Ferdinand ihm stets unterstellt hatte: Er suchte Rückhalt bei den Türken und schloß am 29. Februar 1528 einen Vertrag, der ihm die Hilfe der Osmanen gegen das Haus Österreich sicherte, ohne Ungarn tributpflichtig zu machen[54]; aus dem Thronstreit zwischen Zápolya

---

S. 123–140, verwirren unnötig; es handelt sich nämlich überhaupt nicht um einen Reichstag, sondern um Reichskorrespondenz aus der Zeit zwischen Juni und November 1527.

50 Die Bewilligung des Speyerer Reichstags war bereits im Herbst 1527 ausgelaufen, und Nürnberg teilte am 24. April mit, daß zur Fastenmesse keine Gelder erlegt worden seien; RTA JR 7/1, S. 225. Der Regimentsrat Christoph Blarer (auch: Plarer) übernahm in der folgenden Zeit für König Ferdinand die Bürgschaft für die ausstehenden Gelder; vgl. dazu ROLL, Reichsregiment (wie Anm. 40), bes. S. 106.

51 Vgl. das Schreiben des Regiments an Ferdinand, Esslingen, 10. März 1525 (HHStA Wien, RK RTA 2B, fol. 8r, RV 8v, Beilage fol. 9r–11r), aus dem deutlich wird, daß das Regiment seit Dezember des Vorjahres mehrfach beim Kaiser um die Neuansetzung eines Reichstags bat, oft mit Entwürfen für Ausschreiben und Vollmacht sowie Instruktion für kaiserliche Kommissare. Trotz der beeindruckenden Themenvielfalt erscheint die Bemerkung von KÜHN, daß der Reichstag von 1528, »wäre er zusammengetreten, zu den bedeutenderen der Reformationszeit gehört haben würde« (RTA JR 7/1, S. 169), doch wenig gesichert.

52 Vgl. etwa Kurfürst Albrecht von Mainz, RTA JR 7/1, S. 165, und Landgraf Philipp von Hessen, ebd., S. 171.

53 Zwischen dem 30. Mai 1527, als Ferdinand dem Kaiser die Ergebnisse des »Versammlungstages« mitteilte, und dem 31. Januar 1528, dem Datum der Montfort-Instruktion, tauchen schon Reichsangelegenheiten kaum, Reichstagsbelange aber gar nicht in der Korrespondenz der Brüder auf.

54 STEGLICH, Reichstürkenhilfe (wie Anm. 15), S. 35.

und Ferdinand war ein Konflikt zwischen dem Sultan und Ferdinand geworden – ein Konflikt, der die Türkengefahr für das Reich erheblich steigerte. Eine Art präventive Reichstürkenhilfe war daher das Hauptziel, das Ferdinand mit dem Reichstag verband[55] – bekommen hatte er ja bestenfalls die im Dezember 1526 in Esslingen für das Frühjahr 1527 zugesagten Teile, nämlich ein Drittel der in Speyer 1526 bewilligten Gelder und Truppen[56]. Der Vertrag Zápolyas mit den Türken hätte nun Ferdinand die Argumentation auf dem Reichstag erheblich erleichtert, auch wenn Zápolya seinerseits Ferdinand zu diskreditieren suchte[57].

Ebenfalls plante König Franz auf den Rat du Bellays, Bischofs von Bayonne, eine gemeinsame Gesandtschaft mit England zum bevorstehenden Reichstag, die vor allem propagandistisch tätig sein und den Kaiser für den gegenwärtigen Krieg verantwortlich machen sollte. Daneben war die Beeinflussung der Wahlfrage im französischen Interesse vorgesehen; zudem sollten offensichtlich die Bemühungen Ferdinands um Türkenhilfe konterkariert werden – aufgrund der Befürchtung, er könnte dann mit jenem Heer nach Italien ziehen, um den Kaiser zu unterstützen[58]. Diese Gesandtschaft kam dann aber doch nicht zustande[59] – wie der ganze Reichstag:

Am 13. April traf der kaiserliche Postbote Luis de Taxis mit dem Abkündungsmandat aus Burgos beim Regiment in Speyer ein. Sogleich sandte dieses nach Regensburg an den sich versammelnden Reichstag einen Boten, der mit der Nachricht vom Verbot des Reichstags am 19. April morgens um 4 Uhr in der Mainzer Kanzlei eintraf[60]. Am folgenden Tag

55 Daß für Ferdinand ganz eindeutig die Türkenhilfe im Vordergrund stand, ergibt sich aus seinem Schreiben an seine Schwester Maria, die er für die Zeit seiner Abwesenheit um die Übernahme der Statthalterschaft in Ungarn bat, da er zum Reichstag müsse, um die Türkenhilfe zu bekommen: »car sans ma presence je n'ay nul espoir d'avoir aide que soit d'aparance ou importance; et puis que sans gens estrangiers ne se pouoit defendre cestuy roiaulme et que je n'avoie espoir de nulle aide bonne sans ma presence...« (Ferdinand an Maria, Gran, 7. Februar 1528, FK 2 (wie Anm. 21), S. 188–190, hier S. 189).

56 Den erfolgreichen Sommer-Feldzug 1527 hatte Ferdinand mit Hilfe von Truppen Georgs von Sachsen und Erichs von Braunschweig-Calenberg durchgeführt – unter anderem ein Ergebnis der Werbung um Reiterdienst.

57 Vgl. das Schreiben Johann Zápolyas an den Reichstag, Tharnow, 13. April 1528, RTA JR 7/2, S. 1032–1035.

58 An diesen Befürchtungen ist einmal mehr die doch recht große Fremdheit zu erkennen, mit der selbst die besten französischen Kenner des Reichs dessen politischer Ordnung gegenüberstanden; vgl. dazu auch LUTTENBERGER, Karl V. (wie Anm. 10), S. 202/03. Zu den französisch-englischen Plänen vgl. KOHLER, Antihabsburgische Politik (wie Anm. 12), S. 95/96, sowie RTA JR 7/1, S. 161/62 und LUTTENBERGER, Karl V. (wie Anm. 10), S. 192/93. Die Argumentation Franz' zielte seit 1521 darauf, jene von Karl postulierte Mitbetroffenheit des Reichs von den militärischen Konflikten mit Frankreich nun gerade zu widerlegen, indem er z. B. erklärte, der Krieg um Mailand werde nicht um Interessen des Reichs geführt, sondern lediglich um Partikularinteressen Karls.

59 Hauptsächlich wegen der Geleitsbeschaffung (RTA JR 7/1, S. 163).

60 RTA JR 7/1, S. 215. Da der Stellvertreter Ferdinands als Statthalter am Regiment, Markgraf Philipp von Baden, nicht beim Regiment war, unterzeichnete der habsburgische Regimentsrat Wolf von Montfort

rief der Mainzer Kanzler, Kaspar von Westhausen, die anwesenden Stände bzw. Gesandten zusammen und schilderte ihnen die Lage; die kaiserlichen Kommissare, Pfalzgraf Friedrich und der Kölner Dompropst Hermann von Neuenahr sowie die Reichstagsgesandten Ferdinands, Ludwig Sigmund von Polheim und Schweickhardt von Gundelfingen, wurden nicht dazugebeten. Man beschloß abzureisen. Die kaiserlichen Kommissare versuchten noch, die Stände mit dem Argument hinzuhalten, man solle auf Nachricht von Ferdinand warten, der sicher die Gründe mitteilen werde; aber mit dem Hinweis, daß das nicht im Sinne des kaiserlichen Befehls sei, man dazu auch keine Berechtigung habe und der Kaiser ja ohnedies alle Stände beschicken wolle, reisten die Stände ab[61]. Nur Polheim blieb noch ein paar Tage dort, um auf möglichen weiteren Bescheid des Kaisers zu warten[62].

Als all das geschah, befand sich der kaiserliche Reichsvizekanzler mit seinem geheimnisvollen Auftrag schon seit zwei Wochen in den Niederlanden und schickte sich nun an, ins Reich zu kommen.

Der Gesandte, seine Instruktion und seine Mission ins Reich

Balthasar Merklin (1479–1531), oft einfach nur nach seinem Geburtsort und seiner ersten geistlichen Würde Propst von Waldkirch[63] genannt, genießt in der Forschung keinen guten Ruf. Auch ist zumeist ihm die Schuld am Scheitern der Mission von 1528 zugewiesen worden, mit dem lapidaren Hinweis, er sei der Aufgabe nicht gewachsen gewesen[64]. Karl

als Statthalteramtsverweser. Vom 16. April datiert das gedruckte Mandat des Regiments, das allen Ständen die Abkündung des Reichstags mitteilte (Teildruck als Beilage 52 in: RTA JR 7/2, S. 1035). Ebenfalls am 13. April sandte das Regiment einen Boten auch zu Ferdinand mit einer Kopie der kaiserlichen Reichstags-Absage, einer Kopie des Regimentsmandats vom 13. April und noch anderen Briefen, die in den Zusammenhang der Packschen Händel gehören (vgl. RTA JR 7/1, S. 215). Ferdinand bestätigte dem Regiment den Empfang der Briefe am 26. April (Postscriptum eines Briefs Ferdinands an das Regiment, Prag, 26. April 1528, HHStA Wien, Reichsakten in genere 4/2, fol. 3r–4r, RV 5v, hier fol. 4r).

61 Vgl. dazu RTA JR 7/1, S. 220–222.

62 Schweickhardt von Gundelfingen und Sigmund Ludwig von Polheim an Ferdinand, Regensburg, 22. April 1528, HHStA Wien, RK RTA 3 CIII, fol. 3r–v.

63 Mit diesem Namen (»vidit Waltkirch«) erfolgten auch seine Gegenzeichnungen.

64 BRANDI, Karl V. (wie Anm. 12), S. 230. Er sei ein unzuverlässiger Diplomat ohne großen Zuschnitt gewesen (KÜHN, in: RTA JR 7/1, S. 342), »sein Grundzug war eine außergewöhnliche Unwahrhaftigkeit und Unzuverlässigkeit« (J. KÜHN, Die Geschichte des Speyrer Reichstags 1529 (= SVRG 146), Leipzig 1929, S. 30). Ganz ähnlich P. KALKOFF, Der Wormser Reichstag von 1521. Biographische und quellenkritische Studien zur Reformationsgeschichte, München/Berlin 1922, S. 111–122, der an dem Geistlichen und Katholiken Merklin gar keine positiven Züge erkennen kann und die Erfolge wie Mißerfolge des Propstes lediglich mit dessen angeblichen »Charakterschwächen« erklärt. Die Darstellung und Bewertung der Mission entbehrt vollkommen der Quellengrundlage; überhaupt ersetzt KALKOFF historische Analyse hier durch moralische Werturteile. Entsprechend auch HASENCLEVER (wie Anm. 14), bes. ZGO 74, S. 47/48.

selbst schätzte Merklin aber offensichtlich mehr: Er nahm den über den Kanzleidienst bei Kaiser Maximilian in den Hofrat aufgestiegenen promovierten Juristen 1522 als einen der wenigen »alten Räte«[65] mit nach Spanien, machte ihn 1524 zum Taxator und 1527 zum Reichsvizekanzler[66]. Bereits 1524 stöhnte Waldkirch unter seiner Arbeitslast am kaiserlichen Hofe, was nicht gerade darauf hindeutet, daß ihn Karl und Gattinara nicht in Anspruch genommen hätten[67]. Nach dem Tod des bedeutenden Gerard de Pleine, Herrn von La Roche, 1524 scheint Waldkirch überhaupt einer der ganz wenigen »Reichsspezialisten« am kaiserlichen Hof gewesen zu sein; denn als Karl 1525 eine Gesandtschaft ins Reich erwog, kamen nur der für Ferdinand seit 1524 untragbare Jehan Hannart[68] und eben Waldkirch in Frage; da aber letzterer krank war, unterblieb die Gesandtschaft[69]. Auch in seinem Kredenzschreiben für Waldkirch an Ferdinand 1528 betonte Karl, daß er seinen Vizekanzler ungern entbehre, denn dieser sei »tres necessaire pour mes affaires imperiaulx«[70]. Ferdinand war dieser wichtige Mann am Kaiserhof seit 1526 immerhin eine jährliche Pension von 200 fl.[71] wert, und für den »Reichstag« von 1527 wünschte er sich den Propst als einen

Freilich waren auch schon manche Zeitgenossen skeptisch, was Merklins Qualitäten anbelangt; so meinte Martin de Salinas, der Vertreter Ferdinands am kaiserlichen Hof, der Reichsvizekanzler sei nicht so erleuchtet, »alumbrado«, aus Deutschland zurückgekehrt, wie man hätte erwarten sollen – »... Y creo que no venia tan alumbrado como fuera menester« (Salinas an Ferdinand, Bologna, 12. Februar 1530, gedruckt in: El Emperador Carlos V. y su Corte según las Cartas de Don Martín de Salinas Embajador del Infante Don Fernando, hrg. von A. RODRÍGUEZ VILLA, Madrid 1903, Nr. 204, S. 468/69, hier S. 468).

65 Zu dem Konflikt um die »alten Räte« Maximilians G. RILL, Die Hannart-Affäre. Eine Vertrauenskrise in der Casa de Austria 1524. In: MÖStA 34 (1981), S. 89–146, hier S. 107.

66 Vgl. die Kurzbiographie zu Balthasar Merklin als Reichsregimentsrat bei ROLL, Reichsregiment (wie Anm. 40), S. 482–487; von weiteren Nachweisen aus der Literatur wird daher hier abgesehen.

67 In einem Brief an Herzog Wilhelm von Bayern entschuldigte er sich, den Brief eigenhändig, in großer Eile und daher mit schlechter Handschrift geschrieben zu haben, »dan ich so vil zu schaffen hab als al mein tag nie gehapt hab« (Merklin an Herzog Wilhelm, Burgos, 23. Mai 1524, HStA München, Kurbayern Äußeres Archiv 4465, fol. 107v). Dieser Brief ist der bislang einzige aufgefundene eigenhändige Brief Merklins.

68 Hannart, kaiserlicher Orator auf dem Reichstag 1524, wurde lange für den Verfasser jener merkwürdigen »Instruktion« gehalten, die dem Kurfürsten von Sachsen im Namen des Kaisers eine Art Aufsichts- und Kontrollrecht über Ferdinand übertrug; vgl. dazu den Aufsatz von G. RILL, Die Hannart-Affäre (wie Anm. 65).

69 Karl an seinen Gesandten in Rom, den Herzog von Sessa, 31. Dezember 1525; gedruckt im Anhang zu: Briefe an Kaiser Karl V., geschrieben von seinem Beichtvater in den Jahren 1530–32, hrg. von G. HEINE, Berlin 1848, S. 280–282, hier S. 280.

70 Kredenzschreiben für Balthasar Merklin an Ferdinand, Burgos, 10. Februar 1528, FK 2 (wie Anm. 21), S. 192/93.

71 Das Geld sollte aus den Einnahmen des Vitztumamtes ob der Enns kommen; Verschreibung aus Tübingen, 29. April 1526, HKA Wien, Gedenkbücher 25, fol. 217v–218r. Zusätzlich sollte Merklin Anteile an der Frankfurter Stadtsteuer erhalten: Ferdinand ordnete an, daß sein Sekretär Johann Fernberger, sein Pfennigmeister Johann Löble und eben Merklin zu gleichen Teilen die dem Kaiser zukommenden Au-

der Reichstagskommissare; diese Bitte lehnte Karl mit dem Hinweis auf die Unentbehrlichkeit Merklins ab[72]. Merklin erfuhr unmittelbar vor seiner Gesandtschaft übrigens noch eine beträchtliche Rangerhöhung: 1526 schon Koadjutor von Konstanz, wurde er im Mai 1527 unter nicht unerheblichem Druck des Kaisers vom Domkapitel zum Bischof von Hildesheim gewählt; erst am 1. Februar 1528 erklärte sich Waldkirch bereit, die Wahl anzunehmen[73], und war nun als Postulierter von Hildesheim Reichsfürst – eine Aufwertung, die ihm angesichts seiner bevorstehenden Gesandtschaft ins Reich nur nützlich sein konnte.

Dem Plan des Kaisers, Waldkirch im Zusammenhang mit der Verschärfung der militärischen Lage in Italien ins Reich zu senden, begegnet man erstmals in der Instruktion für den kaiserlichen Kammerherrn Wilhelm von Montfort an Margarete und Ferdinand vom 31. Januar 1528, also drei Tage vor der Ausfertigung des Abkündungsmandats[74]. Weil die Instruktion für Waldkirch nicht erhalten ist, ist jene für Montfort das letzte umfassende Schreiben des Kaisers im Zusammenhang mit der Waldkirch-Mission; daher lohnt ihre genauere Analyse im Hinblick auf die dem Propst zugedachten Aufgaben. Die Montfort-Instruktion steht vollkommen unter dem Eindruck der Kriegserklärung Frankreichs und Englands: Karl beabsichtigte, alle ihm zur Verfügung stehenden Kräfte für diesen Krieg einzusetzen und forderte Margarete und Ferdinand auf, die entsprechenden militärischen, logistischen, fortifikatorischen und propagandistischen Maßnahmen zu ergreifen – gerade die europaweite Propaganda spielt auch hier eine wichtige Rolle[75]. Waldkirch, dessen Mission durch Montfort angekündigt wurde, war die Aufgabe zugedacht, weitere – zum Zeitpunkt der Abfassung dieser Instruktion vermutlich noch nicht ausgefertigte – Schriftstücke auch für Margarete mitzubringen[76], dann aber zu Ferdinand zu gehen. Diesem ließ Karl

ßenstände der Frankfurter Stadtsteuer erhalten sollten; Ofen, 26. Oktober 1527, HKA Wien, Gedenkbücher 29, fol. 226v.

72 Salinas an Ferdinand, Valladolid, 11. März 1527, RODRÍGUEZ VILLA (wie Anm. 64), S. 347–355, hier S. 348.

73 HASENCLEVER (wie Anm. 14), ZGO 73, S. 493/94. Offenbar wollte der Kaiser ihn auch zum Bischof von Malta erheben lassen, aber Waldkirch wird nur in Briefen aus den Jahren 1528 und 1529 als solcher bezeichnet bzw. angesprochen.

74 Instruktion Karls für Wilhelm von Montfort an Margarete und Ferdinand, Burgos, 31. Januar 1528, FK 2 (wie Anm. 21), S. 176–185. Daß in möglicherweise verlorenen Briefen Karls an Ferdinand und Margarete wohl noch nicht die Rede von der Mission Waldkirchs gewesen ist, läßt sich aus der Formulierung »... le provost de Wallkirk que envoyons pardelá« entnehmen (FK 2 (wie Anm. 21), S. 179).

75 Immer wieder kam Karl in der Instruktion darauf zurück, daß die »justiffications« wegen des erneuten Kriegs mit Frankreich in allen Ländern in der entsprechenden Landessprache gedruckt und verbreitet werden sollten. Als »ung principal point des ceste instruction« galt zudem, möglichst viel Lärm um die Anwerbung deutscher Soldaten zu machen – »sonner le tambourin« –, aber nur 6000 Soldaten wirklich anzuwerben (Art. 18, FK 2 (wie Anm. 21), S. 182/83). – Gleichzeitig tobte der Krieg zwischen Franz und Karl auch auf dem Felde der Publizistik; vgl. dazu die Titel von Flugschriften und Broschüren bei E. EVERTH, Die Öffentlichkeit in der Außenpolitik von Karl V. bis Napoleon, Jena 1931, S. 131.

durch Montfort mitteilen, Waldkirch bringe jene Mandate, die man brauche, um die Deutschen von französischen Kriegsdiensten abzuhalten[77]; zudem solle beim Schwäbischen Bund und weiteren Fürsten, Prälaten und Reichsstädten um Militärhilfe nachgesucht werden; für die Mitglieder des Schwäbischen Bundes und jene übrigen Stände und Städte habe Waldkirch noch besondere Briefe dabei, um sie dem kaiserlichen Anliegen geneigt zu machen[78]. Außerdem bringe Merklin weitere Papiere für den Reichstag und für andere Angelegenheiten Deutschlands, um diese Dinge mit Ferdinand zu besprechen; Montfort solle sich inzwischen bei Ferdinand dafür verwenden, daß dieser auf einen Reichstagsbeschluß hinwirke, der die Deutschen von jedem Dienst zugunsten Frankreichs abhalte. Zudem solle Waldkirch auf dem Reichstag die kaiserlichen »justiffications« über den neuen Krieg verbreiten[79]. Von einer Absage des Reichstags – oder auch nur der Möglichkeit dazu – ist hier also noch gar nicht die Rede, ja: nach der Montfort-Instruktion war Waldkirch sogar, wie Ferdinand für 1527 gewünscht hatte, hauptsächlich als kaiserlicher Orator auf dem Reichstag vorgesehen, wenngleich der Begriff »Orator« nicht fällt.

Jetzt zum Inhalt der Instruktion für Waldkirch. Sie ist, wie erwähnt, leider nicht erhalten, die Aufträge sind von KÜHN aber sehr überzeugend erschlossen worden[80]. Der Hauptauftrag Merklins bestand demnach darin, die Reichsstände einzeln aufzusuchen und diese sowie den Schwäbischen Bund unter ausdrücklichem Bezug auf die Kriegserklärung Frankreichs und Englands um militärische Hilfe für den bedrohten Kaiser anzugehen. Die Geistlichen sollten durch eine Steuer auf alles geistliche Gut herangezogen werden. Zugleich sollte der Propst die Rechtfertigungen Karls wegen des erneuten Kriegs verbreiten und dafür sorgen, daß das Verbot von Kriegsdiensten auf der Seite Frankreichs im Reich publiziert würde[81]. In Geheimartikeln war Waldkirch darüber hinaus darauf verpflichtet worden, die Bereitschaft der Kurfürsten zur Wahl Ferdinands zum Römischen König auszuloten. Daneben hatte er noch einige nur einzelne Stände betreffende kleine Aufträge zu erledigen – klein jedenfalls im Vergleich zur Aufgabe der Truppenwerbung und der Son-

---

76 Art. 7 der Instruktion, FK 2 (wie Anm. 21), S. 179.

77 Art. 12, FK 2 (wie Anm. 21), S. 181.

78 »... pour plus animer lesd. de la lighe et les princes prelatz et citéz imperialles...« (Art. 14, FK 2 (wie Anm. 21), S. 181). Bei diesen Briefen handelt es sich vermutlich um solche, die langersehnte Privilegien gewährten oder neue in Aussicht stellten, Streitigkeiten oder sonst Anliegen im Sinne des jeweiligen Adressaten klärten, jedenfalls aber auf die Wünsche des Adressaten zugeschnitten waren.

79 »Le surplus des aultres depesches pour la diette imperiale et aultres affaires d'Allemaigne, led. prevost les portera pour communiquer le tout à nostred. frere, envers lequel solliciterez qu'il face donner ordre que en lad. diette soit expressement deffendu à toute la nation germanicque que nul ne voise servir contre nous, et que l'on n'oblie de monstrer et bien donner entendre à lad. diette toute noz justiffications que portez« (Art. 17, FK 2 (wie Anm. 21), S. 182).

80 RTA JR 7/1, S. 344/45.

81 Kaiserliches Mandat an die Reichsstände gegen Eintritt ihrer Untertanen in französische und englische Kriegsdienste, 3. Februar 1528, genannt RTA JR 7/1, S. 187.

dierung in der Wahlfrage[82]. Den Lutheranern gegenüber sollte sich Waldkirch entgegenkommend zeigen – er sollte »con amor« vorgehen, wie Salinas später erläuterte[83], offenbar wohl sogar ein Nationalkonzil in Aussicht stellen. Der einzige wesentliche Unterschied zu Waldkirchs Aufgaben nach der Montfort-Instruktion bestand also in den Wahlsondierungen – über das Verhalten in Sachen der Religionsstreitigkeiten enthielt die Montfort-Instruktion ja nichts –, nur sollte nun eben alles ohne den Reichstag stattfinden, genauer: anstelle des Reichstags[84]. Als Waldkirch seine Mission bei den Ständen begann, war der Reichstag auch längst abgesagt, und die Stände waren bereits wieder zuhause.

Vom 9. April 1528 datiert das erste Schreiben Waldkirchs nach seiner Ankunft in den Niederlanden. Er teilte darin Ferdinand seine soeben erfolgte Ankunft sowie seine ferneren Reisepläne mit: Er beabsichtige, sobald wie möglich zu Ferdinand zu kommen, vorher aber die vier rheinischen Kurfürsten zu besuchen, wenngleich es eigentlich nötig wäre, sich zuvor mit Ferdinand zu beraten. Auch die Gründe für die Reichstags-Absage werde er dann Ferdinand mündlich mitteilen[85]. Auf eine solche – freilich dann doch briefliche – Mitteilung mußte Ferdinand aber noch über vier Wochen warten, auf das persönliche Gespräch mit dem Reichsvizekanzler des Kaisers gar bis zum 2. September.

Über den Verlauf der Mission Waldkirchs liegen ausführliche Informationen vor[86]; hier soll daher nur das nötigste berichtet werden: Vom 9. April bis zum 3. Mai befand er sich in den Niederlanden, nämlich in Antwerpen und Mecheln. Um den 10. Mai herum besuchte er die niederrheinischen Herzogtümer, verbrachte den Rest des Monats Mai beim Kurfürsten von Köln, den Juni überwiegend in Mainz; von dort machte er einen Abstecher nach Schmalkalden, wo ein Tag wegen der Frage der hessischen Rüstungen stattfand. Die letzte Juniwoche und den frühen Juli verwandte er hauptsächlich zu Besuchen am Oberrhein, unter anderem in Heidelberg und Straßburg; auch in seine Diözese Konstanz kam er bei dieser Gelegenheit wieder einmal. Über Oberschwaben und Franken gelangte Waldkirch schließlich am 2. September zu Ferdinand nach Prag, wo er fast zwei Wochen blieb, bevor er am 13. September zu den Kurfürsten von Sachsen und Brandenburg weiterzog.

---

82 Hierzu gehört u.a. das immer wiederkehrende Thema, wie Pfalzgraf Friedrich zu entschädigen sei. Seit dem Tod Lannoys begehrte Friedrich das Amt des Vizekönigs von Neapel, aber am Kaiserhof gab es dagegen erhebliche Widerstände.

83 Salinas an Ferdinand, Madrid, 18. April 1528; RODRÍGUEZ VILLA (wie Anm. 64), Nr. 169, S. 401–403, hier S. 403.

84 Davon, daß die Reichstags-Absage die Aufträge für Waldkirch nicht grundsätzlich veränderte, geht auch KÜHN aus; er belegt nämlich manche Punkte der von ihm erschlossenen Waldkirch-Instruktion mit entsprechenden Punkten der Montfort-Instruktion. Da diese Punkte aber auch mit Angaben aus ganz anderen Quellen übereinstimmen – vor allem mit der Vollmacht für Waldkirch –, können die Bedenken gegen dieses Vorgehen weitgehend fallengelassen werden.

85 RTA JR 7/1, S. 215.

86 Vgl. RTA JR 7/1, S. 351–362; HASENCLEVER (wie Anm. 14), ZGO 74, S. 39–60.

Die Ergebnisse der Bemühungen Waldkirchs waren unterschiedlich: Während er mit seinem Werben um kaiserlichen Reiterdienst nahezu überall auf Ablehnung stieß – lediglich von einigen Bischöfen und von den fränkischen Rittern erhielt er unsichere Zusagen[87] –, kam er in der Wahlangelegenheit durchaus weiter. Es ist ihm nämlich offenbar gelungen, die Diskussion über konkurrierende Kandidaten zu beenden und das Interesse der Kurfürsten auf die Frage des Preises für die Wahl Ferdinands zu konzentrieren[88]. Wenn Waldkirch das erreicht hat, kann er so unfähig nicht gewesen sein. Demnach wird man die Gründe für das Scheitern der anderen Aufgabe, der Truppenwerbung, ebenfalls nicht von vornherein in diplomatischer Ungeschicklichkeit des Propstes zu suchen haben, für die denn auch keineswegs hinreichend Belege vorliegen. Glaubt man Merklins eigenen Erläuterungen, ist er sogar sehr überlegt vorgegangen. Denn er hat offenbar sehr geschickt verbreiten lassen, er bringe den Ständen »vill raths und guts von irer mt.«, damit sie ihn gerne empfingen, wohl wissend, daß sich niemand gerne zu Zahlungen bereit fand: »Wo sy solten wissen, das ich umb hilff unnd beystandt wider ir mt. feindt in das reich kome, acht ich, sy wurden meiner zuekunfft nit begierig sein«[89]. Wenn er zudem die religionspolitischen Argumente geschickt einsetzte, ohne definitive Zusagen zu machen – den Evangelischen also »con amor« begegnete und ihnen die Möglichkeit eines Nationalkonzils in Aussicht stellte, die Katholiken aber der harten kaiserlichen Linie versicherte –, wenn er des weiteren Vergünstigungen mitbrachte oder avisierte[90], wenn er also jeden so ansprach, wie dieser es gerne hörte[91], so macht das eher den Eindruck, als ob hier jemand sehr konsequent eine überzeugende Konzeption verfolgt hat, ohne sich dabei unbedingt über kaiserliche Instruktionen hinwegzusetzen.

Dieser Befund lenkt den Blick auf die Überlegungen am Kaiserhof. Wie Waldkirch Ferdinand am 12. und 22. Mai mitteilte, war man dort davon ausgegangen, daß man eine Reichshilfe, die man umgehend benötigte, in Einzelverhandlungen schneller bekomme als am Reichstag[92]; zudem könne man mit den Ständen einzeln flexibler verhandeln. Im übri-

87 Vgl. HASENCLEVER (wie Anm. 14), ZGO 74, S. 41.

88 »In der Frage eines militärischen Sukkurses hatte Waldkirch keinen Erfolg. In der Wahlfrage leitete der kaiserliche Kommissar die Verhandlungen zur Gewinnung der Wahlstimmen für Ferdinand und die Diskussion über die Wahlversprechen, den Preis der Wahl Ferdinands, bei den einzelnen Kurfürsten ein« (KOHLER, Antihabsburgische Politik (wie Anm. 12), S. 98). Bezüglich des Kurfürsten von der Pfalz sind allerdings Zweifel angebracht; vgl. HASENCLEVER (wie Anm. 14), ZGO 74, S. 43, und das Schreiben Karls an Waldkirch, Toledo, 11. Dezember 1528, HHStA Wien, Belgien PA 4/a, fol. 20r–v (Konzept). Skeptischer über die Ergebnisse Waldkirchs als KOHLER ist E. LAUBACH, Karl V., Ferdinand I. und die Nachfolge im Reich, in: MÖStA 29 (1976), S. 1–51, hier S. 22/23.

89 Balthasar Merklin an Ferdinand, Boppard, 22. Mai 1528, HHStA Wien, Reichsakten in genere 4/1, fol. 16r–20r, hier fol. 18r.

90 Dafür waren sicher jene »lettres pour plus animer...« gedacht; vgl. oben Anm. 78.

91 Daß Waldkirch so handelte, teilte jedenfalls der kursächsische Regimentsrat Hans von der Planitz seinem Kurfürsten am 11. September 1528 mit; RTA JR 7/1, S. 363/64.

gen hatte ja Ferdinand selbst mit seinen Werbungen um Reiterdienste im Frühjahr 1527 durchaus Erfolge gehabt. Zudem konnten mit dem Appell an ältere Loyalitäten, nämlich an das Vasallitätsverhältnis, die »außenpolitischen« Bestimmungen der Wahlkapitulation umgangen werden, die ja genau für solche Fälle ungewollten Hineingezogenwerdens in die spezifischen Konflikte des Kaisers formuliert worden waren. Und der Schwäbische Bund, dessen effektive Militärorganisation bekannt war, schien sich für solche Werbungen ebenfalls anzubieten[93]. Was nach der reichsständischen Argumentation gegen die Gewährung eines Reiterdienstes sprach, war ja auch nicht das Ansinnen selbst oder grundsätzlich die Form des Antrags mit seinem impliziten Appell an die aus dem Lehnsnexus sich ergebende Hilfsverpflichtung[94] – es waren vielmehr die Rüstungen des hessischen Landgrafen, angesichts derer man sich nicht entblößen zu können meinte. Wegen der Packschen Händel zögerte Waldkirch ja auch, die Hauptleute des Schwäbischen Bundes zum Ausschreiben eines Bundestags zu veranlassen[95]. Demnach wäre die einer an sich schlüssigen Konzeption folgende Hauptaufgabe Waldkirchs an den Rüstungen des Landgrafen gescheitert, die in dieser Zeit überhaupt fast alle Aktivitäten im Reich absorbierten und von denen man bei der Abfertigung des Reichsvizekanzlers keine Kenntnis haben konnte. Auch ein Gattinara höchstselbst hätte unter diesen Umständen sicher nicht mehr bewirkt – was wiederum nicht heißen soll, daß den Ständen die hessischen Rüstungen nicht auch als willkommener Vorwand für ihre notorische Zahlungsunlust gedient haben mögen; jedenfalls ersparten sie ihnen andere, grundsätzliche Begründungen für ihre ablehnende Haltung.

Solche Begründungen gab es indessen auch; denn noch ein weiteres, aus Ferdinands Reiterdienstwerbung schon bekanntes, Argument wurde von manchen Ständen, vor allem vom Schwäbischen Bund[96], angeführt: derartige Werbungen seien doch Reichstagsmaterie![97] Wenngleich in diesem Argument ebenfalls viel Vorwand mitschwingt, weckt es

92 Balthasar Merklin an Ferdinand, Köln, 12. Mai 1528, HHStA Wien, Reichsakten in genere 4/1, fol. 13r–14v, hier fol. 13r–v, sowie der Brief vom 22. Mai (wie Anm. 89), fol. 17v–18r.

93 Vgl. zu den kaiserlichen Konzeptionen auch LUTTENBERGER, Karl V. (wie Anm. 10), S. 206. Man glaubt überdies eine Konzeption zu erkennen, die im Augenblick größter Bedrohung Ferdinand die östlichen und Karl die eher westlichen Kräfte im Reich zuweist.

94 Selbst wenn Karl von der Verwendung expliziter lehnsrechtlicher Kategorien absah, war das Appellpotential doch der Lehnsnexus; so auch LUTTENBERGER, Karl V. (wie Anm. 10), S. 206. In diese Richtung weist auch die eigenhändige deutsche (!) Nachschrift auf der Kredenz für Waldkirch an Kurfürst Ludwig von der Pfalz, die wie ein Nachklang an den hochmittelalterlichen Folgezwang anmutet: »Thut auf dsymal [sic!] bey mir das best das wil ich bey euch auch thun« (HStA München, Kasten blau 97/2aII, fol. 52v).

95 So schrieb er wenigstens in seinem Brief vom 22. Mai an Ferdinand (wie Anm. 89), fol. 18r–v. Zu den Bemühungen Ferdinands 1527 oben Anm. 41.

96 Vgl. dazu den von KÜHN, RTA JR 7/1 referierten Bescheid für Waldkirch vom 17. Februar 1529, RTA JR 7/1, S. 460.

97 Der Rat der Stadt Straßburg etwa betonte, trotz der eigenen Gefährdung würde er »wu gemeine stende des heiligen richs zusamen berueft und des begerten reuterdiensts halb handlung furnemen wurden, sich

doch grundsätzliche Zweifel an der Güte der kaiserlichen Konzeption – hätte nicht doch mehr dafür gesprochen, die Hilfe über den Reichstag zu erbitten? Gewiß, der Kaiserhof hatte durch die Absage eine breite, die Hilfsgesuche durch Parteienbildung sehr erschwerende Erörterung der Religionsfrage vermieden – das wäre etwa die Begründung BRANDIs und KOHLERs für die Absage[98] –, und zugleich hatte er die Stände der französischen Propaganda entzogen – ein Argument, das LUTTENBERGER sehr stark macht[99]; daß die französisch-englische Gesandtschaft scheitern würde, konnte ja Anfang Februar in Spanien nicht bekannt sein. Allerdings hatte Karl 1521 selbst erfahren, daß man mit Beharrlichkeit, taktischem Schweigen und plötzlichen Anträgen auch der französischen Propaganda beikommen konnte[100], man also deshalb einen Reichstag nicht absagen mußte; damals, 1521, war aber seine militärische Situation nicht annähernd so schwierig gewesen wie jetzt.

Warum aber sollte der Reichstag eigentlich nicht abgesagt werden? Was war denn das Skandalöse an der Reichstagsabsage?

Kaiser, König, Reichsvizekanzler – die Reichstagsabsage in der kaiserlichen Politik des Frühjahrs 1528

Mit rechtlichen oder verfassungspolitischen Bedenken war die Absage des Reichstags von niemandem versehen worden – offenbar mußte schon von der Logik her dem, der das alleinige Recht zum Ausschreiben besaß, auch das Recht zur Absage zukommen, ungeachtet dessen, daß vor dem Ausschreiben die Kurfürsten zu konsultieren waren. In einer ähnlichen Situation vier Jahre zuvor, nämlich bei dem Verbot der »Nationalversammlung« 1524[101], hatten manche noch anders reagiert: Damals hatten sich die Stände natürlich

als glid des heiligen romischen reichs in solcher handlung mit andern stenden dermossen beweisen und erzeigen, das ir mt. darab gnedigs gefalles haben solt« (Politische Correspondenz der Stadt Strassburg im Zeitalter der Reformation, Bd. 1, bearb. von H. VIRCK (= Urkunden und Akten der Stadt Strassburg 2/1), Straßburg 1882, S. 301). Mit der Absage des Reichstags stand dieses Argument aber offenbar nicht in Zusammenhang.

98 Vgl. oben Anm. 12.

99 Vgl. oben S. 282/83.

100 Zum Verhalten Karls gegenüber der französischen Propaganda auf dem Reichstag zu Worms am besten R. WOHLFEIL, Der Wormser Reichstag. In: Der Reichstag zu Worms von 1521. Reichspolitik und Luthersache, hrg. von F. REUTER, Worms 1971, S. 136–146.

101 Damals hatte der Nürnberger Reichstag mit seinem Abschied vom 18. Mai 1524 einen Reichstag oder eine Nationalversammlung ausgeschrieben, die von Karl V. in deutlichen Worten verboten worden war: Niemandem außer Kaiser und Papst komme das Recht zu, solche Tage auszuschreiben. Hinzu kam für Karl V. freilich, daß sich eine solche Versammlung zu diesem Zeitpunkt nicht in seine europäische Politik einfügte, genauer: daß sie sein Verhältnis zum Papst neuen Spannungen ausgesetzt hätte. Zur Frage der Nationalversammlung allgemein: E. LAUBACH, Nationalversammlung im

ebenfalls sofort in den kaiserlichen Befehl gefügt[102]; die Begründung, einem Reichstag komme das Ausschreiben einer solchen »Nationalversammlung« nicht zu, leuchtete offensichtlich ein. Doch hatte es damals Stimmen gegeben, die auf einen anderen Aspekt der Absage hinwiesen, nämlich auf die verfassungspolitische Problematik, daß mit dem Verbot der Nationalversammlung dem Nürnberger Abschied zuwider gehandelt werde und damit unabsehbare Folgen für Gültigkeit und Akzeptanz von Reichsabschieden überhaupt entstünden. Neben dem Kurfürsten von Sachsen hatte sich 1524 vor allem das Regiment in diesem Sinne geäußert[103]; 1528 schwieg offenbar auch das Regiment. War die Absage 1528 demnach rechtlich in Ordnung[104], löste sie aber doch politische Irritationen aus; diese gipfelten in der Befürchtung, Karl werde in Zukunft überhaupt keine Reichstage mehr abhalten und nur noch über Einzelverhandlungen regieren[105].

Irritiert war aber vor allem Karls Statthalter im Reich, König Ferdinand. Er hatte am 22. April 1528 in Prag das Mandat mit der Absage des Reichstags erhalten, konnte jedoch auf Fragen der Stände nach den Gründen für diese Absage nicht befriedigend antworten[106]; während er dem Pfalzgrafen Friedrich gegenüber gute Gründe des Kaisers annahm[107], ließ

16. Jahrhundert. Zu Inhalt und Funktion eines politischen Begriffes. In: MÖStA 38 (1985), S. 1–48; zur Situation 1524 RABE, Deutsche Geschichte (wie Anm. 9), S. 253/54.

102 Vgl. etwa den Brief des Markgrafen Kasimir von Brandenburg-Kulmbach an das Reichsregiment, in dem der Markgraf mitteilte, daß er sich an das kaiserliche Verbot zu halten gedenke: »so wissen wir uns demselben nach auch wol zu haltenn, wie unns als einem christlichen gehorsamen fursten kayserlicher Mayestat und des hailigen reichs wol geburt« (Ansbach, 6. Oktober 1524, HHStA Wien, Reichsakten in genere 3/1, fol. 120r–v).

103 Instruktion des Regiments für den Regimentsrat Hieronymus Veus (Vehus) an Ferdinand, Esslingen, 22. September 1524, HHStA Wien, Reichsakten in genere 3/1, fol. 117r–119r.

104 Von »eigenmächtiger Absage« durch den Kaiser spricht nur die Forschung, z.B. HASENCLEVER (wie Anm. 14), ZGO 74, S. 62.

105 In diesem Zusammenhang ist nochmals auf den eingangs zitierten Brief des Mainzer Sekretärs hinzuweisen: »Dann zu besorgen, das etwas schwerlichs darhinter stecke, zu geschweigen, was sterkung und mehrung der bosheit und unerbarn fúrnemen denjenigen, so jetzt in gewaltiger emperung und rústung steen, es geperen wirdet. Ich acht, die Hispanier wöllen uns Teutschen nunmehr regiren. Sie sehen und haben befunden, das wenig uss den gehalten reichstegen verfolgt. Ist darumb villeicht dieser reichstag auch zu boden gestossen und der kaiser dahin beredt, das er einem yeden stande des reichs, wann er etwas fúrhett, schreiben und ufflegen wirdet: thue oder schick uns das bey deiner Pflicht und verlierung deiner regalien. Dixi. Sum brevis. Sapienti non est opus patrono. Sehen sych unsere hern churfursten und fursten woll umb; es thut inen warlich nott« (zitiert nach GÜNTER (wie Anm. 8)). Die zweite Stimme dieser Art gehört dem Bischof von Eichstätt, Gabriel von Eyb, der am 27. April an den Bischof von Würzburg schrieb: »... so mocht durch solch abschreiben bei ksl. m. bewegen sein worden, das nutzer sei, das solcher tage werden abgeschrieben, dann das man wenig oder nachteiligs dem reich daselbst hett ausgericht« (RTA JR 7/1, S. 228).

106 So seine Klage gegenüber Balthasar Merklin, referiert in dem Brief Merklins an Ferdinand vom 22. Mai (wie Anm. 89). Wie gut das Erstaunen der Stände darüber, daß selbst am Hofe Ferdinands nichts zu erfahren war (in diesem Sinne schrieb Ernst von Bayern am 26. April aus Passau an seinen Bruder Ludwig, RTA JR 7/1, S. 225/26), dem Ansehen und der Autorität des Königs tat, liegt auf der Hand.

er in manch anderem Schreiben aus dieser Zeit eine ungewohnt kritische Distanz gegenüber den Maßnahmen des Kaisers erkennen[108]. Das erscheint freilich um so verständlicher, wenn man bedenkt, daß sich Ferdinand noch auf dem Kenntnisstand der Montfort-Instruktion befand, während Waldkirch mit offenbar völlig anderen kaiserlichen Instruktionen bereits seine Kreise im Reich zog. Die prekäre Lage der kaiserlichen Truppen in Italien, der erneute Fehlschlag bei der Türkenhilfe, die Unkenntnis über die Gründe der hessischen Rüstungen und die Furcht vor den Folgen sowie – wieder einmal – das Ausbleiben der reichsständischen Bewilligung für die Finanzierung der Reichsbehörden waren auch nicht gerade dazu angetan, Ferdinand die Situation in freundlicherem Licht erscheinen zu lassen. So sah er denn selbst zu, wie er an Informationen gelangte. Am 22. April erkundigte er sich bei Waldkirch – dieser war noch in den Niederlanden –, ob der Kaiser einen neuen Reichstag anzusetzen beabsichtige; er bedauere die Absage, da die allgemeine unruhige Lage im Reich einen Reichstag erfordere und es ihn soviel Mühe gekostet habe, diesen nun abgesagten Reichstag zustande zu bringen. Vor allem aber ersuchte Ferdinand den Propst, ihm die Gründe für die Abkündung mitzuteilen[109]. Aber offenbar war Ferdinand noch am 15. Mai nicht im Besitz einer Mitteilung Waldkirchs, jedenfalls nicht einer befriedigenden, denn an diesem Tag – Waldkirch befand sich im Kurfürstentum Köln – beklagte sich Ferdinand bei Salinas über fehlende Informationen; vor allem hätte man ihn, Ferdinand, vor der Absage konsultieren sollen: Er hätte über manche Vorkommnisse informieren können, von denen man in Spanien nichts wissen konnte[110]; auch hätte er dann in den Glaubensdingen und wegen der Türkenhilfe andere Maßnahmen ergreifen können. Darüber hinaus meinte Ferdinand, die Einzelverhandlungen mit den Ständen seien bei dem gegenwärtigen Stand der Dinge[111] alles andere als erfolgversprechend – schon wegen dieser Einschätzung hätte man sich mit ihm beraten sollen[112]. Auch habe ihm der Kurier des Kaisers, Luis de

107 Er zweifle nicht, die Abkündung sei »bei i. ksl. m. dem h. ro. reiche und gemeiner christenheit gelegenheit zum hochsten bedacht« (Prag, 29. April 1528, nach RTA JR 7/1, S. 228/29).

108 So schrieb er am 22. April an die Reichsfürsten, ihm sei »etwas von fern angelangt, als ob der jetzig RT zu Regensburg ... seinen furgang nit haben soll ...« (RTA JR 7/1, S. 224). Auch dem Kaiser gegenüber wurde er ungewohnt deutlich: Als er am 29. Mai die Montfort-Instruktion beantwortete und auf den Artikel zu reagieren hatte, in dem es um die Verkündung der Mandate gegen Kriegsdienst auf der Seite Frankreichs und um einen Reichstagsbeschluß ähnlichen Inhalts ging, bemerkte Ferdinand in dürren Worten: »La diète imperiale a esté par led. prevost ou nom de Sad. Mte rompue, parquoi le contenue en cest article ne peult avoir lieu« (FK 2 (wie Anm. 21), S. 218–228, hier S. 226). Direkt an den Kaiser gerichtete, ausdrückliche Beschwerden über die Absage des Reichstags liegen von Ferdinand indessen nicht vor, das Thema wird gar nicht erwähnt.

109 Ferdinand an Waldkirch, Prag, 22. April 1528, RTA JR 7/1, S. 224.

110 Damit sind wohl die Packschen Händel gemeint; die Gerüchte über die hessischen Rüstungen begannen Mitte April.

111 Damit sind sicher auch die Packschen Händel gemeint.

112 Ferdinand an Salinas, Prag, 15. Mai 1528, Calendar of Letters (wie Anm. 6), S. 680–684, hier S. 680/81; auch mit seiner Kritik an der Absage selbst hielt Ferdinand nicht zurück; sie klingt auf englisch so:

Taxis, mitgeteilt, der Kaiser hätte dem Propst vor dessen Abreise gesagt, dieser hätte ihm, Ferdinand, die Mandate für das Regiment vor der Absendung zeigen sollen, was Waldkirch ärgerlicherweise versäumt habe[113].

Und tatsächlich mußte sich ja Ferdinand wundern, daß der Reichstag in aller Eile, ohne ihn zu informieren und offenbar deshalb abgekündet worden war, um Waldkirch die Möglichkeit zu Einzelverhandlungen zu geben – und nun befand sich der Propst vier Wochen nach seiner Ankunft in den Niederlanden immer noch dort; diese Zeit hätte er doch nutzen können, um zu Ferdinand zu kommen! Zudem wußte Ferdinand nun von dem Sinn der Einzelverhandlungen, erklärte sie aber für nicht weiterführend und fragte gleichzeitig nach dem Motiv des Kaisers, den Reichstag abzusagen[114]. Das heißt: Ferdinand hat den ihm genannten – und mittlerweile zumindest halboffiziellen – Grund nicht geglaubt, ihn jedenfalls nicht für hinreichend befunden. Dabei war es offenbar gar nicht so sehr die Reichstagsabsage als solche, die Ferdinand beklagte, sondern vor allem das aus unterschiedlichen Gründen politisch schädliche Versäumnis einer Rücksprache mit ihm, das Fehlen einer im sehr konkreten Sinne verstandenen politischen Kommunikation[115].

Bei weiterer Überlegung fallen denn auch gerade im Hinblick auf die Kommunikation fünf merkwürdige Befunde auf:

1. Niemand außer Waldkirch scheint von der Reichstagsabsage Kenntnis gehabt, geschweige denn die Gründe dafür gewußt zu haben. Zwar sind Anfang Februar zahlreiche Gesandte und Boten vom Kaiserhof geradezu ausgeschwärmt, beladen mit Briefen, Mandaten, Erklärungen und »justiffications« – allein ins Reich und in die Niederlande gingen Montfort, Taxis, Roeulx, Latour und Schepper (an Margarete). Alle sind nahezu gleichzeitig in den Niederlanden angekommen, nämlich wie Waldkirch selbst um den 7. April herum[116]. Sie sind wohl auch gutenteils miteinander gereist, erlitten jedenfalls alle den Zeitverlust von ca. drei Wochen durch Stürme in der Biscaya; Montfort und Taxis sind sogar wieder zurückgeworfen worden[117] und werden einige Zeit gemeinsam in Bilbao den Sturm abgewartet haben – doch wohl mit Waldkirch, denn der hatte ja dasselbe Wetter[118]. Gelegenheit

»You (also: Salinas, C.R.) shall therefore, take care to inform us by return of post what may have been the Emperor's motive in ordering the suspension, because We do not hesitate to say that the measure has been a subject of surprise and scandal to many people« (ebd., S. 681).

113 Ebd.

114 »The Emperor's motive in ordering the suspension« (ebd.).

115 Diesen Aspekt betont Ferdinand auch in seiner Instruktion für Gabriel Sanchez, der am 12. August vom Hof Ferdinands in Prag abreiste (halbbrüchig gedruckt mit der vom 8. November 1528 datierenden Antwort Karls als Apostille, in FK 2 (wie Anm. 21), S. 318–332): Waldkirch habe, ohne ihn zu konsultieren, mit einigen Reichsstädten Verhandlungen gepflogen, woraus großer Schaden entstanden sei (Art. 3, S. 320/21).

116 Taxis erreichte am 13. April Speyer und, wie Latour, am 22. April, Prag (Ferdinand an Salinas (wie Anm. 112)). Vom 9. April datiert Waldkirchs erster Brief aus Antwerpen, so daß seine Ankunft in Vlissingen ca. am 7. April stattgefunden haben muß.

zum Besprechen der Aufträge hatte es also genügend gegeben. Dem ebenfalls an Ferdinand gesandten Herrn von Roeulx gab Karl extra noch eine Kopie der Montfort-Instruktion mit[119], damit Ferdinand darüber auch im Falle der Verzögerung des Kammerherrn bald informiert werde, aber eine Begründung der Absage hatte niemand für Ferdinand[120].

2. Waldkirch ist auffallend lange, nämlich fast vier Wochen, in den Niederlanden geblieben, bevor er seine Aufträge im Reich in Angriff nahm – das ist auch Schepper aufgefallen, der am 5. und am 21. Mai in Briefen an Alonso de Valdes seiner Verwunderung darüber Ausdruck verlieh[121].

3. Die Begründungen und Rechtfertigungen Waldkirchs auf die Fragen und Klagen Ferdinands sind merkwürdig unvollständig, inkonsistent und schließlich unglaubwürdig: So erläuterte er am 12. Mai die Idee der Einzelverhandlungen und gab diese als den Grund für die Absage des Reichstags an, wunderte sich aber erst am 22. Mai – nämlich auf eine Nachfrage Ferdinands vom 28. April[122] –, daß der Reichstag tatsächlich abgesagt worden war, denn er hätte gedacht, der Reichstag wäre schon beendet gewesen, als Taxis landete; auch hätte er gewünscht, daß das Regiment erst Ferdinand konsultierte, bevor es den Reichstag absagte – nur: davon steht nichts in dem Mandat, das Waldkirch kannte, das er gegengezeichnet hatte. Daß das Regiment einen kaiserlichen Befehl diesen Inhalts und dieser Formulierung ausführen würde, ohne Rücksprache zu halten, dürfte ihm doch klar gewesen sein. Dann meinte Waldkirch, er hätte Taxis gerne ein Schreiben an Ferdinand mitgegeben und alles erklärt, aber Taxis sei nicht mehr bei ihm in Antwerpen vorbeigekommen – dazu gab es aber doch Boten, und sei es nur, um Taxis nach Antwerpen zu bitten. Am wenigsten stichhaltig ist jedoch die Begründung Merklins dafür, daß er nicht vor Beginn seiner Mission zu Ferdinand gekommen sei: Wenn man in Sachen der Römischen Königswahl unterwegs sei und vom Eligendus herkomme, mache das keinen guten Eindruck,

---

117 »Y el dicho Montforte é Luis eran embarcados y partidos y en el camino hallaron algun estorbo, por donde fueron constreñidos tornar al puerto« (Salinas an Ferdinand, Madrid, 19. März 1528, RODRÍGUEZ VILLA (wie Anm. 64), Nr. 167, S. 398–400, hier S. 399).

118 Ferdinand gegenüber machte er dann ja auch Stürme für seine Verspätung mitverantwortlich (in seinem Brief vom 22. Mai (wie Anm. 89)).

119 Karl an Ferdinand, Madrid, 19. April 1528, FK 2, S. 206–209, hier S. 207.

120 »What the cause for so sudden a resolution may have been he (the king) cannot guess, since neither he (Salinas) nor the provost of Waltkirck, nor Montfort, the Groom of the Imperial Chamber, who has also arrived from Spain, and departed only five or six days before the provost, has written a word about it« (Ferdinand an Salinas, Prag, 15. Mai 1528, RODRÍGUEZ VILLA (wie Anm. 64), S. 681). Auch in der habsburgischen Familienkorrespondenz, in der gedruckten wie in der Korrespondenz Karls mit Margarete im Bestand Belgien PA 21, findet sich keinerlei Hinweis oder Andeutung.

121 Nachweis bei HASENCLEVER (wie Anm. 14), ZGO 74, S. 39, Anm. 6. Daß er ohne Zeitverlust aus den Niederlanden nach Deutschland gegangen sei, wie er im September an Gattinara schrieb, stimmte demnach nicht (aus Leipzig, am 22. September 1528, Calender of Letters (wie Anm. 6), S. 796/97).

122 Das Schreiben wird von Waldkirch in seinem Brief vom 22. Mai erwähnt, es scheint aber verloren zu sein (Waldkirch an Ferdinand (wie Anm. 89)).

man müsse vom Kaiser kommen. Dieses Argument leuchtet insofern ein, als ein solcher Auftrag direkt vom Kaiser den Ständen gegenüber neutraler gewirkt haben mag[123]; angesichts der Notwendigkeit, andere Dinge mit Ferdinand zu besprechen, hätte dieses Argument aber hintangesetzt werden können.

Aufgrund nur dieser Befunde könnte man sich auf die Position der Forschung zurückziehen und feststellen, Waldkirch habe eben seine Instruktion überschritten[124]. Doch weiteres ist merkwürdig:

4. Die Reaktionen des Kaiserhofs auf die Klagen Ferdinands waren erstaunlich undifferenziert, ja: das Thema »Reichstags-Absage« wurde in der habsburgischen Korrespondenz überhaupt nicht erwähnt. Es erfolgte keine Erklärung, wie Waldkirch seine Mission eigentlich hätte abwickeln sollen; auch Salinas konnte Ferdinand nicht mehr mitteilen, als daß Waldkirch die Dinge mit Ferdinand hätte besprechen sollen, daß dem Kaiser die Sache sehr leid tue und dieser sich die Motive des Propstes für dessen Handeln gar nicht erklären könne[125]. Auch Karl selbst antwortete nicht konkreter, als daß er seiner Verwunderung über das Verhalten Waldkirchs Ausdruck verlieh und lediglich betonte, Waldkirch hätte sich Ferdinand fügen sollen[126]. Sogar gegenüber Waldkirch selbst fiel von Karls Seite kein Wort der Kritik[127].

123 Offenbar vermuteten manche Kurfürsten schon wegen nicht ausreichender Verhandlungsvollmachten des Propstes, daß womöglich Ferdinand selbst der Initiator der Mission sei; LAUBACH, Nachfolge (wie Anm. 88), S. 22.

124 So vor allem HASENCLEVER (wie Anm. 14), ZGO 74, S. 38, 51, 60.

125 Salinas an Ferdinand, Madrid, 10. Oktober 1528, RODRÍGUEZ VILLA (wie Anm. 64), Nr. 570, S. 814–818, hier S. 815.

126 »Led. Salynas m'a aussi dit la conduite du prevost de Valkirk que j'ai trouvé estrange, s'ainsi est, car la substance de toute sa charge n'a jamais esté aultre que de faire ce que lui commanderiez, et d'aultre part je l'ai tousiours trouvé affectionné à vostre service. J'espere qu'il vous sçaura bien donner raison à vostre contentement et à sa descharge, aultrement ne seroie contant de lui« (Karl an Ferdinand, Madrid, 9. Oktober 1528, FK 2, S. 309–314, hier S. 311). Entsprechend wunderte sich Karl auch in seiner Antwort auf die Klage Ferdinands über eigenmächtige Verhandlungen des Propstes mit einigen Reichsstädten, ging aber zugleich davon aus, daß ein persönliches Gespräch mit Ferdinand die Dinge klären werde (Antwort Karls auf die Instruktion Ferdinands für Sanchez (wie Anm. 115), Toledo, 8. November 1528, FK 2, S. 320/21; zur Beschwerde Ferdinands oben Anm. 115).

127 Vielmehr entsteht in merkwürdig aufwendigen Formulierungen das Bild einer vor allem in die Zukunft projizierten Harmonie zwischen Kaiser und Reichsvizekanzler; die Gegenstände der Klagen Ferdinands werden dabei ausgespart: »Et avons eu grand plesir que vous estes trouve devers led. roy nostre frere et communique sur tout ce que avez de nous en charge selon que vous ordonnasmes par expres a vostre partement de vous conduyre et faire en tout par son bon plaisir [... (zwei kurze Wörter, Loch im Text)] reputant nostred. frere comme aultre nous mesmes et representant nostre propre personne et ainsi vous requerons, voulons et entendons que le fetes tousiours selon nostre parfete fiance en vous« (Karl an Waldkirch, Toledo, 11. Dezember 1528, HHStA Wien, Belgien PA 4/a, fol. 20r–v (Konzept von der Hand Lalemands, stilistische Korrekturen von Granvelle)).

5. Jahrelang erklärte Karl seinen Reichsvizekanzler für unentbehrlich, und dann soll ihm ein so vergleichsweise unbedeutender Auftrag erteilt worden sein, wie er in der Instruktion für Montfort umrissen ist?

Die Montfort-Instruktion! Fehlte dort nicht der Begriff »Orator« für die Reichstagsgeschäfte? Fehlte vielleicht noch etwas? Ja: In der ursprünglichen Fassung der Instruktion – die selbst in der hervorragenden Edition durch BAUER/LACROIX nicht vollständig deutlich wird – fehlte der Name Waldkirch! Alle Sätze, in denen von den Aufgaben des Propstes die Rede ist, sind nachträglich hineinkorrigiert worden. Und zwar gilt das nicht nur für die Überbringung der Mandate und Briefe[128], es gilt auch – und vor allem – für die Mission zum Reichstag[129]. Montfort hätte also ursprünglich alle Aufträge selbst erledigen und Ferdinand hätte den Reichstag durchführen sollen. Demnach ist Waldkirch mit größter Wahrscheinlichkeit erst im Zusammenhang mit der Reichstagsabsage für eine Gesandtschaft ins Reich vorgesehen worden. Daß dabei möglicherweise ihm die letzte Entscheidung darüber überlassen wurde, den Reichstag schließlich doch durchzuführen oder abzusagen – nach Rückprache mit Ferdinand –, kann ausgeschlossen werden[130], denn Taxis überbrachte die Abkündungsmandate, nicht Waldkirch. Aber hatte Taxis nicht Ferdinand gesagt, der Propst hätte die Mandate ihm, Ferdinand, vor ihrer Verwendung zeigen sollen? Wie hätte er das aber machen sollen, wenn Taxis die Mandate bei sich hatte? Waldkirch seinerseits rechtfertigte sich damit, daß seines Erachtens das Regiment vorher Ferdinand

128 Diese Ergänzungen sind durch BAUER/LACROIX in FK 2 (wie Anm. 21), S. 181 ausgeführt. An den entsprechenden Stellen ist die an Montfort gerichtete Formulierung »vouz portez/porterez avec vous« gestrichen und ersetzt durch »led. prevost portera avec lui« (Art. 12 und 14, FK 2, S. 181; vgl. auch schon KÜHN in RTA JR 7/1, S. 184, Anm. 3 und 4). Durch diese Korrektur ergibt sich an einer Stelle sogar eine erhebliche Sinnverschiebung: Bezüglich der Briefe, die die Stände geneigt machen sollten, hieß es ursprünglich, »vous portez les lettres pour ce necessaires, desquelles usera comm'il verra à nostre service« – »il« ist hier der einen Satz darüber erwähnte Ferdinand. In dem Moment, da aus »vous portez« »led. prevost portera« wird und vor »usera« noch ein »il« eingefügt wird, bezieht sich »il« auf den Propst, der eben nun zu entscheiden hatte, wie jene Briefe verwendet werden sollten.

129 Der Reichstags-Artikel lautete ursprünglich: »Le surplus des aultres depeches pour la diette imperiale et aultres affaires d'Allemaigne communicquerez le tout a nostred. frere, envers lequel solliciterez qu'il face donner ordre que en lad. diette soit expressement deffendu a toute la nation germanique que nul ne voise servir contre nous, et que l'on n'oblie de monstrer et bien donner entendre à lad. diette toutes noz justifications que portez« (HHStA Wien, Belgien PA 5b, fol. 17r–20v, hier fol. 19v (Konzept und Korrekturen von Lalemand)). Inhaltlich ist der Artikel an die Mission Waldkirchs dann nicht mehr angepaßt worden.

130 Dafür könnte sprechen, daß es nur zwei Absage-Mandate gab, nämlich das an Ferdinand und das an das Regiment (vgl. das Quellenverzeichnis RTA JR 7/1, S. 914). Karl hat 1528 demnach darauf verzichtet, sein Reichstagsverbot selbst mit ausführlichen Mandaten im Reich zu verbreiten – im Unterschied zu 1524, als alle Stände das Verbot der »Nationalversammlung« direkt aus Spanien erhielten. Die geringe Anzahl der Mandate wird aber 1528 mit dem enormen Zeitdruck bei der Expedition in der deutschen Kanzlei des Kaisers zu begründen sein. Mit der Verzögerung von drei Wochen durch die Biscaya-Stürme konnte ja nicht gerechnet werden.

hätte konsultieren sollen. Für den kaiserlichen Statthalter konnte das alles kein stimmiges Bild ergeben.

Nimmt man nun alle Befunde zusammen in den Blick, gewinnt man sehr deutlich den Eindruck, daß Karl, Gattinara und Waldkirch gar nicht beabsichtigt hatten, Ferdinand in Sachen Reichstagsabkündung zu konsultieren – der Reichstag sollte abgesagt werden, ohne Wenn und Aber. Wollte Karl je das Reich für die Unterstützung seiner europäischen Angelegenheiten militärisch nutzbar machen, bot sich jetzt, als unmittelbare Reaktion auf die Kriegserklärung, eine einmalige Gelegenheit[131]. Aber auf der Tagesordnung des bevorstehenden Reichstags, der für eine solche Werbung an sich ein geeignetes Forum darstellte, stand die Türkenhilfe für Ferdinand; Karl hatte den Reichstag ja selbst mit dieser Thematik ausschreiben lassen. Beide Hilfsanträge hätte nun aber der Reichstag – und hätten auch die Stände in Einzelverhandlungen – nie bewilligt[132]. Eine ähnliche Wirkung hätten zwei konkurrierende Anträge Karls und Ferdinands gehabt, weil sie den Ständen die Chance geboten hätten, die Anträge gegeneinander auszuspielen und schließlich gar nichts zu zahlen. Des weiteren hätte der Kaiser natürlich den Verhandlungsgegenstand »Türkenhilfe« durch Waldkirch aus der Proposition heraus- und seinen Reichshilfeantrag hineinnehmen lassen können, doch welche Reaktion diese Demonstration offener Konkurrenz bei Ferdinand ausgelöst hätte, bedarf keiner Erläuterung; dieses Vorgehen hätte zudem der habsburgischen Autorität im Reich, auch der Ferdinands, noch mehr geschadet als diese Absage. So entschied sich Karl V. zwischen Ende Januar und dem 3. Februar 1528 für das Risiko einer Absage des ganzen Reichstags aus kaiserlicher Machtvollkommenheit. Die Einschätzung Ferdinands dazu durfte nicht eingeholt werden, so notwendig sein Rat auch gewesen wäre; denn er hätte eine Absage ebenso abgelehnt – mußte sie aus seiner Sicht ablehnen – wie eine etwaige Bitte um den Verzicht auf Türkenhilfe. Eine offen ausgetragene Kontroverse zwischen Karl und Ferdinand – und ein solcher Meinungsunterschied hätte sich nicht verbergen lassen – wäre für alle Beteiligten aber die schlechteste aller Lösungen gewesen, denn sie hätte Dritten, z. B. dem König von Frankreich, Argumente zu der ohnedies verbreiteten Behauptung an die Hand gegeben, daß sowohl Karl als auch Ferdinand nur an den finanziellen Leistungen des Reichs, nicht aber an dessen Wohl interessiert seien. Das Verhalten Waldkirchs bis zur Ankunft in Prag entsprach demnach auf ganzer Linie der – natürlich geheimgehaltenen – Konzeption des Kaiserhofs[133].

---

131 Der Kaiser hätte vermutlich ohne diese Kriegserklärung sogar überhaupt auf so umfassende Bemühungen um Reichshilfe verzichtet und den Dingen im Reich ihren Lauf gelassen. Welches Anliegen dem Kaiser aber die Mission seines Reichsvizekanzlers war, zeigt z. B. die eigenhändige deutsche (!) Nachschrift auf der Kredenz für Waldkirch an Kurfürst Ludwig von der Pfalz (wie Anm. 94).

132 Das war Karl seit dem Wormser Reichstag von 1521 deutlich, als ihm für den Fall des Angriffs auf das Reich zwar Reichshilfe zugesagt, zugleich aber die Romzugshilfe für dann nicht mehr zahlbar erklärt wurde.

Diese Interpretation erklärt, wieso weder Montfort noch Taxis noch Salinas Gründe für die Absage mitgeteilt worden waren: Ferdinand hätte diese Gründe dann möglicherweise so früh erfahren, daß er, sie für unzureichend erklärend, womöglich noch die Absage des Reichstags zu verhindern getrachtet hätte. Sie erklärt ebenfalls, warum Waldkirch zunächst vier Wochen in den Niederlanden blieb: Er wartete ab, bis sich der erste Ärger über die Reichstagsabsage verzogen hatte. Sie erklärt weiterhin, warum der Propst nicht erst zu Ferdinand reiste; denn dann hätte er dem König das gesamte aktuelle kaiserliche Konzept eröffnen müssen, in dem eben seine, Ferdinands, Interessen denen des Kaisers ganz eindeutig nachgestellt waren. Diese Interpretation erklärt auch die Reaktion Karls auf die Klagen Ferdinands: Sie waren erwartet, ja: sie waren einkalkuliert worden, und jetzt ging es nur noch darum, Ferdinand zu besänftigen und jeden Verdacht vom Kaiser zu nehmen. So benutzte Waldkirch neben anderen mehr oder weniger guten Ausflüchten vor allem Kommunikationsprobleme – die es ja tatsächlich immer wieder gab – als Argument, um die fehlende Absicht zur Kommunikation zu verdecken; und so reiste er erst dann zu Ferdinand, als er wenigstens einigermaßen befriedigende Ergebnisse in Sachen Königswahl präsentieren konnte. Er hatte zudem insofern Glück, als Anfang September die politische Großwetterlage für Ferdinand wieder sehr viel freundlicher aussah: Die Packschen Händel waren geklärt, Andrea Doria hatte dem Kaiser Neapel gerettet und den habsburgischen Siegeszug in Italien eingeleitet, ein neuer Reichstag war ausgeschrieben, der endlich Türkenhilfe versprach; und Karl hatte mit dem Auftrag der Wahlsondierung ja auch demonstriert, daß er trotz der Geburt seines Sohnes Philipp wirklich an Ferdinand als Römischem König festhalten wollte. Wie Waldkirch schließlich Ferdinand die Dinge erklärt hat, ist nicht bekannt, doch offenbar ließ sich der König beruhigen: Im Mai 1529 schrieb er an seinen Bruder, er sei vor allem darüber verärgert gewesen, daß Waldkirch so lange gezögert habe, zu ihm zu kommen, da er ja den Auftrag des Propstes nicht gekannt habe, doch nun sei er zufrieden: »Toutesfois apres qu'il a esté arrivé devers mois, il m'a donné si bonne raison que je suis content de lui et a bien fait son devoir pardeça en vostre service...«[134]. Daß gerade die von Ferdinand am meisten beklagte Maßnahme des Kaisers, nämlich das Zurückhalten von Informationen, die Voraussetzung für das Gelingen des kaiserlichen Plans

133 Vermutlich hätte Waldkirch im Falle eines völligen Fehlschlags der Mission die ganze Schuld auf sich nehmen sollen. Darauf deuten schon die partiellen Schuldzuweisungen an den Propst durch den Kaiserhof hin; vgl. dazu die oben Anm. 126 und 127 genannten Stücke sowie die Antwort Karls auf die Sanchez-Instruktion, in der sich Ferdinand über Waldkirchs Eigenmächtigkeiten beklagt hatte (wie Anm. 115): Karl wunderte sich, daß Waldkirch nicht seiner Verpflichtung gegenüber Ferdinand genügt habe und hoffte, daß der Propst geeignete Entschuldigungen für die Verzögerungen geben könne, weil nämlich er, Karl, annehme, daß dies nicht aus bösem Willen geschehen sei, da er den Propst immer für einen guten Diener und Ferdinand zugetan gehalten habe; nicht zuletzt deshalb habe er ihn ja ins Reich gesandt (FK 2, S. 320/21). Bemerkenswert an dieser Antwort ist für unsere Zusammenhänge, daß Karl hier »Versäumnisse« Waldkirchs anspricht, über die sich Ferdinand gar nicht beklagt hatte.

134 Ferdinand an Karl, Linz, 18. Mai 1529, Art. 7, FK 2 (wie Anm. 21), S. 406–413, hier S. 409.

bildete, ließ sich freilich nachträglich nicht mehr ausräumen. Ob Ferdinand, der sich ja mit dem Fait accompli abzufinden hatte, die Hervorhebung der Verdienste Waldkirchs für den Kaiser, »en vostre service«, daher als Einschränkung verstanden wissen wollte, muß allerdings offen bleiben.

Kaiserliche Reichstagspolitik absente imperatore – die Reichstagsabsage von 1528 in der frühen Reichspolitik Karls V.

Die Absage des Reichstags von 1528 gehört sicher zu den schärfsten Eingriffen Karls V. in Entscheidungsprozesse im Reich überhaupt. Daß sie ohne dramatische Folgen blieb, läßt sich folgendermaßen begründen: Zum einen änderte sich die militärische und politische Situation, die den Kaiser zur Absage veranlaßt hatte, sehr bald so grundlegend, daß die Ursache für die Werbungen des Reichsvizekanzlers allmählich ebenso in Vergessenheit geriet wie die Reichstagsabsage selbst. Zum anderen war durch die Absage keine chancenreiche – oder auch nur dafür gehaltene – Entscheidung in Religions- oder Verfassungsfragen abgeblockt worden[135], wie manche Zeitgenossen und die ältere Forschung das z. B. bezüglich der »Nationalversammlung« von 1524 gemeint haben, denn die für 1528 vorgesehenen Themen wurden 1529 in Speyer wieder auf die Tagesordnung gesetzt. Und drittens schließlich fügte sich Ferdinand still in die neue Situation und konzentrierte seine politischen Kräfte auf den neuen Reichstag, wohl wissend, daß in der Demonstration der Einheit der Casa de Austria die grundlegende Voraussetzung für das Funktionieren des kaiserlichen Systems in Europa und damit eben auch für seine eigene Herrschaft im Reich bestand.

Ohne Folgen blieb freilich auch das Bemühen Karls V. um Reichshilfe. Das an sich überzeugend angesprochene Appellpotential konnte wegen des Unfriedens im Reich nicht aktiviert werden. In dieser Hinsicht hat nun der Kaiserhof die Situation im Reich möglicherweise nicht ganz zutreffend eingeschätzt: nicht nur im konkreten Sinne, weil man dort von den Packschen Händeln keine Kenntnis besaß – nicht besitzen konnte –, sondern auch und vor allem, weil man das allmählich in viele Bereiche der Politik hineinragende Konfliktpotential des Religionsstreits unterschätzte. Zwar kannte der Kaiser seit 1521 jenes von den Ständen immer wieder gerne vorgebrachte Argument, vor einer Reichshilfe für auswärtige Angelegenheiten müßten zuerst Frieden und Einigkeit im Reich gewährleistet sein[136], aber welche Bedeutung dabei inzwischen der Religion zukam, wurde am Kaiser-

135 Als weniger schlimm konnte die Absage ja auch deshalb empfunden werden, weil der Reichstag noch nicht offiziell eröffnet worden war.

136 Schon 1521 waren den Ständen »andere Reichsinteressen innenpolitischer Natur vordringlicher ... als die auch in ihrer Sicht durchaus begrüßenswerte Rückeroberung entfremdeter Reichslehen in Italien« (LUTTENBERGER, Karl V. (wie Anm. 10), S. 204). 1524 wurde ausdrücklich ein Frieden nicht nur zwischen Karl und Franz, sondern auch ein gemeiner Frieden im Reich als Voraussetzung für die Lei-

hof vermutlich nicht mit der nötigen Deutlichkeit gesehen – bis der Kanzler Ferdinands, Bernhard von Cles, dem Kaiser diese Zusammenhänge 1530 in Bologna erläuterte[137].

Auch den Bedeutungszugewinn des Reichstags scheint man in Spanien nicht in seiner ganzen Konsequenz ermessen zu haben: Durch die Reformation als vollkommen neues Reichstags-Thema, durch die dauernden Debatten über die Türkenhilfe, vor allem aber durch die nahezu permanente Beschäftigung mit dem Reichsregiment – etwa durch die Notwendigkeit, im Zweijahresrhythmus dessen Finanzierung bewilligen und sich dabei gemeinsam über die Sinnhaftigkeit dieser Institution klar werden zu müssen – wuchs nicht nur die politische Bedeutung des höchsten Entscheidungsgremiums, sondern es wurde zudem zu einem nicht mehr wegzudenkenden zentralen Forum politischer Meinungsbildung und Kommunikation[138] und zur wichtigsten Ausdrucksform korporativen Selbstbewußtseins. Die Zuständigkeit des Reichstags auch für Fragen militärischer Leistungen, die eben jetzt in rein finanzielle Leistungen umgewandelt wurden und sich daher von den ständischen Beiträgen zu den neuen Reichsbehörden nicht mehr grundsätzlich unterschieden, war zwar noch keine ausschließliche, doch der Wunsch der Stände, auch dieses Thema nur auf Reichstagen zu erörtern, wurde unübersehbar[139]. War nun schon die Rücknahme von Beschlüssen auf höchster Ebene des Reichs politisch heikel[140], so galt das für Entschei-

---

stung der Türkenhilfe gefordert (Reichsabschied von 1524, RTA JR 4, S. 590–613, hier S. 608). In dem Entwurf einer Instruktion für die ständische Gesandtschaft an den Kaiser vom August 1526 ist dann schon die Glaubensspaltung zu einem Problem des Landfriedens geworden; Druck des Entwurfs bei W. FRIEDENSBURG, Der Reichstag zu Speier 1526, Nachdruck der Ausgabe Berlin 1887, Nieuwkoop 1970, S. 558–567, hier S. 565; vgl. dazu auch STEGLICH, Reichstürkenhilfe (wie Anm. 15), S. 32.

137 Vgl. dazu RABE, Befunde und Überlegungen zur Religionspolitik Karls V. (wie Anm. 10), S. 105–109, sowie dazu und zu Cles allgemein G. RILL/C. THOMAS, Bernhard Cles als Politiker. Kriterien für das Verhaltensbild eines frühneuzeitlichen Staatsmannes (= Kleine Arbeitsreihe zur Europäischen und Vergleichenden Rechtsgeschichte 18), Graz 1987, bes. S. 17/18.
Trotz dem Kaiserhof möglicherweise fehlender Informationen erscheint das Urteil KOHLERs überscharf, der vor allem aufgrund der Kommunikationsprobleme und des territorialen Rückzugs Karls aus dem Reich uneingeschränkt von »Fehleinschätzungen« am Kaiserhof spricht; KOHLER, Antihabsburgische Politik (wie Anm. 12), S. 72/73, sowie jetzt ders., Karl V. (1519–1556). In: Die Kaiser der Neuzeit 1519–1918. Heiliges Römisches Reich, Österreich, Deutschland, hrg. von A. SCHINDLING und W. ZIEGLER, München 1990, S. 40/41. Mitunter, vor allem in Kriegszeiten, dauerte freilich die Nachrichtenübermittlung extrem lange, z. B. 1527/28, nämlich drei Monate: am 31. Juli 1527 bestätigte Karl Briefe Ferdinands vom 13., 14. und 15. Mai (FK 2, S. 98), am 27. August Briefe vom 31. Mai (FK 2, S. 111).

138 Das betont vor allem LUTTENBERGER in zahlreichen Publikationen.

139 Georg von Sachsen, ohnedies einer jener wenig zahlreichen Fürsten, die ihren Zahlungs- und anderen Reichspflichten zumeist nachkamen, und der daher ein unverdächtiger Zeuge ist, verwies 1527 Ferdinands Reiterdienstwerbung an einen Reichstag, zahlte aber dennoch aufgrund der Einzelverhandlungen (vgl. Anm. 41).

140 So beschäftigte etwa das Nichtzustandekommen der auf dem Speyerer Reichstag 1526 geplanten ständischen Gesandtschaft an den Kaiser, die ihm das ständische Verständnis des Reichsabschieds nahe-

dungen im Zusammenhang mit Reichstagen in besonderem Maße. All das war bekannt, auch in Spanien; aber ob man sich darüber hinaus am Kaiserhof dessen bewußt war, wie sehr sich die Stände in den Jahren des Reichsregiments an fast jährlich stattfindende Reichstage gewöhnt hatten, wenngleich sie deren Besuch immer auch lästig fanden, und wie wichtig ihnen dieses Forum inzwischen geworden war, ist doch zu bezweifeln. Vermutlich hat man am Kaiserhof wegen der Vielzahl anderer drückender Probleme aus den mosaiksteinartigen Einzelinformationen über das Reich nicht immer ein einheitliches, stimmiges Bild zusammenzusetzen vermocht. Bei all diesen Überlegungen ist freilich zweierlei zu bedenken: Zum einen war bei Werbungen um militärische und finanzielle Leistungen der Stände ohnehin nicht der Erfolg, sondern die Erfolglosigkeit die Regel, und schon gar, wenn die Mitbetroffenheit des Reichs nicht evident schien. Zum anderen ist die grundsätzliche Offenheit der politischen Struktur des Reichs zu berücksichtigen, die auch den anscheinend nicht mehr »zeitgemäßen« Möglichkeiten unter bestimmten Bedingungen Erfolg verhieß; dazu gehörte noch lange der kaiserliche Appell an den Lehnsnexus. Insofern hat man die Waldkirch-Mission denn auch keineswegs als glatten Mißerfolg aufgrund einer schlecht durchdachten Kampagne zu verbuchen[141]; vielmehr scheint der Kaiser aus der Vielfalt seiner Argumentations- und Appellmöglichkeiten gegenüber dem Reich die angesichts der schwierigen Verhältnisse überhaupt einzig erfolgversprechende Strategie entwickelt zu haben. Das gilt trotz der genannten Einschränkungen und trotz des faktischen Mißerfolgs. Die einzig realistische Alternative zu der Waldkirch-Mission in dieser Form wäre der Verzicht Karls V. auf das Hilfsgesuch überhaupt gewesen.

So bleibt für das Frühjahr 1528 lediglich die Frage danach, wer dem Kaiser die schließlich realisierte Konzeption entwarf. Angesichts der dünnen Personaldecke am Kaiserhof spricht vieles dafür, daß der Reichsvizekanzler selbst diesen Plan entwickelte. Er kannte aus eigener Anschauung nur die letzten, nicht eben erbaulichen Reichstage unter Maximilian sowie den Wormser Reichstag von 1521[142]; dieser mochte seinen Vorstellungen von Reichstagen als der kaiserlichen Macht eher abträglich ohne weiteres entsprochen haben[143]. Daß zudem Gespräche über die Wahl eines Römischen Königs vivente imperatore

---

bringen sollte, die Stände bis weit in das Jahr 1527 hinein, und in deren Korrespondenz begegnen die seltsamsten Überlegungen, aus welchem Grund und von wem die Gesandtschaft verhindert worden sei (vom Regimentstag; von Sachsen und Hessen; von den geistlichen Fürsten; sie sei nur verschoben; »aus lauter buberei«); vgl. dazu die Korrespondenzen in RTA JR 7/1, S. 1–45.

141 Insofern urteilt auch BRANDI, dessen Interpretation dieser kaiserlichen Maßnahmen insgesamt noch am zutreffendsten erscheint, vorschnell, wenn er meint, die Stände seien »durch eine derartige Botschaft begreiflicherweise nicht zu gewinnen gewesen« (BRANDI, Karl V. (wie Anm. 12), S. 231).

142 Dort war er als Vertreter des Bischofs von Konstanz.

143 1525 äußerte Waldkirch, »man wolle immerzu Reichstage halten, bei denen dem Kaiser mehr genommen als gegeben würde, und man greife ihm in seine Oberkeit«. Diese Aussage Waldkirchs referiert der Rat des Hochmeisters des Deutschen Ordens, Georg von Klingenbeck, in seinem Bericht über seinen Aufenthalt am Kaiserhof im Frühjahr 1525; zitiert nach E. JOACHIM, Die Politik des letzten

auf einem Reichstag nicht besonders erfolgreich waren, hatte Merklin 1518 in Augsburg verfolgen können. Darüber hinaus mag er als ehemaliger Bundesrat sowie als einer der kaiserlichen Kommissare zur Verlängerung des Schwäbischen Bundes[144] dazu geneigt haben, die militärischen Ambitionen und Möglichkeiten des Bundes zu überschätzen; vielleicht galt das auch für seinen eigenen Zugang zur Führung des Bundes nach sieben Jahren Abwesenheit und seinem Aufstieg zum Reichsfürsten.

Ungeachtet der Abneigung des Reichsvizekanzlers gegen Reichstage zeigt nun aber die Tatsache, daß Karl V. schon 1526 eine Absage des nach Speyer ausgeschriebenen Reichstags erwogen hatte, daß eine solche Maßnahme als Option auch unter anderen Bedingungen in die Überlegungen einbezogen wurde; das Absagemandat lag sogar schon vor[145]. Die Unterschiede zu 1528 bestehen nun darin, daß die Absage bzw. Verschiebung in Übereinstimmung mit Ferdinand, ja: auf dessen Anregung hätte geschehen sollen – dieser war selbst im Besitz des kaiserlichen Abkündungsmandats[146]. Zudem waren die Gründe für solche Überlegungen damals ganz andere gewesen: Sie beruhten zunächst auf der Unsicherheit darüber, ob der Kaiser in absehbarer Zeit würde ins Reich kommen können – wenn sich diese Möglichkeit eindeutig abgezeichnet hätte, wollte Ferdinand den Reichstag verschieben und dann unter kaiserlicher Leitung durchführen lassen[147]. Darüber hinaus fürchtete der Erzherzog, er würde der erwarteten lutherischen Demonstrationen möglicherweise nicht Herr und müßte womöglich einen das Wormser Edikt weiter aufweichenden Abschied akzeptieren[148]. Da sich aber dann im unmittelbaren Vorfeld des Reichstags die Teilnahme des Kaisers auch zu einem späteren Zeitpunkt als unmöglich erwies und Ferdinand offenbar durch einen unerwartet glücklichen Ausgang seines Augsburger Generallandtags Zutrauen faßte, entschied er sich, dem Reichstag seinen Lauf zu lassen[149]. Eine Sicherung gegen einen unliebsamen Beschluß in Religionsdingen hatte er mit der kaiserlichen Nebeninstruktion ja in Reserve – und er wandte sie, im Unterschied zu den Absagemandaten, auch an.

Hochmeisters in Preußen Albrecht von Brandenburg, Bd. 3: 1521–1525 (= Publl. a.d. Königlichen Preußischen Staatsarchiven 61), Nachdruck der Ausgabe Stuttgart 1895, Osnabrück 1965, S. 405/6.

144 Vollmacht und Instruktion Karls V. für seine Kommissare, unter ihnen Merklin, Worms, 22. Februar 1521, HStA München, Kurbayern Äußeres Archiv 2021, fol. 6r–7r, und fol. 74r–v, 78r–v.

145 Der Reichstag war im Abschied des nicht formell eröffneten Reichstags von Augsburg am 9. Januar 1526 auf den 1. Mai verlegt worden; ebenfalls am 9. Januar bat das Regiment den Kaiser, die Prorogation zu genehmigen, und vermutlich vor Erhalt dieser Genehmigung schrieb es am 1. Februar einen Reichstag auf den 1. Mai nach Speyer aus; Angaben aus FRIEDENSBURG, Reichstag (wie Anm. 136), S. 39–41. Zu den Absagemandaten ebd., S. 49–51.

146 Ferdinand bestätigt den Empfang am 30. April; FK 1, S. 383–385, hier S. 383.

147 Ebd.; vgl. auch FRIEDENSBURG, Reichstag (wie Anm. 136), S. 50–52.

148 Ferdinand an Karl, Tübingen, 20. März 1526, FK 1, S. 372–375, hier S. 372.

149 Ebd.

Wieder anders liegen die Dinge beim Verbot der Speyerer »Nationalversammlung« von 1524, und zwar ganz grundsätzlich schon dadurch, daß der Kaiser das Ausschreiben selbst sofort für nicht rechtens erklärt hatte. Diese Begründung hielt Karl während seiner gesamten Regierungszeit durch, lag sie doch vollkommen auf der Linie seines Kaiser- und Kirchenverständnisses. Zudem wollte er keine Entscheidung in Religionsdingen zulassen und zugleich verhindern, daß durch ein Nationalkonzil eines Teils seiner Untertanen der Papst verärgert würde, der sich damals ohnehin aus dem Bündnis mit dem Kaiser zu lösen drohte[150]. Für die verfassungspolitisch auffälligen Eingriffe des Kaisers 1524 und 1526 war also der Wille Karls und Ferdinands ausschlaggebend, die religionspolitische Linie des Wormser Edikts durchzuhalten; es handelte sich beide Male um Eingriffe in die Reichspolitik um des Reichs willen. Diese Feststellung wird auch dadurch nicht revidiert, daß 1524 die auswärtigen Rücksichtnahmen bzw. Zwänge des Kaisers ebenfalls eine wichtige Rolle spielten, denn – und das ist nun eben im Unterschied zu 1528 wichtig –, eine solche »Nationalversammlung« sollte unter anderem deshalb nicht stattfinden, weil sie den Kaiser außenpolitisch behindert, seinen Spielraum eingeschränkt hätte. 1528 dagegen durfte der Reichstag nicht stattfinden, weil der Kaiser – militärisch bedrängt wie nie – das erste und wohl auch einzige Mal berechtigte Hoffungen hegen konnte, das Reich für Italien in den Dienst zu nehmen: Der Kaiser sagte den Reichstag ab, weil er sich nicht mit der Neutralität der Stände im Konflikt zwischen sich und Frankreich zufrieden gab, sondern jetzt die Aktivität der Stände forderte – für sich und gegen Frankreich. Alle anderen Ziele ordnete er zu dieser Zeit diesem einen unter, setzte dabei sogar den Religionsstreit als taktische Manövriermasse ein und stellte die Türkenhilfe hintan. In der alleinigen Dominanz der europäischen Interessen Karls V. besteht also die große Besonderheit der Reichstags-Absage von 1528.

Das heißt nun aber nicht, daß die übrigen, weniger spektakulären Reichstage von den auswärtigen Verwicklungen des Kaisers unberührt geblieben wären; die Korrespondenz zwischen Karl und Ferdinand zeugt davon, daß die Frage, ob ein Reichstag stattfinden sollte – und wenn ja, in welcher Stadt, zu welchem Zeitpunkt und mit welchen Themen –, in hohem Maße davon abhing, wie sich die militärische und politische Lage in Italien entwickelte und wie demnach die Chance einzuschätzen war, daß Karl demnächst ins Reich kommen könne[151]. Durch diese Rücksichtnahmen erscheint die habsburgische Reichstagspolitik oftmals nicht besonders kontinuierlich und koordiniert. Doch spielte dafür noch ein weiterer, zumeist übersehener Faktor eine wichtige Rolle: das Reichsregiment. Mit ihm

150 Vgl. RABE, Deutsche Geschichte (wie Anm. 9), S. 254.

151 Besonders in der Zeit schnell wechselnder militärischer und politischer Konjunkturen, etwa in den zwei Jahren zwischen der Schlacht von Pavia im Februar 1525 und dem Subsidienvertrag Heinrichs VIII. mit Franz I. im Frühjahr 1527 (seither war es klar, daß Karl in absehbarer Zeit nicht würde ins Reich kommen können), änderten Karl und Ferdinand ihre Reichstagskonzeptionen beinahe vierteljährlich; vgl. dazu auch FRIEDENSBURG, Reichstag (wie Anm.136), S. 26–52.

gab es insgesamt drei politische Faktoren, die jeweils Kompetenzen und zugleich manch verschiedene Interessen am Reichstag besaßen und dabei doch aufeinander angewiesen waren: Wie das Regiment ohne Rücksprache mit dem Kaiser keinen Reichstag ausschreiben durfte[152] und ohne Ferdinand bzw. dessen Vertreter am Regiment nicht handlungsfähig war, so konnte auch Karl seine Reichstagspolitik nicht ohne Ferdinand und das Regiment abwickeln. Bestanden nun aber mitunter schon zwischen Karl und Ferdinand taktische Unterschiede vor allem über die Frage, welche Themen auf dem jeweils bevorstehenden Reichstag zu erörtern und welche Entscheidungen dabei anzustreben wären, so gingen die Differenzen mit dem Regiment mitunter gar ins Grundsätzliche. Hinzu kam, daß ja weder Karl noch Ferdinand dem Regiment gegenüber offen argumentieren konnte, denn weder war Geheimhaltung gewährleistet noch konnte man wissen, wie das Regiment, selbst in seiner überwiegend prohabsburgischen Besetzung nach 1524, solche Interna habsburgischer Politik nutzen würde. So sind denn die Argumentationen Ferdinands und Karls dem Regiment gegenüber zumeist taktisch bestimmt gewesen.

Die Reichstagspolitik des Regiments selbst war nach dem Verbot der »Nationalversammlung« 1524 im wesentlichen an den gleichen Maximen ausgerichtet wie zuvor: Man wünschte, möglichst oft Reichstage abzuhalten, um ein Höchstmaß an politischem Konsens zu erzielen[153], freilich auch um die eigene Finanzierung zu gewährleisten. Zudem strebte das Regiment an, den Religionsstreit auf einem Reichstag wenigstens so weit einzugrenzen, daß die politischen und Regierungsgeschäfte, mit denen es ja tagtäglich konfrontiert war, dadurch nicht blockiert würden. Die Türkenhilfe scheint dem Regiment dagegen nicht vorrangig gewesen zu sein. Ferdinand wünschte demgegenüber Reichstage vor allem zur Erlangung von Türkenhilfe und zur Finanzierung der Reichsbehörden, ohne dabei über den religiösen Zwist verhandeln zu müssen[154]. Auf diese ohnedies hinreichend schwierige Konstellation wirkten nun noch die europäischen und Reichsinteressen des Kaisers selbst ein, so daß das uneinheitliche Bild der Reichstage dieser Zeit kaum verwundern kann.

Und noch etwas kam hinzu: Karl V. hat an seinem kaiserlichen Ausschreibe- und Propositionsrecht grundsätzlich festgehalten. Unter dem Gesichtspunkt politischer Effizienz[155] hätte der Kaiser spätestens 1524 Ferdinand dieses Recht übergeben müssen. Doch ganz ähnlich, wie Karl an seiner Position als oberstem Lehnsherrn nicht hat rütteln lassen[156],

152 Vgl. oben Anm. 40.

153 Dieses Bedürfnis wird explizit in einem Brief des Regiments an Ferdinand, Esslingen, 10. März 1525, HHStA Wien, RK RTA 2B, fol. 8r–v (9r–11r), hier fol. 10v.

154 In der Politik Ferdinands fällt darüber hinaus auf, daß er Versammlungen anderen Typs zu Reichstagen zu erklären versuchte, nämlich die »Nationalversammlung« von 1524 und den »Versammlungstag« von 1527 – vor allem wegen der Türkenhilfe.

155 Allein schon um den Zeitverlust zu reduzieren, der bei der Ausfertigung der zumeist von Ferdinand und/oder dem Regiment entworfenen oder doch angeregten Ausschreiben und Propositionen entstand.

trat er auch dieses kaiserliche Vorbehaltsrecht zu keiner Zeit ab[157] – ob ihm bei einer festen Etablierung des ständisch bestimmten Regiments dieses Recht nicht dauerhaft entzogen würde, schien noch in den zwanziger Jahren so sicher nicht, und das Bewahren politischer Spielräume[158] rangierte denn doch vor den aktuellen politischen Bedürfnissen. Immerhin setzten die Ereignisse von 1528 insofern einen Lernprozeß in Gang, als nun Karl seinem Statthalter für den bevorstehenden Reichstag Entscheidungsmöglichkeiten wenigstens über den Zeitpunkt einräumte. Daß dann dieser Speyerer Reichstag von 1529 aufgrund zweier widersprüchlicher Propositionen wieder nicht den Eindruck wohl koordinierter Reichstagspolitik der beiden Habsburger hinterläßt, beruhte tatsächlich auf Problemen bei der Kommunikation und bedürfte einer eigenen Untersuchung[159].

---

156 Dazu genauer ROLL, Reichsregiment (wie Anm. 40), S. 127–130.

157 1531 schließlich übertrug der Kaiser seinem Bruder nun als Römischem König das uneingeschränkte Recht zum Abhalten von Reichstagen (Vollmacht für Ferdinand vom 16. Januar 1531, Art. 7, FK 3, S. 25–36, hier S. 29), doch bemerkenswerterweise hat Ferdinand diese Möglichkeiten in der Folgezeit kaum zu nutzen gesucht, sondern auf die selbständige Durchführung von Reichstagen weitgehend verzichtet.

158 Wie vielfältig die politischen Möglichkeiten des Kaisers auf den Reichstagen selbst waren – namentlich im Zeichen der konfessionellen Spaltung –, hat A. LUTTENBERGER in einigen Untersuchungen zu den Reichstagen der vierziger Jahre gezeigt. Vgl. den Aufsatz: Konfessionelle Parteilichkeit und Reichspolitik. In: Fortschritte in der Geschichtswissenschaft durch Reichstagsaktenforschung, hrg. von E. MEUTHEN und H. ANGERMEIER (= Schrr. Reihe d. Hist. Komm. bei der Bayerischen Akademie der Wissenschaften 35), Göttingen 1988, S. 65–101 sowie: Reichspolitik und Reichstag unter Karl V.: Formen zentralen politischen Handelns. In: Aus der Arbeit an den Reichstagen unter Kaiser Karl V. Sieben Beiträge zu Fragen der Forschung und Edition, hrg. von H. LUTZ und A. KOHLER (= Schrr. Reihe der Hist. Komm. bei der Bayerischen Akademie der Wissenschaften 26), Göttingen 1986, S. 18–68.

159 Der Aufsatz E. LAUBACHs, Habsburgische Reichstagspolitik 1528/1529, in: MÖStA 40 (1987), S. 61–91, ist unter anderem deshalb nicht ganz überzeugend, weil er eine Begründung dafür schuldig bleibt, warum Ferdinand beim Abfassen »seiner« Proposition die harte Gangart in Religionsdingen für die aktuelle kaiserliche Linie gehalten hat.

Horst Rabe

Karl V. und die deutschen Protestanten. Wege, Ziele und Grenzen der kaiserlichen Religionspolitik*.

Unser Thema betrifft ein Kernproblem der deutschen Reformationsgeschichte wie überhaupt der europäischen Geschichte des 16. Jahrhunderts. Ungeachtet nämlich der vielfältigen strukturellen Bedingungen des Geschehens der Epoche in Wirtschaft und Gesellschaft, in den politischen Ordnungen wie im geistigen – insbesondere im kirchlichen – Leben spielten doch die Religionspolitik Karls V. und die sie begründenden Vorstellungen des Kaisers eine wesentliche Rolle für die Geschichte der Glaubensspaltung. Das gilt für eine Vielzahl von Einzelentscheidungen des Kaisers vom Wormser Reichstag 1521 bis zu seiner Weigerung, sich für seine Person auf den seit 1552 unausweichlich gewordenen Religionsfrieden mit den deutschen Protestanten einzulassen. Es gilt aber auch für die hinter diesen Entscheidungen stehenden prinzipiellen Positionen der kaiserlichen Politik: vor allem für den Universalismus der Kaiseridee Karls V. mit ihrer engen Verbindung von Kaisertum und römischer Kirche sowie für die daraus resultierende frühzeitige, grundsätzliche und entschiedene Ablehnung der Reformation. Wäre Karl V. etwa auf dem Wege der Loslösung des Kaisertums von der römischen Kirche fortgeschritten, den sein Großvater Maximilian eingeschlagen hatte und den nach ihm sein Bruder und Nachfolger Ferdinand wieder aufnehmen sollte – der Augsburger Religionsfriede hätte wohl ein Vierteljahrhundert früher zustandekommen können, und vielleicht wäre dann auch die Verhärtung des Glaubensstreits zu einem verhängnisvoll starren Konfessionalismus vermieden worden.

Angesichts dieses in der Forschung kaum umstrittenen Grundbefundes ist es erstaunlich, daß der Versuch, die Religionspolitik Karls V. als Ganzes zu thematisieren, bislang nicht unternommen worden ist. Natürlich enthalten die Biographien Karls V. und andere übergreifende Darstellungen der Epoche immer wieder Erörterungen auch der kaiserlichen Religionspolitik[1]. Zudem gibt es spezielle Forschungen zu bestimmten Phasen dieser Politik, so etwa über die Zeit des Augsburger Reichstags von 1530 – vor allem von Wolfgang Reinhard und Eugène Honée – oder auch über den geharnischten Reichstag von 1547/48,

* Der folgende Beitrag beruht auf einem Vortrag, den ich im Dezember 1993 auf Einladung von P. Baumgart an der Universität Würzburg gehalten habe. Für den Druck wurde der ursprüngliche Text leicht überarbeitet und durch Hinweise auf Quellen und Literatur ergänzt. Eine durchgehende kritische Auseinandersetzung mit der Forschung hätte den Rahmen des Beitrags gesprengt; sie muß einer eigenen Studie vorbehalten bleiben.

dem ich selber ein ganzes Buch gewidmet habe[2]. Schließlich sind auch bestimmte Teilbereiche der kaiserlichen Politik im Längsschnitt erforscht worden, so etwa die Beziehungen Karls V. zu den Päpsten seiner Zeit[3], die kaiserliche Konzilspolitik – vor allem durch Hubert Jedin[4] – oder auch die historische Problematik einer konfessionsneutralen Reichspolitik zwischen 1530 und 1552, die Albrecht P. Luttenberger vor einigen Jahren des genaueren untersucht hat[5]. Eine Gesamtanalyse der Religionspolitik Karls V. aber steht bis heute aus[6]; ich möchte in diesem Vortrag versuchen, wenigstens einige Grundlinien einer sol-

0 Die wichtigste der Biographien Karls V. ist noch immer, auch wegen ihrer überaus gründlichen Dokumentation: K. BRANDI, Kaiser Karl V. Werden und Schicksal einer Persönlichkeit und eines Weltreiches (zuerst 1937/1941), Bd. 1, 8. Aufl. Frankfurt/M. 1986, Bd. 2, 2. Aufl. Darmstadt 1967. Für die bei BRANDI eher knapp dargestellte Spätzeit des Kaisers ist die wichtigste Ergänzung H. LUTZ, Christianitas afflicta. Europa, das Reich und die päpstliche Politik im Niedergang der Hegemonie Kaiser Karls V. (1552–1556), Göttingen 1964. Die ausführlichste neuere, gerade die Religionspolitik breit berücksichtigende Gesamtdarstellung der deutschen Geschichte der Epoche ist: H. RABE, Deutsche Geschichte 1500–1600. Das Jahrhundert der Glaubensspaltung, München 1991.

2 Zum Wormser Reichstag 1521 insbesondere R. WOHLFEIL, Der Wormser Reichstag von 1521 (Gesamtdarstellung). In: F. REUTER (Hrg.), Der Reichstag zu Worms 1521. Reichspolitik und Luthersache, Worms 1971, S. 59–154; H. LUTZ, Das Reich, Karl V. und der Beginn der Reformation. Bemerkungen zu Luther in Worms 1521. In: H. FICHTENAU/E. ZÖLLNER (Hrgg.), Beiträge zur neueren Geschichte Österreichs, Wien 1974, S. 47–70.
Zu Augsburg 1530: H. RABE, Befunde und Überlegungen zur Religionspolitik Karls V. am Vorabend des Augsburger Reichstags 1530. In: Confessio Augustana und Confutatio. Der Augsburger Reichstag 1530 und die Einheit der Kirche, hrg. von E. ISERLOH (RST 118), Münster/Westf. 1980, S. 101–112; W. REINHARD, Die kirchenpolitischen Vorstellungen Kaiser Karls V., ihre Grundlagen und ihr Wandel. In: Confessio Augustana und Confutatio, S. 62–100; weitere Literatur in Anm. 23.
Zu Augsburg 1547/48: H. RABE, Reichsbund und Interim. Die Verfassungs- und Religionspolitik Karls V. und der Reichstag von Augsburg 1547/48, Köln-Wien 1971.

3 G. MÜLLER, Die römische Kurie und die Reformation 1523–1534. Kirche und Politik während des Pontifikates Clemens' VII., Gütersloh 1969; A. von DRUFFEL, Kaiser Karl V. und die römische Kurie 1544–1546. In: Abh. der Hist. Classe der Königl. Bayer. Ak. der Wiss. Bd. 13, 1877, Abt. II, S. 145–278; Bd. 16, 1883, Abt. I, S. 1–86, Abt. III, S. 181–292; Bd. 19, 1891, Abt. II, S. 445–542. Daneben – mit weiter gespannter Thematik – K. REPGEN, Die römische Kurie und der Westfälische Friede. Idee und Wirklichkeit des Papsttums im 16. und 17. Jahrhundert, Bd. 1/1 und 2, Tübingen 1962/65.

4 H. JEDIN, Geschichte des Konzils von Trient, 4 Bde., 1.-3. Aufl. Freiburg 1949–1978. Vgl. auch JEDINs knappen, aber das Wesentliche herausarbeitenden Aufsatz: Die Päpste und das Konzil in der Politik Karls V. In: H. JEDIN, Kirche des Glaubens – Kirche der Geschichte, Bd. 2, Freiburg – Basel – Wien 1960, S. 148–159. Daneben noch immer wichtig: Johannes MÜLLER, Die Politik Karls V. am Trienter Konzil 1545. In: ZKG 44, 1925, S. 225–275.

5 A.P. LUTTENBERGER, Glaubenseinheit und Reichsfriede. Konzeptionen und Wege konfessionsneutraler Reichspolitik 1530–1552. Kurpfalz, Jülich, Neubrandenburg (Schriftenreihe der Hist. Komm. bei der Bayer. Ak. der Wiss. 20), Göttingen 1982.

6 Am ehesten hat als solcher Versuch wohl zu gelten: J. LUDOLPHY, Die Voraussetzungen der Religionspolitik Karls V. (Arbeiten zur Theologie, hrg. von T. SCHLATTER, 1. Reihe, Heft 24), Stuttgart 1965. Die Arbeit Ludolphys bleibt indessen in ihrem methodischen Ansatz, vor allem in ihrer Quellengrundlage, wie in vielen ihrer Argumentationen und Ergebnissen unbefriedigend. Sie wird der Komplexität schon der grundsätzlichen Positionen Karls V. nicht gerecht, erst recht nicht der Umsetzung dieser Positionen in

chen Gesamtanalyse zu zeichnen. Das kann freilich nicht in Form einer detaillierten Darstellung der Religionspolitik Karls V. in ihren vielfältigen Bedingtheiten, Entscheidungen und Auswirkungen während der rund dreieinhalb Jahrzehnte der Regierungszeit des Kaisers geschehen; ein solches Vorhaben würde den Rahmen dieses Vortrags bei weitem sprengen. Was ich hingegen tun möchte, ist, die Hauptziele, -wege und -mittel der Religionspolitik Karls V., vor allem in Deutschland und gegenüber der Reformation – dies nun freilich für die Gesamtzeit seiner Regierung – herauszuarbeiten; auf dieser Basis möchte ich sodann die Frage zu beantworten suchen, ob und inwieweit der Politik des Kaisers gegenüber den Protestanten ein durchgehendes und durchgehaltenes Prinzip zugrunde gelegen hat und wie von da aus der Stellenwert der Religionspolitik im Gesamtsystem der Politik Karls V. zu bestimmen ist.

Nach der Kaiserwahl 1519 und bis in die Vorbereitung des Wormser Reichstags 1521 hinein spielte die Religionsfrage für die Politik Karls V. kaum eine Rolle. Zwar hatte Mercurino Gattinara, der Großkanzler und wichtigste Berater des Kaisers, dem jungen Monarchen schon im Zusammenhang der Wahl von 1519 einen Anspruch auf Weltherrschaft vindiziert, der sich auf die Dauer als – auch – religionspolitischer Zündstoff erweisen mußte[7];

---

konkrete Entscheidungen (S. 9–14; bezeichnend die Simplifizierung S. 10: »Die Haltung der Umgebung Karls stimmte mit dessen eigener überein«; vgl. dazu H. LUTZ, Reformation und Gegenreformation, 2. Aufl. München – Wien 1982, S. 148). Für die Kernfrage der Religionspolitik des Kaisers – für sein Verhältnis nämlich zu den deutschen Protestanten – gelangt Ludolphy überdies zu sehr widersprüchlichen Ergebnissen: Einerseits behauptet sie die durchgehende Entschlossenheit Karls V. zur Unterdrückung der lutherischen Ketzerei, der er nur vorübergehend und unter dem Zwang der außenpolitischen Lage gewisse Zugeständnisse gemacht habe; anderseits konzediert sie dem Kaiser im Blick auf die Religionsgespräche der 40er Jahre ein »ehrliches Streben nach einer Einigung« (S. 23) – mit den Ketzern? Der Schmalkaldische Krieg erscheint dann wieder einfach als »Religionskrieg« (S. 24), obendrein in Widerspruch zum Konzil, das schon bei seiner Eröffnung 1545 »nicht mehr« zur Kriegspolitik des Kaisers gepaßt habe (S. 26) – daß gerade die Anerkennung des Konzils durch die Protestanten sich 1547 immer klarer als das eigentliche religionspolitische Kriegsziel Karls V. herauskristallisierte, hat Ludolphy anscheinend ganz übersehen usw.

7 Die Thesen Gattinaras über die dem Kaiser zustehende Universalmonarchie finden sich bei C. BORNATE (Hrg.), Historia vite et gestorum per dominum magnum cancellarium (Mercurino Arborio di Gattinara)... In: Misc. di storia Italiana, 3. Ser. Bd. 17, 1915, S. 405–408; eine deutsche Übersetzung – in Auswahl – jetzt leicht erreichbar bei A. KOHLER (Hrg.), Quellen zur Geschichte Karls V. (Ausgew. Quellen zur deutschen Geschichte der Neuzeit. Frhr. vom Stein-Gedächtnisausgabe, Bd. 15), Darmstadt 1990, Nr. 8, S. 59f. – In einer Consulta aus dem Jahre 1523 sprach Gattinara noch unverblümter davon, daß es dem Kaiser darum gehen müsse »dominer tout le monde«; K. BRANDI, Berichte und Studien zur Geschichte Karls V. [Teil] XIX (Nachr. v. d. Ges. d. Wiss. zu Göttingen, Phil.-hist. Kl. Fachrg. II: Mittlere u. Neuere Gesch., NF Bd. 3, Nr. 4 1941), S. 212.
Die viel diskutierte Frage nach den Ursprüngen der Kaiseridee Karls V. ist hier nicht im einzelnen zu erörtern. Festzuhalten aber ist, daß der von Gattinara so eindrücklich formulierte Anspruch der universalistischen Überordnung des Kaisertums über alle anderen weltlichen Herrschaften für Jahrzehnte zur grundlegenden Legitimation der Politik Karls V. wurde – was freilich nicht ausschließt, daß der junge Kaiser diese – und andere – Elemente seines Herrschaftsverständnisses, wo immer ihre Ursprünge lagen, erst allmählich voll durchdacht und sich solcherart persönlich zu eigen gemacht hat. Bezeichnenderweise

aus diesen Thesen folgten jedoch einstweilen keine religionspolitischen Initiativen. Und was den beginnenden Glaubensstreit in Deutschland betraf, so betrachtete der Kaiser die causa Lutheri als eine ziemlich marginale Angelegenheit von allenfalls provinzieller Bedeutung. Das vorrangige politische Interesse Karls V. jedenfalls galt dem Kampf gegen den französischen König, um das 1477 an Frankreich verlorengegangene Herzogtum Burgund sowie die Vorherrschaft in Oberitalien wiederzugewinnen und solcherart die universale Autorität des Kaisertums machtpolitisch abzusichern[8]. Um dieses Zieles willen suchte der Kaiser das Bündnis mit England, aber auch mit den italienischen Fürsten und nicht zuletzt mit Papst Leo X. Letzteres war freilich ein diplomatisch nicht ganz einfaches Unterfangen, zumal der Papst ja erst kurz zuvor alles ihm mögliche getan hatte, um die Kaiserwahl Karls V. zu verhindern und damit – wie es seit Jahrhunderten den politischen Maximen des Papsttums entsprach – der drohenden Vereinigung der Herrschaft über Ober- und Unteritalien in einer Hand entgegenzuwirken. Eben deshalb war der Kaiser in diesen Monaten sorgfältig darauf bedacht, keine zusätzlichen, religionspolitischen Spannungen mit dem Papst aufkommen zu lassen. Für die Behandlung der causa Lutheri aber bedeutete dies, daß der Kaiser eine möglichst reibungslose Erledigung des Problems im Sinne der Kurie wünschte, d. h. die Ächtung des von Rom exkommunizierten Luthers und seiner Anhänger, so wie es seit den Zeiten Kaiser Friedrichs II. den reichsrechtlichen Regeln des Ketzerprozesses entsprach. Dieser Wunsch stieß nun freilich auf erheblichen Widerstand. Vor allem der Kurfürst von Sachsen, aber auch einige andere Reichsstände nämlich be-

wurde in der Folge gerade der Begriff der »monarchia universalis« zum Kampfbegriff der französischen Publizistik in der Auseinandersetzung mit den Habsburgern. Für die 30er Jahre des 16. Jahrhunderts hat das schon P. RASSOW, Die Kaiser-Idee Karls V., dargestellt an der Politik der Jahre 1528–1540 (Hist. Stud. 217), Berlin 1932 [Nachdruck Vaduz 1965], gezeigt; in weiter gespannten zeitlichen und sachlichen Zusammenhängen erörtert diesen Problemkreis neuerdings F. BOSBACH, Monarchia universalis. Ein politischer Leitbegriff der frühen Neuzeit (Schriftenreihe der Hist. Komm. bei der Bayer. Ak. d. Wiss. Bd. 32), Göttingen 1988. Zur älteren Diskussion der Kaiseridee Karls V. vgl. die konzisen Bemerkungen von K. BRANDI, Der Weltreichsgedanke Karls V. In: Ibero-Amerikanisches Archiv 13, 1940, S. 259–269. Seither sind vor allem die »modernen«, in die Neuzeit weisenden Elemente des Herrschaftsverständnisses wie der Herrschaftspraxis Karls V. deutlicher zutage getreten; vgl. H. LUTZ, Christianitas afflicta [wie Anm. 1]; H. RABE, Elemente neuzeitlicher Politik und Staatlichkeit im politischen System Karls V. In: H. LUTZ (Hrg.), Das römisch-deutsche Reich im politischen System Karls V. (Schriften des Hist. Kollegs, Kolloquien 1), München 1982, S. 161–187. Zur Bedeutung Gattinaras: J.M. HEADLEY, Germany, the Empire and Monarchia in the Thought and Policy of Gattinara, ebda, S. 15–33.

8 Dieses Konzept machtpolitischer Absicherung wie überhaupt das Amalgam von Kaiseridee und Machtpolitik beherrschte schon den Entschluß Karls, sich um die Kaiserkrone zu bewerben, und hielt sich bis zu den Sukzessionsverhandlungen der habsburgischen Familie 1550/51 durch. Vgl. einerseits die Instruktion Karls für Adrian de Croy, Herrn von Beaurains, zu seiner Tante Margarete in den Niederlanden, 1519.03.19, bei A. le GLAY, Négotiations diplomatiques entre la France et l'Autriche durant les trente premières années du XVIe siècle, Bd. 2, Paris 1845, S. 303, anderseits den Brief Karls V. an seinen Bruder Ferdinand (1551) bei A. von DRUFFEL, Beiträge zur Reichsgeschichte Bd. 3, München 1882, S. 180–183; eine deutsche Übersetzung bei A. KOHLER, Quellen zur Geschichte Karls V. [wie Anm. 7], Nr. 106, S. 405–408.

standen darauf, Luther vor einer etwaigen Reichsacht wenigstens auf dem bevorstehenden Reichstag zu hören – ob dies ein rechtliches Gehör oder ein bloßes Verhör sein sollte, blieb einstweilen offen –, und Karl V. mußte diesem Ansinnen schließlich Rechnung tragen[9]. Das war eine für den Kaiser ziemlich unangenehme Belastung seines Verhältnisses zum Papst; es war aber zugleich eine nicht ungefährliche Durchbrechung der traditionell engen Bindung des Reichs an die römische Kirche, die sich ja nicht zuletzt in jener traditionell automatischen Sequenz von römischer Exkommunikation und Reichsacht dokumentierte[10]. An dieser Bindung an die römische Kirche aber hing der Universalismus des Reichs wie des Kaisertums. Es hatte deshalb seinen guten Sinn, wenn der junge Monarch die Reichsstände am 19. April 1521 – also am Tage nach dem berühmten Bekenntnis Luthers – zum gemeinsamen Kampf gegen die Häresie aufrief, weil alles andere eine große Schande wäre »für mich und für Euch, die edle und ruhmreiche deutsche Nation, die wir

9 Nachdem die Politik des Kaiserhofs in der causa Lutheri bis in die Anfänge des Wormser Reichstags nur wenig Konsequenz gezeigt hatte, kristallisierte sich seit der zweiten Februarwoche als Ziel der kaiserlichen Religionspolitik immer deutlicher heraus, die Luthersache entweder überhaupt außerhalb des Reichstags – etwa durch einen Widerruf Luthers auf Drängen des sächsischen Kurfürsten – oder aber durch die Reichsacht, nun freilich nach einem Verhör Luthers auf dem Reichstag und überhaupt unter einer gewissen Beteiligung der Reichsstände, zu erledigen. Daß Art und Umfang dieser ständischen Beteiligung ein Gegenstand verfassungspolitischen Streits zwischen Kaiser und Reichsständen gewesen wäre, wie in der neueren Forschung gelegentlich behauptet worden ist (W. BORTH, R. WOHLFEIL), läßt sich aus den Quellen nicht belegen, wohl aber die Meinung der kaiserlichen Räte, daß ein Mandat des Kaisers zur Durchsetzung des päpstlichen Bannspruchs gegen Luther ohne Billigung durch die Reichsstände keine großen Chancen der Befolgung haben würde; die Stände ihrerseits aber forderten in ihrer Mehrheit eine vorherige Anhörung Luthers vor einem unparteiischen Gremium – aus Mißtrauen gegen die päpstliche Glaubensgerichtsbarkeit und weil andernfalls beim »gemeinen Mann« Aufruhr und Empörung zu befürchten wären. Dieser Stimmung trug der Kaiserhof Rechnung, auch wenn die Zitation Luthers auf dem Reichstag Belastungen des Verhältnisses zu Rom mit sich bringen mußte. Vgl. W. BORTH, Die Luthersache (Causa Lutheri) 1517–1524. Die Anfänge der Reformation als Frage von Politik und Recht, Lübeck 1970, bes. S. 110, 112f., 127; R. WOHLFEIL, Der Wormser Reichstag von 1521 (Gesamtdarstellung). In: F. REUTER (Hrg.), Der Reichstag zu Worms von 1521. Reichspolitik und Luthersache, Worms 1971, S. 59–154; bes. S. 105; H. LUTZ, Das Reich, Karl V. und der Beginn der Reformation [wie Anm. 2], S. 54–59.

10 Das ist in Rom an sich sehr wohl gesehen worden, weshalb denn auch bereits Anfang März Kardinal Lorenzo Pucci ein scharfes Breve über die Behandlung der causa Lutheri an den Kaiser verfaßt hatte. Man wagte dann aber nicht, das Breve Karl V. selbst zu übersenden, sondern schickte es nur an den Nuntius, dem es allerdings kaum eine Hilfe war. Für diese Zurückhaltung der Kurie war sicherlich von Bedeutung, daß man den guten Willen des Kaisers zum Vorgehen gegen Luther erkannte und anerkannte; hinzu kam, daß man das im Zusammenhang der Kaiserwahl tief beschädigte und erst seit kurzem einigermaßen normalisierte Verhältnis zum Kaiser nicht alsbald wieder gefährden wollte. Im übrigen erschien den Politikern der Kurie die causa Lutheri als eine ziemlich transitorische Angelegenheit, bei deren Erledigung gewisse taktische Zugeständnisse wohl akzeptabel erschienen – eine fatale Unterschätzung Luthers und der anhebenden reformatorischen Bewegung in Deutschland. Vgl. G. MÜLLER, Die römische Kurie und der Reichstag. In: F. REUTER (Hrg.), Der Reichstag zu Worms von 1521 [wie Anm. 2], S. 237–256.

durch Privileg und einzigartigen Vorrang (préhéminence singullié) zu Verteidigern und Schutzherren des katholischen Glaubens bestellt (institués) sind«[11].

Ein weiteres Grundproblem der kaiserlichen Religionspolitik, und auch dies mit schwerwiegenden und langfristigen Folgen für das Verhältnis zwischen Kaiser und Papst, kündigte sich ebenfalls bereits in Worms 1521 an. Der Kurfürst von Sachsen und seine Partner unter den Reichsständen, die auf der Vorladung Luthers zum Reichstag bestanden hatten, waren ja keineswegs einfach Anhänger Luthers; wohl aber galt ihnen der sächsische Mönch und Professor als ein Faustpfand der Kirchenreform, das sie, in offenem Mißtrauen gegen den Reformwillen Roms, nicht ohne weiteres aus der Hand zu geben bereit waren. Neben dem Problem der Ketzerei Luthers – vielleicht sogar schon der Gefahr eines lutherischen Schismas in Deutschland – rückte damit ein weiterer Problemkomplex der Religionsfrage unübersehbar in das politische Gesichtsfeld des Kaisers: die Kirchenreform nämlich, in specie: die Reform der römischen Kirche an Haupt und Gliedern. Allerdings beschränkte sich der Horizont der Reformdiskussion des Reichstags einstweilen noch auf den ziemlich engen Forderungskatalog der sog. Gravamina der deutschen Nation gegen den römischen Stuhl; hinter den Kulissen jedoch wurden auch sehr viel prinzipiellere Fragen der Kirchenreform diskutiert, und zwar gerade im Zusammenhang mit der causa Lutheri[12]. Schon die Gravamina aber zwangen den Kaiser zu einer schwierigen Gratwanderung, um weder die Reichsstände noch auch den Papst zu verprellen. Im Ergebnis des Reichstags setzte sich Karl V. dann im wesentlichen durch: mit einem – im Grunde wenig verbindli-

11 Die Erklärung Karls V. nach einer Abschrift – vermutlich – des kaiserlichen Sekretärs Jean Lalemand im französischen Wortlaut gedruckt in: Deutsche Reichstagsakten, Jüngere Reihe, hrg. durch die Hist. Komm. der Bayer. Ak. der Wiss. (= Deutsche Reichstagsakten unter Kaiser Karl V.), Bd. 2, bearb. von A. WREDE, Gotha 1896 [Neudruck 1962], Nr. 82, S. 594–596. Eine gute deutsche Übersetzung samt Kommentar bietet H. WOLTER, Das Bekenntnis des Kaisers. In: F. REUTER (Hrg.), Der Reichstag zu Worms von 1521 [wie Anm. 2], S. 222–236. Die oben gegebene Übersetzung weicht allerdings von derjenigen WOLTERs ab, vor allem durch die Wiedergabe von »préhéminence« durch »Vorrang« statt – wie bei WOLTER – durch das weniger verbindliche »Prestige«. Gegen die Zuverlässigkeit der Abschrift Lalemands bestehen keine Bedenken, schon gar nicht gegen die Identifikation Karls V. mit seiner eigenen Erklärung – auch dann nicht, wenn bestimmte Passagen der Erklärung auf den Einfluß oder gar auf Formulierungsvorschläge Gattinaras oder anderer Berater des jungen Kaisers zurückgehen sollten, was gut denkbar wäre. Bemerkenswert ist im übrigen, daß in der Erklärung Karls V. die Häresie zwar als Bruch mit der Tradition der Christenheit – und nicht zuletzt des Kaisertums – verstanden wird, daß dabei aber vom päpstlichen Bannspruch wie überhaupt vom kirchlichen Lehramt der Päpste gar nicht die Rede ist. Vgl. H. LUTZ, Das Reich, Karl V. und der Beginn der Reformation [wie Anm. 2], S. 68.

12 Kein Geringerer als der kaiserliche Beichtvater Glapion scheint damals gegenüber dem kursächsischen Kanzler Brück eine gründliche Reform der Kirche als gemeinsames Anliegen des Kaisers, des sächsischen Kurfürsten und Luthers bezeichnet zu haben – welche Gemeinsamkeit freilich durch Luthers übertriebene Schärfe gefährdet sei: Deutsche Reichstagsakten unter Kaiser Karl V., Bd. 2 [wie Anm. 11], Nr. 66, S. 477–494. Vgl. dazu die quellenkritischen Bedenken bei R. WOHLFEIL, Der Wormser Reichstag von 1521 [wie Anm. 2], S. 101, aber auch die Antikritik von H. LUTZ, Das Reich, Karl V. und der Beginn der Reformation [wie Anm. 2], S. 66f.

chen – Bekenntnis zur Notwendigkeit kirchlicher Reformen einerseits, mit dem Wormser Edikt, also der Verhängung der Reichsacht über Luther und dessen Anhänger, anderseits[13]. Damit war es dem Kaiser zugleich gelungen, den mit der Vorladung Luthers auf den Reichstag sich öffnenden Graben zwischen Reich und römischer Kirche, wenigstens vorläufig, wieder zuzuschütten. Auch das außenpolitische Kalkül des Kaisers ging auf: Als im Sommer 1521 der Krieg mit Frankreich begann, war der französische König diplomatisch weitgehend isoliert. In Deutschland freilich zeigte sich alsbald, daß die Reichsacht über Luther nicht in hinreichender Breite durchgesetzt werden konnte. Nach wie vor dem Reichstag von Worms gab es doch allzu viele Reichsstände, die die Reichsacht wie überhaupt den Ketzerprozeß gegen Luther nicht für ein angemessenes Mittel zur Erledigung des aufbrechenden Glaubenszwists hielten, und die unüberhörbare Resonanz mancher Thesen Luthers in breiten Schichten der Bevölkerung stärkte noch solche Zurückhaltung: Man wollte es nicht riskieren, durch eine rigide Unterdrückung der reformatorischen Bewegung einen Aufstand des Gemeinen Mannes zu provozieren.

Karl V. selbst kümmerte sich in den Jahren nach 1521 nur wenig um Deutschland und erst recht nicht um die Religionsfrage in Deutschland. Zunächst durch den Aufstand der Comuneros in Spanien, dann fortdauernd durch kriegerische Auseinandersetzungen mit den Franzosen und später auch mit den Türken in Anspruch genommen, griff er nur gelegentlich, sozusagen interventionistisch, in die deutsche Religionspolitik ein. Solche Interventionen galten vor allem – jedenfalls bis 1526 – der Unterbindung aller Versuche, unter faktischer Sistierung des Wormser Edikts auf der politischen Ebene des Reichs zu einer Beilegung des Glaubenszwiespalts zu gelangen. So lehnte der Kaiser 1524 das vom Reichstag beschlossene Vorhaben eines Nationalkonzils oder doch einer Nationalversammlung strikt ab, ganz entsprechend verweigerte er in einer Nebeninstruktion für den Reichstag von 1526 prophylaktisch überhaupt jedem Beschluß der Reichsversammlung in Sachen des Glaubens und der Kirche seine Zustimmung[14]. Immerhin beließ er es doch nicht bloß bei der immer erneuten Einschärfung des Wormser Edikts; vielmehr ging er seit

13 Knappe, aber wohldurchdachte, kritische Interpretation des Reichsabschieds wie des Wormser Edikts bei R. WOHLFEIL, Der Wormser Reichstag von 1521, S. 146–154. – Anders als in der kaiserlichen Erklärung vom 19. April bezog sich das Wormser Edikt kirchenrechtlich korrekt auf die päpstliche Bannbulle als Basis der Reichsacht – angesichts der maßgebenden Beteiligung des Nuntius an der Formulierung des Edikts stand auch nichts anderes zu erwarten. Um so bemerkenswerter ist, daß der offizielle deutschsprachige Druck des Edikts gegenüber den früheren, vom Kaiser unterzeichneten Originalen nicht unerhebliche Änderungen aufwies, die auf eine Stärkung der kaiserlichen Autorität gegenüber der päpstlichen hinausliefen; vgl. R. WOHLFEIL, S. 148f.

14 E. LAUBACH, »Nationalversammlung« im 16. Jahrhundert. Zu Inhalt und Funktion eines politischen Begriffs. In: MÖStA 38 (1985), S. 1–48. Erzherzog Ferdinand trug schon 1524 weniger Bedenken gegen eine solche Nationalversammlung, die er – durchaus plausibel angesichts der Vagheit der ständischen Vorstellungen von einer Nationalversammlung – alsbald nach dem Nürnberger Reichstag von 1524 in Gestalt eines neuen Reichstags vorzubereiten begann. Der Kaiser machte dem freilich sehr rasch ein Ende. – Zur kaiserlichen Zusatzinstruktion von 1526.03.25 vgl. W. FRIEDENSBURG, Der Reichs-

1524 – parallel zu seiner Ablehnung eines Nationalkonzils – doch auch auf die schon zuvor von den Reichsständen beider Glaubensparteien erhobene Forderung nach einem Generalkonzil ein[15]. Daß ihm diese Konzilsforderung zunächst vor allem als Konzils*drohung* gegenüber dem Papst diente, um Clemens VII. in den Fragen der italienischen Politik gefügiger zu machen, ist wohl richtig; trotzdem bedeutete diese Übernahme der Konzilsforderung doch ein erstes Abrücken des Kaisers von seiner bisherigen Position, daß es nach der Exkommunikation und der Reichsacht über Luther in Sachen der Reformation eigentlich nichts mehr zu verhandeln gebe. In der außenpolitisch so gefährlichen Situation des beginnenden Kriegs gegen die Liga von Cognac 1526 erwog Karl V. sogar schon einmal, die Reichsacht gegenüber all denen zu sistieren, die sich dem zukünftigen Konzil unterwürfen und sich mittlerweile in den Dienst der habsburgischen Majestäten stellten – sei es gegen die Türken in Ungarn oder gegen die Feinde des Kaisers in Italien; im Mai 1527 schien ihm vollends eine Nationalversammlung nicht mehr grundsätzlich inakzeptabel[16]. Wirklich zum Tragen kamen diese Ansätze zu einer neuen Strategie der kaiserlichen Religionspolitik freilich erst Jahre später, nämlich seit der Rückkehr Karls V. von Spanien nach Italien im Spätsommer 1529 und dann nach Deutschland zum Augsburger Reichstag von 1530.

Überhaupt bekam jetzt, seit 1529/30, die Religionspolitik Karls V. ein anderes Profil. Ihr Stellenwert im Gesamtgefüge der kaiserlichen Politik nahm deutlich zu, und zugleich geriet sie in deutlich engere Wechselbeziehungen mit den anderen Bereichen der Politik Karls V. Von Bedeutung war hier

1. das Verhältnis zu Frankreich. Karl V. hatte als Ergebnis zweier Kriege gegen Franz I. von Frankreich die Vorherrschaft in Italien und damit in Europa erlangt. Der französische

---

tag zu Speyer 1526 im Zusammenhang der politischen und kirchlichen Entwicklung Deutschlands im Reformationszeitalter, Berlin 1887 [ND Nieuwkoop 1975], S. 369–374.

15 Ein frühes Zeugnis dafür ist der Brief des Kaisers an den Herzog von Sessa, seinen Gesandten in Rom, 1524.07.23; die rasche Einberufung eines Universalkonzils erscheint hier bezeichnenderweise als bestes Mittel, der von den Reichsständen gewünschten Nationalversammlung zuvorzukommen (...de prevenir la dicha conventicula de Spira): G. HEINE (Hrg.), Garcia de Loaysa, Briefe an Kaiser Karl V., geschrieben von seinem Beichtvater in den Jahren 1530–1532, Berlin 1848, Anhang S. 519. - 1526 folgte dann gar ein förmliches Konzilsmonitorium, freilich vor allem als Druck- und Drohmittel gegenüber dem Papst, der sich eben jetzt auf ein Kriegsbündnis mit Franz I. gegen den Kaiser eingelassen hatte, und kaum in der Absicht, das Konzil notfalls auch gegen den Willen des Papstes einzuberufen. Vgl. H. JEDIN, Die Päpste und das Konzil in der Politik Karls V. [wie Anm. 4], S. 149f.

16 Karl V. an Erzherzog Ferdinand, 1526.07.27: Die Korrespondenz Ferdinands I. Familienkorrespondenz Bd. 1, bearb. von W. BAUER (Veröfftl. der Komm. für Neuere Geschichte Österreichs Bd. 11), Wien 1912, Nr. 216, S. 407–421. Deutsche Übersetzung (in Auswahl) bei A. KOHLER (Hrg.), Quellen zur Geschichte Karls V. [wie Anm. 7], Nr. 31, S. 117–121. Das Schreiben beruht wörtlich auf einem Konzept Gattinaras. Daß selbst eine Nationalversammlung dem Kaiser »nit zuwider« sei, steht in einem Schreiben Karls an das Reichsregiment aus Valladolid, 1527.05.21, in Wien, HHStA, RKG-Visitationsakten Reihe B, ungebunden 315/6, fol. 21r–23v (RV fol. 24v), hier fol. 22v. Ich verdanke Christine Roll den Hinweis auf diesen ebenso entlegenen wie überraschenden Beleg.

König war jedoch offensichtlich nicht bereit, dieses Ergebnis, wie es im Damenfrieden von 1529 erreicht worden war, auf Dauer hinzunehmen. Der Konflikt mit Frankreich und die daraus resultierende Bindung eines Großteils der politischen und militärischen Ressourcen des Kaisers aber war für ihn um so unangenehmer, als es

2. den Türken gelang, mit Hilfe der Barbaresken in Nordafrika die Seeherrschaft im Mittelmeer zu erringen und überdies gleichzeitig in Südosteuropa bis an die Flanken des Reichs vorzudringen; 1529 standen sie zum ersten Mal vor Wien und bildeten seitdem für lange Zeit eine akute Bedrohung des Reichs, vor allem aber der deutschen Erblande der Habsburger. Daß die Türken seit 1528 in immer engerem Bündnis mit Frankreich standen, stärkte die Position beider und engte den politischen Handlungsspielraum des Kaisers weiter ein, auch gegenüber den protestantischen Ständen im Reich. Hinzu kam

3. – und das war vielleicht noch wichtiger – die Herausbildung eines erneut sehr gespannten Verhältnisses zwischen Kaiser und Papst. Aus Furcht vor der Dominanz Karls V. in Italien löste sich Clemens VII. seit 1524 vom Bündnis mit dem Kaiser und schlug sich mehr und mehr auf die französische Seite; 1526 trat der Papst sogar der Liga von Cognac bei und stand damit in offenem Krieg gegen den Kaiser. Zwar versuchte Karl V., den Papst auch während des Kriegs nach Möglichkeit zu schonen, und gewährte ihm im Friedensschluß 1529 ostentativ günstige Bedingungen. Aber spannungsreich blieb das Verhältnis zwischen Kaiser und Papst doch, und diese Spannungen mit ihren tiefen historischen Wurzeln konnten auch in der Folge allenfalls gemildert, aber nicht wirklich gelöst werden. Angesichts der Vormachtstellung des Kaisers in Italien wurde Clemens VII. wie auch noch sein Nachfolger Paul III. immer wieder auf die französische Seite gedrängt – schienen doch die Franzosen nach wie vor das einzige Gegengewicht von Belang gegen die habsburgische Dominanz zu sein. Der Gegensatz Franz' I. zum Kaiser aber ließ den französischen König zugleich das Bündnis mit den Protestanten in Deutschland suchen; zumindest tat er nichts, um die deutschen Protestanten als wirkliche oder latente Bundesgenossen gegen die Habsburger zu isolieren, und das färbte auch auf die Haltung des Papsts ab. Vor allem aber war dem Papst – jedenfalls Clemens VII. – das Konzil verhaßt, auf das der Kaiser mit wachsender Entschiedenheit zu drängen begann. Der Papst fürchtete nicht nur eine erdrückende Autorität des Kaisers auch gegenüber dem Konzil; er fürchtete vielmehr vor allem die zu erwartenden Reforminitiativen des Konzils bis hin zu seiner eigenen Absetzung[17].

4. Schließlich hatten sich die Verhältnisse in Deutschland, und zwar wiederum gerade in der Religionspolitik, seit 1521 drastisch verändert. Die causa Lutheri war binnen weniger Jahre zu einer breiten reformatorischen Bewegung geworden. 1526 hatte der Reichstag von Speyer beschlossen, daß jeder Reichsstand – jedenfalls bis zum Konzil – sich in Sachen der Religion so verhalten solle, wie er es vor Gott und kaiserlicher Majestät zu ver-

17 G. MÜLLER, Die römische Kurie und die Reformation 1523–1534 [wie Anm. 3].

antworten getraue, und dieser Beschluß wurde, da das Konzil bis auf weiteres ja nicht zustande kam, zur reichsrechtlichen Legitimation der Entstehung evangelischer Stadt- und Landeskirchen unter der Ägide reichsständischer Obrigkeiten. Die Reichsstände schlugen diesen Weg einer obrigkeitlichen Verfestigung des neuen Kirchenwesens auch deshalb um so lieber ein, als sie solcherart einem erneuten Aufflammen von Aufständen des Gemeinen Mannes im Gefolge der Reformation besser entgegenwirken konnten; der Bauernkrieg 1524 bis 1526 hatte die möglichen Dimensionen eines solchen sozialen Konflikts ja sehr deutlich werden lassen[18]. Auf dem Reichstag von Speyer 1529 setzte König Ferdinand in Vertretung des Kaisers dann zwar bei der Mehrheit der Reichsversammlung die Aufhebung jenes Beschlusses von 1526 und eine erneute Verpflichtung auf das Wormser Edikt durch[19], doch blieb diese erneute Verpflichtung genauso wirkungslos, wie das Wormser Edikt es seit Jahren war. Überdies handelte sich Ferdinand einen förmlichen Protest einer Reihe evangelischer Reichsstände ein, die die Verbindlichkeit von Mehrheitsentscheidungen des Reichstags »in den Sachen Gottes Ehre und unser Seelen Heil und Seligkeit belangend« ablehnten und damit die Religionshoheit des Reichs noch viel grundsätzlicher in Frage stellten, als es schon in Speyer 1526 geschehen war. Gleichzeitig intensivierten führende evangelische Fürsten, vor allem Hessen und Sachsen, ihre Verhandlungen über ein politisches Bündnis zur Verteidigung ihres Bekenntnisses – notfalls auch gegen Kaiser und

18 Gleichwohl bedeuteten diese Anfänge evangelischen Stadt- und Landeskirchentums keineswegs das Ende der »Volksreformation« i.S. nicht obrigkeitlich gelenkter reformatorischer Bewegungen, und sie waren auch nicht nur eine Reaktion auf den Bauernkrieg – schon gar nicht: eine bloß fürstliche Reaktion. Die ursprünglich marxistische, noch heute weit verbreitete Dichotomie von »Volksreformation« versus »Fürstenreformation« ist im Blick auf die städtischen Reformationsvorgänge schon von F. LAU, Der Bauernkrieg und das angebliche Ende der lutherischen Reformation als spontaner Volksbewegung. In: Luther-Jahrbuch 26, 1959, S. 109–134, zurechtgerückt worden; aber auch die Vorgeschichte obrigkeitlicher »Einführung der Reformation« in vorwiegend ländlichen Territorien bietet noch lange nach dem Bauernkrieg ein sehr viel differenzierteres Bild, als es die Vorstellung einer bloßen »Fürstenreformation« nahelegt.

19 Anscheinend tendierte der Kaiser selbst, wohl wegen des noch immer andauernden Kriegs mit Frankreich und dem Papst, aber auch wegen der sich verschärfenden Türkengefahr zu einem vorsichtigeren Umgang mit den protestantischen Reichsständen; jedoch trafen seine Anweisungen für den Reichstag nicht rechtzeitig in Speyer ein, und so blieb hier von vornherein die härtere Linie Ferdinands maßgebend. Vgl. dazu E. LAUBACH, Habsburgische Reichstagspolitik 1528/29. In: MÖStA 40, 1987, S. 61–91; LAUBACHs These, daß im Vorfeld des Speyerer Reichstags mit einer solch vorsichtigeren Taktik des Kaiserhofs nicht gerechnet werden dürfe, überzeugt nicht recht – weder im Rückblick auf die Briefe des Kaisers an Ferdinand von 1526.07.27 bzw. an das Reichsregiment von 1527.05.21 [vgl. Anm. 16] noch im Vorblick auf die Proposition zum Augsburger Reichstag von 1530 [vgl. unten zu Anm. 23]. Eben deshalb wird man auch eine gewisse Diskrepanz zwischen der Religionspolitik Karls V. einerseits, König Ferdinands anderseits zu konstatieren haben – ohne freilich diese Diskrepanz zu einem prinzipiellen Gegensatz hinaufstilisieren zu müssen, wie es J. KÜHN getan hat: J. KÜHN, Wer trägt die Verantwortung an der Entstehung des politischen Protestantismus? In: Festschrift Walter GOETZ, Leipzig – Berlin 1927, S. 215–228; ganz entsprechend: Die Geschichte des Speyerer Reichstages 1529, Leipzig 1929, S. 28f., 59f.

Reich; der Schmalkaldische Bund kündigte sich an[20]. Im übrigen hatte die Reformation mittlerweile weit über die Grenzen des Reichs hinausgegriffen, vor allem nach Skandinavien; Schweden, aber auch Dänemark – mit Norwegen – waren seit Jahren auf dem Wege zur festen Etablierung lutherischer Staatskirchen.

Es unterliegt kaum einem Zweifel, daß Karl V. – wie übrigens auch die römische Kurie – die Attraktivität und Wucht der Reformation, auch ihre vielfachen Verflechtungen mit den verfassungspolitischen und sozialen Problemen der Zeit, bis gegen Ende seines Aufenthalts in Spanien 1529 kaum wahrgenommen hat. Eben darin lag auch der Hauptgrund für den bloßen Interventionismus der kaiserlichen Religionspolitik der zwanziger Jahre. Das änderte sich jetzt jedoch. Von seinen Statthaltern in den Niederlanden und im Reich aufs dringendste aus Spanien nach Deutschland gerufen, bemühte sich Karl V. nun offensichtlich, die Verhältnisse im Reich gründlicher kennenzulernen und sich dann dieser Dinge selbst – unter Einsatz seiner kaiserlichen Autorität und z.T. auch auf neuen Wegen – anzunehmen. Für diesen Lernprozeß waren ausführliche Gespräche des Kaisers, die er auf dem Wege von Spanien ins Reich im Frühjahr 1530 mit Bernhard Cles, dem Kardinal von Trient und wichtigsten Rat König Ferdinands, führte, anscheinend von besonderer Bedeutung. Was in diesen Gesprächen im einzelnen erörtert wurde, wissen wir nicht; Karl V. selbst bekannte jedoch wenig später in einem Brief an Ferdinand, daß er dem Kardinal von Trient eine sehr viel gründlichere Kenntnis der Reichsangelegenheiten verdanke, als er sie zuvor gehabt habe[21].

Das erste wichtige Moment des Wandels der kaiserlichen Religionspolitik bestand in der jetzt zuerst wirklich nachdrücklichen Forderung eines Generalkonzils – nicht mehr als bloß taktische Variante seiner Italienpolitik, sondern als Kernstück einer neuen Religionspolitik. Dabei zielte Karl V. zum einen auf eine konziliare Entscheidung im Glaubenszwiespalt ab; zum andern aber forderte er vom Konzil eine grundlegende Reform und Neuge-

20 E. FABIAN, Die Entstehung des Schmalkaldischen Bundes und seiner Verfassung 1524/29–1531/35, 2. Aufl. Tübingen 1962; Ders. (Hrg.), Die Abschiede der Bündnis- und Bekenntnistage protestierender Fürsten und Städte zwischen den Reichstagen zu Speyer und zu Augsburg 1529–1530 (SKRG 6), Tübingen 1960. Zu den innerprotestantischen Problemen dieser Bündnispolitik ist neben den älteren Arbeiten H. von SCHUBERTs besonders aufschlußreich: E. WOLGAST, Die Wittenberger Theologie und die Politik der evangelischen Stände. Studien zu Luthers Gutachten in politischen Fragen, Gütersloh 1977. WOLGAST zeigt u.a. (S. 134), daß bei Luther neben der theologisch begründeten Kritik an der protestantischen Bündnispolitik 1529 zeitweise die Hoffnung stand, der Kaiser werde sich bereitfinden, die kursächsische Lehre und Reformation, wie sie eben jetzt in einer großen Visitation verbindliche Gestalt gewann, anzuerkennen, weshalb auch ein kirchenpolitischer Alleingang Kursachsens beim Kaiser erwägenswert wäre. Das war eine Illusion – und eine gefährliche obendrein, ganz dazu angetan, Karl V. zu einer Politik der Spaltung der Evangelischen zu ermutigen. Allerdings verflog diese Illusion noch im weiteren Verlauf des Jahres, der Reichstag von 1530 brachte dann ohnehin eine neue Situation.

21 H. RABE, Befunde und Überlegungen zur Religionspolitik Karls V. am Vorabend des Augsburger Reichstags 1530. In: E. ISERLOH (Hrg.), Confessio Augustana und Confutatio. Der Augsburger Reichstag 1530 und die Einheit der Kirche (RST 118), Münster 1980, S. 101–112.

staltung der Kirche an Haupt und Gliedern – nicht zuletzt in der Erwartung, daß eine solche Reform der alten Kirche zugleich der Reformation den Wind aus den Segeln nehmen werde[22]. Trotz großer Widerstände bei den Päpsten, beim französischen König und dann auch bei den Protestanten hat Karl V. seit 1530 an dieser via concilii als wohl wichtigstem Wege seiner Religionspolitik über Jahrzehnte hinweg festgehalten.

Neben dieser Wendung zu einer zielbewußten und nachdrücklichen Konzilspolitik bestand ein zweites und überraschendes Moment des Wandels der kaiserlichen Religionspolitik um 1530 in der Eröffnung der Möglichkeit, ja: geradezu in der Forderung einer Diskussion der Religionsfrage auf dem bevorstehenden Reichstag von Augsburg[23]. In der Proposition für den Reichstag verlangte der Kaiser ausdrücklich, ein jeder der Reichsstände möge »sein gutbedünken opinion und meinung der berührten irrung und zwiespalt, auch der mißbräuche halben... zu teutsch und latein in schrift stellen und überantworten, damit diese irrung und zwiespalt desto besser vernommen und erwogen, auch zu einem einmütigen christlichen wesen desto schleuniger also wiedergebracht und verglichen werden möge.«

In der Geschichtsschreibung ist seit Leopold von Ranke immer wieder hervorgehoben worden, wie sehr sich dieses Reichstagsprogramm im Inhalt wie im Ton von früheren kaiserlichen Erklärungen, etwa gar vom Wormser Edikt 1521, unterschied. Und wirklich:

22 H. JEDIN, Die Päpste und das Konzil in der Politik Karls V. [wie Anm. 4], S. 153f.; G. MÜLLER, Zur Vorgeschichte des Tridentinums. Karl V. und das Konzil während des Pontifikates Clemens' VII. In: ZKG 74, 1963, S. 83–108.

23 In der reichen Forschung über den Reichstag von Augsburg 1530 hat der Religionspolitik des Kaisers eine zumeist geringere Aufmerksamkeit gegolten als etwa der Geschichte der Confessio Augustana oder auch der interkonfessionellen Verhandlungen der ständischen Ausschüsse im August und September 1530. Neuere eindringende Untersuchungen, insbesondere von E. HONÉE, haben die Forschung auch zur kaiserlichen Politik neu in Bewegung gebracht. Als besonders wichtige Arbeiten aus der älteren und neueren Literatur seien genannt: E.W. MAYER, Forschungen zur Politik Karls V. während des Augsburger Reichstags. In: ARG 13, 1916, S. 40–73, 124–146; W. REINHARD, Die kirchenpolitischen Vorstellungen Karls V. [wie Anm. 2]; H. IMMENKÖTTER, Um die Einheit im Glauben. Die Unionsverhandlungen des Augsburger Reichstags im August und September 1530 (KLK 33), 2. Aufl. Münster/Westf. 1974; Ders., Reichstag und Konzil. Zur Deutung der Religionsgespräche des Augsburger Reichstags 1530. In: G. MÜLLER (Hrg.), Die Religionsgespräche der Reformationszeit (SVRG 191), 1980, S. 7–20; G. MÜLLER, Duldung des deutschen Luthertums? Erwägungen Kardinal Lorenzo Campeggios vom September 1530. In ARG 68, 1977, S. 158–172; Ders., Zwischen Konflikt und Verständigung. Bemerkungen zu den Sonderverhandlungen während des Augsburger Reichstages 1530. In: G. MÜLLER (Hrg.), Die Religionsgespräche der Reformationszeit, S. 21–34; E. HONÉE, Zur Vorgeschichte des ersten Augsburger Reichsabschieds. Kardinal Lorenzo Campeggio und der Ausgang der Glaubensverhandlungen mit den Protestanten im Jahre 1530. In: Nederlands Archief voor Kerkgeschiedenis NS 54, 1973/74, S. 1–63; Ders., »Pax Politica« oder Wiedervereinigung im Glauben? Die Vorüberlegung der katholischen Mehrheit auf dem Reichstag von Augsburg über den recessus imperii vom 22. September 1530. In: Reformatio Ecclesiae. Festgabe E. ISERLOH, hrg. von R. BÄUMER, Paderborn – München – Wien – Zürich 1980, S. 441–466; Ders., Der Libell des Hieronymus Vehus zum Augsburger Reichstag 1530. Untersuchung und Texte zur katholischen Concordia-Politik (RST 125), Münster/Westf. 1988.

Daß Karl V. dem Reichstag jetzt nicht einfach die möglichst vollständige und schleunige Unterdrückung der Reformation zur Aufgabe stellte, sondern die Suche nach einer wirklichen Einigung im Glaubenszwiespalt – das war etwas grundlegend Neues, auch wenn der Kaiser dabei nicht an substantielle Zugeständnisse zugunsten reformatorischer Positionen dachte. Neu war aber auch, daß der Kaiser diese Aufgabe gerade dem Reichstag zuwies, der damit eben jene Funktion einer Nationalversammlung erhielt, wie sie der Kaiser 1524 und wieder 1526 strikt abgelehnt hatte[24]. Auch dieser Weg einer als Reichstag verfaßten Nationalversammlung zur Beilegung des Glaubenszwists sollte seit 1530 zu einem immer wieder beschrittenen Weg der Religionspolitik des Kaisers werden.

Daß freilich Karl V. auf dem Reichstag von 1530 für den Fall des Scheiterns der Einigung auf eine neue Verurteilung und reichsrechtliche Ausgrenzung der Protestanten abzielte, ist sicher, und eben dieses Ziel gewann im Herbst 1530 angesichts des schließlichen Mißerfolgs der Religionsverhandlungen für den Kaiser überhaupt Priorität. Die damals von den Protestanten ins Spiel gebrachte Alternative einer politischen Toleranz für die evangelischen Reichsstände ungeachtet des fortbestehenden Glaubensstreits – jedenfalls bis zum Konzil – fand bei ihm keine Resonanz[25]. Im Gegenteil erwog er in diesen Monaten sogar ein militärisches Vorgehen zur Unterdrückung der Reformation; die katholischen Fürsten schilderten ihm die Aussichten eines solchen Unternehmens jedoch als so unsicher, die Gefahr selbst des Überlaufens der anzuwerbenden Söldner als so offensichtlich, daß der Kaiser die Idee des Religionskriegs alsbald wieder fallenließ. Wohl aber brachte der Reichstagsabschied vom November 1530 die wiederholte Bestätigung des Wormser Edikts und zusätzlich eine landfriedensrechtliche Kriminalisierung der Reformation, um deren weitere Ausdehnung zu verhindern: Maßnahmen zur Einführung der Reformation, auch wenn sie mit keinerlei Gewalt verbunden wären, ja selbst die Verweigerung der Restitution katholischen Kirchenguts sollten danach als Landfriedensbruch gelten und mit den scharfen Sanktionen des Landfriedensrechts bedroht sein. In der Tat kam es auf der Basis des Augsburger Reichsabschieds von 1530 in den folgenden Jahren zu einer ganzen Reihe von Prozessen vor dem Reichskammergericht gegen evangelische Reichsstände; das war der sog. rechtliche Krieg gegen die Protestanten[26]. Dieser rechtliche Krieg hat schwer-

24 Vgl. oben Anm. 14.

25 Wie weit Karl V. nach dem Scheitern der offiziellen Ausschußverhandlungen im August und September 1530 noch zu Kompromissen mit den Protestanten bereit war, ist trotz der einschlägigen Arbeiten von HONÉE [vgl. Anm. 23] noch nicht definitiv geklärt, zumal da man es im Blick auf die für diese Frage entscheidenden »Sonderverhandlungen« im September mit außerordentlich heiklen quellenkritischen und Interpretationsproblemen zu tun hat. Sicher scheint immerhin, daß angesichts der Schwierigkeiten einer theologischen Einigung auf protestantischer Seite der Wunsch nach einer politischen Toleranz immer deutlicher vernehmbar wurde – und daß dieser Wunsch auf seiten des Kaiserhofs auf keinerlei Gegenliebe stieß.

26 E. FABIAN (Hrg.), Urkunden und Akten der Reformationsprozesse am Reichskammergericht, am kaiserlichen Hofgericht zu Rottweil und an anderen Gerichten, Teil 1: Allgemeines 1530–1534 (SKRG 25,

wiegende Folgen für die Reichs- und Reformationsgeschichte gehabt – bis hin zur förmlichen Rekusation des Kammergerichts durch die wichtigsten protestantischen Stände 1534 und – noch weitergehend – 1542, mit der die oberste Gerichtshoheit des Reichs prinzipiell in Frage gestellt wurde. Das von Karl V. und der katholischen Reichstagsmehrheit 1530 beabsichtigte Ziel einer wirksamen Eindämmung der Reformation aber erreichte auch dieser Versuch einer landfriedensrechtlichen Kriminalisierung nicht. Vielmehr kam es angesichts der neuen Bedrohung schon im Februar 1531 zur wirklichen Gründung des Schmalkaldischen Bundes und in dessen Schutz während der folgenden Jahre zu einer enormen Ausdehnung und Verfestigung der Reformation[27].

Die auf dem Augsburger Reichstag 1530 eingeschlagenen Wege zur Beseitigung des Glaubenszwiespalts im Reiche hatten mithin – zumindest vorderhand – nicht zum Ziel geführt. Anders als in den Jahren nach 1521 aber beließ es der Kaiser diesmal nicht bei diesem Mißerfolg. Vielmehr verstärkte er jetzt – zum einen – seine Bemühungen um ein Generalkonzil, um solcherart auf der Ebene der Gesamtkirche zu einer Lösung der deutschen Probleme zu kommen; zum andern aber entschloß er sich in Deutschland selbst nun doch zu einer, obzwar eng begrenzten, politischen Toleranz gegenüber den evangelischen Reichsständen. Den entscheidenden Schritt in dieser Richtung brachte der sog. Nürnberger Anstand 1532; ihm folgte 1539 der Frankfurter Anstand[28]. In der unmittelbaren Vorgeschichte beider Friedstände spielten für den Kaiser schwierige Problemlagen der europäischen und deutschen Politik eine wichtige Rolle: 1532 insbesondere ein sehr gefährlicher Vorstoß der Türken, 1532 wie 1539 zusätzlich der Konflikt mit Frankreich, das überdies in gefährlich engen Beziehungen zum Schmalkaldischen Bund stand. 1532 war daneben der Gegensatz der Habsburger zu den Herzögen von Bayern und die Verquickung dieses Gegensatzes mit dem religionspolitischen Konflikt von Bedeutung; der Nürnberger Anstand hatte für Karl V. überhaupt das vordringliche Ziel, dem Tête-à-tête der Bayern mit den Fürsten des Schmalkaldischen Bundes ein Ende zu machen.

---

26), Tübingen 1961; G. DOMMASCH, Die Religionsprozesse der rekusierenden Fürsten und Städte und die Erneuerung des Schmalkaldischen Bundes 1534–1536 (SKRG 28), Tübingen 1961.

27 Neben der in Anm. 20 genannten Arbeit hat E. FABIAN auch die wichtigsten Editionen zur Geschichte des Schmalkaldischen Bundes in den 30er Jahren vorgelegt, insbesondere: Die Schmalkaldischen Bundesabschiede 1530–1532, 1533–1536, 2 Bde. (SKRG 7,8), Tübingen 1958.

28 O. WINCKELMANN, Der Schmalkaldische Bund 1530–1532 und der Nürnberger Religionsfriede, Straßburg 1892. Neuerdings liegen die wichtigsten Akten der Schweinfurt-Nürnberger Religionsverhandlungen in guter Edition vor: Deutsche Reichstagsakten J.R., Bd. 10: Der Reichstag in Regensburg und die Verhandlungen über einen Friedstand mit den Protestanten in Schweinfurt und Nürnberg 1532, Teilbd. 3, bearb. von R. AULINGER, Göttingen 1992. AULINGER hat auch wichtige Beiträge zur Interpretation dieser Akten geliefert, vor allem: Die Verhandlungen zum Nürnberger Anstand 1531/32 in der Vorgeschichte des Augsburger Religionsfriedens. In: H. LUTZ/A. KOHLER (Hrg.), Aus der Arbeit an den Reichstagen unter Kaiser Karl V. (Schriftenreihe der Hist. Komm. bei der Bayer.Ak. der Wiss. 26), Göttingen 1986, S. 194–227. - Zum Frankfurter Anstand vgl. noch immer P. FUCHTEL, Der Frankfurter Anstand vom Jahre 1539. In: ARG 28, 1931, S. 145–206. Wichtige Quellen – auch aus der

Ich verzichte auf eine genauere Darstellung der Friedstände von 1532 und 1539; auch die sachlichen Unterschiede der beiden Anstände mögen hier auf sich beruhen. Worauf es mir aber ankommt, ist dies: Wenn Karl V. noch auf dem Reichstag 1530 die Idee eines politischen modus vivendi der Glaubensparteien im Reich entschieden von sich gewiesen hatte, so fand er sich jetzt zu eben diesem Schritt bereit. Zwar waren die Anstände mannigfach konditioniert und limitiert – vor allem zeitlich befristet, spätestens bis zur Entscheidung eines Konzils –, aber das reichsrechtliche sic et non gegenüber der Reformation wurde doch aufgehoben. Und das wog schwer: Mit den Anständen der dreißiger Jahre wurde die Konzeption einer politischen Toleranz gegenüber den Protestanten, und nun eben auch einer grundsätzlichen und dauernden Toleranz, zu einer nicht mehr wegzudenkenden Alternative der Religionspolitik in Deutschland. Kein Geringerer als Martin Luther hat das sogleich und sehr klar gesehen: Seit 1532 war er überzeugt, daß Reich und Reformation letzten Endes versöhnt werden könnten[29]. Für Karl V. aber gingen die Anstände an den Rand des Erträglichen; denn wenn das Reichsrecht auf die Einheit der Religion im Reich verzichtete, dann verlor auch die Universalität und mit ihr die universale Autorität des Kaisertums ihre Grundlage. Um so wichtiger waren ihm deshalb die Konditionen und Limitierungen seiner Toleranzzusagen; die Anstände schienen ihm bloß als interimistische und Notlösungen zur Vermeidung noch schlimmerer Entwicklungen akzeptabel, und sie blieben hingeordnet auf das Ziel einer wie auch immer wiederherzustellenden kirchlichen Einheit[30].

Als wichtigstes Mittel zur Erreichung dieses Ziels galt dem Kaiser – ich hatte das schon berührt – seit Beginn der dreißiger Jahre das Generalkonzil. Dessen Einberufung standen freilich bis auf weiteres große Hemmnisse entgegen. Papst Clemens VII. scheute das Konzil wie überhaupt jeden Versuch zu einer tiefergreifenden Kirchenreform, und sein Nach-

politischen Korrespondenz Karls V. – in den Nuntiaturberichten aus Deutschland, 1. Abt. (1533–1559), hrg. vom Preuß. Historischen Institut in Rom, Bd. 3 und 4, bearb. von F. FRIEDENSBURG, Gotha 1893.

29 E. WOLGAST, Die Wittenberger Theologie [wie Anm. 20], S. 209–214; R. AULINGER, Vermittlungsvorschläge und politisch-theologische Gutachten als Grundlage für die Verhandlungen in Nürnberg 1532. In: Z. f. bayer. Kirchengesch. 51, 1982, S. 1–53. - Eingehende Erörterungen der keineswegs immer gleichen Einstellung Luthers zum Kaiser bei G. MÜLLER, Luthers Beziehungen zu Reich und Rom. In: H. JUNGHANS (Hrg.), Leben und Werk Martin Luthers von 1526–1546, 1983, S. 369–402, 849–860.

30 Die Akten des Nürnberger Anstands von 1532 zeigen überdeutlich, wie mühselig die als Vermittler bestellten Kurfürsten von Mainz und der Pfalz ihren kaiserlichen Auftraggeber Schritt für Schritt auf dem Wege zu einer politischen Toleranz der evangelischen Reichsstände vorandrängen mußten – und dies, obwohl auch Garcia de Loaysa, der frühere Beichtvater und jetzige Sondergesandte Karls V. in Rom, dem Kaiser eben diesen Weg schon seit dem Augsburger Reichstag 1530 als politisch notwendig und für das Gewissen unbedenklich empfahl; vgl. z.B. die Briefe Loaysas an Karl V. von 1530.10.08 bzw. 11.18 und wieder 1531.04.14: Garcia de Loaysa, Briefe an Kaiser Karl V. [wie Anm. 15], Nr. XIX, XXV, XXVIII, S. 48–51, 64–66, 118f.

folger, der seit 1534 regierende Papst Paul III., akzeptierte zwar allmählich die Unvermeidlichkeit des Konzils, fürchtete aber das Übergewicht des Kaisers auf der Kirchenversammlung. Des weiteren war an die Berufung eines Generalkonzils ohne Zustimmung des französischen Königs nicht zu denken, und die war kaum zu erlangen. Insbesondere die politische Opposition der evangelischen Reichsstände in Deutschland war dem französischen König ja nur recht, ihre Beseitigung mit Hilfe eines Konzils eher unerwünscht. Und schließlich machten auch die evangelischen Reichsstände ihre Anerkennung des Konzils von mancherlei Bedingungen abhängig, die jedenfalls von Rom kaum zu akzeptieren waren[31]. So kam denn das Generalkonzil während der ganzen dreißiger Jahre nicht zustande; eine im Mai 1537 bereits erfolgte Berufung des Konzils nach Mantua scheiterte nach mehreren Prorogationen 1539 definitiv. Gleichzeitig aber verschärften sich die religionspolitischen Spannungen in Deutschland ungemein. Als Antwort auf einen antiprotestantischen Bund katholischer Fürsten vom Juni 1538 intensivierten die Schmalkaldener ihre Beziehungen zu Frankreich und zu Dänemark, mit dem sogar ein förmliches Defensivbündnis zustandekam; die Gefahr kriegerischer Auseinandersetzungen war nicht mehr von der Hand zu weisen.

Gerade in dieser spannungsvollen Situation kam es nun jedoch auch zur Anregung erneuter Religionsgespräche, und der Kaiser fand es geraten, diese Anregung aufzunehmen[32]. Sie ging von Kurfürst Joachim II. von Brandenburg aus, der eben jetzt in seinem Territorium eine Kirchenreform durchführte, die er selbst als einen eigenen Weg zwischen Rom und Wittenberg verstand. Aber auch sonst gab es in den altgläubigen Territorien wie im Bereich der neuen reformatorischen Kirchen noch immer zahlreiche Theologen und fürstliche Räte, die – zumeist auf der Basis gemeinsamer humanistischer Überzeugungen – einen kirchlichen Ausgleich für möglich hielten und ihn wirklich wollten; das schien solchen Religionsgesprächen immerhin gewisse Chancen zu eröffnen[33]. Die genauere Geschichte der Religionsgespräche von Hagenau, Worms und Regensburg 1540/41 ist hier

31 E. WOLGAST, Das Konzil in den Erörterungen der kursächsischen Theologen und Politiker 1533–1537. In: ARG 73, 1982, S. 122–152.

32 Ohnehin scheint Karl V. schon seit 1537 – sicherlich unter dem Eindruck seiner schwierigen außenpolitischen Lage, aber vielleicht doch auch in der Hoffnung auf das damals angesagte Konzil von Mantua – gegenüber den deutschen Protestanten eine Politik eher der Kalmierung als der Verschärfung der Konflikte beabsichtigt zu haben. Die Scharfmacherei des Vizekanzlers Held mitsamt der von ihm betriebenen Gründung des katholischen Bunds 1538 entsprach diesen Intentionen des Kaisers kaum; bezeichnenderweise stimmte Karl bereits im September 1538 den von König Ferdinand übermittelten Anregungen Kurfürst Joachims II. von Brandenburg für ein neues Religionsgespräch zu; vgl. K. BRANDI, Kaiser Karl V. [wie Anm. 1], Bd. 2, S. 280. Um den Weg zu einem solchen neuen Vermittlungsversuch freizumachen, kam es dann zum Frankfurter Anstand 1539. Ausgiebige Quellen zur Opposition altgläubiger Reichsstände gegen diese Vermittlungspolitik des Kaisers bei G. PFEILSCHIFTER (Hrg.), Acta Reformationis Catholicae Ecclesiam Germaniae Concernantia..., Bd. 3, Regensburg 1968, S. 1–535.

33 A. P. LUTTENBERGER, Glaubenseinheit und Reichsfriede [wie Anm. 5], S. 93–150; R. STUPPERICH, Der Humanismus und die Wiedervereinigung der Konfessionen (SVRG 160), Leipzig 1936.

wiederum nicht darzulegen[34]. Es genügt festzuhalten, daß die Kolloquenten auf dem Reichstag zu Regensburg 1541 in wichtigen Fragen der Glaubenslehre – selbst in dem Artikel von der Rechtfertigung – Einigkeit erzielten, daß aber am Ende der Gespräche die Liste der strittig gebliebenen Artikel doch sehr viel länger war als die der verglichenen; überdies verweigerten sowohl Rom als auch Wittenberg den erzielten Vermittlungsformeln ihre Zustimmung. Für die Stellung des Kaisers zu den Religionsgesprächen aber, die in der Forschung bislang eine eher geringe Beachtung gefunden hat, war ein doppeltes sehr bezeichnend: Zum einen war Karl V. aufs höchste an dem Erfolg der Gespräche interessiert; als sich im Mai 1541 Melanchthon und Eck auf eine gemeinsame Formulierung der Rechtfertigungslehre verständigen konnten und damit für ein paar Tage der große Durchbruch geschafft schien, reagierte der Kaiser darauf mit ganz ungewohnter Emotionalität und sprach geradezu von göttlicher Erleuchtung[35]. Zum andern aber zeigen die Quellen kaum irgend ein Engagement des Kaisers für die auf den Religionsgesprächen verhandelten Glaubensprobleme selbst[36]. Nicht *worauf* man sich einigte, sondern *daß* man sich einigte, war der eigentliche Gegenstand des Interesses und Engagements der kaiserlichen Politik. Der mit der Reformation aufgebrochene Glaubenszwiespalt war für Karl V. offensichtlich weniger ein Problem der Glaubensinhalte als vielmehr ein Problem der kirchlichen Einheit als solcher.

Das Scheitern der Religionsgespräche dokumentierte, wieweit die Glaubensparteien in grundlegenden Fragen der Kirchenlehre auseinander waren; es dokumentierte zugleich die Begrenztheit des Einflusses der Vermittlungstheologen und -politiker auf beiden Seiten des Streits. Folgerichtig war der Weg eines Religionsgesprächs zur Beilegung des Glaubenszwiespalts bis auf weiteres keine Option der kaiserlichen Religionspolitik mehr[37].

34 Ausführliche Darstellung bei C. AUGUSTIJN, De godsdienstgesprekken tussen rooms-katholieken en protestanten van 1538 tot 1541, Haarlem 1967; Ders., Die Religionsgespräche der vierziger Jahre. In G. MÜLLER (Hrg.), Die Religionsgespräche der Reformationszeit (SVRG 191), Gütersloh 1980, S. 43–54. Die kaiserliche Politik wird stärker berücksichtigt bei L. CARDAUNS, der auch die entsprechenden Bände der Nuntiaturberichte aus Deutschland (1. Abt., Bd. 5–7) bearbeitet hat: Zur Geschichte der kirchlichen Unions- und Reformbestrebungen 1538–1542 (Bibl. des preuß. hist. Instituts Bd. 5), Rom 1910.

35 Nuntiaturberichte aus Deutschland, 1. Abt., hrg. durch das K. Preuß. Hist. Institut Rom und die K. Preuß. Archivverwaltung, Bd. 7, bearb. von L. CARDAUNS, Berlin 1912, Einleitung S. XVf.

36 Immerhin ließ Karl V. im Sommer 1540 durch seinen Beichtvater einen »advis« über die theologischen Streitfragen ausarbeiten, freilich nur mit dem Ziel »dicerner les poinctz qui sont de droit divin ou positiv« – als Kriterium nämlich für mögliche Zugeständnisse an die Protestanten, und angesichts der weit verbreiteten, auch durch den Beichtvater nicht zu behebenden Unklarheit über jene Abgrenzung von göttlichem und menschlichem Recht rekurrierte der Kaiser alsbald wieder auf das formale Kriterium eines Votums aus Rom: »Et est le mieulx que cela, comme il fut advise a vostre partement, se remectre a l'advis du pape et de ses ministres« schrieb Karl an seinen Bruder Ferdinand, 1540.06.09; vgl. Nuntiaturberichte aus Deutschland, 1. Abt. [wie Anm. 35], Bd. 6, bearb. von L. CARDAUNS, Berlin 1910, S. 319–321.

37 Gegen CARDAUNS, Nuntiaturberichte aus Deutschland, 1. Abt., Bd. 7 [wie Anm. 35], S. XXVf. und die ihm folgenden Autoren bis hin zu J. LUDOLPHY, Die Voraussetzungen der Religionspolitik

Wohl aber konnte Karl V. in den folgenden Jahren auf der Ebene der europäischen und dann auch der Konzilspolitik bedeutende Erfolge erzielen. So gelang es ihm, den vierten Krieg gegen Franz I. von Frankreich 1544 durch einen Frieden abzuschließen, in dem der französische König nun endlich und verbindlich der Konzilsberufung zustimmte und überdies versprach, den Kaiser bei der Rückführung der deutschen Protestanten in den Schoß der Kirche zu unterstützen – notfalls auch mit Waffen[38]. Daß diesem Frieden von Crépy wenige Monate später ein Waffenstillstand mit den Türken folgte, machte dem Kaiser im Mittelmeer und in Südosteuropa den Rücken frei und sicherte zugleich, daß der Franzose sich nicht allzu rasch von den Bedingungen des Friedens von Crépy löste. 1545 wurde dann wirklich das so lang ersehnte Generalkonzil in Trient eröffnet; damit hatte der Kaiser ein wichtiges Teilziel seiner Religionspolitik erreicht. Der – für die Konzilsidee Karls V. so bezeichnende – Wunsch des Kaisers, das Konzil möge vordringlich die Reform der Kirche zum Gegenstand seiner Beratungen und Beschlüsse machen und erst dann in die dogmatische Auseinandersetzung mit der Reformation eintreten, wurde von den Konzilsvätern allerdings nicht erfüllt. Zwar konnte die kaiserliche Politik auf dem Konzil wenigstens das Nebeneinander der dogmatischen und der Reformverhandlungen durchsetzen; dieser Kompromiß verhinderte jedoch nicht, daß das Konzil verbindliche dogmatische Verurteilungen reformatorischer Glaubenslehren dekretierte, bevor wirklich umfassende und durchgreifende Reformen beschlossen waren[39]. Wenn der Kaiser noch immer hoffte, durch eine gründliche Reform der Kirche der Reformation den Wind aus den Segeln zu nehmen und wenigstens die im Glaubensstreit Schwankenden bei der alten Kirche zu halten, so ging es den Konzilsvätern primär um die Klärung der eigenen theologischen Positionen unter dogmatischer Ausgrenzung des Protestantismus.

Nun waren die Anerkennung des Konzils durch die evangelischen Reichsstände wie deren Teilnahme an der Kirchenversammlung ohnehin ein bislang ungelöstes Problem der

Karls V. [wie Anm. 6], S. 24, wird man jedoch nicht anzunehmen haben, daß seit dem Scheitern der Religionsgespräche von 1540/41 der Weg der kaiserlichen Religionspolitik zum Krieg gegen die Protestanten ohne Alternativen vorgezeichnet gewesen wäre – und dies schon deshalb nicht, weil der Kaiser wie auch König Ferdinand gerade in den beginnenden 40er Jahren in hohem Maße auf die Unterstützung auch der protestantischen Reichsstände gegen Türken und Franzosen angewiesen waren. Neben dem Krieg blieben auch jetzt, wie noch der Reichstag von Speyer 1544 sehr deutlich zeigte, das Konzil, u.U. sogar eine Nationalversammlung Optionen der kaiserlichen Religionspolitik. Daß einige der Fürsten des katholischen Bundes von 1538 zum Krieg drängten, und zwar vor wie nach den Religionsgesprächen von 1540/41, ist gewiß richtig; aber der eindeutige Kriegsentschluß des Kaisers datiert doch erst aus dem Frühsommer 1545 – nach Crépy, auf Grund prinzipieller Absprachen eines Kriegsbündnisses mit Papst Paul III. und überdies noch immer unter dem Vorbehalt eines Waffenstillstands mit den Osmanen, der tatsächlich erst im Oktober 1545 unter Dach und Fach war. Vgl. P. HEIDRICH, Karl V. und die deutschen Protestanten am Vorabend des Schmalkaldischen Kriegs, 2 Teile, Frankfurt/M. 1911/1912.

38 A. HASENCLEVER, Die Geheimartikel zum Frieden von Crépy. In: ZKG 45, 1927, S. 418–426.

39 Über die Anfänge des Konzils und den Streit über den Vorrang der dogmatischen oder der Reformberatungen vgl. H. JEDIN, Geschichte des Konzils von Trient [wie Anm. 4], Bd. 2, S. 9–41.

kaiserlichen Politik. Schon in den Verhandlungen um das Mantuaner Konzilsprojekt hatten die Protestanten ja sehr verbindliche Vorbehalte und Bedingungen einer Anerkennung des Konzils angemeldet, für die eine Zustimmung Roms oder auch der Konzilsväter selbst kaum zu erwarten war. An diesen Bedingungen hielten die evangelischen Reichsstände auch jetzt fest – zumeist gewiß aus wohlbegründeter Glaubensüberzeugung, aber doch auch im politischen und militärischen Schutz des Schmalkaldischen Bundes. Eben diese politische Sicherung des deutschen Protestantismus zu zerschlagen, wurde deshalb jetzt zum vordringlichen Ziel der Religionspolitik Karls V. Er realisierte dieses Ziel im Schmalkaldischen Krieg 1546/47.

Die maßgeblichen außenpolitischen Voraussetzungen des Kriegs lagen in den Friedensschlüssen mit Franzosen und Türken 1544/45; hinzu kam die vorbereitende politische Einbindung des Papsts in den Protestantenkrieg, nicht zuletzt zur Finanzierung des Unternehmens. Daß Paul III. sich nicht ohne Sorgen darauf einließ, ist verständlich; vielleicht bestand sein letztlich ausschlaggebendes Motiv für den Abschluß des Kriegsbündnisses überhaupt in dem Wunsch, den Kaiser solcherart in ein militärisches Vorhaben zu verwikkeln, aus dem er sich nicht so leicht würde befreien können – so hat es Paul III. jedenfalls selbst wenig später einmal dargestellt[40]. Aber wie dem auch sein mochte: Das Kriegsbündnis zwischen Kaiser und Papst kam zustande, und schon wenige Monate nach dem Beginn des Kriegs Mitte 1546 zeichnete sich die Niederlage des Schmalkaldischen Bundes deutlich ab.

Der Verlauf des Kriegs ist hier nicht im einzelnen darzustellen; festzuhalten ist hingegen, daß dieser Schmalkaldische Krieg in den Augen Karls V. nicht etwa ein Religionskrieg, eine Art von Kreuzzug zur Ausrottung des Protestantismus war, wie ihn der Kaiser 1530 immerhin erwogen hatte. Schon der – ja erfolgreiche – Versuch, wenigstens einige der protestantischen Fürsten als Bündnispartner für den Krieg zu gewinnen, hätte sich mit einer solchen Zielsetzung nicht vertragen. Worum es dem Kaiser jetzt ging, war vielmehr in erster Linie, mit dem Schmalkaldischen Bund die ständische, d. h. politische Organisation des deutschen Protestantismus zu zerschlagen; die sich im Falle des Siegs daraus ergebenden kirchenpolitischen Ziele dagegen standen nicht von vornherein fest. Noch in dem berühmten Brief des Kaisers an die Königinregentin Maria vom 9. Juni 1546 hieß es sehr vage, es gehe darum, die Protestanten »zu einigermaßen erträglichen Bedingungen zu nötigen, durch die man, wenn man schon nicht mehr damit erreicht... verhindern kann, daß alles unwiderruflich verloren geht«[41]. Immerhin war in diesem Brief doch auch schon,

40 Vgl. den Bericht des Kardinals von Guise von 1547.10.31 bei G. RIBIER (Hrg.), Lettres et mémoires d'estat des roys, princes, ambassadeurs et autres ministres, sous les règnes de François I, Henri II et François II, Bd. 2, Paris 1666, S. 71f.

41 K. LANZ (Hrg.), Correspondenz des Kaisers Karl V., Bd. 2, Leipzig 1845, S. 486–491; in deutscher Übersetzung bei A. KOHLER (Hrg.), Quellen zur Geschichte Karls V. [wie Anm. 7], Nr. 87, S. 323–328, hier S. 324.

wenngleich zunächst im Blick auf die protestantischen Bündnispartner des Kaisers, von der Hoffnung die Rede, daß die Protestanten nach der Niederschlagung des Schmalkaldischen Bundes sich in Sachen des strittigen Glaubens dem Konzil unterwerfen würden, und in dieser Richtung konkretisierten sich die religionspolitischen Kriegsziele Karls V. seit Anfang 1547 immer deutlicher. Zwar stellte der Kaiser nach seinen ersten großen Erfolgen um die Jahreswende 1546/47 gelegentlich zur Diskussion, ob man die unterlegenen Stände nicht einfach zwingen könne, zur römischen Kirche zurückzukehren[42]; doch blieben solche Überlegungen ganz marginal und transitorisch. Die Aussöhnungsverträge mit den unterworfenen Fürsten und Städten enthielten überhaupt keinerlei religionspolitische Auflagen. Vor allem König Ferdinand vertrat dem Kaiser gegenüber eindrücklich die Überzeugung, daß eine hinreichend autoritative Lösung der anstehenden verfassungs- wie religionspolitischen Probleme nur auf einem Reichstag und in dessen Verfahren möglich wäre, und Ferdinand war es auch, der seit Februar 1547 als zentrales religionspolitisches Ziel eines solchen Reichstags die Unterwerfung der Protestanten in ihrer Gesamtheit unter das Konzil empfahl[43]. Eben dieses Programm wurde in der Folge, wenngleich bis in die Anfänge des Augsburger Reichstags im Herbst 1547 nicht ganz ohne Schwankungen, zur Leitlinie auch der kaiserlichen Politik.

Ehe es zu diesem Reichstag kam, ja: noch vor dem entscheidenden Sieg des Kaisers gegen Kurfürst Johann Friedrich von Sachsen bei Mühlberg im April 1547, brach das Bündnis zwischen Papst und Kaiser auseinander. Aus Furcht vor einem erdrückenden Übergewicht des Kaisers in Deutschland und Italien zog Paul III. seine Truppen vom Kriegsschauplatz zurück und stellte auch seine finanzielle Unterstützung des Feldzugs ein. Zudem – und das war jedenfalls für die Religionspolitik Karls V. noch viel gravierender – ließ er das Konzil von dem auf Reichsboden gelegenen Trient in das päpstliche Bologna verlegen[44]. Damit war der Konzilspolitik des Kaisers in Deutschland und vor allem gegenüber den Protestanten die Geschäftsgrundlage entzogen; denn bei allen Konzilsverhandlungen mit den Reichsständen war man stets davon ausgegangen, daß das Konzil auf Reichsboden

42 Karl V. an König Ferdinand, 1547.01.09 bei G. PFEILSCHIFTER (Hrg.), Acta Reformationis Catholicae [wie Anm. 32] Bd. 5, 1973, Nr. 7, S. 10–13; deutsche Übersetzung bei A. KOHLER (Hrg.), Quellen zur Geschichte Karls V. [wie Anm. 7], Nr. 93, S. 362–367, hier S. 364f.

43 Das hier maßgebende Votum Ferdinands von 1547.02.19 (bei PFEILSCHIFTER [wie Anm. 42], Nr. 12, S. 29f.) beruhte auf einem Gutachten der Räte Ferdinands, wohl aus der zweiten Januarhälfte 1547 (PFEILSCHIFTER, ebda., Nr. 11, S. 19–28). Vgl. H. RABE, Reichsbund und Interim [wie Anm. 2], S. 127–132.

44 H. JEDIN, Geschichte des Konzils von Trient [wie Anm. 4], Bd. 2, S. 336–376. Die schwierige Frage nach der Urheberschaft der Konzilstranslation wird auf Grund sorgfältiger Abwägung von JEDIN dahingehend beantwortet, daß die unmittelbare Verantwortlichkeit beim Konzilslegaten Cervini gelegen habe – ohne eine unmittelbare und ausdrückliche Weisung aus Rom –, daß der Kardinal dabei jedoch annehmen durfte und annahm, daß die Translation sich »in die politischen Pläne des Papsts einfügen und seine... Approbation finden werde« (S. 375).

tagen werde; ein Konzilsort im unmittelbaren politischen Machtbereich des Papsts schien mit der von allen Seiten geforderten Freiheit des Konzils unvereinbar. So hatte denn Karl V. während des Reichstags von Augsburg 1547/48 nicht nur um die Anerkennung des Konzils durch die Protestanten zu kämpfen, sondern gleichzeitig – gegenüber dem Papst – um die Rückverlegung des Konzils nach Trient; ja: diese Rückverlegung stellte zugleich eine politische Bedingung dar, um die Anerkennung des Konzils durch die Protestanten, wenn sie denn durchzusetzen war, allererst wirksam werden zu lassen[45]. Im Oktober 1547 gelang es der kaiserlichen Reichstagspolitik wirklich, die Unterwerfung aller Reichsstände unter das Konzil zu erreichen, wenngleich nur mit einigen gefährlichen Vorbehalten der Protestanten gegenüber den bereits ergangenen Beschlüssen der Kirchenversammlung. Paul III. aber fand sich nicht zur Rückverlegung des Konzils bereit; er ließ sich im Gegenteil eben jetzt auf sehr verdächtige Verhandlungen mit den Franzosen über ein antihabsburgisches Bündnis, ggf. unter Einbeziehung der Türken, ein. Zwar führten diese Verhandlungen angesichts der Machtstellung Karls V. in Italien dann doch nicht zu einem förmlichen Kriegsbündnis gegen den Kaiser; auf den politischen Druck der Kaiserlichen hin verzichteten die Konzilsväter in Bologna auch auf die Verabschiedung förmlicher Konzilsdekrete, und im Februar 1548 wurden die Bologneser Verhandlungen überhaupt bis auf weiteres suspendiert – aber die Rückverlegung des Konzils nach Trient war bei Paul III. nicht durchzusetzen.

Es war dies die Situation, in der Karl V., ohne auf seine Konzilsforderungen gegenüber der Kurie wie gegenüber den Protestanten zu verzichten, noch während des Augsburger Reichstags den Versuch einer vorläufigen eigenen, im wesentlichen aus kaiserlicher Autorität erwachsenen Lösung der Religionsfrage in Deutschland unternahm[46]. Die Idee einer solchen interimistischen Lösung aus kaiserlicher Autorität war nicht ganz neu. Schon der Reichstag von Speyer 1544 hatte sie ventiliert, und das konkrete Interimsprojekt von 1548 ging auf Anregungen zurück, die König Ferdinand bereits im Winter 1546/47, also mitten im Schmalkaldischen Krieg, gegeben hatte. Aber erst jetzt entschloß sich der Kaiser, diese Anregungen in politische Praxis umzusetzen. Der Text des Augsburger Interims war durch eine von Karl V. eingesetzte gemischt-konfessionelle Theologenkommission erarbeitet worden, die den durchaus ernsthaften Versuch unternommen hatte, den reformatorischen Anliegen in der Glaubenslehre so weit entgegenzukommen, wie es den Katholiken überhaupt möglich schien; auch wurde den Protestanten die Priesterehe freigegeben, dazu die communio sub utraque, der sog. Laienkelch[47]. Die Absicht des Kaisers, mit dem Interim

45 Über die kaiserliche Religionspolitik dieser Monate – auf dem Reichstag wie gegenüber Rom – vgl. H. RABE, Reichsbund und Interim [wie Anm. 2], bes. S. 240–272, 407–449.

46 H. RABE, Reichsbund und Interim [wie Anm. 2], bes. S. 260–272, 407–446.

47 Die wichtigsten Aktenstücke aus der Entstehungsgeschichte des Interims bei G. PFEILSCHIFTER (Hrg.), Acta Reformationis Catholicae [wie Anm. 32], Bd. 6, 1974, passim. Durch die Edition PFEILSCHIFTERs ist die Quellenbasis zur Entstehungsgeschichte des Interims insgesamt deutlich verbessert

eine für beide Religionsparteien verbindliche Ordnung zu schaffen, war freilich gegen den Widerstand der katholischen Reichsstände nicht zu verwirklichen. Die endgültige Fassung des Interims[48], die der Reichstag auf Vorschlag des Kaisers im Mai 1548 akzeptierte, beschränkte die Gültigkeit des Interims deshalb auf die protestantischen Reichsstände. Daß das Interim damit in die gefährliche Nähe eines diskriminierenden Sondergesetzes für – oder besser: gegen – die Protestanten geriet, ist sicher richtig. Es unterliegt aber keinem Zweifel, daß der Kaiser selbst das Interim auch in seiner endgültigen Form als eine – wenngleich vorläufige, unter dem Konzilsvorbehalt stehende – Vermittlung im Glaubensstreit ansah, als eine Vermittlung vor allem, die einem weiteren Auseinanderdriften der Glaubensparteien Einhalt gebieten sollte.

Diese Intention erwies sich freilich als unrealistisch. Die Kurie honorierte den kaiserlichen Versuch, die Protestanten wenigstens ein Stück weit wieder dichter an die katholische Kirche heranzuführen, kaum; bei den Protestanten aber erhob sich überhaupt der heftigste Widerstand. Die protestantische Publizistik denunzierte den kaiserlichen Vermittlungsversuch als teuflische List und versteckte Papisterei, gegen die man sich um der Wahrheit willen mit allen Mitteln zu wehren habe, und solche Polemik wurde landauf, landab zum Tenor der evangelischen Stellungnahmen zum Interim – von den fürstlichen oder reichsstädtischen Ratsstuben bis hin zu den einfachen Pfarrern und Gemeinden auf dem Lande[49]. Gegen solche Widerstände konnte der Kaiser das Interim nur in seinen engeren Macht- und Einflußbereichen – vor allem im Südwesten des Reichs – durchsetzen, und als 1552 der Aufstand der mit Frankreich verbündeten protestantischen Fürsten unter der Führung Moritz' von Sachsen der politischen Dominanz des Kaisers im Reich überhaupt ein Ende machte, da bedeutete das in praxi das Ende auch des Interims; der Passauer Vertrag vom

---

worden, auch gegenüber meiner eigenen Darstellung in: Reichsbund und Interim [wie Anm. 2], bes. S. 266–272, 458–461. - Die Zweifel PFEILSCHIFTERs an der von mir vermuteten Verfasserschaft des kaiserlichen Hofpredigers Malvenda für die ›Reformatio in doctrina‹ scheinen mir freilich nicht überzeugend: Die stilistischen und argumentativen Übereinstimmungen des Texts mit den Propositionen Malvendas für das Regensburger Religionsgespräch 1546 sind schlagend, und da Malvenda doch zu dem sehr engen Kreis der überhaupt möglichen Verfasser der ›Reformatio‹ gehörte – warum sollte man die Verfasserschaft dann einem anderen, Unbekannten zuweisen? Und auch die Frage der Verfasserschaft an dem Entwurf ›De reformatione morum‹ und den kritischen Marginalien zu diesem Text (PFEILSCHIFTER, ebda., S. 279–291) scheint mir von PFEILSCHIFTER nicht überzeugend beantwortet zu sein: Nach dem archivalischen Befund ist keineswegs sicher, daß sich die Kopfbezeichnung »Conscript[um] et collect[um] per reveren[dum] p[at]rem Petrum de Soto Caes. Mtis. confessorem« – wie PFEILSCHIFTER annimmt – auf jene Marginalien bezieht oder nicht vielmehr auf den Entwurf selbst, wie ich in meiner Darstellung (S. 269) angenommen hatte.

48 Der Text des Interims jetzt bei G. PFEILSCHIFTER (Hrg.), Acta Reformationis Catholicae [wie Anm. 32], Bd. 6, Regensburg 1974, S. 308–348.

49 Gute, knappe Übersicht über die Aufnahme des Interims bei F. LAU/E. BIZER, Reformationsgeschichte Deutschlands bis 1555, Lieferung K. In: Die Kirche in ihrer Geschichte, hrg. von Kurt D. SCHMIDT/E. WOLF, Bd. 3, 2. Aufl. Göttingen 1969, S. 153–157.

August 1552 besiegelte das, jedenfalls den Verzicht des Kaisers auf die Exekution des Interims, von Rechts wegen[50].

Etwas erfolgreicher als das Interim war immerhin der – ebenfalls in Augsburg 1548 und in innerem Zusammenhang mit dem Interim unternommene – Versuch des Kaisers, durch Verhandlungen mit den geistlichen Fürsten die innerkirchliche Reform der katholischen Kirche in Deutschland voranzubringen[51]. Die den geistlichen Herren mit der sog. Formula reformationis im Juni 1548 abgerungenen Zugeständnisse, vor allem das Versprechen der Abhaltung von Reformsynoden auf Diözesan- und Provinzialebene, wurden zu einem der wichtigeren Anstöße innerkatholischer Reform in Deutschland vor dem Wirksamwerden der Reformdekrete des Trienter Konzils in der zweiten Jahrhunderthälfte. Einen wirklichen reformerischen Durchbruch bedeutete die Formula reformationis freilich bei weitem nicht, und die alte Hoffnung des Kaisers, daß eine innere Reform der alten Kirche der reformatorischen Kritik den Boden entziehen und schließlich den Glaubenszwiespalt selbst obsolet machen werde, erwies sich erst recht als Chimäre: Wo immer die innerkirchliche Erneuerung des Katholizismus zum Zuge kam, geschah das in härtestem Gegensatz zu den Kirchen der Reformation et vice versa.

Bei all diesen Mißerfolgen und Rückschlägen war es für Karl V. eine beinahe schon nicht mehr erwartete und um so freudiger begrüßte Wendung der Dinge, daß Papst Julius III. – der Nachfolger des 1549 verstorbenen Pauls III. – im Spätherbst 1550 das Konzil nach Trient zurückberief. Der fortdauernde politische Druck des Kaisers, aber doch auch die wachsende Überzeugung von der Unentbehrlichkeit des Konzils für die innere Erneuerung der Kirche, dazu die Sorge vor eigenständigen, staatskirchlich gelenkten Kirchenreformen in einzelnen europäischen Ländern (vor allem in Spanien und Portugal) hatten den Papst zu diesem Schritt bewogen[52]. Nach der offiziellen Neueröffnung des Konzils im Mai

50 Dies gilt, obschon der Vertragstext das Interim nicht ausdrücklich nannte; vgl. H. LUTZ, Christianitas afflicta [wie Anm. 1], S. 121 unter Hinweis auf die berühmte Denkschrift Selds vom November/Dezember 1553. - Darüberhinaus ließen die Passauer Verhandlungen deutlich erkennen, daß die große Mehrheit der Reichsstände – einschließlich der geistlichen Reichsfürsten – jetzt grundsätzlich bereit war, den Anhängern der Confessio Augustana eine dauernde, reichsrechtlich gesicherte Duldung zuzugestehen. Der endgültige Vertragstext selbst enthielt dann freilich wiederum keine derartige ausdrückliche Konzession, aber noch in seiner schließlich verabschiedeten, abgeschwächten Form war der Vertrag dem Kaiser so zuwider, daß er – im März 1553 – eine förmliche Revokation entwerfen ließ, die wohl nur wegen des Widerspruchs König Ferdinands nicht wirklich zur Ausfertigung kam – ein bezeichnendes Vorspiel zur Haltung Karls V. zum Augsburger Religionsfrieden. Der Text des Revokationsentwurfs bei G. TURBA, Beiträge zur Geschichte der Habsburger, Teil III: Zur Reichs- und Hauspolitik der Jahre 1553–1558, AÖG 90, 1901, S. 233–319, hier: S. 287–312.

51 G. PFEILSCHIFTER (Hrg.), Acta Reformationis Catholicae [wie Anm. 32] Bd. 6, Regensburg 1974, S. 348–380.

52 C. ERDMANN, Die Wiedereröffnung des Trienter Konzils durch Julius III. In: QuFJAB 20, 1928/29, S. 238–317. Zur viel umstrittenen Persönlichkeit und Politik Julius' III. vgl. H. LUTZ, Christianitas afflicta [wie Anm. 1], S. 50–53.

1551 nahm die Kirchenversammlung im Herbst des Jahres ihre eigentlichen Verhandlungen auf. Unter den Konzilsvätern befanden sich jetzt sehr viel mehr Bischöfe aus dem Reich und aus Spanien als bisher; die kaiserliche Partei am Konzil war damit wesentlich gestärkt, die frühere Majorität der italienischen Bischöfe entfallen. Noch wichtiger aber war für die Religionspolitik Karls V., daß jetzt auch protestantische Konzilsgesandte nach Trient eingeladen wurden und wirklich beim Konzil erschienen[53]. Das eigentliche Ziel der kaiserlichen Konzilspolitik, die Wiederherstellung der kirchlichen Einheit des Abendlandes, schien damit wenn nicht in greifbare Nähe, so doch in den Bereich des Möglichen und Wahrscheinlichen gerückt. Aber mit solchen Hoffnungen unterschätzte Karl V. erneut die Tiefe und Entschiedenheit der Gegensätze zwischen den Glaubensparteien. Die protestantischen Konzilsgesandten in Trient forderten – in Übereinstimmung mit den früheren Konzilsbedingungen der evangelischen Reichsstände – die Freiheit des Konzils vom Papst; sie forderten überdies und sehr konkret die Neuberatung der bereits promulgierten Konzilsdekrete. Das war aus protestantischer Sicht sehr verständlich, ja: unverzichtbar; eine Anerkennung der früheren Konzilsdekrete mit ihrer scharfen Ausgrenzung von Kernstücken reformatorischer Kirchenlehre und -praxis hätte ja kaum weniger als die Selbstaufgabe des Protestantismus bedeutet. Zu jener Neuaufnahme bereits beschlossener Dekrete aber mochte die große Mehrheit der Konzilsväter sich nicht entschließen, und so kam es überhaupt nicht zur Beteiligung der evangelischen Konzilsgesandten an den eigentlichen Beratungen des Konzils. Als im Frühjahr 1552 der Aufstand der protestantischen deutschen Fürsten losbrach, den Kaiser zur Flucht aus Innsbruck in das entlegene Villach zwang und die Kirchenversammlung in Trient selbst zu bedrohen schien, vertagte sich das Konzil überhaupt auf unbestimmte Zeit. Es sollte erst 1562, also nicht mehr zu Lebzeiten Karls V., wieder zusammentreten.

So war also im Frühjahr 1552 wie das Interim so auch die Konzilspolitik des Kaisers gescheitert. Welche religionspolitischen Möglichkeiten standen ihm jetzt noch offen?

Ein erneutes gewaltsames Vorgehen gegen die Protestanten – vor allem als Gegenschlag gegen die protestantischen Stände des Fürstenaufstands – war an sich denkbar und blieb in der Tat auch nach dem Passauer Vertrag, ja bis in die Zeit des Augsburger Reichstags von 1555 hinein, eine mögliche Option der kaiserlichen Politik[54]. An eine Realisierung dieser Option aber war bis auf weiteres nicht zu denken, und dies nicht nur wegen der erneuten militärischen Bindungen des Kaisers im Krieg gegen Heinrich II. von Frankreich, sondern

53 H. JEDIN, Die Deutschen am Trienter Konzil 1551/2. In: HZ 188 (1959), S. 1–16; E. BIZER (Hrg.), Confessio Virttembergica, Stuttgart 1952, Einleitung.

54 »Von Karl V. her stand alles, was er damals im Reich geschehen ließ – bis in den Augsburger Religionsfrieden hinein –, unter dem Vorbehalt einer späteren Revision, wenn man mit Frankreich ins reine gekommen wäre«, urteilt H. LUTZ, Kaiser Karl V., Frankreich und das Reich. In: H. LUTZ/F.H. SCHUBERT/H. WEBER (Hrg.), Frankreich und das Reich im 16. und 17. Jahrhundert, Göttingen 1968, S. 7–19; hier S. 19.

auch deshalb, weil in Deutschland, und zwar auf beiden Seiten des Glaubenszwists, der Wille zu einem dauernden politischen Friedstand der Glaubensparteien übermächtig geworden war.

Als Alternative war an eine Neuaufnahme der Religionsgespräche zu denken. Kein Geringerer als König Ferdinand plädierte denn auch jetzt und in den folgenden Jahren für einen solchen Versuch und verband damit die Hoffnung, daß die Bereitschaft zu einem politischen Friedstand der Glaubensparteien sich auch als Kompromißbereitschaft in der theologischen Sachdiskussion darstellen werde[55]. Nun konnten und wollten die protestantischen Reichsstände ein neues Religionsgespräch nicht geradezu verweigern; für vorrangig aber und ganz unverzichtbar hielten sie eine reichsrechtlich verbindliche, unbedingte, zeitlich unbegrenzte Garantie des äußeren Friedens in Sachen der Religion. Eben diese Forderung eines dauernden politischen Friedens zwischen den nach wie vor im Glaubenszwiespalt lebenden konfessionellen Gruppen im Reich setzte sich seit den Passauer Verhandlungen 1552 immer stärker durch; sie wurde zum Kernstück auch des Augsburger Religionsfriedens von 1555.

Als förmlicher Beschluß des Reichstags setzte der Religionsfriede das Einverständnis der ständischen Reichstagskurien, wenigstens des Kurfürsten- und Fürstenrats, sowie des Kaisers oder doch seines bevollmächtigten Vertreters voraus. Daß dieses Einverständnis erzielt wurde, war nicht selbstverständlich, und zwar schon wegen der Majorität der katholischen, insbesondere der geistlichen Fürsten im Fürstenrat. Daß gerade die geistlichen Fürsten sich seit 1552 – auf Grund der bitteren Erfahrungen des Fürstenaufstands und der Raubzüge des Markgrafen Albrecht Alkibiades – zur Bejahung des Religionsfriedens mit den protestantischen Reichsständen durchgerungen hatten, war mithin eine wichtige Voraussetzung der Entscheidung von 1555. Noch wichtiger und auch problematischer aber war die Stellung des Kaisers: Der Reichstag von Augsburg 1555 ist von König Ferdinand ja zwar im Namen seines kaiserlichen Bruders geleitet worden, und auch der Reichstagsabschied selbst trägt den Namen Karls V., aber die formelle Vollmacht des Kaisers für seinen Bruder verdeckte nur notdürftig, daß Karl V. – anders als König Ferdinand – einem dauernden reichsrechtlich garantierten Religionsfrieden mit den Protestanten gerade nicht zuzustimmen bereit war[56]. Daß dabei für Karl V. taktische Erwägungen mitspielten, ist si-

55 H. LUTZ, Christianitas afflicta [wie Anm. 1], S. 225–229, unter scharfer Herausarbeitung der Gegensätze in den Positionen Karls V. und Ferdinands; ebda. S. 329–332 über die Religionspolitik König Ferdinands zu Beginn des Augsburger Reichstags 1555. Daneben noch immer wichtig: G. WOLF, Der Augsburger Religionsfriede, Stuttgart 1890, bes. S. 17, 139.

56 Die Reichstagsinstruktion Karls V. vom Frühjahr 1554 diskutierte im einzelnen die wichtigsten Wege zur Erledigung des Glaubenskonflikts im Reich: allgemeines Konzil, Nationalkonzil, Religionsgespräch, Reichsversammlung; von der seit 1552 doch nun wirklich unüberhörbaren und im Reich weithin akzeptierten Forderung der Protestanten nach einer dauernden, reichsrechtlich gesicherten Toleranz war dabei überhaupt nicht die Rede. Die Instruktion ist nicht gedruckt, sie liegt im HHStA Wien, RK RTA 28/IV 8B; deutsche Übersetzung bei A. KOHLER, Quellen zur Geschichte Karls V. [wie Anm. 7], Nr. 113,

cher: Er wollte sich durch eine reichsrechtliche Friedensregelung nicht die Möglichkeit für einen späteren militärischen Gegenschlag gegen die evangelischen Reichsstände nehmen lassen. Aber solche taktische Überlegungen entsprachen doch auch prinzipiellen Überzeugungen: Die nicht mehr befristete oder sonst konditionierte reichsrechtliche Anerkennung des Protestantismus, zumindest des Luthertums, beeinträchtigte die alte Verbindung des Reichs mit der römischen Kirche ja nicht nur marginal und transitorisch, wie es schon die Friedstände der dreißiger Jahre getan hatten; es sprengte diese Verbindung vielmehr in ihrem Kern und definitiv. Das war ein Verlust für die römische Kirche, den der Kaiser als treuer Katholik nicht zu verantworten bereit war. Und darüber hinaus: Mit der eindeutigen Bindung an die römische Kirche verloren Reich und Kaisertum von Rechts wegen und auf die Dauer ihre traditionelle universalistische Bedeutung, und das mußte für Karl V. auch aus politischen Gründen inakzeptabel sein. Seit Antritt seines Kaisertums hatte er seine Politik – nicht nur seine Religionspolitik, sondern seine gesamte europäische Politik, nicht zuletzt seinen Anspruch auf Überordnung gegenüber dem französischen König – immer wieder mit den universalistischen Rechten und Pflichten des Kaisertums zu legitimieren gesucht. Wenn er jetzt von Reichs wegen auf die Einheit der Kirche und damit auf die Universalität von Reich und Kaisertum verzichtete, so stürzte jene Legitimation nachträglich in sich zusammen. In prinzipiellen Erwägungen dieser Art lag wohl der eigentliche Grund für die Weigerung Karls V., sich auf den Religionsfrieden mit den Protestanten einzulassen; hierin dürfte überhaupt der eigentliche Grund für den Rückzug des Kaisers aus dem Reich liegen, wie er sich seit 1554 vollzog. Auch der Verzicht Karls V. auf das im habsburgischen Familienpakt 1551 beschlossene Vorhaben, seinen Sohn Philipp als Nachfolger Ferdinands zum römischen König wählen zu lassen, gehört in diesen Zusammenhang[57]. Freilich war dieser Verzicht wie überhaupt die allmähliche Loslösung Karls V. vom Reich keine bloße Resignation. Neben resignativen Stimmungen, die gewiß nicht zu leugnen sind, standen nämlich sehr hochgespannte Erwartungen an die Heirat Philipps mit der englischen Königin Maria 1554. Diese dynastische Verbindung mit England galt dem Kaiser geradezu als Äquivalent für die so problemgeladene spanische Sukzession im Reich[58], auch als eine Entlastung Philipps von den religionspolitischen Bürden des Kaisertums, wie es Karl V. verstand. Das Kaisertum aber seines Bruders Ferdinand, der nun immer mehr in die Nachfolge Karls V. im Reich hineinwuchs, war dann folgerichtig von anderer Art – mit nur mehr marginalen Bindungen an Rom, unter Verzicht auf die Kaiserkrö-

S. 433–453. Während des Reichstags lehnte der Kaiser dann für sich und seine Kommissare bei der Reichsversammlung jegliche Verantwortung für die Religionsverhandlungen mit den Reichsständen ab und legte überdies gegenüber Ferdinand feierlichen Protest ein gegen alles, »wodurch unsere wahre alte christliche und katholische Religion beleidigt, verletzt, geschwächt oder beschwert würde«; vgl. K. BRANDI, Kaiser Karl V. [wie Anm. 1], Bd. 1, S. 537.

57 E. LAUBACH, Karl V., Ferdinand I. und die Nachfolge im Reich. In: MÖStA 29, 1976, S. 1–51.

58 K. BRANDI, Kaiser Karl V. [wie Anm. 1], Bd. 1, S. 539; Bd. 2, S. 401.

nung durch den Papst, unter Verzicht überhaupt auf alle universalistischen Ansprüche und Aufgaben des Kaisertums.

Der vorstehende Überblick über die Religionspolitik Karls V. hat, so denke ich, die Vielfalt der sehr unterschiedlichen, gelegentlich sogar – jedenfalls prima vista – einander widersprechenden Mittel und Wege dieser Religionspolitik deutlich werden lassen. Es ist des weiteren deutlich geworden, daß manche dieser Instrumente – wie z. B. der Ketzerprozeß oder auch die landfriedensrechtliche Kriminalisierung der Reformation – jeweils nur wenige Jahre hindurch aktuell waren, während andere Wege der Religionspolitik dem Kaiser dauernd oder doch über längere Zeit hinweg offen standen, und daß Karl V. diese Wege z. T. sogar nebeneinander beschritten hat. Das gilt vor allem für die via concilii, es gilt aber auch für die Religionsgespräche – als gesonderte Veranstaltungen oder auf Reichstagen, die damit die Funktion von Nationalversammlungen erhielten; es gilt nicht minder für die Friedstände und schließlich auch für den Protestantenkrieg: Alles dies waren, jedenfalls vom Beginn der dreißiger Jahre bis 1552, prinzipiell mögliche Optionen der kaiserlichen Religionspolitik. Welche dieser Optionen Karl V. während dieser beiden Jahrzehnte dann jeweils wählte, hing sehr wesentlich von den Chancen und Zwangslagen der deutschen und europäischen Politik ab – freilich nicht in der Weise, daß diese Bedingungen die Religionspolitik des Kaisers einfach determiniert hätten, und schon gar nicht in dem Sinne, daß Karl V. in Zeiten schwieriger außenpolitischer Verhältnisse religionspolitisch völlig gelähmt gewesen wäre; vielmehr ermöglichte ihm gerade die Vielfalt jener Mittel und Wege immer wieder eine keineswegs geringzuschätzende religionspolitische Flexibilität. Seit dem Friedensvertrag von Crépy 1544 und dem Waffenstillstand mit den Türken 1545 war der Kaiser für einige wichtige Jahre von den früheren Einengungen seines religionspolitischen Handlungsspielraums durch die wechselnden europäischen Mächtekonstellationen sogar weitgehend frei. Daß er auch in dieser so günstigen – und durch eine umsichtige Politik von langer Hand vorbereiteten – Situation die Ziele seiner Religionspolitik im entscheidenden nicht zu erreichen vermochte, hatte seine Gründe denn auch vornehmlich in religiösen und religionspolitischen Konstellationen und Gegenkräften selbst. Hier spielte zum einen schon eine wichtige Rolle, daß das Papsttum in Gestalt Pauls III. den Fortbestand der protestantischen Ketzerei in Deutschland, ja vielleicht den Abfall ganz Deutschlands zur Ketzerei, gegenüber der Bedrohung des Papsttums durch ein übermächtiges Kaisertum als das geringere Übel ansah, dem Kaiser das Bündnis gegen die Protestanten aufsagte und das Konzil von Trient in das päpstliche Bologna verlegen ließ; zum andern aber und vor allem scheiterte die Religionspolitik Karls V. in diesen Jahren, weil Karl V. den Selbstbehauptungswillen des deutschen Protestantismus – wie überhaupt die Gewalt der konfessionellen Gegensätze – nach wie vor unterschätzte. Als dieser Selbstbehauptungswille der Protestanten sich zu Beginn der fünfziger Jahre zunehmend mit dem verfassungspolitischen Willen der deutschen Reichsstände zur Behauptung ihrer ständischen libertates verband, sanken die Chancen der Religionspolitik Karls V. rapide. Der Fürstenaufstand von 1552 und der im Zusammenhang damit beginnende Krieg des Kaisers mit Heinrich II. von Frankreich stellten dann überhaupt die Rahmenbedingungen der europäischen Politik wieder her, wie sie in den dreißiger Jahren bestanden hatten – und dies nun in einer religionspolitischen Situation, da im Grunde nur mehr die Konzeption eines dauernden Religionsfriedens mit den Protestanten eine echte Chance der Realisierung hatte. Selbst die katholischen geistlichen Fürsten waren ja jetzt zu einer solchen reichsrechtlichen Anerkennung des Protestantismus bereit, weil sie nur so ihre politische und kirchliche Existenz sichern zu können glaubten. Eben dieser Weg aber war für Karl V., wie wir gesehen haben, ungangbar; folgerichtig bestand seitdem die kaiserliche Religionspolitik, wenn man ihr überhaupt noch diesen Namen geben soll, in ohnmächtigen Versuchen der Destruktion einer Entwicklung, die sie doch nicht mehr aufhalten konnte.

Es stellt sich schließlich die Frage nach der inneren Einheit der Religionspolitik Karls V., die Frage insbesondere, ob die Vielfalt der einzelnen Ziele, Mittel und Wege dieser Politik von mehr oder weniger durchgehenden einheitlichen Prinzipien getragen wurde. Die Frage ist nicht ganz leicht zu beantworten – schon deshalb nicht, weil Karl V. selbst mit derart prinzipiellen Aussagen überaus sparsam umging; und selbst, wenn sich entsprechende Zeugnisse in den Quellen finden, muß immer noch geprüft werden, wer denn in concreto diese Aussagen wirklich formuliert hat – der Kaiser selbst, Gattinara, Valdes, Granvelle? – und welche Verbindlichkeit sie gerade in ihrer Allgemeinheit für Karl V. hatten. Mir scheint aber, daß trotz dieser quellenkritischen Probleme die Frage nach den religionspolitischen Prinzipien des Kaisers doch mit einiger Sicherheit beantwortet werden kann, und zwar anders, als es in der Forschung bislang geschehen ist. Die Literatur – auch die neuere Literatur von BRANDI bis zu TYLER und LUTZ – sieht die Religionspolitik Karls V. fast durchweg als den immer wiederkehrenden und immer wieder von den Zwangslagen der europäischen Politik konterkarierten Versuch, der Reformation in Deutschland und Europa den Garaus zu machen, als eine durch jene Zwangslagen diktierte Folge von Versuchen – eigentlich gewollter – Rückführung der protestantischen Ketzer zur römischen Kirche, notfalls mit Gewalt, und – widerwillig gewährter – Zugeständnisse. Mir scheint, daß diese Vorstellung einiger Korrekturen bedarf. Das eigentliche und auch auf die Dauer durchgehaltene Ziel der Religionspolitik des Kaisers war nicht einfach die Bekämpfung des Protestantismus und schon gar nicht bloß die Bekämpfung des Protestantismus als einer Ketzerei; es ging Karl V. im entscheidenden vielmehr um die Erhaltung oder doch Wiederherstellung der kirchlichen Einheit des Abendlandes. Das war etwas anderes als bloß der Kampf gegen den Protestantismus, und soweit Karl V. den Protestantismus bekämpfte, bekämpfte er in ihm nicht nur eine Ketzerei, sondern auch, ja vor allem: ein Schisma. Damit aber stand die Religionspolitik Karls V. in einem sehr unmittelbaren und schlüssigen Zusammenhang mit seinem kaiserlichen Herrschaftsverständnis; denn der Universalismus des Kaisertums, der für Karl V. die wichtigste Legitimation seiner gesamten Politik darstellte, war ja zwingend an die Einheit der Kirche und ganz besonders an die kirchliche

Einheit des Reichs gebunden. Eben deshalb muß gerade die Religionspolitik Karls V. – jedenfalls seit 1530, also nachdem er überhaupt einmal eine deutlichere Vorstellung von den Dimensionen des mit der Reformation aufgebrochenen Glaubensstreits gewonnen hatte – als ein Kernstück seiner gesamten Politik angesehen werden, als Voraussetzung nicht zuletzt für seine Auseinandersetzung mit den französischen Königen um die Hegemonie in Europa[59]. Und umgekehrt war das seit 1552 definitive Scheitern dieser Religionspolitik ein wesentliches Moment des Scheiterns der gesamten politischen Konzeption eines christlich-universalistischen Reichs und Kaisertums, wie sie Karl V. noch einmal hatte zur Geltung bringen wollen.

59 Unter diesem Aspekt dürfte auch H. LUTZ' Frage nach der »Heteronomie von Hegemoniekampf und ›Ketzerverfolgung‹« in der Politik Karls V. zu relativieren sein; H. LUTZ, Das Reich, Karl V. und der Beginn der Reformation [wie Anm. 2], S. 70.

Personenregister

»Habsburger«, »Karl V.« und »Ferdinand I.« wurden, weil allzu häufig vorkommend, nicht in das Register aufgenommen; im übrigen sind die Mitglieder der kaiserlichen Familie unter ihrem Vornamen verzeichnet. Könige und andere weltliche Fürsten sind unter ihren Ländern aufgeführt, die übrigen Personen unter ihren Familiennamen, ggf. unter Hinzufügung ihrer Herrschaften oder hohen geistlichen Ämter.

Auch solche Personen, die im Text nur mit ihrer Herrschaft bzw. mit ihrem kirchlichen Amtstitel bezeichnet werden (z. B. »Aarschot« für »Croy, Philippe de, Marquis von Renty, Herzog von Aarschot« oder »Toledo« für »Tavera, Juan, Erzbischof von Toledo«) sind im Register namentlich identifiziert.

Geographisches Register

Das Register verzeichnet Namen von Erdteilen, Ländern, Landschaften, Orten und Gewässern; von diesen Namen abgeleitete adjektivische Benennungen sind nicht gesondert ausgewiesen, aber unter den entsprechenden Namen registriert. Insoweit geographische Namen im Text lediglich eine Person kennzeichnen (z. B. »Toledo« für »Tavera, Juan, Erzbischof von Toledo«), sind sie im Personenregister – und nur dort – dokumentiert.